第二次世界大戦 1939-45

上

The Second World War

Antony Beevor
アントニー・ビーヴァー
平賀秀明◆訳

白水社

南京で捕虜を銃剣で突き刺す日本兵〔信憑性をめぐり日本国内には異論がある〕

中国南部を移動中の日本軍騎馬砲兵

1940年4月のナルヴィク
（ノルウェー北端の不凍港）

ゲッベルスとゲーリング

1939年8月のワルシャワ

降伏するフランス〈B1〉戦車の乗員

ダンケルクで仏駆逐艦「ブゥラスク」から救出される乗員たち

捕虜になったドイツ軍の航空兵(1940年9月)

ポーランド総督ハンス・フランクとポーランド人聖職者

ドイツ空挺隊員（クレタ島）

イギリスのブレン軽機関銃装甲車の乗員たち（1941年6月シリア）

炎上するウクライナの村(1941年7月)

ソ連軍の反攻(モスクワ付近/1941年12月)

第二次世界大戦1939-45◆上

カバー写真：©毎日新聞社/時事通信フォト
真珠湾攻撃、ヒッカム飛行場を爆撃する〈九七式艦上攻撃機〉（アメリカ・ハワイ）

マイケル・ハワードに捧ぐ

第二次世界大戦1939-45◆上――目次

中巻――目次

下巻――目次

凡例

一、原注は各章末に「章末注」として分散配置し、（　）内に該当ページと、該当表現を記した。
二、原著者による本文欄外の注釈は文中に *1 と番号を振り、各章末に「原注」としてまとめた。
三、訳者による短い注は文中および「章末注」の〔　〕内に記した。
四、「主要人名索引」、「口絵写真一覧」、「地図一覧」は下巻末にまとめた。

バレンツ海
ペッツァモ（現ペチェンガ）
ムルマンスク
0 100 200 300 400 500 マイル
0 200 400 600 800 キロメートル
イエリヴァレ
アルハンゲリスク
スオムスサルミ
リューレオ
ボスニア湾
フィンランド
ヴォルガ川
ヘルシンキ
レニングラード（現サンクト・ペテルブルグ）
タリン
ゴーリキー（現ジニー・ノブゴロド）
バルト海
クイビシェフ（現サマラ）
リガ
モスクワ
帝国管区オストラント
ソ連
スモレンスク
トゥーラ
ビリニュス
ブリャンスク
オリョール
ミンスク
ヴォロネジ
ツィヒ（現グダニスク）
クルスク
スターリングラード（現ボルゴグラード）
ワルシャワ
帝国管区ウクライナ
ハリコフ
ヴォルガ川
ポーランド総督府
キエフ
ドン川
アストラハン
クラクフ
リヴォフ
ドニエプロペトロフスク
ロストフ（＝ナ＝ドヌー）
ヴァキア
カスピ海
ハンガリー
オデッサ
アゾフ海
ブダペスト
マイコプ
セヴァストポリ
ルーマニア
トビリシ
バトゥミ
黒海
ブカレスト
ゴスラヴィア
ヴァルナ
ブルガリア
ペルシア
ソフィア
スコピエ
イスタンブール
チラナ
アンカラ
テッサロニキ
アルバニア
トルコ
ギリシア
イズミル
シリア
アテネ
イラク
キプロス

ヨーロッパ、地中海、ソ連西部
(1942年8月)
アイスランド
レイキャヴィク
ノルウェー海
ナルヴィク
ナムスオース
スウェーデン
フェロー諸島
トロンヘイム
ノルウェー
ベルゲン
オスロ
ストックホルム
スタヴァンゲル
クレッシャンサン
イギリス諸島
グラスゴー
エディンバラ
イェーテボリ
北海
デンマーク
コペンハーゲン
ケーニ
(現カリー
大西洋
ダブリン
リヴァプール
バーミンガム
コヴェントリー
オランダ
ハンブルク
ダン
シュテッテ
(現シュチ
ロンドン
アムステルダム
アルンヘム
サウサンプトン
ドーヴァー
ロッテルダム
ベルリン
ポズナ
ポーツマス
カレー
ブリュッセル
シェルブール
ベルギー
プラハ
カーン
フランクフルト
パリ
ニュルンベルク
ナント
スロ
ミュンヘン
ウィーン
ビスケー湾
フランス
スイス
オーストリア
ベルン
ボルドー
クレルモン・フェラン
ミラノ
ヴェネツィア
トリエステ
ベオグ
トリノ
イタリア
ビルバオ
マルセイユ
フィレンツェ
ユー
ポルトガル
スペイン
トゥーロン
アドリア海
リスボン
マドリード
バルセロナ
コルシカ
ローマ
ナポリ
バーリ
バレンシア
サルデーニャ
セビリャ
地中海
ジブラルタル
パレルモ
タンジール
シチリア
オラン
アルジェ
チュニス
北アフリカ
マルタ

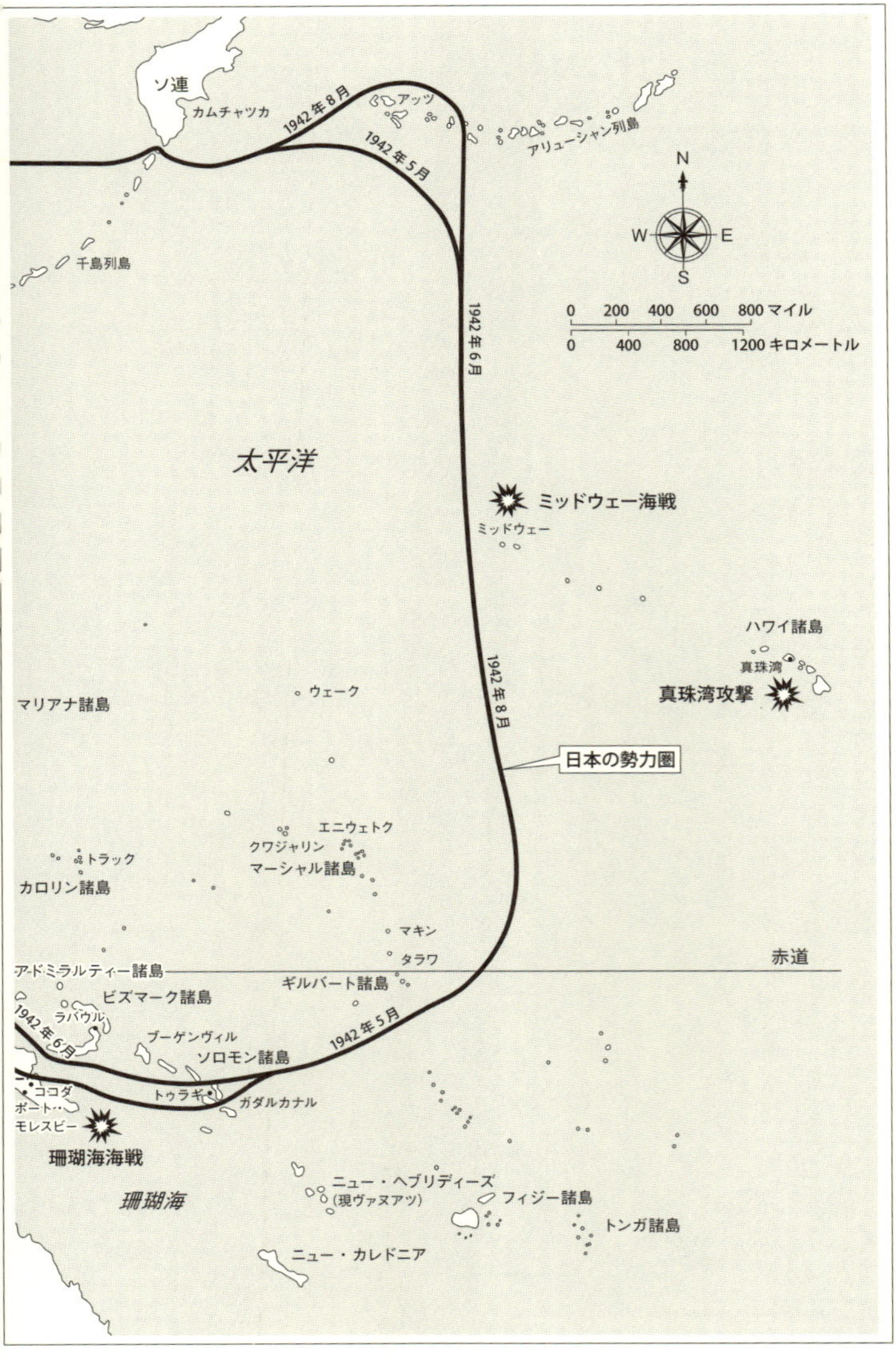
ソ連
カムチャツカ
1942年8月
アッツ
1942年5月
アリューシャン列島
N
W
E
S
千島列島
0
200
400
600
800 マイル
0
400
800
1200 キロメートル
1942年6月
太平洋
ミッドウェー海戦
ミッドウェー
ハワイ諸島
真珠湾
真珠湾攻撃
1942年8月
マリアナ諸島
ウェーク
日本の勢力圏
エニウェトク
クワジャリン
トラック
マーシャル諸島
カロリン諸島
マキン
タラワ
赤道
アドミラルティー諸島
ギルバート諸島
ビズマーク諸島
ラバウル
1942年6月
ブーゲンヴィル
1942年5月
ソロモン諸島
ココダ
トゥラギ
ガダルカナル
ポート・
モレスビー
珊瑚海海戦
ニュー・ヘブリディーズ
（現ヴァヌアツ）
フィジー諸島
珊瑚海
トンガ諸島
ニュー・カレドニア

ソ連
サハリン
(樺太)
ノモンハン
モンゴル
満洲国
奉天(瀋陽)
ヴラジオストク
北海道
北京
朝鮮
日本海
本州
中国
東京
日本
南京
重慶
上海
九州
沖縄
昆明
ビルマ
台湾
香港
マンダレー
ハノイ
海南島
サイパン
ルソン
ラングーン
タイ
仏領
インドシア
マニラ
フィリピン
グアム
1942年8月
1942年6月
南シナ海
レイテ
ウルシー
ペリリュー
ミンダナオ
北ボルネオ
(現サバ州)
パラオ諸島
コタバル
英領マラヤ
サラワク
シンガポール
ボルネオ
セレベス
(スラウェジ)
ニューギニア
インド洋
スマトラ
1942年8月
バタヴィア
(現ジャカルタ)
パプア
1942年5月
ダーウィン
ティモール海
オーストラリア
太平洋
(1942年8月)

写真左の男はヤン・キョンジョン。
1944年6月の「ノルマンディー上陸作戦」にさいし、アメリカ軍の捕虜となったコリアンである。
ヤンは徴集され、大日本帝国陸軍、ソ連労農赤軍、ドイツ国防軍の兵士として従軍した。

はしがき

連合国軍がフランス北西部はノルマンディー地方に上陸した一九四四年六月、ひとりの若い兵士がアメリカの空挺部隊に投降した。当初、アメリカ側はこの兵士を日本人と考えたけれど、男はコリアンで、名をヤン・キョンジョンといった。

一九三八年、当時十八歳だったヤンは、大日本帝国によって兵隊にとられ、満洲の「関東軍」に配属された。一年後、かれは「ノモンハンの戦い」のあと、ソ連赤軍によって捕らえられ、収容所に入れられた。一九四二年、危機的状況にあったソ連の軍当局は、他の数千人の捕虜とともに、ヤン・キョンジョンを兵士として徴集、自国の軍隊に組み入れた。その後、一九四三年初め、ウクライナで「ハリコフの戦い」に参加したヤンは、今度はドイツ軍の捕虜となった。一九四四年、いまやドイツの軍服を着込んだヤンは、今度は〝東方兵〟としてフランスへ送られ、コタンタン半島の付け根、アメリカ軍が「ユタ・ビーチ」と名づけた上陸海岸の内陸部で、いわゆる「大西洋の壁」を補強する作業に従事させられた。イギリスの捕虜収容所で一定期間を過ごしたあと、ヤン・キョンジョンはかれの言う、縁もゆかりもない土地、アメリカ合衆国へとむかった。その後かれは、そこに根を下ろし、一九九二年イリノイ州で生涯を閉じた。

六〇〇〇〇万人を超える人間が命を落とし、地球規模で展開された「第二次世界大戦」において、はからずも日本、ソ連、ドイツのために戦ったこの元兵士は、比較的幸運な部類に属すると言えよう。しかし、歴史の圧倒的な力を前にした時、ごく普通の庶民がいかに手も足もでない状況に陥るか――その無力さを、ヤン元兵士ぐらい体現する人物はおそらくいないのではないだろうか。

ヨーロッパは一九三九年九月一日にいきなり、なにかの弾みで交戦状態に入ったわけではない。むしろ一九一四年から四五年までをひとつながりと見なし、これを「三十年戦争」と名付け、「第一次世界大戦」こそが「そもそもの大破局《ジ・オリジナル・カタストロフ》」であったと位置づける歴史家がいるほどである。かと思うと、ボリシェヴィキが起こした一九一七年のクーデターに始まる「長い戦争」が延々と続いたのであり、一九四五年に至る期間を「欧州内戦」と一括りにすべきだとか、いやいや、その戦いは、じつは一九八九年に共産主義体制が終焉を迎えるまで続いたのだと主張する歴史家もいる。

ただ歴史とは、まっすぐな一本道をすすむものではない。斯界の泰斗、国際戦略研究所の会長もつとめたイギリスの軍事史家サー・マイケル・ハワードは、ヒトラーが一九四〇年に仏英に対して怒濤のごとく攻め入った西方の戦いをもっぱら重視し、先の大戦は多くの点で「第一次世界大戦」の延長戦だったと説得力豊かに論じているし、ドイツ出身のアメリカ人外交官ガーハード・ワインバーグは、先の大戦は、ヒトラーがその主要目的である、東方の〝レーベンスラウム（生存圏）〟を獲得しようと攻勢をかけた一九三九年のポーランド侵攻をもって嚆矢とすべしと力説している。なるほど、そうとも言える。だが、一九一七年から三九年にかけて、ヨーロッパの各国では、革命やら内戦やらがそれぞれ頻繁に起きており、実態はそうした見立てほど、すっきりしたものではない。たとえば、左派は毎度のごとく熱心に、「スペイン内戦」によって「第二次世界大戦」が始まったと確信をもって語り、右派は右派で「スペイン内戦」とは、共産主義と「西洋文明」のあいだで展開された、都合三度にわたる世界大戦の第一回戦だったといって譲らない。一方、欧米の歴史家は、一九三七年から四五年まで続いた「日中戦争」を大抵は等閑視し、この戦いが時の経過とともに〝世界大戦〟と渾然一体となった事実をつい見逃しがちである。さらに、アジアの一部の歴史家は、一九三一年の日本軍による満洲侵略をもって「第二次世界大戦」が始まったと主張している。

ことほど左様に、議論百出なのであるが、「第二次世界大戦」が種々雑多な戦いの混淆物であることは間違いあるまい。その大半は、国家対国家の戦いではあるけれど、他国を巻き込んだ左派と右派の内戦が複雑に影響を及ぼし、時にその流れを左右することもあった。それゆえ、世界がこれまで経験した最も残酷、最も破壊的なこの戦いの起源を論じようとするならば、細部についてよくよく吟味することが大切なのである。

「第一次世界大戦」は参加各国にそれぞれ後遺症を残した。結果的に〝勝利〟をおさめたフランスとイギリスもともに疲弊し、たとえどんな代償を払おうと、もはやあのような経験は二度とごめんだと考えるほどに、その傷は深かった。大西洋の対岸から参加し、ドイツ帝国を敗北に追い込むうえで多大の貢献を果たしたアメリカ合衆国は、腐敗し汚れきった〝旧世界〟とは今後いっさい縁を切りたいと願った。ヨーロッパの中央部は、「ヴェルサイユ条約」で画定された新たな国境線により細分化され、どの国も敗戦がもたらした屈辱と物不足にあえいでいた。負けた側はもちろんである。オーストリア＝ハンガリー二重帝国の将校などは、まさに『シンデレラ物語』の逆を行くようだった。かれらはおとぎ話に出てくるような華麗な軍服を奪われ、平服姿のむさ苦しい失業者へと落ちぶれていった。ドイツ帝国軍のもとで戦った将兵の大半にとって、敗戦はよりいっそう苦いものに感じられた。

なにしろドイツ陸軍は一九一八年七月まで、わが軍は断じて負けていないと確信を持っていたのだから。それがある日突然、確たる原因も予兆もないまま、祖国がいきなり瓦解し、それはやがてドイツ皇帝の退位へと至った。戦場で実際に戦っていたものたちからすると、ドイツ本国で一九一八年秋に発生した叛乱や争乱はすべて、ボリシェヴィキのユダヤ人がつくりだしたもののように感じられた。なるほど一連の騒動に、左翼の扇動家が一役買ったことは事実だし、一九一八年から一九年にかけて、最も目立ったドイツ革命の指導者たちはユダヤ系だったけれど、そうした社会不安の背後にある主因と言うべきものは、国民の厭戦気分と飢餓だった。ドイツの右翼が唱える、百害あって一利なしの陰謀説、いわゆる「背後からの一刺し」論は、右派の運動にありがちな、因果関係を取り違えた、合理性にかける思い込みというしかない。

　一九二二年から二三年にかけて猖獗をきわめたハイパーインフレーションは、ドイツ中産階級の将来に対する安心感と、堅実な生き方の基盤をものの見事に崩してしまった。国家も国民も、プライドをずたずたにされ、その苦い思いは、もって行き場のない怒りの感情をつくりだした。ドイツの民族主義者は「ヴェルサイユ条約」がもたらした〝ディクタート（桎梏／他国から押しつけられた軛《くびき》）〟に屈辱をおぼえ、いつの日か、この恨みを晴らしてやろうと夢見た。一九二〇年代後半、ドイツはもっぱらアメリカからの巨額の借入資金を元手にして、生活の大幅向上を実現した。だがその後、一九二九年のウォール街の大暴落をきっかけに、恐慌の荒波が全世界を覆い、さらに一九三一年九月、イギリスなど主要各国が金本位制を次々廃止すると、ドイツの苦境はいっそう深まった。ヴァイマル共和国のブリューリング政権は、さらなるハイパーインフレーションを恐れて、通貨ライヒスマルクと金との交換を今後も維持することを決め、結果、ライヒスマルクは実力以上に過大評価されたからである。アメリカからの資金流入はすでに途絶え、さらに保護主義の蔓延によって、ドイツ製品の輪出市場も消滅した。こうした苦境は大量失業へとつながり、扇動政治家が国民に対し、極端な解決策を公約する場面が格段に増えていった。

リベラル民主主義は、有権者それぞれの多種多様な要求を反映して、小党乱立の状況をつくりだし、多くのヨーロッパ諸国で政府機能の停滞を招き、さらにそうした民主体制の危機を、資本主義の危機がいっそう加速化させた。一九一八年の敗戦により、ヨーロッパ大陸の三つの帝国が崩壊したあと、議会制民主主義を採用する国家が次々と誕生したが、それらの民主国家の大半は、市民間の利害調整に失敗し、危機の荒海のなかで、時代に押し流されてしまった。従来の帝国システムのもとで、比較的安穏に暮らしていた少数民族の小グループは、民族の純血性という新たな教義が広まるなかで、脅威にさらされるようになった。

ロシア革命はもとより、ハンガリーやフィンランド、バルト三国、そしてドイツで起きた内戦がもたらした暴力的破壊の記憶はいまだ生々しく、政治勢力の分派はさらにいっそう進んでいった。恐怖と憎悪が行き交い、刺激的な言葉が不断にやりとりされるようになると、たんなることばにすぎなかったものが現実そのものを変えていき、言ったとおりの現実を招来してしまうことがままある（たとえばスペインではほどなく、このリスクが顕在化していく）。黒か白か、敵か味方かと二者択一を迫る世情は、本来が妥協を基盤とするリベラル中道路線の足下を崩していった。およそ強引とも言える手法なのに、新たな集団主義の時代にあっては、いまだ苦い思いをかかえる「第一次世界大戦」の復員軍人だけでなく、左右両派の知識人のなかにも、果敢な施策を一種の福音、最も英雄的な道と見るものが現われた。財政危機にあえぐヨーロッパの大半の地域では、権威主義的な国家体制こそが、この近代的な枠組み、党派抗争の混乱に終止符を打ってくれるきわめて自然な解決策に思われだしたのである。

一九三〇年九月の選挙で、ナチ党の得票率は二・五パーセントから一八・三パーセントに急伸した。保守反動を地で行く、民主主義などほとんど一顧だにしないドイツの右派勢力は、ヴァイマル共和国に実質的に引導をわたし、そうすることで、ヒトラー台頭の露払い役を演じた。ヒトラーという人間がいかに情け容赦ないか、その酷薄さを致命的なほど過小評価したドイツの保守層は、ヒトラーのことを、大衆の人気を引きつける単なるお飾り程度と考え、自分たちの考える〝ドイツ〟を丸ごと維持できると考えた。ヒトラー自身は、自分がなにを望んでいるか完全に分かっていたが、かれらは分かっていなかった。一九三三年一月三十日、首相に就任したヒトラーは、今後邪魔になりそうな敵対勢力をごく短期間のうちに一掃していった。

こののちドイツの犠牲となっていく諸国民にとって悲劇だったのは、しかるべき敬意と秩序を心から欲するドイツ国民が、史上最も性急かつ考えの足りない犯罪者に、国政を左右できるだけのまとまった支持を与え、全身全霊で入れあげ、つき従ったことである。ヒトラーは国民の最悪の本能に訴えることに見事に成功した。すなわち、憤怒の感情、他者への不寛容、傲岸不遜、そしてなかでもいちばん危険な人種的優越感である。法の支配を尊重し、それを国家の基盤に置く〝レヒツシュタート（法治国家）〟への思いがたとえいまだ消えやらぬとしても、司法制度はおしなべて新秩序の従者たるべしというヒトラーの主張の前に、結局は屈してしまった。なんらかの公的性質をもつ諸機関は、裁判所や大学、参謀本部や報道機関に至るまで、すべて新政権の前にこうべを垂れて従った。反対勢力はふと気づくと、悲しいくらい孤立していた。偉大な祖国という新たな定義に照らした時、自分たちはナチの連中だけでなく、その政権を支持するすべての国民からも、売国奴呼ばわりされていることに改めて気づかされたからである。ただ、ナチの「ゲシュタポ」は、スターリンの秘密警察「ＮＫＶＤ（内務人民委員部）」と違って、驚くほど動作が緩慢だった。ゲシュタポによる逮捕は、市民からの通報・告発があって初めて、身柄の拘束へと至るケースが大半だった。

政治に関与しない伝統をむしろ誇りとするドイツ将校団は、無教養で服の趣味がどうしようもなく悪い簒奪者として、ヒトラーを軽蔑の目で見ていたけれど、かれらもまた、兵力増強と大規模再軍備というエサにうかうか釣られ、日和見主義と臆病が相まって、権威の前に平伏《ひれふ》してしまった。十九世紀ドイツの名宰相オットー・フォン・ビスマルクがかつて言ったように、道徳的勇気が、ドイツ人の徳目とされることはめったになく、しかも制服を着た瞬間、ドイツ人はそうした勇気を完全に放棄してしまう——のであった。ナチ党が子供はもとより、ほとんどすべての国民に制服の着用を義務づけたことは、驚くに値しない。

ヒトラーのいちばんの才能は、敵の弱点を目ざとく見つけ、そこを巧みに突いていくことにあった。ドイツの左派勢力は、ドイツ共産党とドイツ社会民主党のあいだの路線対立のせいで、現実的脅威になり得なかった。一方、保守派はといえば、ヒトラーなんぞはいかようにもコントロール可能だと根拠のない自信に浸っていたため、先手を打たれ、難なく寝首をかかれてしまった。行政命令を矢継ぎ早に発し、敵対勢力を大量収監することで国内基盤を固め終えると、ヒトラーは次にヴェルサイユ体制からの脱却に動きだした。徴兵制は一九三五年に再導入されたし、ドイツ海軍とドイツ空軍の規模拡大も公然とおこなわれたけれど、イギリスはこうした動きを黙認した。ドイツで再軍備が着々とすんでいるのに、イギリスもフランスもそれに対し、本気で抗議することはなかった。

一九三六年三月、ドイツ軍部隊がラインラント地方の再占領に動いた。これは「ヴェルサイユ条約」と「ロカルノ条約」に対する明白な違反行為であり、十年あまり前にこの地方を占領し、その支配下に置いたフランスとしては、面目丸つぶれであった。逆にドイツ人にとってはまさに〝快挙〟であり、選挙でヒトラーに一票を投じなかった多くの人々までも、総統閣下に対して、つい追従笑いを浮かべてしまったほどである。ドイツ国民の支持と、英仏両国の覇気のない反応が、これで行けるという勇気をヒトラーに与えた。なにしろ誰の手も借りることなく、国民の自尊心を回復させ、しかもかれが自慢する公共事業より、はるかにもっと経済効果の高い再軍備によって、失業の増大に待ったをかけることに成功したのだから。ナチ党員の野蛮さ、あるいは市民的自由の喪失などマイナス面もあったけれど、大半のドイツ人にとって、それらは些細な代償に感じられた。

ヒトラーの強引なまでの手法に人々が幻惑されているなか、ドイツという国は、人間性にかかわる価値観を一枚また一枚と、剝ぎ取られていった。それが目立って明らかなのが、ユダヤ人をめぐる虐待である。虐待行為は時々思い出したように発作的に発生し、段階的にすすんでいった。ただその実態は、一般に信じられていることと、むしろ逆の様相を呈していた。ユダヤ人に対する迫害は、ナチ党の上層部から上意下達されたというより、党の内部から澎湃《ほうはい》としてわき起こることが多かった。なるほどヒトラーは、のちの大虐殺を予見させるような、反ユダヤ的色彩の強い大言壮語を現にふるってはいたけれど、そのことは必ずしも、かれがいわゆるユダヤ人問題の「最終的解決」、すなわち物理的な絶滅を始めから企図していたことを意味しない。むしろ突撃隊の隊員が、個人的欲望と嫉妬心、さらに想像上の怒りが奇妙に入り交じった心情を満たすべく、ユダヤ人とその商店を襲撃したり、財産を強奪したりしたのであって、ヒトラー自身は、それを放置するだけで満足していた。この時期のナチ党の政策は、ユダヤ人から人権やすべての財産を奪いとり、かれらがそうした侮辱や嫌がらせに耐えかねて、ついにドイツ出国を決断せざるを得なくさせる——そういう方向に力点が置かれていた。「ユダヤ人はドイツを出ていかなければならない。しかり、ヨーロッパ全体から出て行くべきなのである」とヒトラーは一九三七年十一月三十日に、かれの宣伝相ヨーゼフ・ゲッベルスに言っている。「それには多少なりと時間がかかるだろうが、そうなるはずだし、そうなるべきなのだ」と。

ドイツがヨーロッパの覇権を握るというヒトラーの構想は、その著書『わが闘争』――一九二五年初版の、自叙伝と政治的マニフェストを一体化した本――のなかできわめて明瞭に述べられている。まずはドイツとオーストリアの統一をはかる。次いで、国境線の外側に住むドイツ系住民をふたたびその統治下に置く。「同一の血は共通の国家に属する」とかれは明言している。それが実現して初めて、ドイツ民族は「外国の領土を獲得する道徳的権利」を手に入れるのであり、「その時、クワは剣となり、戦争の涙はきたるべき子々孫々のための日々のパンを生みだす」のだと。

この侵略構想は『わが闘争』の冒頭部分にはっきり書かれている。だがしかし、すべてのドイツ人カップルが結婚のさい、同書を一部ずつ買うほどのベストセラーなのに、ヒトラーの好戦的な予言を真に受ける国民はほぼ皆無であった。国民はむしろ、一九二五年ではなく、もっと最近耳にし、何度も繰り返し聞かされたことばを信じたがった。ヒトラーはいった。自分は戦争を欲しないと。さらに加えて、及び腰のイギリス人やフランス人の面前で、ヒトラーが見事になし遂げた、大胆不敵なはなれ技の効果が大きかった。この人なら、大きな軍事衝突など敢えて起こすこともなく、欲しいものをすべて手に入れてしまうのではないかという期待感を、国民はいだいた。過熱するドイツ経済と、他国に先んじて増強がすすむ軍備を余さずつかい切ろうとするヒトラーの決意は、近隣諸国への侵攻をほぼ確実なものにしつつあったが、そうした事実は国民の目に入らなかった。

「ヴェルサイユ条約」によって失われた国土の奪還だけがヒトラーの関心事ではない。そんな中途半端なところで矛を収める気はさらさらなかった。ただ、世界に冠たるドイツを夢見るヒトラーは、はるか遠い将来、その夢がかなうその日、自分はおそらく生きていないだろうと信じており、そのことに切歯《せっし》扼腕《やくわん》していた。なにしろヒトラーは、中部ヨーロッパ全体と、ヴォルガ川までのロシアをドイツの「生存圏」に組み入れる気であり、それが実現されて初めて、ドイツは自給自足をなし遂げ、超大国の地位を獲得できると考えていたからである。ドイツの東方にひろがる広大な土地を、すべてわが民族のものにするという夢は、ドイツが一九一八年の一時期、バルト三国、白ロシア、ウクライナ、南ロシアの一部（ドン川下流の港湾都市ロストフまで）を占領下に置いた〝実績〟によっていっそう助長された。それは発足間もないボリシェヴィキ政権に対してドイツが課した〝ディクタート（桎梏《しっこく》）〟、すなわち「ブレスト＝リトフスク条約」によって手に入れたもので、故にそれら東方の地は、わが国の既得権益に当たるというわけだ。なかでもウクライナの穀倉地帯は魅力的だった。なにしろ第一次世界大戦中、ドイツはイギリスの経済封鎖にあえぎ、飢餓寸前の状態に追い込まれたのだから。ゆえに、ヒトラーは決意していた。一九一八年のドイツを見舞ったあの国民精神の退潮――やがて革命とドイツ帝国の崩壊につながったあの再来だけは断じて許してはならず、この次に飢えるものがいるとすれば、それは奴らの方だと。ただ、この「生存圏」にとって、食料ばかりが問題なのではなかった。その主要目標のひとつは、東方にある石油資源だった。ドイツが消費する石油のおよそ八五パーセントは平時にあっても、輸入が頼りであり、まして戦時にあっては間違いなく、ドイツのアキレス腱になるはずだったから。

なるほど東方地域の植民地化は、ある意味、ドイツの自存自衛を確保する最良の手段なのかもしれない。だがしかし、ヒトラーの野心は、並の民族主義者とはモノが違っていた。かれは「社会ダーウィニズム」の信奉者であり、民族の消長は、互いの人種的優越性を競い合う闘争の結果であると信じていた。ゆえに植民地化がかなったあとは、そこに住むスラブ系住民を意図的に飢えさせ、その数を劇的に減らし、生き残ったものは一種の〝ヘロット（農奴）〟として奴隷化するつもりでいたのである。

一九三六年夏、ヒトラーは「スペイン内戦」に介入することを決断する。この決定は従来、火事場泥棒的なものと解されることが多かったけれど、実態はかなり違う。ヒトラーはスペインがボリシェヴィキ化し、フランスの左翼政権と手を握り合うような事態を恐れたのだ。そんな状況に至ったら、ドイツが東方でスターリンと事を構えるさい、背後に戦略的脅威をかかえることになる。ただこの時もまた、ヒトラーは民主主義諸国の厭戦気分に助けられた。一方の雄のイギリスは、スペインの内紛をきっかけに、ヨーロッパ大陸でふたたび軍事衝突が発生することを懸念したし、誕生間もないフランスの人民戦線政府は、自国だけの単独行動に危惧の念をおぼえた。おかげでドイツは、フランシスコ・フランコ総統の国民戦線軍に、過剰とも思える軍事支援を提供し、その最終的勝利に力を貸すことができたし、ヘルマン・ゲーリング率いるドイツ空軍部隊に、新型航空機と新たな航空戦術をめぐる実験を存分にやらせることもできたのである。「スペイン内戦」はまた、イタリアのファシスト政権が〝志願軍〟を派遣し、国民戦線軍と共闘したことにより、ヒトラーとベニート・ムッソリーニをよりいっそう近づける契機ともなった。

ヒトラーはかつて、一九二二年と二三年に、ムッソリーニに教えを請うたことがある。かの「ローマ進軍」にならって、同じことをベルリンでやりたがるほどの心酔ぶりだった。〝ドゥーチェ（首領）〟——イタリア・ファシスト党指導者——の側も、結成間もないナチ党のために資金援助をしてやったくらいである。ムッソリーニは当時、「ドイツのムッソリーニ」と呼ばれたヒトラーを格下扱いし、ヒトラーの著書『わが闘争』についても「およそ退屈な本」とにべもなく、そこに縷々《るる》披瀝される考えは「月並みで新味がない」と散々だった。だがその後、ドイツの国力が伸張したため、一九三六年頃になると、両者の関係に変化が見られるようになった。

ただ、やたら景気のよい演説をぶち、地中海方面に野心をいだきつつも、ムッソリーニ自身は、いまある国際秩序を改変するつもりはなく、それを本気でやろうとするヒトラーに警戒心をいだいていた。ヨーロッパを舞台にした新たな大規模戦争など、イタリア国民は、軍事的にも心理的にも、全く用意ができていなかったから。

ソ連との来たるべき戦争を前に、新たな同盟国が欲しいヒトラーは、一九三六年十一月、大日本帝国と防共協定を結んだ。日本は十九世紀の最後の十年間、極東地域で植民地の拡大に着手した。清朝の衰退を奇貨として、日本は満洲に地歩を築き、台湾を確保し、朝鮮を占領した。一九〇四年から〇五年の戦争で帝政ロシアを破った日本は、この地域の主要軍事大国になった。ウォール街の株価暴落や世界恐慌の影響もあって、日本では反欧米感情が広がった。そうした背景のなかで、しだいに民族主義色を強めていく将校団は、ちょうどナチ党員がソ連を見るような目で、満洲と中国を見るようになった。すなわち、日本本土を食わせていくため隷属させるべき広大な土地と人間がそこに存在すると。

日中間の争いは長年、「第二次世界大戦」というジグソーパズルの欠落部分であった。ヨーロッパで戦闘が本格化するだいぶ前から始まった、中国大陸を舞台にした戦いは、完全に別個のものとされてきた。だが、日本はアメリカやソ連と戦っただけでなく、その地上軍が最も大規模に展開していたのは極東地域なのである。

一九三一年九月、日本軍は鉄道爆破事件を引き起こし、それをきっかけに満洲全域の確保にむけ軍事行動を開始した。日本本土が凶作に見舞われるなか、満洲一帯を主要な食糧生産基地にしようとの思惑が背後にあった。日本軍は「満洲国」という傀儡国家を樹立すると、退位を余儀なくされた清朝最後の皇帝、ヘンリー・プ・イ（宣統帝・愛新覚羅溥儀）をそのトップに据えた。東京の文民政府はいまや将校連に見下されており、政治家たちはもはや軍のやることを追認するしかないと感じていた。ジュネーヴの「国際連盟」本部において、対日制裁を求める中華民国の訴えが却下されたことも大きかった。そうした流れのなかで、貧農を主体とする開拓民たちが、政府の後押しを受けて、自前の農地を手に入れるべく、新天地「満洲」へと殺到した。向こう二〇年間に、農業移民「百万戸」を実現することが望まれた。これら一連の動きにより、日本は外交的孤立に陥っていくのだが、当の日本人は国を挙げて勝利にわいていた。この時期を境に、日本の対外膨張と軍部の支配が決定的にすすんでいく。

よりタカ派的な政権があとに続くと、満洲に駐屯する「関東軍」はその支配力を北京の城門近くまで広げ、蔣介石率いる南京の国民党政府はやむなく部隊を退かざるを得なくなった。西洋式民主主義をめざした故孫文先生の衣鉢を継ぐのはこの私であると、蔣介石の鼻息はたしかに荒かったが、その実態はむしろ、軍閥勢力の総元締めに近かったから。

日本の軍部は、北で国境を接するソ連邦に目を光らせつつ、南の太平洋方面にも色気を見せていた。狙った先はイギリス、フランス、オランダの東アジアにおける植民地、なかんずく蘭領東インド（現インドネシア）の油田地帯に執心だった。不穏な睨み合いが続く中国情勢は一九三七年七月七日、突如破られた。北京郊外の盧溝橋における日本側の挑発行為がきっかけだった。東京の帝国陸軍は、昭和天皇に確約した。中国などはせいぜい二、三カ月で片付くと。日本人居留民を標的とする、中国人による虐殺事件などを契機として、日本から海を越え、増強部隊が大陸へ続々と送られ、その結果、途方もない大規模戦闘へと発展した。だが、日中間の〝事変〟は、東京の将軍たちが上奏したような、短期大勝利で終わることはなかった。攻撃する側のすさまじい暴力行為に刺戟されて、怒りにみちた抵抗が触発されたからである。ヒトラーはこの時の日本を教訓とすべきであったが、なんら学ぶことなく、その四年後にソ連邦に対する大規模攻勢をかけることになる。

日中戦争は「スペイン内戦」のアジア版である――。そうした見立てをおこなう欧米人が徐々に増えていった。ロバート・キャパ、アーネスト・ヘミングウェイ、W・H・オーデン、クリストファー・イシャウッド、ドキュメンタリー映画作家のヨリス・イヴェンスといった文化人を筆頭に、多くのジャーナリストが現地を訪れ、中国人への共感と支持を表明した。左翼人士のなかには、少数ながら中国共産党の根拠地、陝西省延安まで足を延ばし、同志スターリンが蔣介石と中国国民党を支援しているというのに、毛沢東にエールを送るものまで出現した。ただイギリス政府もアメリカ政府もこの時点では、なんらかの具体策を講じる準備は全くできていなかった。

再軍備を経て、ふたたび台頭してきたドイツを目の当たりにしつつも、イギリスのチェンバレン政権は依然、これと共存する道を探っていたし、大半のイギリス国民も、思いは同じだった。ナチ政権を、ボリシェヴィキに対する防波堤と見なす保守党員も多かった。バーミンガム市長を皮切りに政治家の道を歩んだネヴィル・チェンバレンは、昔気質の英国紳士で、他国の指導者もみな、自分と同じ価値観、あるいは戦争への恐怖感を共有していると、致命的な勘違いをしていた。チェンバレンは閣僚としてきわめて優秀で、蔵相の職責も見事に果たしたが、外交・防衛方面はいたって暗かった。ウィングカラーのシャツ、エドワード様式の口ひげ、きっちり巻いた雨傘を手にしたチェンバレンは、虎視眈々とその機会をうかがうナチ政権の冷酷さに対峙した時、なすすべを知らなかった。

では、チェンバレン以外はどうだったかといえば、じつは左翼シンパの人間も含めて、ヒトラー政権との対立にどこか及び腰のところがあったのだ。過ぐるヴェルサイユ会議のさい、〝敗戦国〟ドイツの扱いはなんとも公平さに欠けていたと、未だに思っていたからだ。また、民族自決の世の中、チェコスロヴァキアのズデーテン地方のような、国境を接する他国に暮らすドイツ系の少数民族を祖国の内懐に迎えたいと言われると、正面切って反対しづらい面もあった。さらに、ここでまたヨーロッパ全域を戦場に変えて互いに殺し合うというイメージを前に、英仏両国が腹の底から怯えていた点が大きかった。一九三八年三月の時点で、ナチ・ドイツとオーストリアの統合プロセスを容認することは、世界平和のための小さな代償に思えたし、当事者たるオーストリア国民の過半数が一九一八年にドイツとの〝アンシルス（合邦）〟に賛成票を投じ、その二〇年後にナチによる併呑を歓迎したとあっては尚更である。「第二次世界大戦」が終わったあと、オーストリアは、わが国こそヒトラーの最初の犠牲者であったと主張したけれど、事実無根と言わざるを得ない。

ヒトラーにとって、チェコスロヴァキア侵攻はすでに織り込み済みだった。ただ、この種の荒事は当然ながら副作用を生み、結果、全国的な食料供給に支障をきたす恐れがあると閣僚から懸念の声が上がった。そこで、秋の収穫をすべて終え、十分な時間をおいた十月が侵攻のタイミングとして選ばれた。ところが直前の九月、英仏独伊四カ国の首脳がミュンヘンで会談すると、事態は思わぬ方向に転がった。ヒトラーの剣幕があまりに激しかったため、チェンバレン英首相もエドゥアール・ダラディエ仏首相もこれに気押されし、それで平和が保てるならと、ズデーテン地方をヒトラーに進呈してしまったのである。おかげでヒトラーはあえて戦争に訴えることなく、最終的にチェコスロヴァキア全体をものにした。しかもチェンバレンは、スターリンとの会談を拒否するという根本的な判断ミスまでおかした。これが遠因となって、ソ連の独裁者は翌年八月、ナチ・ドイツとの「不可侵条約」締結に同意するのである。だが、チェンバレンはいたって軒昂だった。われわれ西方の同盟国と良好な関係を築く方が、結局あなたにとっても有益ですぞと、この私ならヒトラーを見事説得できると信じていたから。その姿には、後年スターリンとの交渉で垣間見せたローズヴェルト大統領の故なき自信と相通じるものがあった。

もし英仏両国が一九三八年秋の時点で戦いを覚悟し、しかるべき備えをしていれば、状況はかなり違ったものになった可能性があると論じる歴史家も一部にいる。ドイツについて見るなら、かなりありえた話ではある。ただ当時、イギリス国民もフランス国民も、戦争に対する心理的準備ができていなかったという事実はいかんともしがたい。それはおもに政治家、外交官、そしてメディアによって、現実と異なる情報が国民に与えられていたせいである。ヒトラーの密かな企みについて警鐘を鳴らそうとするものは、例えばウィンストン・チャーチルのように、「戦争屋」のレッテルを貼られて、それでおしまいだった。

ヒトラー政権の正体に人々がようやく気づいたのは十一月だった。パリ駐在のドイツ大使館員が、ひとりの若いポーランド系ユダヤ人に殺害されたことをきっかけに、ナチの突撃隊がユダヤ人に対する集団暴行――襲撃のさいに飛び散った商店のガラス片にちなんで〝クリスタルナハト（水晶の夜）〟と呼ばれた――に打って出たのである。この年の秋は、チェコスロヴァキア情勢をめぐって戦争の暗雲が垂れこめており、ナチ党の内部には「暴力的エネルギー」が横溢していた。突撃隊員たちはシナゴーグ（ユダヤ教会堂）を燃やし、ユダヤ人を襲って殺害し、商店の窓を次々と破壊し、ゲーリングを愚痴らせた（ショーウインドー用の板ガラスはベルギー製なので、それらすべてを交換するには途方もない外貨が必要なのだ）。多くの普通のドイツ人は事のなりゆきに衝撃を受けたけれど、ナチ党はユダヤ人を孤立させる施策を講じ、一般市民の圧倒的多数を説得することに成功。以後、人々はユダヤ人の運命に関心を持たなくなっていった。それが余りにも簡単だったため、こののち多くの人々がユダヤ人の家財の略奪、アパートメントの巻き上げ、ユダヤ系企業の「アーリア化」に狂奔した。多数派を占める市民を、自分たちの犯罪一味に引き入れる手法において、ナチ党は類いまれな才能を発揮した。

翌一九三九年三月、ヒトラーはチェコスロヴァキアの残りの部分もその支配下に置いた。「ミュンヘン協定」の明白な違反であり、ドイツ民族の祖国回帰というヒトラーの主張は、結局のところ、領土拡張のための単なる便法であることが実証された。これに憤るイギリス国民に押される形で、チェンバレン首相は、ヒトラーがさらなる領土拡張に走らぬよう、警告の意味をこめて、隣国ポーランドに対し、有事のさいはイギリスが同国防衛に当たるとの言質を与えた。

もっとも、思惑が外れたという点では、ヒトラーも同じだった。「英仏がミュンヘンで私の要求をすべて呑んでしまった」ため、一九三八年は、開戦の機会をみすみす逸することになったと、当人は不平をもらしていた。一九三九年春、ヒトラーはルーマニアの外相にそのもどかしさを語っている。「私はいま五十歳だ」とヒトラーはいった。「五十五歳やあるいは六十歳になってからよりも、いまの時点での開戦のほうが望ましいのだ」と。

つまりヒトラーは、ヨーロッパ征服という目標を、自分の目の黒いうちに実現する決意を固めたのである。その人生はきっと短いものだろうと当人は予想していたが、では自分以外の誰にそれが可能であろうかと考え直し、取り憑かれたように思い定めた。この天命を他人に託す気など、もはや微塵もなかった。アドルフ・ヒトラーとはかけがえのない人間、余人をもって代えがたい存在だとかれは考えた。配下の将軍たちに対しても、国家の命運はこの私自身にかかっているのだと公言して憚らなかった。ナチ党も、その無秩序とも思える国家運営も、そのめざすところは安定と持続可能性では断じてなかった。ゆえに、ヒトラーが用いる「千年帝国」というレトリックは、重大な心理学的矛盾をかかえていた。なにしろかれは、自殺に対して不健康なほど魅了され、かつまた自分の血を後世に遺《のこ》さぬことに歪んだ自尊心を覚えるような、筋金入りの独身主義者なのだから。

一九三九年一月三十日、政権の座について六周年にあたるこの日、ヒトラーは国会議員たちを前に重要演説をおこなった。そのなかには、かれの運命を決定づける「予言」も含まれていた。その後、いわゆる「最終的解決」が実施されるなかで、ヒトラー本人も信奉者たちも、その言葉を否応なく振り返ることになる。いずれこの私がドイツを指導するようになれば、「ユダヤ人問題にも、それなりの解決がはかられるだろう」と、私がかつて言い切った時、ユダヤ人たちはこの将来構想を笑いものにしたとまずは指摘したうえで、ヒトラーはこう言い切った。「私は今日また、予言者になりたいと思う。もしヨーロッパ内外の国際ユダヤ集団が各国をふたたび世界戦争へと突入させることに成功したならば、それはこの地上のボリシェヴィキ化、その結果としてのユダヤ集団の勝利ではなく、ヨーロッパにおけるユダヤ民族の絶滅になるだろう」と。虚偽と自己欺瞞が綾なすヒトラーの内面世界の中核には、思わず息を飲むようなこうした因果関係の混乱が存在していたのである。

戦争の準備を着々とすすめ、チェコスロヴァキアとの一戦さえ望んでいたヒトラーであったが、イギリスの姿勢が突如、宥和から抵抗に転じた理由だけはどうしても解せなかった。むろん、こののちであり、フランスとイギリスを攻撃するつもりではいた。ただそれは、ドイツ側が選んだタイミングにおいてであり、「第一次世界大戦」の教訓は、骨身に沁みていた。ゆえに、ナチ・ドイツの計画は、複数の正面で同時に戦うことを極力回避するため、個々の紛争を小分けにするように練られていた。

イギリスの反応に驚いたということは逆に、この独裁者が世界史についてきわめて不完全な知見しか持っていないことを意味した。十八世紀以来、ヨーロッパにおけるほとんどすべての危機に対してイギリスがどのように関与したか、そのパターンを理解していれば、チェンバレン政権の方針転換に不思議はなかったはずである。宥和から抵抗への変化には、イデオロギーも理想もなんら関係していない。道徳的側面については、国をあげての宣伝戦に有用だったため、その後あえて強調されたけれど、イギリスは別段ファシズムや、あるいは反ユダヤ主義に抗して立ち上がったわけではない。その動機は奈辺にあるかと言えば、これが伝統的戦略なのだというしかない。軍事力をちらつかせてチェコスロヴァキアを併呑したことは、大陸支配にむけたヒトラーの並々ならぬ決意を示すものであり、既存の国際秩序に対する脅威と受け止めざるを得なかった。たとえ当面、国力が弱体化し、国民も好戦的でないとしても、それはイギリスとして絶対に看過できない展開なのだ。しかもチェンバレン首相は、英仏独伊の首脳が一堂に会した場で、自分が謀《たばか》られたことに強い憤りを覚えていた。ヒトラーはしかし、そうした怒りの感情を過小評価した。結果的とはいえ、自国がチェコスロヴァキアを裏切ったことに抗議して、ミュンヘン会議後、イギリス海軍大臣の職を辞したダフ・クーパーは書いている。チェンバレンは「バーミンガムにおいて一度として、いささかなりと、アドルフ・ヒトラーに似た人物に出会ったことがなかったのだ……バーミンガムの人々は、市長との約束を違えることなど金輪際なかったから」と。

ヒトラーはいったいなにを考えているのか？　それはいまや、背筋が凍るほど明瞭だった。そのヒトラーが一九三九年八月、スターリンと相互不可侵条約を結んだのである。次なる受難がポーランドにふりかかることは、もはや必定だった。「国家の境界は」とヒトラーは『わが闘争』のなかで書いている。「人によって作られ、人によって変えられるものだ」と。これら一連の経緯をこうして概観すると、「ヴェルサイユ条約」に由来する怒りの往還が、結局は不可避的に、新たな世界大戦につながったような印象を受けるかもしれない。だが、歴史上の事件のなかで、〝運命〟としか呼びえない状況など皆無なのである。「第一次世界大戦」があとに残した諸々の影響はたしかに、ヨーロッパの全域にわたって不安定な国境線と緊張関係をつくりだした。しかし、いま訪れようとしている、新たな、そしてはるかに無残な大災厄の脚本を書いたのは、アドルフ・ヒトラーという名のひとりの男であることに疑問の余地はない。その大災厄はやがて地球全体に広がり、最終的にはヒトラー自身をも含む幾百万の人々の命を飲み込んでいくのである。そしてまた、非常に興味深い逆説だが、「第二次世界大戦」における最初の衝突、本書の冒頭で紹介したコリアン、ヤン・キョンジョンの一回目の捕虜生活につながる戦いは、震源地のヨーロッパではなく、そこからはるか遠く離れた極東の地において始まったのである。

章末注

(14)「そもそもの大破局《ジ・オリジナル・カタストロフ》」：ジョージ・ケナンの言葉。（参考）Stephan Burgdorff and Klaus Wiegrafe (eds.), *Der Erste Weltkrieg. Die Urkatastrophe des 20. Jahrhunderts*, Munich, 2004, pp. 23-35, Ian Kershaw, *Fateful Choices: Ten Decisions that Changed the World, 1940-1941*, London, 2007, p.3からの引用。〔イアン・カーショー『運命の選択1940-41―世界を変えた10の決断』上、一三頁、河内隆弥訳、白水社〕

(14)「欧州内戦」：Ernst Nolte, *Der europäische Bürgerkrieg, 1917-1945*, Frankfurt am Main, 1988

(14)マイケル・ハワード：Michael Howard, 'A Thirty Years War? The Two World Wars in Historical Perspective', in his *Liberation or Catastrophe? Reflections on the History of the Twentieth Century*, London, 2007, pp.35, 67

(14)ガーハード・ワインバーグ：Gerhard Weinberg, *A World at Arms: A Global History of World War II*, New York, 2005, p.2

(18)ドイツにおける「法の支配」の終焉：（参考）Michael Burleigh, *The Third Reich*, London, 2000, pp.149-215; Richard J. Evans, *The Coming of the Third Reich*, London, 2005; および Ian Kershaw, *Hitler 1889-1936: Hubris*, London, 1998

(19)ドイツ人の道徳的勇気にかんするビスマルクの発言：Sebastian Haffner, *Defying Hitler*, London, 2002, p.72

(20)「ユダヤ人はドイツを出ていかなければならない」：*TBJG*, Part I, vol. iii, p.351. 〝ホロコースト〟の起源をめぐる研究とそれによって生じた歴史論争にかんする最良の分析は、イアン・カーショーの以下のふたつの著作で得ることができる。*The Nazi Dictatorship: Problems and Perspectives of Interpretation*, London, 2000, pp.93-133. *Hitler, the Germans and the Final Solution*, New Haven, 2008

(21)「同一の血は共通の国家に属する」：Adolf Hitler, *Mein Kampf*, Mumbai, 1988, p.1.〔アドルフ・ヒトラー『わが闘争』上・下、平野一郎・将積茂共訳、角川文庫〕

(23)「およそ退屈な本」：Denis Mack-Smith, *Mussolini*, London, 1983, p.200からの引用。

(27) ヒトラーの十月侵攻計画：（参考）Adam Tooze, *The Wages of Destruction: The Making and the Breaking of the Nazi Economy*, London, 2006, p.264

(28)「暴力的エネルギー」と板ガラス：*ibid.*, p.274

(29)「英仏がミュンヘンで」：Sebastian Haffner, *The Meaning of Hitler*, London, 1979, p.18.〔セバスチャン・ハフナー『ヒトラーとは何か』赤羽竜夫訳、草思社／『新訳　ヒトラーとは何か』瀬野文教訳〕

(29)「私はいま五十歳だ」：*ibid.* p.19

(29) ヒトラーの一九三九年一月三十日の演説：Domarus, vol. ii, p.1058, Ian Kershaw, *Hitler, 1936-1945, Nemesis*, London, 2000, pp.152-3からの引用。

(31)「出会ったことがなかったのだ」：CCA, Duff Cooper Papers, DUFC 8/1/14, Richard Overy, 1939: *Countdown to War*, London, 2009, p.29からの引用。

第1章

世界大戦の始まり

一九三九年六月〜八月

一九三九年六月一日、ソ連労農赤軍の将官、小柄で頑丈な騎兵出身のゲオルギー・ジューコフのもとに、至急モスクワに来られたしとの呼び出しがかかった。二年前の一九三七年に始まった、スターリンによる赤軍大粛清はいまも継続中であり、すでに一度告発された経験をもつジューコフは、ああ、自分もついに「人民の敵」にされるのだなと覚悟を決めた。その次は、ラヴレンチー・ベリヤの〝肉挽き器〟――秘密警察「ＮＫＶＤ（内務人民委員部）」の尋問システムは当時そう呼ばれていた――にかけられるのだろうと。

いわゆる「大テロル」の嵐が吹き荒れ、居もしない敵に怯える恐怖の時代。トロツキー派ファシスト・スパイとして真っ先に銃殺されたグループのなかには、赤軍の上級将校たちも含まれていた。およそ三万人が逮捕・拘禁された。階級が最も高いものの多くは処刑され、また過半数のものが拷問にかけられ、荒唐無稽な自白を強いられた。そうした犠牲者の何人かと親しく交際していたため、ジューコフ将軍は大粛清が始まると、いずれ収監の日が来ることを見越して、すでに身辺整理を終えていた。当面必要なあれこれを詰めた鞄も用意し、つねに手元に置いた。そしていま、予想していた瞬間がついにやって来たというわけである。ジューコフは妻に別れの手紙を書いた。「お願いだから、気落ちして涙にくれたりせずに、気をしっかり保ち、威厳をもって、ままならぬ別離にまっすぐ耐えるよう頑張ってほしい」と。

ところが、翌日列車でモスクワに到着したジューコフは、逮捕されることも、ルビャンカ刑務所に連行されることもなかった。クレムリンに行き、ソ連邦の国防人民委員（国防相）で、内戦時代の「第一騎兵軍」から一貫してスターリンの戦友だったクリメント・ヴォロシーロフ元帥のもとに出頭せよと告げられた。大粛清のあいだ、この「凡庸で、主体性に欠け、知性のかけらもない」元帥閣下は、有能な指揮官を精力的に処分することでその立場を固めてきた。「陸軍最大のクソ袋だ」とニキータ・フルシチョフはのちに下品かつ率直な言い回しでこの陸軍元帥を評している。

その元帥閣下に、ジューコフは告げられた。ただちに飛行機に乗り、ソ連の衛星国であるモンゴル人民共和国（外蒙古）にむかい、ソ連赤軍とモンゴル軍からなる「第五七特別狙撃（歩兵）軍団」を統率し、大日本帝国陸軍に反撃、決定的打撃を与えよと。同志スターリンは、現地司令官がほとんど成果をあげないことに激怒しており、国家の西方にヒトラーとの戦争の脅威があるいま、傀儡国家「満洲国」を根城にわがソ連邦に仕かけてくる日本の挑発行為にこのさい引導をわたす考えであると。ソ連と日本の敵対関係はじつに帝政ロシアの時代に遡る。一九〇五年の「日露戦争」で喫した屈辱的敗北は、政治の担い手が変わり、国名が「ソヴィエト社会主義共和国連邦」になっても、忘れられることは断じてなかった。そしていま、スターリンの指示のもと、極東ソ連軍は大規模増強の真っ直中にあった。

対する日本の軍部は、ボリシェヴィズムの脅威が念頭から離れなかった。特に一九三六年十一月に「日独防共協定」が結ばれて以降、モンゴル国境における赤軍前線部隊と関東軍の緊張関係は高まる一方だった。三七年には、日ソの国境地帯で小競り合いが頻発し、緊張はさらに激化した。三八年にはウラジオストク南西一一〇キロメートルのハサン湖周辺で「張鼓峰事件《ちょうこほう》」が起きるなど、大規模衝突に発展するケースさえあった。

日本はまた、敵対する中国国民政府に対し、ソ連がさまざまな支援を与えることにも腹を立てていた。経済面だけでなく、ソ連は〈T－26〉戦車や大がかりな軍事顧問団、はては〝志願兵〟で構成された航空部隊まで提供していた。一九三八年八月、ソ連への本格対応に昭和天皇が待ったをかけて以降、関東軍上層部は不満をいっそう募らせた。傲慢なかれらは、ソ連が決して反撃しないという誤った前提のもとに行動した。しかもかれらは、将来いかなる国境紛争が生じても、臨機応変に対処できるよう、一種の白紙委任状をくれるよう本国にせっついた。ただ、そうした要求の背後には、自己保身の思惑があった。ソ連との低強度紛争がずるずると続けば、東京政府としても、関東軍をむやみに縮小できず、むしろ増強を余儀なくされると、かれらは踏んでいた。もし仮に、このままなんの手も打たなければ、関東軍はいずれ手持ちの一部部隊を南に持っていかれ、それらは蔣介石の国民党軍との戦いに投入されるはずで、かれらはそうした事態を憂慮した。

関東軍がとなえる「対ソ主戦論」を支持する勢力は、東京の参謀本部内にもいた。一方、帝国海軍や文民政治家たちは、事態の推移を危惧し、またソ連を日本の主敵と位置づけるよう迫ってくるナチ・ドイツの圧力にも落ち着かない気分を味わっていた。かれらはそもそも、北方のモンゴルやシベリアの国境地帯で事を構える気などさらさらなかったから。こうした不一致がもとで公爵・近衛文麿の政府は瓦解した。だが、ヨーロッパに戦雲のたちこめるのは誰の目にも明らかなのに、日本政府の高官や軍上層部のサークル内では議論がいっこうに止まなかった。陸軍と極右勢力は、北方の国境地帯における衝突件数がいまやうなぎ登りであると触れ回り、しばしば状況を大げさに言い立てた。しかも関東軍は東京に知らせることなく、敵の不法行為に対しては徹底膺懲《ようちょう》を許すとの命令を現場の指揮官に与えていた。いわゆる〝フィールド・イニシアティヴ（独断専行）〟である。戦域司令部は、管轄地に安全保障上の理由があれば、大本営に諮ることなく、臨機応変に部隊を動かせるとの理屈だった。

「ノモンハン事件」――戦場一帯を流れる河の名に因んで、ソ連側はのちに「ハルハ河の戦い」と呼んだ――は一九三九年五月十二日に開始された。モンゴル軍の一個騎兵連隊がハルハ河を渡り、広大な波打つ草原に点在する、小さな草むす丘をいくつか確保した。日本側はこの河を国境と見なしていたが、モンゴル軍はその後さらに、河から約二〇キロメートルも進出して、自分たちが主張する国境線が走る大きな村、ノモンハンへと至った。関東軍隷下の満洲国軍が、モンゴル軍をハルハ河まで押し返すと、モンゴル側は反撃に出た。押したり退いたりの小競り合いがおよそ二週間続いた。ここでソ連赤軍が増強部隊を投入。ソ連・モンゴル両軍は五月二十八日、兵員二〇〇名と若干の時代遅れの装甲車輛を擁する日本軍部隊を叩きつぶした。さらに六月半ば、赤軍の爆撃機がいくつかの目標を攻撃し、あわせて地上軍がノモンハンまで一気に押し出した。

戦いはたちまち段階的拡大へと移行した。この地域の赤軍部隊は、六月五日に着任したジューコフ将軍の要求をいれ、「ザバイカル（沿バイカル湖）軍管区」所属の部隊によって大幅増強がはかられていた。ソ連軍にとって最大の問題は、最寄りの鉄道輸送終点から六五〇キロメートル余り離れた場所で軍事行動を展開しなければならないことだった。おかげで未舗装の道路を行くトラック輸送ですべての物資を運ばざるを得ず、それは往復に五日間を要する兵站努力を意味した。この恐ろしく困難な状況ゆえに、少なくとも日本側は、ジューコフが集結させつつある部隊の戦闘力を過小評価した。

日本側はノモンハンに小松原道太郎中将麾下の「第二三師団」と、「第七師団」の一部を送り込んだ。関東軍は地上部隊を支援するため、航空機による直上支援を大幅に増やすよう要求。これが東京側の懸念を生んだ。参謀本部は報復攻撃を禁じる命令を発するとともに、状況を聴取するため将校一名を派遣すると発表した。ところが、この報に接した関東軍の幹部たちは逆に、手足を縛られる前に片を付けてしまおうと決意した。六月二十七日朝、かれらは航空部隊を送り込み、モンゴル領内のソ連軍基地を空爆。東京の参謀本部はこれに激怒して、これ以上の航空活動を禁じる命令を立て続けに送った。

七月一日の夜、日本軍はハルハ河を押し渡り、ソ連軍の側面を脅かす戦略高地を確保した。だがしかし、三日間にわたる激戦のすえ、ジューコフ将軍は戦車をもちいた反撃で、最終的に日本軍を河の対岸まで押し戻した。さらに東岸の一部を占拠し、そこでかれは赤軍の言う〝マスキロフカ〟、すなわち一大欺瞞作戦に着手した。ジューコフは大規模攻勢を準備しながら、麾下の部隊をつかって、あたかも静的防衛ラインを築くがごとき印象を与え続けた。防御陣地に追加補給を願うという偽電報を平文でやりとりしたり、拡声器をつかって杭打ちの擬音を延々と流したりした。また、『防衛戦についてソヴィエト兵士が知っておくべきこと』と題するパンフレットが、一部が敵の手に渡るほど惜しみなく、各部隊に配布された。その一方でジューコフは、夜陰に紛れる形で戦車の増援部隊を要所要所に配置し、巧みな隠蔽を施した。大規模攻勢を可能にする大量の予備弾薬を現場に運ぶため、トラックの運転手たちは、鉄道輸送終点から寝る間も惜しんで荒れ地を走りつづけ、皆くたくただった。

七月二十三日、日本軍は再度、反撃に出、中央突破をはかったが、ソ連側の防衛ラインを抜くことはできなかった。補給面で問題をかかえていることは日本側も同様で、それはつまり、三度目の力押しをするには準備のための若干の時間が必要なことを意味した。だが日本側は、ジューコフの部隊がいまや兵員五万八〇〇〇人、戦車五〇〇輛近く、航空機二五〇機の一大勢力に膨れあがっていることに全く気づかなかった。

八月二十日日曜日〇五四五時（午前五時四五分）、ジューコフは奇襲攻撃を命じ、まずは三時間におよぶ準備射撃のあと、戦車と航空機、歩兵と砲兵が一体となって日本軍に襲いかかった。ひどく暑い日で、気温は摂氏四〇度を超え、機関銃や火砲が不具合を起こし、また爆発による土ぼこりと煙のせいで、戦場の視界はひどく悪かった。

三個狙撃師団と一個空挺旅団からなるソ連の歩兵部隊が、中央部で日本軍の突出部を釘付けにしている間《かん》、ジューコフは後方に待機させておいた三個戦車旅団と一個モンゴル騎兵師団を送り込み、敵方の包囲に当たらせた。スペイン内戦で共和国派の人民戦線軍を支援した〈T－26〉を含む戦車たちは、ハルハ河支流の浅瀬を猛然と渡った。そのなかにははるかに高速で、のちに第二次世界大戦で最もよく働いたと言われる中戦車〈T－34〉の前身ともいうべきプロトタイプも含まれていた。年代物の日本製戦車に、勝てる道理などなかった。ソ連製戦車の装甲を打ち抜ける、満足な徹甲弾すら日本軍にはなかったのだから。

日本の歩兵は有効な対戦車火器をいっさい持たなかったが、それでも必死に戦った。「歩兵第二八連隊」第二機関銃中隊を率いる定梶哲夫中尉は、日本刀を手に戦車にむけて突進し、まさに斃《たお》れて後《のち》已《や》む奮戦ぶりだった。日本兵は掩蔽壕を根城に、押し寄せる敵兵に甚大な被害を強いたため、これに対処すべく、火炎放射戦車が投入される場面もあった。自国の兵員にどれほどの損耗が生じようと、ジューコフ将軍はいささかも怯まなかった。現地視察に来ていた「ザバイカル軍管区」の司令官が、攻勢を一時中断すべきではないかと示唆すると、ジューコフはこの上官に簡潔なことばで戦場の現実を指摘した。ここでいったん中止し、しかるのち攻撃を再開するならば、「みずからの優柔不断」により、わが軍の損耗はいまの十倍に増えますぞと。

虜囚の辱めをよしとしない日本軍だったが、関東軍の骨董品のような戦術・装備では屈辱的敗北を喫するしかなかった。小松原の部隊は包囲され、延々と続く虐殺のはてに、ほぼ殲滅させられた。その犠牲者は六万一〇〇〇人にのぼった。赤軍側の犠牲は、戦死者七九七四人、戦傷者一万五二五一人だった。八月三十一日朝、戦闘は終了した。この戦いの期間中に「独ソ不可侵条約」がモスクワで結ばれ、さらに大規模な交戦が終わったころには、ポーランド国境にドイツ軍が大挙して集結、ヨーロッパにおける大戦が始まった。日ソ双方の衝突はその後、九月半ばまで散発的に続いたものの、スターリンはそうした世界情勢に鑑み、日本側の停戦要請を受け入れる方が得策だと判断した。

かつて逮捕の予感に怯えつつモスクワ入りしたジューコフ将軍は、いまや祖国の首都に、見事凱旋帰国を果たし、スターリン手ずから「ソ連邦英雄」金星章を授与された。苦しく、つらい時期にあったソ連赤軍にとって、ジューコフ将軍のあげた勝利は、気持ちを一気に明るくさせる慶事であり、この勝利がもたらした心理的効果は、はるか遠方にまで及んだ。対する日本は、予期せぬ敗北に骨の髄まで震えあがり、それと敵対する中国側は、国民党も共産党も、大いに勇気づけられた。東京では対ソ戦を言い立てる「北進」派が後退し、以後、海軍が主導する「南進」派が勢いを増していく。一九四一年四月、ドイツの対ソ侵攻計画、いわゆる「バルバロッサ作戦」の発動を数週間後に控えた時期には「日ソ中立条約」までが結ばれ、ベルリンを大いに狼狽させた。日本はこののち、東南アジアにあるフランス、オランダ、イギリスの植民地を襲い、さらにはアメリカ海軍と雌雄を決することになるのだが、「ノモンハン事件」はある意味、その遠因として、多大の影響を及ぼしたと言えよう。一九四一年の冬、ドイツは日本に対し、ソ連の東部地域で新たな戦線を開くよう要請するが、東京は結局、これを拒むことになる。かくして「ノモンハン事件」は、大戦の帰趨を制する地政学的分岐点として、極東地域の戦線においても、ヒトラーが生死を賭けた対ソ戦においても、決定的な役割を果たすのである。

この大戦が始まる前、ヒトラーの戦略は、それほど首尾一貫したものではなかった。ソ連に対する攻撃を念頭に、その前段階としてイギリスとの同盟関係を模索したことも何度かあった。だがかれは最終的に、フランスに先制攻撃を仕かけ、あわせてヨーロッパ大陸におけるイギリスの影響力を排除するという方向に動く。まずは西方を攻めると決めたからには、東方から脇腹を突かれないよう、それなりの手立てが必要だった。そこでヒトラーはヨアヒム・フォン・リッベントロップ外相をポーランドに派遣し、「独波同盟」にむけた予備交渉をおこなわせた。ポーランド側は、スターリンを刺戟する危険性を熟知していたし、ヒトラーの狙いはわが国の衛星国化だろうと状況を正しく認識していたので、強い警戒心をいだきつつ、ドイツ側との交渉に臨んだ。だが、ポーランド政府は結局、目先の利益に目がくらみ、この話にうかうか乗ってしまうという致命的ミスをおかす。一九三八年、ドイツがズデーテン地方に進出すると、ポーランドも軍を動かし、一九二〇年以来、住民がポーランド系であることを根拠に領有権を主張してきたチェコスロヴァキアのテッシェン州（チェシン）を占領、国境をカルパティア山脈まで拡大したのである。だがこの動きは、ソ連側の反感を招き、また英仏両国政府を失望させた。ポーランド人はその自信過剰ゆえに、ヒトラーの術中にまんまと嵌まってしまったのだ。ドイツの領土拡張に対抗するため、中部ヨーロッパ圏、かれらの言うところの〝第三のヨーロッパ〟を創設するというポーランド側の一大構想は、結局大いなる幻影であることがやがて明らかとなる。

一九三九年三月八日、ドイツ軍がチェコスロヴァキアの首都プラハと残りの部分を占領する直前、ヒトラーは麾下の将軍たちにこう告げた。自分はポーランドを粉砕し、ポーランドという資源から最大限の利益を得、もって中欧から南欧におよぶ一帯で支配権を確立するつもりだと。そして、そこに至る手順を初めて明らかにした。私は西方を攻撃する前に、外交ではなく征服によって、ポーランドを無力化する決意でいると。かれは将軍たちにこうも告げた。私はアメリカの「ユダヤ式民主主義」もあわせ叩き潰す所存であると。

三月二十三日、ヒトラーはリトアニアのメーメル地方（現クライペダ）を強奪し、東プロイセンに組み入れた。わがドイツに追随する形で、英仏両国も早晩、再軍備に踏み切るにちがいないと恐れていたため、ヒトラーは総力戦にむけた工程表の実現を急いだ。チェンバレン英首相は三月三十一日、イギリス下院において、わが国はポーランドを支援すると確約したけれど、ヒトラーはこの言葉を真に受けなかった。四月三日、ヒトラーは将軍たちに命じた。八月末の発動をめざす対ポーランド侵攻作戦「白の場合」にむけ、関連する諸計画の準備にあたれと。

チェンバレンは虫唾が走るほど共産主義者が嫌いだったので、スターリンと交渉する気になれず、またポーランドの力量を過大評価していたため、中部ヨーロッパとバルカン半島全域におよぶ対ヒトラー「防衛ブロック」の創設には乗り気でなかった。イギリスがポーランドに与えた安全保障面の約束には、ソ連がらみの部分が暗に省かれていたほどである。露骨なソ連外しを解消すべく、チェンバレン政権がようやくその作業に着手したのは、独ソ両国が貿易交渉に入ったという知らせが届いたあとだった。一方、ポーランド人を蛇蝎《だかつ》のごとく嫌うスターリンは、英仏両国がヒトラーに敢然と立ちむかわなかったことで、警戒心をいだいた。その前年、チェコスロヴァキアの将来像をめぐってイギリスとフランスが協議をおこなったさいも、英仏両国はスターリンをその場に迎えようとはしなかった。そうした一連の経緯から、スターリンは怒りを滾《たぎ》らせており、英仏両国はじつは自分を巧みに誘導し、ドイツと戦わせ、自分たちは高みの見物を決めこむつもりではないかと疑っていた。まあ、スターリンの方も、資本主義国が互いに消耗戦を演じ、互いを潰しあう展開が最も望ましいと考えていたのだが。

そこでスターリンは四月十八日、中部ヨーロッパのいずれかの国が侵略の脅威にさらされた時、これを支援するための国際的枠組みをつくろうではないかと持ちかけ、英仏両国の腹を探った。イギリス側の反応はあいまいだった。なるほどソ連外交にとって、この打診は政策の一大転換ではあったけれど、イギリス外相のハリファクス卿も、その片腕をつとめる外務次官サー・アレグザンダー・カドガンも、この申し入れを聞いた瞬間、「なにか底意がある」と直感したからだ。こんな話にうかうか乗れば、ヒトラーを単に挑発するだけではないかとチェンバレンは懸念した。事実、この話を聞いたナチ・ドイツの総統閣下は、ソ連の独裁者相手にいまひとつの交渉を模索するようになる。いずれにしろ、庇護される側のポーランド、ルーマニア両国は、疑いの目で、事のなりゆきを見守っていた。実際問題、庇護の必要が生じたら、ソ連側はきっと、貴国防衛のために是非とも必要だと称して、わが国領土の通行権を求めてくるに違いない——と、ポーランドもルーマニアもきわめて真っ当な警戒心をいだいた。一方、ことドイツ問題では「第一次世界大戦」以前から一貫して、大国ロシアを同盟国と見なすのが当然と考えるフランスは、ソ連側となんらかの協力関係を結ぶという案にきわめて積極的だった。ただ、イギリス抜きでは、そもそも話にならないとも感じていたのでイギリスに圧力をかけてソ連との軍事協力に引き込もうとした。スターリンは、イギリスの及び腰にいささか興ざめではあったが、この機に乗じて、わが国の国境線をさらに西方に広げてやろうと心密かに考えてもいた。かれはすでにルーマニアのベッサラビアや、フィンランド、バルト三国、ポーランド東部（特に一九二〇年の敗戦によりポーランドに割譲させられた白ロシアとウクライナの一部）に狙いを定めていた。イギリスもようやく、ソ連となんらかの協定を結ぶ必要性を認識し、五月末を目処に交渉が開始された。ただイギリス政府は、たんに時間稼ぎをしているだけではないかというスターリンの疑念は消えず、またそう考えるのも無理からぬことが多々あった。

八月五日、仏英軍事代表団がレニングラードにむけて出発した。だが、かれらは時間がかかる海路をたどったため、スターリンはさらに興をそがれてしまった。しかも、両国の代表団長をつとめるエーメ・ドゥマン将軍とサー・レジナルド・プランケット＝アーンリ＝アール＝ドラックス提督にはなんらの決定権も与えられていなかった。二人の高級軍人にできることはただひとつ。すなわちパリとロンドンに話を持ちかえり、本国政府に報告するだけである。いずれにしろ、この二人の任務は別の理由からすでに失敗を運命づけられていた。わが赤軍にはポーランド、ルーマニア両国の領内を通行する権限が絶対的に必要であると、スターリンが主張して止まなかったのだ。おかげで、ドゥマン将軍もドラックス提督も打つ手なしだった。それはフランスにしても、イギリスにしても、およそ呑むことのできない要求だったから。仏英両国は共産主義者に対しておしなべて生理的不信感を持っていたが、スターリンなる人物への疑いの念はそれをはるかに上回っていた。八月後半、実りのない交渉が続くなか、時間はみるみる失われていった。なんらかの合意をまとめたいと必死に願うフランスでさえ、そこまで譲歩しろとワルシャワを説得することは不可能だった。なにしろポーランド軍の総司令官、エドヴァルト・リッツ＝シミグウィ元帥が言うように、「相手がドイツ人だと、われわれは自由を失う恐れがあるが、相手がロシア人だと、魂までも失ないかねない」というのが同国の基本認識なのだから。

仏英両国はまた、ドイツの更なる侵略に対する相互防衛条約にルーマニアも一枚加えようと試みた。それが刺戟となって、ヒトラーはついに決断した。イデオロギー的に本来ありえない組み合わせではあるけれど、ナチズムとボリシェヴィズムをつなぐなんらかの国際協約を結ぶべき時機が来たようだと。八月二日、リッベントロップ外相はベルリン駐在のソ連代理大使に対し、独ソ両国の新たな関係構築という考えを初めて提起した。「バルト海から黒海まで」とリッベントロップは言った。「われわれ両国のあいだで、解決できない問題などありません」と。

リッベントロップは、ポーランドに対する侵略的意図をなんら隠すことなく、戦利品にはそれなりの分け前があると示唆した。二日後、ドイツの駐モスクワ大使は告げた。ドイツはバルト三国がソ連の勢力圏の一部であると見なしておりますと。八月十四日、リッベントロップは、交渉のためモスクワを訪問したいと打診した。するとソ連外相に就任したばかりのヴャチェスラフ・モロトフがメッセージを送ってきた。かれはまず、ドイツ政府が現在、日本を支持していることに懸念を表明してみせた。日本軍は当時、ハルハ河両岸でいまだ赤軍相手の戦闘を続けていた。ただ、モロトフはそれにもかかわらず、ソ連側は引きつづき、特にバルト三国にかんし、協議を継続したい旨、明確な意思表示もおこなっていた。

独ソ提携には相互にうま味があることは、スターリンとて分かっていた。実際、英仏独伊の「ミュンヘン会議」このかた、ヒトラーと接触する機会をうかがっていたくらいである。一九三九年春、独ソ間の準備交渉が一気に本格化した。五月三日には、NKVDの部隊がソ連外務人民委員会（外務省）の建物を包囲した。「ユダヤ人の根城を粛清せよ」とスターリンが命じたからである。「〝シナゴーグ〟を一掃せよ」と。ベテラン外交官で外相の任にあったマクシム・リトヴィノフが、モロトフによってその座を追われ、リトヴィノフ以外のユダヤ系外交官たちも、何人かが逮捕の憂き目を見た。

ヒトラーと合意が成ったことで、スターリンはバルト三国とベッサラビアを確保した。ドイツが西方からポーランドに侵攻するさい、同国の東半分をもらうという密約については、言わずもがなだ。さらに、ヒトラーの次なる相手が仏英両国だと判明したので、スターリンは西方の資本主義者たちが血まみれの戦いを演じ、結果、ドイツが国力を衰退させることを期待した。そうなれば、みずから発動した大粛清によって弱体化し、士気の低下に見舞われている赤軍を再建する貴重な時間が稼げるというものだ。
ヒトラーにとって、スターリンとの合意は、念願の戦争遂行にむけた起爆剤となった。ドイツに加勢する同盟国こそ存在しないものの、まずはポーランドを、次いで仏英両国を叩くつもりだった。五月二十二日にはイタリアとの間でいわゆる「鋼鉄の協定」が結ばれていたけれど、爪の垢ほどの効果しか生まなかった。なにしろ、わがイタリアは一九四三年まで、開戦準備が整わないというのがムッソリーニの考えだったから。それでも、ヒトラーは自分の直感に賭けていた。口先だけの安全保障なんぞなにするものぞ。わがドイツが実際にポーランドを攻めれば、イギリスもフランスも縮こまって、あたふたと戦争回避に動くに違いないと。

ナチの反ポーランド宣伝はいよいよ熾烈になり、ポーランドはドイツ侵略を準備していると非難を浴びせるまでになった。その一方でヒトラーは、ポーランド側が呼びかける交渉のテーブルには一切つかぬよう、あらゆる手をつかって逃げ回った。うっかり土壇場で譲歩され、開戦のきっかけを摑めなくなることを恐れたのだ。

みずからの想いに、ドイツ国民を同調させるため、ヒトラーは国民の心の奥底にひそむ、ポーランド許すまじの感情をさかんにかき立てた。あの憎むべき「ヴェルサイユ条約」によって、わが西プロイセンを、わがシュレージエン（現シレジア）の一部を、あの国は手に入れたのだ。ダンツィヒ自由市と、あの国にバルト海への出入り口を提供するため設けられたいわゆる「ポーランド回廊」のせいで、東プロイセンは祖国の他地域と切り離されてしまったではないか。これこそまさに、「ヴェルサイユ条約」がこのうえなき不正義な条約であることの証しであると。だがしかし、総統閣下はたしか五月二十三日、こう宣言していたはずだ。来たるべき戦争は、ダンツィヒ自由市をめぐるものではなく、東方の〝生存圏〟をめぐるものであると。ポーランド国内に暮らすわが八〇万のドイツ人同胞は、みなひとしおにひどい抑圧にさらされているとのドイツ側の報道には、相当な印象操作が加わっていた。そもそもヒトラーがポーランドを脅したことがきっかけで、ドイツ系住民に対する差別的態度が広がったのだから。結果、八月末には、およそ七万人が〝祖国〟に逃れる事態まで出来した。これに対して、ポーランド側はこう主張した。こうした騒ぎが起こる前、ドイツ系住民がポーランド国家の転覆を画策したのがそもそもの原因であると。だが、こうした言い分は実態が伴わないと見て、ほぼ間違いないだろう。ともあれ、ポーランド在住のドイツ人がかの地で迫害を受けているとしきりにいい立てる、ナチ宣伝機関の言葉遣いがなんとも大仰だったことだけは確かである。

八月十七日、ドイツ軍はエルベ河畔で軍事演習を実施した。そのさい、駐独イギリス大使館から陸軍大尉二名が招かれて、オブザーバーとして参加した。その報告によると、ドイツの青年将校は「きわめて自信に満ち、ドイツ軍はどこと戦っても負けないと確信していた」が、かれらを率いる将官たちや、外務省の高官たちは、ポーランド侵攻が新たな欧州大戦のきっかけになるのではと不安げだったという。ヒトラー自身は、イギリスにはそもそも戦うだけの根性がないと依然信じていた。いずれにしろ、ソ連との不可侵条約がまとまれば、東西二正面作戦を恐れるわが将領たちも、ようやく安堵のため息をもらすだろうと。ただ、ドイツ海軍を率いるエーリヒ・レーダー海軍元帥は八月十九日、保険をかけることにした。英仏が万一宣戦布告をした場合に備えて、「ドイチュラント」、「アトミラール・グラーフ・シュペー」の両高速巡洋戦艦、いわゆる〝ポケット戦艦〟と一六隻のUボートを出撃させ、大西洋にむかえと命じておいたのだ。

八月二十一日一一三〇時（午前十一時三〇分）、ベルリンのヴィルヘルム街にあるドイツ外務省から「独ソ不可侵条約」が提起されたとの発表がおこなわれた。さらにスターリンが協議に応じたとの知らせが、ベルヒテスガーデンの保養所「ベルクホーフ山荘」に滞在するヒトラーのもとに届けられた。かれはこれで勝ったという風に、両の拳を握りしめると、テーブルを勢いよく叩き、側近たちに宣言した。「やった！　私はやったのだ！」と。在ベルリン英国大使館のある館員はこんな目撃談を残している。「カフェのドイツ人たちは、これが平和を意味すると思っているかのように、興奮ぎみであった」と。駐独イギリス大使、サー・ネヴィル・ヘンダーソンは発表の直後、ロンドン宛てにこんな報告を送っている。「ベルリンの第一印象は、限りなき安堵感……戦争をすることなく目的を達成するヒトラー氏の能力に対するドイツ国民の信頼感は、またも実証されたのである」

この第一報にイギリスはむろん動揺したけれど、ロシアを伝統的同盟国と見なし、その国との軍事同盟にはるかに大きな期待をかけていたフランスにとっては、まさに青天の霹靂だった。皮肉なことに、最も仰天したのはスペインのフランコと、日本の指導者たちだった。自分の方から防共協定を持ちかけておきながら、ドイツがなんの前触れもなく、〝防共〟の仮想敵たるモスクワと同盟関係を模索中と聞かされて、かれらは裏切られたような気分だった。この衝撃で、東京の政府は瓦解したが、この報はまた、蔣介石とかれが率いる中国国民党にとっても大打撃だった。

八月二十三日、リッベントロップはソ連の首都にむけて歴史的なフライトをおこなった。密約も交わされた。中部ヨーロッパを独ソ両国で分割するという一件について、ふたつの全体主義国家のあいだに不都合な点はほとんどなかった。スターリンがラトヴィアを丸々要求すると、リッベントロップはヒトラーからの電話による即答を得て、すぐさま譲歩した。「独ソ不可侵条約」の締結が内外に伝えられ、秘密議定書の署名も片付くと、スターリンが提案した。ヒトラーのために乾杯しようではないかと。「ドイツ国民がどれほど総統を熱愛しているか」私もよく承知しているよとスターリンはリッベントロップに語りかけた。

同じ日、駐独イギリス大佐、サー・ネヴィル・ヘンダーソンは戦争回避の最後の試みとして、チェンバレン首相の親書を携えて、空路ベルヒテスガーデンまで飛んだ。しかしヒトラーは、貴国はポーランドが反独的立場をとるようあの国を煽ってきたではないかと、イギリスを非難しただけだった。ヘンダーソン大使は対独宥和派の最たる存在だったが、そのヘンダーソンもさすがに目が覚めた。「先の大戦の伍長どのは、自分が次の大戦の征服総統としてやっていけることを証明したくて、うずうずしているのであろう」と。その同じ夜、ヒトラーはドイツ陸軍に対し、三日後のポーランド侵攻にそなえて準備にかかれと命じた。

八月二十四日〇三〇〇時（午前三時）、駐独イギリス大使館はロンドンから「ラージャ」という暗号指令を受け取った。外交官たち（その一部はいまだパジャマ姿だった）は、秘密文書の焼却を開始した。正午、ドイツ在住のすべてのイギリス臣民に対し出国せよとの警報が発せられた。大使閣下はベルヒテスガーデン詣《もう》でから戻ったばかりでほとんど寝ていなかったけれど、それでもスタッフたちとその晩は夜通しブリッジに興じた。

翌日、ヘンダーソン大使は、すでにベルリン入りしたヒトラーと再度面会した。ヒトラーは、ポーランド占領が終了した暁には、イギリスに協定をひとつ提案するからと言った。これに対しヘンダーソンが、仮になんらかの合意をお望みなら、総統閣下は侵略行為を思いとどまり、チェコスロヴァキアからも兵を退くべきでありましょうと応じた。ヒトラーは一瞬カッとなったけれど、そこでまた、ふと本心を吐露してみせた。戦争をおこなわなければならないのなら、わたしが五十五歳や六十歳になった時ではなく、時はいまであると。その夜、イギリスとポーランドの間で「英波同盟条約」が正式調印されると、ヒトラーはこれに心底驚き、かつ衝撃を受けた。

ベルリンでは、イギリスの外交官たちが最悪の想定をもとに行動していた。「いまや私物はすべて鞄に詰められ、大使館の舞踏室に移されていた」という一文をある外交官は残している。そこは「まるで臨港列車が到着した直後のヴィクトリア駅のような有様だった」と。そのころ、イギリス、フランス、ポーランドにあるドイツ大使館、ドイツ領事館にも指示が飛んでいた。ドイツ国籍を有するすべての者に対し、すぐさま祖国に戻るか、さもなくば中立国に出るよう待避命令を発せよと。

八月二十六日土曜日、ドイツ政府は、かつてロシア軍を包囲・殲滅した「タンネンベルクの戦い」二五周年の記念式典を中止させた。というか、この奉祝イベント自体、東プロイセンに大規模部隊を集結させるための隠れ蓑にすぎなかったのだ。その前日には、旧式戦艦「シュレスヴィヒ＝ホルシュタイン」が親善訪問を装ってダンツィヒ(現グダニスク)港の沖合いに到着していた。この訪問は、ポーランド政府への事前通告なしにおこなわれた。親善と言いつつ、同艦の弾薬庫は砲弾で満たされており、命令一下、ヴィスワ川河口域に近いヴェステルプラッテ半島のポーランド軍陣地をいつでも叩くことが可能だった。

ベルリンはその週末、すばらしい天気にめぐまれ、市民たちはみな飲めや歌えの大騒ぎだった。ヴァーン湖のグリューネヴァルト側の岸辺を見ると、日光浴や水泳を楽しむ人々でどこもかしこもいっぱいだった。配給制度の導入がすでに発表されていたけれど、ドイツ国民はみな、戦争が迫りつつあることを、ほんの一瞬でも、忘れたがっているようだった。そのころイギリス大使館では、地下貯蔵室にストックされたシャンパンをすべて飲み干す作業に取りかかっていた。道を行く兵士の数がますます増え、その多くが、まるでたったいま支給されたばかりのような真新しい軍用長靴——艶出し剤で黒くなる前の黄色をしていた——を履いていることに、館員たちの目は嫌でも注がれた。

当初、ポーランドに対する侵攻はこの日をもって開始される予定だった。だが、英仏両国が決然とポーランド支援に回ったため、いささか度を失ったヒトラーは前日の夕刻、作戦の延期を決定した。

あるいはイギリスが逡巡の気配を見せるのではないかとの期待も、多少はあった。一方、土壇場の変更だったため、現場はかなり混乱した。たとえば中止命令を受け取れなかった特殊部隊「ブランデンブルガー」所属の隊員たちはすでにポーランド領内に侵入しており、拠点となる橋梁一カ所も確保し終えていた。ただ、ポーランド側はこの動きを大規模侵攻の一環とは考えず、むしろドイツによる挑発行為と受け止めた。

開戦の責任をなんとかポーランド側に押しつけたいヒトラーは、英仏両国だけでなく、当事国ポーランドに対しても交渉に応じる用意があるとのポーズを取り続けた。だがしかし、すべては茶番だった。なにしろヒトラーは議論の叩き台となるようないかなる条件提示もポーランド政府に示さず、ポーランドに特使派遣を要請することもなく、八月三十日真夜中という最終期限を通告しただけなのだから。ヒトラーはまた、ドイツ、ポーランド両国の仲介役をつとめたいとするムッソリーニ政権の申し出も拒否した。そして八月二十八日、ヒトラーは再度、ドイツ陸軍に命令を発した。九月一日の朝に侵攻を開始すべく、準備を整えよと。

そのころ、リッベントロップ外相はポーランド、イギリス両国の大使から逃げまわっていた。元々リッベントロップは、こいつは語るに値しない相手だと見切りをつけると、ただ中空を見つめ、とりつく島がない態度を取るのが常なので、ある意味、本領発揮と言えなくもなかった。ヘンダーソン英国大使に対しては、面会にこそ応じたものの、その日時は八月三十日真夜中、交渉なき交渉期限がいままさに切れようとする刻限だった。戦争回避の条件を知りたいと、ヘンダーソンは迫った。するとリッベントロップは「長文の文書を取り出した」とヘンダーソンは報告している。「その文書を、かれは最大限の不快げな口調、可能なかぎりの早口で、ドイツ語によって、私にむかって読み上げるというか、浴びせかけたのだった……ようやく読み終えたので、私はその文書を見せてほしいと頼んだ。

フォン・リッベントロップ氏はニベもなく拒絶すると、その書類をテーブルに放り投げるという、人をバカにした態度を見せたあと、ポーランド特使は午前零時までにベルリンに到着しなかったのだから、もはや手遅れだと言い放った」。翌日、ヒトラーはこの五カ月間、準備に準備を重ねてきた対ポーランド侵攻計画、「白の場合」にむけた指令第一号を発した。

パリでは、百万人を超える犠牲者を出した先の大戦の記憶もあって、苦いあきらめムードが漂っていた。イギリスでは、九月一日付けで子供たちをロンドンから避難させる大規模疎開計画が発表されたが、国民の大多数は依然として、ナチ党の指導者ははったりをかましているにすぎないと信じていた。だが、当のポーランド国民で、そんな幻想を抱いているものはひとりもいなかった。それでも、ワルシャワにパニックの気配はなく、人々はただ覚悟を決めるのみだった。

〝コーサス・ベリー（戦争の原因）〟の濡れ衣を相手方に着せようと、ナチ・ドイツが最終局面で試みた工作のあれこれを眺めると、ナチ流のやり方というものがよく分かる。悪意に満ちたその手口は、親衛隊全国指導者ハインリヒ・ヒムラーの片腕、ラインハルト・ハイドリヒが計画し、組織したものだった。ハイドリヒは最も信頼をよせる親衛隊員を慎重に選んで、とあるグループを立ち上げた。まずは国境の町グライヴィッツ（現グリヴィツェ）の近くにあるドイツの税関所とラジオ局がなにものかに襲撃された体裁を整える。次いで、ポーランド語によるメッセージをそこから発信する。そのうえで、「ザクセンハウゼン強制収容所」*1の被収容者——手頃なものを見繕って、ポーランド軍の軍服を着せ、薬物を投与して運んできた——数名をその場で射殺すると、証拠死体として現場に放置するというのが大まかな手順だった。ハイドリヒは八月三十一日午後、同グループの指揮官に電話をかけ、作戦の決行を意味する合い言葉を伝えた。「祖母が死んだ！」と。「第二次世界大戦」のヨーロッパ戦域における最初の犠牲者が、欺瞞工作のために殺された強制収容所の囚人だったという事実に接するとき、人はそのあまりの象徴性に、思わず身震いを覚えるに違いない。

章末注

(34) ジューコフ将軍のモスクワ召喚：Otto Preston Chaney, *Zhukov*, Norman, Okla., 1971, pp.62-5

(34)「お願いだから、気落ちして涙にくれたりせずに」：Ella Zhukova, 'Interesy otsa', in I. G. Aleksandrov (ed.), *Marshal Zhukov: Polkovodets i chelovek*, 2 vols, Moscow, 1988, vol. i, p.38からの引用。

(35)「凡庸で、主体性に欠け、知性のかけらもない」：Dimitri Volkogonov, in Harold Shukman (ed.), *Stalin's Generals*, London, 1993, p.313

(35)「陸軍最大のクソ袋だ」：Robert Edwards, *White Death, Russia's War on Finland, 1939-1940*, London, 2006, p.96からの引用。

(35) 日ソ間の軍事的緊張と紛争の推移：（参考）Alvin D. Coox, *Nomonhan: Japan against Russia, 1939*, 2 vols, Stanford, 1985.〔アルヴィン・D・クックス『ノモンハン』上・下、岩崎俊夫・吉本晋一郎訳、秦郁彦監修、朝日新聞社、のち朝日文庫全四巻〕および Katsu H. Young, 'The Nomonhan Incident: Imperial Japan and the Soviet Union', in *Monumenta Nipponica*, vol.22, no.1/2, 1967, pp.82-102.〔Monumenta Nipponica（モニュメンタ・ニポニカ）、イエズス会、上智大学〕

(37)〝フィールド・イニシアティヴ（独断専行）〟：Mark R.Peattie, 'The Dragon's Seed', in Mark Peattie, Edward Drea and Hans van de Ven, *The Battle for China: Essays on the Military History of the Sino-Japanese War of 1937-1945*, Stanford, 2011, p.55.〔スタンフォード大学出版会から出ている同書は、日米中台の中国研究者が二〇〇四年一月、ハワイ・マウイ島で開かれた国際シンポジウムにおいておこなった論文発表や意見交換などをもとに書籍化されたものである。ビーヴァー著『第二次世界大戦』において、同書の収録論文は頻繁に引用されているが、日本側で書籍化された『日中戦争の国際共同研究（2）日中戦争の軍事的展開』（波多野澄雄・戸部良一編、慶應義塾大学出版会）と、スタンフォード大学版では収録論文に異同があり、また個々の論文も会議で得た知見やその後の研究成果などが加わり、モノによっては共同執筆形式になっており、その内容が全く同じというわけではない。それゆえ、本訳書では文脈や論理展開に配慮して、本文中では原著の字面をそのまま訳すとともに、日本語版にそれがある場合は、その当該箇所を別途、章末注に適宜併記する方式をとった。区別のため、両書は以後、「スタンフォード版」と「慶應版」と略記する。なお、第1章で参照されたマーク・ピーティー氏の論文、"THE DRAGON'S SEED"は、慶應版には収録されていない。「独断専行」の訳語採択は、スタンフォード版五五ページの以下の記述に準拠した：The autonomy of these field forces on the Asian continent also benefited from a commander's prerogative to move a subodinate unit within his own theater of operations in the interests of security. This privilege was the right of "field initiative" (dokudan senko.)〕

(38) ジューコフの「大欺瞞作戦」：Chaney, *Zhukov*, pp.69-70

(38)「ノモンハン事件」における戦闘の詳細については以下を参照：（参考）Edward J. Drea, *Nomonhan: Japanese-Soviet Tactical Combat, 1939*, Fort Leavenworth, 1981; Coox, Nomonhan: Japan against Russia; およびGeorgii Zhukov, *Marshal Zhukov: Kakim my yego pomnim*, Moscow, 1988.〔なお、ジューコフの回想録のうち、戦勝二〇周年の一九六五年に出た記念版には邦訳書がある。ゲ・カ・ジューコフ『ジューコフ元帥回想録―革命・大戦・平和』清川勇吉・相場正三久・大沢正訳、朝日新聞社〕

(39)「みずからの優柔不断」：Chaney, *Zhukov*, p.73からの引用。

(39)「ハルハ河の戦い」における赤軍の犠牲者数：G.F.Krivosheev, *Soviet Casualties and Combat Losses in the Twentieth Century*, London, 1997, p.53

(42)「ユダヤ式民主主義」：*GSWW*, vol.i, p.685

(43)「何か底意がある」：David Dilks (ed.), *The Diaries of Sir Alexander Cadogan*, London, 1971, p. 175

(44)「相手がドイツ人だと」：Terry Charman, *Outbreak 1939: The World Goes to War*, London, 2009, p.46からの引用。

(45)「解決できない問題などありません」：Raymond James Sontag and James Stuart Beddie (eds), *Nazi-Soviet Relations, 1939-1941*, New York, 1948, p.38

(45)「ユダヤ人の根城を粛清せよ」：Simon Sebag Montefiore, *Stalin: The Court of the Red Tsar*, London, 2003, p.269. からの引用。〔サイモン・セバーグ・モンテフィオーリ『スターリン――赤い皇帝と廷臣たち』上・下、染谷徹訳、白水社〕

(47)「きわめて自信に満ち」：JJG, 17.8.39

(47) レーダー海軍元帥の命令：*GSWW*, vol ii, p.153

(48)「やった！　私はやったのだ！」：Albert Speer, Gitta Sereny, *Albert Speer: His Battle with Truth*, London, 1995, p.207からの引用。

(48)「カフェのドイツ人たち」：JJG, 21.8.39

(48)「ベルリンの第一印象は」：FRNH, p.9

(49)「先の大戦の伍長どのは」：*ibid.*, p.10

(49)「いまや私物はすべて鞄に詰められ」：JJG, 25.8.39

(51)「長文の文書を取り出した」：FRNH, p.17

(52)「祖母が死んだ！」：Richard Overy, *1939: Countdown to War*, London, 2009, p.68

原注

＊1　「ザクセンハウゼン強制収容所」は、この段階におけるドイツのその他収容所と同様、絶滅収容所ではなかった。これらの施設はヒトラーが一九三三年に政権の座についてほどなく設置され、当初はもっぱら政敵たちを収監していた。その後は、ナチ党が「反社会的人士」と定義する人間にまで、収容範囲が拡大された。この時期のナチ党の政策は、迫害によってユダヤ人にドイツ国外への移住を強いるというものだった。こののち明らかになるように、「ホロコースト」、もしくは「ショア」と呼ばれるユダヤ人の大量虐殺がおこなわれるのは、一九四一年の対ソ侵攻以降のことであり、ユダヤ人を殺害する手法は当初は銃殺だったが、一九四二年以降はもっぱらガスがもちいられるようになった。

第2章

「ポーランドに引導をわたす」

一九三九年九月～十二月

一九三九年九月一日未明。いままさにポーランド国境を越えんとするドイツ軍部隊は、万全の態勢を整えていた。ただ、「第一次世界大戦」に従軍した一部の古参兵を除くと、ドイツ軍の将兵はいずれも、実戦経験が皆無だった。兵士というものは大抵どこの国でもそうだが、暗闇にぽつんと置かれたドイツ兵たちもまた、目前に迫った初陣について思い悩んでいた。自分は果たして生き残れるだろうか、ふがいない戦いぶりで名を汚したりはしないだろうかと。シレジア国境で待機する装甲兵部隊のとある指揮官もそうだった。エンジンをかける予定時刻を待つあいだ、いまにも幽霊が出そうな周囲の状況について「暗い森、満月、そして地上を覆う薄もやが、幻想的な風景をつくりだしていた」とかれは記している。

○四四五時(午前四時四五分)、ダンツィヒ(現グダニスク)付近の海上から最初の砲弾が飛んできた。一九一六年の「ユトランド沖海戦」に参加したという年代物のドイツ戦艦「シュレスヴィヒ＝ホルシュタイン」が夜明け前の暗がりを利用してヴェステルプラッテ半島沖の目標地点まで移動すると、その二八センチ主砲を用いて、半島のポーランド陣地を叩きにかかったのだ。これに続いて、艦内にじっと身を潜めていたドイツ海軍の強襲部隊一個中隊が上陸を試みたものの、激しい損耗のすえ、撃退されてしまった。一方、ダンツィヒ市内ではポーランド人の志願兵がヘヴェリウス広場に面した中央郵便局に駆けつけ、その防備に当たった。だが、その程度の手勢では、市内に潜入したナチの突撃隊、親衛隊、ドイツ正規軍を相手に十分対抗できるはずもなかった。しかも緒戦をなんとか生き延びたポーランド兵たちも、戦闘終了後、ほぼ全員処刑されてしまった。

「カギ十字」の旗が公共施設に次々と掲げられ、教会の鐘が鳴り響くなか、ダンツィヒの聖職者や教師、この街の主だった人々が、ユダヤ人とともに、駆り集められた。大量発生した捕虜たちを拘置するため、近隣のシュトゥットホーフに強制収容所が急ピッチで建設された。のちに同収容所は「ダンツィヒ解剖医学研究所」のため、実験用の人体を提供するようになり、それらの死体は、革製品や石鹼に加工される。

ヒトラーが侵攻の時期を六日間遅らせたことで、ドイツ国防軍はさらに歩兵師団二一個と自動車化師団二個を余計に展開することができた。合計すると、ドイツ陸軍はこの時点でほぼ三〇〇万の兵員、四〇万頭の軍馬、二〇万輛の車輛を動員できた。うち一五〇万の兵員はすでにポーランド国境まで移動しつつあったが、あくまで演習目的の機動とされたため、火器の多くに実弾は装塡されていなかった。このため弾込めの指示が飛んだ時、末端の兵士たちは、自分たちの任務がなんであるか、見当もつかなかった。

対するポーランド軍はこれとは対照的に、要所要所への展開が十分でなかった。あまり先走って召集をかけると、ヒトラーに攻撃の口実を与えかねないと英仏両国から警告されていたためである。ポーランドは八月二十八日まで動員令を発していなかった。しかも英仏両国の大使から、交渉による解決の可能性がいまだ消えていない現在、自制が望ましいとの申し入れを受けたため、その翌日、いったん出した動員令を一時解除したくらいである。八月三十日、再度動員令がかけられた。だが、度重な

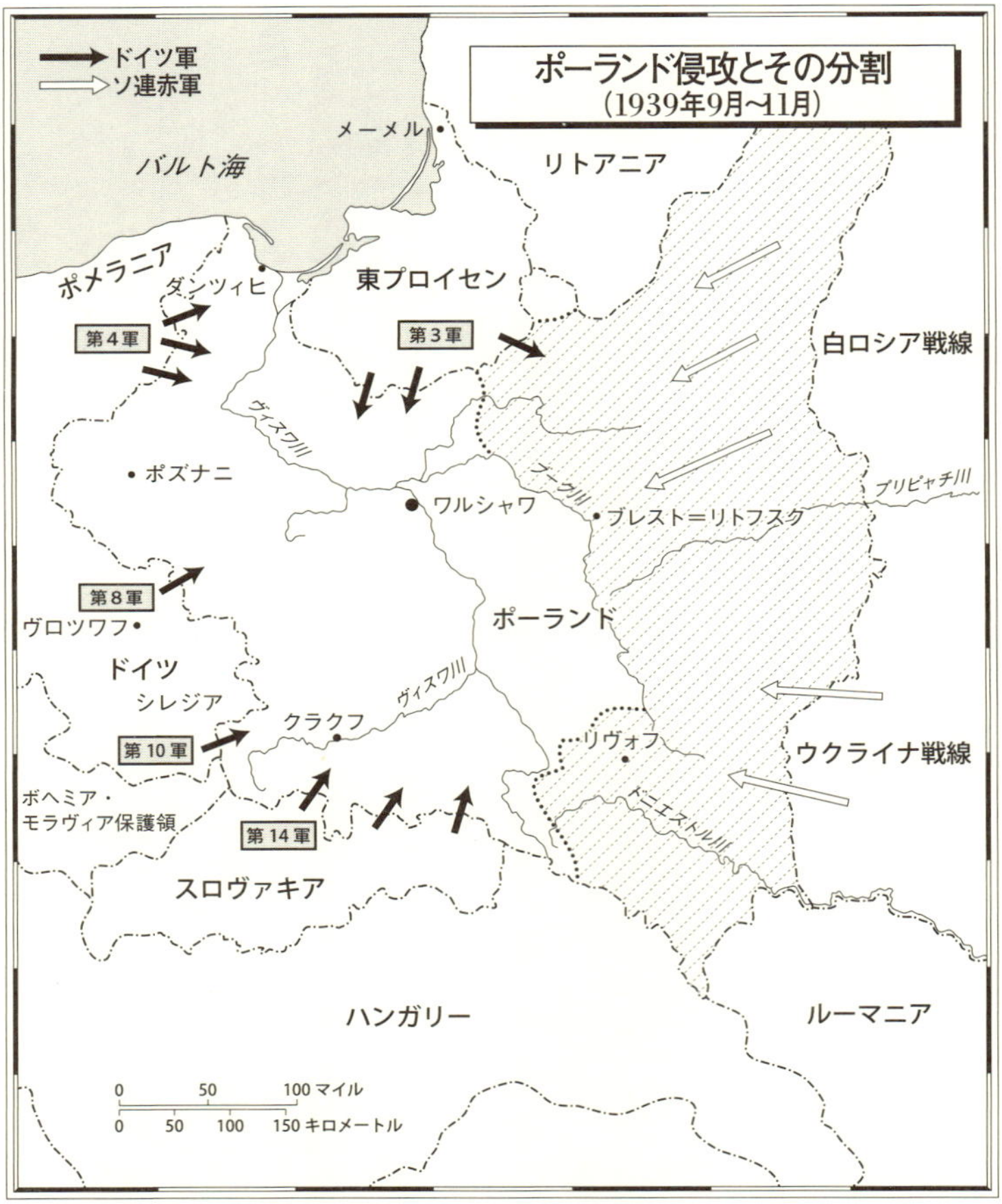
ポーランド侵攻とその分割
(1939年9月~11月)
ドイツ軍
ソ連赤軍
メーメル
バルト海
リトアニア
ポメラニア
ダンツィヒ
東プロイセン
第4軍
第3軍
白ロシア戦線
ヴィスワ川
ポズナニ
ブーク川
プリピャチ川
ワルシャワ
ブレスト＝リトフスク
第8軍
ポーランド
ヴロツワフ
ドイツ
シレジア
ヴィスワ川
クラクフ
リヴォフ
第10軍
ウクライナ戦線
ボヘミア・
モラヴィア保護領
ドニエストル川
第14軍
スロヴァキア
ハンガリー
ルーマニア
0 50 100 マイル
0 50 100 150 キロメートル

る命令変更のせいで、現場は大混乱に陥った。装備に劣るポーランド軍兵士一三〇万人のうち、九月一日までに持ち場につくことができたのは、およそ三分の一にすぎなかった。

ポーランドにとって唯一の希望は、とにかくじっと耐えて、フランスが約束通り西部戦線で攻勢に出るのを待つことぐらいだった。フランス軍の総司令官モーリス・ガムラン大将は、この年の五月十九日ポーランド側に対し、こう明言していた。ひとたび政府から動員令が下れば、わがフランス陸軍はほぼ十五日で「まとまった部隊」とともに駆けつけるからと。だがしかし、時間も地形もポーランドの味方ではなかった。なにしろドイツ軍は北方の東プロイセン、西方のポメラニア、シレジア、そしてドイツの支配下にある南方のスロヴァキアから、一五日もかけずにポーランド中心部まで到達できるのだ。しかも「独ソ不可侵条約」に秘密議定書が付属しているとは予想だにせず、結果、ポーランド政府は、東部国境の兵力増強はおこなっていなかった。独ソ両国が裏で示し合わせて、自国を東西双方から挟撃するなんて、政治的におよそあり得ない話だったから。

九月一日〇四五〇時（午前四時五〇分）、ドイツ陸軍の各部隊が攻撃開始の瞬間を待っていたちょうどその時、飛行機の爆音が背後から聞こえてきた。そして、〈シュトゥーカ〉が、〈メッサーシュミット〉が、〈ハインケル〉が頭上を通過していった。わが空軍がポーランドの飛行場に先制攻撃を仕かけるのだと分かって、ドイツ兵たちは歓声をあげた。かれらはまた、それぞれの指揮官から事前警告を受けていた。ポーランド人という奴はじつに陰険な戦い方をする。民間人の服装をした便衣兵（不正規兵）を繰り出して、狙撃したり、破壊工作をおこなわせたりする。また、ポーランドに住むユダヤ人たちは「ボリシェヴィキに心を寄せ、ドイツ人をとことん毛嫌いしている」と。

北方、西方、南方から、ポーランドに一気に襲いかかるというのがドイツ国防軍の計画の骨子である。「迅速かつ容赦ない」進軍を心がけ、装甲車輛と空軍を一体運用し、かれらがしかるべき防衛線を敷く前にポーランド軍を叩くのだと。このうち、ドイツ「北方軍集団」隷下の各部隊はその名の通り北方のポメラニア及び東プロイセンから打って出る。「ダンツィヒ回廊」を横切り、南東にある首都ワルシャワまで道筋をつけることが最優先任務とされた。ゲルト・フォン・ルントシュテット上級大将率いる「南方軍集団」は南シレジアから押し出し、国境線を各所で突破し、やはり首都ワルシャワをめざす。二個軍集団を用いて、ヴィスワ川西方に展開するポーランド陸軍の主力を粉砕するのがこの機動の目的であり、その中央部にあっていちばん幅広い戦線を担当する「第一〇軍」に、最も多くの自動車化部隊が与えられていた。さらにその右手、ドイツの傀儡国家スロヴァキアからは、「第一四軍」がクラクフにむけ突進、これに呼応して三個山岳師団、一個装甲師団、一個自動車化師団、および三個スロヴァキア師団が北方へと攻めのぼることになっていた。

侵攻開始日の朝、ベルリン中心部のヴィルヘルム街やパリザー広場には親衛隊の警護要員がずらりと並び、そのなかを、ヒトラーが総統官邸からクロール・オペラハウスへとむかった。一九三三年、ナチ党が政権を掌握して一カ月もたたない時期に、史上有名な火事によって帝国議事堂が焼失したため、ドイツ国会は当時、このオペラ座で開かれていた。ヒトラーはこう主張した。自分はポーランドに対して道理をわきまえた要求をおこなってきたが、かれらは拒否をもって応じたと。そうはいうが、ヒトラーはこれまで、要求の具体的内容をワルシャワ側に示さぬことに細心の注意を払ってきたのだが。かれの言うところの〝一六カ条の和平提案〟の中身は、なんと侵攻当日に明示されるという、誠実さの欠片もないやり方で公表され、今回の衝突の責任がすべてワルシャワ側にあることとの根拠とされた。そのうえでヒトラーは、ダンツィヒはいまやわが祖国に復帰したとぶちあげ、満場の喝采をあびた。ダンツィヒ自由市をおさめる国際連盟高等弁務官カール・ヤーコブ・ブルクハルト博士はこの新たな状況を受け、同市を離れざるを得なかった。

侵攻の事実が明らかとなったため、ロンドンではチェンバレン首相が国家総動員令を発した。この一〇日間、イギリスは戦争にむけた準備作業に入っていたけれど、総動員態勢に入ることはチェンバレンの本意ではなかった。イギリスがいまそんな行動に出れば、一九一四年のような政治的連鎖反応が次々と広がる恐れがあったからだ。かれはとりあえず、防空体勢を強化し、沿岸部の防備を固めておいた。だが、ドイツ軍が実際にポーランドに侵攻したとあっては、話は別である。ヒトラーははったりをかけているだけだと考えるものは、もはやひとりもいなかった。国中の空気が一変し、イギリス下院の空気も前年の「ミュンヘン危機」とは比べようもないほど硬化した。各議員はそれぞれに腹をくくったのだ。とはいえ、チェンバレン政権の閣僚やイギリス外務省がこの日の大半を費やしてやったのは、ポーランドからいったん兵を退くようヒトラーに迫る最後通牒の文面づくりであり、しかも、ようやくできあがった要求文書には、回答を求める最終期限が記載されておらず、〝最後〟通牒とは名ばかりだった。

フランス政府の許にも、在ベルリンのロベール・クーロンドル大使から報告が届いていた。だが、ダラディエ首相が国家総動員をかけたのは、報告を受け取った翌日だった。しかも「閣議のあいだ、〝戦争〟ということばは事実上、一度も口にされなかった」と出席者のひとりは記している。〝それ〟についで触れるさいは、婉曲表現がもちいられたと。ただ、ロンドンでもパリでも、学童疎開の指示はすでに出されていた。大規模な空襲が迫っているとの見方が広がったためで、英仏両国の首都ではその夜、灯火管制が敷かれた。

とりわけパリでは、ポーランド侵攻のニュースは衝撃をもって受け止められた。この数日来、ヨーロッパにおける紛争はなんとか回避できるのではないかという淡い期待が高まっていたからだ。対独宥和政策の熱心な支持者であるジョルジュ・ボネ仏外相は、ポーランド人の「愚かで依怙地な態度」を非難したほどである。ムッソリーニを仲介者に立てることで、「ミュンヘン条約」のような英仏独伊による妥協的合意をなんとかまとめられないものかと、ボネ外相はいまだ諦めていなかった。しかし、〝モビリザシオン・ジェネラル（総動員態勢）〟が撤回されることはなく、予備役の兵士たちを満載した列車はすでにパリ東駅を出発し、東方のメスやストラスブールへとむかっていた。

　連合軍は今回もまた、戦意喪失に陥ってしまうのではないだろうか――そんな懸念が、ポーランド政府に広がり始めたのも宜《むべ》なるかなである。なにしろ、あいまいな文言、最終期限さえ切れない〝最後通牒〟を見て、ロンドンの政治家たちでさえ、自国政府に疑いの目をむけだしたのだから。よもやとは思うけれど、チェンバレン首相はこの期に及んでも、ポーランド支援を忌避するつもりではあるまいかと。ともあれ、英仏両国政府は通常の外交手順に従って粛々と行動していた。それはまるで、宣戦布告もせずに「電撃戦」をやるような無法な輩とはそもそも人間の出来が違うのだと、格の違いをことさらに見せつける風であった。

　もう九月一日だというのに、ベルリンは夜になっても異常なほど暑かった。ただ、ポーランドが万一、空爆を敢行した場合に備えて灯火管制が敷かれ、首都ベルリンの街路は月光に照らされていた。別の種類の〝管制〟も同様に敷かれていた。外国のラジオ放送を聴く行為を、重犯罪と位置づける法律がゲッベルス宣伝相によって導入されたのである。リッベントロップ外相が、英仏両国大使との同時面会を拒否したため、二一二〇時（午後九時二〇分）、まずは英国のヘンダーソン大使が、ポーランドからの即時撤退を求める覚書を手渡した。三〇分後、クーロンドル仏大使もフランス側の文書を手渡した。いずれの文面にも強い調子のことばがなかったことにおそらく勇気づけられたのであろう、英仏は土壇場でみずからの主張を後退させるに違いないと、ヒトラーは依然信じていた。

翌日、在ベルリンのイギリス大使館員たちはドイツ人の使用人に別れを告げると、ほど近い場所にあるアドロン・ホテルに移っていった。英仏独三カ国の首都では、どっちつかずの状況がこのまま延々と続くかに見えた。ロンドンでは、宥和政策がまたぞろぶり返すのではとの疑問の声が上がったが、今回の対応の遅れは、もっぱらフランス側の要請によるものだった。予備役の動員や民間人の疎開のため、もう少し時間がほしいと言ってきたのだ。英仏が足並みを揃える必要は両国政府ともよく分かっていた。だがその一方で、ジョルジュ・ボネ仏外相やその同調者は、決定的瞬間をできるだけ先延ばしにしようと躍起になっていた。さらに不運なことに、ローマのファシスト政権を誘って国際会議を共催するというボネ案に、優柔不断で鳴るダラディエ仏首相がゴーサインを出してしまった。ボネ外相は早速ロンドンに電話をかけ、この案に対するイギリス側の支持を求めた。だが、外相のハリファクス卿もチェンバレン首相も、ドイツ軍部隊がポーランド領内に留まるかぎり、いかなる協議も不可能であるという主張を崩さなかった。ハリファクス卿はまた、イタリア外相のチャーノ伯爵に電話をかけ、この件をめぐるイギリス政府の立場を、疑問の余地のないことばではっきり説明した。

ドイツに対する〝最後〟通牒で、あいまいな文言を羅列し、しかも最終回答期限を切らなかったことが仇となり、ロンドンでは夕方近くになって、閣内不一致へと発展した。チェンバレンとハリファクスは、フランスと同一歩調をとる必要性について縷々《るる》弁明した。それはつまり最終判断はわれわれに任せてほしいという意味だった。これに対し懐疑派の閣僚たちは、閣議に同席した陸海空三軍トップの支援を受けながら、そうした主張に拒否の姿勢を貫いた。イギリスが断固とした態度で率先して動かないかぎり、フランス側はきっと、洞《ほら》ヶ峠《とうげ》をきめこむに違いないと懐疑派は恐れ、やはり期限を切るべきであったと力説した。チェンバレン首相をよりいっそう動揺させたのは、この三時間足らず後における下院の反応だった。宣戦布告が遅れていることについてチェンバレンが説明すると、議場全体に敵意にみちた沈黙が広がった。とここで、当時入院中のアトリー労働党党首にかわって党首代行をつとめるアーサー・グリーンウッドが質問に立った。すかさず議場の対面に鎮座する、筋金入りの保守党員から声がかかった。「アーサー、イギリスのために発言しろ！」と。うちの党首のチェンバレンはそうではないがな――とのきつい当てこすりだった。この掛け声に、グリーンウッドは断固とした口調で申し入れをおこなった。総理は翌朝下院に対して、明確な返答をおこなうべきでありましょうと。

その夜、外で激しい雷雨が猛威をふるうなか、チェンバレンとハリファクスはフランスのシャルル・コルバン駐英大使をダウニング街に呼びだした。かれらはパリに電話をかけ、ダラディエ首相、ボネ外相と話し合った。その数時間前、フランス下院から〝開戦〟にむけた全面支持を取り付けていたダラディエではあったが、政府としては依然、拙速は望んでいなかった。相変わらず「戦争」ということばは、フランスの公人の間では、まるで禁句のように忌避されていた。上院における論戦ではこれにかわって、〝オブリガシオン・ド・ラ・シテュアシオン・アンテルナショナル（国際情勢上の諸義務）〟などといった婉曲表現がもっぱらもちいられていた。だが、チェンバレン首相は、もし翌朝、れっきとした最後通牒を突きつけなければ、この内閣は到底もたないと確信しており、ダラディエ首相もようやく、これ以上の遅延は不可能であると認めた。わが国政府も、翌日には最後通牒を送るとダラディエは約束した。これを受けて、チェンバレンは閣議を招集、日付が変わる直前に最終的文面が確定し、了承された。この文書はベルリンのヘンダーソン大使によって、〇九〇〇時（午前九時）にドイツ側に手渡され、その二時間後に回答期限切れとなった。

九月三日日曜日の朝、サー・ネヴィル・ヘンダーソン大使は与えられた指示を、文字どおり粛々とこなしていった。イギリスは結局、土壇場で日和るはずですと、外相リッベントロップに言われ続けてきたため、ヒトラーは予想外の事態に愕然とした。最後通牒が読み上げられたあと、長い沈黙がその場を支配した。とうとうヒトラーが怒りの形相を浮かべ、リッベントロップを睨みつけると、詰問口調で言い放った。「で、どうするつもりなのだ!」と。リッベントロップは日ごろ偉そうな外見を取り繕っているが、その実態は「ひどく危険な愚かもの」と義母に言われるような人物だった。イギリスがどう出るか、自分は完全に掌握しているというポーズを終始維持し、それによりヒトラーを長年説得してきたが、事ここに至っては、言うべきことばもなかった。さらに続けて、クーロンドル大使がやってきて、フランス側の最後通牒を手渡していった。その様子を見守ったあと、ナチ党幹部でドイツ空軍を束ねるヘルマン・ゲーリング元帥がヒトラーの通訳にふとこう漏らした。「たとえ戦争に負けることがあっても、神よ、われらにお恵みを」

前夜の雷雨が嘘のように、ロンドンはからりと晴れわたり、太陽が燦々と輝いていた。「ビッグ・ベン」が一一時の時報を鳴り響かせても、最後通牒に対するベルリンからの返答は来なかった。ヘンダーソン駐独大使が電話をかけてきて、こちら側にも何も来ていませんと確認した。イギリス大法官府では三等書記官がその午前一一時に時計を止めて、正面のガラス戸に注意書きを貼りつけた。そこには、ヒトラーが敗北するまで、時計の針は動かさぬことと書かれてあった。

一一五時(午前一一時一五分)、ダウニング街十番地の閣議室から、チェンバレン首相が全国にむけて演説をおこなった。最後に国歌が演奏されると、イギリス中の人々が起立した。目に涙を浮かべるものもいた。首相のスピーチは簡潔で雄弁だったが、多くの国民の耳にその声は悲しげに、また疲れ切っているように聞こえた。短い演説が終わった直後、空襲警報のサイレンが鳴り響いた。人々は頭上に黒い軍用機が次々と飛来するさまを想像して、地下室や防空壕に駆けこんだ。しかしそれは誤報だった。空襲警報はほどなく解除された。その直後、まあ、とりあえず紅茶でも一杯飲もうではないかと、人々がヤカンを火にかける姿が全国津々浦々で見られたのは、いかにもイギリスらしかった。ただ、国民一般の反応は沈着冷静さとはおよそかけ離れたものだった、と研究機関「マス・オブザヴェーション」は報告している。「ほとんどすべての主要都市について、開戦当初の数日間、あそこは爆撃され、瓦礫と化したらしいという噂が流れた」からである。「炎に包まれて落下する機影を、自分は〝この目で見た〟と証言する人の数は数百人にのぼった」という。

軍用三トン・トラックが街を駆け抜けていく。荷台を埋め尽くす兵士たちは、イギリス軍の愛唱歌「遙かなティペラリー」を歌っていた。陽気な曲調にもかかわらず、人々はその歌声に「第一次世界大戦」の恐怖を改めて思いだした。ロンドンという街全体が、いまや国防服をまとい始めていた。ナイツブリッジの兵舎の向かいにあるハイド・パークでは、蒸気シャベルが地面を掘りおこし、トラックに泥が積みこまれ、それらは政府庁舎を保護するための土嚢づくりにもちいられた。バッキンガム宮殿を守る近衛騎兵連隊第一中隊「キングズ・ガード」は、平時用の黒い毛皮帽と緋色の軍服をやめ、戦時用のものに改めていた。かれらはいまや鋼鉄製のヘルメットをかぶり、触れると切れそうな、折り目のついた戦闘服を身に着けていた。首都の上空には阻塞気球がただよい、都市の景観は一変した。赤い郵便ポストには、毒ガスに接触すると反応するように、黄色の貼付剤が塗られた。爆風で四散するガラス片の被害を抑えるため、窓という窓には、裏に接着剤のついた紙テープで、十字の補強措置が施された。群衆もまた様変わりした。制服姿の人々が増え、民間人は段ボール箱にガスマスクを入れて持ち歩くようになった。駅は疎開する児童であふれかえり、ぬいぐるみの人形や、あるいはテディーベアを握りしめた子供たちの衣服には、氏名と住所を記した名札が結びつけられていた。敵に発見されないように、夜間には厳格な灯火管制が敷かれており、鼻を摘まれても分からないような暗さだった。半分覆いをかけたヘッドライトだけを頼りに、車に乗って、敢えて街に繰り出すものもいたけれど、その数はごくごく僅かだった。多くの者はただ自宅に閉じこもり、灯りをもらさぬようブラインドをおろした背後で、ＢＢＣラジオに耳を傾けながら、それぞれの夜を過ごした。

オーストラリアとニュージーランドもその日のうちにドイツに宣戦布告した。イギリスが支配するインド政府も同様だったが、こちらの宣戦布告はインドのいかなる政治指導者にも諮ることなくおこなわれた。南アフリカは政権交代の三日後にこの流れに加わり、またカナダは翌週、この戦争に公式に参加した。その夜、イギリスの汽船「アシーニア」号がドイツの潜水艦「Ｕ－30」によって撃沈された。一一二人が命を落とし、うち二八人は北米の出身者だった。大して注目されなかったけれど、チェンバレン首相はこの日、渋々という感じで、最大の政敵を閣内に加えた。かくして、前大戦の劈頭、みずから率いていた古巣の海軍省に、ウィンストン・チャーチルが復帰したのである。チャーチルの海軍大臣就任を受けて、第一海軍卿（海軍軍令部総長）はすぐさま、国王陛下の全艦艇に対して電文を送った。「ウィンストン、ここに復帰す！」

イギリスの宣戦布告を聞いても、ベルリンに昂揚感はほとんどなかった。大半のドイツ人はこの一報に呆然とし、かつ落胆した。国民はヒトラーの強運に期待を寄せ、ヨーロッパで武力衝突を起こすことなく、ポーランドに勝利できると信じていたからだ。また、ボネ仏外相のあらゆる回避工作にもかかわらず、フランスの最後通牒――文面には依然、剣呑な「戦争」という文字はなかった――も一七〇〇時（午後五時）をもって期限切れとなった。フランス側の一般的な受け止め方は〝イル・フォ・アン・フィニル（こうなったからには仕方がない）〟という、いささか投げやりなものだった。反軍国主義の立場をとる左派も、右派の敗北主義者も、「ダンツィヒのために死にたくはない」と考える点においては同様だったように思われる。より警戒すべきは、フランス軍の高級将校のなかに、イギリスのせいで戦争をやる羽目になったと考えるものがいた点であろう。政府の首席連絡将校をつとめるポール・ド・ヴィルリュム将軍はこう書いている。「今回のことは〝フェ・アコムプリ（既成事実）〟として、われわれに提示された。イギリス人はわれわれの軟化を恐れたのだ」と。かれはこの九カ月後、敗北主義者としての影響力をさかんに行使し、フランスの次期首相ポール・レイノー誕生に一役買うことになる。

一方、英仏両国がこぞって対独参戦を決めたという知らせは、ポーランドにとって朗報であった。ワルシャワは歓喜に包まれた。フランスの腰が十分に据わっていないことに気づきもせず、ポーランド市民は英仏両国大使館の前に嬉々として集まり、また同盟関係にある三カ国——ポーランド、フランス、イギリス——の国歌がラジオで流された。途方もなく楽観的な気分が、多くのポーランド人をとらえた。かねてからの約束どおり、フランスが短時日のうちに攻勢に出てくれれば、戦局はわが方に有利に働くはずだとかれらは心から信じた。

ただ、その一方で、外聞をはばかるような事態も同時に起きていた。一部のポーランド人は、身近にいるドイツ系住民に復讐することで、ナチの侵略の報復をおこなったのだ。突然の戦争によって引き起こされた恐怖や怒り、そして混乱のなかで、ドイツ系ポーランド人が各地で襲撃された。九月三日、ビドゴシチ（ブロムベルク）では、路上のポーランド人にむけた無差別発砲をきっかけに、一大虐殺事件へと発展し、ドイツ系住民二二三人が死亡した（ドイツ側の公式な歴史書では、その数一〇〇〇人とされている）。ポーランド全体で殺されたドイツ系住民の数は、各種の推計（二〇〇〇人から一万三〇〇〇人と幅がある）がなされているけれど、六〇〇〇人前後というのが可能性として最も高い数字だろう。ドイツのゲッベルス宣伝相はこののち、虐殺の犠牲者はじつに五万八〇〇〇人に達したとぶちあげ、ポーランド人を標的とする民族浄化計画の正当化をはかることになる。

ヨーロッパで戦争が始まった最初の日、ドイツ「第四軍」はポメラニアから出撃して、「ダンツィヒ回廊」のいちばん幅の広い部分を最終的に確保した。飛び地となっていた東プロイセンはかくして国家の残りの部分と物理的合体を果たしたのである。「第四軍」の先鋒をつとめる各部隊は、ヴィスワ川下流の対岸にも橋頭堡を築くことに成功した。

東プロイセンから打って出たドイツ「第三軍」はモドリン及びワルシャワを迂回して、南東のナレフ川を目指して兵をすすめた。一方、ドイツ「南方軍集団」はポーランドの「ウッチ軍」および「クラクフ軍」を押し返し、多大の犠牲を強いていた。ドイツ空軍はすでにポーランド空軍のかなりの部分を粉砕しており、いまやドイツ国防軍の地上部隊に近接航空支援（上空援護）を提供するとともに、相手方の部隊移動や補給を封じるべく、ポーランド軍の前線の背後にある都市をもっぱら叩いていた。

次々と通過していく村々はどこも貧しく、ドイツ兵はほどなく嫌悪と軽侮の感情を口にするようになった。村々の多くにポーランド人の姿は見られず、どこもかしこもユダヤ人ばかりだった。兵士たちはそうした村々を「ぞっとするほど不潔で、ひどく立ち後れた」場所と形容している。ドイツ本国と違って、「東方のユダヤ人」はあごひげを延ばし、カフタン（中東風の長衣）を着ており、それを目の当たりにしたあと、ドイツ兵の反応はさらにきつくなった。身体つきや目鼻立ちもそうだが、その「他人の視線を避けるような所作」、「帽子を取って、こちらに敬意をしめす時」の「機嫌をとろうとするかのような追従笑い」などなど、どれもこれも違和感だらけだった。かれらはドイツ兵が自国で日々接していた、ドイツ社会に完全に同化したユダヤ人よりも、反ユダヤ主義の週刊新聞『シュテュルマー』のナチ党の宣伝に登場する戯画化されたユダヤ人によほど近い存在に思われた。「それまでユダヤ人に反感を持っていなかったものまでが、ここではそうなったに違いない」とある一等兵は書いている。ナチの親衛隊員とは一線を画す、ごく普通のドイツ兵が嬉々としてユダヤ人に虐待を加え、殴打したり、年長者のひげを切ったり、若い娘を侮辱したり強姦——ドイツの「ニュルンベルク法」では異種族間の性行為は禁じられているはずなのだが——したり、シナゴーグ（ユダヤ教会堂）に放火したりした。

しかも兵士たちは、開戦前に受けた警告を忘れなかった。民間人による破壊工作もありうるし、不正規兵に背後から狙撃される事態も考えておかなければならなかった。あらぬ方角から銃声が聞こえたら、それはドイツ兵を狙ってポーランド兵が撃った可能性の方がはるかに高いのに、近辺に住むユダヤ人がしばしば犯人と疑われた。いくつかの虐殺事件は、怯えた歩哨がうっかり発砲した結果、残りのドイツ兵全員が銃撃に加わったケースと思われ、時にはそのまま同士討ちに発展することもあった。将校たちは、ちょっとした刺激で無差別発砲する兵士に衝撃を受けたけれど、〝フライシェーアラープスュヒョーゼ（義勇兵不安心理）〟、すなわち武装した民間人に銃撃されるのではという部下たちの妄想的恐怖を抑制する、決定打は存在しないように思われた。将校たちはこうした症状を〝ヘッケンシュッツェンプスュヒョーゼ（狙撃兵不安心理）〟とも呼んでいたが、こちらは生け垣の陰から狙い撃ちされることへの恐れを表した言葉である。もっとも、戦闘後におこなわれる、相手構わずの報復行為を敢えて止める将校はほとんどいなかったけれど。地下貯蔵庫があれば、まずは手榴弾が投げ込まれた。そんなところに隠れているのはパルチザンではなく、大抵はその家の住人だったろうに。けれどもドイツ兵は、自分たちのそうした行為を、戦争犯罪ではなく、合法的な自衛行為と見なしていた。

ドイツ陸軍の不正規兵をめぐる根深い強迫観念は、結果として、即断即決の略式処刑や、あるいは村ごと一気に焼き尽くすといった行動パターンを生んだ。しかるべき法的手続きには時間がかかるため、そうした手順をわざわざ踏むような部隊はきわめて稀だった。かれらの目から見ると、ポーランド人やユダヤ人は、そんな手間暇かけるほどの存在ではなかったのだ。それでも、一部の部隊は、他の部隊に比べ、はるかに多くの民間人を殺している。〝ヴァッフェンSS（武装親衛隊）〟のなかでも、ヒトラーの藩屏《はんぺい》たる「LSSAH（ライプシュタンダルテ・SS・アドルフ・ヒトラー）」は突出して悪質だったように思われる。ただ、殺害行為の大半は実戦部隊によるものというより、それが通過したあと、背後で報復の機会をうかがっていた「アインザッツグルッペン（特別行動部隊）」やゲシュタポ（国家秘密警察）、あるいは「フォルクスドイチャー・ゼルプストシュッツ（民族ドイツ人自己防衛）」の民兵によるものが大半を占めていたのだが。

ドイツ側の資料によると、五週間におよぶ対ポーランド作戦の期間中、一万六〇〇〇人を超える民間人が処刑されたという。だが、実際の数字はこれよりもはるかに大きく、一九三九年末までに六万五〇〇〇人近くに達した可能性がある。約一万人のポーランド人、ユダヤ人が、民族ドイツ人の民兵によりムニシェク付近の砂利採取場で虐殺され、カールスホーフ付近の森でもさらに八〇〇〇人が殺されている。住宅や、時には一村全部が、集団的報復の対象として火をつけられることもあった。合計五〇〇余カ所の町や村が跡形もなく焼き尽くされた。ところによっては、火を放たれた村や農場が地平線をあかあかと照らすため、ドイツ軍がいまどこを進軍中か、夜間でも見分けがついたほどである。

ほどなくすると、ドイツ軍部隊が到着するや否や、ポーランド人もユダヤ人も身を隠すようになった。そのことがドイツ兵をますます神経過敏にした。自分たちは地下室の窓や天窓から見張られているだけでなく、目に見えない武器によって狙いをつけられているに違いないと思い込むようになったのだ。そんな怪しげで敵対的な村落など、いっそ片っ端から破壊してしまうに限ると考えたドイツ兵も多かった。そうすれば、疫病――かれらの頭のなかではそう認識されていた――が国境の向こう、祖国ドイツまで蔓延するのを未然に防げるからと。そうした不安や恐怖にもかかわらず、ドイツ兵はあらゆる機会をとらえて略奪に走ることを忘れなかった。現金や衣類、宝石や食料、寝具等々。そして、ここでもまた、因果関係の混乱が見られた。ポーランドに侵攻したら、あれほどの憎悪が返ってきたのだから、やはりこの国を討ち滅ぼしたのは正解だったと、かれらは改めて納得するのだった。

ポーランド軍の将兵は勇敢で、命がけの奮戦を続けていたけれど、時代遅れの武器しか持っていなかった。なにより痛かったのは無線機がないことで、これは圧倒的に不利に働いた。ある部隊が退却する時、左右両脇の友軍にそのむね伝達できなかったため、悲惨な結果を生むこともしばしばだった。ポーランド軍総司令官リッツ＝シミグウィ元帥は、すでにこの戦さは負けだと覚悟していた。もし仮に、フランス軍が約束どおり攻勢をかけてくれたとしても、もはや手遅れだと。九月四日、勝利への確信を強めたヒトラーはゲッベルス宣伝相に改めてこう言っている。私は西方からの攻撃など恐れてはいない。あとは両軍がただ睨みあう〝カルトッフェルクリーク（ジャガイモ戦争）〟、すなわち膠着状態に至るだけであると。

古い伝統を誇る大学都市クラクフは、九月六日、ドイツ「第一四軍」によって占拠された。さらにポーランド軍の守備隊が潰走するのを追う形で、ルントシュテット率いる「南方軍集団」の先遣部隊がすぐさま追撃態勢に入った。だが、この三日後、「ＯＫＨ（ドイツ陸軍総司令部）」は現状に懸念をいだくようになる。このままで行くと、当初の目論見と違って、ポーランド軍をヴィスワ川西岸で包囲殲滅できなくなるのではと。そこで「北方軍集団」所属の二個軍団に対し、さらに東方へ押し出せとの命令が下った。必要ならばブーク川の線、あるいはその先まで進出したところに新たな戦線を敷いて、ポーランド軍を包囲せよと。

そのころダンツィヒに近い、ヴェステルプラッテ半島では陣地にこもるポーランド軍守備隊が、英雄的な戦いを演じていた。だが、弾薬はすでに尽きており、〈シュトゥーカ〉による急降下爆撃と旧式戦艦「シュレスヴィヒ・ホルシュタイン」の艦砲射撃に耐えきれず、かれらは九月七日に降伏した。それを見届けると、「シュレスヴィヒ・ホルシュタイン」は北方に針路をかえ、グディニャ港攻略の側面支援へとむかった（同港は九月十四日まで持ちこたえた）。

中部ポーランドでは、ドイツ軍が首都ワルシャワに迫ったため、抵抗もその分だけ激化した。九月十日、ドイツ「第四装甲師団」の先鋒がワルシャワ外辺部まで到達したものの、短期間で後退を余儀なくされたほどである。首都を死守せんとするポーランド軍の決意は固かった。ヴィスワ川の東岸に陣取る砲兵部隊などは、自国の街が被弾するのも構わず、集中砲火を浴びせてきた。九月十一日、ソ連邦は駐ポーランド大使をはじめ、すべてのロシア人外交官をワルシャワから退去させた。よもやそれが、東方から闇討ちするための準備作業だとは、さすがのポーランドも思い至らなかった。

首都ワルシャワを除くと、ドイツ軍はすでにその機械化部隊によって全ポーランド軍を取り囲んでおり、捕虜も大量に出ていた。九月十六日、ドイツ軍はワルシャワ西方八〇キロメートルの地点で大規模な包囲作戦を開始し、ブズラ川とヴィスワ川の合流地点にポーランドの二個軍を完全に押し込めた。部隊の密集箇所を狙い定めて、ドイツ空軍が大規模空爆を敢行すると、ポーランド軍の抵抗もついに止んだ。捕虜となった兵士の数はおよそ一二万人に達した。ポーランド空軍は勇敢に戦ったけれど、旧式戦闘機一五九機だけでは、優美な〈メッサーシュミット〉に一泡吹かせることなど、夢のまた夢であった。

大丈夫だ、心配は要らない、いまに西方から仏英連合軍が駆けつけてくるはずだという淡い期待が、仮にポーランド側にあったとしても、そんな幻想はほどなく打ち砕かれてしまう。いざ出陣となった場合、その仏英連合軍を率いるはずのガムラン将軍はいささか〝積極性〟に難があり、しかもダラディエ首相がこの総大将を全面的に支持していたからだ。ガムランは「BEF（イギリス海外派遣軍）」がしかるべく展開し、さらに麾下のフランス予備役部隊の動員がすべて終わらないうちは、いかなる軍事行動も、それを検討することすら拒否すると明言していた。ガムランはまた、わがフランスは、アメリカから各種の装備品を購入する必要があるとも論じていた。そもそも、当時のフランス陸軍のドクトリンは遠征型ではなく、基本的に防衛型で、もっぱら防御に重点が置かれていた。なるほど有事のさいは救援にむかうとポーランド側に約束したけれど、ドイツがライン川流域および西部国境地帯に構築した大がかりな要塞線を突破するなんて、およそ不可能であるとガムランは信じていた。ゆえにかれは、大規模攻勢などという話は、始めから乗り気でなかった。イギリス側も〝積極性〟という点ではフランスといい勝負だった。ドイツが築いた要塞線「ヴェストヴァル」を、イギリス側は「ジークフリート・ライン」と呼び、警戒していた。結果、「第二次世界大戦」の劈頭、英仏独の三カ国が実際に干戈《かんか》を交えるまでの一時期、およそ奇妙な無風状態が延々と続くことになった。いわゆる「まやかし戦争《フォウニー・ウォー》」である。この時期、「それが物干し紐《ライン》なら、どうれ、洗濯物でもかけてやろうか」という陽気な戯歌《ざれうた》が流行ったという。時間はわが方に味方すると、イギリス側は感じていた。最善の策は経済封鎖であり、ドイツにむかう物流を押さえてしまえば、事足れりと本気で信じていた。ドイツの軍需産業に必要なあらゆる物資が、いまやソ連の支援で調達できるのに、なんとも興味深い考え方であった。

一方、イギリス国民はどうかと言えば、わが政府がポーランド支援に本気で取り組まないことに、内心忸怩《じくじ》たる思いを味わっていた。イギリス空軍はすでにドイツの上空に進出し始めていたが、宣伝ビラを投下するだけで、あれでは「マイン・パンフ(わが伝単)」だとか、こんなのは「紙吹雪戦争」にすぎないといったジョークが飛び交うほどだった。九月四日、ドイツの軍港ヴィルヘルムスハーフェンに対して空爆が実施されたが、顔から火が出るほどの無様な戦果しか上げられなかった。なるほど、これと同じ日、「BEF」の先発隊がまがいなりにもフランス上陸を果たし、これを皮切りに、続く五週間余りのあいだに、総勢一五万八〇〇〇人の兵士がイギリス海峡を越えていったが、肝心のドイツ軍部隊との衝突は、じつにこの年の十二月まで一切なかったのである。

フランス軍は結局、ザールブリュッケン付近でドイツ領内に数キロメートルだけ兵をすすめ、それでお茶を濁した。当初、ドイツ側は西方からの本格攻勢を恐れていた。陸軍の主力はポーランド方面に出払っており、ヒトラーの懸念はとりわけ大きかった。だが、〝攻勢〟なるものが極めて限定的だったため、アリバイ工作にすぎないことが暴露されてしまった。「OKW(ドイツ国防軍最高司令部)」はまたも安堵のため息を漏らし、仏英両軍に対処するための部隊移動さえ全くやらなかった。フランスもイギリスも、恥知らずなことに、ポーランドに約束していた防衛義務を果たさなかった。ポーランドがこの年の七月、ドイツ軍の「エニグマ」暗号装置を再現したマシーンを仏英両国に提供した事実を考えるならば、両国の不甲斐なさは特筆ものである。

九月十七日、ポーランド国の受難はもはや決定的となった。ほんの一カ月近く前、モスクワで結ばれた密約に従って、ポーランド東部の長い国境線を越えて、ソ連軍が雪崩こんできたからである。この時点までソ連が動かなかったことは、ドイツにしてみれば驚きであったが、もし仮に、早すぎる時点で攻撃を仕かけると、英仏両国が責任を感じ、ソ連に対して宣戦布告をおこなう可能性もなくはなく、それゆえスターリンはじっとタイミングを見計らっていたのである。軍を動かすにあたって、おそらく冷笑されることも覚悟のうえで、ソ連はそのよってきたる立場を強調した。わが国はポーランドの挑発に耐えきれず、白ロシアおよびウクライナの国民を守るため、介入せざるを得なかったのであると。さらにクレムリンはこうも論じた。ソ連邦はもはやポーランドとの不可侵条約に縛られない。なぜなら、ワルシャワ政権はすでにその存在をやめているからであると。じつはポーランド政府は現に存在し、まさにその日の朝、ワルシャワを離れていたのだが。ただ、その移動はなんらかの思惑によるものではなく、単にソ連軍に包囲されまいと必死の脱出をはかった結果だった。ウクライナ南西部はカメネツ＝ポドリスキーを発したソ連軍に退路を断たれてしまう前に、とりあえずどこかに落ち延びようと、ポーランド政府の閣僚たちは一路ルーマニア国境を目指した。

軍用車輛も民間の各種自動車も、国境検問所が隘路となって、ひどい大渋滞のさなかにあった。それでも、敗残のポーランド人たちはその夜なんとか通行を許された。立ち去る前、ほとんどすべての者が、ポーランド側にある土くれや石ころをその手に握りしめ、故国をあとにした。多くのものが目に涙を浮かべていた。何人かはみずから命を絶った。一般のルーマニア人は亡命者にやさしかったけれど、ルーマニア政府は、ポーランド人の強制送還を求めるドイツ側からの強い圧力にさらされていた。大多数のポーランド人は賄賂をつかい、逮捕や抑留を免れた。ただそれは、審査にあたる役人が、ルーマニアのファシスト政党「鉄衛団」の支持者でなかった場合だが。少人数のグループごとに三々五々逃れていったポーランド人がいる一方で、ポーランド当局がルーマニアの首都ブカレストで組織したような、より大規模なグループも存在した。そうした一団はコンスタンザなど黒海沿岸の港町を経由して、海路フランスへとむかった。ハンガリー、ユーゴスラヴィア、ギリシア経由で脱出したポーランド人もいた。ただ、数こそ少ないものの、北方ルートをたどり、バルト三国経由でスウェーデンを目指したものもおり、これらの人々はより大きな困難に直面することになる。

ヒトラー総統の指示に従い、「ＯＫＷ（ドイツ国防軍最高司令部）」はブーク川対岸のドイツ軍部隊に対し、すぐさま撤収の準備に取りかかれと命じた。ベルリン＝モスクワ間の緊密な協力関係により、ドイツ軍が退くや否や、進軍してきた赤軍部隊が密約にもとづく阿吽《あうん》の呼吸で、すぐさまその空白地帯を確保した。

かくして、イデオロギー的に本来ありえない軍事同盟のもと、独ソ両国軍はブレスト＝リトフスク（ブジェシュチュ・ナド・ブギエム）北方で、最初の接触をおこなうことになった。さらに九月二十二日、観閲式がにぎにぎしく挙行されるなか、「ブレスト＝リトフスク要塞」の支配権がソ連側へと引き渡された。この一連の行事に係わり、ドイツ軍側と接触した赤軍将校たちは、のちにベリヤの「ＮＫＶＤ（内務人民委員部）」により逮捕拘禁の憂き目を見る。

ポーランド側の抵抗はその後も続き、敵の包囲網に突破口を穿とうとする部隊もあった。また孤立した兵士たちがそれぞれに集合し、敵が容易に接近できない森や沼、山岳地帯などを拠点に、それぞれの戦いを継続した例もあった。東へむかう道路は難民たちで埋まり、かれらは農業用の馬車や、かなりガタのきた自動車、あるいは自転車などに乗って、なんとか戦場から離脱しようと試みた。「敵はつねに空からやってきた」とある若いポーランド兵は書いている。「だが、低空飛行の時でさえ、われわれの旧式モーゼル銃では、弾がそこまで届かなかった。戦争の華々しさはたちまち単調な繰り返しに転じ、われわれは毎日毎日、同じ光景を見させられた。民間人が空襲からわが身を守ろうと逃げ回り、車列は四方に散らばり、トラックや馬車が炎に包まれた。道路沿いにただよう臭気にも変化はなかった。それは死んだ馬から発散される腐臭だ。誰も埋めてやらないため、その異臭は天高く舞い上がった。われわれは、移動は夜間にかぎり、行軍しつつ眠るすべを身につけた。喫煙は厳禁だ。たばこの火を目当てに、全能のドイツ空軍が襲ってくるのが怖かったから」

そのころワルシャワは、屈服を良しとしないポーランド人の一大拠点と化していた。肝心要の敵国の首都が思いどおりにならないため、ヒトラーはついに我慢の限界に達し、ドイツ空軍による集中爆撃が開始された。空に敵の機影はほとんどなく、ワルシャワに効果的な対空防御手段はないため、ドイツ空軍は九月二十日、六二〇機を繰り出して、ワルシャワとモドリンを叩いた。さらに翌日、ゲーリングは「第一航空艦隊」と「第四航空艦隊」に命じて、徹底的な爆撃を敢行。その後も持てる兵力の最大集中――〈ユンカース52〉輸送機を用いた焼夷弾の空中投下までやった――をもって爆撃は続けられ、ワルシャワは十月一日、ついに降伏した。瓦礫の下敷きになった人間の死体や、腐敗がすすんで路上で膨れあがった馬の死体、そこから立ちのぼる鼻をつくような臭気は、想像を絶する酷さだった。約二万五〇〇〇人の民間人、六〇〇〇人の兵士がこの空爆で殺された。

ワルシャワ攻撃がいまだ継続中の九月二十八日、リッベントロップ外相はふたたびモスクワまで飛び、追加的な「境界・友好条約」をスターリンと結び、当初案を微調整した。独ソ両国軍の境界線はこれにて最終的に確定され、ソ連側はポーランドに対するドイツの取り分を若干増やす見返りに、リトアニアのほぼ全域を手中に収めることができた。ソ連側占領地域に暮らすドイツ系住民は、ナチ側の占領地域に移送された。スターリン政権はまた、共産主義者を含む、数多くの反体制ドイツ人の引き渡しにも応じた。そのうえで、独ソ両国政府は「ポーランド問題」はすでに決着を見、ヨーロッパにおける戦争はもはや終わりにすべきであると、内外にむけ呼びかけた。

ナチ・ドイツとソ連邦が結んだ二つの合意文書によって、どちらがより得をしたのか？　その点についてほとんど疑問の余地はない。イギリス海軍による海上封鎖の脅威にさらされていたドイツは、いまや戦争遂行に必要なあらゆるものを手に入れた。穀物、石油、そして鉄鋼生産に必要なマンガンは、すべてソ連が単独で提供できたし、その他の物資についても、スターリン政権がパイプ役をつとめてくれた。特にソ連経由で融通してもらったゴムは、なによりありがたかった。

モスクワでドイツ側と交渉をすすめる一方で、ソ連はバルト三国問題にも着手し、すでに圧力をかけ始めていた。九月二十八日、まずはエストニアに「相互援助」条約の調印を迫った。続く二週間のあいだに、ラトヴィアとリトアニアにも、同種の条約への署名が強要された。貴国の主権は今後も尊重されると、スターリンが個人的に請け合ったにもかかわらず、これら三ヵ国は翌年の初夏には、すべてソヴィエト社会主義共和国連邦に組み込まれた。そのうえで、これら三国に暮らすおよそ二万五〇〇〇人の〝まつろわぬ人々〟は、NKVDによって国外追放処分に付された。

ナチ政権は、スターリンがバルト三国を乗っ取り、さらにルーマニアからベッサラビア地方を奪うことまでは了承した。だが、スターリンはさらに黒海沿岸と、プロイェシュティ油田に近いドナウ川河口域にもその支配権を及ぼそうと狙っており、その剝きだしの野心には、さしものナチ党幹部たちも警戒心を募らせ、脅威を覚えるようになった。

ポーランド人による局所的抵抗は十月に入ってからも、かなり長いあいだ続いた。敗戦がもたらした破壊の傷跡は、途方もなく深かった。対独戦におけるポーランド軍の人的損耗は、戦死者七万人、戦傷者一三万三〇〇〇人、捕虜は七〇万人に達したと推計されている。対するドイツ側の人的損耗は四万四四〇〇人におよび、うち戦死者は一万一〇〇〇人を数えた。規模の小さなポーランド空軍は文字どおり消滅してしまったが、ポーランド侵攻作戦におけるドイツ空軍の被害も五六〇機と驚くほど大きかった（主な原因は空中戦ではなく、不時着と対空砲火によるものだった）。一方、ソ連軍がポーランド侵攻にさいして受けた損耗の程度は、分かっている範囲だけでも、身震いを覚えるほどの〝凄さ〟である。なにしろ、赤軍の戦死者は九九六人、戦傷者は二〇〇二人というのだから。対するポーランド側は、死者だけで五万人、負傷者に至ってはその実数すら分かっていない。犠牲者の数にこれほどの差が生じた原因は、処刑による死者が多かったと考えるしかない。ポーランド側の戦死者のなかには、翌年の春に「カティンの森」でおこなわれた将校虐殺なども含まれている公算が大きい。

ヒトラーはポーランドという国家にすぐさま死亡宣告をおこなうような真似はしなかった。その年の十月には、英仏両国に働きかけて、なんらかの合意文書をまとめたいと希望していたくらいである。英仏連合軍が西方で、ポーランド支援の攻勢に出なかったことから、英仏両国、なかんずくフランスは、本音を言えば、戦争の継続など望んでいないのだろうと、ヒトラーに見透かされていた。十月五日、ヒトラーはエルヴィン・ロンメル少将を傍らに侍らせ、ワルシャワで勝利の祝賀パレードをおこなうドイツ軍部隊を観閲したあと、外国人記者団にむかってこう語りかけている。「紳士諸君！　きみたちはワルシャワの廃墟を見たはずだ。いまだに戦争を続けようと考えているロンドンとパリの政治家たちに、警告として諸君の見聞を伝えたまえ！」と。翌日、ヒトラーはドイツ国会において「平和の呼びかけ」をおこなった。だが、この提案は英仏両国政府によって拒否された。さらにソ連がその支配地域からポーランド色を一掃する気でいることが判明すると、ヒトラーもついに、ポーランドに引導をわたすことを決意する。

ドイツが占領下に置いたポーランドの西半分は、それぞれの役割に応じていくつかに分割された。中央部から南西にかけた一帯には「ポーランド総督府」が設けられ、またいずれドイツ本国に編入される予定の地域、すなわち北方の「ダンツィヒ＝西プロイセン」と「東プロイセン」、西方の「ヴァルテラント」、および南方の「上シレジア」には帝国大管区が設けられた。将来の「ゲルマン化」を見込んだ地域は、まずはいったん更地にする必要があるため、そこでは大規模な民族浄化計画が推進された。他民族を排除して〝浄化〟がかなった暁には、それらの地域にバルト三国やルーマニア、バルカン半島各地に居住する〝フォルクスドイチェ（民族ドイツ人）〟を入植させるというのが基本方針だった。各都市の名称もそれぞれドイツ式に改められた。たとえばウッチは、「第一次世界大戦」の折り、この都市の近郊で奮戦したドイツ人将軍の名前に因んで、リツマンシュタットと改名された。ポズナニは、そのプロイセン名であるポーゼンに戻され、「ヴァルテラント大管区」の区都となった。

愛国心の拠り所であるポーランドのカトリック教会は、聖職者に対する逮捕および国外追放という形で、徹底的に弾圧された。ポーランド文化を根絶やしにし、将来の指導者層が育たないように、各種の学校や大学は閉鎖された。最も初歩的な教育、農奴階級にふさわしいレベルの教育だけが、かろうじて許された。クラクフ大学の教授と教職員はその十一月、ドイツ本国の「ザクセンハウゼン強制収容所」に移送された。一方、ポーランド人政治犯が送られたのは、オシフィエンチムにあった騎兵部隊の元兵舎で、この町はその後、アウシュヴィッツと改名された。

ナチ党関係者はポーランド人を選別し、若い女性は家政婦に、また男たちは肉体労働者として使役すべく、それぞれドイツ本国へと移送した。ドイツ陸軍総司令官、ヴァルター・フォン・ブラウヒッチュ上級大将に対し、ヒトラーは当時こういっている。われわれには「安価な奴隷」が必要であり、また新たに獲得されたドイツの領土から「愚民ども」を一掃する必要があるのだと。金髪の子供たちはアーリア人の理想にかなっていたため、身柄を確保され、ドイツ人の養子にするため、やはり本国に送られた。そんななか、「ダンツィヒ＝西プロイセン」大管区を治めるアルベルト・フォルスターは、同大管区内に居住するポーランド人の多くを「民族ドイツ人」に再分類しようとして、ナチ党内の純血主義者の怒りを買ってしまう。ポーランド人としては、それがいかに屈辱的で、嫌悪感をもたらす扱いであろうと、仮に血統属性の変更が実現できれば、国外追放を免れ、自宅を失わずにすむメリットがあった。ただ、そうした〝民族ドイツ人〟をその後待っていたのは、ドイツ国防軍への召集令状だったのだが。

ヒトラーは十月四日、ポーランド侵攻に際して捕虜や民間人を殺害した兵士に対し、一括恩赦を与えた。この者たちは「ポーランド人が犯した残虐行為の苦しみ」から、つい行動に出てしまったのだと認定された。ただ、将校たちの多くはこの措置に落ち着かない気分を味わった。そんなことをすれば、軍紀の乱れを招きかねないからだ。「われわれはドイツ兵が大した考えもなく放火や窃盗、殺人や略奪をはたらくという心痛む光景を目の当たりにした」とある砲兵大隊の指揮官は書いている。「いい大人が、自分のやっていることを自覚せず、良心の呵責になんら悩むことなく、法や命令、ドイツ兵としての名誉を損なっている」と。

なかでも、ドイツ「第八軍」司令官、ヨハネス・ブラスコヴィッツ歩兵大将は、そうした憤懣を形に表した。親衛隊やその走狗たる「治安警察」、および民族ドイツ人からなる「自衛団」が民間人を殺害することに、かれは猛然と抗議の声を上げたのだ。だが、かれのメモに接したヒトラーは、逆に怒りを爆発させ、「救世軍みたいなやり方で、戦争などおこなえるわけがない」と声を荒らげた。これ以外にも、ドイツ陸軍からはさまざまな異論が上がってきたが、ヒトラーはそれに対し、痛烈な言葉を浴びせて終わりだった。とはいえ、ポーランドなんぞにそもそも存在価値などないのだと信じるドイツ人将校がいまだ大半だったのだが。その証拠に、今回のポーランド侵攻にかんし、道徳的見地から異を唱えたものはほとんどいなかった。「第一次世界大戦」に続く激動の時代、「ドイツ義勇軍」に所属した年配の将校たち、なかでもシレジアで国境紛争を戦った古強者は、ポーランド人と激戦を演じた実体験があるため、尚更だった。

ポーランド侵攻作戦とその後の経緯は、いくつかの点において、ヒトラーがこののち展開するソ連相手の〝ラッセンクリーク（人種戦争）〟のひな型となった。およそ四万五〇〇〇人のポーランド系、ユダヤ系民間人がもっぱら普通のドイツ兵によって射殺された。さらに加えて、親衛隊の〝アインザッツグルッペン（特別行動部隊）〟が、精神病院の患者たちに機銃掃射を加えるなどの行為に及んだ。ポーランド民族の絶滅をめざす「タンネンベルク作戦」のもと、ドイツ軍の実戦部隊が進軍したあとの後方地域には、それぞれ一個〝アインザッツグルッペ（単数）〟が配置された。かれらは貴族や判事、著名なジャーナリスト、あるいは大学教授など、将来のポーランド抵抗運動においてリーダーとなりうる人物を次々と捕らえ、殺害していった。九月十九日、ハイドリヒSS中将は、陸軍参謀総長フランツ・ハルダー砲兵大将に対し、今後「一掃」すべき対象について公然と語っている。「ユダヤ人、知識人、聖職者、貴族」と。当初、こうしたテロ行為の手口はきわめて雑駁で、特に民族ドイツ人の民兵が手を下した場合はそうだったが、この年の終わりごろには、もっと洗練されたやり方で粛々と作業がすすめられるようになっていく。

ヒトラーとて、ユダヤ人に対する憎しみは余人に負けないほど強かったが、一九四二年に始まった流れ作業のような大量虐殺がつねにかれの計画に組み込まれていたわけではない。なるほどヒトラーは反ユダヤ主義に凝り固まっていたし、そうした思想を大いに吹聴したし、ヨーロッパからユダヤ人の影響をすべて除いて〝浄化〟しなければならないというナチ式の強迫観念を実際の政策に移した当人だったけれど、ユダヤ人の生命を物理的に奪い、その絶滅をはかるという考え方は、戦前のヒトラーの構想には含まれていなかった。耐えがたい抑圧状況をつくりだし、それによってユダヤ人に海外移住を強いるというのがかれの中心的な考え方だった。

いわゆる「ユダヤ人問題」をめぐるナチ党の政策は、現実には揺れ動き、それぞれの時期によって異なる様相を呈している。そもそも第三帝国は組織的な機能不全をかかえており、それを「政策」と言ってしまうと、誤解を招きやすい面がある。ヒトラーという独裁者は、組織をまとめ、国家を運営することにほとんど関心を示さず、それゆえ互いに機能面で競合しあう類似の部門や省庁が、野放図に生み出されていった。それら相互のライバル関係、特に大管区指導者とその他のナチ党幹部、親衛隊とドイツ陸軍との内紛は、方針の首尾一貫性を阻害し、驚くほどの無駄を発生させた。冷酷無比で効率的なマシーンというナチ政権のイメージは、実態と大きくかけ離れている。それぞれの幹部たちは、総統閣下の単なる思いつきのような言葉じりを捉えたり、あるいは総統閣下の真意を勝手に斟酌《しんしゃく》して、それぞれに忠誠合戦を繰り広げ、他の関連機関にいっさい相談もなく、様々な計画を思い思いに立ち上げていったのだ。

一九三九年九月二十一日、「RSHA（国家保安本部）」を率いるハイドリヒSS中将は、ポーランド在住ユダヤ人の処理をめぐる「予備的措置」を規定すべく、ひとつの指針を示した。ポーランドには戦前、およそ三五〇万人のユダヤ人が暮らし、それは全人口の一〇パーセントを占め、その比率はヨーロッパ各国のなかでも抜きん出て高かった。ソ連支配地域には現在、およそ一五〇万人のユダヤ人がいたが、この数字はドイツ軍の侵攻をうけて東方に逃れた三五万人を加算したものである。ドイツ領内に依然として留まるユダヤ人について、ハイドリヒはこう命じた。鉄道の幹線網でつながれた比較的規模の大きな都市にかれらを集中させせよと。この命令を実行に移すには、大規模な人口移動が必要だった。さらに十月三十日、ハイドリヒの上司にあたるヒムラー親衛隊全国指導者も、とある指示をおこなった。「ヴァルテラント帝国大管区」に留まるすべてのユダヤ人は、今後「ポーランド総督府」に強制移送するものとし、それらのユダヤ人が住まなくなった住居については、民族ドイツ人の入植者——これまで第三帝国の領内に住んだことがなく、かれらの話すドイツ語はしばしば意味不明とされた人々――に与えよと。

さてそこで問題は、厄介者の移送先と指定された「ポーランド総督府」である。クラクフの王城に陣取り、もっぱら自分の利益ばかり考え、この「総督府」を好き勝手に仕切っていたのは、ハンス・フランクという名の、横柄で腐りきったナチの小悪党である。フランク総督閣下は、住むところを失ったポーランド人だけでなく、いまや数十万のユダヤ人の受け入れ準備に入れと命じられ、怒り心頭に発していた。強制移送の対象者に、当面の住む場所と食べ物を工面しようにも、具体的計画はどこにもなかったし、これらの人間をどう扱うべきかについて、誰も真剣に考えていなかったから。なるほど理論上は、それなりのやり方があるかに見える。ユダヤ人のうち、十分に体力のあるものは強制労働で使役し、残りのものは、将来の落ち着き先が見つかるまで、比較的大きな都市の一時居住区に隔離しておけばいいと。だが実態はどうかといえば、ユダヤ人たちは総じて狭い「ゲットー（強制居住区）」に押し込められ、所持金はすべて取り上げられ、わずかの食事だけを与えられ、多くの場合、飢餓と病気で死ぬまで放置されることになった。ユダヤ人の完全な絶滅をめざす計画はいまだ存在しなかったが、現場ではそうした方向への重要な一歩がすでに踏み出されていた。しかも、いまだ影も形もない「コロニー」なるものにユダヤ人を再定住させる作業は、想像を絶するほど困難だった。そのため、こんな連中はあちこち移動させるより、いっそここで殺してしまった方が簡単かもしれないな――という考えがほどなく広がるようになっていく。

旧ポーランドの西半分、ナチ・ドイツが占領した地域では、いまや略奪や殺人事件が頻発し、さまざまな社会混乱のせいで、生活の質の劣化が進んでいた。ならば、ソ連側に住むポーランド人の境遇がそれほど良好かといえば、そんなことはなかった。

スターリンのポーランドに対する憎しみは、「ソヴィエト＝ポーランド戦争」のさなか、赤軍が敗北を喫した「ワルシャワの戦い」、ポーランド人の言う「ヴィスワ川の奇蹟」が起きた一九二〇年にまで遡る、じつに根の深い感情だった。この戦いの折り、スターリンが預かる「第一騎兵軍」は、ミハイル・N・トゥハチェフスキー元帥の部隊を支援することが期待されたが、それを果たせず、スターリンは強い批判を浴びたという経緯がある。一九三七年にソ連赤軍で大粛清が始まると、スターリンは根も葉もない告発をおこない、まずはトゥハチェフスキー元帥を処刑に追い込んだ。さらに「NKVD（内務人民委員部）」は一九三〇年代をつうじて、ソ連領内に居住する数多くのポーランド人（大半は共産主義者）をスパイと見なし、摘発の対象とした。

この「大テロル」の時期に、NKVDを率いていたニコライ・エジョフは、ポーランド人をめぐる想像上の陰謀説に取り憑かれていた。まずはNKVD内部のポーランド人が追放され、さらに一九三七年八月十一日の「指令第〇〇四八五号」により、ポーランド人であること自体が、国家の敵であると暗に定義されるような事態へと至った。逮捕、拷問、処刑の嵐が吹き荒れる最初の二〇日間が終わり、エジョフがその成果を報告すると、スターリンはかれの働きぶりを称賛した。「非常にすばらしい！　さらに続けて探しだし、ポーランドの汚物どもを一掃するのだ。汚物の除去はソ連邦の利益にかなっている」と。「大テロル」の期間、反ポーランド政策が猛威を振るうなか、一四万三八一〇人のポーランド人がスパイとして逮捕され、うち一一万一〇九一人が処刑された。この時期に処刑されたポーランド人の比率は、他のソ連市民のおよそ四〇倍に達した。

「ソヴィエト＝ポーランド戦争」が終結した一九二一年の「リガ条約」に従って、勝者たるポーランドは、白ロシアおよびウクライナの西部地域を自国の版図に組み入れた。ポーランドはさらにその後、この両地域にヨゼフ・ピウスツキ元帥麾下の軍団を数多く進駐させた。だが一九三九年秋に、今度は赤軍が侵攻。五〇〇万人を超えるポーランド人は気づいてみると、ソ連の支配下に入っていた。しかもソ連は、ポーランド人の愛国的言動を〝反革命〟と位置づけた。NKVDは一〇万九四〇〇人を逮捕し、大半の者はいわゆる「収容所《ラーゲリ》」へ送られ、このうち八五一三人はその後処刑された。ソ連当局はさらに、ポーランド・ナショナリズムの延命に一定の役割を果たしそうな人物をすべて摘発した。そのなかには地主、法律家、教師、聖職者、ジャーナリスト、将校などが含まれていた。階級闘争と民族去勢の同時達成を企図した計画がそこにはあった。赤軍に占領されたポーランドの東部地域はやがてソ連邦に分割・吸収された。北部地域は白ロシアの一部となり、南部地域はウクライナに編入された。

シベリアおよび中央アジアへの大規模追放劇は一九四〇年二月十日に幕を開けた。摂氏零下三〇度のなか、NKVD所属のライフル連隊がポーランドの民間人一三万九七九四人をかり集めた。第一陣として選定された家族のもとに、兵士たちが押しかけ、かれらは小銃の掉尾でドアを激しく叩き、怒号をあげながら、当該家族を叩き起こした。赤軍兵士、もしくはウクライナ人民兵が、NKVD将校の指揮のもと、ポーランド人を小突いたり、銃口を突きつけたり、脅し文句を浴びせたりした。どこかに武器を隠し持っていないかと、ベッドをひっくり返し、食器棚を調べた。「きさまらはポーランド人のエリートだ」と、アダムチク家の人々はいきなり断定された。「きさまらはポーランド貴族、ポーランド人の主人。つまり人民の敵である」と。NKVDがより頻繁にもちいた決まり文句、それは「ポーランド人なら、すべてクラークだ」である。クラークとは、反動的な「富農」階級を口汚くののしるさい、ソ連人がつかう政治的常套句だった。

そう認定された家族には、困難な旅の準備を整える時間も余裕もほとんど与えられず、屋敷も農場も、永遠に手放さざるを得なかった。これからのことを思い、大半のものが茫然自失の体だった。家族のうち、父親と息子は跪くよう命じられ、顔をじっと壁にむけさせられた。その間に、女たちだけが、家財道具のとりまとめを許された。たとえどこに連れて行かれようと、そこで生活を築けるようにと、ミシンとか、調理器具とか、寝具とか、あるいは家族写真や子供のぬいぐるみ、教科書などがかき集められた。一部のソ連兵は、自分たちに与えられた任務に明らかに当惑しており、ぼそぼそと謝罪のことばを口にした。またきわめて稀な例ではあるけれど、三週間におよぶ家畜輸送車の移動中、なんとか食料を確保できるようにと、出発前に牛の乳をしぼるとか、飼っているニワトリや豚をつぶして肉にすることが許されたケースも若干あった。だが、それ以外の一切合切は、すべて後に残していかなければならなかった。こうしてポーランド人の民族離散が始まったのである。

章末注

(56)「ポーランドに引導をわたす」：Hitler, 22.8.39, *DGFP*, Series D, vol.vii, no.193

(56)「暗い森」：BA-MA RH39/618, Jochen Böhler, *Auftakt zum Vernichtungskrieg. Die Wehrmacht in Polen, 1939*, Frankfurt am Main, 2006, p.52からの引用。

(57)ダンツィヒにおける要人拘束：Richard Overy, *1939: Countdown to War*, London, 2009, p.69-70

(57)「ダンツィヒ解剖医学研究所」とシュトウットホーフ：GARF 9401/2/96 および RGVA 32904/1/19

(57)三〇〇万の兵員：*GSWW*, vol. ii, p.90

(59)「まとまった部隊」：SHD-DAT, Claude Quétel, *L'Impardonnable Défaite*, Paris, 2010, p.196からの引用。

(59)不正規兵と破壊工作：BA-MA RH37/1381; RH26-208/5, Böhler, *Auftakt zum Vernichtungskrieg*, p.40からの引用。

(59)「ボリシェヴィキに心を寄せ」：NA II RG 242, T-79, R.131,595

(59)「迅速かつ容赦ない」進軍：*GSWW*, vol ii, p. 82

(60)ドイツ国会におけるヒトラー演説：1.9.39,

Domarus, vol.ii, 1307

(61)「〝戦争〟ということば」: Anatole de Monzie, *Ci-devant*, Paris, 1941, Quétel, *L'Impardonnable Défaite*, p.204からの引用。

(62)「愚かで依怙地な態度」: Georges Bonnet, *Dans la tourmente: 1938-1948*, Paris, 1971, Quétel, *L'Impardonnable Défaite*, p.195からの引用。

(65)「で、どうするつもりなのだ!」: Paul Schmidt, *Hitler's Interpreter*, New York, 1950, pp.157-8.〔パウル・シュミット『外交舞台の脇役(1923-1945)――ドイツ外務省主席通訳官の欧州政治家達との体験』長野明訳、日本図書刊行会〕

(65)「ひどく危険な愚かもの」: Harold Nicolson, *Friday Mornings, 1941-1944*, London 1944, p.218からの引用。

(66)全国津々浦々で: Mass Observation, Daniel Swift, *Bomber County*, London, 2010, p.118からの引用。

(66)ロンドンの変貌: Molly Panter-Downes, *London War Notes, 1939-1945*, London, 1971, pp. 3-6

(67)「アシーニア」号の損失: Overy, *1939*, pp.107-8

(68)「既成事実として、われわれに提示」: Géneral P. de Villelume, *Journal d'une défaite, août 1939-juin 1940*, Paris, 1976, Quétel, *L'impardonnable Défaite*, p.211からの引用。

(68)騒乱による死亡: Richard J. Evans, *The Third Reich at War: How the Nazis Led Germany from Conquest to Disaster*, London, 2008, p.8

(68)ビドゴシチにおけるドイツ系住民一〇〇〇人の殺害: *GSWW*, vol.ii, p.138

(69)「ぞっとするほど不潔で、ひどく立ち後れた」: letter 17.9.39, BfZ-SS 28774, Böhler, *Auftakt zum Vernichtungskrieg*, p.43からの引用;(その他参考)BA-MA RH37/5024; RH53-18/152; RH 37/5024

(69)「視線を避けるような所作」: Klaus Latzel, *Deutsche Soldaten - nationalsozialistischer Krieg? Kriegserlebnis - Kriegserfahrung 1939-1945*, Paderborn, 1998, p.153からの引用。

(69)「帽子を取って、こちらに敬意をしめす時」: BA-MA RH37/6891, p.11 ('zogen respektvoll den Hut')

(69)「機嫌をとろうとするかのような追従笑い」: BA-MA RH41/1012, ('katzenfreundlich')

(69)週刊新聞『シュテュルマー』: *Stürmer*, BA-MA RH28-1/255

(70)「それまでユダヤ人に反感を持っていなかったものま

でが」：BA-MA RH53-18/17

(70)〝フライシェーアラープスユヒョーゼ（義勇兵不安心理）〟：BA-MA RH26-4/3, Böhler, *Auftakt zum Vernichtungskrieg*, p. 109からの引用。

(71)民間人一万六〇〇〇人の処刑：Böhler, *Auftakt zum Vernichtungskrieg*, pp.241-2

(71)六万五〇〇〇人の殺害とムニシェク、カールスホーフ付近での虐殺：Evans, *The Third Reich at War*, pp.14-15

(72)〝カルトッフェルクリーク（ジャガイモ戦争）〟：*TBJG*, Part I, vol.vii. p.92

(75)「マイン・パンフ（わが伝単）」：Panter-Downes, *London War Notes*, p.19

(76)ルーマニアのポーランド人：Adam Zamoyski, *The Forgotten Few: The Polish Air Force in the Second World War*, London, 1995, pp.35-43

(77)「敵はつねに空からやってきた」：K. S. Karol, 'A Polish Cadet in Inaction', in his *Between Two Worlds: The Life of a Young Pole in Russia*, New York, 1987, Jon E. Lewis, *Eyewitness World War II*, Philadelphia, 2008, pp.36-7からの引用。

(79)二万五〇〇〇人にのぼる〝まつろわぬ人々〟：V. N. Zemskov, 'Prinuditelnye Migratsii iz Pribaltiki v 1940-1950-kh godakh', *Otechestvennyy Arkhiv*, no. 1, 1993, p.4, Geoffrey Roberts, *Stalin's War: From World War to Cold War, 1939-1953*, New Havesn, 2006, p.45からの引用。

(79)ポーランド軍とドイツ軍の人的損耗：*GSWW*, vol. ii, p.124

(80)ソ連の人的損耗：Krivosheev, *Soviet Casualties and Combat Losses*, p.59

(80)「紳士諸君！　きみたちはワルシャワの廃墟を見たはずだ」：Joseph W. Grigg, 'Poland: Inside fallen Warsaw', United Press, 6.10.39

(81)「安価な奴隷」：Franz Halder, *Generaloberst Halder: Kriegstagebuch. Tägliche Aufzeichnungen des Chefs des Generalstabes des Heeres, 1939-1942*, 3 vols, Stuttgart, 1962-4, vol.i: *Vom Polenfeldzug bis zum Ende der Westoffensive*, p.107

(82)「残虐行為の苦しみ」：*GSWW*, vol.Ix/1, p.811

(82)「目の当たりにした」：12.10.39, BA-MA RH41/1177, Böhler, *Auftakt zum Vernichtungskrieg*, p.7からの引用。

(82)「救世軍みたいなやり方で」：*GSWW*, vol.ix/1, p.811

(83)「一掃」すべき対象：Halder, *Kriegstagebuch*, vol.i, p.79, Evans, *The Third Reich at War*, p.16からの

引用。

(86)「指令第〇〇四八五号」と反ポーランド政策：（参考）Timothy Snyder, *Bloodlands: Europe between Hitler and Stalin*, London 2010, pp.89-104

(86)「非常にすばらしい−」：Leonid Naumov, *Stalin i NKVD*, Moscow, 2007, pp.299-300, *ibid.*, p.96からの引用。

(87)「きさまらはポーランド人のエリートだ」：Wesley Adamczyk, *When God Looked the Other Way: An Odyssey of War, Exile and Redemption*, Chicago, 2006, pp.26-7, Matthew Kelly, *Finding Poland*, London, 2010, p.62.からの引用。

(87)「ポーランド人なら、すべてクラークだ」：Snyder, *Bloodlands*, p.86からの引用。

(88) ミシンとか：Kelly, *Finding Poland*, p.63.（その他参考）accounts in Association of the Families of the Borderland Settlers, *Stalin's Ethnic Cleansing in Eastern Poland: Tales of the Deported*, 1940-1946, London, 2000

第3章 まやかし戦争《フォウニー・ウォー》から電撃戦《ブリッツクリーク》へ 一九三九年九月～一九四〇年三月

敵の爆撃機がすぐにも大挙襲来し、ロンドンとパリを瓦礫の山に変えることはどうやらなさそうだと分かると、暮らしぶりは英仏両国ともほぼ平常に戻っていった。ロンドンの日常生活を評して、ある識者は書いている。戦争はいまや「奇妙で、夢遊病のような性質」を帯びるに至ったと。灯火管制下の真っ暗闇を歩いて時おり電灯柱にぶつかることを除くと、夜間に出歩く市民にとって最大の危険とは、車に轢かれることだった。ロンドンでは一九三九年の最後の四カ月間に、二〇〇〇人以上の歩行者が交通事故で命を落としている。人目につかないのをいいことに、若いカップルのなかには店の入口付近で立ったまま性行為におよぶ輩も現われ、そうした密かな楽しみはミュージックホールでジョークの種にされた。映画館や劇場も徐々に営業を再開し、ロンドンのパブはどこも盛況だったし、パリのカフェやレストランは人であふれかえり、モーリス・シュヴァリエが当時のヒット曲「パリ・セラ・トゥジュウル・パリ」を歌うような、そんな世相だった。ポーランドを見舞った運命は、ほぼ忘れ去られた感があった。

ただ、空陸の戦いは低調だったけれど、海の戦いは逆に激しさを増しつつあった。イギリスにとって、それは悲劇とともに始まった。一九三九年九月十日、英潜水艦「トライトン」がドイツのUボートと誤認して、僚艦の「オクスリー」を沈めてしまったのだ。本物のUボートを沈めた最初の〝戦果〟は九月十四日で、仕留めたのは英空母「アーク・ロイヤル」を護衛する駆逐艦たちだった。だが九月十七日、今度はドイツ海軍の「U－29」によって、年代物の英空母「カレジャス」が仕留められ、さらにはそのほぼ一ヵ月後、「U－47」のせいで、イギリス海軍ははるかに強烈なパンチを見舞われてしまう。このUボートは英海軍の一大拠点、スコットランドはオークニー諸島にあるスカパ・フロー軍港の襲撃を試み、防衛ラインを巧みに突破すると、英戦艦「ロイヤル・オーク」を葬り去ったのだ。この不祥事で、イギリス海軍に対する国民の信頼は大きく揺らぐことになる。

そのころ。ドイツの二隻のポケット戦艦、「ドイチュラント」と「アトミラール・グラーフ・シュペー」は大西洋で哨戒任務についていた。出撃に際し、両艦には本格戦闘も可とのお墨付きが与えられていた。だが十月三日、ドイツ海軍は致命的なミスをおかす。「ドイチュラント」がアメリカの貨物船を拿捕し、戦利品にしてしまったのである。ポーランドへの野蛮な侵略行為に続く暴挙だったため、アメリカの世論は沸騰し、交戦国への武器の売却を禁じる現行の「中立法」を問題視する空気が一気に高まり、結果、英仏両国に対しては武器の売却を認めるとの修正案が可決された。

十月六日、ヒトラーはドイツ国会で演説し、英仏両国にむけて和平提案をおこなった。イギリスもフランスも結局は、ドイツによるポーランド占領、チェコスロヴァキア占領に同意するはずだと見たからである。そのうえで、ヒトラーは翌日、英仏側の返答を待つことなく、各司令官や陸軍参謀総長フランツ・ハルダー砲兵大将とあい諮り、西方にむけた新たな侵攻計画をめぐる議論に着手した。「OKH（陸軍総司令部）」は、攻撃計画「黄の場合」を策定するよう命じられ、作戦発動の時期は五週間後とされた。だが、上級司令官たちは季節が冬にむかっていることや、部隊の再配置、各種補給の手当などを理由に挙げて、そうした作戦はおよそ困難であると主張し、ヒトラーを激怒させた。ヒトラーは別の意味でも出鼻をくじかれた。十月十日、なんとあのイギリスがすべての講和条件を呑んだという根も葉もない噂がベルリン中を駆け巡ったのだ。結果、商店街でも〝ガストハウス（飲食店をかねた宿屋）〟でも自然発生的な祝賀ムードが広がった。だが、そうした期待感のなかでおこなわれたヒトラーのラジオ演説により、国民はそれが糠《ぬか》喜びだと知った。この一件で国民は決して戦争を熱烈に支持しているわけではないことが端なくも明らかとなり、ゲッベルス宣伝相は周囲に当たり散らした。

十一月五日、ヒトラーは陸軍総司令官フォン・ブラウヒッチュ上級大将との面会に応じた。ブラウヒッチュ将軍は仲間の上級将校から、早期の侵攻作戦には身を挺して抵抗せよと事前に促されていたため、フランスを侮ってはいけませんとヒトラーに諫言した。弾薬も装備も不足しており、わが陸軍にはもっと時間が必要ですと。だが、ヒトラーはかれの発言を途中で遮ると、自分がフランスをいかに軽蔑しているか縷々《るる》語りはじめた。ブラウヒッチュも負けてはおらず、ポーランド作戦の結果、ドイツ陸軍は規律の欠如、ならびに訓練不足を露呈しましたと語り、総統閣下に軍の現状を理解させようとした。だが、ヒトラーは感情を爆発させると、ならば具体例を挙げてみよと反問した。これに対してブラウヒッチュは、とっさになにも思いつかず、口ごもってしまった。ヒトラーは「ツォッセン［OKHの所在地］の存念、あい分かった。ならばそれを粉砕してやろう」という脅し文句を発し、OKHのトップたるブラウヒッチュを震え上がらせたうえで、同将軍を徹底的に面罵した。

この前後の時期、ハルダー参謀総長は軍事クーデターによってヒトラーを除去することが可能かどうか思案していた。このためヒトラーの脅し文句はかれの耳に、きさまらの計画など、ゲシュタポはお見通しだぞと聞こえた。ハルダーは恐怖の虜《とりこ》になり、陰謀の動かぬ証拠とされそうな一切を慌てて処分した。ハルダー将軍は、短く刈り上げた髪形、ちょこんと載せた鼻眼鏡というスタイルを好み、その風貌は一見すると、十九世紀ドイツの大学教授といった風情だった。またかれが取り仕切る「ドイツ参謀本部」はきわめて保守的な組織であった。だが昨今、ヒトラーはその伝統墨守ぶりに苛立ちを募らせており、それをひしひしと感じていたハルダーは、これ以降、ただただじっと耐えるだけの人間になっていく。

この時期、スターリンは一刻も無駄にせず、「独ソ不可侵条約」によって手に入れた果実の収穫に動いていた。ポーランド東部の占領が完了した直後、クレムリンはバルト三国に対して「相互援助」条約を強要しはじめた。十月五日、フィンランド政府に対しても、外交使節をモスクワに派遣するよう要請。一週間後、スターリンは同使節団に新たな条約の素案を提示した。そこにはソ連側の要望が箇条書きに記されていた。ハンコ半島の租借に始まり、ソ連のムルマンスク軍港に近いルイバチー半島の一部とペッツァモ港、さらにフィンランド湾に浮かぶいくつかの島の管理権もソ連側に引き渡すこと。レニングラード北方のカレリア地峡に引かれた現在の国境線をさらに北方に三五キロメートル移動させることも要望された。その見返りとして、当方としては、ソ連領カレリアの北部に広がる無人地帯をフィンランド側に進呈する用意があるが、返答如何——というわけである。

モスクワでの交渉は十一月十三日まで続いたが、最終合意には至らなかった。いまのフィンランドには国際的支援も、また戦う覚悟もないと判断したスターリンは、かくして侵攻を決意した。戦端を開くさいの口実はおよそ説得力に乏しかった。ごく少人数のフィンランド人共産主義者からなる傀儡「亡命政権」から、兄弟国のソ連邦に対し支援要請があったというのだ。ソ連赤軍はカレリアのマイニラ付近で挑発的な国境事件を引き起こした。フィンランドはドイツに助けを求めたけれど、ナチ政権はいかなる支援も拒否し、それどころか貴国はソ連側に譲歩すべきであると助言までしてくれた。

十一月二十九日、ソ連はフィンランドとの外交関係を断絶。翌三十日、レニングラード軍管区の所属部隊がフィンランドの防御陣地に攻撃を加え、また赤軍の爆撃機が首都ヘルシンキに空爆を敢行した。かくして「冬戦争」の始まりである。ソ連指導部は、今回の作戦はポーランド東部に対する作戦と同様、楽勝に終わるだろうと考えていた。ヴォロシーロフ国防委員（国防相）は、スターリンの六十歳の誕生日にあたる十二月二十一日までに、すべてを片付けてしまいたいと思った。作曲家ドミートリイ・ショスタコーヴィッチにはすでに、この慶事を記念する祝祭曲が発注されていた。

そのころフィンランドでは、カール・グスタフ・マンネルヘイム元帥に現役復帰が要請されていた。かつてロシア皇帝の近衛騎兵連隊で将校をつとめた経験を持ち、ボリシェヴィキ相手に独立戦争を戦った英雄である元帥が、以後この国の総司令官をつとめることになる。フィンランド軍の兵員は一五万人足らずで、しかもその多くは予備役兵と十代の若者だった。この一五万弱の手勢をもって、フィンランドは一〇〇万を超える赤軍に勝負を挑んだのである。ラドガ湖の南西、カレリア地峡を横切るように走る防衛線は「マンネルヘイム・ライン」と命名され、それらは主に塹壕と、丸木で囲った掩蔽壕と、若干のコンクリート製防御陣地で構成されていた。フィンランドはまた、森林や沼沢といった地の利を活かすことにした。進軍してくる敵兵がどのようなルートをたどろうと、行き着く先には、巧みに偽装された地雷原が必ず控えていた。

重砲による支援射撃にもかかわらず、ソ連「第七軍」はこの地で吐き気を催すような衝撃を味わうことになる。各歩兵師団はまず、国境付近に身を潜める伏兵や狙撃兵によって行き足を殺された。地雷探知機をもたず、また遅滞なく進軍せよとの上からの命令に急かされて、ソ連の各司令官は「マンネルヘイム・ライン」の前方に広がる、一面雪で覆われた地雷原を、ただ芸もなくすすんでいった。自分たちは同じ共産主義を信奉する兄弟であり、資本主義の抑圧からその兄弟を解放するため駆けつけるのだから、当然ながらフィンランド人に歓迎されるはずだと赤軍兵士は聞かされていた。それゆえ、戦場の現実はその士気をぽっきりとへし折るほど強烈だった。ソ連兵は必死になって雪原を横切

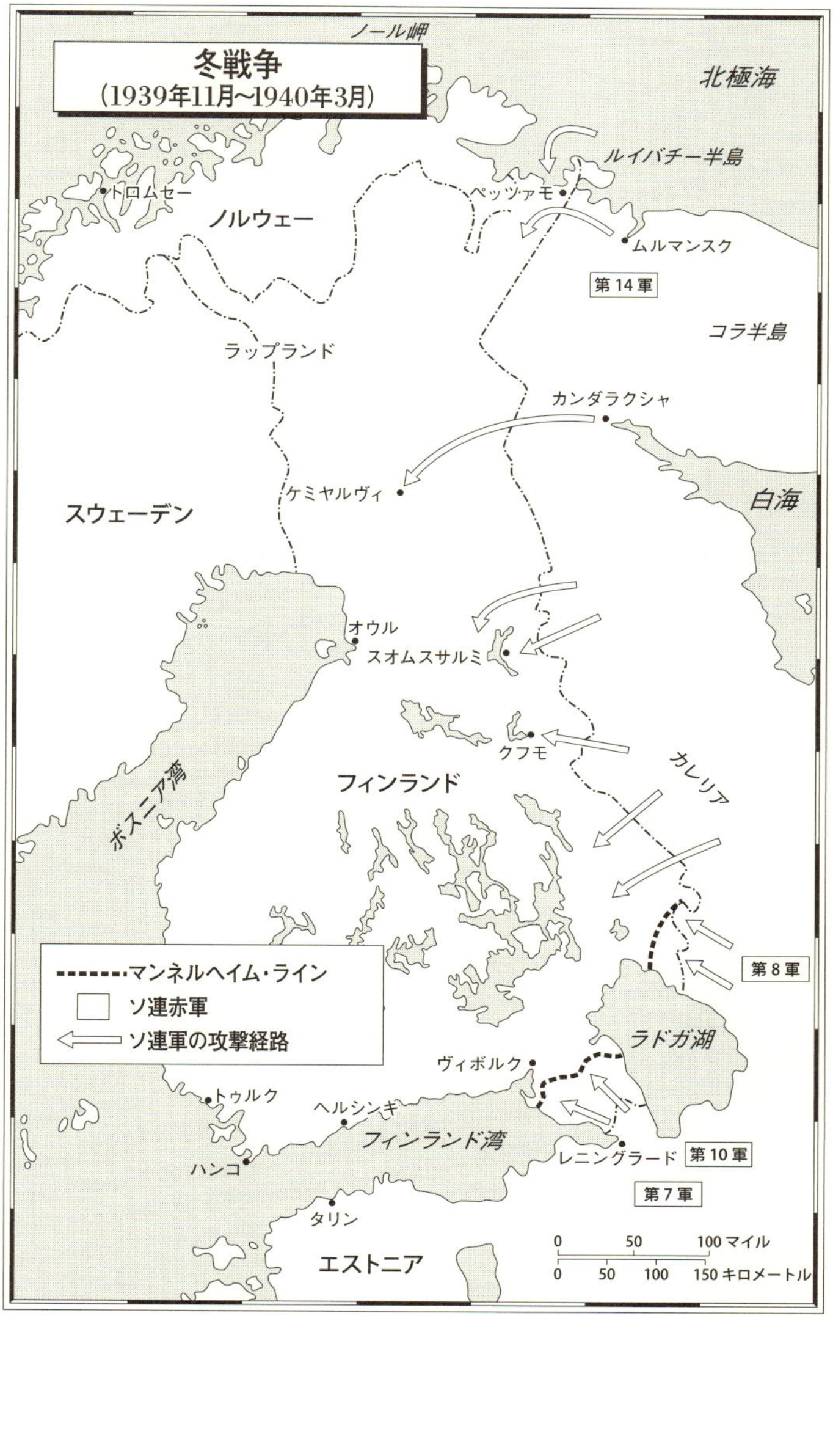
冬戦争
（1939年11月〜1940年3月）
ノール岬
北極海
ルイバチー半島
ペッツァモ
ムルマンスク
トロムセー
ノルウェー
第14軍
コラ半島
ラップランド
カンダラクシャ
ケミヤルヴィ
白海
スウェーデン
オウル
スオムスサルミ
クフモ
カレリア
ボスニア湾
フィンランド
第8軍
マンネルヘイム・ライン
ソ連赤軍
ソ連軍の攻撃経路
ラドガ湖
ヴィボルク
トゥルク
ヘルシンキ
フィンランド湾
ハンコ
レニングラード
第10軍
第7軍
タリン
エストニア
0 50 100 マイル
0 50 100 150 キロメートル

り、「マンネルヘイム・ライン」の一部をなすカバノキの森へとむかった。すると、冬季のカムフラージュでは名人級のフィンランド人が、それぞれ手にした機関銃で、ソ連兵たちを次から次へとなぎ倒していった。

フィンランドのはるか北方では、ムルマンスクから出撃したソ連軍部隊が鉱山地帯やペッツァモ港に攻撃を敢行した。だが、そのまま南進してフィンランド中央部を切り裂き、東方からボスニア湾まで一気に抜けるという目論見は、これ以上ないくらい見事な失敗に終わった。たちまち降伏すると思っていたフィンランド人が意外や意外、抵抗の姿勢を見せたため、スターリンは大いに驚き、ならば赤軍の数的優位を存分に活かして、やつらを蹂躙せよとヴォロシーロフに命じた。だが、粛清の恐怖に怯える赤軍の各司令官は、柔軟性に欠ける定石どおりの愚直な戦い方をするしかなく、いっそう多くの部下を次々と死地に赴かせた。零下四〇度のもと、ろくな装備も持たず、しかもこの手の冬季戦に不慣れなソ連兵は、白一色のなかでやたら目立つ茶色の外套を着ており、深い雪に足を取られながら、倒《こ》けつ転《まろ》びつ前進した。フィンランドの中部と北部を占める凍った湖、凍った森を前にして、ソ連軍の隊列は森を抜けて走る何本かの小径をたどるしかなかった。すると突然、待ち伏せ攻撃が始まった。〈スミオ〉機関銃と手榴弾、そして狩猟ナイフで武装したフィンランドのスキー兵が襲いかかり、獲物たちを次々と血祭りにあげていった。

フィンランド軍はかれらのいう「丸太切り」戦術を採用。敵の隊列をスライスしたり、補給ルートを各所で寸断、ソ連兵を飢えさせた。パリパリと肌を刺すような霧が一面に広がっていく。とそこへ、スキー兵がいきなり出現し、ソ連軍の戦車や火砲に手榴弾や火炎瓶を投げつけて、瞬く間にどこかへ消えていくのだ。「冬戦争」はいわば半分ゲリラ戦のようなものだった。そして、この手の戦いにかんし、赤軍は全く備えができていなかった。農場や牛小屋や納屋は、フィンランド人の手ですべて焼き払われ、前進する赤軍部隊は身体を休める場所すら奪われた。道路には地雷が埋められ、あちこちにブービートラップが仕かけられていた。こうした攻撃でいったん負傷すると、兵士たちはたちまち凍死した。風土と完全に溶けあい、その所在すらうかがい知れぬフィンランドのスキー兵を、ソ連兵たちは〝ベリャ・スメルト（白い死）〟と呼んだ。ソ連「第一六三狙撃（歩兵）師団」はスオムスサルミ付近で包囲され、その救援に駆けつけた「第四四狙撃師団」もそれぞれに分断され、木々のあいだを飛ぶように抜けていく白い幽霊たちの新たな餌食となった。

のちにこの戦場を訪れたアメリカ人ジャーナリスト、ヴァージニア・カウルズは書いている。「四マイルにわたって、道や森には、人や馬たちの死体が散乱していた。破壊された戦車、野戦炊事場、トラック、砲架車、地図、本、衣服の切れ端等々。死体はみな凍りつき、石化した樹木のように硬く、皮膚の色はマホガニーのそれだった。一部の死体はゴミの山のように積み上げられ、ただ雪が、慈悲深き毛皮のごとく、その上を覆っていた。それ以外の死体はグロテスクにねじ曲がり、一帯の木々に身体を預けていた。すべてがそのままの姿勢で重なりあい、凍っている。腹部の傷を両手で抱きしめるようにしている死体を見た。コートの襟を必死に開こうとする、その瞬間の死体もあった」

コラ半島からケミヤルヴィにむけて南西方面にすすんだソ連「第一二二狙撃師団」も似たような運命をたどった。こちらの師団はK・M・ワレニウス将軍の手勢によって奇襲され、皆殺しにされた。「この沿道の死体たちのなんたる奇妙なことか」と、フィンランド人の勇敢かつ効率的な抵抗ぶりを最初に目撃した外国人記者は書いている。「寒さのため、兵士たちは倒れたままの形で凍っていた。寒さはまた、死体の全身、あるいは顔の造作をわずかに縮ませ、人工的な、蠟のような外観をつくりだした。その道路上のすべてが、細心の注意を払って戦場を再現した一種の巨大な蠟人形の群像に見えた……電信線を手に、荷馬車の車輪に寄りかかる兵士、ライフルになんとか弾倉を填《は》めようとした瞬間の兵士もいた」
こたびのフィンランド侵攻は国際的な非難を浴び、「国際連盟」はソ連邦の除名を決定した。実質的にそれは、この国際機関の最後の仕事となった。一方、ロンドンとパリでは怒りの国民感情が噴き出し、それはドイツのポーランド侵攻時と比べ、勝るとも劣らぬ激しさであった。スターリンと同盟国ドイツの関係も次第にぎこちないものに変わった。ソ連からは以前にも増して大量の物資提供を受けていたけれど、ドイツはスカンディナヴィア諸国、なかんずくスウェーデンとの相互関係や貿易関係に亀裂が生じることを恐れたのだ。さらに英仏両国から共同で対フィンランド軍事支援をおこなわないかとの打診もあって、ナチ政権の指導部は対応に苦慮した。英仏連合軍がスカンディナヴィア半島に足場を築いた場合、スウェーデンからの鉄鉱石供給が中断する可能性もあったからだ。この鉄鉱石はドイツの軍需産業にとって、兵器の高品質を保証する死活的に重要な戦略物資だったのだ。

そんななかにあって、ヒトラーの心はいたって穏やかだった。私がその使命を全うできるよう、神はつねに庇護を与えてくれる、つまり神意はわが方にありと改めて確認できる事件に遭遇したからである。十一月八日、かつて失敗に終わった一九二三年のナチ党による「一揆」の発火点、ミュンヘンのビアホール「ビュルガーブロイケラー」で毎年恒例のスピーチをおこなったさいのこと。演壇にほど近い柱に、家具職人ゲオルク・エルザーがヒトラーを暗殺すべく、ひそかに爆薬を仕かけておいたのだ。ところが、当のヒトラーは予定を途中で切りあげて、さっさとベルリンに帰ってしまい、その大爆発はかれが去った一二分後に発生、ナチ党の「古参闘士」数名を殺しただけで終わった。ある識者によると、このニュースに接したロンドンの反応はいかにも「英国風」だった。ハンティングで「誰かがキジを撃ちもらした時みたいに、『おっと運がなかったな』と言って、それきりだった」という。

どうやらあのどうしようもない政権を、ドイツ人がみずから取り除くのも時間の問題だなと、イギリス人は根拠のない楽観論でみずからを慰めた。

エルザーはその日の夕刻、国境を越えてスイス側に逃げようとしたところを確保された。完全な単独犯だったことは明らかなのに、ナチの宣伝機関はすぐさま、今回の一件はイギリス「SIS（秘密情報局）」――通称「MI6」――が総統閣下を亡きものにしようと画策した工作であったと発表し、非難を浴びせた。実際には存在しないこの暗殺団の話を、親衛隊全国指導者ヒムラーは絶妙のタイミングで利用した。親衛隊の情報機関「SD」で対外諜報を担当するヴァルター・シェレンベルクは以前から「SIS」の諜報員二名と接触を持ち、自分はドイツ国防軍内に存在する反ヒトラー・グループのメンバーであると相手に信じこませていた。暗殺未遂事件の翌日、シェレンベルクはさっそくこの両名に連絡を取ると、国境に近いオランダの町ヴェンローで再度の密会を取り付けた。オランダ入りのさいは、反ナチ派のドイツ人将官一名を同行させると約束して。だが、イギリス政府の要員二名がのこのこと現地に到着してみると、親衛隊の拉致チームが待っていて、たちまち身柄を拘束されてしまった。この拉致チームを率いたアルフレート・ナウヨクスSS少佐は八月末、ポーランド侵攻の直前にグライヴィッツでドイツ側の公共施設をあえて襲撃し、そこからポーランド語による偽メッセージを発信するという欺瞞工作を指揮した人物である。イギリスがドイツの隣国オランダで展開する秘密作戦を潰された例はこれ一件に留まらなかった。

とはいえ、この無様な失態はさすがに国民には伏せられた。おかげでイギリス国民は、同じ月の英国海軍による奮戦に沸きたち、プライドを大いに回復させた。十一月二十三日、なんとイギリスの仮装巡洋艦（武装商船）「ラワルピンディ」が、ドイツ海軍の二隻の巡洋戦艦、「グナイゼナウ」と「シャルンホルスト」を相手に、一歩も退かない砲撃戦を展開したのだ。勇気だけが頼りの、全く勝ち目のない戦《いくさ》であった。このため、その壮挙はイギリス国民の心をとらえ、かつてスペイン大艦隊のギャリオン船相手に、砲術員が単艦で死ぬまで渡りあった「リヴェンジ」号とその艦長、サー・リチャード・グレンヴィルの故事が当然ながら想起された。「ラワルピンディ」は艦首から艦尾まで炎に包まれながら、最後まで戦闘旗を翻しつつ、海に没した。

さらに十二月十三日には、「アジャックス」、「アキレス」、「エクセター」の三巡洋艦を擁するヘンリー・ハーウッド海軍准将のイギリス戦隊がウルグアイ沖で、ドイツのポケット戦艦「アトミラール・グラーフ・シュペー」――すでに九隻撃沈の戦果を誇る強敵――を発見した。ドイツ艦を指揮するハンス・ラングスドルフ大佐は海軍士官として非常に尊敬されていた。勝って傲らず、負けた相手の乗員をきちんと遇することで有名だったから。しかし今回、ラングスドルフはミスをおかした。持てる一一インチ主砲がいくら敵より射程が長いとはいえ、イギリスの巡洋艦を駆逐艦と見誤り、複数の敵を相手に交戦に入ってしまったからだ。「エクセター」がひどいダメージに耐えつつ「グラーフ・シュペー」の砲撃を単艦で引きつけている間に、「アジャックス」とニュージーランド人乗員が運用する「アキレス」が急速に間合いを詰め、魚雷を発射した。イギリス側も手ひどい打撃をこうむったが、「グラーフ・シュペー」も無傷では済まず、同艦は煙幕を張って戦場を離脱すると、モンテビデオ港にむかった。

続く数日間、イギリス側はラングスドルフに様々な陽動作戦を仕かけ、イギリス戦隊が一気に増強されたと信じ込ませることに成功した。十二月十七日、艦内にかかえる捕虜すべてと大半の乗員を下ろしたあと、ラングスドルフは「グラーフ・シュペー」をラプラタ川の河口域に移動させ、これを自沈させるとともに、みずから命を絶った。国民の士気昂揚がまさに必要な時期だったので、イギリス側はこの勝利を大々的に祝った。「ドイチュラント」が同じ運命に見舞われることを恐れたヒトラーはすぐさま、このポケット戦艦を「リュッツォウ」と改名した。「ドイツ国」が沈んだという見出しが、世界中の新聞に躍るような事態はやはり望ましくなかったから。象徴性はヒトラーがなにより重視する事柄であり、戦争の帰趨がかれにとって不利な方向に傾くにつれ、その重要性はますます高まっていった。

いわゆる「ラプラタ沖海戦」はわがドイツ側の勝利に終わったと、ゲッベルス率いるドイツ宣伝省はぶちあげていた。そのため、「グラーフ・シュペー」が自沈したというニュースはドイツ国民に動揺をもたらした。これを抑えるため、ナチ当局は「戦時のクリスマス」にもかかわらず、今回は自粛の要なしと発表した。国中が祝賀ムードにつつまれる季節がいよいよ到来すると、配給はふだんより手厚くなり、また国民各位は、ポーランド戦の圧倒的勝利を改めて振り返るよう促された。そうさ、そうとも、もはやポーランドが消滅した現実を受け入れるよう、ソ連とわがドイツは連合国に求めているではないか。そうさ、そうとも、ほどなく和平が成るはずだと、大半のドイツ国民はみずからにそう言い聞かせた。

子供たちがみんなでクリスマス・ツリーを囲むニュース映画が上映されるなど、ドイツ宣伝省は異常なほど明るい空気をつくりだし、国民の感傷的側面に訴えた。それでも、恐ろしい不安をかかえ込んでいる家々は多かった。たとえば、障害をもった子供とか、高齢の親族をかかえる人たちである。なるほど当局は、関連施設の入所中に「肺炎」で死亡したといっていた。でも本当はどうなのか。親衛隊と医療関係者が進める計画に従って、ガスで処理されたのではないかとの疑念が水面下で膨らみつつあった。安楽死にかんするヒトラー総統の命令はこの年の十月に署名されたが、その実施は九月一日の開戦時に前倒しで適用された。親衛隊の手によって、精神療養所に収容されていたおよそ二〇〇〇人のポーランド人が初めて処分（一部のものは拘束衣を着せられたまま射殺）されたが、この事件は闇から闇へと葬られた。「劣化したもの」、「無用の口」、「生きる価値のない人生」を対象に、ナチ政権が人目につかぬ場所で襲いかかったのは、かれらが「人間以下」に分類した人々であり、ポーランドのケースは、そうした属性をもった人々を意図的に根絶する道への第一歩を示すものであった。これほど極端な優生学的プログラムでも巧みに隠蔽できるため、ヒトラーは戦争の開始をずっと待っていたのである。精神的、肉体的に障害のある一〇万人以上のドイツ人も、一九四一年八月までに、同じ運命をたどった。ポーランドではもっぱら後頭部に銃弾を叩き込むやり方で殺人が続けられたが、時には密封したトラックにパイプで排気ガスを引き込む手法も試みられた。やがてポーゼン（ポズナニ）に仮設のガス室が設けられ、親衛隊全国指導者ヒムラーがみずから視察をおこなうまでになった。障害者と同時に、売春婦やジプシー（ロマの人々）もまた殺されるようになった。

この戦争が終るまで、大好きな映画鑑賞をあえて断つと宣言したヒトラーだったが、ホリデー期間中はクリスマスも諦めて、ドイツ国防軍や〝ヴァッフェンSS（武装親衛隊）〟に対するお忍び慰問（なぜか幅広く喧伝された）を次々とこなした。例えば、ドイツ陸軍の「グロースドイチュラント」連隊、ドイツ空軍の飛行場や高射砲中隊。ヒトラーの藩屏、「LSSAH（ライプシュタンダルテ・SS・アドルフ・ヒトラー）」などは、ポーランドにおける殺戮作戦を無事済ませて、いまやすっかりくつろいでいた。大晦日には、ドイツ全土にむけてラジオ演説をおこない、「ヨーロッパ新秩序」を高らかに宣言するとともに、「この戦争に勝利した暁には、われわれは平和のみを語るだろう。ユダヤ資本主義世界がこの二十世紀を生き延びることは断じてあり得ない」と言明した。もっとも、総統閣下はかつてとは違い、「ユダヤ・ボリシェヴィズム」については一言も触れなかったが。つい最近も、スターリンの六〇回目の誕生日に祝電を送り、「友好国ソ連邦の人々の弥栄《いやさか》」を祈念したばかりである。スターリンは返電し、そこには「ドイツ人民とソ連邦人民の友情は血で固められたものであり、今後も幾久しく堅固なものであり続けるあらゆる理由を持っている」とあった。およそ不自然な提携を偽善的言辞で覆う必要があるとはいえ、ポーランドを東西双方から攻撃・分割したことを「血で固めた」と称する言語感覚には、ゾッとするような未来が予見され、まさに破廉恥の極みであった。

一九三九年もようやく暮れようとしていたが、スターリンにとって祝賀気分などおよそ無縁だった。フィンランド軍はいまやソ連国境にまで迫る勢いを見せていた。「冬戦争」における赤軍の戦いぶりはどうしようもなく無様で、不甲斐なく、さしものスターリンもこの事実を認めざるを得なかった。しかもその一部は、スターリンの無能な旧友、ヴォロシーロフ元帥の失策によるものだった。ドイツが対ポーランド作戦で「電撃戦」の恐ろしいまでの有効性を見せつけたあとなので、ソ連軍の無能さは嫌でも目立ち、スターリンとしても、こうした注目は一日も早く終わらせたかった。

そこでセミョーン・K・ティモシェンコ陸軍総司令官を投入し、「北西戦線（方面軍）」の指揮を執らせることを決断した。ヴォロシーロフ同様、ティモシェンコも「ロシア内戦」時代にスターリンが政治委員をつとめた「第一騎兵軍」出身の古参将校だったが、少なくとも想像力において、かれの方がヴォロシーロフより多少は増しだった。新兵器と新型装備が支給され、そのなかには最新型の小銃、エンジン付きの橇《そり》、〈KV〉重戦車などが含まれていた。歩兵がやみくもに突撃を繰り返すかわりに、ソ連軍は砲兵部隊の火力によってフィンランド軍の防衛態勢を粉砕することになる。

「マンネルヘイム・ライン」に対するソ連の新たな攻勢は一九四〇年二月一日に開始された。あまりの猛攻に、さしものフィンランド軍も瓦解した。四日後、フィンランド外相はヘルシンキ駐在のソ連大使、マダム・アレキサンドラ・コロンタイと初めて接触した。そのころ、イギリスは、そしてなかんずくフランスは、フィンランドの抵抗が今後も続くものと期待していた。そこで、英仏両国はフィンランド支援の派遣軍を送るべく、ノルウェー、スウェーデン両国政府に対し働きかけをおこない、両国内の通行権を得ようと試みた。だが、この動きにドイツ側は警戒心をいだいた。そして、仏英連合軍の機先を制するべく、スカンディナヴィア半島への部隊派遣をめぐる諸課題の研究に着手した。

一方、英仏両国は次なる一手の検討に入っていた。ノルウェーの不凍港ナルヴィクと、スウェーデン北部の鉱山地帯を占領することは果たして可能かどうかと。これがかなえば、ドイツへの鉄鉱石供給を遮断できるはずだった。だが、ノルウェー、スウェーデン両国政府は、戦争に巻き込まれることを恐れた。結果、いくらフィンランド支援のためとはいえ、自国の領内を通過したいという英仏側の要請には、両国とも断固拒否で応じた。

二月二十九日、海外からの支援に期待が持てないと悟ったフィンランドは、ソ連側が当初突きつけた要求を基礎に、条件交渉に入ることを決断し、三月十三日、ひとつの協定がモスクワで結ばれた。条件は厳しかったけれど、もっと過酷なものになっていた可能性もあったのだ。自国の独立を守るうえで、どれほど決然と対応できるか、それを実地に示したことが大きかったけれど、西方の連合国を招きよせる恐れのある対フィンランド作戦をこのまま続ける気が、スターリンの側になかったことが、やはり最大の要因であろう。スターリンはまた、「コミンテルン」の宣伝工作がバカバカしいまでの自己欺瞞に満ちていたと認めるしかなかった。フィンランド人の共産主義者による傀儡政権の樹立という当初案を、スターリンは結局引っ込めた。ソ連赤軍は八万四九九四人が死亡もしくは作戦中行方不明となり、さらに二四万八〇九〇人が負傷もしくは病気という惨状を呈していた。対するフィンランド側の戦死者は二万五〇〇〇人にのぼった。

その一方で、ポーランドに対するスターリンの復讐はその後も続けられた。一九四〇年三月五日、スターリンおよびソ連共産党政治局は、共産主義的「再教育」のあらゆる試みを拒否したポーランドの将校およびその他の潜在的指導者をすべて抹殺するというベリヤ案を了承した。これは将来にわたって、独立国ポーランドの存在を全面否定するというスターリンの政策の一環だった。二万一八九二人の犠牲者がトラックに乗せられ、五カ所の処刑場に送られた。最も悪名高いのは白ロシアのスモレンスクに近い「カティンの森」である。ポーランド人たちには、自宅に手紙を書くことが許された。そのさい犠牲者家族の住所を、ソ連の秘密警察、「NKVD（内務人民委員部）」がきっちり記録した。家族たちもやがてかり集められ、六万〇六六七人が中央アジアのカザフスタンに追放された。さらに、ナチ親衛隊の捕縛の手をいったん逃れつつ、しかしソ連のパスポート受け取りは拒否したポーランド系ユダヤ人六万五〇〇〇人もまた、カザフスタンとシベリアに所払いとなった。

そのころフランス政府は、自国の領土からできるだけ遠い場所で戦争をやりたいと願っていた。首相をつとめるエドゥアール・ダラディエはさらに、フランス共産党が「独ソ不可侵条約」に支持を表明した一件にも不快感を覚えていた。敵の味方はやはり敵である。同盟国ソ連を叩くことで、ドイツ自体の弱体化がはかれないものだろうかとダラディエは考えた。そこで、ソ連の油田地帯、特にアゼルバイジャン共和国のバクーと、カフカス（コーカサス）地方を空爆するという案をイギリス側に持ちかけた。だが、イギリス側は、そんなことをすれば、ソ連がドイツ側に立って参戦しかねないと指摘し、空爆案を放棄するようフランス側を説得した。ダラディエはその後辞任し、後任首相には三月二十日、ポール・レイノーが就任した。

フランス陸軍は「第一次世界大戦」で連合軍の主力をつとめたことから、ヨーロッパ最強、自国防衛は十分可能と広く信じられていた。ただ、斯界の目利きたちは、そうは見ていなかった。たとえば、ソ連の名将ミハイル・トゥハチェフスキー元帥は、早くも一九三五年三月に予言している。フランス陸軍はドイツの猛攻によく耐え得ないであろうと。フランス陸軍は攻撃を受けたさいの反応がひどく緩慢で、そこが致命的欠陥であると、かれの目には映ったのだ。攻撃ではなく防御ばかりを固めたがる心理的要因もあるけれど、無線通信による意思疎通がほぼ皆無であることが、そうした鈍さの原因だった。もっとも、たとえ無線機が普及していたとしても、フランス式の暗号はすでに時代遅れで、現にドイツ側は一九三八年の時点ですでにその解読を終えていた。

在パリ米国大使館からの公電を注意深くチェックしていたローズヴェルト大統領もまた、フランスの諸々の弱点に気づいていた。フランス空軍はその年代物の航空機の更新にようやく着手したばかりだった。フランス陸軍は世界でも最大級の兵員をかかえていたが、動作が鈍く、装備も旧式で、ドイツとの国境線沿いに構築された防衛ライン、いわゆる「マジノ線」に過度に依存していた。まさにこの長城の存在が、機動力を重視しない精神構造をつくりあげていた。第一次世界大戦における途方もない損耗——「ヴェルダンの戦い」だけで実に四〇万人が犠牲となった——がこうした〝引きこもり心理〟の大もとだった。さらに数多くのジャーナリスト、在外武官、識者たちが指摘するように、あまりに多くのスキャンダルと相次ぐ政権交代が問題だった。おかげでこの国には政治的、社会的閉塞感が立ちこめ、それは危機に臨んで国論を統一したり、しかるべき決断を迅速に下すことをますます難しくしていた。

ローズヴェルトは遠い未来まで見通した結果、民主主義と合衆国の長期的利益にとって唯一の希望は、ナチ・ドイツに対抗して英仏両国を支援することに尽きると覚悟した。ようやく一九三九年十一月四日、いわゆる「キャッシュ・アンド・キャリー」法案が議会で承認された。アメリカの孤立主義者にとって、この法改正は最初の敗北であった。以後、英仏両国は〝交戦国〟ではあるけれど、アメリカから武器を購入できるようになったのである。

フランスでは、非現実的な空気がいまだ消えていなかった。動きの乏しい前線地帯を取材したロイター通信の特派員はフランス兵に質問した。あれほどはっきり、ドイツ軍部隊の動きが見えるのに、君たちはどうして発砲しないのかと。すると、フランス兵はびっくりしたような顔をした。「連中に悪気はないさ」とひとりがいった。「それにこちらが撃ったら、向こうも撃ち返してくるじゃないか」と。国境線沿いで探りを入れていたドイツ側の斥候たちは、大半のフランス軍部隊が戦闘技量に乏しく、闘争本能にも欠けているとたちまち気づいてしまった。しかもドイツ側の継続的な宣伝工作の結果、じつはイギリスは、戦いの先陣をフランス側につとめさせる気だという見方が徐々に浸透しつつあった。

防御陣地の構築にむけた若干の作業を除くと、フランス陸軍は不活発で、ほとんど訓練らしい訓練も実施されていなかった。兵士たちはただ漫然と待機していた。なにもしないという状況は、士気の低下と厭世気分を生む。いわゆる、"ル・カファル（ふさぎの虫）"である。兵士たちの飲酒行動や無許可離隊、公的な場での衣服の乱れといった話は、政治家たちの耳にも入りはじめていた。「人はカードに興じたり、酒を飲んだり、妻に手紙を書くだけでは二四時間を使い切ることができない」とある兵士は書いている。「われわれは藁の上にだらりと横たわり、大あくびをしたり、無為の味を楽しむことまでした。入浴はますます縁遠くなり、ヒゲがのびても気にならず、部屋の掃除や食後にテーブルを片付ける手間さえかけなくなった。そうして退屈に浸るなか、基地全体が不潔になっていった」

当時、陸軍の気象観測所にいた哲学者、ジャン＝ポール・サルトルはこの時期に四部作の長編小説『自由への道』の第一部をほぼ書きあげ、さらに『存在と無』にも取り組んでいる。その冬は「寝て、食べて、寒くならないようにすることが唯一の問題。それだけだった」とサルトルは書いている。エドゥアル・リュビ将軍によると、「訓練はすべて厄介事、作業はすべてかったるいことと見なされていた。倦怠の数ヵ月間がすぎると、このまま戦争になるなどとは誰も考えなくなった」という状況だった。すべての将校が無頓着だったわけではない。考えていることをすぐに、しかも歯に衣着せず口にするシャルル・ド・ゴール大佐は、ドイツ陸軍のように、わが陸軍にも機甲師団をそれも複数個創設すべきであると強く主張し、「もたもたしていると、やられますぞ」と警告を発しつづけた。だが、ド・ゴール大佐の持論は、その物言いに気分を害した将軍たちにより、ほぼ門前払いの扱いを受けていた。

現場の士気をなんとか維持しようと、フランス軍全体で実際に採用されたのは前線慰問団の創設だった。エディット・ピアフ、ジョゼフィン・ベーカー、モーリス・シュヴァリエ、シャルル・トレネといった名高い役者や歌手がこうした慰問団に参加した。パリでは、レストランやキャバレーがどこも満席で、当時好まれたのは「ジャタンドレ（待ちましょう）」という歌だった。ただ、仏英連合国の大義にとってひどく気がかりだったのは、フランスで要職を占める人々のなかに、「ブルムよりヒトラーの方が増しだ」と公言して憚らない右派分子がいたことである。ここでいう「ブルム」とは一九三六年に人民戦線内閣を率いたフランス社会党の党首レオン・ブルムのことである。かれはまたユダヤ人でもあった。

たとえば、ジョルジュ・ボネ外相はフランス外務省切っての対独宥和派だったし、外相の甥は、戦前からナチ党と気脈をつうじ、フランスにおける反英・反ユダヤ宣伝のため、工作資金の橋渡し役をつとめていた。外相の友人であるドイツ人オットー・アベッツ――のちにドイツ占領軍とともに駐仏大使としてパリに乗り込んでくる――もこうした活動に深く係わり、いまや国外追放処分を受けていた。なるほど新首相に就任したポール・レイノーは、結局ナチズムとは一戦交えるしかないと固く信じる人だったけれど、かれは危険な弱点をかかえていた。レイノーの愛人、エレーヌ・ド・ポルト伯爵夫人は「異常なバイタリティと自信にあふれ、いささか野性的な顔立ちをした女性」だったが、その政治信条はレイノーとはおよそ異なり、そもそもポーランドを守ってやるなんていわなければ良かったのよという考えの持ち主だった。

「ポーランド亡命政府」はこの時期すでに、首相兼最高司令官をつとめるヴワディスワフ・シコルスキ将軍とともにフランス入りを果たしていた。シコルスキはアンジェーに活動拠点を置き、祖国が敵の手に落ちたあと、もっぱらルーマニア経由で脱出した八万四〇〇〇人をもとに、ポーランド軍の再編に着手した。そのころ国内でも、ポーランド人による抵抗運動がふたたび活性化しており、ナチに占領された国々のなかでも突出した勢いで、その組織化がすすんでいた。一九四〇年半ばまでに、ポーランドの地下軍隊は「ポーランド総督府」——ドイツに占領された旧ポーランド領のうちドイツ領に編入されなかった部分——に限っても、およそ一〇万人のメンバーをかかえるまでに成長していた。ポーランドは、領土を一気に拡大した第三帝国の版図内で、征服者と協力関係を結ぶものがほとんど出なかった稀有な国のひとつである。

ポーランドと運命共同体になることは、やはり無理がある——。それがフランスが最終的に下した結論である。ただ、フランスの大半の指導者も、大多数の国民も、この戦争がこれまでの国際紛争と別次元のものであることに、全く気づいていなかった。たとえしかるべき賠償金を支払い、県の一つか二つを差し出しても、ナチ政権はそれで満足し、矛を収める気などさらさらなかった。かれらが意図したのは、その野蛮な構想に合わせて、全ヨーロッパのありようを根本から革新することだったのである。

章末注

(92)「奇妙で、夢遊病のような性質」：Panter-Downes, *London War Note*, p.21
(92) 灯火管制下のロンドン：Charman, *Outbreak 1939*, pp.322-3
(92) 英潜水艦「トライトン」：SWWEC, *Everyone's War*, no.20, Winter 2009, p.60
(94)「ツォッセン〔OKHの所在地〕の存念、あい分かった」：Tooze, *The Wages of Destruction*, p.330からの引用。
(95) ソ連のフィンランドに対する要求：*GSWW*, vol.ii, p.12
(99)「四マイルにわたって」：Virginia Cowles, *Sunday Times*, 4.2.40
(99)「この沿道の死体たちのなんたる奇妙なことか」：Geoffrey Cox, *Countdown to War: A Personal Memoir of Europe, 1938-1940*, London, 1988, pp.176-7
(100) いかにも「英国風」だった：Panter-Downes, *London War Notes*, p.25
(103) ナチの安楽死計画：Weinberg, *A World at Arms*, pp.96-7, および Evans, *The Third Reich at War*, pp.75-105
(106) フィンランドにおけるソ連軍の犠牲者数：Krivosheev, *Soviet Casualties and Combat Losses*, p.58
(107) 一九四〇年のポーランド人およびポーランド系ユダヤ人の強制移送：Snyder, *Bloodlands*, pp.140-1
(107) フランス軍に対するトゥハチェフスキー元帥の見解：*Pravda*, 29.3.35
(109) ロイター通信特派員の前線取材：Gordon Waterfield, *What Happened to France*, London, 1940, p.16
(109)「人はカードに興じたり」：Georges Sadoul, *Journal de guerre*, Paris, 1972, 12.12.39
(109)「寝て、食べて」：Jean-Paul Sartre, *Les Carnets de la drôle de guerre* (2 septembre 1939 - 20 juillet 1940), Paris, 1983, p.142.〔ジャン＝ポール・サルトル『奇妙な戦争　戦中日記 Novembre 1939-Mars 1941』海老坂武、石崎晴己、西永良成共訳、人文書院〕
(110)「訓練はすべて厄介事」：Édouard Ruby, *Sedan, terre d'épreuve*, Paris, 1948, Alistair Horne, *To Lose a Battle*, Londoon, 1969, p.163からの引用。
(110)「もたもたしていると」：Quétel, *L'Impardonnable Défaite*, p.253からの引用。
(110) ボネ仏外相の甥：Cox, *Countdown to War*, p.142
(111)「野性的な顔立ちをした女性」：*ibid.*, p.138
(111) ポーランドの亡命政府と地下軍隊：*GSWW*, vol. ii, pp.141-2

第4章 龍と旭日

一九三七年〜一九四〇年

中国の貧農大衆にとって、人生に労苦がつきまとうのは、別に目新しいことではない。洪水や日照り、土地の収奪、表土の流出、そして軍閥によるさまざまな掠奪。そうした諸々の災難のあとには必ず飢餓がやってきた。そんなことは誰でも知っている。農民たちは泥壁の家に住み、人生はしばしば病気や無知、迷信や地主の搾取（収穫高の半分から三分の二が小作料として巻き上げられた）によって、たちまち不如意に至る。そういうものなのだ。

都市住民（多くの左翼知識人もこの範疇に入る）は、農村に暮らす民草を、顔を持たない、牛馬も同然の輩と見なす傾向が強かった。「民衆に心を寄せるなんて全く無意味ですよ」とある共産党員の通訳は、アメリカのジャーナリストで、勇敢な活動家でもあるアグネス・スメドレー女史に言っている。「民衆はあまりに多すぎる」と。スメドレー自身は、中国農民をヨーロッパにおける「中世の農奴」に喩えている。農民たちは、かれらの最もたいせつな財産である鉄の大鍋で料理したコメや雑穀、あるいはカボチャや瓜のたぐいで糊口をしのいでいた。多くのものは冬でも裸足で、夏場にはたらく時は、アシを編んだ帽子をかぶり、畑で腰を曲げる。人生は短く、身体は加齢によって皺だらけとなり、纏足のせいでいまだによちよちと歩く農村女性に、高齢者の姿を見かけることは稀だった。多くのものが自動車や、飛行機や、電灯を一度も目にしたことがない。田舎にはたいてい軍閥や地主がいて、いまだに封建権力をふるい、人々を支配していた——と。

都市の暮らしも、こと貧乏人にかんする限り、たとえ仕事にありつけても、それほど増しという訳ではなかった。「上海では」とあるアメリカ人ジャーナリストがその見聞を記している。「朝になると、工場のゲートで、少年工の死体が収集されることは、日常茶飯の風景である」と。貧しい人々はまた、強欲な徴税吏や役人にも虐げられた。ハルビンの街頭では、乞食が昔ながらの口上を叫んでいる。「お恵みを！　お恵みを！　だんな様がお金持ちになりますように！　だんな様がお役人になれますように！」口上は時に変わることもあった。「だんな様がお金持ちになりますように！　だんな様が将軍様になれますように！」宿命論は庶民の骨の髄まで染みついており、この現実、この社会が変化するということは、かれらの想像力を超えていた。清朝の支配にピリオドを打ち、「中華民国」をもたらした孫文の一九一一年の「辛亥革命」は畢竟、中産階級の都市住民を基盤とするものだった。それゆえ、わが中国の弱みにつけ込んで思いどおりにしようとする大日本帝国の卑劣な目論見に刺激される形で、澎湃《ほうはい》として巻き起こった中国ナショナリズムの運動も、当初は中産階級の都市住民を基盤とするものだった。

孫文が一九二四年に亡くなったあと、残された国民党を一時指導したのは汪兆銘で、いまやめきめきと頭角を現わしつつある軍司令官、蔣介石はその最大のライバルだった。蔣介石という人物は、プライドがきわめて高く、いささか誇大妄想の気があり、大国中国の偉大な指導者になってやるという強い自負心と野心を持っていた。細身で光頭、刷毛でかるく一書きしたようないかにも軍人風の口ひげを立て、政治方面はまことに優秀だったが、軍司令官としては、常に有能だったわけではない。かれは「黄埔軍官学校」——中華民国の未来の将校を養成するための士官学校——の校長をつとめた経歴を最大限に活かし、これはと目をつけた元学生を、軍の主要ポストに配置していた。だが、蔣介石が率いる「国民革命軍」の内部でも、あるいは共闘関係にある軍閥各派の内部でも、対抗意識や派閥争いがいっこうに止まなかった。このため蔣介石は、各部隊とは距離を置き、自分は大所高所に立って、そこからかれらを管理しようと試み、結果、現場にしばしば混乱と遅延をもたらす癖があった。

「柳条湖《りゅうじょうこ》事件」を口実に、日本が満洲を支配下においた翌年の一九三一年、日本海軍の陸戦隊に所属する分遣隊が、物々しい雰囲気を漂わせつつ、上海の日本人租界に入ってきた。いずれ大規模な軍事行動があると覚悟した蔣介石はそれに対抗する準備に着手した。翌三三年五月、かつてヴァイマル共和国軍で総司令官（陸軍統帥部長官）をつとめたハンス・フォン・ゼークト将軍が中国に到着し、国民党軍の近代化、および軍人たちのプロフェッショナル化をいかにすすめるべきか、蔣介石に助言をおこなうようになった。ゼークト将軍も、その後任であるアレクサンダー・フォン・ファルケンハウゼン将軍も、蔣介石に同じことをいった。練度の高い大日本帝国陸軍を相手に、中国に可能な唯一の対抗策は、延々と相手に疲弊を強いる消耗戦しかないと。外貨の持ち合わせがほとんどなかったため、蔣介石は中国産のタングステンを提供することで、ドイツ製兵器を入手した。

当時の蔣介石は、理想に燃える、疲れを知らない近代主義者であった。「南京の十年」と呼ばれるこの時代（一九二八年から三七年まで）に、かれは工業化、道路建設、軍の近代化、農業改革といった各種の近代化計画を矢継ぎ早に打ち出した。かれはまた、世界のなかで心理的にも、外交的にも孤立している自国のありようを終わらせるべく、その方策を必死に探っていた。わが国は軍事的に劣位にあるとはっきり自覚していたため、日本との戦争は可能な限り回避するつもりでいた。

一九三五年、スターリンは「コミンテルン」を通じて中国共産党に対し働きかけをおこなった。日本の脅威に対抗するため、共産党は国民党と共同戦線を張るべきであると。だが、「国共合作」という政策は、特に毛沢東にとって、およそ受け入れがたいものだった。なにしろ蔣介石は、中国共産党の軍隊に攻撃を仕かけている張本人であり、おかげで「中国紅軍」――「中国工農紅軍」の略で、当時の共産党軍の名称――の主要部隊は全滅だけでも免れようと、一九三四年十月、いわゆる「長征」を発動せざるを得なかったほどである。毛沢東は、やたら甲高い声でしゃべる大柄な男で、クレムリンからは異端分子と見なされていた。スターリンの利益と中国共産党の利益は必ずしも一致しないと、考えていたからだ。そもそも戦争とは、権力の革命的掌握の基礎を準備するものなのだというレーニン流の戦争観を、毛沢東は信奉していた。

対するモスクワは、極東における戦争などそもそも望んでいなかったし、ソ連邦の利益は、中国共産党の長期的勝利などより、はるかにずっと重要であると考えていた。「コミンテルン」もまた、「国際的視点」に欠けるとして、毛沢東を批判した。それだけではない。毛沢東は、都市のプロレタリアートの優越性を説くマルクス＝レーニン主義の諸原則についても独自の見解を示し、中国においては貧農こそが革命の前衛を形成すべきであると論じ、その手の方針は、わが国にあっては通用しないのだと反論するなど、背教者に近い場所にいた。こうした独自の現状認識から出発して、毛沢東がむしろ望ましいと提示したのは、自力更生型のゲリラ戦術だった。それは日本軍の戦線の背後に浸透し、人民のネットワークを徐々に張り巡らしていくという方法論だった。

蔣介石はみずからの名代を送って、共産党側と交渉をおこなわせた。「国民革命軍」という傘のもとに、共産党に所属する実戦部隊も編入するというのが蔣側の基本方針だった。その見返りに、共産党が華北を支配するのを認め、その支配地域への攻撃は今後差し控えるというのだ。この蔣提案に対し、毛沢東は疑念をいだいた。これは要するに、満洲から出撃してくる日本軍にいずれ攻め滅ぼされるような地域に、わが共産党を追い込もうとする奸計ではあるまいかと。蔣介石も相手を信じたわけ

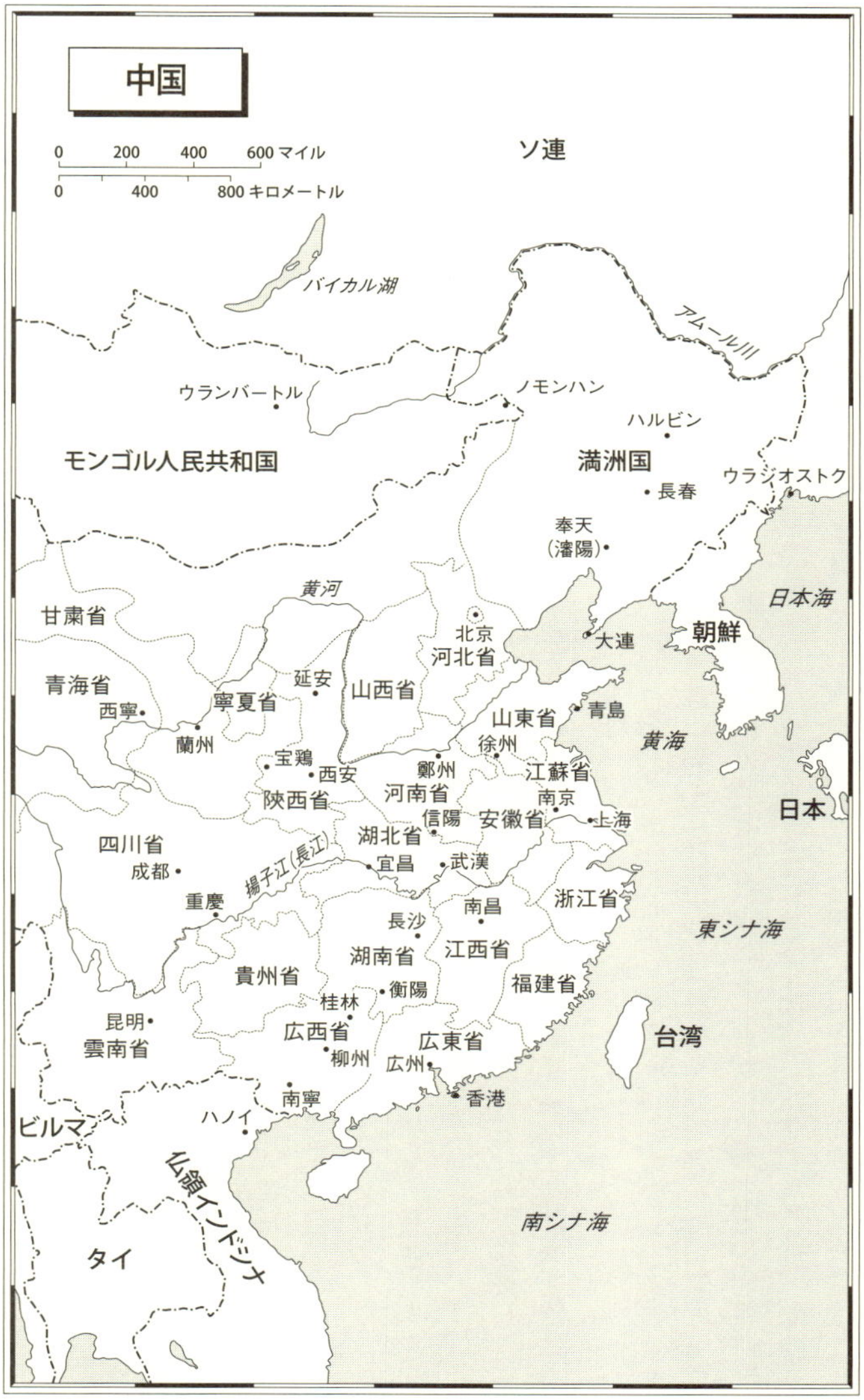
中国
0 200 400 600 マイル
0 400 800 キロメートル
ソ連
バイカル湖
アムール川
ウランバートル
ノモンハン
ハルビン
モンゴル人民共和国
満洲国
ウラジオストク
長春
奉天
(瀋陽)
日本海
黄河
甘粛省
北京
河北省
大連
朝鮮
青海省
延安
山西省
西寧
寧夏省
山東省
青島
蘭州
徐州
黄海
宝鶏
西安
鄭州
江蘇省
陝西省
河南省
南京
信陽
安徽省
上海
日本
四川省
湖北省
成都
宜昌
武漢
揚子江(長江)
重慶
南昌
浙江省
長沙
東シナ海
湖南省
江西省
貴州省
衡陽
福建省
桂林
昆明
広西省
台湾
雲南省
広東省
柳州
広州
香港
南寧
ハノイ
ビルマ
仏領インドシナ
南シナ海
タイ

ではない。そもそも共産党が妥協することなど断じてありえないからだ。あの党は長期的には、他党と協力しあう気など端《はな》からなく、連中の関心事はただひとつ、中国全土の完全掌握、これに尽きると。「共産党は心臓病だ」と蔣介石はかつて言ったことがある。「日本軍は皮膚病にすぎない」と。

蔣介石は当時、華南と華中の共産党系部隊に対処しつつも、東北部にいる日本軍に対しては、その侵入と挑発をほとんど食い止められずにいた。そのころ、満洲国に駐留する「関東軍」は東京側と激しい議論を交わしている最中で、中国側に妥協する余裕などわれわれにはないとの立場を崩さなかった。南京政府という「背後の脅威」を一掃しないまま、対ソ戦の準備をすすめることは、みずからすすんで「問題を招来する」ものだと、「関東軍」参謀長で、のちに首相となる東條英機中将は力説した。

ただこの時期、中国側の空気はすでに変化を見せつつあった。日本侵略者に対する蔣介石の及び腰の姿勢に、広範な一般大衆から怒りの声があがり、さらに学生たちが首都南京で次々と抗議デモを打ったのである。一九三六年末、日本軍は外蒙（モンゴル人民共和国）と国境を接する綏遠《すいえん》省に進出した。同省の炭鉱と鉄鉱石鉱床の獲得がその目的だったが、国民党軍は反撃に出て、日本軍を押し返すことに成功した。この軍事行動により、蔣介石の立場は強化され、中国共産党に対する共闘条件はより厳しいものになった。すると共産党は、中国西北部を基盤とする軍閥たちと相はかって、後方から国民党軍に攻撃を加えてきた。国共両党間の交渉は依然続いていたが、蔣介石はこのさい、共産党を完全制圧する方が得策と考えるようになった。ところが十二月初め、前線にあって共産軍の包囲・殲滅を担うはずの軍司令官二名が、むしろいまは対日強硬路線を貫くべきであり、共産党との内戦に終止符を打たなければならないと言ってきた。そこで両司令官と話しあうため、西北の中心地、陝西《せんせい》省西安を空路訪れた蔣介石は、この両司令官に身柄を拘束され、われわれの条件に従うまで解放はできませんと、二週間にわたり軟禁状態に置かれてしまった。共産党はこれを受け、人民裁判を開き、蔣介石を糾弾すべしと要求した。

最終的に、蔣介石は拘束を解かれ、南京へと戻れたが、政策の変更を余儀なくされた。いよいよ抗日統一戦線が実現するのかとの強い期待から、大衆の無邪気な喜びが全国に及んでいたからだ。一方、「日独防共協定」が締結されたことで、強い警戒心をいだいたスターリンも十二月十六日、動きを見せた。毛沢東、ならびにその目立たぬ、しかしより交渉術にたけた同僚、周恩来に対して、国民党との共同戦線に加わるよう圧力をかけたのだ。スターリンが恐れたのは、中国共産党が華北で問題を起こしたことに刺戟されて、蔣介石が「防共」という一点で日本側との提携を模索するような展開だった。さらに万が一、ここで蔣介石が消えたら、日本と戦う気の全くない汪兆銘が国民党のナンバー・ワンに返り咲くとの懸念もあった。そこでスターリンは国民党にも働きかけ、抗日戦争の折りには、わがソ連邦は君たちの側に立つと信じ込ませることに成功し、国民党の対日抵抗姿勢を確実なものとした。ソ連としては対日参戦の意図など微塵もなかったけれど、スターリンはその後も、かれらの鼻先にニンジンをぶら下げ続けるのである。

ところが、国民党と共産党の合意文書にいまだ署名がなされない一九三七年七月七日、北平（北京）南西郊外の盧溝橋で、日中両国は交戦状態に入り、これをきっかけに、日中間の軍事衝突は本格化してしまうのである。いわゆる「マルコ・ポーロ橋（盧溝橋）事件」である。事件そのものは、緊張をはらんだ時期に、どちらに転がるか分からぬ出来事が立て続けに発生するという、質《たち》の悪いドタバタ劇でしかなかった。夜間演習のさい、日本軍の兵士一名が行方不明となった。これを受けて、その兵士が所属する部隊の中隊長が捜索のため、付近の宛平《えんぺい》県城に踏み込むことを認めるよう要求。これが拒否されると、中隊長は県城を攻撃し、中国側が反撃。そのころ、当の日本兵はすでに兵舎に戻る途上にあって、味方に無事発見されたというのが事の顚末である。だが皮肉なことに、一連の挑発行為に責任のある大陸の狂信的将校を、東京の大本営がついに本気になって抑え込みにかかる一方で、蔣介石の方は、もうこれ以上の妥協は無用と周囲から突き上げを食ってしまうのだ。

結局、日本側の真意が分からぬため、蔣介石は各派の指導者を集めて検討会議を開くことになった。一方の日本側は当初、内部が割れていた。満洲にいる「関東軍」は紛争の拡大を求めていたけれど、東京の参謀本部は、北部国境沿いのソ連赤軍がどう出るか、その反応の方が気がかりだった。一週間ほど前にも、アムール河畔で日ソ両軍の衝突があったばかりである。だがほどなく、大本営は本格戦闘を決断する。最終的な相手がソ連になるか、西洋列強になるかはともかくとして、そうした戦いを前に、とりあえず短期決戦で中国を撃破し、後顧の憂いをなくすことは可能であると考えたのだ。ちょうどこのあと対ソ戦を決断したヒトラーと同様、日本の将軍たちも、相手国の国民のあいだに生じる激しい憎悪の感情を、そして抵抗にむけた強い意志を、著しく過小評価するという決定的ミスをおかしてしまう。しかも中国がこのあと日本相手に演じるのは、短期決戦タイプの戦争ではなく、終わりの見えない消耗戦争なのだが、東京の面々にとって、それは完全に想定外だった。

蔣介石は現状をはっきり認識していた。自分の直属部隊の兵力がかなり劣悪なこと、共闘関係にある華北の各勢力の腹がいっこうに読めないこと。それゆえ、抗日戦争には途方もないリスクが伴うことだって、百も承知だった。だがしかし、日本と戦う以外の選択肢など、ほとんど残っていなかったのだ。日本側は最後通牒を突きつけ、何度も返答を迫り、南京政府はそのたびに拒否をもって応じたけれど、七月二十六日、日本軍はついに兵を動かした。北京は三日で陥落。国民党軍とその同盟軍は後退し、南下する日本軍に対し散発的な抵抗をおこなうのがやっとだった。

「突如、気づいてみると、戦争がそこに迫っていた」とアグネス・スメドレー女史は書いている。彼女がジャンクから黄河の北岸に上陸すると、そこは「泥壁の家々がとりとめもなく広がる風陵渡口という町だった。この小さな町で、私たちはその夜の宿を確保したかったのだが、そこは兵士と民間人、荷車とラバとウマ、そして露天商であふれかえっていた。町に向かって土の道をすすんでいくと、道の両脇に、地べたに這うように、ずらりと横たわる負傷兵のすがたが見えた。血のついた汚れた包帯をまかれた数千人の男たち、一部のものは意識がなく……医師や看護婦、付き添うものとていなかった」と。

蔣介石はこれまで国民党軍の近代化にあらゆる努力を傾けてきたが、にもかかわらず、かれの部隊は、共闘関係にある軍閥各派の軍隊と同様、訓練の面でも装備の面でも、敵対する日本軍の各師団に到底及ばなかった。国民党軍の歩兵は、夏には灰青色の軍服を着、冬には、少なくとも幸運なものは、綿入れ、もしくはモンゴル軍わたりの羊毛のコートを重ね着した。足元は布製の靴か、藁でつくったサンダルだった。すり足で歩くと音がしないというメリットはあるものの、日本軍が陣地防衛にもちいた先のとがった竹杭には全く無力で、しかもその杭の先端には糞便が塗られ、これを踏むと、兵士たちは敗血症にかかった。

中国兵は耳当てのある、先のとがった丸い帽子をかぶっていた。鉄兜はない。死んだ日本兵から手に入れると、かれらは自慢げに被ってみせた。また多くのものが敵から奪った軍服を着ていたため、いざという時、それが混乱の元となった。いちばんの戦利品は日本製の拳銃だ。実際、中国兵にとって、上から支給された自軍の小銃弾より、鹵獲した日本製武器の弾薬の方が入手しやすかった。なにせ「自軍の」といっても、じつに様々な国の兵器メーカーが製造した小銃だったから。だが、最も足りないのは医療サービス、火砲、そして航空機だった。

戦闘の開始および終了は、ラッパの合図で伝達された。無線機による意思疎通は主要司令部間にしか存在せず、しかも交信の信頼度は低かった。一方、日本側は相手の暗号をやすやすと解読し、おかげで作戦計画やその意図は筒抜けだった。中国側の輜重部隊にはトラックも若干あったけれど、現場の部隊の多くは、グズだの、役立たずだのと散々に罵られるラバや、小柄な蒙古馬、あるいは去勢された雄牛に曳かせた、固い木製車輪の荷車にその運搬を頼っていた。輸送力が十分なことは金輪際なく、それはつまり、しばしば食べ物にも困ることを意味した。給料の数ヵ月遅配も珍しくなく、しかも折々将校たちがピン撥ねするものだから、兵たちの士気はきわめて低かった。だが、その年の夏、いわゆる「上海事変」において、中国軍部隊が勇敢かつ決然と戦ったことに、疑問の余地はない。

日中間のこの大規模衝突に至る起源と動機は、いまだに論争の的である。古典的な説明は、華北と華中で戦闘が続いているところに、上海でも新たな戦線を開くことで、日本軍に兵力の分散を強い、日本側が戦力集中によって短期決戦に勝利するのを阻止しようとした――という蔣介石側の思惑を重視した考え方である。つまり、ドイツの軍事顧問フォン・ファルケンハウゼン将軍の助言に従って、消耗戦争を企図した作戦だという見立てである。国際都市上海が攻撃されれば、さすがの共産党も、あるいは他の共闘勢力も、この「抵抗の戦争」に参加せざるを得なくなるだろう(もちろん、自分たちの兵力や根拠地を危険にさらすより、いっそ部隊そのものを引き揚げるという判断に傾くリスクは常に存在したけれど)。また上海が戦場になれば、ソ連とて中国支援を明言し、軍事顧問団の派遣や戦闘機、戦車、火砲、機関銃、各種車輛の提供に動かざるを得なくなる。もし仮に、兵器の代金を求められたら、各種の原材料をソ連に輸出することで、なんとか賄えるはずだというわけである。

その一方で、じつは国民党のイニシアティブではなく、のっぴきならない状況に追い込まれ、退くに退けずに戦ったのだという説もある。日本軍が中国北方で次々と戦果をあげていることを憂慮したスターリンが、ソ連極東の国境線から遠く離れた中国南方に戦場を移そうと画策したのだという見立てである。ソ連にそれが可能だったのは、国民党軍の上海地区警備司令官、張治中《ちょうじちゅう》将軍がじつはソ連の「隠れスパイ」だったという説明まで付いている。張将軍はなるほど当時、蔣介石に働きかけをおこなっている。いまこそ、上海の日本軍駐屯地にいる海軍陸戦隊三〇〇〇人に先制攻撃を仕かけるべきですと。これに対し、蔣介石は追って沙汰あるまで軽挙妄動はするなと張治中に告げている。上海での軍事行動には様々なリスクが伴うからだ。長江の河口域にある上海は、同じ長江沿いに位置する首都・南京からわずか二九〇キロメートルしか離れておらず、そんな場所でうっかり負ければ、日本軍が南京および中国内陸部に一気に攻め込んでくる恐れもあったからだ。八月九日、張治中将軍は上海の飛行場に精鋭部隊を送り込み、そこで日本海軍陸戦隊の中尉と水兵各一名を射殺した。張治中自身の説明によると、かれらはさらに、日本側が最初に発砲したように見せかけるため、中国人捕虜一名もその場で撃ち殺したという。対する日本側は、上海周辺で戦闘を始めることに乗り気でなく、当初は目立った反応を見せず、ただ増援要請をおこなっただけである。蔣介石はここで再び、張治中将軍に対し、これ以上の攻撃は差し控えるよう命じた。ところが八月十三日、日本の軍艦が上海の中国人地区に砲撃を開始した。国民党側は翌朝、二個師団を上海にむけて進発させるとともに、上海の繁華街「外灘（バンド）」沖に浮かぶ日本「第三艦隊」旗艦、旧式巡洋艦「出雲」に対して、航空機による攻撃を敢行した。だが結果は、赫々《かっかく》たる戦果とはほど遠いものだった。中国側の年代物の航空機は、「出雲」の高角砲に追い払われてしまった。しかもそのうちの一機は、国際共同租界の上空で、爆弾倉に何発か被弾し、パレス・ホテルや目抜き通りの南京路、および避難民でごったがえすその周辺地域に爆弾を散撒《ばらま》いてしまうという体たらくだった。結果、自国の航空機によって死傷した中国の民間人はおよそ一三〇〇人にのぼった。

日中双方とも短期間のうちに兵力を増強し、両軍の戦いはその後、日中戦争でも最大級の交戦へと発展していく。いわゆる「第二次上海事変」である。八月二十三日、日本軍は相手側陣地の側面に回りこむため、艦砲射撃の支援のもと、二個師団の増援部隊を上海北部沿岸に上陸させ、装甲上陸用舟艇をもちいて戦車の陸揚げもおこなった。国民党軍の各師団には砲兵部隊がほとんどなく、そのため日本側の砲撃は途方もない威力を発揮した。敵の長江遡上を阻もうとする国民党側の試みは失敗し、また日本軍の航空優勢を前に、中国側のささやかな空軍にはほとんど勝ち目はなかった。

それでも、九月十一日以降、ファルケンハウゼン将軍が指導する国民党軍は、大変な人的損耗にもかかわらずきわめて勇敢に戦った。大半の師団、特に蔣介石子飼いのエリート部隊は、戦力の半分以上を失い、そのなかには一万人の下級将校も含まれていた。このまま戦闘を継続すべきか、はたまたいったん退くべきか、一時は決めかねていた蔣介石だったが、結局、さらに多くの師団を投入することを決断。「国際連盟」の会議が間近に迫っており、中国の戦争に、世界の耳目を集めたいとの思いからだった。

だが、上海戦線に日本が投入した兵力は二〇万人に近く、それはかれらが中国北方に展開している兵力をも上回る規模だった。九月の第三週には国民党軍の防衛ラインに複数の突破口を穿つまでになり、中国側は十月、「蘇州クリーク（呉淞江《ごしょうこう》）」の線まで後退せざるを得なかった。クリーク（小運河）という名称とは裏腹に、この川はなかなか効果的な障害物だった。わが軍は依然、上海に足場を維持しているとの印象をつくりだすため、国民党軍は、河岸の倉庫に一個大隊を残した。この〝孤立した大隊〟は中国の大義を世界に示すという宣伝戦において、ひとつの神話となった。

国民党軍はさらに絶望的な戦いを続けたけれど、十一月初め、日本軍は金属製の小型強襲艇をもちいて「蘇州クリーク」を押し渡り、数カ所に橋頭堡を築いた。日本側はさらに南方の岸辺にも別の上陸部隊を送り込み、ついに国民党軍を撤退へと追いこんだ。容赦ない戦い、激しい損耗にもかかわらず、国民党軍はこの時点まで規律と士気を見事に保ってきたけれど、それらはここで一気に崩壊した。兵士たちは手にした小銃を投げ捨て、日本の爆撃機や戦闘機によって引き起こされたパニック心理のなか、避難民たちを踏みつぶして逃げていった。上海周辺の三ヵ月におよぶ戦闘期間中、日本軍は四万人余りの犠牲をこうむった。一方、中国側の犠牲は一八万七〇〇〇人余りと、少なくともその四・五倍にのぼった。

猛然と前進する日本軍は沿道の村々に火を放ち、各師団は敵の首都・南京をめざし、そのいちばん乗りを競った。一方、帝国海軍も長江側から南京を叩くべく、掃海艇と砲艦を遡上させた。国民党政府はもっぱら蒸気船やジャンクですでに南京を離れつつあって、長江のさらに上流、臨時首都と目する漢口へとむかった。かれらはその後、そのまた上流にある四川省重慶に中国の次なる首都を置く。

蔣介石は南京防衛にあたるべきか、それとも戦わずして首都を放棄すべきか決断できなかった。守り切れないのは確かだけれど、これほどの象徴性に富んだ重要都市を捨てたとなると、恥をかくことになるからだ。麾下の将軍たちの意見もまとまらなかった。結果、攻撃側の怒りを掻き立てるだけの不十分な抵抗の果てに、最悪の事態が生起してしまった。もっとも日本側の司令官は、ここでまた上海同様の激戦に見舞われるなら、いっそマスタード・ガスと焼夷弾をもちいるという腹案も持っていたのだが。

敵方がいかに苛烈か、中国側も気づいていたけれど、どれほどの暴虐がいまここに迫りつつあるか、想像だにしなかった。十二月十三日、中国軍は南京からの撤退を試みたが、一気に包囲され、城外で身動きが取れなくなった。日本軍部隊は、すべての捕虜を殺せとの命令を受けて、南京城内に入った。「第一六師団」のとある部隊《ユニット》だけで一万五〇〇〇人の中国人捕虜を、また僅か一個中隊で一三〇〇人を処理した例もある。あるドイツ人外交官はベルリンにむけて、「機関銃による大量処刑に加えて、それ以外の殺害方法ももちいられた。例えば、ガソリンをかけて火をつけるなど」と報告している。

南京の建物は略奪され、放火された。殺人、強姦、破壊を逃れるため、民間人は「南京安全区国際委員会」に避難しようとした。

中国人を見下していたのに、その中国人から上海で思わぬ苦戦を強いられた腹いせに、すさまじい大量殺戮と大量強姦が繰り広げられた。いわゆる〝フュリア・ジャポニカ（日本の憤怒）〟である。これを知って全世界が震撼した。ただそのさいの民間人の犠牲にかんする推計には、非常な幅がある。一部の中国筋は三〇万人としているが、より可能性の高いのは、二〇万人近くといったところだろう。日本の軍当局は一連の不適切な虚偽のすえ、われわれが殺したのは便衣兵、すなわち民間人の服を着込んだ中国兵のみであり、しかもその死者数は一〇〇〇人前後だと主張した。殺害現場はまさに地獄で、すべての通り、あらゆる空き地で死体が腐り、その多くは半野生化した犬たちに喰われていた。池や水路、あるいは河川は腐敗した死体で汚染されていた。

日本の兵隊は、軍国主義的な社会で生まれ育った。すべての村や町はこうした尚武の気風、戦士の価値観に敬意をはらい、軍に入るため故郷をあとにする徴集兵たちは、常に告別のことばでもって見送られた。そのため兵士たちは、西洋人が信じがちな天皇陛下のためというよりもむしろ、家門や地域社会の名誉のために戦う傾向が強かった。新兵訓練は「個性」を圧殺することを目的につくられていた。新兵たちは下士官から常に侮辱され、殴打された。抑圧の〝つつきの原理〟とでも言うべきプロセスの果てに、新兵は鍛えあげられ、強く刺戟され、その怒りのはけ口を敵の兵士および民間人にむけるようになる。かれらはみな小学生のころから教え込まれた。中国人は「天孫民族」たるわれわれとは比べようもないほど劣った存在であり、「豚以下」だと。戦後、内心を吐露した元日本兵もいるけれど、そのなかで典型的なのは、自分は中国人の捕虜をいわれなき拷問にかける時、恐れの感情を抱いたが、その〝ふがいなさ〟の埋め合わせをするため、敢えてその役割を引き受けた——という証言である。

南京では、傷ついた中国兵が横たわっていると、銃剣で一突きにされた。将校たちは捕虜を一列に並ばせて、地面に跪かせ、軍刀で一人ひとり、その首を刎ねていった。兵士たちはまた、立木に縛りつけた数千人の中国人捕虜を使って、銃剣術の訓練をおこなうよう命じられた。拒むものは下士官にこっぴどく殴られた。その構成員から人間性を奪っていく帝国陸軍の矯正プロセスは、兵士たちが日本から中国に到着した瞬間から、さらに一段と強化される。ナカムラ伍長は、本人の意思に反して徴兵された人間だったけれど、その日記にこんなことを書いている。自分やその同輩たちが、五人の中国民間人を拷問死させた時、その様子を一部の新兵にも見せたと。「新兵はすべてそうしたものだが、じきに全員がみずから同じことをやるようになる」。かと思うと、シマダ・トシオ二等兵は、中国駐留の「第二二六連隊」に到着した折り、かれが受けた「血の洗礼」について、後年詳述している。一本の柱に手と足首を縛りつけられた中国人がひとりいた。五〇人近い新兵が、その男を銃剣で突き刺すためにずらりと並ばされた。「私はたぶん感情がマヒしていたにちがいない。その中国人に憐れみを感じなかった。かれは最後にわれわれに懇願した。『どうした。早く!』われわれは急所を外していたからだ。『早く!』とは、即死させてくれということだった」。それは非常に難しいことだったとシマダは主張している。銃剣は「まるで豆腐のように」その中国人に入っていくのだと。

「南京安全区国際委員会」の発足に携わり、戦場における勇気と人間性を示したジーメンス社所属のドイツ人ビジネスマン、ジョン・ラーベはその日記に書いている。「日本人のふるまいに、私は完全に困惑している。かれらは一方で、ヨーロッパ列強と同等の強大国であると認知されたがり、それにふさわしい扱いを受けることを欲しながら、その一方で、かれらはチンギス・ハーンの遊牧略奪国を除き、他に類例を見ないような粗野、野蛮、獣性をまさに発揮しているからである」と。十二日後、ラーベは書いている。「陰部に竹竿を突き立てられた女たちの死体を見続けていると、人はおぞましい嫌悪感に息もできなくなる。七十歳をこえる年配の老人までが繰り返し強姦に遭っていた」

新兵訓練のさい、全体責任という形で罰されることで叩き込まれた、帝国陸軍の集団精神もまた、ベテラン兵士と新兵のあいだに〝つつき〟の順位をつくりだした。上級の兵士たちは、ひとりの女性を三〇人ほどで襲う輪姦を組織し、全員が一巡したところで、その相手を殺した。ほんの最近、戦地入りしたばかりの兵士は、この輪に混ぜてもらえなかった。集団の一員だと認められて初めて、参加するよう「招き入れられる」のだ。

新兵たちはまた、軍の売春宿にいる「慰安婦」のもとに通うことを許されなかった。慰安婦たちは、通りでかどわかされたり、あるいは〝ケンペイタイ〟——恐怖の的である日本の軍警察——にノルマを課された村長《むらおさ》の指示で集められた少女と若い既婚女性だった。南京での虐殺・強姦騒ぎを受けて、日本軍当局は「軍の用に供するため」さらに三〇〇〇人の女性を要求した。こうした例はこれ以前にもあった。たとえば蘇州では、日本軍が十一月にこの地方都市を占領した折り、二〇〇〇人余りの確保がなされている。現地女性をその意に反してさらってくるだけでなく、日本軍は植民地朝鮮からも大量に若い女性を導入した。「第三七師団」のとある大隊長は私的目的のため、中国人の女奴隷三人を調達し、かれの大隊本部の移動にも同道させていた。男に見せかけるため、彼女たちは丸刈りにされ、その使用目的が分からぬよう偽装された。

軍当局の狙いは性病の蔓延を防ぐことと、部下たちが公然と強姦におよぶ件数を少しでも減らし、中国の一般大衆を刺戟して抵抗運動に走らせる可能性を低減させることにあった。当局にとっては〝慰安所〟という名の秘所で女奴隷が絶え間なく強姦されるほうが増しだったのである。だが、慰安婦の供給によって兵士たちの野放図な強姦行為をある程度抑制するという当局の目論見は、すっかり当てが外れてしまう。兵士たちは慰安所で列をつくって順番を待つよりも、思いついた時に事におよぶ方を明らかに好み、そして将校たちも、強姦行為は士気の昂揚に有用であると感じていたからだ。

ごく稀に、日本軍が中国側に攻めこまれ、いったん確保した城市を放棄することもあったが、そういう時、兵士たちは中国人への報復として、慰安婦を始末していった。例えば、中国軍部隊が南京にほど近い宣城《せんじょう》を一時奪還することに成功し、入城した折りのこと。「日本軍を駆逐したあと、十数人の中国人女性のはだかの死体がとある建物で発見された。通りにむいた入り口には、皇軍慰安所と書かれていた」という。

華北の日本軍は、もっぱら国民党軍によって、若干の後退を余儀なくされた。一方、わが軍は一日一〇〇キロ超の行軍もこなせると豪語する中国共産党指導の「八路軍」——第二次国共合作で抗日統一戦線に加わった「国民革命軍第八路軍」の略称——は、毛沢東の厳命に従って、最もきつい戦闘からは距離を置いていた。それでも「関東軍」はその年の終わりまでに、察哈爾《ちゃはる》省および綏遠《すいえん》省の主要都市や、山西省の北部を支配下におさめており、日本軍はさらに北平（北京）の南方でも、山東省やその省都・済南をやすやすと落としていった。現地軍を統括する省政府主席、韓復榘《かんふくく》将軍の怯懦《きょうだ》がその主な原因である。

韓復榘将軍は、各種の宝物や銀製の棺桶などとともに飛行機で脱出したけれど、最後は国民党によって逮捕・処刑された。韓復榘は跪かされ、仲間の将軍のひとりが拳銃でその頭部を撃った。現地司令官に対するこの見せしめ行為は、共闘するすべての党派から歓迎され、中国人の一体感をいっそう高めるうえで絶大な効果を発揮した。すでに首都・南京を落とされ、さらに空軍のほぼすべてを失いながら、中国人がかくも継戦の決意を固めていることを知って、日本側には焦りの色が出てきた。また、「第二次上海事変」以降の中国軍の方針転換――総崩れの危険性がある正面切っての決戦は極力避けようとする――は、日本側をひどく苛立たせた。

一九三八年一月、日本軍は南京から鉄道線路に沿って北上し、徐州をめざした。徐州は南北に走る「津浦《しんぽ》線」と黄海沿岸の連雲港から中国西域へとむかう「隴海《ろうかい》線」が交差する交通の要衝である。徐州が陥落すると、一大工業地帯である武昌《ぶしょう》と漢口〔漢陽を合わせ現在は一級行政区の武漢市〕が危険にさらされるため、その戦略的重要性はきわめて高かった。「ロシア内戦」のさいまさにそうだったように、鉄道は中国でも、部隊の移動と補給にとって、計り知れない価値を持っていた。日本軍が徐州をその侵攻の主要目標にしていることは、蔣介石も早い時期から気づいており、この地域に国民党直属の各師団と、提携関係にある軍閥各派の混成部隊を配置し、その兵力はおよそ四〇万人に達していた。

来たるべき戦いがどれほど重要か、蔣介石も分かっていた。この紛争にはいまや数多くの外国人ジャーナリストが集まっており、「スペイン内戦」に匹敵するアジアの戦争との認識が広がりつつあったからだ。すでにスペインで戦場体験をへてきた作家やカメラマン、映画制作者――ロバート・キャパ、ジョリス・イヴァンス、W・H・オーデン、クリストファー・イシャウッドといった面々――が、日本軍の侵略に果敢に抵抗する中国人のありようをこの目で見、かつ記録に残そうと、続々現地入りしていた。さらに今後予想されうる「武昌防衛戦」を、スペイン政府軍がフランコの反乱軍を相手に展開した、一九三六年秋の「マドリード防衛戦」になぞらえる見方まで出始めていた。スペイン内戦の折り、政府軍（共和国派）側に立って負傷者の治療に当たった国際医師団も、国民党軍と共産党軍を支援するため、ほどなく中国に到着した。なかでも名高いのはカナダ国籍の外科医、ノーマン・ベチューン博士で、かれはその後、敗血症にかかり、中国の地で没している。

スターリンもまた、この事態に「スペイン内戦」とのある種の類似性を見ていた。ただ蔣介石は、国民党の在モスクワ代表部からあがってくる報告のせいで、いささか状況を見誤っていた。代表をつとめる人物は、ソ連は必ず対日参戦に踏み切るはずだと確信しており、やたら楽観的な見通しを送りつづけたからだ。また戦闘を続ける一方で、蔣介石はドイツ大使を介して日本側との間接交渉も開始していた。スターリンを対日参戦に踏み切らせるためのパフォーマンスだったが、日本側が提示した条件はあまりにも厳しかった。そのころスターリンは配下のスパイのひとりから十分な情報を得ており、国民党が日本側と〝本気で〟交渉したくても、あの条件ではおそらく飲めまいと見切っていたように思われる。

一九三八年二月、日本「第二軍」に所属する各師団が北から黄河を越え、中国軍部隊の包囲に取りかかった。三月末までに、日本軍は徐州に入城し、数日間、激戦が展開された。当初、日本の戦車に対抗しうる武器が中国側にはほとんどなかったが、ソ連製の装甲車輌が到着し始めると、中国軍は台児庄《だいじしょう》東方六〇キロメートルの地点で反撃に出、結果は大勝利だったと、国民党側は主張している。これに対し、日本側は日本本土と満洲から急遽、増援部隊を送り込んだ。五月十七日、日本軍は中国軍の師団群をほぼ包囲したと思った。ところが、中国軍はいきなり崩壊すると、二〇万人にのぼる兵士が蜘蛛の子を散らすように包囲網から逃れてしまった。五月二十一日、徐州は最終的に陥落し、三万人が捕虜となった。

七月、満洲国の南東端とソ連が国境を接する一帯で、日本軍とソ連赤軍の最初の大規模国境紛争、いわゆる「張鼓峰《ちょうこほう》（ハサン湖）事件」が発生した。ソ連がいよいよ対日参戦に動くのではと国民党側はまたまた期待したが、そんな思いはあっさり裏切られた。スターリンは、日本による満洲支配を暗黙のうちに認めていたのである。チェコスロヴァキアをめぐるヒトラーの策動を受けて、スターリンの関心はもっぱら西方、すなわちドイツ軍の脅威にむけられていた。ただ、スターリンは中国に対する軍事支援をすでに再開しており、ドイツ顧問団の団長をつとめるフォン・ファルケンハウゼン将軍とその幕僚たちが中国を離れる（ゲーリングから帰国命令が出た）直前の六月には、「ソ連軍事顧問団」の第一陣が中国入りを果たしていた。

日本側はそのころ、蔣介石がまさに恐れていたとおり、武昌および漢口の攻略計画を策定中だった。とりあえず敵の進軍を遅らせようと、蔣介石は黄河の堤防を決壊させるよう命じた。かれ自身がもちいたことばどおり、それは「以水代兵（水をもって兵に代える）」という策であった。結果、日本軍はおよそ五カ月間、足止めを食うことになったが、溢れ出た水は七万平方キロメートルを超える広大な大地を水浸しにし、それによる破壊と人命の損失は、身の毛もよだつほどの規模に達した〔ちなみに北海道本島の面積がおよそ七万八〇〇〇平方キロメートルである〕。押し寄せる泥水に民衆がその身を守ろうにも、辺りに高地はいっさいなかった。この水攻めがもたらした溺死、飢餓、疾病による犠牲者数は、公式なものでも八〇万人にのぼり、さらに六〇〇万人以上がその後、流民と化したという。

地面がようやく乾き、十分に車輛が通せるようになると、日本軍は武昌と漢口に対する進軍を再開した。帝国海軍が長江を遡上する傍らを、陸軍「第一一軍」が長江の南北両岸を川上へとすすんでいった。ゲリラ攻撃の心配もないため、長江は物資輸送の大動脈となった。

対する国民党はこの頃すでに、およそ五〇〇機の軍用機と一五〇人の〝志願〟パイロットをソ連側から受領していた。かれら赤軍パイロットは三カ月の飛行をこなし、実戦経験を十分に積んだとみるや、さっさと帰国してしまい、そのあとに新米パイロットがまたぞろやってくるの繰り返しではあったが、それでも常時一五〇人ないし二〇〇人のパイロットが活動し、計二〇〇〇人のソ連人が中国の空を飛んだ勘定になる。一九三八年四月二十九日には、空の待ち伏せ攻撃を見事成功させている。昭和天皇の誕生日にあたるこの日、日本はきっと武昌に対し大規模空爆を試みると判断し、その予想が的中したのである。ただ全体状況を見るならば、帝国海軍のパイロットは華中および華南において航空優勢（制空権）を維持しつづけたというのが実態である。しかも中国人パイロットは、そんな任務にはおよそ不向きな航空機で、日本の軍艦をなんとか沈めようと、派手な攻撃に打って出る傾向があり、いたずらに犠牲者を増やしていた。

七月、日本軍は長江流域の港町、九江を空爆した。そのさいかれらが「特殊煙」と婉曲表現でよぶ化学兵器がもちいられたことはほぼ間違いない。七月二十六日、九江が落ちると、「波田支隊」は民間人に対するさらなる大量殺戮をおこなった。だが、日本「第一一軍」は中国軍による激しい抵抗に手こずり、また酷暑のなか、マラリアやコレラで多数の兵士が倒れたことから、進軍ペースが鈍化した。おかげで中国側は、工場の各種設備を分解すると、船に積みこみ、長江を遡り、さらに上流の重慶まで疎開させる時間を稼ぐことができた。十月二十一日、華南を担当する日本「第二一軍」は上陸作戦を敢行し、中国南方の重要港湾都市・広州をその手におさめた。四日後、撤退する中国軍のあとを襲うかたちで、第一一軍「第六師団」が武漢三鎮のひとつ、武昌に入城した。

こうした一連の結果を前にして、蔣介石は参謀たちの事務能力の欠如、提携各軍との連絡不足、情報の収集・分析能力と通信能力の低さを強い口調で非難した。いわく、上級司令部がいくら攻撃せよと命じても、各師団司令部はなんとかそれを回避しようとする。いわく、中国側の防衛ラインは、縦深性が話にならないほど浅く、ほんの一本、塹壕が走っているだけであり、おかげで日本軍はやすやすとこれを突破している。いわく、しかるべき場所に予備兵力が配置されていることはきわめて稀である。いわく……という訳だ。ただ、この次に中国側を見舞った災厄は、ほかならぬ蔣介石自身のミスが招いたものだったが。

湖北省武昌が陥落したことにより、今度は湖南省長沙の脆弱性が露わになった。十一月八日には、日本軍機によるこの街への空爆も現におこなわれていた。そこで翌日、蔣介石は命じた。日本軍が突破攻撃を仕かけてくる場合に備えて、長沙全体を焼き払う準備に入れと。蔣介石はそのさい、ナポレオン戦争においてロシア軍が一八一二年にモスクワに火を放った故事を例に挙げた。三日後、日本軍がいまそこに迫りつつあるとの、根も葉もない噂が広がり、十一月十三日未明、焦土作戦が開始された。長沙は三日間、燃えつづけた。コメなどの穀物が詰まった倉庫群をふくめて、市街区の三分の二が完全に焼失した。二万人（その中には負傷した兵士全員も含まれていた）が死亡し、じつに二〇万人が住む家を失った。

ただ、赫々《かっかく》たる戦果を上げつつも、帝国陸軍関係者の顔色はさえなかった。一撃必殺の攻撃で敵の土性骨《どしょうぼね》を叩き折るというのが今回の作戦の眼目だったが、それを実現できなかったことは、すべての司令官が知っていた。日本軍はいまや補給線が長く延びきり、脆さをさらしていた。しかも、赤軍パイロットによって、数多くの日本軍機が撃墜されている現状に鑑みるなら、真に憂慮すべきはソ連の対国民党支援とも言えた。スターリンは果たしてなにを考えているのだろうかと、日本側は落ち着かない気分を味わった。そうした懸念から、日本は十一月、中国側にひとつの提案をおこなった。当方は万里の長城の背後まで、全部隊を引き揚げる用意があると。国民党がトップをすげかえ、日本の満洲における権益を認め、日本がその資源を利用するのを許し、中国共産党相手に共同戦線を張るならば――というのがその前提条件だった。蔣介石の政治的ライバルである汪兆銘は十二月、インドシナにむかい、そこで在上海の日本当局と接触した。新たな局面を前に、国民党内の「和平」派指導者として、自分が蔣介石の後任候補になるのはもはや自明のことであると汪兆銘は感じていた。だが、敵と手を結ばんと出国する時、汪兆銘に付き従う政治家はほとんどいなかった。蔣介石が掲げた「救国」

という大義の方が、はるかに勝っていたからである。

いわゆる「対支一撃論」の放棄を決めた日本は、より慎重な方針へと転換しつつあった。ヨーロッパで戦争の気運が高まるいま、大陸に配置している大規模部隊を近く他の戦線に再配置する事態もあり得たからだ。しかし、自国の兵士が途方もない暴虐を働いたという自覚に乏しく、かれらはいまだ中国人相手の戦いに勝利できると信じていた。こののち、日本は後方のゲリラ討伐を主体とするより小規模な作戦に戦いの重点を移していくが、国民党軍と中国の民間人は引き続き多大の犠牲――一九四五年の終戦までにおよそ二〇〇〇万人の中国人が命を落とす――をこうむることになるのである。

そのころ、中国共産党は多数の地元住民を、ゲリラ型の民兵組織へと再編しつつあった。たとえば長江中流域で共産党が指導する「新四軍」のように。この種の農民パルチザンの多くは農機具や竹槍のたぐいで武装していた。ただ、一九三八年十月の「党中央委員会全体会議（総会）」後、毛沢東の方針はより徹底的なものに変化する。共産党軍は今後、攻撃を受けないかぎり、あえて日本軍と干戈《かんか》を交えない――という訳だ。かれらは国民党からその支配地域を奪うため、兵力を極力温存する道を選択したのである。毛沢東は明言した。蔣介石こそ「究極の敵」であると。

日本軍が農村部を襲撃する際は、テロ戦術が武器としてもちいられ、大規模な殺戮と婦女暴行がおこなわれた。日本兵はまず、その村にいるすべての若い男性を殺した。「彼らは若い男たちをロープで縛り、軍刀で頭部を幹竹割《からたけわ》りにした」。そのうえで、今度は女たちに注意をむけた。ナカムラ伍長は、かれが南京南方の路国鎮《ろこくちん》を襲撃した一九三八年九月の日記に書いている。「村を確保し、すべての家を捜索した。われわれは、いちばん目を引く女たちを捕らえようとした。追跡は二時間にわたった。ニウラが一人の女を射殺した。彼女が初めての女で、それが醜い女だとみんなにバカにされたからだ」。南京の虐殺事件や、その他の地域で数え切れないほど繰り広げられた残虐行為の効果はじつに絶大だった。戦争が始まる前、日本どころか、自分たちが住む当の中国さえ、国家として認識していなかった砂のごとき民衆のあいだに、想像を絶するほどの愛国的激情をつくりだしたのだから。

しばしの小康状態のあと、日中間の次なる大規模戦闘は一九三九年三月にようやく生起した。このとき、日本軍は大部隊を江西省に差しむけ、省都・南昌を攻略した。日本軍はここでも毒ガスをもちいたが、中国側の抵抗は激しかった。三月二十七日、家を一軒一軒、奪いあうような交戦のすえに、南昌は陥落した。数十万人の難民が西へと逃れた。重い荷物を背負い、あるいは家財道具一式を木製の手押し車に積みこんで（家財といっても、綿入れや鍋釜、茶碗の類いだが）。女たちは泥をつかって髪の毛のつやを消し、纏足の年配女性は痛みに耐えながら、足を引きずるように歩かなければならなかった。

蔣介石は南昌奪還を命じた。日本軍は不意を突かれ、国民党軍は四月末には城内に突入するところまで行ったが、この作戦はやはり荷が重すぎた。街を取り戻せなければ、死をもって購えと、蔣介石は各司令官を脅しつけたものの、結局最後は、撤退に同意するしかなかった。

五月、ノモンハンで日ソ両軍が衝突した。スターリンが現地司令官としてジューコフを送り込んで間もないころ、蔣介石を補佐する「ソ連軍事顧問団」の団長がかれにこう促した。閣下、いまこそ大規模反攻に打って出て、武昌を奪還すべきでありましょうと。スターリンはさらに、じつは近々、イギリスとの間で条約がまとまるのだと吹きこんで、蔣介石を騙そうとした（実際には、ソ連はこの時期、ナチ・ドイツとの不可侵条約締結にむけ動いていた）。蔣介石は状況を正しく判断した。これら一連の働きかけは単に、ソ連の国境地帯にかかる圧力を、他国に逸らそうとする試みにすぎないと。そこで軽挙妄動は控え、事の推移を見守った。なにしろ国民党は、中国共産党の勢力拡大と、毛沢東に対するスターリンの支持増大に警戒心をいだいていたから。ただその一方で、蔣介石はこうも計算していた。スターリンの主要目的が、わが国民党を日本との戦いにへばりつかせておくことだと承知していれば、それはそれで問題はない。むしろそれを逆手に取ることで、共産軍による蚕食に十分対抗できるはずだと。かくして、国共両党のあいだでは陰惨な戦いが数多く展開され、中国共産党によると、一万一〇〇〇人以上もの人民がそれにより殺されたという。

悲劇的な〝焦土作戦〟により、長沙はいまや市街区の半分が瓦礫の山と化していた。ただ、その地理的位置がもつ戦略性にはなんら変わりはなく、日本側はこの都市の確保を依然諦めていなかった。なにしろ長沙は、強力な日本軍の支配下に置かれた広州、武昌といった大都市と鉄道で相互につながっていたからだ。ここで長沙も押さえれば、四川省重慶という中国西部の根拠地に国民党を雪隠詰めにできると日本側は考えた。八月、日本軍は長沙にむけて進軍を開始した。同じころ、かれらの同輩である「関東軍」は、そのはるか北方で、ジューコフ将軍を相手に激戦のまっ最中だった。

ドイツ軍がポーランド深部に進撃しつつあった九月十三日、日本軍は六個師団、一二万人の兵員を長沙に差しむけた。対する国民党軍は、当初は戦いつつゆっくりと後退する方針をとった。日本軍が一気呵成に長沙を狙うように誘導して、その脇腹に予想外の反撃を食らわせるという目論見があったからだ。蔣介石はすでに対日戦の機微を会得しつつあった。嵩にかかって、つい前のめりになる傾向が日本軍にはあったのだ。互いに功を焦る将軍たちが、おのれの栄光にこだわり、左右にいる友軍のことを考えることなく猪突猛進する結果であろう。武昌を失ったあと、蔣介石が自軍にほどこした訓練計画は無駄ではなかった。敵をいったん懐に呼び込んで、しかるのち伏兵で順次叩いていくという戦術は見事に機能し、日本軍は四万人の犠牲を出すに至ったと、中国側は主張している。

ジューコフ将軍が「ノモンハンの戦い」で勝利をおさめつつあったその八月、スターリンの優先順位のなかで最も高かったのは、日本との戦争をこれ以上拡大しないことであり、すでにドイツ側との秘密交渉も始まっていた。やがて「独ソ不可侵条約」が発表されると、日本の指導部は骨の髄まで震えあがった。同盟国ドイツが事もあろうに共産主義を信奉する悪魔と、そんな合意に踏み切るなんて、あってはならない異常事態だったから。さらにスターリンは、ジューコフが勝利をおさめたあと、日本側とこれ以上交戦することを拒否し、それは当然ながら、中国国民党にとって大打撃となった。モンゴルおよびシベリアの国境地帯でソ連と停戦合意が成立したことで、日本軍は今後、背後のソ連軍を気にすることなく、中国側との戦いに専念できるからである。

まさかとは思うが、ソ連は、ちょうどその九月、ナチ政権と示し合わせてポーランドを分割したように、日本側と密約を結び、中国を山分けしようと企図しているのであるまいなと、蔣介石は恐怖心さえ覚えた。そのころ、毛沢東はこの展開を歓迎していた。国民党の犠牲のもとに、自分たちの勢力をなおいっそう伸張できるからである。スターリンはさらに、国民党への軍事支援を大幅に減らしてきた。そのことも蔣介石の警戒心をいっそう煽った。しかもその九月、ヨーロッパで本格戦争が始まったということは、中国が英仏両国から支援を受けられる可能性がよりいっそう小さくなったことを意味した。

国民党にとって、海外からの支援が途絶えることは、由々しき事態といえた。しかもかれらは、いまや主な工業基盤を失い、税収の減少にも見舞われていた。日本の侵攻がもたらす脅威は軍事的なものに留まらなかった。農地からあがる収穫物、各種食料の供給がいまや失われつつあった。目に余るほど山賊たちが跋扈するようになり、脱走兵や流民たちが徒党を組んで各地をうろついた。日本兵の暴虐から、妻や娘を守る手立てがそれしかないため、数千万の難民がいまや西へ西へと脱出を試みつつあった。都市部は超過密で、不衛生きわまりない状況に陥り、コレラが大発生した。また、シラミのたかった逃亡兵や難民によって伝染する発疹チフスも蔓延しつつあった。軍民が一致団結、中国の医療サービスを向上すべく多大の努力が傾けられたけれど、タムシや疥癬、トラコーマ、その他貧困による栄養失調に起因する疾病にかかる患者を前に、数の足りない医師たちにできることは限られていた。

それでも、長沙戦の〝勝利〟に意を強くした国民党軍は、華中全域で一連の反撃、いわゆる「冬季攻勢」に打って出た。長江経由の船舶輸送と鉄道輸送に打撃を与え、突出する日本軍守備隊への補給ルートを絶つことがその目的だった。ところが十一月、国民党軍が攻撃を開始したとたん、日本軍は強襲上陸部隊を投入して、中国南西の広西省に襲いかかってきたのである。十一月二十四日、日本軍は省都・南寧を確保し、仏領インドシナにむかう鉄道路線を脅かした。この地域に展開する国民党軍は規模が小さいため、不意を突かれると、たちまち潰走した。蔣介石は増援部隊を急派し、以後、日中間の戦闘は二カ月に及び、それは実に激しいものだった。たった一度の会戦で二万五〇〇〇人の中国兵を倒したこともある、と日本側は主張している。さらに北方でも、日本軍は攻勢に出ており、国民党にとって穀物の確保にも新兵の補充にも重要な地域が、次々と日本側に渡っていった。日本軍はまた、中国大陸に駐屯する爆撃機部隊を増強し、国民党の前線の背後、かなり奥深くの後方地域に空爆を敢行、新首都・重慶もその標的にされた。一方、中国共産党は、華中を担当する日本軍部隊と密かに交渉し、もし日本軍が農村地帯にいる「新四軍」を放置するなら、鉄道への攻撃は差し控えるとの条件を提示した。

国際情勢は国民党にとってあまり芳しくなかった。ドイツと同盟関係を結んだスターリンからは、英仏両国といかなる形の交渉もおこなうべきでないとの警告が届いていた。スターリンは猜疑心に駆られていた。中国もイギリスも、わがソ連を対日戦の方向に動かそうと、この私にあれこれ働きかけを試みているところだ。一九三九年十二月、フィンランドにおける「冬戦争」の真っ最中、国民党は深刻なジレンマに直面した。フィンランド侵攻を理由に、ソ連が「国際連盟」から除名されかねない事態に至ったからだ。スターリンを刺戟したくはなかったけれど、ここで拒否権を行使して西方の列強を怒らせることも賢明ではなかった。中華民国の代表は棄権を選んだ。だが結局、中国の態度にモスクワは激怒し、しかも英仏両国を満足させることはできなかった。このあと、ソ連の軍需物資の供給は大きく減らされ、前年の水準を回復するまでに一年を要したほどである。スターリンに翻意を促す手管として、蔣介石は日本側と和平交渉をすすめているがごとき言辞を弄した。

その一方で、国民党は未来への希望を徐々にアメリカ合衆国に託すようになっていく。アメリカは日本の侵略行為を非難してくれたし、太平洋における自国の軍事基地を増強し始めてもいた。ただ、蔣介石は現在、中国国内にふたつの難題をかかえていた。ひとつは毛沢東が指導する中国共産党からの挑戦。かれらはいまや本音を露わにしていた。日本軍の前線の背後で地盤固めに励みつつ、日中戦争が終った暁には、国民党を打倒すると公言して憚らなかった。もうひとつは日本による挑戦だ。一九四〇年三月三十日、日本は南京において汪兆銘を首班とする「国民政府」——いわゆる「改革派国民党」の政権——を樹立したのである。われこそは本家本元と自負する国民党関係者は汪兆銘のことを「犯罪的売国奴」とのみ呼んでいた。だがそうは言いつつも、この〝政権〟が下手をすると、ドイツ、イタリアといったヨーロッパにおける日本の同盟国だけでなく、その他の列強からも正式承認されてしまう可能性はゼロではなかったのである。

章末注

(113)「民衆に心を寄せるなんて全く無意味ですよ」「中世の農奴」：Agnes Smedley, *China Fights Back*, London, 1938, p.30; *ibid*., p.28.〔アグネス・スメドレー『中国は抵抗する—八路軍従軍記』高杉一郎訳、岩波書店、一六頁／「同情なんて、なんの役にもたちませんよ。あんなのは、ほかにもいくらでもいるんですからね」……私は、この通訳の態度のなかに、中国の「知的貴族」のむかしのままの態度を見てとったので、ひどく憤慨しました〕

(114)「上海では」：Theordore H.White and Annalee Jacoby, *Thunder out of China*, New York, 1946, p.xiii

(114)「お恵みを！　お恵みを！」：Agnes Smedley, *Battle Hymn of China*, London, 1944, p.31.〔スメドレー『中国の歌ごえ』上、高杉一郎訳、ちくま文庫、八〇頁〕

(118)「共産党は心臓病だ」：Stephen Mackinnon, 'The Defense of the Central Yangtze' in Peattie, Drea and van de Ven, *The Battle for China*, p.184からの引用。〔スティーヴン・マッキノン氏の上記論文は「慶應版」には未収録〕

(118)「背後の脅威」：Edward J. Drea, 'The Japanese Army on the Eve of War', in Peattie, Drea and van de Ven, *The Battle for China*, p.107からの引用。〔「慶應版」第1章　戦争前夜—1937年7月の日本陸軍／エドワード・J・ドレー、戸部良一訳、五頁／六月には、関東軍参謀長に就任したばかりの東條英機中将が、「我ガ背後ノ脅威ヲ除去スル」ために南京政府に打撃を与えないで対ソ戦を準備するのは、「毛ヲ吹イテ傷ヲ求ムル」ものだと述べた〕

(119)「マルコ・ポーロ橋（盧溝橋）事件」：Yang Tianshi, 'Chiang Kai-shek and the Battles of Shanghai and Nanjing', in Peattie, Drea and van de Ven, *The Battle for China*, p.143.〔「慶應版」第4章　1937、中国軍対日作戦の第1年—盧溝橋事変から南京陥落まで、楊天石（陳群元訳）、九七頁〕

(120)「突如、気づいてみると」：Smedley, *Battle Hymn of China*, p.132.〔スメドレー『中国の歌ごえ』上、三〇二頁〕

(122)張治中将軍と上海：Jung Chang and Jon Halliday, *Mao: The Unknown Story*, London, 2007, pp.245-6.〔ユン・チアン／ジョン・ハリデイ『マオ—誰も知らなかった毛沢東』上、土屋京子訳、講談社、三四一～二頁〕

(123)巡洋艦「出雲」から逸れた爆弾：Diana Lary,

The Chinese People at War: Human Suffering and Social Transformation, 1937-1945, Cambridge, 2010, pp.22-3

（123）「上海事変」：（参考）Yang Tianshi, 'Chiang Kai-shek and the Battles of Shanghai and Nanjing', in Peattie, Drea and van de Ven, *The Battle for China*, pp.145-54.〔「慶應版」第4章　1937、中国軍対日作戦の第1年、楊天石、九八～一二〇頁〕

（125）マスタード・ガスと焼夷弾：Hattori Satoshi, 'Japanese Operations from July to December 1937', in Peattie, Drea and van de Ven, *The Battle for China*, p.176.〔「慶應版」には「第3章　盧溝橋から南京へ」服部聡―という、似たような名称の論文が収録されているが、「慶應版」には本書の記述に該当する部分がなく、また「スタンフォード版」の掲載論文は、服部氏単独ではなく、エドワード・J・ドレー氏との連名である〕

（125）「第一六師団」：*ibid.*, p.179

（125）「大量処刑に加えて」：Dr Rosen to German Foreign Ministry, 20.1.38, John Rabe, *The Good German of Nanking: The Diaries of John Rabe*, New York, 1998, p.145からの引用。独ジーメンス社の現地責任者で、南京安全区国際委員会を組織したラーベの日記は、南京で起きた残虐行為にかんして最も信頼できる記述を提供している。〔ジョン・ラーベ『南京の真実』エルヴィン・ヴィッケルト編集、平野卿子訳、講談社文庫〕

（126）日本兵たる心得：（参考）Kawano Hitoshi, 'Japanese Combat Morale', in Peattie, Drea and van de Ven, *The Battle for China*, pp.332-4.〔「慶應版」第9章　日中戦争における日本兵の士気―第37師団を事例として、河野仁、二一、動員の社会過程と兵士の社会的構築〕

（126）「豚以下」：Kondo Hajime〔近藤一〕, Laurence Rees, *Their Darkest Hour: People Tested to the Extreme in WW II*, London, 2007, p.61からの引用。

（127）「新兵はすべてそうしたものだが」：Cpl Nakamura's diary taken from his body by New Fourth Army, Agnes Smedley, *Battle Hymn of China*, London, 1944, p.186からの引用。〔スメドレー『中国の歌ごえ』下、三六頁／「新兵は、いつでもみんなこうだ。しかし、すぐにやつらも自分でこれをやるようになるだろう」〕

（127）「私はたぶん感情がマヒしていたにちがいない」：Shimada Toshio, Kawano, 'Japanese Combat Morale', in Peattie, Drea and van de

Ven, *The Battle for China*, pp.341 からの引用。〔「慶應版」第9章　日中戦争における日本兵の士気—第37師団を事例として、河野仁、二六五頁〕

(127)「私は完全に困惑している」：Rabe, *The Good German of Nanking*, 22.1.38, p.148.

(128)「息もできなくなる」：*ibid*., p.172

(128)「軍の用に供するため」：Smedley, *China Fights Back*, pp.227 and 230.〔スメドレー『中国は抵抗する』二二七頁／（負傷して中国側の捕虜となった長崎出身の日本兵の発言から）「おなじ部隊の兵士たちの話では、私たちの師団の将校が殺したのだということでした。日本軍が中国人の女をつかまえて慰安婦としているという話も、私は直接には知りませんが、仲間の話しているのを聞いたことはあります」〕

(128)二〇〇〇人余りの確保がなされている：Lary, *The Chinese People at War*, p.25

(128)「第三七師団」のとある大隊長：Kawano, 'Japanese Combat Morale', in Peattie, Drea and van de Ven, *The Battle for China*, pp.351.〔「慶応版」第9章：この大隊長は、作戦面では非常に優秀であっても、人格面で部下の信頼を得られない事例のひとつとして紹介されている。かれの不品行の具体的内容については英語版のほうが詳しい。なお、この大隊長は戦後、中国当局によって戦犯として処刑されたという〕

(128)「慰安婦」と強姦問題について：Yuki Tanaka, *Hidden Horrors: Japanese War Crimes in World War II*, Oxford, 1996, pp.94-7.〔内海愛子、越田稜、田中宏、飛田雄一監修『ハンドブック戦後補償　シリーズ・問われる戦後補償』梨の木舎／吉見義明編『従軍慰安婦資料集』大月書店／吉田清治『私の戦争犯罪』三一書房／山田定『憲兵日記』新人物往来社／禾晴道『海軍特別警察隊—アンボン島BC級戦犯の手記』太平出版社／日本の戦争責任資料センター："Jugun Ianfu Mondai no Shiteki Narabi ni Hoteki Kenkyu" (unpublished paper, 1994)／神奈川大学評論編集専門委員会編『医学と戦争—日本とドイツ（神奈川大学評論叢書）』（御茶の水書房）所収の二論文：「日本の優生政策」松永英と「優生学」米本昌平／ビーヴァー氏がここで記述の出典として引用している田中利幸氏の著書、'*Hidden Horrors*'には日本語版はない。同書は文字通りの「労作」で、類書が乏しいためか、本書ではアジアにかんする部分で「スタンフォード版」、スメドレー女史の著作と並んで頻繁に引用されている。戦時中の日本人および日本軍の異常行動について、関連する日本語文献の所在・名称、および英語による一部翻訳がコンパクトにまとめられているため、参考書としては使い勝手がいいようだ。ただ、ビーヴァー氏は子引きの同書を「Tanaka」とのみ記して孫引きしているため、元ネタが何かが判然としないうらみがある。そこで、読者の便を考え、対象ページに掲げられた原典を、確認できた範囲で示しておくことにする。なお、これ以降、同書については「田中」とのみ略記する〕

(129)「とある建物で発見」：Smedley, *Battle Hymn of China*, p.206.〔スメドレー『中国の歌ごえ』下、八〇頁／この通りに面してひとつの建物があって、日本軍が駆逐された直後に、そこから裸にされた女性の屍体が十二体発見された。通りに面した扉のうえには、いまでも「皇軍慰安所」と書いてあった〕

(130〜131)「漢口作戦」と「台児庄の戦い」について：Tobe Ryoichi 'The Japanese Eleventh Army in Central China, 1938-1941', in Peattie, Drea and van de Ven, *The Battle for China*, pp.208-9.〔「慶應版」第6章　華中の日本軍、1938-1941──第11軍の作戦を中心として、戸部良一、一五八頁〕

(132)「以水代兵」：Lary, *The Chinese People at War*, p.61からの引用。

(132) 中国の赤軍パイロット：John W. Garver, *Chinese-Soviet Relations 1937-1945: The Diplomacy of Chinese Nationalism*, Oxford, 1988, pp.40-1; およびHagiwara Mitsuru, 'Japanese Air Campaigns in China', in Peattie, Drea and van de Ven, *The Battle for China*, pp.245-6.〔後者の文献は、「慶應版」第2章　中国空軍の対日戦略──日本爆撃計画を中心に、萩原充、六三頁〕

(135) 中国共産党中央委員会全体会議（一九三八年九月〜十月）：Jung Chang and Jon Halliday, *Mao*, pp.260-4.〔ユン・チアン『マオ』上、三六二〜五頁〕

(135)「彼らは若い男たちをロープで縛り」：Smedley, *China Fights Back*, p.156.〔スメドレー『中国は抵抗する』一四五頁／「彼らは中国人の男たちを数珠つなぎにすると、生きている中国人──とくに青年はすべて『危険』だという一般原則にもとづいて、中国人の頭を日本刀でまっ二つにたたき切ったのです」〕

(135)「村を確保し」：diary taken by New Fourth Army, Smedley, *Battle Hymn of China*, pp.185-6からの引用。〔スメドレー『中国の歌ごえ』下、三五〜三六頁／「新四軍」によって確保された日記から／晴天。今日の午後、全員、路国鎮の討伐を命じられた。われわれはその村を占領し、いちばんきれいな娘を手にいれようと、軒なみに家宅捜索をした。捜索は二時間にわたっておこなわれた。三浦［ママ］はひとりの娘を射殺した。その娘がはじめての経験であるうえに、醜く、われわれ仲間のものがみんなバカにしたからだ」」

(137) 一九三九年の国共両党の衝突：Garver, *Chinese-Soviet Relations*, pp.81-2
(140) 「犯罪的売国奴」：van de Ven, *War and Nationalism in China*, p.237

第5章 ノルウェーとデンマーク

一九四〇年一月～五月

ヒトラーの本来構想では、ベネルクス三国およびフランスに対する攻撃は、ドイツの各師団がポーランド方面から撤収を終えた直後、すなわち一九三九年十一月に実施するはずであった。ヒトラーがなにより欲したのは、イギリス海峡に面した港湾施設と飛行場の確保であり、それをもって最も危険な敵、大英帝国への侵攻拠点とするつもりだった。アメリカが介入の動きを見せる前に、決定的勝利をおさめておきたかったので、ヒトラーは気が急いてならなかった。

一方、ドイツの将官たちは薄氷を踏む思いで事に臨んでいた。フランス陸軍の現有兵力を考えるなら、またしても「第一次世界大戦」のごとき膠着状態に陥る可能性が大だったから。現在のドイツにはいまここで、さらなる大規模作戦を展開する燃料も原材料も欠けていた。将軍たちのなかには、そもそも中立国であるオランダやベルギーを攻撃することに逡巡を覚える向きさえあった。だが、親衛隊がポーランドで民間人を殺した時の、一部将校による抗議の声と同様、良心の呵責などといった道徳的な悩みは、ヒトラーにとって無縁だった。じつは弾薬（特に爆弾）と戦車が危険なほど不足しているのですとドイツ国防軍が報告をあげると、ヒトラーは烈火のごとく怒った。だがしかし、それが現実だった。なるほど対ポーランド作戦はごく短期間で片がついた。だが、各種の軍需物資はその備蓄分を使い果たしつつあり、さらにドイツ陸軍の〈I号戦車〉、〈II号戦車〉は実戦のなかで、その能力不足をすでに露呈しつつあった。

それら諸問題の根幹は、陸軍の調達システムにこそあるのだと、ヒトラーは責任を転嫁し、これまでもっぱらインフラ建設を任せてきたフリッツ・トート博士に、調達問題全般を主管させることにした。そして、いかにもヒトラーらしく、「今後のことや、戦費の後年度負担などはいっさい無視」して、持てる資源のすべてを使い尽くせと申し渡した。オランダ、ベルギー、フランス、ルクセンブルクの炭鉱や製鉄所が手に入れば、そんな問題はたちまち解決するのだと。

だが、ことは計画どおりにはすすまなかった。一九三九年の晩秋は、霧雨と濃霧が特にひどく、十一月に作戦開始となると、地上軍の怒濤の進撃に不可欠な航空支援が十分おこなえないとドイツ空軍が言ってきたからだ。さしものヒトラーも天候相手では納得するしかなかった。結果、ドイツの対西方作戦は六カ月余りの遅延を余儀なくされるのだが、もし仮に、当初計画どおりに事をすすめていたら、戦況は一体どうなったのだろうと、つい考えてしまう。新たな状況を受けて、ヒトラーは一九四〇年一月半ば、まずは中立国オランダの攻略計画を立案せよと命じた。驚いたことに、オランダもベルギーもいたって暢気で、ドイツ軍がまさか攻めてくるとは思ってもいなかった。予兆がなかったわけではない。たとえば、イタリア外務省からは、その危険性があるとの警告が届いていた。多くのイタリア人、特にムッソリーニの女婿で外相でもあるチャーノ伯爵は、ドイツがその九月、ポーランドを短兵急に攻めたことがいまだ納得できず、いささか含むところがあった。あんな不用意なことをすれば、では、地中海方面でまずは戦端を開こうかとイギリスがつまらぬ了見を起こすかもしれないと、イタリアは恐れたのだ。また、「アプヴェーア（ドイツ国防軍情報部）」の所属ながら、反ナチ的立場をとるハンス・オスター陸軍大佐からも、在ベルリンのオランダ大使館付き武官に耳打ちがあった。じつは貴国に対する侵攻計画が存在するのだと。極めつけは一九四〇年一月十日、悪天候で行方不明になったドイツ軍の連絡機がベルギー領内に不時着するという事件であろう。同機に搭乗していたドイツ空軍の参謀は当時、対オランダ侵攻作戦の計画書の写しを持っていた。かれは書類の焼却を試みたものの、完全に燃やしきる前に、ベルギー兵が現場に到着してしまったのだ。

だがこれら一連の事件は、むしろ仏英連合軍の側にマイナスの影響を及ぼしていく。連合軍部隊はこの時期、有事のさいのベルギー防衛を担うべくフランスの北東部に展開していたが、ドイツの侵略が近いと判断し、当初プランを破棄、国境付近までただちに部隊移動を開始した。この動きを見て、ヒトラーと「ＯＫＷ（ドイツ国防軍最高司令部）」は戦略の見直しを余儀なくされた。そして代替案として採択されたのが、エーリヒ・フォン・マインシュタイン中将の画期的な戦法である。アルデンヌの丘陵地帯を装甲師団で一気に突破し、ベルギーにむけ進軍する仏英両軍の背後を抜け、遮二無二イギリス海峡を目指すというのがその骨子だった。そのころ、フランス・ベルギー国境で漫然と待機する連合軍部隊は、敵がなかなか攻めてこないため、根拠のない安心感にとらわれていた。多くの兵士はもとより、イギリス陸軍省にいる計画立案者までが、さすがのヒトラーも、大国フランスに攻めこむほどの根性はあるまいと信じるようになった。

ドイツ海軍を束ねるレーダー元帥は、ドイツ陸軍の上級司令官たちとは違い、ヒトラー総統が唱える果敢な積極策を大いに支持していた。レーダーはさらにすすんで、総統閣下に進言した。このさい、私のノルウェー侵攻作戦も計画に加えるべきでありましょう。さすれば、今後、イギリスの海上輸送をドイツ海軍が側面から脅かせるようになりますと。レーダー元帥はまた、この機に乗じて、ノルウェー北端の港町ナルヴィクを確保する計画も売り込んだ。ナルヴィクを押さえれば、ドイツの軍需産業にとって死活的に重要なスウェーデン産鉄鉱石の供給が盤石になりますと。レーダー元帥はさらに、ノルウェーの親ナチ派指導者ヴィドクン・クヴィスリングをヒトラーに引き合わせもした。これらの説得が奏功して、ヒトラーはついに、ノルウェー占領がわがドイツにとって欠くことのできない一手であると考えるようになる。英仏両国が対フィンランド支援の一環として、ノルウェーに手出しする危険性をずっと憂慮し、頭を悩ませてきたからである。イギリスが仮に、ノルウェー南部に英国海軍の拠点を置いたら、バルト海が封鎖される恐れすらあった。するとここで、親衛隊全国指導者ヒムラーが、スカンディナヴィア諸国をめぐる独自の腹案を押し込んできた。わが〝ヴァッフェンSS（武装親衛隊）〟の隊員を調達するうえで、優良北欧人種が住むあの半島はまさに適地であるというのがかれの持論だった。ただこれまでのところ、スカンディアナビア諸国に浸透をはかるナチ党の試みは、目立った成果をあげられずにいたのだが。

ナチ党は知らなかったが、海軍大臣のチャーチルが当初目論んだのは、バルト海のたんなる封鎖ではなく、もっと大きな目標だった。この血の気の多い政治家は、バルト海に水上艦を主体とする一大艦隊を送り込み、ドイツ海軍と洋上で雌雄を決しようと考えていたのだ。イギリス海軍にとって幸いなことに、「キャサリン作戦」と呼ばれたこの計画は結局阻止されてしまう。チャーチルはまた、ナルヴィク港にも当然ながら目を付けており、あの港からドイツにスウェーデン産鉄鉱石が供給されるのをなんとかしたいと考えていた。だが、戦時内閣を率いるチェンバレン首相は、そうした行為は、ノルウェーの中立性の侵犯につながると指摘して、チャーチル案に強く反対した。

そこでチャーチルは、リスク覚悟の次なる作戦を考案し、実行に移した。二月十六日、英駆逐艦「コサック」がノルウェーの領海内で、独ポケット戦艦「グラーフ・シュペー」の補給艇「アルトマルク」を停船させると、捕虜として艇内に捕らわれていたイギリス人船員の解放を迫ったのである。臨検隊が敵船に乗り込むさいに発する決まり文句、「ザ・ネイヴィーズ・ヒア（海軍ここにあり）！」が今回も当然、口にされたが、このセリフにはイメージを喚起する独特の力があった。今大戦は諸々が思うに任せず、劇的場面に飢えていたイギリス国民は、海軍十八番《おはこ》の名セリフにその胸を熱くした。この臨検事件を受けて、ドイツ海軍は海上兵力をすぐさま増強したけれど、二月二十二日、駆逐艦二隻が〈ハインケル111〉の編隊に攻撃されるという同士討ちをやってしまう。ドイツ軍の艦艇が当該海域に展開しているという情報が、ドイツ空軍に適時に伝達されていなかったのがそもそもの原因である。二隻の駆逐艦は被弾し、さらに機雷にも触れ、いずれも沈没した。

ドイツの軍艦たちはその後、港に呼び戻された。ただ、それは無用の被害を避けるためではなく、ヒトラー総統が三月一日、デンマークおよびノルウェーに対する侵攻作戦の準備指令を発したからである。この作戦にはドイツ海軍の利用可能なすべての水上艦艇が必要だった。この時期に、デンマークとノルウェーを攻めるという総統の決定に、ドイツ陸軍およびドイツ空軍は警戒心をいだいた。陸軍も空軍も、すでにフランス侵攻という十分すぎるほどの問題をかかえており、その直前にノルウェーなんぞに拘っていたら、碌なことにならないからだ。空軍を束ねるゲーリング元帥はとりわけ怒っていたが、それはもっぱらプライドを傷つけられたという私怨からだった。そんな重大決定を下すなら、まずもって、この私に相談あってしかるべきではないかというわけだ。

三月七日、ヒトラーはノルウェー・デンマーク侵攻計画――「ヴェーザー演習《ユーブンク》」作戦――の指令書に署名した。だがほどなく、この遠征は早々に片を付ける必要がでてきた。航空偵察の結果、イギリス海軍がスコットランド北端のスカパ・フロー軍港に兵力を集中させつつあることが分かったのだ。これはノルウェーの海岸部に強襲上陸を実施する前触れに思われた。だがその数日後、ソ連とフィンランドのあいだで停戦合意がなったことが判明すると、ドイツ軍上層部には微妙な空気が漂い始めた。これまで一貫してノルウェー侵攻作戦の意義を強調してきたドイツ海軍の計画立案者でさえ、いまや

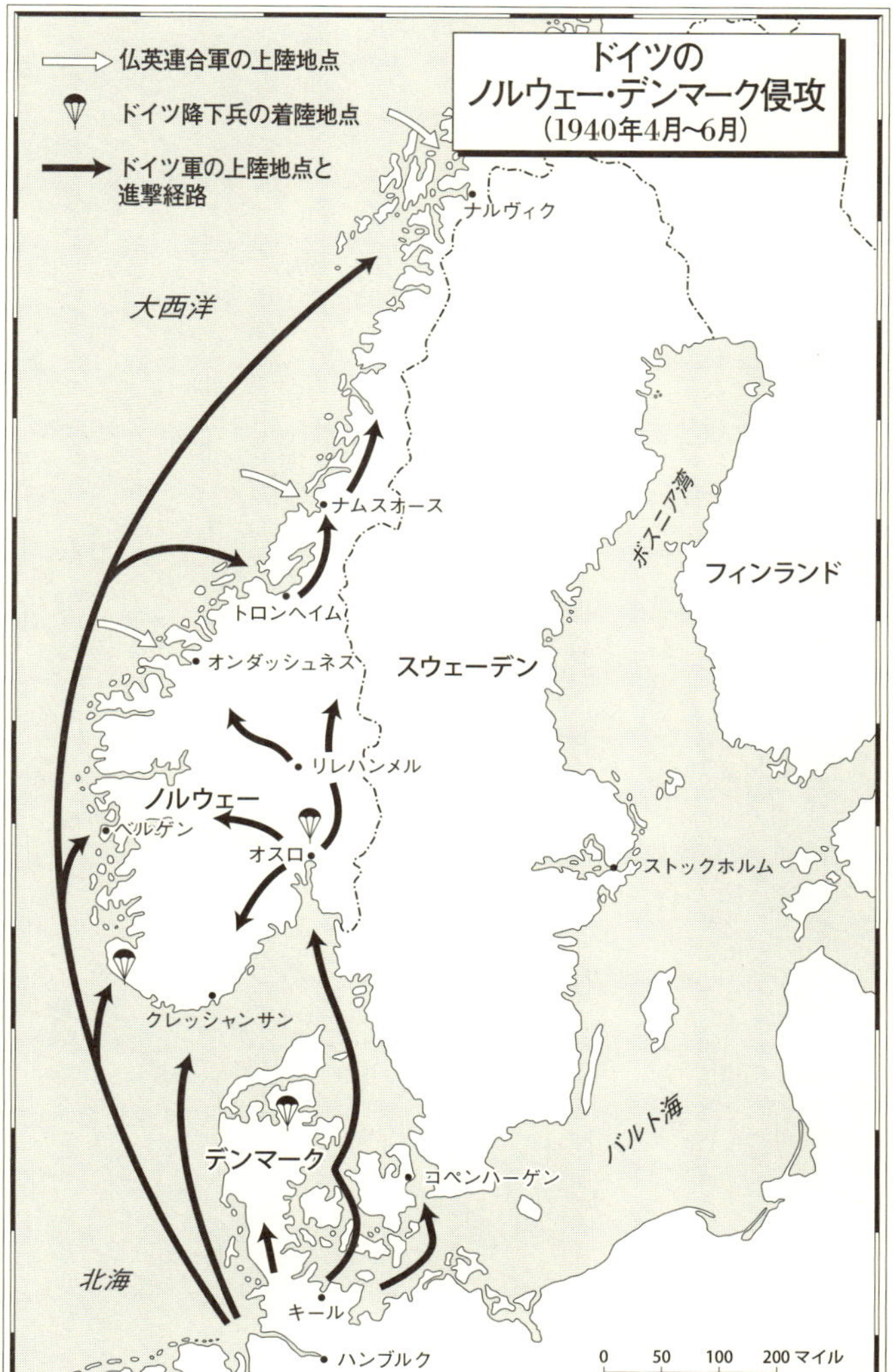
ドイツの
ノルウェー・デンマーク侵攻
(1940年4月~6月)
仏英連合軍の上陸地点
ドイツ降下兵の着陸地点
ドイツ軍の上陸地点と
進撃経路
ナルヴィク
大西洋
ナムスオース
ボスニア湾
フィンランド
トロンヘイム
オンダッシュネス
スウェーデン
リレハンメル
ノルウェー
ベルゲン
オスロ
ストックホルム
クレッシャンサン
バルト海
デンマーク
コペンハーゲン
北海
キール
ハンブルク
ベルリン
0 50 100 200 マイル
0 100 200 キロメートル

この方面の圧力は軽減したと認めざるを得なかった。英仏両軍にはもはや、スカンディナビア半島上陸を正当化する口実がなくなったからである。だが、ヒトラー総統は、そしてレーダー元帥を含む海軍の幹部連は、準備作業がここまで来たからには、もはややるしかないと感じていた。占領がかなえば、鉄鉱石を今後も滞りなく供給するよう、スウェーデンに持続的圧力を加えることだってできる。それよりなにより、ドイツが今後、イギリスの東海岸に睨みを利かせ、かつ北大西洋に進出する足場が築けるという将来像は、まさにヒトラーの嗜好にぴったりだったのである。

かくして二つの侵攻作戦――六個師団による対ノルウェー作戦（ヴェーザーユーブンク北）と二個師団および一個自動車化ライフル旅団による対デンマーク作戦（ヴェーザーユーブンク南）――を四月九日、同時発動することが決定された。ドイツ海軍に護衛された輸送船団がナルヴィク、トロンヘイム、ベルゲンなど数カ所に陸軍部隊を上陸させる一方、ドイツ空軍「第一〇航空軍団」はそれとは別の場所、特にノルウェーの首都オスロに空挺部隊および空輸歩兵部隊を送り込んだ。首都コペンハーゲンやその他デンマークの主要都市七カ所には、陸と海から攻撃が加えられた。ノルウェー侵攻にむけ、わが軍はイギリス軍と先陣争いを演じているはずと「ＯＫＷ」は考えていたが、結果はドイツ側の一方的勝利に終わった。

じつはチェンバレン首相はドイツ側の動きにとんと気づかず、ソ連とフィンランドが停戦協定を結んだ時点で、ノルウェー、フィンランドに送る予定の英仏派遣軍を解散させてしまったのだ。この決定は、陸軍を統率する帝国参謀総長、サー・エドマンド・アイアンサイド大将の助言に背く形でおこなわれた。そもそもチェンバレンは、中立国の立場をとるスカンディナヴィア諸国と事を構えることに乗り気でなく、それゆえドイツとソ連が今後、態度を軟化させることに希望を託したのである。だが、英仏連合軍がわざわざ汗をかかずとも、「国際連盟」のルールに則っていれば大丈夫と、非現実味な幻想にすがるだけでは、やはり他国を心服させることは不可能だった。

そのころ、チェンバレンの相方であるダラディエ仏首相は別の思惑があった。その一手で、わがフランスが戦争をやらずに済むのなら、これよりもっと強面の戦略を打ち出すことも吝《やぶさ》かでないと考えたのだろう。ソ連の南部、バクー及びカフカス（コーカサス）地方中部にある油田地帯を空爆する計画――例のチェンバレンの度肝を抜いた腹案――だけでなく、ソ連海軍の基地があるムルマンスクにも近い、フィンランド北部はペッツァモにある鉱山地帯を占領したいという意向を伝えてきたのである。さらにノルウェーの海岸部に上陸し、北海全体を連合軍の支配下に置き、スウェーデン産鉄鉱石がドイツ側に渡らぬようにするという一大計画も売り込んできた。だが、イギリス側は疑念を拭いきれなかった。ダラディエの狙いはもっと別のところにあるのではないかと。この新たな提案はドイツがフランスを攻める可能性を少しでも減らすため、スカンディナビア半島に〝戦場を付け替えよう〟としているだけに見えたからだ。むしろライン川に機雷を空中投下し、その河川輸送を阻害するほうがはるかに有効ではないかとイギリス側が逆提案したとき、ダラディエがこの案にひどく抵抗したことも、この〝付け替え〟疑惑を裏付ける傍証に思われた。ダラディエは結局、三月二十日、辞任に追い込まれてしまうのだが、フランスの新首相に就任したポール・レイノーは、内閣改造の結果、そのダラディエを今度は国防相のポストにすえるのである。

互いに競合しあう作戦計画をそれぞれに掲げ、英仏連合軍が押し問答を繰り返している間に、貴重な時間がみるみる失われていった。イギリス側が企んでいるライン川への機雷投下には断固反対し続けろと、ダラディエはレイノー首相に迫った。ならばむしろナルヴィク沖の海域に機雷を敷設したらどうかという逆提案までしてきた。イギリス側は最終的にこの案を呑むのだが、それが実行に移されたのは、じつに四月八日のことである。そんな動きをすれば、ドイツ側だって当然、なんらかの反応を示すはずだと確信するチャーチルは、ならばわが方も上陸部隊を準備すべきであろうとチェンバレン首相に進言した。だが、総理閣下の小心翼々ぶりに変化の兆しは見られなかった。

イギリス側は気づいていなかったけれど、すでに四月七日、歩兵を満載したドイツの大規模海軍部隊がノルウェー北部のトロンヘイムとナルヴィクをめざし、ヴィルヘルムハーフェン港を出航していたのである。「グナイゼナウ」、「シャルンホルスト」の両巡洋戦艦には、重巡洋艦「アトミラール・ヒッパー」と一四隻の駆逐艦が随伴していた。ノルウェー南部の港町にも、これとは別の四グループがむかっていた。

イギリス機がようやく、ギュンター・リュッチェンス中将率いるドイツの主力艦隊を発見した。空軍はすぐさま爆撃機を派遣したけれど、爆弾は一発も命中しなかった。サー・チャールズ・フォーブス海軍元帥率いるイギリス「本国艦隊」も急遽、スカパ・フロー軍港から出撃することになったが、すでに相当、水をあけられたあとだった。イギリスの海上兵力でドイツ側を阻止できる場所にいたのは、ナルヴィク沖にあって機雷敷設作業を支援中の英巡洋戦艦「レナウン」と、これを護衛する駆逐艦群だけだった。そのうちの一隻、英駆逐艦「グロウワーム」がドイツ側の駆逐艦を発見し、追尾に入った。するとリュッチェンス中将は重巡「ヒッパー」を繰り出し、体当たりを試みんとする「グロウワーム」を返り討ちにした。

かくなるうえは、大規模海戦に兵力を集中するしかないと決意したイギリス海軍は、ナルヴィク、トロンヘイムにむかう準備に入っていたその他の軍艦から陸軍の将兵を下ろすよう命じた。だが、イギリス「本国艦隊」はドイツ任務部隊の主力邀撃にほとんど成功しなかった。おかげでリュッチェンス中将はナルヴィクに駆逐艦群を送り込む余裕が確保できたが、それまで支援任務にあたってきた主力艦戦隊は四月九日の夜明け、英巡洋戦艦「レナウン」を認めることになる。「レナウン」は荒れる海をものともせず、驚くほどの精確さで艦砲射撃をおこない、「グナイゼナウ」を散々に叩き、「シャルンホルスト」にも損傷を与えた。リュッチェンス中将は一時撤退を余儀なくされ、麾下の艦艇に緊急補修を施した。

そのころドイツの駆逐艦たちは、ノルウェーの小型軍艦二隻を沈め、陸軍部隊を続々と上陸させ、ナルヴィク港を確保していた。四月九日には、独重巡「ヒッパー」とこれに随伴する駆逐艦たちがトロンヘイムでも兵士の陸揚げを無事成功させ、さらに別の海軍部隊もベルゲンに入港した。ノルウェー南部の港湾都市スタヴァンガーは、ドイツの空挺部隊と二個空輸歩兵大隊によって占拠された。ノルウェーの首都オスロの攻略に、ドイツ海軍は新造の重巡洋艦「ブリュッヘル」とポケット戦艦「リュッツォウ」(旧名「ドイチュラント」)を送ったが、こちらははるかに困難な任務となった。ノルウェー側の沿岸砲台と魚雷攻撃で、「ブリュッヘル」は撃沈され、「リュッツォウ」も損傷をこうむり、撤退するしかなかった。

翌朝ナルヴィクでは、五隻の英駆逐艦が敵に見咎められることもなく、なんとかフィヨルドに入り込んだ。降りしきる雪のおかげで、沖合で監視線を張っていたUボートにも発見されなかった。かくしてイギリス側は、燃料補給中のドイツ駆逐艦五隻に奇襲攻撃をかけることができたが、仕留められたのは二隻に留まり、逆に両脇のフィヨルドから出現した新手の敵駆逐艦に反撃され、イギリス側も二隻が沈没、一隻が大破という体たらく。しかも敵の結界を突破できず、英戦艦「ウォースパイト」と九隻の駆逐艦が四月十三日救援に駆けつけ、ドイツ側をすべて片付けてくれるまで、各艦は隠忍《いんにん》自重《じちょう》を強いられた。

同じ海岸線の沖合ではこれとは別の海戦もおこなわれ、ドイツの二隻の巡洋艦「ケーニヒスベルク」と「カールスルーエ」が撃沈——前者は艦上爆撃機〈スキュア〉によって、後者は潜水艦の魚雷によって——され、また「リュッツォウ」のダメージも甚大で、キール軍港まで曳航されていった。ただ、イギリス海軍の一連の努力は、一部に成功例はあるものの、ドイツ側がこの月（一九四〇年四月）、一〇万人を超える兵員を輸送するのを結局は阻止できなかった。

デンマークの占領はドイツ軍にとって、さらに簡単だった。海岸砲台が警戒態勢に入る前に、なんとか兵員をコペンハーゲンに陸揚げできたのだ。デンマーク政府は、ベルリンが出した条件を言われるままに呑むしかなかった。一方、ノルウェー政府はドイツの言う「平和的占領」なる概念を受け入れることを断固拒否。政府ともども首都オスロを落ち延びたノルウェー国王は四月九日、国家総動員令を発する。ドイツ軍は奇襲によって数多くの基地を得たものの、増援部隊がやってきて、備えを厚くしてくれるまで、それぞれ孤軍をかこつしかなかった。

イギリス海軍が四月九日、陸軍の兵員をとりあえず港に残す決断をしたため、連合軍兵士の第一陣がようやく海に出たのはその二日後だった。こらえ性のないチャーチルがころころと意見を変え、現場の判断に絶えず口出ししたことは、状況の改善に全く役に立たず、アイアンサイド参謀総長も、イギリス海軍も、苛立ちを募らせた。そのころ、ノルウェー軍の兵士たちはドイツ「第三山岳師団」に敢然と襲いかかっていた。ドイツ軍はすでにナルヴィクとトロンヘイムに盤石の足場を築いていたため、英仏連合軍の地上部隊は、ドイツ兵のいない近隣の浜辺に上陸せざるを得なかった。両港に直接強襲をかけることは、危険であると判断された。イギリス軍部隊とフランス「外人部隊」二個大隊が、ポーランド軍一個旅団の支援を受けつつ、ようやく上陸を開始したのは実に四月二十八日のことである。連合軍側はいったんはナルヴィクを確保し、港湾施設の破壊もなんとかやり遂げたものの、航空優勢（制空権）はドイツ空軍に握られており、作戦は結局、失敗に終わった。さらに翌五月にかけて、ドイツ軍がベネルクス三国とフランスに猛攻をかけたため、連合軍部隊はこの北側面から撤退せざるを得なくなった。かくしてノルウェーは降伏した。

ノルウェーの王室と政府はさらなる戦いを継続すべく、海路イギリスを目指した。ただ、スカンディナヴィア侵攻のその後の展開を考えると、レーダー海軍元帥の過剰な戦闘意欲――ヒトラーでさえその勢いに感化されてしまった――がナチ・ドイツに与えた影響は、プラス面もあれば、マイナス面も大いにあった。たとえば、ドイツ陸軍は「第二次世界大戦」の全過程を通じて、この一件にかんし文句を言い続けることになる。他にいくらでも使い道のある兵力を、あんなノルウェーくんだりに塩漬けにしていて、きさまら一体どうする気なのだと。一方、英仏連合軍はといえば、ノルウェー遠征はその惨めさにおいて、ドイツ側をはるかに凌駕していた。イギリス海軍は、ドイツ海軍が保有する駆逐艦の半数をなんとか沈めたものの、今回の作戦は多くの課題を残した。陸海軍の協同なるものをいざ実際にやってみると、最悪の結果につながる恐れがこれありで、異なる軍種間で足並みを揃えることがいかに困難か、改めて明らかとなった。さらに、例の問題も指摘しなければなるまい。すなわち、今回の作戦にチャーチル海相がおよそ見当違いな入れ込みようを見せた一件である。イギリス軍の多くの上級将校が首を傾げた。あれは要するに、すぐる「第一次世界大戦」の折り、チャーチル自身が担いながら失敗に終わった「ダーダネル遠征作戦」の苦い記憶をなんとか払拭したいという、かれの内なる怨念、個人的願望が招いた一種の勇み足だったのではないだろうか――と。ノルウェー作戦が壊滅的結果に終わったいちばんの責任は自分にあるとかれ自身、後年密かに認めているように、この作戦の失敗にかんしては、首相たるネヴィル・チェンバレンより、海相たるウィンストン・チャーチルが果たした役割の方がはるかにずっと大きかった。ところが、政治がもつ残酷な皮肉というか、この一件で詰め腹を切らされたのはチェンバレンであり、当のチャーチルは後任首相として、以後自前の戦時内閣を率いることになるのである。

「第二次世界大戦」はドイツのポーランド侵攻によって口火が切られたが、西部戦線では当初、無風状態がかなり長いあいだ続いた。いわば名ばかりの戦争で、英語では「フォウニー・ウォー」、フランス語では「ドロル・ド・ゲル」、ドイツ語では「ズィッツクリーク」と呼ばれた、いわゆる「まやかし戦争」である。宣戦布告をしながら、当事国が実際には干戈《かんか》を交えないこの時期は、ヒトラーの当初計画よりかなり長期間持続した。周囲はともかく、ヒトラー本人はフランスを見下しており、またオランダの抵抗などはたちまち崩壊すると確信していたが、いかんせん、その当初計画がベルギー経由で連合軍に漏れてしまい、それに替わる新たな計画を策定するのに、いささか手間取ったのだ。

エーリヒ・フォン・マンシュタイン将軍が立てた大胆不敵な代替案を、ドイツ陸軍の最上層部は気に入らず、なんとか廃案にできないものかとあれこれ画策した。だがしかし、ようやく謁見を許されたマンシュタインは、総統閣下を言葉巧みに説得した。当初案どおり、まずはオランダとベルギーを攻めてやれば、その先のフランス＝ベルギー国境に展開する英仏両軍を引き寄せることができます。そこで、あらぬ方角から、一気呵成に攻めるのです。アルデンヌの丘陵地帯を突破し、ムーズ川を越え、しかるのち海岸部を目指して、ソンム川河口域とブーローニュ＝シュル＝メールへと回り込むような機動をおこなえば、前線の英仏両軍部隊とフランス本国を見事に分断できますと。目も覚めるような一撃を欲していたヒトラーは、この案にたちまち飛びついた。そして、いかにもヒトラーらしく、あの機動はすべて、この私が考えたのだと、手柄を独り占めにした。

「ＢＥＦ（イギリス海外派遣軍）」はすでにその前年、一九三九年の十月には、フランス＝ベルギー国境沿いに四個師団の配置を終えていた。さらにゴート卿（ヴィクトリア十字勲章拝戴）の指揮のもと、一九四〇年五月にはその規模を一個機甲師団、一〇個歩兵師団まで拡充済みだった。だが、これほどの大兵力を持ちながら、ゴート卿はフランス北東部の連合軍部隊を統括するアルフォンス・ジョルジュ将軍と、その上官で恐ろしいほど覇気のないフランス軍総司令官モーリス・ガムラン将軍の命令に従わなければならないのだ。しかも「第一次世界大戦」の時と違って、仏英連合軍は合同司令部を設けていなかった。

現場のゴート、ジョルジュ両将軍にとって、当面最大の問題は、ドイツが侵攻を計画中と分かっているのに、自国の中立性が危うくなることを恐れて、ベルギー政府が仏英両国による防衛支援を一切拒否していることだった。このため、ゴート卿も、その隣に展開するフランス軍部隊も、ドイツ軍がまずベルギーを侵略しなければ、部隊の前進すらできない状況に置かれていた。「第一次世界大戦」において、かろうじて中立国の立場を維持できたオランダはいっそう腰が引けていた。フランスもしくはベルギーと合同防衛計画など作成すれば、ドイツ側をいたずらに刺戟するだけだとオランダは考えており、そんな真似は断じてすまいと、ベルギー以上に頑《かたく》なだった。それでいながら、オランダ軍は、わが軍は規模が小さく、装備も劣るので、いざ戦さとなったら、仏英連合軍が当然、救援に駆けつけてくれるものと期待していた。これに対し、ルクセンブルク大公国は、仏英連合軍に親近感をいだいていた。とはいえ、もし仮に戦争になったら、とりあえず国境線を封鎖し、貴国はわが国の中立性を侵害しようとしておりますぞと、侵略者ドイツに道理を説くこと以外、やれることはなにもないので、かれらはただただ覚悟を決めていた。

仏英連合軍を統率するフランス側の作戦計画には、このほかにも致命的欠陥があった。一旦緩急あれば、フランス全土を守ってくれるはずの、盤石の長城「マジノ線」にはじつは切れ目があるのだ。南のスイス国境から延びるこの防衛ラインは、じつはアルデンヌの山岳地帯を越えた辺り、ベルギー国境の最南端付近までしか走っていなかった。樹木がうっそうと生い茂るこの一帯を、ドイツ軍が怒濤のごとく攻めてくるなんて、仏英両国の参謀たちは想像だにしなかった。当のベルギー政府は、その危険性があることをフランス側に警告したが、傲慢不遜《ごうまんふそん》なガムラン将軍は、そんな事態など断じてありえんと一蹴してしまった。レイノー仏首相は、ガムラン総司令官のことを「無気力な哲学者」と呼んでおり、できれば解任してしまいたかったが、いまや国防相の座にあるダラディエ前首相が、総司令官はやはり、引きつづきガムランに任せるべきであるといって譲らなかったのだ。決められない国フランスという病いは、いまや国家のトップにまで及んでいた。

フランス国民はそもそも今回の戦争を支持しておらず、そのことはほとんど隠しようがなかった。気をつけた方がいいぞ、イギリスはフランスを戦争に巻きこむつもりだし、しかも実戦の大半はフランス側に押しつけるつもりだぞ——というドイツ側が仕かけた強力な宣伝工作はたしかに効いており、仏英関係を見事に蝕んでいた。ガムラン将軍率いるフランス参謀本部でさえ、今回の戦争にはほとんどやる気を見せなかった。フランス軍は前年九月、ドイツ南西部のザールブリュッケン付近で申し訳程度の示威行動を試みたことがあったが、どう見てもアリバイづくりで、それは救援を信じたポーランド人をバカにするような行為だった。

なにはともあれ防御重視というフランス軍の固定観念は、軍隊組織の末端まで染みついていた。フランス軍が保有する戦車の大半は、技術的に見て決してドイツ製戦車に劣っていなかったけれど、フランスの戦車兵には十分な訓練が施されていなかった。しかもフランス軍は三個機械化師団——四番目にあたる戦車部隊は、シャルル・ド・ゴール大佐のもと、大車輪で編成されつつあった——も持ちながら、それらが保有する戦車を小分けにし、歩兵部隊にそれぞれ随伴させるという運用法を採っていた。また、仏英両軍とも効果的な対戦車砲を欠いていた（イギリス製の二ポンド砲などはあまりに非力で、「豆鉄砲」と呼ばれたほどだ)。さらに仏英両軍の通信機器はおそろしく旧式だった。戦場が縦横無尽に広がる機動戦の場合、従来の戦場電話や地上通信線のような固定設備はほとんど役に立たず、そのことはほどなく明らかとなっていく。

フランス空軍はいまだ人前に出せるような段階ではなかった。ヴュイユマン将軍は一九三八年のチェコ危機のさい、当時のダラディエ首相に手紙を書き、わが軍の飛行中隊はドイツ空軍によってたちまち粉砕されるでありましょうと警鐘を鳴らしたが、その後の改善は遅々としてすすまなかった。そのためフランスは、この方面はイギリス空軍がもっぱら引き受けてくれることを期待したが、イギリス「戦闘機軍団」を率いるサー・ヒュー・ダウディング空軍大将は、フランス上空にイギリス軍の航空機を展開することに強く反対していた。わが「戦闘機軍団」の主要任務はあくまでイギリス本土の防衛であり、しかもフランスの飛行場には効果的な対空火器すら存在しないとダウディングは指摘した。イギリス空軍もフランス空軍も当時はもっぱら近接航空支援、すなわち自国の地上軍の上空援護を目的に訓練されていた。ドイツがポーランドでやってみせたような空陸協同の離れ業は、いまだ戦訓として学ばれていなかった。しかも対ポーランド戦において、ドイツ空軍は、相手の空軍がいまだ飛行場で待機状態にあるところにいきなり襲いかかり、容赦ない先制攻撃で敵機を地上で撃破してしまったし、ドイツ陸軍も装甲部隊を遮二無二突進させ、相手側を蹴散らし、敵の守備隊をパニックに陥れたのだった。

ノルウェー遠征も一方にあったし、この数日間、天候は作戦の実施に有利でないという予報もあったため、さらに何度か発動時期を遅らせたあと、ドイツ軍はついに西方に対する侵攻予定日を決定した。「Xデー」は五月十日金曜日とされた。例によって謙譲の美徳とはおよそ無縁なヒトラーは豪語した。きたるべき作戦は「世界史上、最大の勝利」をもたらすだろうと。

章末注

(146) 弾薬の危機的状況：（参考）Tooze, *The Wages of Destruction*, pp.328-57

(147)「今後のことや」：Göering to Generalmajor Thomas, 30.1.40, Tooze, *ibid.*, p.357からの引用。

(150) ドイツ空軍が自国の駆逐艦二隻を撃沈：*GSWW*, vol.ii, pp. 170-1

(156)「平和的占領」：*ibid.*, p.212

(158) ヒトラーとマンシュタイン：（参考）Karl-Heinz Frieser, *The Blitzkrieg Legend: The 1940 Campaign in the West*, Annapolis, Md, pp.79-81.〔カール＝ハインツ・フリーザー『電撃戦という幻』大木毅、安藤公一共訳、中央公論新社〕

(160)「無気力な哲学者」：Horne, *To Lose a Battle*, p.155

(161)「世界史上、最大の勝利」：*GSWW*, vol.ii, p.280

第6章 西部戦線異状あり
一九四〇年五月

一九四〇年五月九日木曜日、北ヨーロッパの大半の地域は美しい春の一日を迎えていた。ある戦争特派員はベルギー軍の兵舎で、ひとりの兵士がパンジーを植える光景を目にしている。国境付近でドイツ軍が渡河用の浮き橋を組み立て中との報道をきっかけに、ドイツ軍が攻めてくるとの噂も流れたけれど、首都ブリュッセルでは単なる噂にすぎないと、話半分の受け止め方だった。ヒトラーは西方ではなく、南下してバルカン諸国を攻撃するだろうと多くのものが信じていた。いやいや、ヒトラーは四カ国――オランダ、ベルギー、ルクセンブルク、フランス――を全部まとめて粉砕するつもりだと、先行きに不安をいだくものなど、ほぼ皆無だった。

パリでは、普段となんら変わらぬ、いつもどおりの日常が続いていた。花の都はこの日、めったにない極めつけの美しさを見せていた。栗の木がいっせいに芽吹き、カフェはどこも満席。人生に愁うることなどなく、リナ・ケティのヒット曲『ジャタンドレ（待ちましょう）』の人気は、いまだ衰える気配を見せなかった。オートゥイユでは、人々が競馬場に押しかけ、颯爽としたご婦人たちが「オテル・リッツ」に群れなしていた。なかでもいちばんの驚きは、通りのそこここに数多くの将校や兵士の姿が見えたことだろう。フランス軍を統括するガムラン総司令官が先ごろ、現役兵士の休暇制度を復活させたのだ。ポール・レイノー首相がアルベール・ルブラン大統領に辞意を表明したのも、興味深いことに、偶々この日であった。国防相をつとめるダラディエ前首相が、ガムラン更迭の要求をまたも拒否したことがその理由だった。

イギリスでは、BBCニュースが国会審議の模様を報じていた。ノルウェー作戦の大失態をめぐって、イギリス下院は昨夜紛糾し、三三人の保守党議員がチェンバレン首相に対し反対票を投じましたと。保守党の重鎮、レオ・エーメリー議員がチェンバレン非難の演説をおこなったことが致命傷となった。エーメリーは、ピューリタン革命期の一六五三年、クロムウェルがおこなった、かの「長期議会」解散の辞を引用することで、その演説を締めくくった。「去りなさい、そしてあなたの処置をわれわれに決めさせなさい。神の御名において、さあ、去るのです!」と。一場は騒然となり、「辞めろ、辞めろ、辞めろ」とはやす声が議場に響きわたり、動揺したチェンバレンは必死に感情を押し殺しながらその場をあとにした。

太陽がさんさんと輝くこの日、議事堂の周辺やあるいはセント・ジェームズ・プレイスの社交クラブでは、政治家たちがヒソヒソと、あるいは声を荒らげながら、次期首相をめぐる品定めに励んでいた。チェンバレンの後任はだれが適当か。チャーチルか、それとも外相のハリファクス卿か。大半の保守党員にとって、順当なのはエドワード・ハリファクスだった。多くの保守党員は依然としてチャーチルを信用しておらず、あの男は危険だし、平気で悪事を働く一匹オオカミだと見なしていた。ただチェンバレンはいまだ、その地位に恋々としており、野党・労働党に接近、連立を持ちかけたりしたが、そうは言うがね、チェンバレン君、きみをリーダーにいただく心の準備がわれわれにはできていないのだよと、あっさり門前払いを食ってしまった。さしものチェンバレンも現実に目をむけるしかなく、その夜、辞任も止むなしと覚悟した。かくしてイギリスは、いままさにドイツが西方に大攻勢を仕かけんとするその前夜、先の見えない時代へと突入したのである。

ベルリンでは、ヒトラーがとある訓示を口述筆記させていた。それは翌日、西部戦線の全将兵にむけて伝達される予定だった。「本日この日、その一歩をしるす、この戦いは、まさにドイツの、次の千年の命運を決するものになるであろう」というのが結びの言葉だった。その瞬間が近づくにつれ、特にノルウェー侵攻がうまくいったあとなので、総統閣下はしごく楽観的になった。フランスは六週間以内に降伏するだろうとヒトラーは予言した。各種の作戦のなかでも、オランダ国境地帯で睨みをきかせる「エベン＝エマール要塞」をグライダー歩兵によって急襲するという大胆不敵な案が、とりわけヒトラーを興奮させた。総統専用の装甲列車「アメリカ」号がこの日の午後ベルリンを離れた。行き先はアルデンヌの森林地帯にも近い、ドイツ西部「アイフェルの森」に築かせた新たな総統大本営「フェルゼンネスト（崖の巣）」だった。二一〇〇時（午後九時）、暗号指令「ダンツィヒ」が、すべての軍集団にむけ発せられた。気象報告によれば、翌日の天気は快晴。ドイツ空軍に完璧な視界を与えてくれるはずだ。秘密厳守は細心の注意で徹底され、攻撃開始日が幾度も延期になったこともあって、総員前進との命令が出た時、所属する連隊を離れていた将校も一部にいたほどである。

今回の四カ国侵攻作戦の骨子は以下のようなものである。まずは北方のライン川を越えて、ドイツ「B軍集団」に所属する「第一八軍」がオランダに侵入し、アムステルダムとロッテルダムに襲いかかる。部隊の三分の一は北上し、そのまま海へむかい、ティルブルクとブレダを攻める。そのすぐ南、ヴァルター・フォン・ライヒェナウ上級大将が率いる「第六軍」の目標は、アントワープ（アントウェルペン）とブリュッセルである。一方、南方に展開するフォン・ルントシュテット上級大将麾下の「A軍集団」——こちらにはドイツ装甲部隊の主力を含む計四四個師団が組み入れられている——のうち、ギュンター・フォン・クルーゲ上級大将率いる「第四軍」のみは、ベルギー侵入後にシャルルロワと

ドイツの
ベネルクス三国・フランス侵攻
(1940年5月)
ドイツ軍
連合軍(国名がないものは全てフランス軍部隊)
北海
イギリス
オランダ
ハーグ
ロッテルダム
第18軍
ブレダ
オランダ軍
マース川
ドイツ
ベルギー
アントワープ(アントウェルペン)
ベルギー軍
第6軍
ケルン
ダンケルク
カレー
(パ=ドゥ=カレー)
第7軍
スケルデ川
ブリュッセル
アルベール運河
エベン・エマエル
ブーローニュ
イギリス
海外派遣軍
ディール川
ワーヴル
ムーズ川
第4軍
ライン川
リール
ナミュール
第1軍
マルメディ
アルデンヌ
第12軍
アラス
ディナン
第9軍
バストーニュ
第16軍
アブヴィル
モーゼル川
アミアン
ソンム川
ルクセンブルク
スダン
ルクセンブルク
ラン
第2軍
第1軍
セーヌ川
エーヌ川
フランス
第3軍
メス
マジノ線
セーヌ川
0 20 40 60 80 マイル
0 50 100 キロメートル

ディナンをめざす。これほどの大部隊が東方からベネルクス三国に襲いかかれば、仏英両軍は当然ながら、北へと急行し、ベルギー・オランダ両軍と合流するだろう。その時こそまさに、マンシュタインの「ズィッヒェルシュニット（大鎌で一薙ぎ）」計画がその本領を発揮するのである。「A軍集団」のうち、ヴィルヘルム・リスト上級大将率いる「第一二軍」がルクセンブルク北部からベルギーにかけての一帯で「アルデンヌの森」を横切ると、ジヴェの南方、ならびに一八七〇年にフランスが大敗を喫したスダン付近で、ムーズ川を押し渡る。

ムーズ川の渡河が終わったら、「A軍集団」のエヴァルト・フォン・クライスト騎兵大将率いる「クライスト装甲集団」がアミアン、アブヴィル、そしてイギリス海峡に臨むソンム川河口域へとむかう。この機動により、「BEF」（イギリス海外派遣軍）と、フランスの「第七軍」、「第一軍」、「第九軍」を孤立させるのがかれらの役割だ。この間、「A軍集団」所属の「第一六軍」は、ルクセンブルク南部を抜き、「クライスト装甲集団」の左脇を固める。時を同じくして、騎士《リッター》の称号をもつヴィルヘルム・フォン・レープ上級大将率いる「C軍集団」の二個軍——「第一軍」と「第七軍」——が、はるか南方で陽動作戦に出、フランスの主防衛ラインである「マジノ線」に圧力をかけ続ける。結果、増強部隊を急遽北上させ、フランドル地方で身動きが取れなくなっている友軍を救援しようにも、これでは到底無理だとフランス側に思わせる——という段取りである。

なかでも「マンシュタイン計画」の肝とされるのが「左フック」——両手で操る大振りの、三日月形草刈り鎌に見立てた機動「ズィッヒェルシュニット」——である。「第一次世界大戦」中の一九一四年に、ドイツが試みて失敗した「シュリーフェン計画」（当時のアルフレート・フォン・シュリーフェン参謀総長が起案し、その後修正をへて実施された）の「右フック」を念頭に、あえてその逆をいったところがミソである。その結果、フランス側はドイツ側の思惑どおり、あいつら、懲りもせず、またも同じ手を打ってきたと状況を見誤ったのだ。しかも今回は、「アプヴェーア（ドイツ国防軍情報部）」のヴィルヘルム・カナリス提督がきわめて効果的な攪乱作戦を展開したため、ベルギーその他の地域では、ドイツ軍が二度目の正直を狙ってくるという噂がすでに蔓延していた。それゆえドイツ軍襲来の第一報が入った場合、ガムラン仏軍総司令官はおそらく、フランスが現有する、機動力のある部隊のかなりの部分をベルギーに送ってくるだろうと、マンシュタインは確信していた。なぜなら、例のドイツ機墜落事件によって当初計画が連合軍に発覚したあと、ガムランは一時、そうした行動に出たからである（のちに連合軍の多くの上級将校が、あの〝事故〟はドイツ側が仕組んだ巧妙なやらせだったと信じるようになるが、墜落事故の一件を聞かされたヒトラーが怒り心頭だったことが確認されていることから、おそらく本当に事故だったのだろう）。ただ、仏英連合軍をベルギー領内におびき寄せるという「マンシュタイン計画」の成功には、フランス人がかかえる別の心理的要素も作用したように思われる。もし仮に、オランダ・ベルギー・フランス一帯に広がるフランドル地方が戦場になるならば、「第一次世界大戦」で甚大な被害を蒙ったフランス領内ではなく、いっそベルギー領内で戦闘が展開されるほうが増しであると、大半のフランス人同様、ガムラン総司令官も判断したのだろう。

ヒトラーはまた、今回の作戦の一翼を、空挺部隊と特殊部隊に担わせることに執着した。前年十月、クルト・シュトゥデント空軍中将を総統官邸に呼びつけて、新たな作戦を授けた。グライダー強襲部隊をつかって、「エベン＝エマール要塞」と「アルベール運河」にかかる主要な橋を確保すべく専門チームを準備せよと。かくしてオランダ軍の軍服を着た強襲部隊「ブランデンブルガー」に橋を抑えさせる一方、旅行者に偽装させた別の特殊部隊員を作戦開始直前にルクセンブルク大公国に浸透させる計画が決まった。ただ、今回の奇襲作戦の本筋は、じつはハーグ周辺の飛行場三カ所を襲うもので、こちらは「第七降下猟兵（空挺）師団」と、伯爵でもあるハンス・フォン・シュポネック陸軍中将率いる「第二二空輸歩兵師団」が担うことになった。両師団の目的は、オランダ政府が置かれたハーグ（名目上の首都はアムステルダム）を制圧し、政府要人と王族を捕虜にすることだった。

ドイツ側は大量の「情報ノイズ」をつくりだした。攻撃はオランダとベルギーに集中的におこなわれるとか、「マジノ線」に強力な圧力を加えるとか、中立国スイスの領内を強行突破することで「マジノ線」の南端を迂回するらしいとか、様々な噂を蔓延させた。それらを受けて、ガムラン総司令官はオランダ・ベルギーに対する猛攻こそが本筋であると見事に信じこんだ。装甲車輌にとって、密集した樹木の広がる山岳地帯は「通行不能」だと頭から信じていたため、ガムランはアルデンヌに面した戦区にはほとんど注意をむけなかった。だが、同戦区にむかう街道も、森林を貫いて走る未舗装の小道も、ドイツ軍の戦車にとって十分な道幅があり、しかも頭上を覆うブナやモミ、カシの木のおかげで、「クライスト装甲集団」の動きは完璧に秘匿することもできたのである。

ドイツ「A軍集団」司令官、フォン・ルントシュテット上級大将は、司令部付きの写真偵察隊からムーズ川沿いのフランス側防御陣地は完成にほど遠い状態にあるとの確約を得ていた。連合軍の前線上空で、写真偵察を常時おこなっているドイツ空軍と違って、フランス空軍は、ドイツ上空に自軍の航空機を送り出すことさえ拒んでいた。ガムラン総司令官直属の軍情報部「ドゥジエム・ビュロ（陸軍参謀二課）」は、じつはドイツ軍部隊の構成や配置にかんし、驚くほど精確な写真を持っていたが、それらは実戦に活かされなかった。ドイツ装甲師団の主力はアルデンヌのすぐ向こう側、ドイツ西部の「アイフェルの森」に配備されており、ドイツ側はスダンからアブヴィルに至るルートに関心を寄せているといった情報も、フランス側はしっかり摑んでいた。また、スイスの首都ベルン駐在のフランス在外武官も、きわめて有用な情報をスイス情報部から耳打ちされていた。ガムラン総司令部宛ての報告（四月三十日付け）には、ドイツ軍は五月八日と十日のあいだに攻撃を開始し、その進軍の「中心軸」はスダンを通る模様ときっちり警告されていたのだが。

しかし、ガムラン総司令官も、フランス軍のその他上級指揮官も、こうした脅威を本気で受け止めなかった。「フランスはポーランドとは違う」というのが、かれらの共通意見だった。フランス「第二軍」を率いてそのスダン戦区を担当するシャルル・アンツィジェール将軍はあれこれ努力したが、前線のその部分に三線級の師団を三個配置するのがやっとだった。自分がかかえる予備役兵が、実戦にかんしてどれほど準備不足か、どれだけ戦意に乏しいか、将軍は熟知していた。これでは満足な防衛は不可能でありますと、アンツィジェールはガムラン総司令官に対し、さらに四個師団を回してくれるよう懇請したけれど、ガムランはこれを拒否した。その一方で、アンツィジェールは当時、持てる兵力に十分満足しており、隣接する戦区を守る「第九軍」のアンドレ・コラップ将軍ほどには、ドイツ軍の脅威に気づいていなかったとする記録もある。いずれにせよ、ムーズ川を見下ろす地点に民間業者が建設したそのコンクリート製陣地なるものは、銃眼がしかるべき方角にむいていないような代物だった。地雷原や鉄条網も、その造りはきわめて雑だった。ムーズ川東岸にある林道を、倒木をもちいて塞いでおくべきではないかとの提案もあったけれど、これもまた却下された。そんなものがあったら、フランス騎兵が突撃を敢行するとき邪魔になるというのがその理由だった。

五月十日金曜日の未明、ドイツ軍の攻撃が差し迫っているとの第一報がベルギーの首都ブリュッセルに届いた。その直後から、電話のベルが全市で鳴り響いた。さらに警官がホテルを次々に訪れ、夜間のフロント係に、もし軍関係者が投宿しているなら、すぐに起こしてほしいと伝えて回った。将校たちはあたふたと軍服を着ながらホテルを飛び出し、それぞれの連隊や司令部に駆けつけるため、タクシーを探した。夜が明けると、さっそくドイツ空軍機が姿を見せた。これを邀撃《ようげき》すべく、ベルギー軍の戦闘機——主翼二枚の複葉機だ——が離陸していったが、そんな骨董品では勝ち目はなかった。ブリュッセルの住民たちはこの日、対空火器の発砲音で目を覚ました。

ついに敵が動きましたという報告は、かなり早い時間帯にガムラン総司令部まで届いていた。だが、これまで偽情報で大騒ぎした例があまりに多かったため、まともな扱いを受けなかった。総司令官を起こしたのも、〇六三〇時(午前六時三〇分)になってからだった。ガムラン総司令部はパリ南東、ヴァンセンヌの森の入口にある中世の城に置かれていた。戦場からははるかに遠く、しかし権力の中枢にはごくごく近い場所に。ガムランは政治的な軍人で、「第三共和政」のきわめて複雑な権力構造のなかでその地位をいかに保つべきか、そうした方面の手練手管にきわめて長けており、かれが一九三五年に引き継ぐ前、陸軍参謀総長の座にあった筋金入りの右翼、マキシム・ウェイガン将軍とはおよそ毛色が違っていた。共和政体に反対する輩とのレッテルを貼られると面倒なので、モーリス・ガムランは、玉虫色のことばづかいを駆使しながら、日々パリ遊泳術に耽っていた。

ガムランはかつて、将来を嘱望された少壮将校のひとりであった。一九一四年、「マルヌ川の戦い」における計画立案でその名を挙げた。そのかれもいまや六十八歳。完璧な仕立てのズボンをはき、細かいことにくどくど文句を言う、小柄の老人になっていた。握手をすると、その手は驚くほどぐにゃりとしていたと、多くのものが記録している。自分と同じ知的関心をもった、お気に入りの参謀をぐるりと侍らせ、つねに洗練された空気を辺りに醸しだし、芸術や哲学や文学を語りあうことを無上の楽しみとし、そのライフ・スタイルはまるで人生の一断面を見事に切り取った、やたら高尚なフランス演劇を彷彿とさせた。ガムラン将軍は無線通信なるものを信用していなかった。手元にも、もちろん一台も置いていない。このため、ベルギーにむけた出撃準備命令は当然ながら〝有線〟の電話をもちいておこなわれた。それでいながら、フランス軍全体を統括する総司令官はその朝、自信たっぷりだった。ドイツ軍は結局、わが掌の上で踊るだけなのだよと。軍歌をハミングしながら、大股で廊下を行ったり来たりするガムランの姿を、ひとりの参謀が目撃しているほどである。

ドイツ軍が攻めてきたという知らせはロンドンにも届いていた。ある閣僚が〇六〇〇時(午前六時)に海軍本部に出向くと、ウィンストン・チャーチルがベーコンエッグを食べながら、葉巻をふかしていたという。チャーチルはチェンバレンの熟慮の結果を待っていた。チェンバレン首相は、もし自分が辞任するなら、国王陛下や多くの保守党幹部と同様、後継首相はやはりハリファクス卿が適任であると考えていた。だが、公人たる責任感が非常に強いハリファクス卿は、チャーチルの方がよりよい戦争指導者になれると考え、首相就任を固辞していた。チャーチルもまた、ハリファクス卿が上院のメンバーである点を強調し、下院の外部から政府を効果的に運営することはできないとすでに指摘していた。この日、大英帝国ではイギリス海峡の対岸で進行する深刻な事態よりも、政変劇の方がはるかに重要視されていた。

ガムラン総司令官が与えたのは、最左翼を固めるアンリ・ジロー将軍のフランス「第七軍」を投入し、海沿いを前進させ、ベルギー北部のアントワープ(アントウェルペン)を越え、ブレダ付近でオランダ陸軍と合流をはかれという指示だった。ベネルクス三国にむけたこの増援は、このあとに続く大混乱の主たる原因のひとつになる。なぜなら、「第七軍」はガムランがフランス北東部にかかえる唯一の予備兵力で、これを出してしまったら、後がないからだ。オランダはさらなる援軍の到来を期待した。だが、同国がフランスとの合同防衛計画の策定を拒否したことや、途中ベルギーを挟んでフランス国境からオランダまで大分距離が長いことを考えるなら、そんなものが得られると期待するのは、いささか楽観が過ぎるだろう。

ガムラン総司令官の当初計画——ディール川に沿って防衛線を敷くことから「ディール計画」もしくは「プランD」と呼ばれていた——によると、ディール川の防衛にはもっぱらベルギー・イギリス両軍があたり、まずはベルギー軍がアントワープから同国中部のルーヴェンまでを押さえる一方、ゴート卿率いる「BEF（イギリス海外派遣軍）」の九個歩兵師団と一個機甲師団がその右翼に押し出して、首都ブリュッセルの東部、ルーヴェンからワーブルまでを固めることになっていた。一方、ワーブルからナミュールまでの空隙は、「BEF」の南側面にいるジョルジュ・ブランシェール大将のフランス「第一軍」が担当し、さらにコラップ将軍の「第九軍」がナミュール南方からスダン西方までのムーズ川のラインを守備するという段取りだった。だが、ドイツ軍はフランス側の暗号をいとも簡単に破り、連合軍側の配置をすでに細部に至るまで把握していた。

ベルギー軍の兵士が決然と事に当たり、アントワープからマーストリヒトに至る「アルベール運河」のラインを十分な時間、守り通すことができれば、仏英連合軍がこぞって兵をすすめ、事前計画どおり、それぞれの担当地区を固められるはずであると、ガムランは考えていた。「ディール計画」は、紙の上では、まずまず満足のいく出来映えだった。だが、空陸を一体化させた、ドイツ国防軍のもつスピード、容赦ない突破力、そして各種の巧みな欺瞞工作を、ガムランは全く予想していなかった。ドイツの対ポーランド作戦をきちんと観察・分析していれば分かるはずだが、仏英連合軍はこの戦訓を全く学んでいなかった。

今回もまた、ドイツ空軍はオランダ、ベルギー、フランスの飛行場に払暁の先制攻撃を敢行した。フランス空軍の各航空機はたしかに分散配置されていたけれど、〈メッサーシュミット〉はこれらの一掃になんとか成功した。連合軍側で戦ったポーランド人パイロットは「フランス人の能天気」と戦闘意欲の欠如に恐怖心すらいだいたという。イギリス空軍の各飛行中隊は指令を受けて、次々に緊急発進したけれど、空に上がったはいいが、どこに行けばいいか、ほとんど見当がつかなかった。しかるべきレーダー装置はなかったし、地上からの管制はなんの助けにもならなかった。そうした状況下でも、イギリス空軍の〈ハリケーン〉戦闘機はドイツ側の爆撃機を初日に三〇機余り撃墜したけれど、ドイツ側の戦闘機が護衛についている場合は十分対抗できず、しかもドイツ空軍は、同じミスを二度と繰り返さなかった。

なかでも最も勇敢だったのは、時代遅れの〈フェアリー・バトル〉軽爆撃機を操ったパイロットたちであろう。かれらはルクセンブルク大公国を抜けて進軍してくるドイツ軍の車列にむけ、それら年代物のマシーンで襲いかかったのだ。足は遅く、満足な武装もない〈バトル〉は、敵の戦闘機に対しても、あるいは対空砲に対しても、おそろしく無防備だった。三二機中一三機が撃墜され、残りの一九機もすべて損傷をこうむった。フランス空軍はこの日、八七九機中五六機を破壊され、イギリス空軍は三八四機中四九機をやられ、オランダ空軍はすでに午前中に、持てる兵力の半分近くを失った。ただ、一方的な戦いというわけでもなかった。ドイツ空軍の損耗も計一二六機を数え、なかでも打撃がいちばん大きかったのは〈ユンカース52〉輸送機だった。

ドイツ空軍はまず、オランダに攻撃を集中させた。ごく短期間にオランダを戦線離脱へと追い込むことが目的だったが、それと同時に、ドイツ軍の主力はやはり北から攻めてくるとの印象を与えるためだった。ガムランがかかえる機動兵力を罠にかけるべく、その注意を逸らさんとする奸計の一種で、軍事アナリストのバシル・リデル・ハートはのちにこれを「闘牛士の大赤布」戦術と呼ぶことになる。

ドイツ軍は別の面でも新機軸を見せた。〈メッサーシュミット〉に護衛された〈ユンカース52〉輸送機から、空挺部隊が次々とパラシュート降下を開始したのだ。この奇襲作戦には「第七降下猟兵（空挺）師団」と「第二二空輸歩兵師団」所属の各部隊が参加し、ハーグの確保がその主要目的だったが、この作戦は多大の犠牲を払ったすえに失敗に終わった。足の遅い輸送機の多くは途中で撃墜され、ハーグ周辺の三カ所の飛行場までたどり着けたものは、全体の半数にも満たなかった。オランダ軍部隊が反撃に転じて、ドイツの降下兵に多大の損耗を強いる間に、王族と政府関係者は脱出を果たした。一方、ドイツの「第七」、「第二二」両師団の分遣隊は主要な橋と、ロッテルダム近郊のワールハーヴェン飛行場の確保をなんとか成功させた。ただ、オランダ東部の部隊は反応が素早かった。オランダ軍の制服を着込んだドイツ軍特殊部隊の機先を制し、かれらが確保する前に、マーストリヒト周辺の複数の橋を見事爆破してしまったのである。

ヒトラーはそのころ、西部戦線の出城とも言うべき総統大本営「崖の巣」にあって、連合軍がベルギーという罠に嵌まりつつあるとの報告を受けていた。それを聞いた瞬間、総統閣下は歓喜の涙を浮かべたといわれている。ヒトラーはまた、グライダーに乗った強襲隊員がムーズ川と「アルベール運河」の合流点にある「エバン＝エマール要塞」の斜堤に、見事着陸を果たしたと聞き、身震いを禁じ得なかったという。かれらはドイツ「第六軍」が翌日夕方に到着するまで、眼下に広がる巨大要塞の守備隊を見事に封じ込めてみせた。別の空挺分遣隊も、「アルベール運河」にかかる複数の橋をなんとか確保できた。かくして、ドイツ軍はごく短期間のうちに、連合軍の最初の主防衛ラインを突破したのである。最大の目標だったハーグに対する空挺作戦こそ失敗したものの、オランダの深部まで敵兵がパラシュート降下で侵入したことは、相手方に相当な恐怖心を与え、パニックと混乱をつくりだした。ドイツの空挺隊員は尼僧に化けて空から降ってきたとか、子供たちに毒入りの菓子をバラまいたとか、屋根裏部屋から第五列の野郎が信号を送っているのを自分は見たとか、途方もない噂が飛び交った。こうした噂が噂をよぶ現象は隣国のベルギーや、そのまた隣国のフランスや、さらにはイギリスにまで広がった。

五月十日、ロンドンでは戦時内閣が少なくともこの日三回目となる会合をもっていた。チェンバレンは当初、首相の座にとどまろうとした。海峡の向こう側でまさに戦争が起きているというのに、いまここで政府の陣容をかえるのは、やはり得策でないと力説した。だが、野党労働党が自分を支持しないことが明らかとなると、チェンバレンはもはや辞めるしかないと覚悟を決めた。外相のハリファクス卿が新首相への就任をふたたび固持したため、チェンバレンはバッキンガム宮殿に赴き、ジョージ六世国王陛下に後任はチャーチルに託すべきでありましょうと進言した。友人のハリファクス卿が首相の座を断ったことで、国王陛下は気落ちされていたが、他に選択肢はなかった。

かくしてようやく足場が固まったチャーチル新首相は一刻も無駄にせず、全神経を戦争に、そして「ＢＥＦ」のベルギー進駐に集中させた。装甲車を駆って縦横に活動する「第一二王立槍騎兵連隊」が一〇二〇時（午前十時二〇分）、まずは露払い役として斥候に送り出された。イギリス軍のその他の部隊もほとんどがその日のうちに後に続いた。ところが、イギリス「第三師団」の先遣隊が国境に到着すると、連絡が届いておらず政府の役人がやってきて、「ベルギー入国の許可証」を見せろと要求した。そこでまずは一台のトラックが検問所の障害物を破壊すると、あとはみんなで一気に押し渡った。ベルギーにむかうほとんどすべての街道は、ディール川のラインまで北上しようとする軍用車輌でいっぱいだった。イギリス「第一二槍騎兵連隊」が目的のラインに到着した時、時刻はすでに一八〇〇時（午後六時）になっていた。

ドイツ空軍が当初は飛行場、次いでオランダ一カ国に精力を集中したため、ベルギーに殺到する連合軍部隊は少なくとも空から襲われる心配はなかった。ただ、フランス軍はそもそも出だしから躓いたように見える。多くのフランス軍部隊は、この日の夕刻まで移動を開始しなかったのだ。それは致命的なミスだった。なにしろどの道路もほどなく、反対方向からやってくる大量の避難民であふれかえり、身動きも取れない状態に陥ったからだ。一方、イギリス海峡沿いをアントワープにむけ急行するフランス「第七軍」は、オランダ南部にたどり着いたところで、ドイツ空軍の猛爆に遭遇した。

初夏の暑い一日、熱気で赤い顔をしたイギリス兵が道を征く。するとと、沿道のベルギー人たちがカフェから飛び出し、兵士たちにビールをふるまってくれた。ふるまい酒とは、なんと豪儀なことか！　だが、この手の行為は、国の別を問わず、将校や下士官からは歓迎されなかった。別のイギリス軍部隊が夕暮れにブリュッセルを通過した時のこと。「ベルギー人たちが歓呼の声をあげた」と現場にいた人間がその時の情景を記録に残している。「トラックやブレン装甲車に乗った男たちは手を振って歓声に応えた。かれらは全員、ライラック（ムラサキハシドイ）の花を身につけていた。鋼鉄のヘルメットにも紫の花、小銃の銃身にも紫の花、織物でできた装備品にも紫の花が一輪。イギリス兵はみな微笑みを浮かべ、親指を上向きに大きく突き立てて、敬意を表した。だがこの仕草に、ベルギー人たちは当初仰天した。かの地では、この身振りはかなり下品な意味をもち、不作法と受け止められたからだ。でもほどなく、気分は最高だぜという合図なのだと理解された。辻々にイギリス軍の憲兵が立ち、まるでラッシュ時のロンドンで交通整理でもおこなうみたいに、車列を巧みにさばくなか、〝戦さの機械〟たちがその全力をもって、効率よく、粛々と前進するさまは、まことに胸躍る光景で、目に涙を浮かべるものさえいた」という。

だが、主戦場はそこではなく、はるか南東のアルデンヌの森林地帯であった。そしていま、ルントシュテット将軍麾下のドイツ「A軍集団」により、まさに戦いの火蓋が切って落とされようとしていた。

連合軍の航空機からは見えづらい森のなかのつづら折りの道を、いつ果てるとも知れぬ長大な車列が移動を続けていた。敵の爆撃機、あるいは偵察機がやってくれば、いつでも叩き落とせるように、〈メッサーシュミット〉戦闘機が上空援護にあたっていた。不具合を起こした車輛やトラックはすべて路上から排除された。各部隊は、あらかじめ設定された運航手順に厳密に従って動いており、多くの参謀が懸念したにもかかわらず、この運行システムは予想をはるかに上回る順調さで機能していた。このうち「クライスト装甲集団」に所属するすべての車輛には車体の前部と後部に小さな白い「K」の文字がステンシルを使って描かれており、〝絶対的最優先〟の地位が与えられていた。この車輛が見えると、行軍中の歩兵たちも、その他の輸送車輛も、路肩に移動して、道を空けた。

〇四三〇時（午前四時三〇分）、ドイツ「第一九軍団」を指揮するハインツ・グデーリアン装甲兵大将は同軍団所属の「第一装甲師団」とともに、ルクセンブルク大公国の国境を越えた。特殊部隊「ブランデンブルガー」はすでに重要な交差点や橋を確保し終えていた。ルクセンブルク側の憲兵は、貴国はわが国の中立の立場を侵害していると指摘する以外、ほとんどなにもできず、そのまま捕虜にされた。ただ、元首たる大公陛下とそのご家族は「ブランデンブルガー」に気づかれることなく、辛くも脱出に成功した。

その北方では、ドイツ「第四一軍団」がムーズ河畔のモンテルメにむかっていた。そのさらに北方、同軍団の右側面にはヘルマン・ホート歩兵大将の「第一五軍団」がいて、エルヴィン・ロンメル少将の「第七装甲師団」を先鋒に、やはり河畔の町ディナンをめざしていた。ただ、いくつかの装甲師団は、ベルギー「アルデンヌ猟兵連隊」付きの工兵によって、ムーズ川にかかる橋が爆破されてしまったため、兵たちは落胆し、クライスト騎兵大将は警戒心を募らせた。

五月十一日、空がしらじらと明けはじめたころ、ロンメルの「第七装甲師団」は、その後方および右側面を固める「第五装甲師団」とともに、ふたたび勇躍前進し、ウルト川までたどり着いた。フランス騎兵からなる牽制部隊は、なんとかその直前に橋の爆破までは成功したけれど、その後に短時間、銃撃戦を交わすと、さっさと撤退してしまった。ドイツ側の師団付き工兵がすぐさま浮き橋を設置し、同師団はその先のムーズ川にむけ進撃を続けた。わが師団はフランス軍と衝突するたびに、持てる火器を毎回すべて投入し、最大限の効果をあげた、とロンメルは記している。

その南方でバストーニュおよびモンテルメを目指すゲオルク＝ハンス・ラインハルト中将率いる「第四一装甲軍団」は、グデーリアンの部隊の一部が前方を横切ったため、足止めを余儀なくされた。一方、グデーリアンの「第一九軍団」本体も、陣形の変更が一部影響して、いささか混乱していた。もっとも、騎馬隊と軽戦車とで構成されたフランス騎兵の牽制部隊も、同じように混乱していたのだが。ドイツ軍がムーズ川にむけて突進していることがしだいに明らかとなってきた。だが、フランス空軍はこれに対して、なんらの出撃もおこなわなかった。イギリス空軍はさらに八機の〈フェアリー・バトル〉軽爆撃機を派遣したが、うち七機はもっぱら対空砲によって撃墜されてしまった。

マーストリヒトとその北西の「アルベール運河」の橋に攻撃を敢行した連合軍の航空機も、やはり甚大な被害を受けたけれど、こちらの攻撃は規模も小さく、時期も遅すぎた。ドイツ「第一八軍」はいまやオランダの深部にまで入りこみ、オランダ側の抵抗は、いつ止んでもおかしくない状況にあった。ライヒェナウ上級大将のドイツ「第六軍」が「アルベール運河」を越え、リエージュを迂回する間に、別の軍団がアントワープ進出を果たすといった具合だった。

そのころ「ＢＥＦ（イギリス海外派遣軍）」は、その幅が悲しいくらい狭いディール川に沿って部隊配置を完了させ、またフランス軍部隊も所定の位置まで兵をすすめていた。だが、ドイツ空軍はこれにほとんど関心を示さなかった。多少目端のきく一部の将校はそうした状況を前にして、もしやわれわれは、敵の術中に嵌まったのではないかといぶかった。ただ、当面最も差し迫った問題は、肝心のフランス「第一軍」がなかなか前進できないことだった。大量のベルギー人避難民が発生したことで、道路状況はこれ以上ないくらい悪化していた。首都ブリュッセルの状況に鑑みるなら、さらに多くの人波が押し寄せてくることは必定だった。「歩いたり、自動車や荷馬車、あるいはロバに乗ったり、幌付きの車椅子や一輪手押し車に乗せられた人、人。人。自転車にまたがった若者たち。年老いた男性、年配の女性、赤ん坊。頭をネッカチーフで覆った農家のかみさんが、マットレスや家具やポットなどを満載した荷馬車に乗ってすすんでいく。そうかと思えば、修道女たちの長い列。コイフの下で、汗で赤くなった顔また顔、裾までたれた長いローブが塵を巻きあげる……駅はどこも、革命期のロシアを描いたスケッチのようで、床で寝る人たち、身体を寄せ合い壁にもたれかかり、泣き叫ぶ赤ん坊を連れた女たちもいれば、血の気をなくし疲れ切った表情の男たちもいた」

五月十二日、パリでもロンドンでも、この日の新聞各紙はドイツ軍の猛攻が勢いをなくした――との印象を伝えていた。『サンデー・クロニクル』紙は「ベルリンに絶望の感あり」と報じた。だが実際には、ドイツ軍はすでにオランダを横切って海までたどり着き、オランダ軍の残余はアムステルダム、ユトレヒト、ロッテルダムを頂点とする三角地帯に押し込められていたのだが。ジロー将軍の率いるフランス「第七軍」は、いまやオランダ南部まで進出したものの、ドイツ空軍が繰り出す激しい攻撃に、依然じっと耐えていた。

ベルギーでは、本隊の到着が遅れているフランス「第一軍」の先鋒をつとめるルネ・プリウー将軍の「騎兵軍団」が孤軍奮闘していた。ディール川の線まで必死に前進しようとして、やたら延びきったドイツ軍の装甲部隊を相手に、かれらはその動きをなんとか抑えていた。ただ、橋やドイツ軍の車列を空爆しようとやってきた連合軍側の飛行中隊は、四連装二〇ミリ機関砲を備えたドイツ軍の軽防空部隊により、つるべ打ちにされてしまったが。

ムーズ川の渡河をめざして怒濤の進撃を続けるドイツ軍部隊にすれば、いささか腹立たしいことではあるけれど、ドイツのニュース番組はオランダおよびベルギー北部の戦闘ばかりをもっぱら取り上げていた。その南方で展開されるかれらの活躍は、メディアではほとんど言及されなかった。むろん意図的な無視であり、連合軍の注意をスダン、ディナンの両戦区から逸らすことが、この欺瞞作戦の要諦であった。注意喚起を促すような報告はいくつか上がっていたけれど、ガムラン総司令官は依然として、ムーズ川上流に対する脅威を認めようとしなかった。ただ、北東方面のフランス軍を統括するアルフォンス・ジョルジュ将軍——チャーチルもその力量を高く買っている、悲しげな表情の老将軍——はこれに介入し、スダン周辺の、アンツィジェール将軍が担当する戦区に、航空部隊を優先配備した。ジョルジュ将軍は、ガムラン総司令官の覚えが悪く、また一九三四年、ユーゴスラヴィアのアレクサンダル王をねらった暗殺事件の巻き添えをくって胸部に重傷を負い、その時の傷はいまだ完全には癒えていなかった。

フランス陸軍独特の指揮命令系統が、状況をさらに悪化させた。このシステムは、〝直属の部下〟が勝手に動かぬよう抑制することを目的に、ガムラン総司令官がもっぱらつくり上げたものだった。ジョルジュ将軍はそのせいで手足を縛られる形となったが、いずれにしても、脅威に対するフランス側の反応はやはり遅すぎた。ムーズ川北東のフランス軍部隊は、川を渡って撤退を始めており、その一部は完全に浮き足立っていた。おかげでグデーリアン麾下のドイツ第一九軍団「第一装甲師団」は、ほとんど抵抗らしい抵抗も受けずにスダンに入ることができた。撤退するさい、フランス軍部隊は少なくともスダン周辺のいくつかの橋を爆破していったが、仕事の速さと質の高さで有名なドイツ工兵の架橋中隊がその能力をいかんなく発揮し、たちまち問題は解決してしまった。

その日の午後には、ロンメルの「第七装甲師団」もまた、ムーズ川下流のディナン近辺に到達していた。ベルギー軍の殿軍《でんぐん》はムーズ川にかかる大橋をきっちり爆破したけれど、ドイツ「第五装甲師団」の擲弾兵がウーにある古い堰を発見。その夜、厚くたれこめた川霧を隠れ蓑に、ドイツの数個中隊が渡河に成功し、そのまま対岸に橋頭堡を築いた。これに対しコラップ将軍のフランス「第九軍」は遅滞なく兵を繰り出し、この戦区を守ることができなかった。


五月十三日、ロンメルの部隊はウー以外の二カ所でもムーズ川の強行突破を開始したが、巧みに配置されたフランス正規軍が放ってくる強烈な砲火にさらされることとなった。状況を評価するため、ロンメルは愛用の八輪装甲車でディナン付近の渡河地点を検分して回った。麾下の装甲部隊に発煙砲弾がないことを知ると、ロンメルは渡河地点の風上にある民家に火を放てと部下に命じた。しかるのち、重量級の〈Ⅳ号戦車〉――通称「パンター」――を持ってこさせ、歩兵たちがゴム製の大型強襲ボートでムーズ川を渡るさい、対岸のフランス軍陣地にむけて援護射撃をおこなわせた。「第一陣のゴムボートは、川に下ろした瞬間、バラバラになった」とドイツ「第七装甲師団」の偵察大隊に所属するある将校は書いている。「狙撃兵や重砲による攻撃が、無防備なボート上の歩兵たちに四方八方から襲いかかってきた。こちらも戦車砲と火砲により敵の無力化を試みたけれど、敵の矢ぶすまはあまりに見事だった。歩兵による攻撃は足踏み状態を余儀なくされた」と。

だがしかし、まさにこの日から〝ロンメル神話〟が始まるのである。部下の将校たちからすると、将軍閣下はあらゆる場所に存在しているようだった。なにしろ閣下は、ほとんどどこにでも出没するのである。戦車によじのぼり、あそこを撃てと指示を出し、戦闘工兵と肩をならべて働き、将軍みずから川を渡っていった。攻撃が頓挫しかねない状況のもとでも、ロンメルの情熱と勇気が部下たちを奮い立たせた。戦いのさなか、ロンメルが一個歩兵大隊を率いてムーズ川を渡りかけた時、フランス軍の戦車が姿を見せた。おそらく〝神話〟の一部なのだろうが、誰も対戦車兵器を持っていないと分かると、ロンメル将軍は部下にむかって、やつらに照明弾を放ってやれと命じた。すると、それを徹甲弾と勘違いして、フランス軍の戦車乗員たちはたちまち退散したという。ドイツ側の被害は甚大だったが、ロンメルはそれでも夕方までに、橋頭堡を二カ所に築くことに成功した。ひとつはウーに、もうひとつは渡河にさいして激戦が展開されたディナンに。さらにその夜、ロンメル麾下の工兵たちは、浮き橋を設置し、戦車も渡れるようにしてしまった。

一方、グデーリアンはスダンの両脇に渡河地点をつくるべく準備作業に入っていたが、そのさい、上官のフォン・クライスト将軍と激しい口論になった。かれは結局、上級者を無視するリスクを敢えておかしながら、ドイツ空軍の説得にあたった。自分の案を実現するため、「第二航空軍団」と「第八航空軍団」の二個軍団を挙げて、支援爆撃をやってもらったのだ。このとき「第八航空軍団」を率いたのは男爵でもあるヴォルフラム・フォン・リヒトホーフェン少将だった。「第一次世界大戦」の空のエース、かの「赤い男爵《レッド・バロン》」の従弟にあたり、スペインの小都市ゲルニカを瓦礫の山に変えた「コンドル軍団」で指揮官をつとめた経歴を持っていた。リヒトホーフェンの手駒である〈シュトゥーカ〉急降下爆撃機が発する、この世の終わりを告げるような独特の風切り音、いわゆる「エリコのトランペット」に、スダン戦区をまもるフランス兵は心底、震え上がった。

驚いたことに、現にドイツ軍の車輌および兵士が目の前に固まっているのに、フランスの砲兵部隊は弾薬を節約するため、発砲回数を控えるよう命じられていた。フランス砲兵部隊を率いる師団長は、ドイツ側はおそらく、自前の野砲が届くのを待って、それから一気に渡河を開始するだろうと思いこみ、それまでにはあと二日はかかると踏んでいたのだ。その師団長は、戦場の新たな現実を理解していなかった。いままさに襲いくる〈シュトゥーカ〉急降下爆撃機こそが、ドイツ戦車部隊の先鋒たちを支援する「空飛ぶ砲兵」であり、しかも〈シュトゥーカ〉は想像を絶するほどの精確さで、フランス側の砲兵陣地を叩けるのだった。強烈な砲爆撃をうけて、スダンの町が劫火につつまれると、ドイツ軍はゴム製の大型強襲ボートに飛び乗り、激しくパドルを操りながら、ムーズ川を勇躍渡りはじめた。多くの犠牲を出しながらも、強襲工兵がついに対岸にたどり着いた。かれらはすぐさま、火炎放射器と成形炸薬をつかって、フランス側のコンクリート製掩蔽壕を潰しにかかった。

夜のとばりが降りると、恐怖に怯えるフランス予備役兵のあいだに、事実無根の噂が広がりだした。敵の戦車はすでに川を越えたそうだ、われわれは友軍から孤立しかけているそうだ——などなど。フランス軍の各部隊のあいだ、あるいは指揮官同士の意思疎通は、ドイツ軍の爆撃によって野戦電話網が寸断されたため、無きに等しい状態だった。まずは砲兵部隊が、次いで師団長御自《おんみずか》らが、ずるずると撤退を始めてしまった。ただ、こんな戦場でも〝献上の美徳〟だけは見事に発揮された。有事のため営々と溜めこんできた弾薬の山は、戦いに一度もつかわれることもなく、敵に丸ごと進呈されたのである。「クロコダイル」というあだ名の、ある年配の予備役兵は、「第一次世界大戦」をからくも生き延びた古強者で、こんなワンサイド・ゲームみたいな戦いで非業の死を遂げる気はさらさらなかった。フランス共産党が展開してきた厭戦キャンペーンの効果も、多くのフランス兵に影響を与えたが、それよりなにより、あわれ、諸君は、イギリス軍のせいで戦争に巻き込まれたのだ、その事実をしっかと受け止めよとする、ドイツ側の宣伝工作の方が、影響の度合いははるかに大きかった。レイノー首相はこの年の三月、イギリス政府に対し、フランスがドイツ側と単独講和をおこなうことは断じてありえないと確約していたが、その殊更な物言いに、イギリス側はフランスへの不信感をかえって強めてしまった。

フランス軍の将軍たちは、一九一八年の大勝利が成功体験として脳裏に深く刻まれているため、目の前の現実にみな茫然自失の体だった。ガムラン総司令官はこの日、ジョルジュ将軍の司令部を訪れたが、依然として敵の主力はベルギーを越えてやってくると考えていた。ドイツ軍がムーズ川を越えたとの知らせがこの日の夕刻にようやく届いた。ガムランはアンツィジェール将軍の「第二軍」にすぐさま反撃に出るよう命じたけれど、アンツィジェールが部隊の再配置を終えたころには時すでに遅し。個々別々にその場で局地戦闘をおこなうのがやっとだった。

いずれにせよ、アンツィジェールは、グデーリアンの意図を完全に読み誤っていた。この突破攻撃はさらに南下して、マジノ線を背後から突くためのものだとかれは考えた。そのため、アンツィジェールは、布陣の右翼側を強化したけれど、グデーリアンはその瞬間、はるかに脆弱なフランス軍の左翼めがけて突進してきたのである。スダン陥落という現実は、一八七〇年のナポレオン三世の降伏にまつわる様々な記憶をどうしても呼び覚ました。このため、フランス軍の各司令官は骨の髄まで震えあがった。翌五月十四日の夜明け直後、アンドレ・ボーフル――後年、戦略研究家として名を馳せるかれも、当時は一大尉だった――がドゥマン将軍の随員として、ジョルジュ将軍の司令部に到着した。「その場の空気はまさに、一家に死人が出た時のそれだった」とボーフルはのちに書いている。「わが軍の前線がスダンで破られた！」とジョルジュ将軍はあとからやってきた面々に告げた。「まさに崩壊状態だ」。そう言うと、ジョルジュ将軍は椅子にどさりと腰をおろし、どっと涙を流した。

ドイツ軍は三カ所に橋頭堡を築いた。スダン周辺、ディナン周辺、そしてモンテルメに近いその中間部分にも、より小規模なものができていた。そこでは、ラインハルトの「第四一装甲軍団」が遅れを取り戻すかのように奮戦し、フランス軍の戦線に幅八〇キロメートルに近い突破口を穿たんとしていた。もしフランス側の司令官が素早く対応していれば、ドイツ側の先鋒を叩きつぶせる可能性は依然かなり高かった。スダン戦区では、フランス「第五五師団」を率いるピエール・ラフォンテーヌ将軍のもとに、さらに二個歩兵連隊と二個軽戦車大隊の増強があったからだ。しかし、かれは反攻を命じるまでに九時間を要した。しかもその軽戦車大隊は、道をふさぐフランス「第五一師団」の逃亡兵と、貧弱な通信システムのせいで、思ったような速度を稼げなかった。夜になったけれど、ドイツ側は一刻も無駄にせず、さらに多くの装甲部隊を対岸へと渡した。フランス軍の戦車は翌日未明、ようやく動きを見せたが、その大部分は粉砕されてしまった。このころになると、「第五一師団」の潰走により、近隣の友軍部隊にもパニックが広がりだしていた。

夜が明けると、連合軍の航空部隊は一五二機の爆撃機、二五〇機の戦闘機を繰り出して、ムーズ川にかかる浮き橋に攻撃を加えた。だが、目標はあまりに小さく、しかもドイツ空軍の〈メッサーシュミット〉飛行隊が現場に殺到し、またドイツの対空砲分遣隊が強烈な砲火を浴びせたりもした。イギリス空軍は過去最悪の損耗率を記録し、出撃した七一機の爆撃機のうち、じつに四〇機が撃墜された。死にものぐるいのフランス側は、最も旧式な爆撃機まで投入したものの、なぶり殺しの目に遭った。ジョルジュ将軍は、ジャン・フラヴィニ将軍のもとにある、実戦経験に乏しい一個機甲師団と、一個自動車化歩兵師団を投入するよう命じたが、この二個師団は燃料不足のせいで展開が遅れてしまった。しかも、フラヴィニに与えられたのは、スダンの橋頭堡を南から叩けという指示だった。アンツィジェール将軍と同様、ジョルジュ将軍もまた、主たる脅威は右翼にありと考えたのだ。

これとは別に北方でも、フランス「第一機甲師団」がロンメルの橋頭堡に反撃を試みていた。だがここでも初動の遅れが致命的結果につながった。道路はベルギー人の避難民で塞がれ、給油車輛がその隘路をなかなか抜け切れないのだ。明けて五月十五日の朝、フランス「第一機甲師団」の〈B1〉

重戦車が燃料補給をおこなっているところに、ロンメル「第七装甲師団」の前衛部隊が奇襲攻撃を仕かけてきた。乱戦が始まったが、フランス側戦車の旗色は悪かった。ロンメルは相方の「第五装甲師団」にあとを託すと、自身は怒濤の進軍をつづけた。十分な準備があれば、フランス軍の戦車にもかなりの勝ち目があったかもしれない。だが現実には、フランス「第一機甲師団」は一〇〇輛近いドイツ軍戦車をなんとか撃破したものの、ドイツの対戦車砲によって日没近くには、ほぼ全滅の憂き目を見ることになる。

仏英連合軍はいまや、ベネルクス三国の領内にまで入り込んでいたが、自分たちの背後に危機が迫っていることには、ほとんど気づかなかった。五月十三日、プリウー将軍の「騎兵軍団」は、ブランシェール「第一軍」の残存部隊がてんでに固めるディール川の線まで、決然と退《しりぞ》いた。プリウー軍団が運用する〈ソムア〉戦車は、装甲こそ十分だったが、火力と機動力はドイツ側の方がはるかに上で、しかもフランス側は無線による意思疎通を欠き、これがいっそう不利に働いた。戦いぶりは勇敢だったけれど、プリウー軍団は戦力の半分近くを失い、結局、撤退せざるを得なかった。これを南東方面に再度突進させ、アルデンヌを抜けてきた敵軍にぶつけようと、総司令官のガムランは考えたけれど、そんな機動を許すような状況ではもはやなかった。

フランス「第七軍」は、孤立するオランダ軍部隊と連絡をつけるべく、ブレダを目指し、実りなき驀進を続けたが、結局、アントワープにむけ撤退せざるを得なくなった。そのころ、ろくな訓練も受けず、性能に劣る武器しか持たないオランダ兵は、ドイツ「第九装甲師団」を相手に、ロッテルダムにむけ血路を開くべく、勇猛果敢に戦っていた。ドイツ「第一八軍」司令官は、オランダ側の抵抗に一時は苛立ったものの、夕闇が迫るころ、ドイツ軍の戦車たちは敵陣突破に見事成功した。

その翌日、オランダ側はドイツ側と、ロッテルダムの明け渡しにかんする交渉に入った。ところが、ドイツ側司令官がそのことをドイツ空軍に伝えておかなかったため、ロッテルダムに対する大規模空爆が実施されてしまい、民間人八〇〇人以上が殺された。これに対し、オランダ外相がその夜、犠牲者は三万人にのぼったと主張したため、パリとロンドンでは一気に恐怖が広がった。いずれにせよ、これ以上の人命損失は回避せねばと、オランダ軍のヘンリー・ヴィンケルマン総司令官は、降伏を決断した。ついにオランダが降伏しましたとの報告を受けて、ヒトラーはすぐさまこう命じた。わが藩《はん》屏《ぺい》〝ヴァッフェンSS（武装親衛隊）〟所属の「LSSAH（ライプシュタンダルテ・SS・アドルフ・ヒトラー）」――当時は連隊規模――と、陸軍「第九装甲師団」所属の部隊をもって、首都アムステルダムで戦勝パレードを実施せよと。

とそこへ、オランダはアーペルドールンで亡命生活をおくっていたかつてのドイツ皇帝、ヴィルヘルム二世から電報が送られてきた。これを読んだヒトラーは愉快に思い、またひどく腹立たしい気分にも襲われた。「わが指導者《フューラー》よ」とその電報は、まずお声かけから始まっていた。「朕は貴殿に祝意を表するとともに、貴殿の卓越した指導力のもと、ドイツ君主制の完全復活を希望しておる」と。かつての皇帝陛下が、なんじ忠良なるビスマルクの役割を、他ならぬ自分に期待していると知って、ヒトラーは驚くしかなかった。全く「なんという愚かものであろうか！」とヒトラーは従者のハインツ・リンゲに言っている。

「スダン突出部」の東部を狙ったフランス軍の反攻作戦は五月十四日の発動を計画していたが、開始に手間取り、結局、「第二一軍団」を率いるフラヴィニ将軍によって中止が宣告された。フラヴィニ将軍は、シェムリ＝シュル＝バールとストンヌの間に防衛線を敷くというただそれだけの目的のため、同軍団から虎の子の「第三機甲師団」を抽出・分遣させるという極めて不適切な決断をおこなった。一方、アンツィジェール将軍はこの時点でも、ドイツ軍は南下してマジノ線の背後を脅かすはずだとの固い信念を変えなかった。そうした判断のもと、アンツィジェールは敵の南下ルートを塞ぐべく、麾下の「第二軍」に対して大がかりな旋回を命じた。だがこの機動は、結果的にドイツ軍の西進ルートをガラ空きにしただけで終わった。

ドイツ「クライスト装甲集団」を率いるフォン・クライスト将軍は、フランス軍の増援部隊が到着したとの報告を受けて、現場のグデーリアン将軍に命じた。脇を固める支援部隊が追いつくまで、しばし動きを止めよと。これにより、両将軍はまたもや大激論を交わすことになった。グデーリアンは最終的にクライストをなんとか説得し、「第一」、「第二」の二個装甲師団についてはさらなる前進を認めさせた。ただ、その条件として、グデーリアンの持ち駒のうち、「第一〇装甲師団」と、伯爵でもあるフォン・シュヴェリーン中佐が率いる歩兵連隊「グロスドイチュラント」は、周囲を見渡せる高地の村ストンヌに転進させることを呑まされた。五月十五日早朝、「グロスドイチュラント」は「第一〇装甲師団」の到着を待たずに、すぐさま攻撃に入った。これに対し、フラヴィニ将軍麾下の戦車部隊が反撃に出たため、ストンヌ村の支配者はこの日、何度も目まぐるしく変わり、独仏両軍はどちらも、途方もない犠牲を積みあげていった。だが最後は、村の狭い通りに配置された「グロスドイチュラント」の対戦車砲が〈B1〉重戦車を撃破したこと、さらに疲れ切ったドイツ歩兵のもとに「第一〇装甲師団」の装甲擲弾兵が応援に駆けつけたことが加わり、戦いはようやく決着した。「グロスドイチュラント」側の犠牲は死者一〇三人、負傷者四五九人を数えた。ドイツの西方遠征全体を見ても、これは最大級の人的損耗だった。

コラップ将軍は麾下のフランス「第九軍」の撤退を開始した、だが、この動きが呼び水となって、現場の部隊は総崩れとなり、よりいっそう大きな穴が戦線に空いてしまった。五月十五日、ドイツ軍の中央部で出遅れていたラインハルト「第四一装甲軍団」が、先行する左右両翼の二個軍団にようやく追いついた。同軍団所属の「第六装甲師団」などは、他の部隊を圧倒するような進軍スピードを実現し、モンコルネにむけ六〇キロメートルも勇躍前進、この機動であわれフランス「第二機甲師団」は真っ二つにされてしまった。このとき、ロベール・トーション将軍は前線の穴をなんとか埋めようと新たな「第六軍」の編成を試みていたが、フランス軍の後方、それもこんな深部まで敵が攻め込んだとあっては、もはや手遅れと悟った。トーションは麾下の各部隊に対し、エーヌ川の南まで下がれと命じた。いまやドイツの戦車たちと、イギリス海峡を臨む沿岸地帯のあいだに、フランス軍部隊はほとんど残っていなかった。

　装甲部隊を駆って、前進また前進のグデーリアン将軍だったが、かれの元にはこれまでずっと同じ指示が飛んできた。十分な規模の歩兵部隊がムーズ川の渡河を終えるまで、断じて突出するな、突出するな、突出するなと。「第一九軍団」を率いるグデーリアンの上官たちは、「クライスト装甲集団」司令官も、ルントシュテット「A軍集団」司令官も、ハルダー陸軍参謀総長も、過度に延びきった装甲部隊の先鋒が、南方からの敵反攻にやられはしないかと、みなヒヤヒヤしていた。ヒトラー総統でさえ、そうした危険性に懸念をもったほどだ。だが、現場にいるグデーリアンは、フランス軍は現在、大混乱のさなかにあると感じていた。この千載一遇のチャンスを、むざむざ見逃すなんて、あまりに惜しいではないか――。後年、「電撃戦《ブリッツクリーク》戦略」と形容されるグデーリアンの大躍進だったが、その実態を見ると、それは当初から考え抜かれた〝戦略〟というより、かなりの部分、その場その場で下した、即興演奏的決断の集積のように思われる。

　ドイツ軍の各先鋒は、前へ前へと一気呵成にすすんでいった。その切っ先にあって露払い役を演じるのは八輪装甲車とサイドカー付きオートバイからなる偵察大隊の面々だ。フランス軍がなんとか爆破する前に、かれらは次々と橋を押さえていった。そのあとに続くのが、黒服の戦車乗員たちである。みなヒゲも剃らず、疲労困憊、不潔のかたまりだった。ロンメルは麾下の「第七装甲師団」および「第五装甲師団」に対し、休息を取らせたり、あるいは車輛の整備をやらせる時間さえ、ほとんど与えなかった。大半の男たちは「ペルビチン錠」――メタンフェタミンを成分とする覚醒剤――を飲みつづけ、圧倒的勝利がもたらす興奮に酔いしれながら、さらなる前進を続けた。かれらが遭遇したフランス兵はみな、あまりの衝撃にたちまち降伏した。武器を捨てろ、そのまま道なりに行け、そうすれば、あとから追いついてくる、うちの歩兵がしかるべく処理するからと、フランス人捕虜は通告された。

各装甲師団のすぐ背後には、自動車化された歩兵部隊からなる侵攻の第二波が続いていた。のちにマンシュタインの副官となるアレクサンダー・シュタールベルクは当時、「第二歩兵師団（自動車化）」に所属する一中尉であったが、「もはや残骸と化したフランス陸軍」をその目にした驚きについて記録している。「弾痕の生々しい車輛、潰れ燃え尽きた戦車、見捨てられた火砲、いつ果てるとも知れぬ破壊の連なり」と。機動中に本物の敵と遭遇する心配などほとんどないまま、ドイツ兵たちは前進し、がらんと人気《ひとけ》のない村々を抜けていった。かれらのさらに後方には、文字どおり徒歩で移動する歩兵たちが続いていた。膝の上までくる長靴のなかは、熱を帯びて焼けるようだった。先鋒に追いつけ、負けるなと、将校たちがこれら歩兵を叱咤する。「進めや進め。もっと遠くへ。一歩でも西へ」とある歩兵はその日記に書いている。ともに移動する軍馬でさえ「死ぬほど疲れていた」と。

ただ、もし仮に、ヒトラーが前年の一九三九年秋にフランス侵攻に踏み切っていたら、惨憺たる結果に終わったことは、ほぼ間違いない。スダン戦区における成功は、弾薬に十分な余裕のないドイツ陸軍にとり、まさに奇蹟だったのである。ドイツ空軍が当時保有する爆弾は、わずか一四日間分しかなかった。当初計画のままなら、自動車化部隊や装甲部隊も、非常に脆弱な立場に置かれていただろう。英仏両国の戦車に対抗しようにも、より重量級のドイツ戦車――〈Ⅲ号戦車〉や〈Ⅳ号戦車〉――は、前年の秋にはいまだ利用可能な状況になかったし、さらに訓練不足の問題もあった。特にドイツ陸軍は一〇万人から五五〇万人へと急拡大したため、将校の供給が追いつかず、かれらに十分な指揮術を学ばせるにはさらに数カ月が必要だったのだ。最終的にドイツ国防軍がそれなりの予備役兵を補充し、しかるべき準備を整えられたのは、フランスとベネルクス三国に対する侵攻作戦「黄の場合」が、当初予定より二九日間延期されたおかげなのである。

一体全体、ムーズ川西方の情勢はどうなっているのか？　五月十四日、ロンドンではイギリス戦時内閣でさえ、事態の十分な把握ができていなかった。なるほど、陸相をつとめるアンソニー・イーデン（その後、外相に復帰）は十四日、「地方防衛義勇軍団」――ほどなく「国土防衛軍」と改称――の創設を発表し、一週間たらずの間に、およそ二五万人の国民が名義登録を終えることになるのだが、そうした備えも偶《たまたま》のことであって、とりたててなにか考えがあったわけではない。その十四日の午後遅く、ようやくパリのレイノー首相から現状を伝えるメッセージが届いた。チャーチル新政権は、今回の危機がどれほどのものか、その評価にようやく着手したところだった。〈シュトゥーカ〉急降下爆撃機の脅威からフランス兵を守るため、イギリスにはさらに一〇個超の戦闘機飛行中隊を送ってほしいとレイノー首相は要請した。レイノーはさらに、ドイツ軍がすでにスダン南方で戦線を突破したことを認め、かれらはパリにむかっていると思われると言った。

イギリス陸軍を統括する帝国参謀総長〔戦後、参謀総長と改称〕の職にあったアイアンサイド将軍は、ガムランもしくはジョルジュの司令部に連絡将校を送れと命じた。ともかく情報がほとんど入ってこず、どうやらレイノーは「いささかパニック状態」にあるようだと判断したのだ。じつはレイノー首相は、戦況がみずからの予想をはるかに上回る壊滅的様相を呈しつつあることを、このあとすぐ知らされることになるのである。なにしろ国防相のダラディエでさえ、ガムラン総司令官からそうした報告を受けたばかりなのだ。「第九軍」が崩壊したと告げられたガムランは、いつもの泰然自若たる態度から一転、大いなる動揺を見せていた。さらにラインハルト「第四一装甲軍団」がすでにモンコルネまで到達したという情報まで入ってきた。レイノー首相はその夜遅く、ダラディエ国防相およびパリ軍事総督同席のもと、フランス内務省で会議を開いた。もし仮に、ドイツ軍がパリをめざしているのなら、どうすれば国民の動揺を抑え、法と秩序を維持できるか議論しておく必要があったのだ。

翌朝〇七三〇時（午前七時三〇分）、チャーチルはレイノーからの電話に起こされた。「われわれは敗れました」とレイノーはいきなり言った。いまだ寝ぼけ眼のチャーチルは、すぐには返事ができなかった。「われわれは負けました。戦いに敗れたのです」とレイノーは重ねて言った。

「こんなにも早く、それが起きるものだろうか」とチャーチルは言った。

「戦線はスダン付近で突破されました。途方もない数の戦車、装甲車輛がそこから雪崩れこんできているのです」。レイノーの外交顧問、ロラン・ド・マルジェリによると、フランス首相はさらにこう付け加えたという。「パリへの道は開かれました。われわれに、可能な限りの飛行機と兵員を送ってほしい」と。

レイノーに戦いの決意を固めさせるため、チャーチルはみずからパリに飛ぶことを決断した。だがその前に、まずは戦時内閣の会議を開き、レイノーから要請のあった、一〇個戦闘機飛行中隊の追加派遣について議論しておかなければならない。自分の権限の及ぶ範囲で最大限のフランス支援をおこないたいとするチャーチルに対し、イギリス空軍「戦闘機軍団」をあずかるダウディング空軍大将は、私は断固反対すると声を荒らげた。激しいやりとりのあと、ダウディングは会議テーブルをぐるりと回り、チャーチルの目の前に一枚のペーパーを置いた。これまでの犠牲者数をもとに、今後の推計損耗率を計算した一覧表だった。それによると、わずか一〇日間で、〈ハリケーン〉戦闘機の現有機数は、フランスはもとより、イギリス本国においても、ゼロになるということだった。ダウディングの主張は、戦時内閣全体に一定の効果をおよぼした。それでもなお、せめて四個飛行中隊ぐらいはフランスに送るべきだというのが、その場の雰囲気だった。

　チャーチル戦時内閣はこの日、もうひとつ重要な決定をおこなった。「爆撃機軍団」をもちいてドイツ本国に攻勢をかけるという案がついに了承されたのだ。ドイツ空軍によるロッテルダム空爆の報復措置として、ドイツ重工業の中心であるルール地方に空爆をおこなうことが決められた。この時の〝報復〟攻撃は、目標を発見できた爆撃機がほとんどいないという体たらくだったけれど、それにもかかわらず、この実績はその後の戦略爆撃にむけた第一歩をきすものだった。

　フランスがこのまま屈服してしまう可能性に、ひどく戸惑いを覚えながらも、チャーチルはローズヴェルト大統領に電報を送った。ショックを与えることで、英仏連合軍のため、アメリカにも一肌脱いでもらおうとの期待もあった。「閣下が間違いなくお気づきのように、状況は急速に悪化しつつあります。必要ならば、私たちは単独でも戦争を継続する所存ですし、そのことを恐れてはおりません。しかしながら、大統領閣下《ミスター・プレジデント》、合衆国の声、合衆国の力があまりに長く抑制されると、その価値が損なわれてしまうと、閣下ご自身、ご理解いただけているものと、信じております。驚くほど短時日に征服され、完全にナチ化したヨーロッパが出現する可能性があり、そのことが持つ重みは、私たちにとって、耐えがたいものになるかもしれないと」。ローズヴェルトの返信は友情にあふれるものだったが、介入にかんする限り、いかなる言質も与えるものではなかった。チャーチルは二の矢を放ち、「フランスで出来しつつある大規模戦争がどのような結果に至ろうと、最後まで屈することなく戦いつづける所存です」とイギリス側の決意を再度強調したあと、アメリカ合衆国の一日も早い支援の必要性を重ねて訴えた。

どうもローズヴェルトは、事態がそれほど切迫していると考えていないようだと感じたため、チャーチルは五月二十一日、さらなる電文を工夫したが、これを送るべきか否かついて、いささか戸惑いを覚えた。わが国政府が降伏を受け入れることなど断じてありませんと強調しつつも、チャーチルはこの電文で新たな危険性について指摘していたからだ。「現政権のメンバーが退場し、新たな政権が瓦礫のなかで交渉する事態に至ったとき、ドイツ相手の交渉材料となりうるものはただひとつ、イギリス海軍の艦艇のみであり、もし仮にこの国が合衆国から見放され、運命に委ねられた時、その時点で政権を担うものたちが、生き残った人々のために最大限の条件を引き出そうと努力したからといって、なにものもかれらを非難する権利はないという事実は、閣下におかれましても、看過できないでありましょう。大統領閣下《ミスター・プレジデント》、このような悪夢の事態を無遠慮に持ちだすことを、お許しあれ。明々白々なように、わが後継内閣が、絶望と無力のさなか、ドイツ側の意思にみずから応じざるを得なくなる可能性が高くなった時、私がかれらになり代わって、答えるわけにはいかないのですから」

結局、チャーチルはこの電報を送ることにした。だがしかし、ドイツがイギリス海軍の軍艦を手に入れ、アメリカに挑戦する可能性を臭わせるというショック戦術は、やぶ蛇であった。屈服の可能性を示唆したという事自体が、たとえ一カ国になっても戦い抜くという覚悟への疑念を生み、イギリスに対するローズヴェルトの信頼感を弱めたからだ。ローズヴェルトはみずからの補佐官たちに、イギリス海軍の拠点をカナダに移せるかどうか検討するよう指示し、またカナダ首相ウィリアム・マッケンジー＝キングと連絡を取り、この件について話し合ってもいる。あえてこの電文を送るというチャーチルの判断ミスは、その後数週間にわたり、イギリスにとって由々しき影響を及ぼすことになる。

五月十六日の午後、チャーチルはパリへと飛んだ。かれは当時知らなかったが、下手をするとその日の夜に、ドイツ軍が首都まで到達するかもしれないと、ガムラン総司令官は電話でレイノー首相に伝達済みだったのである。すでにドイツ軍は、パリから一二〇キロメートルも離れていないエーヌ県の県都ランまで来ていた。パリ軍事総督は、フランス政府全体を可及的速やかに疎開させるべきであると進言。各省庁は中庭に公文書の山を築き、火を放ち、国家公務員たちは両腕でかかえた文書類を窓から投げ落としていた。

「風が舞っていた」とレイノー首相の外交顧問〔首相府外交官房長〕ロラン・ド・マルジェリは書いている。「火花を散らしつつ、紙切れがたちまち一帯を覆い尽くした」と。かれはまた、レイノーの愛人で、敗北主義的傾向の強いド・ポルト伯爵夫人がこの時、きつい口調で毒舌をふるっていたことも記録している。「いったいどこの愚かものがこんな命令を発したのですか」と。それは総理閣下ご自身ですとド・マルジェリは答えた。「プレズダン・デュ・コンセユ（内閣の首班）ですから、マダム」と。だがしかし、レイノーは最後の最後になって、政府はやはり首都に留まるべきだと判断する。もっとも、疎開指示がすでに広まったあとなので、この土壇場でどう判断しようと、それによって状況が変わることはほとんどなかったのだが。一方、パリ市民はというと、厳しい報道管制のせいで大災厄の到来を全く知らされておらず、ほどなくみな、パニックに駆られていく。そしてついに、〝ラ・グランド・フュイト（大脱出）〟が始まるのである。一番手は、屋根に荷物をくくりつけた自家用車のオーナーたちで、この手の人々がまずは、パリ南方のオルレアン門とイタリー門を抜けて、逃避行へと出発した。

そのころ、チャーチルは政府専用機としてつかっている〈デハビラント・フラミンゴ〉のうちの一機で、すでにフランス入りを果たしていた。アイアンサイドの後任として近く帝国参謀総長に就任するサー・ジョン・ディル大将と、戦時内閣の官房長官をつとめるヘイスティング・イズメイ少将が随行していた。行ってみると、「状況はわれわれの想像とは比較にならないほど悪かった」という。チャーチル一行は、フランス外務省でレイノー、ダラディエ、ガムランと会合をもった。ピリピリした空気があたりを支配し、誰も敢えて椅子に坐ろうとしなかった。「どの顔にもひどい落胆の色が表れていた」とチャーチルはのちに書いている。ガムラン将軍の傍らのイーゼルには、「スダン突出部」の地図が掛けられており、将軍は部隊配置の説明を試みた。

「で、戦略予備部隊はどこにあるのだ」と英語で質問したあと、チャーチルは独特の一風変わったフランス語で同じ質問を繰り返した。「ウ・エ・ラ・マス・ド・マヌヴレ」

ガムラン将軍はチャーチルの方を振りむくと、「首をかるく振って、いったん肩をすくめた」あと、こう答えた。「オキュヌ（皆無）」。とその時、窓から室内に漂ってくる煙の存在に、チャーチルは気がついた。窓外に目をやると、外務省の職員たちが手押し車に満載した書類の束を、巨大なかがり火にくべているのが見えた。ガムランによると、戦線を突破してくる敵軍に大規模反攻をおこなおうにも、そんな予備兵力はもはやフランスには残っていないということだった。チャーチルは驚きのあまりことばを失った。かれはまた、わが身の危険も顧みず、こんな修羅場に来てしまった迂闊《うかつ》さと、英仏同盟のかくも無残な現状を思って、暗然とした。

それでも多少の反攻作戦ぐらいはやるのだろうと考え、チャーチルは今度はガムラン将軍に直接、その準備状況を尋ねた。だが、ガムランは打つ手なしといった感じで、またも肩をすくめるだけだった。フランス軍はすでに破綻しているのだ！　かれらはもはや、イギリス側がどのような救済策を提示するか、それに期待するしかないのだ！　とそのとき、ロラン・ド・マルジェリが静かな口調でチャーチルに警告した。じつは状況は、ダラディエ国防相、あるいはガムラン総司令官がおっしゃったものより、はるかにずっと悪いのです。今後はロワール川の線まで退くか、あるいはいっそ北アフリカのカサブランカまで後退し、そこから戦争を継続するようになるかもしれませんと。それを聞いたチャーチルは〝アヴェク・ステュプル（茫然自失の体）〟でド・マルジェリを見つめ返したという。

そういえば、私が要請した一〇個飛行中隊の件はどうなりましたかとレイノー首相が尋ねた。ダウディング空軍大将の警告がいまもまだ耳に残るチャーチルは、まずは現状を説明した。イギリス本土の防衛部隊からいま戦闘機を割くとなると、深刻な事態になりかねないのですと。また、イギリス空軍がムーズ川の渡河地点に対する爆撃でひどい損耗をこうむっている現状も改めて強調した。それでも、さらに四個飛行中隊がフランスに進駐してきますし、またイギリス国内の飛行場からさらに多くの軍用機がフランス上空に飛来する手はずになっていますと告げた。だが、フランス側の反応ははかばかしくなかった。その夜、チャーチルは在パリ英国大使館から戦時内閣にメッセージを送り、六個飛行中隊の追加派遣を要請した（敵の傍受に対する備えとして、このメッセージは、インド出身のイズメイ少将がヒンドゥスターニー語で読みあげ、ロンドンにいるインド陸軍の同輩が書き留める形で送られた）。日付が変わる直前、イギリス側でようやく合意がなった。チャーチルは相方にいま一度、発破をかけようと、レイノー首相、ダラディエ国防相を訪ねた。レイノーは、ガウンとスリッパという出で立ちで、チャーチルを出迎えた。

ちなみに、追加分の飛行中隊は結局、イギリス本土側の基地に留まり、毎日イギリス海峡を越えて、飛んでくる形となった。ドイツ軍の怒濤の進撃により、フランス国内にはもはや十分な飛行場がなくなり、保守点検や整備のための施設すら存在しなくなったからだ。フランス側に活動拠点をおいた計一二〇機の〈ハリケーン〉は連日の戦闘でさまざまに傷つき、大わらわの撤退のさい、放棄していくしかなかった。パイロットたちはとことん疲れ切っていた。なにしろ、一日五ソーティ（出撃）を強いられたものが大半だったから。フランス製の戦闘機では〈メッサーシュミット109〉にほとんど歯が立たなかったため、〈ハリケーン〉中隊はこのきわめて一方的な局面のなかで、空軍兵力の主役を演じなければならなかったのだ。

フランス軍がもはや組織の体をなさず、規律もひどく緩んでいることを伝える報告がますます増えていった。指揮官たる責務を果たさず、敵前逃亡をはかった一部の将校を処刑することで、部隊になんとか持ち場を死守させせようとする試みもすでになされていた。現場ではスパイ恐怖症が蔓延しつつあった。こいつは連合軍の軍服を着たドイツ兵に違いない――そう怯える兵隊の無差別発砲で倒れる将校、兵士もかなりの数にのぼった。ドイツ軍の秘密兵器をめぐる根も葉もない噂や、故意に煽るがごとき第五列への不安感も、やはり人心を惑わせた。そもそも、わがフランスが、かくも混乱にみちた大敗北を喫するなんて、本来あってはならないことであり、だとすれば、もはやそれ以外の理由など思いつかぬではないか。「われわれを裏切ったやつらがいるのだ！」という怒号が、あっちでもこっちでも聞かれるようになった。

フランス北東部から逃れてくる人々が増えるにつれ、混乱にますます拍車がかかった。オランダ、ベルギーからやってきた人々も加えると、飢えと渇きと疲労に苦しむ、およそ八〇〇万人の難民がその夏、あらゆる道路を埋め尽くしたといわれている。豊かなものたちは自動車でさっさと逃げたが、そうでないものたちは、荷馬車や、荷物を積んだ自転車、あるいはなけなしの家財を載せた乳母車や手押し車で移動した。それは「これ以上ないほど哀れをもよおす光景だった」と当時、ＢＥＦ（イギリス海外派遣軍）「第二軍団」を率いていたサー・アラン・ブルック中将がその日記に書いている。「靴ずれのせいで足を引きずる女性たち、長旅で疲れきり、それでも人形を手放そうとしない小さな子供たち、そしてすべての老人、負傷者が、必死になって歩いてゆく」と。ロッテルダムを見舞った大規模空爆の衝撃は、多くの人々を叩きのめしていた。フランス北部ノール県の県都リールでは、ドイツ軍の進駐を受けて、大部分の住民が町を捨てた。ドイツ空軍がその戦闘機パイロットに対し、難民の列に機銃掃射を浴びせろと命じた証拠はいっさいない。けれども、連合軍側の将兵は、そうした事例を現に目撃していた。フランス陸軍は、防御陣地を基盤とする静的守備にこれまでずっと頼りきりだった。それゆえ、恐怖に怯える一般市民が交通渋滞を引き起こすという想定外の事態を前に、かれらはなすすべを知らなかった。

章末注

(163)パンジーを植えるベルギー兵：Cox, *Countdown to War*, pp.194-5
(163)五月初旬のパリ模様：(参考)Horne, *To Lose a Battle*, pp.171-2
(165)「本日この日」：Nicolaus von Below, *Als Hitlers Adjutant, 1937-1945*, Mainz, 1980, p.228
(169〜170)「参謀1課」と「中心軸」：Horne, *To Lose a Battle*, p.169
(170)アンツィジェール将軍について：(参考)*ibid.*, p.165
(173)コラップ将軍について：(参考)Julian Jackson, *The Fall of France: The Nazi Invasion of 1940*, Oxford, 2003, p.35
(173)フランス軍の暗号をいとも簡単に解読：Frieser, *The Blitzkieg legend*, p.87
(173)「フランス人の能天気」：Zamoyski, *The Forgotten Few*, p.51
(174)各国空軍の損耗：James Holland, *The Battle of Britain*, London, 2010, pp. 67-8
(176)「ベルギー入国の許可証」：Robin McNish, *Iron Division: The History of the 3rd Division*, London, 2000, p.77
(176)フランス軍部隊の出遅れ：*GSWW*, vol.ii, p.283
(177)「ベルギー人たちが歓呼の声をあげた」：Cox,

Countdown to War, p. 203

(180)「歩いたり」：*ibid.*, p.213

(180)「ベルリンに絶望の感あり」：Horne, *To Lose a Battle*, p.209からの引用。

(182)「第1陣のゴムボートは」：Hans von Luck, *Panzer Commander*, London, 1989, p.38

(185)「その場の空気はまさに」：André Beaufre, *The Fall of France*, London, 1967, p.183

(188)「わが指導者《フューラー》よ」：Lev Kopelev, *Ease my Sorrows*, New York, 1983, pp.198-9からの引用。

(191)「残骸と化したフランス陸軍」：Alexander Stahlberg, *Bounden Duty*, London, 1990, p.132

(191)「進めや進め」：Riedel, 20.5.40, BfZ-SS

(191)ドイツ軍の弾薬不足と準備不足：Frieser, *The Blitzkrieg Legend*, pp.21-3

(193)「いささかパニック状態」：Horne, *To Lose a Battle*, p.331からの引用。

(193)「パリへの道は開かれました」：Roland de Margerie, *Journal, 1939-1940*, Paris, 2010, pp.180-1

(194)「閣下が間違いなくお気づきのように」：TNA PREM 3/468/201

(195)「現政権のメンバーが」：*ibid.*

(196)「風が舞っていた」：Margerie, *Journal*, p.181

(197)「どの顔にもひどい落胆の色が表れていた」：Winston S. Churchill, *The Second World War*, 6 vols, London, 1948-53, vol.ii: Their Finest Hour, p.42.〔ウィンストン・S・チャーチル『第二次世界大戦』全四巻、佐藤亮一訳、河出文庫〕

(198)〝アヴェク・ステュプル（茫然自失の体で）〟：*ibid.*, p.192

(199)「これ以上ないほど哀れをもよおす光景」：Field Marshal Lord Alanbrooke, *War Diaries, 1939-1945*, London, 2001, p.67

第7章 フランス失陥 一九四〇年五月〜六月

ドイツ軍の士気はこれ以上ないほど高まっていた。黒いつなぎを着込んだ戦車兵たちは、人気《ひとけ》のない農村地帯をイギリス海峡にむけてひた走りし、途中、部隊長の姿を見かけると、どこでも一斉に歓呼の声をあげた。給油は、うち捨てられたガソリン・ステーションや、フランス軍の燃料集積所でおこなわれた。ドイツ側の補給線は完全に無防備だった。だが、逆落としのようなこの突進を遮るものは、もはや破壊されたフランス軍の車輛と、道をふさぐ避難民ぐらいなものだった。

ただ、「クライスト装甲集団」が沿岸部をめざして驀進しているころ、肝心要のヒトラー総統は逆に不安を募らせていた。フランス軍が南方から、ドイツ軍の側面を突いてくる可能性がにわかに気になりだしたのだ。ヒトラーは根っからのギャンブラーだが、これほど次から次へと幸運が舞いこむと、さすがに待てよという気分になる。脇腹を鋭く抉《えぐ》られ、フランス侵攻が頓挫した一九一四年の記憶は、年配の将軍たちにも付きまとっていた。たとえば、現場を取り仕切る「A軍集団」司令官、フォン・ルントシュテット上級大将は、ヒトラーの見方に賛成で、五月十六日、フォン・クライスト将軍に対し、麾下の各装甲師団をいったん停止させ、歩兵が追いつくまで待つよう命じたくらいである。ところが、軍の中枢にいるハルダー陸軍参謀総長は、大胆不敵な「マンシュタイン計画」の信奉者に最近鞍替えしたばかりで、いいからそのまま前進せよと促した。一方、現場では別の齟齬も生じていた。総統閣下が待てと仰せだとクライストがいったため、翌日また最前線にいるグデーリアンと口論になったのだ。ようやく妥協が成立し、状況によって「戦闘も可能な偵察部隊」を海岸部に派遣して探りを入れる一方、グデーリアンの「第一九軍団」司令部は、現在地にとどまることになった。この妥協案によって、グデーリアンはかれが望んだとおりのチャンスを手にいれた。「崖の巣」にいるヒトラーとは違い、現場にいるグデーリアンはわが積極果敢な攻勢により、フランス軍がすでに戦意を喪失していることを見切っていた。なるほど一括りにフランス軍といっても、一部師団の残余は、迫りくる災厄を前にして、なおも戦いを止めようとはしなかったけれど、それはいうなれば、孤立した部隊があちこちで散発的抵抗を続けているにすぎないと。

ところが偶然というのは恐ろしいもので、ドイツの各師団が五月十六日、いったん停止——兵士に休養を取らせ、車輛を点検するため、機会がありしだい、そうする必要があった——したその時、フランス軍がまさに南方から反攻を仕かけてきたのである。フランス陸軍にあって、機甲部隊を中心とする機動戦術をだれよりも強く主張し、その結果、固定防御派に属する年配の将軍から総スカンを食ってしまった、かのシャルル・ド・ゴール大佐が、いわゆる「第四機甲師団」を指揮して、突っ込んできたのである。ド・ゴールは機械化部隊を縦横無尽に駆使する、新たな陸戦形態の優位性を情熱的に説いて回り、「自動車化大佐」の異名を賜るほどだった。そのかれが心から願った実戦の機会がここでついに訪れたわけだ。だが、その「第四機甲師団」なるものは名ばかりの〝師団〟で、実態は統一の取れていない雑多な戦車大隊に、支援のための若干の歩兵部隊を付けただけの代物で、砲兵中隊など皆無に等しかった。

それでも、上官のアルフォンス・ジョルジュ将軍は、かれに戦況を手短に説明すると、次のことばをもって手向けとした。「進め、ド・ゴール！　敵はいままさに君が長年唱えてきたアイデアを実践しつつある。ならば、君にとって、いまこそ行動の時であろう」と。ド・ゴールは攻勢に出たくてうずうずしていたし、ドイツの戦車乗りが傲慢しごくの態度を取っているという噂も耳にしていた。道でフランス兵に遭遇すると、連中は言い放ったという。武器を捨てて、そのまま東へ進めと。フランス兵をその場に置き去りにし、さらに前進を続けるさい、ドイツ兵は叫んだ。「きさまらを捕虜に取ってる暇など、われわれにはないのだ！」と。この話を聞いて、ド・ゴールの愛国心に一気に火がついた。

ド・ゴール大佐は、エーヌ県の県都ランから北東のモンコルネにむけ、猛攻を仕かけることにした。そこは幹線道路が交差し、グデーリアンの部隊の重要な補給拠点だった。フランス「第四機甲師団」の突撃は、ドイツ側の不意を見事に突き、ドイツ「第一装甲師団」司令部などは、あやうく席巻されそうになった。だが、ドイツ側は驚くほど機敏に反応し、整備を終えたばかりの戦車数輌と、若干の自走砲をまずは投入し、さらにドイツ空軍に近接航空支援を要請した。これに対し、対空砲も、戦闘機による直上支援もいっさい持たないド・ゴールの部隊は、散々に叩かれ、撤退を余儀なくされた。言うまでもないことだが、グデーリアン将軍はこの日の一件について、上官の「A軍集団」司令官ルントシュテット上級大将に、いっさい報告しなかった。

ゴート卿率いる「BEF（イギリス海外派遣軍）」はディール川戦区でドイツ軍の攻撃を撃退した。ところが五月十五日夕刻、フランス「第一軍集団」司令官ガストン・ビヨット将軍が、スケルデ川（エスコー川）の線まで兵を引き下げる準備をしているという話を偶然耳にし、ゴート卿は驚きを隠せなかった。それはつまり、ブリュッセルとアントワープを放棄するという意味だったから。ベルギーの将軍たちはこの決定を翌朝ようやく知らされ、事前警告が一切なかったことに激怒した。

当のビヨット司令部は、いまや心理的崩壊状態にあった。数多くの将校が目に涙を浮かべており、イギリス人の連絡将校からその話を聞いた「ＢＥＦ」参謀長は、背筋がゾッとした。かれはロンドンの陸軍省に電話をかけると、きたるべき事態に備えよと警告を発した。わが軍はいずれかの時点で「フランス撤退」を強いられるかもしれないと。イギリス軍にとって五月十六日は、戦いつつ後退するという困難な日々の始まりを告げる一日だった。そのころブリュッセルのすぐ南方、「ワーテルロー」の古戦場に近い稜線部では、イギリス「王立砲兵連隊」所属の各砲兵中隊が陣を敷きつつあった。かれらは二五ポンド砲を据え、いまかいまかと待ち構えた。それぞれの砲口が狙いを定めているのは、ワーブルにかけての一帯だ。ナポレオン戦争中の一八一五年には、そのワーブルから、わがご先祖さまを救援すべく、プロイセン軍が駆けつけてきたものだ。だが今回、ドイツ軍はやってこなかった。ドイツの各部隊は翌日の夜にかけて、ベルギーの首都ブリュッセルに続々入城し、そちらの方面で忙しかったのだ。

その日、レイノー仏首相はシリア駐在のマクシム・ウェイガン将軍に電報を送り、本国に急ぎ戻り、フランス軍の総司令官を引き継ぐよう要請した。ダラディエ国防相がいくら異を唱えようと、レイノーはガムラン将軍の解任をすでに決めていた。レイノーはまた、内閣改造を断行した。内相にはジョルジュ・マンデルが起用された。ジョルジュ・クレマンソー元首相の右腕として活躍し、徹底抗戦を主張する人物だ。陸相は、首相のレイノーが兼務し、さらに秘蔵っ子のド・ゴール大佐（臨時准将として将官待遇）を陸軍次官に抜擢し、みずからを補佐させた。翌日、連絡将校をつとめる作家のアンドレ・モーロアからイギリス軍の動向が伝えられた。イギリス軍はよく戦っているが、イギリス人は、特に上級の司令官たちは、フランス軍に対する信頼感を完全に失ってしまったと。そう聞かされたレイノーは、この時期にフランスの政・軍トップを一新するという私の判断は、やはり間違っていなかったと確信した。

だが、レイノー首相はこの時、致命的なミスもおかしていた。「条件付き降伏」をよしとする愛人のエレーヌ・ド・ポルト伯爵夫人に影響されたのだろう。レイノーはマドリードに特使を送り、フランコ政権下のスペインでフランス大使の任にあったフィリップ・ペタン元帥を口説きにかかったのだ。副首相のポストを提示し、私の補佐役になってほしいと。ペタン元帥は、第一次世界大戦の「ヴェルダンの戦い」における立役者で、国家的英雄と見なされていた。だが、御年《おんとし》八十四歳の老元帥は、ウェイガン将軍と同様、この国難にあって警戒心をいだく方向がいささか違っていた。かれらがなにより恐れたのは、フランスがこのまま敗北することより、共産革命が起こって、フランス陸軍が解体されるような事態だったのだ。右派人士の多くがそうであるように、ペタン元帥も、わがフランスはかのイギリスのせいで、こんな不利な戦いに巻き込まれたと固く信じていた。

一九四〇年五月十八日の朝、ウィンストン・チャーチルが首相に就任してわずか八日。「BEF」が北フランスでドイツ軍に包囲されかけたこの日、ランドルフ・チャーチルが父のもとに訪ねてきた。新首相は朝のひげ剃りの真っ最中で、終わるまでちょっと新聞でも読んでいてくれと息子にいった。そのあと、父チャーチルは「私はなんとかなると思っている」といきなり言うと、再びひげ剃り作業に戻った。驚いた息子のランドルフが思わず聞きかえした。「えっ、それって敗北を免れる手があるってこと?……それとも、あの悪党どもを倒せるっていう意味?」

チャーチルは剃刀を置くと、ぐるりと振り返った。

「もちろん、やつらを叩きのめせるってことさ」

「いやあ、文句は全くありませんが、父上、でも、どうやって？」

父親はタオルで顔をぬぐったあと、語気鋭く言い放った。「合衆国を引きずり込むのさ」

偶然だが、この日はまた、モスクワに派遣する新任大使が決まった日でもあった。ソ連に対してより友好的な関係を模索すべく、ハリファクス外相の提案が通り、サー・スタフォード・クリップスが選ばれたのだ。クリップスにこの大役が回ったのは、チャーチル戦時内閣を構成する労働党の一員にして、謹厳実直な性格で知られた社会主義者だったからだ。もっともチャーチル自身は、大物大使の派遣というアイデアはなかなかだが、クリップスというのは人選ミスではないかと感じていた。スターリンという男は、私がイギリス保守党の人間を忌み嫌うのと優るとも劣らぬ激しさで、社会主義者に嫌悪感をいだいているから――というのがその理由だった。チャーチルはまた、ケレン味とは一切無縁の、高潔一方のクリップスでは、スターリンのように荒々しく、疑り深く、しかも計算高い皮肉屋を相手に、十分な交渉事などできるはずがないとも考えていた。だが、サー・スタフォードは、一部の方面については、大英帝国の総理閣下より、はるかに遠くを見通していた。今次大戦はいずれわが帝国に終焉をもたらし、その後、イギリス社会は根本的な変貌を遂げるであろうと、かれはこの時点ですでに予言していたのである。

五月十九日、「装甲回廊」――ドイツ軍の突出部はすでにそう呼ばれていた――はいまや「北運河」を越え、さらにその先へと延びていた。グデーリアンもロンメルも、とっくの昔に部下の戦車兵を休ませておくべき状況にあった。だが、ロンメル将軍は、上官たるホート第一五軍団長に、パ・ド・カレー県の県都アラスまでは、今夜のうちに進出しておくべきでしょうと進言していた。

フランス本土に派遣されたイギリス空軍部隊はいまや、自国の地上軍と完全に切り離されてしまった。このため、フランスに残存する六六機の〈ハリケーン〉戦闘機は、イギリス本土にいったん戻すことになった。もちろん、この動きはフランス側にひどく裏切られた思いを味わわせたが、すでに飛行場は失われ、パイロットも疲労困憊している現状では、やむを得ないともいえた。今回の「フランスの戦い」において、イギリス空軍はすでに保有する全戦闘機のうち、四分の一を失っていた。

この日、はるか南方では、エルヴィン・フォン・ヴィッツレーベン将軍麾下のドイツ「第一軍」がマジノ線に初の突破口を穿っていた。「装甲回廊」の南側面にフランス側が援軍を送れないようにするための、計算尽くの動きだった。ただ、「装甲回廊」の南側面はすでに、ドイツの各歩兵師団——強行軍のせいでみなくたくたに疲れていたが——によって、とにもかくにも、守備固めは整いつつあった。

この日、ド・ゴール大佐は、手にした戦車一五〇輛をもちいて、北方のクレシー＝シュル＝セールにむけ新たな攻勢に打って出た。ドイツの〈シュトゥーカ〉急降下爆撃機を撃退するため、戦闘機による上空援護も別途おこなわれるとの言質も取り付けていた。だが、通信面の不備から、空軍による来援は遅すぎた。結局ド・ゴールは、傷ついた機甲部隊の残余をエーヌ川の手前まで引き下げざるを得なかった。

イギリス陸軍とフランス陸軍の連絡不足は依然解消にはほど遠い状態で、繰り返される齟齬は、「BEF」のやつら、さては撤退の準備に入ったなとの疑念を生んでいた。「BEF」司令官のゴート卿は、その可能性こそ排除しなかったものの、この時点では、いかなる撤退計画も策定していなかった。そもそもイギリス側は、判断のもととなる基本的な事実関係すら把握できていなかった。わが軍の南方は本当のところ、どんな状況になっているのだろうか、フランス軍には、自由に動かせる予備兵力がいったいどの程度残っているのだろうか――などなど、そうした疑問の数々について、フランス「第一軍集団」を率いるビヨット将軍から明確な回答がもらえることはいっさいなかった。一方、ロンドンではすでに、アイアンサイド帝国参謀総長から海軍本部に対し、万一を見越した照会がなされていた。わが海軍は現在、どれほどの小型船舶を利用可能なりやと。

イギリス国民は当時、状況がそこまで深刻だとはほとんど気づいていなかったが、不安を煽るような噂話はこの時期を境に一気に増えていった。国王ご夫妻は、エリザベス王女とマーガレット・ローズ王女をカナダに〝派遣〟されようとしているらしいとか、イタリアはすでに参戦し、イタリア陸軍の部隊がスイスにむけて進軍中だとか、ドイツの空挺部隊が空から降ってきたとか、ホーホー卿――ベルリンで対英宣伝工作をおこなうイギリス人のファシスト、ウィリアム・ジョイスのあだ名――が番組に紛れこませて、ドイツの潜入スパイに秘密のメッセージを送っているらしいとか……。

その日曜日は、これまでフランス軍を束ねてきたガムラン将軍が総司令官をつとめる最後の日にあたっていた。フランス政府はこの日、ノートルダム大聖堂で式典を催し、神の聖なる介入を祈念した。フランス贔屓の駐仏アメリカ大使、ウィリアム・ブリットは式典の最中、涙を禁じ得なかったという。

ガムランにかわって総司令官のポストに就いたウェイガン将軍は、小柄でエネルギッシュな人物で、皺だらけのキツネ顔をしており、シリアからの長時間におよぶ空の旅のせいで、まずは睡眠が必要だと主張した。そもそも君主制をよしとするこの将軍を、共和制国家の国軍トップに据えるという選択は、多くの点で驚きだった。任命権者たるレイノー首相からして、ウェイガンを生理的に嫌悪していたのだから、尚更である。だが、もはやあれこれ言っている場合ではなかった。かつてフェルディナン・フォッシュ元帥の副官をつとめたウェイガン将軍は、ペタン元帥と同様、救国の英雄、先の大戦の勝利を具現化したシンボル的存在であったから。

五月二十日月曜日、ウェイガン総司令官の仕事始めにあたるこの日、ドイツ「第一装甲師団」が、その前日に重爆撃で叩いたアミアンへと入城した。この町にいた唯一の連合軍部隊――イギリス「王立サセックス連隊」所属の一個大隊――は十分な防御手段を持たず、全滅した。グデーリアン麾下の同師団はまた、ソンム川の対岸に橋頭堡を築き、戦闘の次なる段階にむけ準備作業に入った。一方、オーストリア「第二装甲師団」はその下流にあるアブヴィルへと派遣された。同師団は夕刻までに目的地に到着し、その数時間後、同師団に所属する一個装甲大隊がついに海岸部までたどり着いた。マンシュタインの「ズィッヒェルシュニット（大鎌で一薙ぎ）」計画はいまここに、その達成を見たのである。ヒトラーはむろん大喜びだったが、これほどの朗報だと、にわかに信じ難いものがあった。驚きはあまりに大きく、ドイツ陸軍上層部は、次なる一手をすぐには繰り出せなかったほどである。

「装甲回廊」の北辺では、ロンメルの「第七装甲師団」がアラスにむけ急迫したものの、イギリス「ウェルッシュ近衛連隊」所属の一個大隊と遭遇し、行き足を止めていた。するとその夕刻、イギリス陸軍のアイアンサイド帝国参謀総長が、チャーチル首相の命令を携えて「ＢＥＦ」司令官のゴート卿のもとにやってきた。そして、同回廊を力ずくで縦断し、南辺のフランス軍部隊と合流せよと伝えた。これに対しゴート卿は、われわれが保有する師団群の主力は、現在スケルデ川のライン防衛にあたっており、いまの段階でそれらを引き剝がすわけにはいきませんと指摘した。とは言いつつも、最終的にゴート卿は二個師団を投入し、アラスを攻める準備に入った。ただ、フランス側が果たして同じ意図のもと、こちらと呼応して動いてくれるかどうか、その点ははなはだ心許なかった。

そこでアイアンサイドは、ビヨットのフランス「第一軍集団」司令部にむかった。行ってみると、このフランス人将軍は完全に戦意を喪失していた。大柄なアイアンサイドは相手の上着を鷲づかみにすると、大きく揺さぶって活を入れた。ビヨットはようやく、さらなる二個師団をもってフランス側も同時反攻に出ると同意した。だが、ゴート卿はフランス側に多少なりと動きがあるとはどうしても思えず、この予感は見事的中してしまう。イギリス軍の側面支援を命じられたのはフランス「第五軍団」だった。だが、その軍団長ルネ・オルトメイヤー将軍は、あるフランス人連絡将校によると、ただベッドで涙を流すのみだったという。結局、プリウー将軍率いる、それは見事な「騎兵軍団」から、申し訳程度の部隊が来援に来ただけだった。

アラス周辺におけるイギリス反攻作戦の目的は、この町の南郊に地歩を築き、ロンメル「第七装甲師団」の先鋒と本隊の分断をはかるというものだった。作戦に参加した主要部隊は「第四」および「第七王立戦車連隊」に所属する〈マティルダ〉戦車七四輛、「ダラム軽歩兵連隊」所属の二個大隊、「ノーサンバーランド・フィジリア連隊」の一部、そして「第一二槍騎兵連隊」所属の装甲車である。今回もまた、砲兵による支援射撃、ならびに空軍による上空援護は、たんなる口約束に終わった。ロンメル側も、歩兵・砲兵部隊が命からがら逃げ回ったり、新来の〝ヴァッフェンSS（武装親衛隊）〟所属の「トーテンコプフ（髑髏）」機械化歩兵師団がパニックに陥るなど、およそ順調とは言えなかった。だが、ロンメルはすぐさま措置を講じ、若干の対戦車砲ならびに対空砲を投入して、地響きを立てて迫りくる〈マティルダ〉戦車に対抗してみせた。両者の砲撃戦は熾烈を極め、ロンメル自身、危うく命を落としかけるほどだった。それでも、このおよそ師団長らしからぬロンメルの指揮ぶり、まるで下級将校のようにつねに現場を回って檄を飛ばす勇姿が、結局この日、ドイツ軍を潰走から救ったのである。

イギリス軍のその他の部隊は、これより増しな戦果をあげたものの、持てる戦車の大半をやられてしまった。装甲の厚い〈マティルダ〉戦車は、ドイツの対戦車砲によく耐え、ドイツ側の戦車や装甲のより薄い各種車輛にかなりの打撃を与えたものの、その多くは最終的にマシン・トラブルのせいで動かなくなってしまった。この反攻作戦は大いなる勇気の発露という点では見事の一語であった。ただ、イギリス軍がその目的を達成するには、持てる戦闘力も、味方からの支援も、ともに大きく欠けていた。さらに、プリウー将軍麾下の騎兵部隊という唯一名誉ある例外を除いて、フランス軍がこの戦闘に参加しなかったことは、イギリス側の司令官にひとつの確信をいだかせた。フランス軍はもはや戦闘意欲を失ったようだと。チャーチル首相も大いに嘆いた。英仏同盟はいまや、その足元から崩れ落ち、今後は相互不信と相互非難に陥るのはもはや必定だったから。じつはフランス軍はカンブレにむけて、これとは別個の反攻作戦を実施していたのである。だが、こちらの戦いも、持続的な成果をほとんど得られぬまま沙汰止みとなった。

その朝、「ＢＥＦ」の主力は、エスコー川〔スケルデ川のフランス語名〕の防衛線で激しい攻撃にさらされつつも、必死の思いでドイツ側を撃退していた。この時の働きが評価されて、「ヴィクトリア十字勲章」がふたつも授与されるほどの、それはまさに獅子奮迅の戦いぶりだった。一方、ドイツ側は再度の平押しで、さらなる損耗をこうむる余裕はなく、ゆえにもっぱら火砲と迫撃砲をもちいて、イギリス軍を叩きにかかった。連合軍の各陣地は、上級指揮官のあいだの意思疎通が総じておこなわれず、互いに誤解を積み重ねた結果、いまや崩壊の瀬戸際にあった。こうした状況を前に、新任のウェイガン総司令官はその日の午後、フランス国境に近いベルギー北西部の町イープルで作戦会議を開いた。席上、ウェイガン将軍はイギリス軍に対し、現在の持ち場から兵を後退させ、ソンム川を目指すドイツ軍の回廊を横切る形で、一層強力な攻撃を見舞うよう求めた。ところが、肝心の「ＢＥＦ」司令官のゴート卿とは連絡がなかなかつかず、卿がようやく到着したのは、時間がかなり経過したあとだった。ウェイガンはまた、ベルギー国王レオポルド三世陛下とも協議をおこない、結果、ベルギー軍部隊は今後も引きつづきベルギー領内に留まることで合意した。だが、この判断はやがて大混乱を生むきっかけとなる。さらには、ビョット将軍の専用車が、難民を満載したトラックの後部に激突し、将軍自身が死亡するという突発事件が発生、状況をさらに悪化させた。ウェイガン将軍や一部のフランス人司令官は後年、じつはゴート卿はあの時すでに、「ＢＥＦ」をひそかに撤退させるべく画策しており、それゆえイープルの会議にもわざと遅刻したのだと示唆することになる。だが、そうした主張を裏付ける証拠はいっさい見つかっていない。

「戦争というのは実際ひどいものです」とドイツ「第二六九歩兵師団」に所属するある兵士は五月二十日、故郷への手紙に書いている。「町や村はバラバラに砕かれ、店はどこも略奪に遭い、人間性は軍靴で踏みつけにされ、家畜は追いやられ、見捨てられ、犬たちは家々に沿って、こそこそと力なく歩いています……ぼくたちはフランスで神のように暮らしています。肉が欲しければ、牛一頭が解体され、いちばん良い部位だけをいただき、残りは捨ててしまうのです。アスパラガス、オレンジ、レタス、ナッツ類、ココア、コーヒー、バター、ハム、チョコレート、スパークリング・ワイン、ワイン、蒸留酒、ビール、葉たばこ、葉巻、紙巻きたばこが、洗濯済みの衣類ともども、夥しいほど潤沢にあるのです。行軍する縦隊はひどく長々と延びているため、本隊と連絡がつかなくなることもあります。そういう時は手にした小銃で付近の民家のドアを壊し、腹を満たします。全くひどい話でしょう？　でも、人はどんなことにも慣れてしまいます。こんな状況がわが祖国に起きていないことを、私は神に感謝しています」

「道端には、破壊され、燃え尽きたフランス軍の戦車や車輌が列をなしてどこまでも続いています」とドイツ軍砲兵部隊のとある伍長は、妻に宛てた手紙のなかで書いている。「もちろん、そのなかにはドイツ軍のものも若干はありますが、数は驚くほど少ないです」と。やることがいかに少ないかと文句を言っている兵士もいる。「ここには一発も撃たなかった師団がじつにたくさんいます」と、ドイツ「第一歩兵師団」の伍長は書いている。「前線に行くと、敵は逃げてしまうのです。フランスとイギリスはどちらも、世界大戦における敵国ですが、この戦いではわれわれの挑戦を受けて立とうとしないのです。実際、わが空軍機は天空を支配しています。われわれは敵の飛行機を一機も見ることなく、すべてはわが方のものばかりです。ちょっと想像してみてください。アミアン、ラン、シュマン・デ・ダムなど拠点となる都市が、ほんの数時間で陥落したのです。一九一四年から一八年にかけての戦争では、何年もかかったというのに」

ただ、勝ち戦さぶりを誇るこうした手紙は、英仏軍の捕虜や、あるいは民間人を対象に、時おり大量虐殺がおこなわれた事実について、一言も触れていない。捕虜のなかでも、フランス軍に所属する植民地出身の兵士、特にその勇猛果敢ぶりがドイツ兵の人種差別意識に火をつけたセネガル人の〝ティライウル（原住民歩兵）〟には、虐殺行為がより頻繁におこなわれたのだが、そうした言及は皆無である。かれら植民地兵は、武装親衛隊の「トーテンコプフ（髑髏）」機械化歩兵師団や、あるいは「第一〇装甲師団」、「グロスドイチュラント」連隊といったドイツ陸軍の部隊によって、射殺された。その数は時に五〇人、あるいは一〇〇人にものぼった。捕虜になった直後に射殺された植民地兵は、「フランスの戦い」の場合、計三〇〇〇人にのぼると推計されている。

英仏両軍の後方にある港町ブーローニュ＝シュル＝メールは、大混乱に陥っていた。フランス海軍の守備隊の一部は泥酔し、また海岸砲の破壊に勤しむものもいた。この町を守るべく上陸したのは、イギリス「アイリッシュ近衛連隊」一個大隊と「ウェルシュ近衛連隊」一個大隊だった。五月二十二日、ドイツ「第二装甲師団」がこの町を目指して北上した。これに対して、フランス「第四八連隊」の分遺隊が待ち伏せ攻撃を仕かけたが、同分遣隊の大半は連隊の本部要員で構成されていた。不慣れな対戦車砲を操りながら、かれらはドイツの戦車に必死で対抗した。ブーローニュの混乱は面汚しだったが、本部要員たちの奮闘はまさに混じりけなしの勇気の発露であった。ドイツ「第二装甲師団」は、そのかれらをあっさり蹴散らすと、そのままブーローニュ攻略に邁進した。

要衝の港をまもるイギリス側の二個「近衛」大隊は、対戦車砲をほとんど持たず、たちまち城内に押し込まれ、さらには港湾地区の内部にまで後退を余儀なくされた。ブーローニュの死守は不可能と判断したイギリス軍は五月二十三日、後方要員をイギリス海軍の駆逐艦に撤収させ始めた。その結果、入ってきたイギリス側の軍艦と、ドイツ側の戦車のあいだで、いささか風変わりな砲撃戦が展開された。だが、最後の一兵まで戦い抜けと命じられていたフランス軍司令官は、イギリス側のこうした動きに激怒した。イギリス軍のふるまいは敵前逃亡にも等しいと非難を浴びせ、そうしたことばのやりとりは、英仏両国の同盟関係をさらにいっそう悪化させた。またこの一件はチャーチルにも影響を与えた。いかなる事態が出来しようと、港湾都市パ゠ド゠カレーは是が非でも守らなければならない――チャーチルはそう決意することになる。

パ゠ド゠カレーの守備隊には、四個大隊と若干の戦車が増派され、さらに「連合軍としての連帯感を敢えて示すため」撤退はまかりならぬとのお達しも出されたが、死守できる可能性はほとんどなかった。五月二十五日、ドイツ「第一〇装甲師団」は、〈シュトゥーカ〉急降下爆撃とグデーリアン麾下の重砲部隊に応援をたのみ、守備隊の残余が後退して立て籠もる旧市街にむけ、まずは砲爆撃を加えた。攻防は翌日まで続いた。炎上する市街から立ちのぼる黒煙は、イギリス海峡の対岸にあるドーヴァーからも見てとれたほどだ。フランス兵は持てる弾薬が尽きるまで戦った。フランス海軍の司令官は降伏を決意し、甚大な被害をこうむったイギリス軍にもそれ以外の選択肢はなかった。パ゠ド゠カレー防衛戦はまさに多勢に無勢だったが、少なくとも頑強な抵抗のおかげで、「第一〇装甲師団」の行き足は止まり、同師団がその海岸線をさらに前進してダンケルクまで迫るのを、多少なりと遅らせることができた。

イギリス本国では、市民たちの戦闘意欲にいささかの動揺も見られなかったが、それは海峡の向こう側の実情をほとんど知らされなかったせいである。それゆえ五月二十二日、フランスのレイノー首相が「フランスを救えるのは奇蹟のみだ」と語ったと報じられると、市民たちの警戒心は一気に高まった。かくしてイギリスは突如として、目覚めたのである。政府に対しより大きな権限を与える「緊急授権法」に広範な支持が寄せられ、また「イギリス・ファシスト連合」の指導者、サー・オズワルド・モーズリーは逮捕・拘禁された。人々の日々の暮らしや国民一般の空気を当時、観察・記録・収集していた社会研究グループ「マス・オブザヴェーション」が残したデータを見ると、総じて大都市よりも、町や村の方が戦意は高く、また女性は男性ほどには戦いに確信が持てなかったことが分かる。中産階級の方が、労働者階級よりも大きな不安をかかえ、「精神労働の度合いが高ければ高いほど、安心の度合いが低かった」とされている。事実、敗北主義者が占める比率は、裕福な上流階級ほど高かった。

多くの人々が途方もない噂を信じるようになった。フランス軍を束ねるガムラン将軍が売国奴に撃たれたとか、あるいは自殺をはかったなどという話は、じつは第五列が意図的に流したものだった。だが、「マス・オブザヴェーション」がイギリス情報省にあげた調査報告によると、「当面の資料を読み解く限り、この手の噂の大半を広げているのは、定職を持たず、恐怖心をいだく、疑り深い人々だ」という。

五月二十三日、ＢＥＦ「第二軍団」を率いるブルック将軍は日記に書いている。「奇蹟以外のなにものもＢＥＦを救えず、最後の瞬間が遠からず訪れることは間違いない」と。ただ、「ＢＥＦ」にとって幸いなことに、結果は失敗だったけれど、アラス反攻作戦のおかげで、ドイツ側はこれまでになく警戒心をいだくようになった。ルントシュテット将軍もヒトラー総統も、新たな進軍を開始する前に、獲得した地域をまずは固めるべきであると主張した。結果、ドイツ「第一〇装甲師団」はブーローニュとカレーで停滞することになり、それは「ＢＥＦ」の後方にある港湾都市ダンケルクが、その間は敵の手に渡らずに済むことを意味した。

五月二十三日夕刻、フォン・クルーゲ上級大将は、ドイツ軍一三個師団を、イギリス側が「運河ライン」と呼ぶ一線に沿う形で停止させた。このラインは現在形成がすすむ「ダンケルク包囲網」の西側部分に相当した。ドイツ側が敷いた包囲網全体は、総延長五〇キロメートル強に達し、イギリス海峡からアー川とその運河沿いに走り、途中、サントメール、ベテュヌ、ラ・パセといった要衝を経由していた。そのころ、これまでずっと戦いづめの、クライスト麾下の二個装甲軍団は、保有する車輛の補修作業を早急におこなう必要がでてきた。なにしろ「クライスト装甲集団」はこの時点ですでに、持てる装甲部隊の半数を失っていたのだ。過去三週間の戦いで、六〇〇輛の戦車が敵によって撃破されるか、深刻なマシン・トラブルをかかえるに至り、それは全戦線に展開するドイツ装甲車輛の六分の一余りに相当した。

ヒトラーは翌日、この停止命令を了承した。ただ、巷間信じられていることとは違って、この時のいったん休止は、ヒトラーが藪から棒に私的介入をおこなった結果ではない。五月二十四日夜、ドイツ陸軍総司令官のフォン・ブラウヒッチュ上級大将が、ハルダー陸軍参謀総長の支持を得て、進軍続行を下命したにもかかわらず、現場のルントシュテット「A軍集団」司令官がヒトラー総統の支持を取りつけて、まずは歩兵が追いつくのを待つべきだと主張した——というのが一連の経緯である。ルントシュテットとヒトラーは、フランス軍の主力が態勢を立て直す前に、ソンム川とエーヌ川を越えて攻勢をかけたいと考えており、いまある装甲部隊はできるだけ温存しておきたかったのだ。フランドル地方にはいくつもの運河が走り、湿地が広がり、それを越えて前進を続けることは、かれらには無用のリスクに思われた。なぜなら、イギリス軍がどのような撤退を試みようと、わがドイツ空軍は十二分に対処できると、かのゲーリング元帥閣下が胸を張って確約したからである。たしかにドイツ軍の進撃は目も覚めるようなテンポで進んだが、その戦車部隊に追いつこうと、各歩兵師団は必死の形相を浮かべているのが現状だった。この時点で「BEF」とフランス軍の大半は、ドイツ軍に比べ、はるかに自動車化がすすんでいたというのは、衝撃の事実かもしれない。ドイツが保有する一五七個師団のうち、一〇〇パーセントの自動車化が実現されていたのはわずか一六個師団にすぎず、残りの師団はすべて、火砲や各種軍需物資の運搬を軍馬に頼っていたのである。

イギリス軍はここでさらなる僥倖に恵まれた。待ち伏せ攻撃の結果、ドイツの参謀用車輛から入手した文書のおかげで、ドイツ軍の次なる攻撃が東方のイープル近辺、ちょうどイギリス軍の左翼とベルギー軍の中間辺りを突いてくることが判明したのだ。これを受けて、「BEF」司令官のゴート卿は、ブルック将軍の献策をいれ、次なる反攻用に受領した数個師団のうち一個師団を投入、その間隙を埋めておいたのだ。

もはやわが軍にはソンム川を越えて、ドイツ側に反撃することは不可能である——フランス側からそう聞かされたアンソニー・イーデン英陸相は五月二十五日夜、ゴート卿にひとつの指示を与えた。「BEF」の安全を「最大限配慮」されたしと。これを受けて、ゴート卿はその後にやってくるだろう撤退命令に備えて、麾下の部隊をイギリス海峡にむけ後退させていった。そのころ、イギリスの戦時内閣は、フランス陸軍がその崩壊から立ち直れそうにないという現実を前に、その対処を迫られていた。そうなれば、今後はイギリス一カ国で戦うことになるからだ。ゴート卿はすでにロンドンに警告していた。「BEF」は持てる装備のすべてを失う可能性が高いと。フランス撤退といっても、わずかの手勢ならともかく、これほどの大規模部隊を逃すとなると、本国に生還できるのはそのごく一部であろう。

イーデン陸相は知らなかったが、レイノー仏首相はそのころ、ペタン元帥とウェイガン将軍から突き上げをくい、日々疲労の度を増していた。ペタン元帥はまた、ピエール・ラヴァルとすでに接触をもっていた。ラヴァルはイギリス嫌いで有名な政治家で、レイノーに取って代わる機会を虎視眈々と狙っており、すでにイタリアの外交官と連絡をつけ、ムッソリーニ経由でヒトラーと交渉することは可能だろうかと打診もしていた。一方、全フランス軍を束ねるウェイガン将軍は、こんな戦争を始めてしまった「犯罪的なほど無分別な」政治家どもが、そもそもの元凶なのだと非難した。ペタン元帥の後ろ盾を得て、ウェイガンは要求した。フランスは単独講和を求めないという先の保証は、このさい撤回すべきであると。ペタンやウェイガンが最優先と考えたこと、それは秩序維持のため、是が非でも陸軍を存続させることだった。今後について、イギリス側と協議をおこなうため、総理閣下には翌日ロンドンに飛んで頂きたいという要請に、レイノーは二つ返事で同意した。

ウェイガンがこのとき考えていたのは、若干色をつけて、仏領植民地の一部を割譲してやれば、ムッソリーニはおそらく開戦を思いとどまるだろうし、さらにはドイツとの和平交渉で仲介役をつとめてくれるかもしれないということだった。だが、それは完全な眼鏡違いだった。われわれはすでに勝利したと主張するヒトラーを前に、それまで煮え切らない態度に終始していたムッソリーニは、六月五日以降の早い時期に、イタリアは英仏両国と戦争状態に入ると、ドイツ国ならびにその参謀本部に対し、すでに明言していたのである。もちろん、英仏相手に大攻勢をかけるような能力がいまのイタリアにないことは、ムッソリーニも、その将軍たちも、百も承知だった。それでも、地中海にあってイギリスが支配する戦略拠点のマルタ島にかんし、いちおうの攻略計画を策定してみた。だがその後、イタリアは考えを改める。イギリスの敗北に乗じて、かっ攫えばいいだけの話で、なにもいま慌てて攻めることもあるまいという結論に最後は落ち着いてしまったのだ。ムッソリーニはその後こういったと伝えられている。「今回、余は宣戦布告はするが、敢えて戦争をおこなうつもりはない」と。この一見狡猾とも見える、首領《ドゥーチェ》閣下の二股膏薬戦術で最大の犠牲となったのは、悲しいくらい劣悪な装備とともに戦場へと送り出されたイタリア軍だった。イタリアとは旺盛な食欲と、貧弱な歯を持った国であると、かつてビスマルクは同国について喝破したことがある。「第二次世界大戦」を概観する時、この言葉がいかに的を射たものであるか――イタリアはこのあと、そのことを身をもって悲惨な形で実証していくのである。

五月二十六日日曜日の朝、イギリス軍の各部隊が激しい嵐――「轟く雷鳴に砲声が入りまじる」と形容された――のなかを、ダンケルクにむけ後退していたころ、ロンドンでは戦時内閣が会合をもっていた。突然の宣戦布告に、みなムッソリーニの真意をつかみかねていた。いっそムッソリーニに接触して、どんな条件ならヒトラーが和平に応じるのか打診してみるのも一興ではないかと外相のハリファクス卿が問題提起した。じつはハリファクス卿は前日の午後、駐英イタリア大使と私的に会見し、みずからの考えを伝えていた。近い将来、アメリカから支援を得られる見通しのつかない現在、ヒトラーを相手に単独で抵抗を続ける国力などいまのイギリスにはないと、ハリファクス卿は見切っていたのだ。

これに対しチャーチル首相は、イギリスにとって自由と独立とは至高のものであると応じた。しかもチャーチルは、陸海空三軍のトップが用意した文書で理論武装していた。タイトルは『不測の事態下におけるイギリスの戦略』で、ここに言う〝不測の事態〟とは、フランスの降伏をさす婉曲表現だった。議論の叩き台として作成されたこの文書は、もし一カ国で戦う羽目になった時、イギリスに取りうる選択肢を列挙していた。状況の推移にかんする部分には、はなはだ悲観的な記述もあった。この文書はまず、「BEF」の大半がフランス領内で失われると想定し、海軍がかろうじて救い出せる兵員は四万五〇〇〇人を上回ることはないと断定していた。イングランド中部に点在する軍用機工場がドイツ空軍に爆撃される可能性にも懸念が表明されていた。ひどく楽観的な想定もあった。たとえば、ドイツの戦争経済が、原材料不足から今後、勢いをなくしていくと同文書は予想していた。だが、ドイツがヨーロッパ西部および中部を支配するような事態になれば、いったいどんな結果を生むかは検討されておらず、この見通しには首を傾げざるを得ない部分も多々あった。ただ、文書の柱とも言うべき結論部分は、もし仮に、空軍と海軍が損なわれなければ、イギリスはおそらく、ドイツの侵攻を撃退できるだろうと予想しており、ハリファクス外相との論戦に臨むチャーチルにとって、この部分はまさに切り札となった。

チャーチルはロンドンに飛んできたレイノー仏首相と昼食をともにするため、海軍本部へとむかった。ほんの数日前、戦況にかんしてやたら楽観的だったウェイガン総司令官がいまや最大の敗北主義者になり下がっている現状が、レイノーの話を聞いてよく分かった。フランス側はすでにパリ失陥を考えに入れていた。レイノーはさらにこう言った。私自身はイギリス抜きの単独講和文書に署名する気は断じてないが、それをやってしまう誰か別の人間に、この首をすげ替えられるのではと恐れていると。さらに私は「わが国自身の負担を軽減するため」、ジブラルタル及びスエズ運河をイタリアに引きわたす一件にかんし、イギリス側を説得するよう圧力を受けていると。

戦時内閣の会合に戻ったチャーチルが、先ほどのレイノーとのやりとりを披露すると、さしものハリファクス卿もイタリア接近案を引っ込めた。チャーチルは手持ちのカードを慎重に切る必要があった。まず第一に、ハリファクス卿と公開の場で決定的亀裂を生むようなリスクはおかせなかった。チャーチル自身の立場はおよそ盤石とはいいがたく、一方、ハリファクス卿に忠誠を誓う保守党員はあまりに多かったから。幸いなことに、チェンバレンは徐々にチャーチル支持へと回った。一時は激しく反目しあった仲だったが、それにもかかわらず、首相の座を退いた自分に、チャーチルが大いなる敬意と雅量を示したことを、チェンバレンは多としていた。

チャーチルは論じた。わがイギリスは降伏のための条件を模索するようなフランスとは断じて違う。「乾坤一擲の戦さをいまだ為さざるうちに、わが国を、その手の状況に陥らせてはならない」と。「BEF」のうち、どれだけの兵士を実際に救えるのか、それがはっきり分かるまで、いかなる決定も下すべきではない。いずれにしろ、ヒトラーの条件がどのようなものであれ、「わが国の再軍備」を許さないことは間違いない。そして、ヒトラーはフランスに対しては、イギリスに対するものより、はるかに寛容な条件を提示するはずだと（チャーチルの読みは正しかった）。だが、国の外交面を司るハリファクス卿にとって、交渉という選択肢を棄てる気は毛頭なかった。「もし、独立の放棄を前提としないという条件を獲得し、それでも協議に応じないとしたら、われわれは愚かものそしりを免れないだろう」とハリファクス卿は反駁した。するとチャーチルは、なるほどそれならば、イタリア側と接触する案を再検討せざるを得ませんなと、含みのある発言をした。が、実際にはそれは時間稼ぎのための方便だった。もし仮に、「BEF」のかなりの部分を救うことができれば、イギリスという国家の立場も、チャーチル自身の立場も、これ以上ないくらい強まるはずだったから。

その日の夕刻、アンソニー・イーデン陸相は「BEF」司令官のゴート卿に電報を送り、「フランス及びベルギー両国の陸軍と協同しつつ……海岸線まで後退せよ」と指示した。その同じ夕刻、イングランド南端のドーヴァーに控えるバートラム・ラムゼイ海軍中将に対し、「ダイナモ作戦」――「BEF」の海上撤退作戦――の発動が命じられた。不幸なことに、チャーチルがウェイガン総司令官宛てに送った電報では、行き違いが生じてしまった。同電報は、海峡沿いの各港湾に、イギリス軍が部隊を後退させる点については確認したものの、それが撤退計画に伴う動きであるという点までは明記されていなかったのだ。そんなこと、状況を見れば、一目瞭然だろうとつい考えてしまったことは、いささか分別が足りなかったように思われる。このため、英仏関係の悪化につながる忌々しき事態が次々出来することになるのである。


ドイツの各装甲師団がいったん停止に入ったおかげで、ゴート司令部の参謀たちには、後退する「BEF」本体の背後を守るべく、要塞化した村々を拠点に、防衛線を敷く余裕ができた。だが、イギリス側が撤退計画を準備中だと分かると、フランドル地方を担当するフランス軍の司令官たちはみな激怒した。海岸線まで下がれという指示を受けた時、ゴート卿自身は、ウェイガン総司令部にも当然ながら、ロンドンから同内容の連絡が同時に行っているものと考えていた。ゴート卿はまた、現場のフランス軍に対しても、イギリス軍と同じ艦艇で脱出せよとの指示が、当然ながらあったはずと思い込んでいた。だから、そうでないと知った時、かれは仰天した。

イギリス「グロスターシャー連隊」第二大隊と「オクスフォード・アンド・バッキンガムシャー軽歩兵連隊」所属の一個大隊は五月二十七日以降、ダンケルク南方の町カッセルを根城に奮戦し、町の中心部から離れた農場に拠点をおく一部小隊などは、圧倒的優位にあるドイツ軍相手に三日間も戦いつづけた。その南方では、「運河ライン」のラ・パセからエールに至る区間を守備するイギリス「第二師団」が、敵の恐ろしく強力な攻撃に苦しんでいた。特に「王立ノーフォーク連隊」第二大隊は、対戦車砲の弾薬が尽き、疲労は頂点に達し、戦車相手の肉弾攻撃を敢行し、手榴弾でキャタピラーを破壊するしかない状況にまで追い込まれた。同大隊の残余は、武装親衛隊の「トーテンコプフ（髑髏）」機械化歩兵師団に包囲され、捕虜となった。その夜、親衛隊員たちは、イギリス人捕虜のうち九七人を虐殺した。この日、ベルギー軍の担当戦区では、ドイツ「第二五五師団」がヴィンクト村付近の攻撃に対する報復として、七八人の民間人を処刑するとともに、このものたちの一部は武器を所持していたと、虚偽の申し立てをおこなった。翌日、武装親衛隊「ライプシュタンダルテ・アドルフ・ヒトラー（LSSAH）連隊」の、ヴィルヘルム・モーンケSS大尉が率いる小グループが、ウォルムウーで九〇人近いイギリス人捕虜を殺害した。犠牲者の大半は、殿軍をつとめる「王立ウォリックシャー連隊」の兵士だった。西部戦線は東部戦線と比べると、まだしも文明的とされていたが、ポーランドで見られた血塗られた行状が、これ以降、まるで余韻のように、西部戦線でも再現されるようになる。

ソンム川の南方では、イギリス「第一機甲師団」がドイツ軍の橋頭堡に反撃を加えていた。今回もまた、フランス軍の砲兵や航空機による支援は得られず、「第一〇軽歩兵連隊」と「クイーンズ・ベイズ連隊」は、もっぱらドイツ軍の対戦車砲によって、戦車六五輌を失った。アブヴィル付近のドイツ軍橋頭堡に対する反撃はより効果的に実施された。これをやってのけたのは、ド・ゴール大佐率いるフランス「第四機甲師団」だったが、こちらも最終的には撃退されてしまった。

五月二十七日、ロンドンでは今日もまた、一日に三度も戦時内閣が招集されていた。なかでも午後に開かれた二度目の会合は、ナチ・ドイツがこの戦争に勝ちそうな状況のもとで開かれ、下手をすると最も危うい局面だったかもしれない。このところ続いていたハリファクス外相とチャーチル首相の暗闘が、ついにこの会合で正面対決へと至った。ハリファクス卿は、ムッソリーニを仲介役に立て、ヒトラーが仏英両国にどのような条件を提示する気か、その具体的内容を知ろうと決意していた。いたずらに決定を先延ばしすれば、提示される条件はよりいっそう不利なものに変わるはずだとハリファクス卿は確信していた。

チャーチルはそうした弱気な発想そのものに強い反論を加え、われわれは戦いを継続すべきであると力説した。「たとえ敗れようと」とチャーチルはいった。「われわれがいまここで戦いを諦め、もって招来される事態と比較するならば、情勢がいまより悪くなるはずがないからである。ゆえにわれわれは、フランスに引きずられて、危ない坂道を転げ落ちるような愚は、なんとしても避けなければならない」と。チャーチルには分かっていた。いったん交渉を始めてしまえば、途中で「後戻り」したくても、国民の抵抗精神をいま一度かき立てることがもはや「不可能」になると。戦時内閣のメンバーのうち、チャーチルは少なくとも労働党の二人の指導者、クレメント・アトリーとアーサー・グリーンウッドの阿吽の呼吸のような応援と、自由党党首サー・アーチボルト・シンクレアの支持を取りつけていた。さらに、前首相のチェンバレンも、チャーチルがその場で開陳した状況判断を大筋で了承していた。荒れに荒れたこの会合の席上、ハリファクス卿はついにチャーチルに言い放った。私の見解を無視するならば、私は外相を辞任すると。だが会議後、チャーチルはハリファクス卿の怒りをなんとか宥めることに成功した。

その夕刻、新たな一撃が連合軍を見舞った。リース川沿いのベルギー軍の担当戦区で防衛ラインが突破され、レオポルド国王が〝条件付き〟降伏を決断したのである。だが、状況の推移により、国王陛下は結局その翌日、ドイツ「第六軍」に〝無条件〟降伏をおこなうことになる。これを受けて、「第六軍」司令官フォン・ライヒェナウ上級大将とその参謀長フリードリヒ・パウルス中将が同司令部において、ドイツ側の降伏条件を読み上げた。ちなみに、パウルス将軍が次の降伏手続きに関与したのは、これから二年八カ月後、場所はソ連のスターリングラードで、降伏したのはパウルス自身だった。

フランス政府は表向き、レオポルド国王の「背信行為」を厳しく非難したけれど、裏ではこの展開を喜んでいた。敗北主義者のひとりは、まるでその場の空気を代弁するかのように、「ついにわれわれは贖罪の山羊を獲たり！」と叫んだほどである。一方、イギリス側は、ベルギー軍が崩壊してもほとんど驚かなかった。「BEF」を率いるゴート卿は、ブルック将軍の助言に従い、賢明にも左側面のイープルとコミーヌの間をドイツ軍に抜かれぬよう、すでにベルギー軍の戦線の背後にイギリス軍部隊を配置する予防措置を取っていたからである。

フランス軍を束ねるウェイガン総司令官のもとにようやく、イギリスが撤退を決めたことが正式に通知された。ウェイガンは烈火のごとく怒り、イギリス人の不実をなじった。不幸なことに、ウェイガン将軍はその翌日まで、自軍に対して撤退命令を出さなかった。フランス軍はイギリス軍にかなり遅れて沿岸部に到着した。一方、ペタン元帥はイギリスからの支援がこれでなくなったことを指摘し、レイノー首相がその三月に合意した、フランスは単独講和を求めぬという対英保証をこのさい改めるべきであると主張した。

五月二十八日午後、イギリスの戦時内閣がふたたび会合をもったが、今回はチャーチル側の要請をいれて、イギリス下院が会場となった。ハリファクスとチャーチルは論戦を改めて開始したが、チャーチルは敵との交渉はいかなる形のものでも断固拒否するという態度を貫いた。交渉をおこなったすえに、結局話がまとまらず、イギリス代表が残らず席を立ち、たとえその場をあとにしたとしても、とチャーチルは論じた。そのときは「いま現にあるような、汲めども尽きぬ固い決意は、もはや雲散霧消していることに、われわれは気づくべきである」と。

戦時内閣の会合が終わるや否や、チャーチルはすべての閣僚が出席する全体会議の招集を宣言した。チャーチルはその場で閣僚全員に対し、自分はこれまでヒトラーと交渉をおこなうか否かを検討してきたが、ヒトラーが提示する条件を呑めば、わが国は傀儡政権に支配される「奴隷国家」に成り下がるだろうと、確信をもって言い切った。交渉拒否を訴えるチャーチルに対する閣僚の支持は、これまでにないほどの高まりを見せ、ハリファクス卿は決定的に差を付けられてしまった。大英帝国はここに、最後の最後まで戦い抜くことを決意したのである。

次なる目標はダンケルクの席巻だったが、手持ちの装甲部隊は相当に劣化しており、ヒトラーはいまここでその虎の子を使い果たしたくなかった。そこでかれは、この港湾都市への進撃に制限を課した。各砲兵連隊がダンケルクを射程に捉えた時点で、戦車たちの進撃を停止させたのである。結果、ダンケルクには途方もない砲爆撃が加えられたものの、海上輸送によって連合軍兵士の撤退をはかる「ダイナモ作戦」の阻止には、それでは不十分だった。ドイツ空軍の爆撃機はしばしばドイツ本土の基地から遠路飛来し、しかも戦闘機による効果的な護衛がなかったため、はるかに近いイギリス・ケント州の飛行場を離陸した〈スピットファイアー〉飛行中隊により、頻繁に邀撃《ようげき》を受けることになった。

砂浜や街中で押し合いへし合いする哀れなイギリス兵たちは、乗船の順番が回ってくるのをただひたすら待つしかなく、一向に現れないイギリス空軍に呪いの言葉を吐いていた。イギリス空軍の戦闘機たちがもっと内陸部で、ドイツ軍の爆撃機と交戦中だったことをかれらは知らない。ゲーリングはイギリス軍など一掃してやると豪語したけれど、かれが率いるドイツ空軍が連合軍に与えた犠牲は、比較的軽微に留まった。爆弾や砲弾の殺傷力は、柔らかい砂浜に落ちると、大きく削がれてしまうのだ。連合軍兵士のうち、海岸地帯で命を落としたものは、爆弾よりも機銃掃射にやられるケースの方がはるかに多かった。

ドイツ軍は歩兵部隊の到着を待って進軍を再開したけれど、英仏両軍はそのころには強力な防衛態勢を整えており、ドイツ側が企図したような突破攻撃はかろうじて阻止できた。ただ、防衛陣地に設えたダンケルク周辺の村々から辛くも脱出できた兵士はごく僅かで、みな疲労と飢えと渇きに苦しみ、多くの場合、負傷していた。重傷者はあとに残していくしかなかった。また闇雲に逃げようにも、周囲はどこもドイツ兵でいっぱいだった。神経がすり減るような逃避行は結局、敵のどまんなかに飛び込んで終わることを、かれらは知らなかった。

撤退は五月十九日に開始され、負傷者や後方に位置する部隊がまっ先に乗船したが、撤退作業が本格化したのは五月二十六日の夜だった。海軍本部はＢＢＣを通じて、自家用船舶を所有する国民に呼びかけをおこない、さらにそうした中小船主と接触して志願を働きかけた。たとえば、ヨットや原動機付きの川船、キャビン・クルーザーのオーナーたちである。船主たちは指定された会合地点——まずはシアネス沖合、次いでラムズゲート沖合——に集結した。「ダイナモ作戦」の期間中、およそ六〇〇隻が投入された。避難船の舵を握るほとんどのものは、週末だけ船に乗るいわゆる「ウィークエンド・セイラー」だった。総数二〇〇〇余隻の海軍艦艇の不足を補うため、かれら船主たちはその六〇〇隻を駆って、助太刀にはせ参じたのである。

ダンケルクがある場所は分かりやすく、海路からも陸路からも、相当遠方から見つけることができた。ドイツ軍の爆撃で街中が火に包まれ、空にむかって幾筋も煙が上がっていたからだ。なかでも石油タンクは激しく炎上し、渦巻くような分厚い黒煙が雲のように広がっていた。ダンケルクにむかう道路はどれも、放棄され、あるいは破壊された各種の車輛で塞がれていた。

イギリス軍幹部とフランスの上級将校との関係、特にフランス「北方海軍」を束ねるジャン・アブリアル提督付きの参謀たちとの関係は、しだいに刺々しいものに変わっていった。英仏両軍の兵士たちがダンケルク市内で略奪行為に走っていることも、状況の改善に有益ではなく、英仏双方とも、相手が悪いと互いを非難し合った。水道管の本管がやられたため、のどの渇きを癒やそうと、ワインやビール、蒸留酒にまで手を伸ばすものが続出し、多くのものが酔っ払っていた。

海岸一帯と港湾地区は、列をつくって乗船の順番を待つ兵士たちであふれていた。といきなり、ドイツ空軍の新たな攻撃が開始された。〈シュトゥーカ〉急降下爆撃機が金切り声をあげて、「まるで巨大な地獄のカモメの群れのように」突っ込んでくると、男たちはそのたびに、身を守ろうと、蜘蛛の子を散らすように逃げ惑った。これに対し、防波堤の沖合にいる味方の駆逐艦が、持てる高角砲を総動員して必死の射撃を続けるため、耳を聾する騒音が空気を満たした。攻撃が一段落すると、兵士たちは駆け足で戻り、ふたたび行列をつくった。後回しにされてはたまらないからだ。極度の緊張から、精神に変調をきたすものもいた。しかし、戦争神経症には、ほとんど打つ手がなかった。

日が落ちて、兵士たちが海のなか、肩まで水に浸かる状態でじっと待っていると、救命ボートや小型船舶がにじり寄ってきて、かれらを引き揚げてくれた。大半のものが疲れきり、また戦闘服もブーツも海水をたっぷり吸って重いため、水兵たちはベルトや革紐をぎゅっと握りしめ、大きなかけ声とともに、兵士たちを船内に引っ張り上げた。

救出作戦では、イギリス海軍の面々も、陸軍の同僚と同じくらい被害を受けた。五月二十九日、ヒトラーがせっついたため、ゲーリングは撤退する敵艦に大規模空爆を敢行し、輸送船が数多くやられただけでなく、駆逐艦一〇隻も沈没もしくは大破の憂き目を見た。この損失を受けて、海軍本部は、イングランド南部の防衛に死活的に重要な〝艦隊駆逐艦〟については、現場から撤収させることを決断した。だがその結果、ダンケルクからの撤退作業が停滞したため、彼女たちはふたたび呼びもどされ、翌日再投入されることになった。この手の大型駆逐艦なら、一度に一〇〇〇人の兵士を移送できるからである。

この日はまた、より内側の防衛ラインを守備するイギリス「第三歩兵師団」所属の三個連隊――「グレナディア近衛」、「コールドストリーム近衛」、「王立バークシャー」――が激戦にさらされた日でもあった。ここで踏ん張れば、さらなる撤退の余地ができるため、かれらはドイツ軍の攻撃をなんとか凌いだ。フランス「第六八師団」の兵士たちも引きつづきダンケルク外辺部の西部および南西部を保持していたが、イギリス軍とフランス軍の連携にはきしみも生じていた。

イギリス側は自国の兵士を最優先にしているとフランス側は確信していた。またこの時期、ロンドンから相矛盾する指示が下りてきたことも事実である。イギリス兵用に指定された乗船場所にフランス兵が姿を見せ、そこの通行を拒否されるケースもしばしば発生し、当然ながら激しいやりとりが現場で展開された。一方、イギリス兵はフランス兵が私物を携行していることに苛立ち、フランス兵の私物を岸壁から海に放りこむ例も見られた（イギリス兵は所持品を放棄するよう事前に命じられ、みな手ぶらだった）。フランス側に割り当てられた船舶にイギリス兵が殺到したり、イギリス側に割り当てられた船舶に乗り込もうとして、フランス兵が海に突き落とされる事件も起きていた。

イギリス「第一師団」を率いるハロルド・アレグザンダー少将は、その魅力的な人柄でつとに知られた人物である。だが、フランス「第一六軍団」を率いるロベール・ファガルド将軍とアブリアル提督に対し、自分はできるだけ多くのイギリス兵を船に乗せろと命じられているとかれが通告すると、当然ながら二人の将官は激昂し、これを宥めることは、アレグザンダー将軍の魅力をもってしても不可能だった。フランス側は「ＢＥＦ」司令官ゴート卿がしたためた〝念書〟をアレグザンダーに示した。そこには、ダンケルクの外辺部を保持するため、イギリスは三個師団をあとに残していくと、はっきり書かれていた。アブリアル提督はさらに、当方はイギリス兵に対しダンケルク港湾地区への立ち入りを禁止することも可能なのだぞと凄んで見せた。

撤退手順をめぐる論争は、双方の司令官がロンドンとパリにそれぞれ照会し、最後はちょうどパリにいて、レイノー首相、ウェイガン総司令官、フランソワ・ダルラン海軍司令官と面談中のチャーチル首相にまで持ち込まれた。ダンケルクを永遠に保持しつづけることは不可能であるというイギリス側の弁明を、ウェイガン将軍は受け入れた。チャーチルはまた、今回の撤退作戦は双方平等の条件のもと、引きつづき実施されるべきであると力説した。だが、英仏同盟の精神をなんとか維持したいと願うチャーチルの想いは、ロンドンでは共有されていなかった。敢えてことばに出すような真似はしなかったけれど、ロンドンにおける関係者一同のコンセンサスは、フランスが戦闘継続を諦める可能性が高まっている現在、イギリスはもはや自国の利益を最優先にすべきである——というものだった。国家間の安全保障をめぐる関係は、勝利の時でも十分に複雑だが、敗北の時は、想像しうる最悪の相互不信へと必ず至ってしまうのだ。

五月三十日、「BEF」はその半数がこのまま取り残されるかに見えた。ところがその翌日、イギリス海軍ならびに、いわゆる〝リトル・シップス（小型船団）〟が大挙して押し寄せてきたのである。駆逐艦や機雷敷設艦、ヨット、外輪船、タグボート、救命ボート、漁船、レジャー用の各種船舶などだ。小型船の多くは、海岸から沖合で待つ、より大型の艦艇に兵士たちを運ぶため、大車輪で活躍した。そうしたヨットの一隻「サンダウナー（放浪者）」号は、C・H・ライトラー海軍中佐の持ち船だった。あの「タイタニック号」海難事故を生き延びたクルーのなかで最も階級が高かった元二等航海士である。ただ、いわゆる「ダンケルクの奇蹟」が実現できたのは、最も重要な数日間、夜も昼も、海が総じて穏やかだったことがやはり大きかった。

ひとまず駆逐艦までたどり着くと、くたくたに疲れ、空腹に悩む兵士たちに、イギリス海軍の水兵たちがココアの入ったマグカップやパン、コンビーフの缶詰を手渡してくれた。ただ、イギリス空軍による上空援護に穴が空くと、ドイツ軍機がすかさず襲ってくるため、沖の艦《ふね》までたどり着けたからといって、必ずしもそれで安泰というわけではない。空からの攻撃で手ひどい傷を負ったとか、船とともに沈んでしまったとか、助けを呼んだが誰にも気づいてもらえなかったとか、そうした人々にまつわる物語は、どれもこれも忘れがたいものである。また、ダンケルクの内部に残るしかなかった負傷者は、それよりはるかに苛酷な状況に見舞われ、看護兵や軍医は、かれらを励ますこと以外、ほとんどなにもできなかった。

なんとか撤退できて、対岸のドーヴァーにたどり着けた兵士たちも、ホッと一息つけるような余裕はなかった。人があまりに多いため、諸々のシステムがうまく機能しないのだ。病院列車は受け入れ先を求めて、広範囲に、はるか遠くまで兵士を運ばなければならなかった。ダンケルクで死ぬような恐怖を味わい、傷を負ってようやく還ったある兵士は、列車の窓から見える風景がほとんど信じられなかった。祖国イギリスでは、いまも変わらず平和が続いているようで、フランネルのズボンを履いた一団が、クリケットに興じていた。戦場の応急処置は本当に間に合わせだった。このため、ようやく治療を受けられた時、多くのものはその傷にウジがわき、あるいは壊疽のせいで、手や足を一本切断せざるを得なかった。

六月一日の朝、イギリス「第一近衛旅団」を含むダンケルクの後衛部隊は、ベルゲ＝フュルネ運河を越えて決然と攻撃してくるドイツ軍部隊に圧倒された。一部の兵士どころか、一個小隊が丸ごと崩壊する場面もあった。この日はまた、そこかしこで勇敢さも発揮され、その勲《いさおし》に対し、ヴィクトリア十字勲章やその他いくつかの勲章が授与された。もはや太陽の出ているあいだは、撤退作業を中止するしかなかった。イギリス海軍の損耗があまりに大きくなったせいである。なにしろ、病院船ですら二隻が使用不能（一隻は沈没、もう一隻は損傷）になるような状況だった。救出船団のダンケルク沖到着は六月三日が最後となった。撤退作戦を指揮するアレグザンダー少将はモーターボートに乗ると、海岸や港湾地区に沿って視察をおこない、残っている兵士があれば姿を見せよと大声で叫びつづけた。日付が変わる直前、少将付きのビル・テナント海軍大佐はようやく納得した。さすがにここまでやれば、任務完了と打電しても、ドーヴァーにいるラムゼイ提督に申し開きが立つだろうと。

作戦開始前、イギリス海軍本部はせめて四万五〇〇〇人ぐらいは救いたいと考えていた。ところが、海軍の各種艦艇と、種々雑多な民間船舶は、連合軍兵士をおよそ三三万八〇〇〇人も連れ帰ることができたのである。うち一九万三〇〇〇人がイギリス兵で、残りはフランス兵だった。およそ八万人の兵士（その大半はフランス兵）は戦場の混乱と、かれらの指揮官がなかなか撤退命令を出さなかったことで、結果的に置き去りとなった。ベルギーおよびフランス北東部の作戦において、イギリス軍は六万八〇〇〇人を失った。残存する戦車やエンジン付き車輛のほとんどすべて、大半の火砲、そして圧倒的多数の各種装備は、破壊せざるを得なかった。在仏ポーランド軍もまた、苦労しながらイギリスを目指した。転戦を重ねるかれらに対し、ナチの宣伝相ゲッベルスは、その指揮官の名にちなんで「シコルスキ旅行団」と呼んで、これを揶揄した。

イギリス国民の反応には、恐ろしいほどの幅があった。大げさすぎるほど怯えるものもいれば、「BEF」が救出されて本当に良かったと胸をなでおろすものもいた。イギリス情報省は、国民の士気が「いささか高すぎる」ことに懸念をいだいていた。その一方で、イギリス本土が侵攻される可能性がすでに、国民の心にずっしりと重くのしかかり始めていた。ドイツ兵が尼僧に扮し、パラシュートで降りてきたという噂は一気に広まった。ドイツでは「精神に問題のある患者たちが徴集され、自殺部隊が結成された」そうだとか、「ドイツ軍はスイスの地下を掘りすすみ、トゥールーズまでやってきた」らしいといった話までが、まことしやかに語られ、一部の人は本気で信じた。侵略されるとの懸念から、近所に住む外国人に対していわれなき恐怖心を募らせる事態は避けがたかった。社会研究グループ「マス・オブザヴェーション」は「ダンケルク」後の国民の空気について、フランス兵は温かく迎え入れられたが、オランダやベルギーの難民は、国民一般から距離を置かれたと記録している。

ドイツ軍は時を移さず、作戦の次なる段階に着手した。六月六日、ドイツ軍は大幅な数的優位と航空優勢（制空権）を存分に活かし、ソンム川およびエーヌ川の防衛ラインに攻撃を加えた。フランス陸軍の各師団は、不意を突かれたことによる当初の混乱をなんとか克服し、いまや勇敢に戦っていたけれど、時すでに遅しだった。イギリス海峡のこちら側に、もっと多くの飛行中隊を送ってほしいという要請がフランス政府から寄せられた。だが、イギリス「戦闘機軍団」を率いるダウディング将軍から、われわれにはいま、本土を守るだけの手駒さえないのだと警告され、さしものチャーチルも、この要請は拒むしかなかった。ソンム川の南方にはまだ一〇万人以上のイギリス兵が残っていた。このうちスコットランド兵からなるイギリス「第五一ハイランド師団」はほどなく、サン＝ヴァレリー＝アン＝コーで、相方のフランス「第四一師団」と分断されてしまった。

フランスが戦いを継続できるよう、チャーチルはサー・アラン・ブルック将軍を司令官とする新たな遠征軍を海峡の対岸に派遣することを決めた。だが出発に先立ち、ブルック将軍はイーデン陸相にこう警告した。今回の任務が外交上必要なことは、自分も十分理解しているが、わが部隊をもってしても、連合軍が軍事的成功を収める可能性は皆無であることを、政府はよくよく認識する必要がありますと。なるほど一部に奮戦するものもいたけれど、多くのフランス兵は、こそこそと持ち場を離れ、すでにフランス南西部にむかう難民の列に加わり始めていた。毒ガスが使用されたとか、ドイツ軍がいかに残酷かを告げる数々の噂とともに、パニック心理も広がっていた。

かねてより準備万端整えていた金持ち階級が、まずは先頭を切り、高級車の群れが最初に道を下っていった。人に先んじたおかげで、かれらは道々、しだいに乏しくなるガソリンもなんとか買い占めることができた。そのあとを中産階級が続いた。かれらの自家用車もそれなりのもので、屋根にはマットレスがくくり付けられ、車内には大切な逸品があれこれ詰めこまれていた。イヌやネコ、鳥かごに入ったカナリアも、そうしたもののひとつだった。より貧しい人々は徒歩で出発し、自転車や手押し車、ウマや乳母車などを総動員して、家財道具一式を運んでいた。その結果、逃げる市民の列は長さ数百キロメートルにも及んだ。貧しい人々の足取りは決して早くはなかったけれど、自動車とはいい勝負だった。なんと渋滞のせいで、エンジンがオーバーヒートを起こし、自動車も少しずつしか前にすすめなかったのだ。

恐怖に怯える人間がおりなす巨大な大河は、およそ八〇〇万人で構成され、まるで洪水が堰を切ったように、南西方面へと流れていった。人々はほどなく、嫌でも気づくしかなかった。入手困難なのは別段ガソリンに限らない、食べ物も同様だと。夥しい数の都市住民が手当たりしだいバゲットや食料品を買いあさるため、沿道の住民は施しの気持ちがすっかり萎え、まるでイナゴの群れでも見るように、怒りの気持ちをたぎらせた。人や車でいっぱいの道路に、ドイツ軍機が機銃掃射をおこなったり、爆弾を投下して、どれほどの死傷者が出ようと、いったん冷めてしまった同情心は戻らなかった。そして今回もまた、同じパターンが見られた。思いがけない災難の矛先を真っ先に受けながらも、なおも平静さを失わず、自己犠牲の精神を〝雄々しく〟発揮して事に臨んだのは、やはり女たちだった。

そして男たちは絶望し、〝女々しく〟涙を流すのだった。

六月十日、ムッソリーニは自国の軍事面、物資面の力不足を十分自覚しながら、それでもなお、仏英両国に対し宣戦布告をおこなった。いずれは平和が訪れるだろう。その前に領土を拡張できる、こんな千載一遇のチャンスを逃す手はなかった。というわけで、イタリア軍はアルプスで攻勢に出た。ドイツ側にあえて実態を伝えることはなかったけれど、この軍事行動は無様な失敗に終わった。この時の戦いでフランス軍が失ったのはわずかに二〇〇人。対するイタリア軍は六〇〇〇人がやられ、そのうち二〇〇〇余人は凍傷の犠牲者だった。


思えばただ混乱に拍車をかけるだけの決定だったけれど、フランス政府はロアール川渓谷に首都機能を移転した。中央省庁や各軍司令部は、辺りのシャトーを見繕《みつくろ》い、それぞれに居を構えた。六月十一日、フランスの指導者たちと会談するため、チャーチルがロアール河畔の町、ブリアルに飛んできた。〈ハリケーン〉戦闘機一個中隊の護衛付きで、イギリス総理一行は付近の人気《ひとけ》のない飛行場に着陸した。同行したのは、いまや正式に帝国参謀総長に就任したサー・ジョン・ディル大将、戦時内閣の官房長官へイスティング・イズメイ少将、チャーチルの名代としてフランス政府に派遣されるエドワード・スピアーズ少将などだ。一行はウェイガン総司令官が臨時司令部を置いている「シャトー・デュ・ミュゲ」に車でむかった。

その城の陰気なダイニング・ルームで、フランス首相ポール・レイノーは待っていた。小柄で、山形の眉をしたレイノーに目をやると、その顔は「疲労のせいでむくんで」おり、精神状態は崩壊寸前だった。レイノー首相には、苦虫をかみつぶしたようなウェイガン将軍とペタン元帥が同行していた。さらにその背後には、いまやレイノー政権の国防次官をつとめるシャルル・ド・ゴール准将の姿もあった。ド・ゴールは元々、ペタン元帥の秘蔵っ子だったが、開戦前にその元帥と仲違いをしていた。レイノーは丁重な口調で一行を歓迎したけれど、イギリス代表団は「葬式にうっかり顔を出してしまった貧乏な親戚」みたいな、居心地の悪い思いを味わった。

ウェイガン総司令官はこれ以上ないほど殺伐としたことばづかいで、今回の総崩れのありさまを描写していった。暑い日だったけれど、ずっしりと重い黒服を着込んだチャーチルは、英語とフランス語をないまぜにした独特のしゃべり方で、愛想をふりまき、重くなりがちな空気をすこしでも軽くしようと最大限の努力をした。ウェイガンはすでに、ドイツ軍が迫りくるなか、パリを放棄せよと全軍に命じていたが、そんな事情はつゆ知らず、チャーチルはかれなりの助言を試みた。パリの家々を順次、防御陣地にしながら、ゲリラ戦を展開するのも悪くないのではないかと。この提案にはウェイガン将軍だけでなく、ペタン元帥も思わずゾッとした。それまで無言だった元帥はそこで口を挟み、「そんなことをしたら、この国は廃墟になってしまう」と言った。かれらの最大関心事は、革命勢力による秩序紊乱を十分に粉砕できるだけの実力組織、すなわち国軍を、いかにすれば今後も維持できるかの一点だった。下手な手を打つと、フランス共産党が、見捨てられた首都パリにおいて、権力の掌握に動くかもしれない。そうした懸念が、かれらの頭からどうしても離れなかったのだ。

フランスが満足な抵抗をおこなえなかった責任の一端を転嫁するため、ウェイガンはイギリス側が必ず拒否することを承知のうえで、イギリス空軍によるさらなる戦闘機部隊の派遣を要請した。その数日前、ウェイガンはフランスが今回敗れたのは、将軍たちのせいではないともいっている。悪いのは「人民戦線」と「子供たちの愛国心および犠牲的精神の涵養を拒んできた」教師たちであると。ペタン元帥の状況認識も似たり寄ったりだった。「この国は」と元帥はスピアーズ少将に言っている。「政治によって腐ってしまった」と。フランスという国は、内部分裂があまりに激しいため、どのような売国行為に耽ろうと、非難を免れるところまで行き着いてしまったというのがたぶん、より的を射た見方かもしれない。

もし万一、なんらかの休戦合意をドイツ側と結ぶ場合は、事前にイギリス側と協議するという言質こそ取り付けたものの、空路ロンドンに戻ったチャーチル一行は、幻想などいだいていなかった。イギリス側からすると、死活的に重要なのは、フランス海軍の艦艇が今後どうなるか、そしてレイノー政権が仏領北アフリカに居を移し、そこからドイツ相手の戦争を継続するか否かだった。だが、そのような戦いには、ウェイガンもペタンも断固反対だった。フランス政府が本土を空《から》にすれば、この国はそのまま無政府状態に陥るだけだとかれらは確信していた。翌六月十二日夕刻に開かれた閣議（本来ならウェイガンは参加メンバーではない）の席上、ウェイガン総司令官は、ドイツと休戦交渉をおこなうべきであると公然と要求した。レイノー首相は将軍に対し、ヒトラーなる人物は一八七一年のヴィルヘルム一世のような老紳士ではなく、新手のチンギス・ハーンだぞと改めて強調した。だが、内閣総理大臣たるレイノーが、国軍を統率する将軍の独走を抑えようと試みたのは、これが最後となった。

パリはほとんどもぬけの殻の状態だった。スタンダード石油の製油所から巨大な黒煙が空にのぼっていた。ドイツ軍の手にガソリンが渡らぬよう、フランス参謀本部とアメリカ大使館の要請で火が放たれたのだ。一九四〇年当時、フランスとアメリカの関係はきわめて良好だった。駐仏アメリカ大使のウィリアム・ブリットはフランス政府の信任が極めてあつく、パリの臨時市長として、ドイツ側と首都降伏にともなう交渉を託されたほどである。かくして休戦交渉をおこなうべく、ドイツ軍将校の一団が白旗を掲げてやってきたが、かれらはパリの最北端にあるサン＝ドニ門付近でなんと銃撃されてしまった。これを聞いたドイツ「第一〇軍」司令官、ゲオルク・フォン・キュヒラー上級大将がパリを爆撃せよと命じたけれど、ブリット米大使があいだに入ることで、花の都はなんとか破壊を免れた。

六月十三日、ドイツ軍がパリ入城の準備を整えたこの日、チャーチルはフランス側と新たな協議をおこなうため、ロアール河畔のトゥールまで飛んできた。いちばん恐れていた事態がすでに現実となったことを、チャーチルは知った。レイノー首相はウェイガン将軍の振り付けに従い、チャーチルに懇請した。先の約束、フランスはどれほど犠牲を払おうと、単独講和はおこなわないという縛りから、わが国を解放してもらえないだろうかと。フランス政府のなかで徹底抗戦を主張したのは、ジョルジュ・マンデル内相や、閣議のメンバーとしては末席の国防次官シャルル・ド・ゴール准将など、ごく僅かの人間に限られていた。レイノー自身は、そうした徹底抗戦派の意見に賛成だったが、スピアーズ少将によると、総理閣下は敗北主義者という包帯にぐるぐる巻きにされ、身動きの取れないミイラ状態だったという。

単独講和に踏み切りたいというフランス側の要請に対し、チャーチルは、貴国の立場は理解できると述べただけだった。だが、敗北主義者は我田引水、〝理解する〟というのは〝同意〟を示唆したものだと歪めて受け止めた。チャーチルは改めてこれを強く否定した。フランス艦隊の支配権が決してドイツ側に渡らぬと分かるまで、チャーチルとしては、フランスを外交的義務から解放する気など毛頭なかった。もし万一、フランス艦隊が敵の手に渡ったら、イギリス本土侵攻作戦の成功率は一気に高まるだろう。チャーチルは逆に、レイノー首相にこう要請した。ローズヴェルト大統領に働きかけて、〝イネクストレミス（瀕死）〟のフランスを支援する用意が、果たしてアメリカ側にあるやなしやと確認してみてはどうでしょうと。フランスが一日でも長く抵抗を続けてくれれば、イギリスがドイツの猛攻に耐えうる可能性はそれだけ高まるというものだ。

その夜、フランス政府はシャトー・ド・カンジェで閣議を開いた。停戦を強く支持するウェイガン将軍は、共産党がすでにパリの権力を掌握し、党書記長のモーリス・トレーズがエリゼー宮を接収したと主張した。まさに妄想レベルの勘違いだった。マンデル内相がすぐさまパリの警視総監に電話をかけると、事実無根との返事がかえってきた。ウェイガンはこれで押し黙ったが、今度はペタン元帥がポケットから一枚の書類を取り出し、その内容を読みあげた。ペタンは停戦の必要性を力説するだけでなく、そもそも政府が国土を離れるという発想そのものを拒否し、「痛みと苦しみをフランス国民と分かち合うため、私は国民とともに留まるつもりだ」と言い放った。ペタンはここに沈黙の殻を脱ぎ捨て、隷属国家となったフランスを今後自分が指導するという意志を表明したのである。これに対して、上下両院議長、ならびに十分な数の閣僚がレイノー首相への支持を明言したけれど、レイノーにはペタンの首を切る勇気がなかった。かくして、致命的な妥協が成立した。とりあえずローズヴェルト大統領からの返答を待って、そのうえで停戦をめぐる最終決定がおこなわれることになったのだ。翌日、フランス政府はボルドーにむけてさらに移動を開始し、それがこの悲劇の最終章となった。

ブルック将軍は現地調査のため、イギリス海峡の対岸、コタンタン半島の先端にあるシェルブール港に上陸した。だが上陸の直後、最も恐れていた事態が現実となってしまった。六月十三日夕刻、ブルックはブリアル近郊のウェイガン司令部に連絡を取ったが、フランス軍の総司令官殿は閣議に出席するためシャトー・ド・カンジェに行っており、いまは留守だと聞かされた。ブルック将軍は翌日ようやくウェイガンに会えたけれど、ウェイガン将軍はフランス軍の崩壊よりも、むしろ自分が栄光の頂点で軍歴を終えられなかったことを思い悩んでる風だった。

ブルック将軍はロンドンにさっそく電話をかけた。ブルターニュ地方の抵抗拠点を守るため、第二次「ＢＥＦ」を組織せよとのご下命ですが、私は同意しかねますと真っ先に告げた。イギリス軍を大陸に再派遣するというこの話は、ド・ゴールとチャーチルが熱心にすすめている計画だった。イギリス陸軍を束ねるディル帝国参謀総長は、ブルックの見解にたちまち理解を示した。そして、フランスに対するこれ以上の地上軍派遣を中止させる。ブルック、ディル両将軍はさらに、いまだフランス北西部に留まるイギリス軍将兵をひとり残らず海路脱出させるため、ノルマンディー、ブルターニュ両地方の港にひとまず撤収させるべきであるという点でも完全な見解の一致を見るのである。

ロンドンに戻ってきたチャーチルは、あまりの急展開に仰天した。しかも、大変な剣幕のブルック将軍から電話でたっぷり三〇分間、戦場の現実について、微に入り細を穿つご進講を受ける羽目になった。総理閣下は主張された。いいかね、ブルック、きみをフランスに送ったのは、イギリスが今後も必ず自分たちを支持してくれるはずと連中に体感させるためなのだと。これに対して、ブルック将軍は「死体相手に体感させることなどどだい不可能です。フランス陸軍は、その意図や目的が奈辺にあろうと、すでに死に体です」と答えた。こんなことをこれ以上続けても、「あたら優秀な兵士を無意味な戦場に放りこむ結果しか生まないでしょう」と。「おやおや、きみは臆したのか」との当てこすりにも、ブルック将軍は一歩も退かなかった。チャーチルは最終的に、この唯一の選択肢を選ばざるを得なかった。

ドイツ兵たちは、大半のフランス兵があっさり降伏することに、いまだ戸惑いを覚えていた。「われわれが目的の町に先陣切って入っていくと」とドイツ「第六二歩兵師団」に所属するあるドイツ兵は書いている。「フランス兵がそこで待っていました。われわれの捕虜になるため、二日間、酒場にいりびたりだったそうです。これがフランス式です。音に聞こえた〝偉大な国家〟の実態はこんなものなのです」

六月十六日、ペタン元帥は宣言した。政府が即時休戦をめざさないのなら、私は辞任するしかないと。だが結局、元帥閣下は説得され、ロンドン経由でアメリカ側の返答がくるまで待つことになった。

レイノー首相の先の訴えに対するローズヴェルト大統領の返信は、同情心にあふれるものではあったけれど、言質を取られるような文言はそこにはいっさいなかった。さらにひとつの提案なるものが示されており、その文面を、ロンドンにいるド・ゴール准将が電話口で読み上げた。この文章はおそらく、ジャン・モネが起案したものと思われる。モネは後年、ヨーロッパ統合という理想を掲げ、EEC（欧州経済共同体）の父と目される人物だが、当時は連合軍のため軍需物資の調達を担当していた。イギリスとフランスは今後、単一の戦時内閣をもつ統合国家を形成すべきである——というのが提案内容の骨子だった。それはフランスを引きつづき戦争に関与させる提案だったため、チャーチル首相は大乗り気で、レイノー首相も大きな希望をいだいた。だが、この提案を閣議にかけると、大半の出席者はたちまち、強烈な軽蔑のまなざしでこれに応じた。ペタン元帥はこの提案を「死体との結婚」と形容した。閣僚たちは、見よ、二心ある〝アルビオン（グレート・ブリテン島をさす古名）〟が、われらが最も弱体化した瞬間を狙って、フランス本国および植民地を乗っ取ろうと狙っておるのだぞと、恐怖心さえ口にした。

気力を完全に打ち砕かれたレイノー首相は、ルブラン大統領に辞任を申し出た。レイノーはいつ精神的に破綻してもおかしくない状況にあった。ルブランは慰留を試みたけれど、休戦を求める閣内の声に抗しようにも、展望は開けそうになかった。レイノーはさらに、もっぱら停戦問題について調整をおこなう、ペタン元帥を首班とする新政府を発足させるべきですと推薦までおこなった。ルブラン大統領は基本的にレイノーと同じ立場だったが、レイノーがそこまで言うからには、これを受け入れざるを得ないと感じた。二三〇〇時（午後一一時）、ペタン元帥が新閣僚を選出し、内閣を発足させた。フランスの第三共和政はここに事実上の終焉をむかえた。一部の歴史家は、いやいや第三共和政はすでに六月十一日、政府部内でペタン元帥、ウェイガン将軍、ダルラン提督がブリアルで起こした政治クーデターが成功をみた時点で、すでに終わっていたのであると、それなりに説得力のある議論を展開している。ダルラン提督の役割は、フランス艦隊が使用できない状況をつくりだすことで、これにより政府と兵員を北アフリカに疎開させて戦争を継続することはこの時点で不可能になった――というのがその根拠である。

その夜、チャーチルが手配した飛行機に乗って、ド・ゴールがボルドーに戻ってきた。到着したド・ゴールは、自分の後見人がすでに辞任したこと、しかも自分はもはや内閣の一員ですらないことを知らされた。いついかなる時、ウェイガン総司令官から思わぬ命令が来るかもしれず、しかも武人たる自分が、上官の命令を拒否することは難しかった。やたら背が高く、特徴的な風貌をもったド・ゴールにとって、それは容易《たやす》いことではなかったけれど、かれはできるだけ人目に付かぬよう苦心しながら、レイノー前首相のもとに赴くと、自分はイギリスに戻って、戦いを継続したいと思いますとその決意を伝えた。レイノーは機密費のなかからド・ゴールに一〇万フランを手渡した。チャーチルの名代として、これまでフランス政府と行動をともにしてきた英国陸軍のスピアーズ少将は、ジョルジュ・マンデル前内相にも声をかけた。ぼくらと一緒にここを離れませんかと。だが、マンデルはこの申し出を拒否した。自分はユダヤ人であり、国を棄てた奴とは見られたくないのだと。だが、マンデルはその後、祖国フランスで蘇る反ユダヤ主義の激しさを読み違えていた。最終的に、かれはこの決断の結果を、みずからの命で購うことになる。

ド・ゴールとその副官、およびスピアーズ少将を乗せた飛行機は、機体の残骸がそこここに散らばる飛行場を離陸した。かれらがチャンネル諸島経由でロンドンにむかっているころ、ペタン元帥はフランス全土にむけて放送をおこない、新政権は休戦を目指していると伝えた。この時点で、フランスではすでに九万二〇〇〇人が死亡し、二〇万人が負傷していた。捕虜としてかり集められた人々は二〇〇万人に近かった。フランス共産党や極右団体の宣伝工作もあって、フランス軍の内部は割れており、ドイツ軍はやすやすと勝利をおさめた。フランス陸軍はエンジン付き車輌を大量にかかえていた。ドイツ軍が翌年、ソ連を侵攻するさい、この輸送力が大いに役立ったことは言うまでもない。

「フランス降伏」のニュースは、イギリス国民にショックを与え、みなことばを失った。今後、教会の鐘は敵軍の侵攻時に、警報目的で鳴らす以外、いっさい使用を禁じるという政府の発表は、この降伏がイギリスにとってどういう意味を持つか、改めて国民に思い知らせた。郵便局から各家庭に配られた政府発行のパンフレットは、国民に次のような注意喚起をおこなっていた。ドイツ軍が上陸した場合、国民は自宅に留まるようにしてください。うっかり逃走をはかると、道路の渋滞を引き起こし、ドイツ空軍の機銃掃射を浴びる恐れがありますと。

ブルック将軍は時を移さず、フランスに居残るイギリス軍将兵の撤退作戦を組織した。ペタン元帥の発表を受け、在フランスのイギリス軍関係者は厄介な立場に置かれていたので、可及的速やかに行動できたことは、幸いだった。フランスにいまだ留まるイギリス陸軍将兵一二万四〇〇〇人のうち五万七〇〇〇人がイギリス空軍関係者ともども、六月十七日午前までにこの地を離れた。ブルターニュ地方の港町サン＝ナゼールから、残った部隊を可能なかぎり撤収させる大規模海上作戦も発動された。この日、キュナード汽船の「ランカストリア」号には、イギリス軍関係者とイギリス民間人六〇〇〇人余りが乗船していたとされている。ドイツ軍機がこれに爆撃を加え、おそらく三五〇〇人余り（特に中下甲板にいた人々）が結果的に溺死した。これはイギリス史上、最悪の海難事件である。こうした悲惨な出来事も起きてはいたけれど、この第二次撤収作戦によって、じつに一九万一〇〇〇人の連合軍兵士がイギリスへの脱出を果たすのである。

ロンドンに到着したド・ゴール将軍を、チャーチルは温かく出迎えた。レイノーもマンデルも来なかったことで、じつはがっかりしていたけれど、そんなことはオクビにも出さなかった。翌六月十八日、ド・ゴールはBBCを通じて、フランス全土にむけ演説をおこなった。この日はこののち記念日として長く祝賀されることになる（偶然ながら、一九四〇年六月十八日は「ワーテルローの戦い」でナポレオンが敗れた一二五年目の記念日にあたっていたけれど、ド・ゴール将軍はその事実に気づいていない様子だった）。将軍のラジオ演説には、イギリス外務省が強い難色を示した。フランス艦隊の帰属がいまだ不確かなこの時期に、ペタン政権をいたずらに刺戟する挑発行為と考えたからだ。だが、イギリス情報相で、フランス贔屓のダフ・クーパーは、チャーチル首相と内閣の支持を得て、BBCにゴーサインを出した。

当時、この放送を実際に聴いた人はごくごく僅かだったけれど、この有名な演説によって、シャルル・ド・ゴールは「自由フランス」こと、〝ラ・フランス・コンバタント（戦うフランス）〟の「旗を高々と掲げて」みせたのである。さすがにペタン政権を直接攻撃することはできなかったけれど、それでもこの演説は、国民に武器を持って立ち上がれと熱く呼びかける内容だった。さわりの部分は後年リライトされて、「フランスは戦闘に敗れた。しかし戦争に負けたわけではない」とオリジナル版に比べてかなり格調が高くなっている。ただド・ゴール将軍がこの戦争の将来像について卓見を示している事実に変りはない。フランスが現代における機械化された戦争の新形態によって敗北を喫したことを認めつつ、ド・ゴールは、世界大戦へと向かわんとするこの潮流に、アメリカ合衆国の工業力がやがて転換点をもたらすだろうと予言してみせたのだ。そう宣言することで、ド・ゴールは敗北主義者的な世界観——イギリスなんぞは三週間もあれば膝を屈し、ヨーロッパの平和は、すべてヒトラー総統がお決めになるのだ——をばっさりと切って捨てたのである。

同じく六月十八日、チャーチル首相もイギリス下院において、歴史にのこる名演説をおこなった。「ゆえに、われわれはその責務にむけ覚悟を固め、その責務にみずから耐えようではありませんか。もし大英帝国とその連邦が一千年続いても、振り返ってなお、『あれこそまさにかれらの最良の時代《ファイネスト・アワー》であった』と人々に言われるように」と。チャーチルはまた、アメリカ合衆国が〝自由の側〟に立って、この戦争に参加する必要性についても言及した。かくして「フランスの戦い」はここに終わりを告げた。そして、「英国の戦い」がいままさに始まらんとしていた。

章末注

（203）サン=カンタンにおけるクライストとグデーリアンの口論：*GSWW*, vol.ii, p.287

（203）「自動車化大佐」：Margerie, *Journal*, p.12

（204）「進め、ド・ゴール!」：Charles de Gaulle, *Mémoires de guerre*, 3vols, Paris, 1954-9, vol.i: *L'Apple, 1940-42*, p.30.〔シャルル・ド・ゴール『ド・ゴール大戦回顧録』全六巻、村上光彦、山崎庸一郎共訳、みすず書房〕

（205）連絡将校をつとめるアンドレ・モーロア：Margerie, *Journal*, p. 201

（206）「私はなんとかなると思っている」：Martin Gilbert, *Finest Hour: Winston S. Churchill, 1940-1941*, London, 1983, p.358からの引用。

（207）クリップスのモスクワ派遣：（参考）Gabriel Gorodetsky, *Grand Delusion: Stalin and the German Invasion of Russia*, New Haven and London, 1999, pp.19-22

（211）イギリス軍のアラス反攻：（参考）Hugh Sebag-Montefiore, *Dunkirk: Fight to the Last Man*, London, 2007, pp.142-55

（213）「戦争というのは実際ひどいものです」：Sold. Hans B., 7.kl.Kw.Kol.f.Betr.St./Inf.Div. Kol.269, BfZ-SS

（213）「道端には、破壊され」：Gefr. Ludwig D., Rgts.Stab/Art.Rgt.69, Tuesday, 21.5.40, BfZ-SS

（214）「一発も撃たなかった師団」：Gefr. Konrad F., 5.Kp./Inf.Rgt.43, 1.Inf.Div., Wednesday, 22.5.40, BfZ-SS

（214）植民地兵への虐殺：Christophe Dutrône, *Ils se sont battus: mai-juin 1940*, Paris, 2010, p.150

(215)「連合軍としての連帯感を敢えて示すため」：TNA WO 106/1693 and 1750, Sebag-Montefiore, *Dunkirk*, p.228からの引用。

(216)「フランスを救えるのは奇蹟のみだ」：Paul Addison and Jeremy Crang, (eds) *Listening to Britain*, London, 2010, 22.5.40, p.19

(216)「精神労働の度合いが高ければ高いほど、安心の度合いが低かった」：*ibid.*, p.39

(216)「当面の資料を読み解く」：*ibid.*

(217)「奇蹟以外のなにものも」：Alanbrooke, *War Diaries*, p.67

(217)「クライスト装甲集団」の損失：BA-MA W 6965a および Wi/1F5.366, *GSWW*, vol.ii, p.290からの引用。

(218)ドイツ軍の自動車化輸送力の不足：Frieser, *The Blitzkrieg Legend*, p.29

(218)「最大限配慮」：TNA WO 106/1750, Sebag-Montefiore, *Dunkirk*, p. 250からの引用。

(219)「犯罪的なほど無分別な」：J Paul-Boncour, *Entre deux guerres*, vol. iii, Paris, 1946, Quétel, *L'Impardonnable Défaite*, p.303からの引用。

(220)「今回、余は宣戦布告はするが」：*GSWW*, vol. iii, p. 62からの引用。

(220)ビスマルクのイタリアに対する論評：John Lukacs, *Five Days in London: May 1940*, New Haven, 1999からの引用。

(220)「轟く雷鳴に」：Riedel, 26.5.40, BfZ-SS

(221)『不測の事態下におけるイギリスの戦略』：TNA CAB 66-7

(222)「わが国自身の負担を軽減するため」：Margerie, *Journal*, p.239

(222)「その手の状況に陥らせてはならない」：TNA CAB 65/13

(223)「海岸線まで後退せよ」：TNA WO 106/1750

(224)イギリス「第1機甲師団」：（参考）Sebag-Montefiore, *Dunkirk*, pp.272-3

(225)「たとえ敗れようと」：TNA CAB 65/13/161, Gilbert, *Finest Hour*, p.412からの引用。

(226)「ついにわれわれは贖罪の山羊を獲たり!」：Leca, Margerie, *Journal*, p.253からの引用。

(226)「汲めども尽きぬ固い決意」：TNA CAB 65/13

(227)「奴隷国家」：*ibid.*

(229)「巨大な地獄のカモメの群れ」：Lieutenant P.D. Elliman, 1st HAA Regiment, Sebag-Montefiore, *Dunkirk*, p.387からの引用。

(231)ダンケルクにおける英仏の緊張関係：（参考）*ibid.*, pp. 404-11

(233)ダンケルクの港湾・海岸から撤収した連合軍兵士：

GSWW, vol.ii, pp.293 and 295; Sebag-Montefiore, *Dunkirk*, pp. 540-1, 628-9

(233)「シコルスキ旅行団」：SHD-DAT 1 K 543 1

(233〜234)「いささか高すぎる」と諸々の噂：Addison and Crang, *Listening to Britain*, pp.71, 53

(236) アルプス戦域におけるフランス軍とイタリア軍の損耗：*GSWW*, vol.iii, p.247

(236)「疲労のせいでむくんで」：Cox, *Countdown to War*, p.236

(237)「葬式にうっかり顔を出してしまった貧乏な親戚」：Edward Spears, *Assignment to Catastrophe*, vol. ii: *The Fall of France*, London, 1954, p.138

(237)「そんなことをしたら、この国は廃墟になってしまう」：Quétel, *L'Impardonnable Défaite*, p.330からの引用。

(237)「犠牲的精神の涵養を拒んできた」：Paul Baudouin, *Private Diaries: March 1940-January 1941*, London, 1948, Jackson, *The Fall of France*, 2003, p.135からの引用。

(237)「政治によって腐ってしまった」：Spears, *Assignment to Catastrophe*, vol.ii, p.171

(238) パリ降伏：Charles Glass, *Americans in Paris: Life and Death under Nazi Occupation, 1940-1944*, London, 2009, pp.11-22

(240)「私は国民とともに留まるつもりだ」：Philippe Pétain, *Actes et écrits*, Paris, 1974, p.365

(240) ウェイガンの心残り：Alanbrooke, *War Diaries*, p.80

(241)「死体相手に体感させること」：*ibid.*, p.81

(241)「目的の町に先陣切って入っていくと」：Sold. Paul Lehmann, Inf.Div.62, 28.6.40, BfZ-SS

(244) 撤退作戦と「ランカストリア」号：Sebag-Montefiore, *Dunkirk*, pp.486-95

一九四〇年六月十八日、ミュンヘンでムッソリーニと会談したさい、ヒトラーはフランス側と結んだ停戦合意について、〝首領《ドゥーチェ》〟に説明した。ムッソリーニはフランス艦隊や仏領植民地に対する色気を隠さなかったが、ヒトラーは、自分は今回、敢えてフランス側に懲罰的条件を課さなかったとして、ゆえにイタリアがそうした行為に走ることは、当方として認められないと言明した。そもそもこれは独仏両国の停戦合意であり、その記念式典にイタリアなど本来お呼びではないのだ。一方、大日本帝国は機を見るに敏で、フランス敗北という好機を見逃さなかった。東京政府はペタン政権に対し警告を発した。インドシナ経由で中国国民党軍に物資を供給する行為は、即座に中止されてしかるべきであると。日本軍による仏領インドシナへの侵攻は、いまやいつ起きてもおかしくない状況となった。結局、フランス人総督は日本側の圧力に屈し、日本がヴェトナム北部、ハノイを中心とするトンキン地方に兵員と航空機を駐留させることを認めざるを得なかった。

六月二十一日、独仏休戦の準備作業は終了した。この瞬間をずっと夢見ていたヒトラーは、「第一次世界大戦」で敗北を喫した一九一八年、ドイツ代表が降伏文書に署名させられた鉄道の客車——当時の連合軍総司令官フェルディナンド・フォッシュ元帥が司令部として使用していた——を、博物館から当時の調印場所である「コンピエーニュの森」までわざわざ運び込ませた。ヒトラーの生涯につきまとってきた国辱の感情が、いまここに攻守ところをかえ再現されるのだ。調印の場にはヒトラーだけでなく、リッベントロップ外相、ルドルフ・ヘス副総統、ドイツ空軍を統括するゲーリング元帥、レーダー海軍総司令官、ポーランド侵攻作戦の立役者ブラウヒッチュ陸軍総司令官、国防軍総司令部総監ヴィルヘルム・カイテル上級大将が顔をそろえ、アンツィジェール将軍率いるフランス代表団を待っていた。フランス側が万一、ヒトラーを傷つけんとする場合に備え、身辺警護にあたる総統の個人副官、オットー・ギュンシェSS大尉がその傍らで拳銃を手にしていた。カイテルが休戦条件を読み上げるあいだ、ヒトラーはいっさい口をきかなかった。調印会場をあとにしたヒトラーはその後、ゲッベルス宣伝相に電話をかけた。「いまや恥は雪がれた」。総統閣下はそう語られたとゲッベルスは日記に書いている。「生まれ変わったような気分だよ」と。

今後はドイツ国防軍が、フランスの北半分と大西洋岸を占領するものとする——とアンツィジェール将軍は通告された。ペタン元帥の政権には国土の残り五分の二が残され、またフランス陸軍は一〇万人までの兵員を保持することが認められた。ドイツ軍の占領経費はフランス側の負担とされ、ライヒスマルクとフランス・フランの固定された交換比率は、吐き気をもよおすほどドイツ側に有利だった。その一方で、ドイツはフランスの艦隊にも植民地にもいっさい手をつけなかった。この二点はさすがに、ペタンとウェイガンにも譲歩できない一線であろうとヒトラーは考えたのだ。英仏間に楔を打ちこみ、フランスがその艦隊をかつての同盟国に引き渡さなければ、当面はそれでよしとしようというのがヒトラーの腹づもりだった。ただ、「引きつづきイギリスと戦うため」フランス艦隊を是が非でも手に入れたかったドイツ海軍は、この決定に大いに失望した。

ウェイガン総司令官の指示どおり合意文書に署名したあと、アンツィジェール将軍はひどく落ち着かない気分に襲われた。「もし仮に、大英帝国が三カ月後に膝を屈さなかった場合」と同将軍は口にしたとされている。「その時、われわれは史上最大の犯罪者になってしまう」と。停戦合意に盛られた諸条件は、六月二十五日未明をもって、正式に発効した。ドイツではこの慶事を祝うため、一週間にわたって鐘がうち鳴らされ、一〇日間にわたって、大小さまざまな旗が風に舞った。そのうえで六月二十八日早朝、ヒトラーはパリを訪問した。同行したのは総統お気に入りの面々、彫刻家のアルノ・ブレッカーと二人の建築家、アルベルト・シュペーア、ヘルマン・ギースラーだった。皮肉なことに、ハンス・シュパイデル少将が、この時の案内役をつとめた。シュパイデルはこの四年後、フランスにおける反ヒトラー運動の首謀者になる。ヒトラーは花の都パリにあまり感銘を受けなかった。余がベルリン中心部に計画中の新首都「ゲルマニア」はこんなものとは比較にならない偉容を永久《とこしえ》に誇るはずだとかれは感じていた。ヒトラーの心はすでに次なる一手へとむかっていた。壮大な凱旋式が待っているベルリンに戻ったら、ドイツ議会でイギリスに対する呼びかけをおこなおう。さて、いったいどのような条件を盛りこめば、連中をまんまと籠絡できるだろうかと。

　ただヒトラーは、ソ連が六月二十八日、ルーマニアのベッサラビア、北ブコヴィナ両地方を奪取した一件について、内心穏やかでなかった。もしスターリンがこの方面に野心をいだいているなら、ドイツの国益に死活的に重要なドナウ川デルタとプロイェシュティの油田地帯が今後、脅威にさらされる可能性も出てくるからだ。三日後、ルーマニア政府は、同国の国境保全にかんする英仏との安全保障条約を破棄すると、ベルリンに特使を送ってきた。かくして枢軸側はここに、新たな同盟国を迎えることになる。

　そのころ、戦争継続の決意をひとり固めたチャーチルは、きわめて困難かつ不快な決断を下すことになる。それは、かつてローズヴェルト大統領宛てに送った五月二十一日付け公電の善後策にからむものだった。公電のなかで、イギリスの敗北とそれによるイギリス海軍喪失の可能性について言及したことを、チャーチルは後悔していた。ここはいちばん、合衆国にむけて、そして全世界にむけて、イギリスの徹底抗戦の意志を最大限誇示するような、なにか具体的行動が必要であろう。特に気になるのは、フランス艦隊の存在である。あれがドイツ側に渡る危険性は、いまでもチャーチルの心を大きく占めていた。そこでチャーチルは、この方面で強く出ようと決意した。まずはフランスの新政権に、貴国の保有する軍艦をイギリス側の港湾に派遣されたしと促すメッセージを送った。だが、返事は来なかった。フランス海軍を束ねるダルラン提督はかつて、万一の場合はそうすると約束していたけれど、当のダルラン自身が敗北主義者に密かに合流したいま、チャーチルの不安は去らなかった。なるほどフランスは今後もその艦隊を保持できると、独仏間の停戦合意は明記している。だが、そんなもの、あの男のこれまでの口約束と同様、たちまち反故にされるだろう。特にノルウェー沖でドイツ海軍が打撃を受けたあとである。これからイギリス本土侵攻を目指すドイツにとって、フランス艦隊は計り知れない価値を持っているはずだ。しかも、イタリアが新たに参戦したことにより、地中海におけるイギリス海軍の卓越した地位は、今後挑戦を受ける恐れさえあった。

フランスが保有するきわめて強力な海軍力を一気に無力化することは、ほとんど不可能に近い任務となろうが、「貴官には、イギリスの提督がこれまで直面した最も不快にして最も困難な仕事のひとつをやってもらいたい」――。イギリス「H部隊《フォース》」が前夜ジブラルタルを出航するさい、チャーチルはサー・ジェームズ・サマヴィル海軍中将にそう打電した。イギリス海軍の大半の士官は力をもってフランスに臨むことに反対しており、サマヴィル提督も同様だった。なにしろ相手はこれまで緊密かつ友好的に協同してきた同盟国の海軍である。だから、「カタパルト作戦」の実施命令が届くと、サマヴィル提督は海軍本部に返電し、疑義をただしたが、きわめて具体的な指令が返ってきただけだった。まずはフランス側に複数の選択肢を与えよ。イギリス側に合流し、独伊両国と引きつづき戦うか、それともイギリス側の港湾に入るか、それともマルティニクなど西インド諸島内のフランス領の島々の港、もしくはアメリカ合衆国の港にむけて出航するか、それとも六時間以内に全艦を自沈させるか――どれを選ぶかは、そちらに任せると。そして、かれらがすべての選択肢を拒んだ場合は「国王陛下の政府はここに、必要ならば持てるすべての力をもちいて、［かれらの］艦艇がドイツ側、もしくはイタリア側にわたることを阻止せよ」とのことだった。

七月三日水曜日の夜明け直前、イギリス軍は動いた。イギリス南部の港に集結していたフランスの軍艦は、ほとんど犠牲者を出すことなく、乗り込んできたイギリス側武装チームによって接収された。エジプトのアレクサンドリア港では、さらに紳士的な措置が講じられた。サー・アンドルー・カニンガム提督は、フランス海軍一個戦隊を、港湾内に封鎖してしまったのだ。だが、仏領北アフリカのメルス・エル・ケビール港――かつて海賊たちが根城にしていたバーバリー海岸の主要都市オランに近いフランス海軍の一大拠点――だけは修羅場となってしまった。いわゆる「メルセルケビール海戦」である。夜が明けると、まずは英駆逐艦「フォックスハウンド」が沖合に姿を見せた。朝靄が晴れると、サマヴィル提督の特使、セドリック・ホランド大佐がフランス側と協議をおこないたいとの信号を送った。フランス戦隊の旗艦、戦艦「ダンケルク」座乗のマルセル・ジャンスール提督のもとには、三隻の巡洋戦艦「ストラスブール」、「ブルターニュ」、「プロヴァンス」があり、さらに足の速い艦隊駆逐艦からなる小艦隊も付属していた。ジャンスール提督はホランド大佐との面会を拒絶した。このため交渉は「ダンケルク」で勤務するホランドの旧知の砲術士官を通じて、きわめて不十分な形ですすめざるを得なかった。

ジャンスール提督の主張はこうだ。フランス海軍がその艦艇をドイツもしくはイタリアに引き渡すことは断じてない。もし、イギリス側が脅迫行動に固執するなら、わが戦隊は、力には力をもって応じるだろう。ジャンスール提督はこの時点でも、ホランド大佐との面会拒絶を続けていたため、大佐は口頭による伝達ではなく、さまざまな選択肢を列挙した最後通牒を、提督のもとに届けさせた。西インド諸島の仏領マルティニク島か、もしくはアメリカ合衆国にむかうという案は、じつはフランス海軍を率いるダルラン提督でさえ一度は検討したことのある選択肢だった。しかし、この事件をめぐるフランス側の記述には、そうした話はめったに登場しない。おそらく、この選択肢については、ジャンスール自身がダルラン宛ての電報でいっさい言及しなかったのであろう。

気温は上昇の一途をたどった。ホランド大佐は努力を続けたが、ジャンスール提督は当初の返答を改めることを拒否した。やがて一五〇〇時（午後三時）の回答期限が迫ったため、サマヴィル提督は英空母「アーク・ロイヤル」搭載の雷撃機〈ソードフィッシュ〉に対し、港の入口を横切る形で磁気機雷を投下しろと命じた。ここまでやれば、さしものジャンスールも口先だけの脅しではないことが分かるはず――との期待をこめた行動だった。ジャンスール提督はようやくホランド大佐との面会に応じたため、期限は一七三〇時（午後五時三〇分）まで延長された。フランス側はたんなる時間稼ぎをやっているのかもしれないが、与えられた任務に嫌気がさしていたサマヴィルは、そうしたリスクなら引き受ける覚悟でいた。ホランド大佐はこうしてようやく、フランスの戦隊旗艦までたどり着くことができた。ただ、艦名が「ダンケルク」というのは、偶然とはいえ、いささか不吉であった。ホランド大佐はまた、フランス側の軍艦がいまや総員戦闘配置の状態にあること、タグボートがいつでも四隻の主力艦を桟橋から離岸できるよう準備を整えていることを見て取った。

ジャンスール提督はホランドに警告した。もし、イギリス側が口火を切れば、それは「宣戦布告も同然」の行為と見なすと。また、わが艦を自沈させるのは、ドイツ側が無理やり接収を試みた場合のみであるとした。だがこの時、サマヴィル提督は、イギリス海軍本部の圧力にさらされていた。無線傍受の結果、フランスの巡洋艦戦隊がアルジェからそちらにむかいつつあると思われ、よって状況を早急に決着させよ——とのお達しが届いたのだ。サマヴィルはジャンスール提督に信号を送り、当方が提示した各選択肢のひとつに対し、直ちに同意なき場合は、当方は先の通告どおり、一七三〇時をもって艦砲射撃を開始すると改めて強調した。ホランド大佐はすぐさま現場を離れなければならなかった。それでもサマヴィル提督は、相手方の土壇場の変心をいまだ期待しており、予定の刻限が来ても、さらに半時間近く、フランス側の反応を待った。

一七五四時（午後五時五四分）、英巡洋戦艦「フッド」と英戦艦「ヴァリアント」、同「レゾルーション」の一五インチ主砲が火を噴いた。各艦はほどなく標的を捕捉した。「ダンケルク」、「プロヴァンス」は大破、「ブルターニュ」は爆発・転覆した。それ以外のフランス艦艇は奇蹟のように無傷だったが、サマヴィルはジャンスールの再考を促すため、ここで撃ち方やめを発令した。分厚い煙のせいでサマヴィルは気づかなかったが、この時、仏巡洋戦艦「ストラスブール」と、三隻ある艦隊駆逐艦のうち二隻がからくも外洋へと脱出していた。フランス艦隊脱出と、弾着観測機がすぐさま旗艦に警告したけれど、さきに空中投下した磁気機雷によってそうした動きは阻止できるはずと、サマヴィルはこの警告を信じなかった。最終的に、英巡洋戦艦「フッド」が追撃に入り、また英空母「アーク・ロイヤル」から雷撃機〈ソードフィッシュ〉と艦上爆撃機〈スキュア〉が発進したけれど、近くの主要都市オランの飛行場から飛来したフランス側の戦闘機に邀撃《ようげき》され、この追撃は失敗に終わった。そのころには北アフリカの海岸一帯に、夜の闇がみるみる忍びよっていた。

メルス・エル・ケビールの港内で砲弾を食らった軍艦の乗員たちは、目を覆いたくなるような惨状を呈していた。特に機関室に閉じ込められた水兵の状況は全くひどいもので、多くが煙を吸って窒息死した。計一二九七人のフランス人水兵が死亡し、さらに三五〇人が負傷。死者の大半は「ブルターニュ」の乗員だった。イギリス海軍は現在、この「カタパルト作戦」について、海軍創設以来最も恥ずべき任務と考えているが、まさにその通りである。ただ、この一方的戦闘の政治的効果は絶大だった。イギリスは必要ならば、情け容赦ない戦いだろうと、敢えておこなう覚悟でいると、全世界にむけ驚くべき宣伝効果を発揮したのである。なかでもローズヴェルト大統領は、イギリスはもはや降伏することはあるまいと確信した。同様の理由から、チャーチル首相もイギリス下院でやんやの喝采を浴びた。ただそれは、徹底抗戦の覚悟を示したことが評価されたためであり、別段、単独講和を模索したフランスに対する憎しみの感情からではないのである。

ペタン政権のイギリス嫌いは、アメリカ人外交官を驚かせるほど強烈だったが、メルス・エル・ケビールの一件以来、それは生理的嫌悪感に近いものになった。ただ、そんなペタン元帥やウェイガン将軍でも、ここで敢えてイギリスに宣戦布告しても、なんの得にもならないことはよく分かっていた。かれらはただ外交関係を断絶しただけである。一方、シャルル・ド・ゴール将軍にとってこの時期は、身の置き所がないほど辛い日々だった。ド・ゴールは自前の軍隊を立ち上げたばかりだった。だが、イギリス在住のフランス人水兵、フランス人兵士のなかで、これに参加を表明するものはきわめて僅かで、当初は二〜三〇〇人程度だった。大多数のフランス兵は帰心矢の如しで、むしろ本国に送還してくれるよう求めたほどである。

ヒトラーはベルリン凱旋式の準備に余念がなかった。ただ、そのかれも「メルセルケビール海戦」を受けて、今後の一手について再検討を迫られた。ヒトラーは帰国直後に、イギリスに対し〝和平提案〟をおこなう腹だったが、そうした提案の有効性にいまや確信が持てなくなったからだ。

西方作戦の前、ドイツ国民の大半は、先の大戦の二の舞になることを恐れていた。フランドルとシャンパーニュという因縁の土地で、今度もまた流血の事態に至るのではと。それゆえ、今回の驚くべき大勝利には、いささか大げさすぎるほどの喜びようだった。これで戦争が終わると国民は確信した。フランスの敗北主義者と同じようにイギリスもたった一カ国では戦いようがないと信じ込んだ。チャーチルはきっと平和勢力に追われる形で、退陣を迫られるに違いないと。七月六日土曜日、「ヒトラー・ユーゲント」の女性版「ドイツ女子同盟」の制服に身を包んだ少女たちが、総統閣下の到着するアンハルター駅から、総統官邸へと至る沿道の全行程にわたって花をまき、飾りたてた。おびただしい数の群衆が、ヒトラーが登場する六時間も前から集まり始めた。興奮の熱気は上昇の一途で、特にドイツ軍がパリ占領を開始したとの知らせが入ると、みな一瞬ことばを失ったのち、うねるような歓声がベルリン全市を包んでいった。その盛り上がりは、オーストリア合邦がもたらした熱狂をはるかに上回る勢いだった。ナチ政権に反対の立場をとる人々も、最高潮に達した勝利の興奮にとらわれてしまった。ヨーロッパ全土を知ろしめす、わが〝パクス・ゲルマニカ〟達成への残された唯一の障害物、イギリスという名の島国への憎悪が、ドイツ国民の昂揚をいやがうえにも高めていった。

ヒトラーが首都ベルリンで演じてみせたのは、まさにローマ帝国スタイルの凱旋式だった。そこに欠けているものは、鎖でつながれた捕虜たちと、陛下といえど死を免れることはかないませぬぞと耳元でささやく解放奴隷ぐらいだった。この日の午後は、まるでヒトラーの到着を言祝ぐように、太陽が燦々と輝いていた。やはり第三帝国の重要な日はかならず快晴にめぐまれますなと、人々は「総統晴れ」の奇蹟についてさらに確信を深めたようだ。沿道は「泣き叫ぶことでみずから極限のヒステリー状態に陥った幾千幾万の歓呼する人々」で埋め尽くされた。六輪メルセデスで構成された車列が総統官邸に到着したあと、総統閣下がバルコニーに姿を見せた。その瞬間、耳をつんざくような「ドイツ女子同盟」の少女たちの嬌声が、群衆たちがあげる地を揺らすような歓声と相まって、首都ベルリンの空気を震わせた。

数日後、ヒトラーはついに決断した。陸海空軍トップと侵攻作戦について議論を重ね、可能性のある各種戦略を比較考量したすえに、かれは「対イギリス上陸作戦の準備のための指令第一六号」を発したのである。イギリス攻略の最初の計画「シュトゥーディエ・ノルトヴェスト（北西研究）」は前年の一九三九年十二月にはまとまっていた。ただ、その後のノルウェー遠征でドイツ海軍がかなり手ひどい打撃をこうむる前から、海軍を束ねるレーダー元帥は、もし仮にイギリス本土を攻めるなら、ドイツ空軍が航空優勢（制空権）を確立したあとにすべきであると主張。一方、ハルダー陸軍参謀総長はドイツ陸軍の立場から発言し、対イギリス侵攻作戦は、最後の手段とすべきであると力説した経緯がある。

しかし、聖断はすでに下されたのである。かくしてドイツ海軍は、ほとんど不可能とも思える任務に直面した。なにしろ侵攻作戦の第一波だけでも、兵員一〇万人に加え、戦車、輸送車輌、各種装備を海峡の対岸に運べるような一大船団を仕立てあげなければならないのだ。ドイツ海軍はまた、イギリス海軍に比べ、水上艦の数で劣位にあるという現状も考慮しなければならなかった。ＯＫＨ（ドイツ陸軍総司令部）は当初、侵攻を担う兵力として、イギリス海峡の沿岸部、フランスのシェルブール半島（コタンタン半島）から、ベルギーのオーステンデに至る一帯にドイツ「第六軍」、「第九軍」、「第一六軍」を配置した。だがのちにこの計画は縮小され、「第九」、「第一六」の二個軍、一五万人をもって、イングランド南部のワージングからフォークストンにかけての一帯に上陸をおこなうものへと変更された。

克服不能な諸問題をめぐって陸海空の三軍間で論争が続いているうちに、季節がめぐった。天候が変わりやすい秋がくる前に、なんらかの作戦を実施する可能性はますます遠のいた。ナチ政権のなかで唯一、イギリス侵攻を本気で考えていたのは、前年九月に発足し、ゲシュタポ（秘密国家警察）とSD（親衛隊の保安・情報部）を内部機構として包摂する、ヒムラー指揮下のRSHA（国家保安本部）だけだったように思われる。RSHAで対外諜報を担当する第六局（アオスラントSD／局長ヴァルター・シェレンベルク）などは、この作戦に関するやたら詳細な、大英帝国便覧とでも呼ぶべき報告書――噴飯ものの記述が時おり出てくる――を鋭意作成したほどである。報告書には付録として「特別捜索一覧」まで付いており、そこには侵攻後にゲシュタポが身柄を拘束すべきイギリス人二八二〇人がリストアップされていた。

そのころ、ヒトラーの警戒心は別の方面にむいていた。いまここで、もし大英帝国が解体したら、アメリカや日本やソ連が、イギリスの植民地を奪取しようと動くかもしれないと。結果、ヒトラーは諸状況を勘案したのち、次のように決定した。来たるべきイギリス侵攻計画――「アシカ作戦」――は、新設の〝帝国元帥〟にこのほど昇格したヘルマン・ゲーリングが、虎の子のドイツ空軍をもってイギリスを屈服させたあとに、本格的に着手すると。結局、ドイツの最上層部において、イギリス本土侵攻作戦は、喫緊の課題として扱われることが一度もなかったのである。

しかも当事者たるドイツ空軍は、そんな準備は全くできていなかった。フランスで敗北を喫したイギリスは今後、和平を模索するだろうし、わが航空部隊もまた、これまで失われた各飛行隊の充足にそれなりの時間が必要だからとゲーリング自身、考えていたのだから。ベネルクス三国とフランスにおける戦いでドイツ側がこうむった損失は予想をはるかに上回るものだった。イギリス空軍は九三一機を失ったが、それに対してドイツ空軍は、各種の軍用機を計一二八四機もやられていた。しかも、北フランスの各飛行場に戦闘機・爆撃機部隊を再配備するには、当初見込みをだいぶ上回る時間がかかった。それゆえ、七月前半のドイツ空軍は、イギリス海峡とテムズ川河口域、および北海を航行する船舶をもっぱら標的にしていた。かれらはそれを〝カナールカンプフ（水路戦）〟と呼んでいた。攻撃はおもに〈シュトゥーカ〉急降下爆撃機と高速の〈Sボート〉――イギリス側が〈Eボート〉と呼んだエンジン付きの魚雷艇――によって実施され、イギリスの船団にとって、イギリス海峡は封鎖されたも同然だった。

七月十九日、ヒトラーはクロール・オペラハウスに集う国会議員と満艦飾の将軍たちを前に長い演説をおこなった。各指揮官の勲功《いさおし》に祝福をあたえ、ドイツの軍事的成果について大きく胸を張ったあと、ヒトラーは話題をイギリス問題へと転じた。チャーチルは戦争亡者だと攻撃しつつ、それでも自分は「理性に訴える」つもりだとヒトラーは語った。だがしかし、イギリス政府はこの呼びかけに拒否をもって応じた。ヒトラーは状況を完全に見誤っていた。不撓不屈《ふとうふくつ》、決して諦めないという心性は、イギリスの典型的国民性であり、ゆえにチャーチルの立場はいまや盤石だったのである。

「コンピエーニュの森」に運びこんだ客車でフランスに対する大勝利を実感し、またドイツの国力が大いなる伸張を見せているのに、ヒトラーの抑えがたい欲望は激しくなる一方だった。現状を見るなら、ドイツ国防軍はいまやフランスの北部と西部を占領し、原材料の供給源であるスペインにも、大西洋岸に築いた海軍基地にも、陸路を伝って連絡できるようになった。アルザス＝ロレーヌの両地方、ルクセンブルク大公国、ベルギー東部のオイペン＝ウペーヌはすべて第三帝国に組み込まれ、また一方、フランス南東部の一部は現在イタリアが管理していた。ただ、いまだ非占領地域であるフランス南中部だけは、温泉町ヴィシーを基盤とするペタン元帥の「フランス国」に残されていた。

「メルセルケビール海戦」から一週間が過ぎた七月十日、ヴィシーにある大カジノで「フランス国」

の国会が召集された。ペタン元帥に国家大権を付与する議案がこの場で可決され、反対票を投じたのは六四九人中わずか八〇人だった。第三共和政はこれにて存在を停止した。「フランス国」の政体は〝トラヴァユ（労働）〟、〝ファミユ（家族）〟、〝パトリ（祖国）〟という伝統的価値観を体現したものであると説明された。「フランス国」はやがて、外国人恐怖症と抑圧とに彩られた道徳的、政治的窒息状態をつくりだしていく。いわゆる〝ヴィシー政権〟は実際には、占領を免れたフランスの一部地域を、ドイツの利益のために監視することで、ナチ・ドイツを支援していたのだが、そうした現実を、かれらが認めることは決してなかった。

フランスは、ドイツによる占領経費を負担させられただけでなく、ドイツがこれまで要した戦費の五分の一も支払わされた。水増し気味の要求や、ドイツが設定したライヒスマルク／フランス・フラン間の固定相場についても、疑問の声をあげることはできなかった。占領軍にとって、これら諸々は、途方もない臨時収入となった。「いまやぼくの持っているおカネで、いろいろなものが買えます」とあるドイツ兵は手紙に書いている。「ペニヒ硬貨でさえ使いでがあるのです。ぼくらは大きな村に駐屯していますが、店はいまや、ほとんど空っぽです」と。パリの各店舗は、特に休暇中のドイツ軍将校によって、その商品を根こそぎにされてしまった。これに加えて、ナチ政権はフランスが備蓄してきた各種の原材料を接収し、自国の軍需産業に回すことができた。戦利品として持っていかれた諸々の武器や車輛や軍馬は、この一年後、ソ連侵攻作戦を発動するドイツ国防軍にとって、その必要をかなり満たす〝特別賞与〟となるのである。

占領期間中、フランス産業界は、征服者の要望に応じるため、みずから再編をすすめた。フランス農業も懸命に汗を流し、ドイツ人が「第一世界大戦」以前でも味わったことのないような、よりよい食生活を送れるよう尽力した。フランス人に対する一日あたりの食肉、脂肪、砂糖の割当量は、ドイツ人の半分前後まで減らされた。だがしかし、ドイツ人自身はこの新たな展開を、第一次世界大戦後に忍従を強いられたあの「飢餓の時代」への返報にすぎないと見なしていた。占領期間中、フランス人はただこう考えて、みずからを慰めていた。やがてイギリスが降伏を呑めば、ほどなくヨーロッパに平和が訪れ、だれもがみな、よりよい生活を送れるはずだと。

ダンケルクからの退却と、フランスの条件付き降伏のあと、イギリスはある種のショック状態に陥った。そのさまは、相当な怪我を負っているのに、当人は痛みすら感じない兵士の姿にどこか似ていた。状況は破滅的ではないにしろ、かなり絶望的であることは、イギリス国民にも分かっていた。なにしろ、イギリス陸軍のほとんどすべての兵器、車輛は海峡の対岸に放棄してきたのだから。それでも、チャーチル首相のことばの魔力もあって、国民は自国を見舞った運命の、誤解しようもないほど悲惨な現実に、いっそ清々《すがすが》しい気分を味わっていた。みずからを慰める安心理論も盛んだった。わが国は毎度、緒戦ではひどくやられるけれど、「最後の一戦で勝利」をおさめるのさ——といった具合である（どうやって勝利をおさめるかは、誰も知らなかったけれど）。ただ、国王陛下を含め、多くのものが、フランスがもはや同盟国でなくなったことに、安堵のため息をもらしていたことも事実である。イギリス空軍「戦闘機軍団」を率いるダウディング空軍大将はのちにこう言っている。フランスが降伏したと聞いた時、自分はその場に跪き、これで海峡の対岸でわが戦闘機をこれ以上危険にさらさずに済むのだと思い、神に感謝の祈りを捧げたと。

フランスの征服が終われば、ドイツは当然、われらが本土の侵攻作戦にも着手するはずだとイギリス側は予想していた。遠征軍を率いてかの地に渡るはずが、一転、いまやイングランド南部の沿岸防衛を担当することになったサー・アラン・ブルック将軍は、わが陸軍には武器や装甲車輛、しかるべき訓練を受けた部隊が恐ろしいほど欠如していると憂慮し、また陸海空三軍のトップは相変わらず、各軍用機工場への敵襲を不安視していた（フランスで失われた機体の補充は、これら工場の頑張りにかかっていたから）。ところが、ドイツ空軍は準備に手間取り、イギリスになかなか猛爆を加えてこなかった。おかげでイギリスは、死活的な重要な増産のための猶予期間をなんとか確保することができたのである。

なるほど当時、イギリスにはわずか七〇〇機の戦闘機しかなかった。ただ、イギリスの軍需産業はドイツの二倍、すなわち月産四七〇機の生産能力を持っており、しかもドイツ側はこの点をきちんと評価できていなかった。ドイツ空軍はまた、自国のパイロットと航空機の方が明らかに優れていると自信を持っていた。たしかに「フランスの戦い」において、イギリス空軍は戦死もしくは捕虜として、一三六人ものパイロットを失っていた。他国出身のパイロットがイギリス側に助太刀してくれたが、その数もいまだ不足ぎみだった。各飛行学校はパイロットの養成に可能なかぎり励んでいたけれど、ようやく操縦桿を握った新人たちは、大抵まっさきに撃墜されるのだ。

そうしたなか、イギリスに渡ってきたポーランド軍が最大の外人部隊として台頭していく。特にそのうちの八〇〇〇人以上は空軍関係者で、しかもいずれも実戦経験をつんだ古強者ばかりだった。ただ、この集団をイギリス空軍に統合する作業は容易にはすすまなかった。ポーランド軍を統率するシコルスキ将軍が部隊の独立性にこだわったため、英波両軍がいかに敵にあたるべきか、協力方式の議論にさえ入れなかったのだ。だが、ひとたび合意が成り、かれらが「イギリス空軍志願軍」に編入され、その第一陣が戦線に投入されると、ポーランド人パイロットはたちまち、卓越した技量を発揮した。イギリス人パイロットはしばしばかれらを「クレージー・ポールズ（いかれたポーランド人）」と呼んだ。かれらは恐ろしく勇敢だった。また、権威を物ともしない点でも、規格外だった。新たに加わったこれら〝戦友〟どもは、イギリス空軍の官僚主義にたちまち怒りをぶつけてきた（まあ、フランス空軍の官僚主義に比べれば、かわいいものだがと最後にいい添えはしたが）。

上官を上官とも思わぬポーランド兵の態度は、しばしば問題とされたけれど、それは前年九月、ドイツが攻めこんできた時の実体験が大きく作用していた。俺たちが無様な戦いを強いられたのは、うちの指揮官が無能だったからだと、いまも根に持つパイロットが多かったのだ。かれらは当時、いよいよ戦場でドイツ空軍と相まみえることができると、喜びにうち震えていた。たしかに、わが〈P−11〉はスピードが遅く、武装は貧弱だが、飛行テクニックと勇気さえあれば、勝利をわがものにできると心底信じていたから。だがしかし、空を埋め尽くすドイツ軍機は、数的にも技術的にも優位にあり、ポーランド人パイロットは圧倒されてしまった。この時の苦い経験——ヒトラーとスターリンがその後、かれらの祖国におこなった言語道断のふるまいについては言うまでもない——は、かれらが最新の現代的戦闘機を手に入れたいま、燃えるような復讐心へと転化した。イギリス空軍の上級将校は当初、ポーランド人は敗北によって「意気消沈」していると考え、ゆえにかれらは爆撃機要員として訓練するのが望ましいと傲慢な判断を下していた。だが、これほど見当違いな見立てなどありえないほど、実態はむしろその逆だったのである。

イギリス人の態度や、各種の行動様式、なかんずくイギリスの食べ物は、ポーランドとは天と地ほども違い、かれらはショックを受けた。なかでもイギリス入りして初めて口にした、練った魚肉《フィッシュペースト》を塗りつけたサンドウィッチの記憶はあまりにも強烈だった。その時覚えた違和感をその後克服できたポーランド人はほとんどいないほどである。イギリス式食生活への恐怖から、ポーランド人はこれ以上ないくらい激しい郷愁に襲われた。たとえば、焼きすぎのマトンとキャベツ、あるいはなんにでも付いてくる甘い「カスタード・ソース」と呼ばれるもの（「自由フランス軍」の兵士たちも、このソースにはことばを失った)。ただ、大半のイギリス人がかれらを温かく出迎え、「ポーランド万歳!」と大声で声かけしてくれたことには、驚きを禁じ得なかった。ポーランド人パイロットはやがて、鯔背《いなせ》で、命知らずな兄《あん》ちゃんたちと見なされるようになる。そんなかれらを目がけて、大挙して押し寄せてくるイギリス人女性によって、かれらは初めて自由の味を覚えた。ダンス・フロアにおいては、空中戦以上に、言葉はほとんど問題にならないことも〝実戦〟をつうじて学んでいった。

「恐れを知らない勇敢さ」というポーランド人パイロットへの評価は、いささか誤解を招きやすい。実際、かれらの損耗率はイギリス空軍のパイロットより低いのだ。なるほど実戦経験の有無もあるだろうが、この数字は、ドイツ軍の戦闘機乗りに待ち伏せ攻撃をかけられないよう、飛行中は絶えず周囲に目を配るなど、戦闘技量の巧拙がむしろ大きく影響していた。かれらはたしかに個人主義的で、いわゆる「ヴィックス」――イギリス空軍が金科玉条としているV字形のタイトな三機編隊で行動する時代遅れの戦術――に軽蔑の目をむけていた。その後かなりの時間と、多くの無用な犠牲を出したすえ、イギリス空軍はようやくドイツ式システムの模倣に着手した。それは「フィンガー・フォア」と呼ばれる二機編隊の二組《ペア》を基本単位とするフォーメーションで、ドイツ空軍はこの編隊の優位性を「スペイン内戦」で実地に学んだのである。

イギリス空軍「戦闘機軍団」に所属するポーランド人パイロットは七月十日時点ですでに四〇人を数えるまでになった。これ以降、フランスから渡ってきたパイロットが実際に〝飛べる〟と分かるたびに、その数は着実に増えていき、「英国の戦い」が頂点に達するころには、南東空域で活躍する戦闘機パイロットの実に一〇パーセント以上がポーランド人になった。七月十三日には、最初のポーランド人飛行中隊が編成されている。その一カ月後、イギリス政府は抵抗を諦め、〝ポーランド空軍〟創設というシコルスキ将軍の要望を受け入れる。ポーランド軍はかくして、イギリス空軍の統制下ではあるものの、独自の戦闘機中隊と爆撃機中隊を持てるようになったのである。

七月三十一日、ヒトラーはオーストリア国境に近いバイエルン州はベルヒテスガーデンの町を見下ろす「ベルクホーフ山荘」に将軍たちを集めた。イギリスが降伏条件をめぐる交渉をいまだ拒否していることに、総統閣下は戸惑いを覚えていた。予想されうる将来において、アメリカ合衆国が参戦する見込みはほとんどない。だとすると、おそらくチャーチルは、ソ連を当てにしているのだろうとヒトラーは感じた。この見立てがヒトラーの決定に大きな影響を及ぼした。ヒトラーは、かれの生涯最大のプロジェクト、すなわち東方の「ユダヤ・ボリシェヴィズム」の打倒にむけて、ついにゴーサインを出したのである。圧倒的兵力をもってソ連を打ち負かせば、イギリスとて、譲歩を余儀なくされるだろうというのがヒトラーの判断だった。五月末、チャーチルが孤独な戦いを決意したことは、たんにイギリス諸島の命運を決しただけでなく、巡りめぐって、その余波が多方面に及ぶこととあいなった。

「ロシアが粉砕されれば」とヒトラーは、陸海空三軍のトップを占める将領たちに告げた。「イギリスの最後の望みが断たれるであろう。ドイツはその時、ヨーロッパとバルカン諸国の主人になるのだ」と。フランス侵攻前は不安げな雁首を並べて黙っていたのに、いまやソ連を攻めると聞かされても、将軍たちは驚くほどの決意をもってこれに応じた。ヒトラーがなんら指示しなくても、ハルダー陸軍参謀総長は部下の参謀たちに、対ソ侵攻作戦の検討を命じたほどである。

対フランス作戦の勝利と、「ヴェルサイユの借り」を完全に返したことによる昂揚感のなかで、ドイツ国防軍の各司令官は、わが総統こそ「国家第一の戦士」、ドイツの未来を常《とこ》しえに守って下さる尊いお方と、称賛の言葉を浴びせた。その二週間後、フランス征服に功のあった将軍たちに一二本の元帥杖が授与された。ヒトラー自身はどこか覚めており、いやはや名誉や勲章、多額の報奨金があれば、どれほど有能な将官の忠誠心でも買えてしまうのだなと、この一連の大盤振る舞いを、内心皮肉な目で見ていた。ただ、フランスが敗北したあとでは、もはや「赤子の手をひねる」ようなものと見なす対ソ連侵攻作戦にむけ、ドイツ全軍の舵を切るには、やはりその前にイギリス問題をきっちり片付け、無用な二正面作戦を回避しておく必要があった。そこで「ＯＫＷ（ドイツ国防軍最高司令部）」はドイツ空軍に対し、対イギリス殲滅作戦を指令した。港湾、軍艦のみならず、イギリス空軍および「その地上支援組織、イギリスの軍需産業」をあわせ一掃せよと。任務達成には一カ月もかからないでしょうと、ゲーリング帝国元帥は予言した。フランス上空での勝利と、現在の数的優位を背景に、ゲーリング麾下のパイロットたちは、きわめて士気が高かった。なにしろこの時点で、フランス駐留のドイツ空軍は〈メッサーシュミット109〉戦闘機六五六機、〈メッサーシュミット110〉双発戦闘機一六八機、〈ドルニエ〉、〈ハインケル〉、〈ユンカース88〉の各爆撃機七六九機、そして〈ユンカース87〉――通称〈シュトゥーカ〉――急降下爆撃機三一六機を擁していたのだから。これに対し、イギリス「戦闘機軍団」を率いるダウディング空軍大将の手元には、〈ハリケーン〉戦闘機、〈スピットファイアー〉戦闘機が合計五〇四機あるだけだった。

八月初旬に実施予定の大攻勢を前に、北フランスに駐留するドイツの二個航空軍団は、イギリス空軍の飛行場に対し集中的な偵察飛行を敢行した。相手の動きを探るような急襲を繰り返し、イギリス側の戦闘機を刺戟し、実際の戦闘が始まる前からへとへとに疲れさせようという目論見だった。同時に、海岸部に設けられたレーダー基地の破壊も試みられた。こうしたレーダー基地は、目視によって敵機の所在確認をおこなう民間団体「王立防空監視軍団」からの報告や、各指令センターとあわせて立体運用されており、おかげでイギリス空軍は、わざわざ海峡の上空で常時、空中哨戒をおこない、貴重な飛行時間を浪費せずとも、ドイツ機に対応できた。各飛行中隊はこの邀撃《ようげき》システムにより、少なくとも理論上は、十分な高度を稼げるだけの余裕を持ちつつ、しかも燃料節約によって最大限の滞空時間を実現できる程度には遅いタイミングで、緊急発進《スクランブル》をおこなえた。イギリスにとって幸いなことに、こうしたレーダー用のタワーは、その独特の構造ゆえに、そもそも爆弾を当てることが難しく、万一被弾しても、ごく短期間のうちに修復が可能だった。

イギリス「戦闘機軍団」を率いるダウディング将軍は、ダンケルク撤退作戦の一時期を除くと、虎の子の〈スピットファイアー〉戦闘機はすべて手元にとどめ、フランス上空の戦いにはもっぱら〈ハリケーン〉戦闘機を当てていた。ドイツ軍の今後の動きが読めたので、〈スピットファイアー〉を擁する飛行中隊は、大事に温存しておいたのだ。サー・ヒュー・ダウディング空軍大将は一九二〇年に愛妻を亡くし、以来、どこかよそよそしく、悲しげに見えた。ただ、「親愛なるわが戦闘機乗りたち《マイ・ディア・ファイター・ボーイズ》」に対しては、つねに静かな情熱をもって接し、その見返りとして、かれらの絶大な忠誠心をかちとっていた。ダウディング将軍は、これから臨む戦いがいったいどのように推移するか、明確な大局観を持っており、しかもかれは、首都ロンドンとイングランド南東部の防衛を担当する「第一一航空群」司令官に、まさにうってつけの人物を得ていた。ニュージーランド出身のキース・パーク空軍少将は自身、先の大戦においてドイツ軍機二〇機を撃墜した押しも押されもせぬ「空のエース」である。ダウディング同様、パーク将軍もまた、部下のパイロットの意見には真摯に耳を傾けた。また、現場のパイロットたちが、戦前のドクトリンにもとづく杓子定規な戦い方にとらわれず、独創的な新戦術を編みだすのをじっと見守るだけの度量も持っていた。

国家の命運を左右するこの年の夏、イギリス「戦闘機軍団」は、まさに国際部隊の観があった。「英国の戦い」に臨んだおよそ二九四〇人の航空機搭乗員のうち、イギリス国籍のものは二三三四人で、残りはポーランド人が一四五人、ニュージーランド人が一二六人、カナダ人が九八人、チェコスロヴァキア人が八八人、オーストラリア人が三三人、ベルギー人が二九人、南アフリカ人が二五人、フランス人が一三人、アメリカ人が一一人、アイルランド人が一〇人、その他若干名という陣容だった。

英独間の最初の大規模衝突は、ドイツ側の大攻勢が正式に発動される前に発生した。七月二十四日、アドルフ・ガランド少佐率いる〈メッサーシュミット109〉戦闘機四〇機、〈ドルニエ17〉爆撃機一八機からなる一団が、テムズ川の河口域で輸送船団に攻撃を仕かけてきたのだ。これを叩くべく三個飛行中隊から〈スピットファイアー〉戦闘機が発進。かれらはドイツ軍機を一六機撃墜と主張したけれど、実際の戦果はわずか二機だった。ただ、ガランドを驚かせのは、イギリス人パイロットが数的劣位にもかかわらず示した、その敢闘精神だった。部下のパイロットが〈スピットファイアー〉との交戦を嫌ってさっさと引き上げたため、ガランド少佐は帰投後、かれらを激しく叱責した。また近く訪れるはずの本格戦闘は、わが帝国元帥閣下が考えるほど、お気楽なものではないかもしれないと、疑いをいだくようになった。

仰々しいことばを多用するナチ方式の例にもれず、ドイツは今回の航空大攻勢に〝アードラアングリフ（鷲の攻撃）〟というコードネームを付けた。作戦開始日、すなわち〝アードラターク（鷲の日）〟は、数度の延期のすえ、八月十三日と決定された。気象予報をめぐる若干の混乱のあと、爆撃機とそれをエスコートする戦闘機からなるドイツ空軍の一大部隊が次々と離陸した。最大のグループはイングランド南部の主要海軍基地、ポーツマス軍港を叩き、残りの部隊はイギリス空軍の飛行場に襲いかかる手はずだった。だが、あれほど事前偵察をおこなったにもかかわらず、ドイツ空軍情報部の仕事はきわめて雑だった。大半のドイツ機はイギリス「戦闘機軍団」に所属する飛行場ではなく、その周辺にある補助飛行場や施設を攻撃した。この日の午後、イングランド上空は快晴で、南部海岸の各レーダー基地はおよそ三〇〇機がサウサンプトンを目指して飛んでくるのを捉えていた。それまでの数週間では想像できないくらいに敵の数は多く、ただちに戦闘機八〇機が緊急発進した。「第六〇九飛行中隊」はなんとか〈シュトゥーカ〉急降下爆撃機の一団まで到達し、うち六機を撃墜した。

イギリス空軍は計四七機を撃墜するも、一三機を失い、三人のパイロットが戦死した。ただ、搭乗員の損耗はドイツ側の方がはるかに大きく、八九人が死亡、もしくは捕虜となった。イギリス海峡の存在は、「フランスの戦い」とは逆に、イギリス空軍に有利に働いた。フランス側が戦場の時は、被弾して帰投を試みるさい、〝溝に落ちる《ディッチ》〟、すなわち不時着水することがパイロットの大きな恐怖だった。しかしいま、悩むのはドイツ側パイロットの方で、しかも状況はそれ以上に剣呑だった。海までたどり着けず、イングランド上空で落下傘を使って脱出すれば、その結果は間違いなく捕虜だったから。

記念すべき「鷲の日」の惨憺たる結果に、ゲーリングは激怒し、二日後の八月十五日にさらなる大攻勢を仕かけた。北フランスだけでなく、ノルウェーとデンマークの空軍基地も参加し、戦闘機と爆撃機、計一七九〇機が投入された。だがこの日、スカンディナビア半島から参加したドイツ「第五航空艦隊」などは、じつに二〇パーセント近い航空機を失い、対英戦に二度と復帰しなかった。ドイツ空軍はこの日を「暗黒の木曜日」と呼んだ。ただ、イギリス空軍も浮かれ騒いでいる余裕はほとんどなかった。イギリス側の損耗も軽微とはいえず、しかも保有機数で圧倒的優位にあるのは相手方なのだ。ドイツ空軍が今後も強行突破を目論んでくることは必定だった。飛行場に対する攻撃が繰り返された結果、機体の補修・整備を担当する地上要員や当番兵、はては運転手や、敵機の侵入ルートを地図上に随時イメージ化する「空軍婦人補助部隊」の〝プロッター〟たちにまで、死傷者が出るありさまだった。八月十八日、レーダー基地を目指して急降下爆撃を試みる〈シュトゥーカ〉に対し、イギリス「第四三飛行中隊」の戦闘機が報復を果たした。護衛役の〈メッサーシュミット109〉戦闘機が乱戦に参加するよりも早く、攻撃こそ得意だが守りに弱い〈シュトゥーカ〉をもっぱら狙い撃ちにして、計一八機を叩き落としたのだ。

補充要員として各部隊に到着した新米パイロットは、すでに実戦を経験した者たちに、熱心に質問を浴びせた。ほどなくかれらは、ルーチンのなかに組み込まれた。夜明け前に、当番兵が用意した一杯の紅茶で目を覚ますと、車で分散待機所へと運ばれ、まずは朝食を済ませ、太陽が顔をのぞかせるまでじっと待つことになる。イギリス「戦闘機軍団」にとって不運なことに、この年の八月と九月はほとんどの日が雲ひとつない快晴で、それはドイツ空軍にとって完璧な空模様といえた。

所在なくただ待つだけというのは最悪の経験だった。その間、パイロットたちは口中がからからに渇き、恐怖のせいか舌先に金属のような味を感じた。そうこうするうちに、ガラガラと野戦電話のリングを回すぞっとするような音が聞こえてきて、そして「中隊、緊急発進せよ！」と怒鳴る声が聞こえる。愛機に走りよる背中で、パラシュートが上下するのが分かる。地上要員の介添えを受けて、コクピットの人となり、一連の安全チェックを一つひとつこなしていく。〈マーリン〉エンジンが一声うなって目を覚ますと、車輪止めが勢いよく外され、パイロットたちはそれぞれの戦闘機を離陸位置にむけ地上滑走させていく。あれこれ不安の種が頭を過《よ》ぎるが、それも一瞬のことである。

いったん空中に上がると、エンジンを目いっぱい噴かして高度を稼ぐ。新米パイロットはここで大切な注意を思い出す。そうだ、周囲に視線を走らせ続けるのだった。かれらはすぐに気づく。ベテラン・パイロットたちがシルクのスカーフを巻いているのは別に伊達や酔狂ではないのだと。頭部をつねにグルグル動かしていると、制服の襟とネクタイのせいで、首回りがこすれて痛くなるのだ。「いいか、常に目ん玉をひんむいておけ」とかれらは耳にタコができるほど言われた。初めての出撃をなんとか生き延びる（できないものも何人かいる）と、ふたたび基地に戻って、もう一度、待機状態に入る。愛機に燃料と弾薬が補充されているあいだ、コンビーフ・サンドウィッチを、マグカップに入った紅茶で飲み下す。くたくたに疲れているため、腹がくちくなると、大半のものは地面といわず、デッキチェアといわず、その場でたちまち眠りに落ちた。

ふたたび空に舞い上がると、戦域管制官が〝バンディット（敵機）〟編隊のいる方角を指示してくれる。中隊の誰かが黒い点々の機影を確認すると、「タリホー！」という雄叫びが無線機から聞こえるので、すぐに分かる。パイロットは光学照準器のスイッチを入れ、緊張が一気に高まる。ここで重要なのは恐怖心をコントロール下に置くことである。それができないパイロットは、たちまち命を落としてしまう。

真っ先にやるべきは、護衛の〈メッサーシュミット〉戦闘機が介入する前に、目指す爆撃機編隊を追い散らし、バラバラにしてしまうことだった。余裕があって、複数の飛行中隊を差しむけられる時は、より足の速い〈スピットファイアー〉が敵戦闘機を引き受け、その間に〈ハリケーン〉が爆撃機に対処することになる。ものの数秒で、空は混乱の巷と化し、各機は〝引き金を絞り《スクイーズ・オフ》〟、短いバーストで銃弾を叩きこめるポジションを確保すべく、機体をひねり、急降下させ、その瞬間も自分が餌食にならないように、絶えず後方に注意する。眼前の敵に過度にこだわると、そっと背後に忍びこまれ、敵戦闘機にあたら好機を与えてしまうからだ。生まれて初めて機銃を撃った時、全身がマヒしたような感じを覚える新米パイロットもいる。そんな金縛りから逃れられないと、そこでお仕舞いである。

エンジンをやられると、不凍液や潤滑油が噴きだし、風防がたちまち覆われてしまう。最大の恐怖は炎が後方に広がることだ。熱のせいで風防が開《あ》かなくなる恐れもある。力ずくでこじ開けて、ハーネスを外したら、ここで機体を反転させて上下逆さまにする。あとは地面にむけて落ちていくだけだが、激しい機動と目まいのせいで、いまの時点の上下関係が分からなくなる空間識失調に陥るものも多い。パラシュートを開くためには、いいか、必ずリップコードを引っ張るんだぞ、分かっているな、と意識して自分にいい聞かせる。そうでないと、大変なことになる。落下の途中、周囲に目をやる機会があると、人はしばしば空が、さっきまであんなに飛行機でいっぱいに思えた空が、いまや突然、人の気配をなくし、自分だけたったひとりでここにいるような気分に襲われる。

海峡の上空までわざわざ出張ることはないので、イギリス人パイロットには少なくとも、落ちていく先が自国の領土であるという安心感があった。ただ、ポーランド人やチェコ人のパイロットは知っていた。いくらイギリス空軍の制服を着ていようと、下で待ち受ける、やけに熱くなっている地元民や、あるいは「国土防衛隊」のメンバーには、自分がドイツ人と誤解されかねないことを。チェスワフ・タルコフスキという名のあるポーランド人パイロットは、パラシュートがオークの木に引っかかって宙づりとなった。枯れ草を投げあげる時につかう「三つ叉の農具や竿なんかを手にして、人々が駆けつけてきた」とかれはその時の様子を記している。「そのうちのひとり、散弾銃を手にした男が、引きつったような大声で『ヘンデ・ホーホ（手を挙げろ）！』とドイツ語で言った。そこで私は可能なかぎり訛りのない英語を心がけつつ、即座に言い返した。『ファック・オフ（このクソったれが）』と。不機嫌そうな一団はその瞬間、破顔一笑。『味方だ、味方だ』と声を合わせて叫んでいた」。別のポーランド人パイロットはとある午後、名門テニスクラブに降下した。芳名帳に署名して、ラケットを受け取り、白いフランネルのテニスウェアを借りると、どうだ一戦とさっそく声をかけられた。イギリス空軍の車が回収に来る前に、かれの対戦相手はみな叩きのめされ、足腰が立たなくなっていたという。

仕留めた敵機が、地上にむけて落ちていくのを見ると、「野蛮で原始的な昂揚感」を味わうと正直に認めるパイロットもいる。ポーランド人パイロットはイギリス側から言われていた。すでにパラシュート降下中のドイツ人パイロットには発砲を禁じると。だが、発砲こそしないものの、パラシュートの真上をかすめ飛ぶものはいた。プロペラ後流のせいで、パラシュートは一瞬にして萎み、結果、激突死に至らしめた例が、何件か報告されている。その一方で、自分は単にマシーンを破壊したのではなく、生身の人間を殺し、あるいは傷つけたのだと突如として悟り、憐れみの感情にとらわれたポーランド人パイロットも同じくいた。

疲労と恐怖がない交ぜとなり、一定レベルを超えると、危ういことになる。多くのものが毎晩悪夢に悩まされていた。限界を超えて、心が折れてしまうものが出てくることは、避けがたかった。ほとんど全員が程度の差こそあれ、「いきなり襲ってくる不安感」に悩まされていたが、自分自身を鼓舞して、なんとか飛び続けていた。戦いを逃れようと、エンジン・トラブルを装うものも何人かいたけれど、二度三度これをやると、気づかれてしまう。それはイギリス空軍特有の婉曲表現で「精神的耐久性の欠如」と呼ばれる症状であり、この手のパイロットは、飛ぶこと以外の雑務に回された。

イギリス人の戦闘機パイロットの圧倒的多数は、二十二歳未満の若者だった。互いをあだ名で呼び合い、食堂ではパブリック・スクールみたいにひどく賑やかなため、他国からきた同僚パイロットを驚かせた。だが、そんなかれらもごく短期間で大人の顔つきに変わった。さらにドイツ空軍のイギリス攻撃が本格化し、民間人の犠牲がうなぎ登りになると、隊の空気は一変、だれもが怒りを滾らせるようになった。

ドイツ人パイロットもまた、ストレスと疲労に悩んでいた。パ＝ド＝カレーにある、にわか仕立ての、あまり平坦でない飛行場を拠点に活動するため、事故も多かった。〈メッサーシュミット109〉は熟練パイロットに操縦させると、まことに素晴らしい戦闘機だったが、飛行学校からそのまま前線に送られてくるパイロットにとって、こいつは乗りこなしに苦労する荒馬だった。麾下の各飛行中隊を順番に視察し、パイロットが静かな環境で休息を取れるよう心をくだくダウディング英「戦闘機軍団」司令官と違い、ゲーリング帝国元帥は部下の飛行機乗りに対し総じて薄情だった。このため、人的損耗が増えるにつれて、ドイツ空軍の士気は落ちていった。戦闘機乗りには、爆撃機飛行隊からも、苦情が寄せられた。〈メッサーシュミット109〉が途中で戻ってしまうため、以後、われわれは護衛もなく丸裸になってしまうと。ただ、やむを得ない面もあった。航続距離の短い〈メッサーシュミット109〉は、イングランド上空に三〇分（激しい空中戦をやるともっと短い）もいると、燃料残量が帰投ぎりぎりのレベルまで落ちてしまうのだ。

一方、〈メッサーシュミット110〉双発戦闘機のパイロットは、損耗率のあまりの大きさにすっかり嫌気がさし、われわれにも〈109〉の護衛が必要だと言い出す始末だった。じつは対〈110〉の必勝法がすでに確立していたのである。イギリス人パイロットのうち、鋼の心臓をもった男たちが実戦のなかであれこれ試し、結局、この双発戦闘機は真正面から攻撃を仕かけるのがいちばんだと気づいたのだ。さらに大抵のことでは怯まないゲーリング閣下も、八月十八日、〈シュトゥーカ〉がまとめて撃墜されたあとは、この急降下爆撃機を主要任務から外さざるを得なくなった。そんな目に遭いながらも、ゲーリングは首席情報士官が上げてくる、どうしようもなく楽観的な分析を鵜呑みにして、イギリス空軍はいまや崩壊の瀬戸際にあると信じ続けた。飛行場を狙った攻撃をさらにいっそう強化せよと、ゲーリングは下知を飛ばした。だが、いまや息も絶えだえのはずのイギリス空軍に、出撃のたびに痛い目を見るので、ドイツ軍パイロットの意気は上らなかった。

イギリス「戦闘機軍団」を率いるダウディング将軍はこの戦いが消耗戦になると始めから予想していたけれど、飛行場の被害が上昇一途という現状には強い危機感をいだいていた。また一日単位の撃墜数で見ると、イギリス空軍はほぼ毎日、失った以上のドイツ機を落としていたが、そもそものベースになる保有機数がドイツ側にかなり水をあけられていた。その後、戦闘機の生産が劇的に増加したことで、懸念のひとつは解消されたものの、パイロットの損耗は依然、ダウディングの最大の懸念材料だった。部下たちはあまりに疲れていた。食事中や、下手をすると会話の途中で、ことりと寝入ってしまうほどの疲労度だ。それゆえ、犠牲を極力減らすため、各戦闘機中隊には、海峡上空まで敵を深追いするな、〈メッサーシュミット〉の小部隊がたとえ地上にむけて機銃掃射をおこなっても反応するなと命じてあった。

「戦闘機軍団」はまた、戦術をめぐる論争でも揉めていた。ロンドンの北方空域を担当する「第一二航空群」司令、トラフォード＝リー＝マロリー空軍中将は、多数の飛行中隊を束ねた〝ビッグ・ウィング（大規模航空団）〟で敵にあたる戦法を強力に推していた。元々このアイデアを考案したダグラス・バーダー少佐は、性格にやや依怙地なところがあるけれど、勇敢さでは右に出るものがいない人物で、大戦前の墜落事故で両脚を失いながら、戦闘機パイロットとして見事に現役復帰したことでも知られている。だが、首都ロンドンを含むイングランド南東部を担当する「第一一航空群」司令で、ニュージーランド人のキース・パーク中将や、その上官であるダウディング大将は、〝ビッグ・ウィング〟なんて新機軸がうまく行くはずがないと見ていた。結局、「第一二航空群」がようやく、そうした新方式の部隊を編成し終えたころには、ドイツ軍の機影をほとんど見かけなくなっていた。

八月二十四日夜、一〇〇機余りの爆撃機からなるドイツ軍部隊が本来の目標である飛行場の上空を素通りして、ロンドンの東方および中心部を誤爆するという事件が起きた。これにカチンときたチャーチルは、ならばドイツの首都にも報復爆撃を加えてやれと命じた。この誤爆はロンドン市民にとって災難でしかなかったが、ゲーリングがその後、致命的な判断ミスを犯すきっかけにもなった。帝国元帥閣下は以後、標的を従来の飛行場から都市へと転換し、当時相当に追い詰められていた「戦闘機軍団」は、そのおかげで救われたのである。

ゲーリングに発破をかけられて、ドイツ空軍は八月末と九月第一週に、それまでを上回る大規模空爆を敢行した。「戦闘機軍団」はわずか一日で四〇機を失い、パイロット九人が戦死、一八人が重傷という痛手を負ったこともある。だれもがみな、強烈なストレス下に置かれ、戦いは文字どおり、死してのち已《や》むといった感じだった。それでも、わが「戦闘機軍団」はやられた以上の打撃をドイツ側に与えていると、イギリス側の全員が知っていたため、パイロットたちの決意は揺るがなかった。

九月七日午後、ゲーリング帝国元帥がパ＝ド＝カレーの崖上から観閲するなか、ドイツ空軍は一〇〇〇機以上の航空機を投入して、またも大規模空爆を敢行した。対する「戦闘機軍団」は一一個飛行中隊を緊急発進させた。英独両空軍の会戦は、イングランド東部ケント州の上空で展開された。同州の農場労働者、「婦人農耕部隊員《ランド・ガールズ》」、そして村人たちは、目を皿のようにして、戦いの帰趨を見守り、あっちでもこっちでも白煙や黒煙が尾を曳くさまを注視した。地上からは、どちらが敵でどちらが味方か区別がつかなかったけれど、爆撃機からパッと煙が噴きだすと、これは敵に間違いないので、誰もがみな、そのたびに歓声をあげた。この日、ドイツの爆撃機編隊の大半はロンドンの港湾施設を目指していた。イギリス「爆撃機軍団」が実施したドイツ空爆への報復措置で、ヒトラー総統直々の命令によるものだった。ドイツの焼夷弾によって大火災が発生し、そこから立ちのぼる黒煙が目標地域にむけた第二波、第三波を誘導する役割を果たした。ロンドンではこの日、三〇〇人あまりの民間人が亡くなり、一三〇〇人が負傷した。だがそれは、こののち次々と積み上がる人的被害の先駆けでしかなかった。それでもその後の経緯を見るならば、イギリス「戦闘機軍団」はもはや死に体であるというゲーリングの確信、今後の重点はもっぱら夜間における都市爆撃に移していくというゲーリングの判断のせいで、ドイツ空軍は結局この大空の戦いで、勝ちを拾い損なったのである。

イギリスは状況に淡々と対処した。教会の鐘が鳴れば、国民はああ空襲だなと受け止めた。イギリス「爆撃機軍団」は引きつづき海峡の対岸にある港湾施設を叩き、そこに集結しつつあるドイツ軍の平底の荷船《バージ》を潰していった。ヒトラー自身は、この航空戦の勝利にじつは疑念をいだいていたのだが、そのことに気づくものはいなかった。もし九月半ばまでにイギリス空軍を殲滅できなければ、イギリス本土侵攻を目指す「アシカ作戦」は一時延期の予定だったのだ。ただ、ゲーリング帝国元帥だけは違った。イギリス空軍の粉砕にしくじれば、その責めがわが身に及ぶことを、かれは十分承知していた。なにしろかれは、はい、総統閣下、必ず粉砕してみせますと太鼓判を捺した張本人なのだから。それゆえ、ゲーリングは九月十五日日曜日、さらなる大規模空爆を命じた。

その日、チャーチルがアクスブリッジの「第一一航空群」司令部を表敬訪問することは、すでに予定に入っていた。総理閣下は指揮所に案内され、司令官のパーク少将の傍らで刻々と移り変わる戦況を間近で視察した。レーダー基地や「王立防空監視軍団」から適宜、情報が入ってくる。すると、眼下の巨大な地図上に、襲いくるドイツ機の現在地と規模が時々刻々、一目で分かるように示されていく。数波にわたる本格攻勢だな――。正午前にそう直感したパーク将軍は、計二三個の戦闘機飛行中隊に緊急発進を命じた。今回は〈スピットファイアー〉中隊も〈ハリケーン〉中隊も、高高度に位置をとれと繰り返し指示された。そして、燃料残量が乏しくなり、護衛役の〈メッサーシュミット109〉が帰投を余儀なくされた瞬間を狙いすまして、攻撃が開始された。ドイツの爆撃機乗りたちは、あすにも完全消滅するはずの敵戦闘機が、圧倒的な数で襲いかかってくるのを目の当たりにした。

パーク将軍はまた、リー＝マロリーの「第一二航空群」とイングランドの西部空域を担当する「第一〇航空群」にも応援を要請。おかげで「護衛戦闘機の帰投／丸腰の爆撃機への攻撃」というパターンがこの日の午後、延々と繰り返された。太陽が西に傾くころ、イギリス空軍は計五六機のドイツ機に引導を渡していた。イギリス側の損害は戦闘機が二九機で、一二人のパイロットが命を落とした。数日後、ドイツ空軍はさらなる空爆を何度か試みるのだが、九月十五日に匹敵するほどの規模ではなかった。それでも九月十六日、つねに楽観的な報告をおこなうゲーリングの首席情報士官は、毫《ごう》も動揺することなく、元帥閣下に請け合っている。イギリス「戦闘機軍団」はすでにその保有機数を一七七機まで減らしましたと。

対岸の敵が海峡を渡って攻めてくる懸念はいまだ消えないものの、ヒトラーは九月十九日、追って沙汰があるまで、「アシカ作戦」は当面延期するという決断を下した。ドイツ空軍がイギリス「戦闘機軍団」の殲滅にしくじったことはいまや明らかだった。ドイツ海軍やＯＫＨ（ドイツ陸軍総司令部）が対イギリス侵攻作戦にかける熱意は、ドイツ空軍に比べ元々低かったが、いまや陸海軍はこれまで以上に冷めていた。ユーラシア大陸の西の果てで、戦争が膠着状態に陥りかけたこの時期、ユーラシア大陸の東の果てでは、この戦いがいよいよ世界大戦に発展しそうな気配が現われていた。中国共産党軍が華北で、一連の大規模攻勢を仕かけ、不意を突かれた日本軍は後退を強いられていた。日中間の戦争にふたたび火がつき、野蛮な戦いの第二幕がいままさに切って落とされようとしていた。九月二十七日、日本はベルリンにおいて「日独伊三国同盟」にかんする条約に調印した。これはアメリカ合衆国を明確に意識した軍事同盟である。ローズヴェルト大統領はすぐさま安全保障問題担当の補佐官たちを招集し、この条約の意味するところについて議論させた。その二日後、イギリスは中国国民党に軍需物資を移送すべく、「ビルマ・ロード」の再開を決めた。

イギリス本土防衛のための航空戦、いわゆる「英国の戦い《バトル・オブ・ブリテン》」は、ドイツ空軍が首都ロンドンとイングランド中部の工業地帯を狙って集中的な夜間爆撃をおこなった十月末には、もはや先が見えていた。戦いの最盛期は八月と九月で、この時期の数字を見ると、イギリス空軍が七二三機を失ったのに対し、ドイツ空軍は二〇〇〇余機を喪失している。これほど目立った差異が生じたのは「敵の動向」云々ではなく、「特異な環境」（もっぱら事故を指す）のせいとされている。たとえば、翌十月、イギリス空軍はドイツの戦闘機および爆撃機を二〇六機撃墜したが、ドイツ空軍の十月における機体喪失数は計三七五機だった。

「ザ・ブリッツ（ロンドン大空襲）」と総称される、首都ロンドンを始めとする主要都市への空爆は、冬になってもなおも続けられた。十一月十三日、イギリス「爆撃機軍団」は、チャーチルの命に従い、ベルリンに反撃を加えた。ソ連のモロトフ外相が前日の十二日、ドイツ側と協議するため、ベルリン入りしたことを受けての措置だった。ドイツ軍部隊がフィンランドに存在していること、バルカン諸国でナチの影響力が強まりつつあることから、スターリンは内心穏やかでなかった。スターリンはまた、黒海からダーダネルス海峡を抜けて地中海へと至るルートにおいて、ソ連の海上通航権を保証するようドイツ側に求めていた。モロトフ外相が、赤いソ連国旗がびっしりと並ぶベルリンのアンハルター駅に到着すると、それに合わせてドイツ国防軍の軍楽隊が「インターナショナル」を演奏した。さすがにこの光景は、多くのものの目に奇異に映った。

だがしかし、一連の会合はなんらの成果もあげることなく、独ソ双方とも相手方に苛立ちを募らせただけで終わった。モロトフは席上、具体的問題を次々と提起し、ドイツ側の返答を迫った。たとえば、前年にナチ政権とソ連邦が結んだ条約はいまも有効なのかといった確認とか。むろん有効であるとヒトラーが答えると、モロトフは、ドイツ側はわが祖国の敵、すなわちフィンランドと緊密な関係を構築しつつあるが、これは如何とただした。するとリッベントロップ外相は、このさいソ連邦も、貴国の南方にあるインドやペルシャ湾岸を攻撃し、大英帝国から分け前を分捕ればいいと促した。そのためにも、貴国は日伊同様、ドイツと軍事同盟を結ぶべきであると。モロトフがこの提案を受け流すと、今度はヒトラーが同じことを主張し、さらにボソボソという独特の語り口で、イギリスがいま、どれほど傷んでいるか、説いて聞かせた。だが、モロトフはそうした戦況観に同調する気はなかった。と突然、空襲警報が鳴り響き、ソ連外相はヴィルヘルム大通りの地下防空壕へと案内された。モロトフは衝動に勝てず、ナチの外相につい言ってしまった。「イギリスはすでに負けているとあなたはおっしゃるが、ではなんでまた、われわれはいま、こんな防空壕に籠もっているのですかね」

翌日の夜、ドイツ空軍はイングランドの重工業都市コヴェントリーを空爆した。ただ、これは以前からの計画に従ったルーチンにすぎず、別段ベルリン空爆への報復が目的ではなかった。この重爆撃により兵器工場一二カ所が被弾し、同市の歴史ある大聖堂が破壊され、民間人三八〇人が殺された。この年の末までに、イギリスでは二万三〇〇〇人の民間人が殺され、三万二〇〇〇人が重傷を負うことになる。だが、このような集中的夜間爆撃をもってしても、イギリス国民の戦意を打ち砕くことはできなかった。ただ、あのサイレンだけはなんとかしてくれと多くの者が文句を言った。そこでチャーチルの言う「連綿と死人が出たぞと触れまわる妖怪《あやかし》の声」は、国民に睡眠の機会を与えるため、ほどなく抑え気味になった。「サイレンは毎晩、ほぼ同時刻に鳴り出すので、貧困地域では、防空壕の外に毛布や魔法瓶、幼な子をかかえた人々の列がかなり早い段階からできていた」という。爆風でガラスが粉々に砕けた商店のショーウインドーには、かわりに板が当てられ、そこには「平常通り営業中」という文字が書かれていたし、ロンドン東端の破壊された家々の住民は、かつてわが家だった瓦礫の山に、紙でつくったユニオン・ジャックを広げて、その縁《よすが》とした。

「日々の退屈より難儀なもの」と当時イギリス情報省で勤務していた伝記作家、ピーター・クウィネルは書いている。「それは安らぎのない夜の鬱陶しさだ」と。「二四時間態勢の職場なので、昼夜関係のないシフト勤務が敷かれていた。けば立った年代物の毛布にくるまり、空気がよどんでムッとする地下宿舎で、何時間も何時間も過ごす。地上にいる時は、わがデスクの下に潜りこんだり、あるいは攻撃がわずかに凪いだ時などは、床に寝転んで仮眠をとる日々。年配の書記さんがいつ起こしにくるか分からないからだ。そんな折りには、ゾッとするようなニュースも伝えられた。たとえば、人で混み合った防空壕が直撃を受けましたといったような。そのたびに激しい痛みが胸を刺した。でも不思議なことに、人はどんなことにも慣れてしまい、こんな馴染みのない生活にも、易々と適応できるし、それ無しでは到底やっていけないと思っていた数多くのものが、別に無くても困らないと分かってしまう。そうしたことのなんと多いことか」

そうした困難な日々を、ロンドン市民は予想をはるかに上回る巧みさで乗り切り、地下鉄の各駅で「大空襲の精神《スピリット・オブ・ザ・ブリッツ》」を発揮した。ただ、ドイツ兵が落下傘で降りてくるという恐怖はいまだ消えていなかった。特に、ロンドン郊外に暮らす女性たちのあいだで、この傾向が強かった。ドイツ兵が本当に攻めてきたらしいという噂は何週間も広がりつづけた。ドイツ軍のイギリス本土侵攻計画、いわゆる「アシカ作戦」はすでに十月二日、翌春までの延期が事実上決定されていたのだが、ふたつの意味で心理的影響を及ぼした。ドイツ軍が間もなくやってくるぞという警戒心は、チャーチルが国論をまとめあげ、長期戦にむけ国民の覚悟を固めさせるうえで大きく寄与した。対するヒトラーもなかなかだった。侵攻作戦を放棄したあとも長きにわたって巧妙な心理的威嚇を持続させ、結果、イギリスはこれ以降も、必要不可欠なレベルをはるかに超える守備部隊を、イギリス本土に留めおくことになる。

そのころベルリンでは、空爆作戦だけでイギリスを屈服させるのは、やはり無理なのではないかという冷めた空気が、ナチ政権上層部のあいだに広がりつつあった。「そうした見方がいまや優勢である」とドイツの外務次官、エルンスト・フォン・ヴァイツゼッカー男爵が十一月十七日の日記に書いている。「海上封鎖による飢餓こそが、イギリスに対する最も重要な武器であり、イギリス人を煙でいぶし出すことは、これに当たらない」と。まさにこの〝封鎖〟という言葉がドイツ人の復讐心に火をつけた。すぐる「第一次世界大戦」のおり、イギリス海軍が実施した海上封鎖作戦により、ドイツ帝国を襲った飢餓の記憶は、かれらの心にこびりついていたから。その結果、今後の対イギリス攻略作戦は、もっぱら潜水艦を主体とし、イギリス諸島全体をいわば「兵糧攻め」にする方向へと移っていく。

章末注

(250)「いまや恥は雪がれた」：*TBJG*, Part I, vol.viii, p.186

(250)「引きつづきイギリスと戦うため」：BA-MA RM 7/255, *GSWW* vol.iii, p.131からの引用。

(251)「大英帝国が三カ月後に膝を屈さなかった場合」：Quétel, *L'Impardonnable Défaite*, p.384からの引用。

(251)「有史以来、最も栄光にみちた勝利」：Domarus, vol.ii, p.1533, Kershaw, *Hitler, 1936-1945: Nemesis*, p. 299からの引用。

(252)「貴官には、イギリス人提督がこれまで直面した」：Colin Smith, *England's Last War against France*, London, 2009, p.62からの引用。

(253)「国王陛下の政府はここに」：TNA ADM, 399/192

(254)「宣戦布告も同然」：TNA ADM, 199/391

(257)ヒトラーのベルリン復帰：Kershaw, *Hitler, 1936-1945: Nemesis*, pp. 300-1; およびRoger Moorhouse, *Berlin at War: Life and Death in Hitler's Capital, 1939-1945*, London, 2010, pp.61-3.〔ロジャー・ムーアハウス『戦時下のベルリン—空襲と窮

乏の生活1939-45』高儀進訳、白水社〕

(257)「幾千幾万の歓呼する人々」：*New York Times*, 7 July 1940

(258)「シュトゥーディィエ・ノルトヴェスト（北西研究）」：finalized 13.12.40, BA-MA RM 7/894, *GSWW*, vol.ix/I, p.525, n.II からの引用。

(259)「特別捜索一覧」：Walter Schellenberg, *Invasion 1940: The Nazi Invasion Plan for Britain*, London, 2000

(260)「理性に訴える」：Domarus, vol.ii, p.1558

(261)「いまやぼくの持っているおカネで」：Sold. Paul Lehmann, Inf.Div.62, 28.6.40, BfZ-SS

(262) ダウディングの神への祈り：Max Hastings, *Finest Years: Churchill as Warlord, 1940-45*, London, 2009, p.67 からの引用。

(263) イギリスにおけるポーランド人航空兵：（参考）Zamoyski, *The Forgotten Few*

(266)「ロシアが粉砕されれば」：Halder, *Kriegstagebuch*, vol.ii: *Von der geplanten Landung in England bis zum Beginn des Ostfeldzuges*, p.49 からの引用。

(266)「国家第一の戦士」：BA-MA RH 19I/50, quoted *GSWW* vol.ix/I, p. 529

(267)「赤子の手をひねる」：Albert Speer, *Erinnerungen*, Frankfurt am Main, 1969, p.188, Kershaw, *Hitler, 1936-1945: Nemesis*, p.305 からの引用。〔アルベルト・シュペーア『第三帝国の神殿にて──ナチス軍需相の証言』上・下、品田豊治訳、中公文庫BIBLIO20世紀〕

(267)「その地上支援組織」：BA-MA RL.2/v. 3021, *GSWW*, vol.ii, p.378 からの引用。

(268)「親愛《マイ・ディア》なるわが戦闘機《ファイター》乗りたち《ボーイズ》」：Patrick Bishop, *Fighter Boys*, London, 2003, p.239

(271) 戦闘機飛行中隊の日常：*ibid.*; Holland, *The Battle of Britain*; Larry Forrester, *Fly for your Life*, London, 1956

(273)「三つ叉の農具や竿」：Zamoyski, *The Forgotten Few*, p.84 からの引用。

(274)「野蛮で原始的な昂揚感」：Bishop, *Fighter Boys*, p.204 からの引用。

(274) ポーランド人パイロットとパラシュート降下するドイツ兵：Zamoyski, *The Forgotten Few*, p.71

(280) 八月と九月の機体喪失数：*GSWW* vol.ii, p.388

(280) 十月の機体喪失数：*ibid.*, p.403

(281)「イギリスはすでに負けている」：V.N. Pavlov, 'Avtobiograficheskie Zametki', in *Novaya i noveishaya istoriya*, Moscow, 2000, p. 105

(281)「死人が出たぞと触れまわる妖怪《あやかし》の声」：Panter-Downes, *London War Notes*, p.97-8 からの引用。

(281)「サイレンは毎晩」：*ibid.*

(282)「日々の退屈より難儀なもの」：Peter Quennell, *The Wanton Chase*, London, 1980, p.15

(283)「そうした見方がいまや優勢である」：Ernst von Weizsäcker, *Die Weizsäcker-Papiere, 1933-1950*, Berlin, 1974, p.225

第9章 広がる波紋

一九四〇年六月〜一九四一年二月

一九四〇年の夏、フランスは失陥した。この出来事は、全世界にさまざまな波紋（直接的なものもあれば、間接的なものもある）を広げていった。スターリンは心穏やかではなかった。仏英両国との消耗戦でヒトラーが持てる力を大きく損なうと見込んでいたのに、全く当てが外れてしまったからだ。いまやドイツは、フランス陸軍の車輛や各種兵器の相当部分を無傷で手に入れ、以前にも増して強力になっていた。

波紋ははるか東方にも広がった。フランス失陥は、蔣介石と中国国民党にとって二重の意味で深刻な打撃となった。首都・南京を失ったあと、かれらは中国西南部、仏領インドシナとの国境に近い雲南・広西両省に産業基盤を疎開させてきた。そこが外部世界に通じる最も安全な場所と信じたからだ。だが、ペタン元帥を首班とするヴィシー政権は七月、日本の圧力に屈し始めた。まずは日本軍がハノイに出先機関を置くことに同意し、おかげでインドシナ半島を経由する国民党の補給ルートは事実上断たれてしまった。

一九四〇年夏、日本「第一一軍」が長江を遡上する形で兵を進めた結果、国民党軍は分断され、多大の損失をこうむった。六月十二日、長江沿いの主要都市・宜昌《ぎしょう》が陥落したことは、なかでも強烈な打撃となった。これにより国民党政府の新首都・重慶は孤立し、また日本の海軍航空隊が重慶に継続的な爆撃をおこなう拠点ができたからである。しかも一年のこの時期は、視界を妨げ、航空作戦を困難にする川霧も発生しないときていた。日本軍は沿岸の町や村を空爆するだけではなかった。長江の一大峡谷地帯——四川・湖北両省の境にある三峡——を抜けて、さらに上流へと脱出をはかる負傷者、避難民を満載した汽船やジャンクも標的にし始めたのだ。

アグネス・スメドレー女史が当時、紅十字会(赤十字)のとある医師に状況を尋ねたところ、華中戦線に一五〇もあった陸軍病院のうち、生き残ったのは、わずか五つにすぎないと告げられた。「負傷者はどうなりました」とスメドレーが質問すると、「彼は何も言わなかったので、私はその答えを知った」。死は至るところにあった。「毎日」とスメドレーは付け加えている。「膨れあがった人間の死体がゆっくりと川を流れ、ジャンクに近づくと、船頭が長く尖った竿の先で、それを弾くさまを私たちは目にした」と。

スメドレーはようやく、長江と嘉陵江《かりようこう》の合流点を見下ろす高い崖の上に広がる新首都・重慶に到着した。さっそく爆発音の洗礼を受けたが、それは爆弾によるものではなかった。中国軍の工兵が防空壕用のトンネルを崖に掘ろうとして仕かけた発破の音だった。中国各地を取材で駆け巡っているあいだに、状況がいろいろ変化したことを彼女は知った。変化には良いものも、悪いものもあった。重慶は二〇万人の人口を擁する四川省の中心都市だったが、いまや人口は一〇〇万人に迫る勢いだった。「工業合作社」〔失業者や難民の自力救済と、生産活動をとおした抗日支援をもっぱらとする独特の経済組織〕の発展は、将来に希望をいだかせるものだった。ただ、国民党内でしだいに影響力を増しつつある右派勢力は「工業合作社」を〝隠れ共産党〟組織と見なしていた。軍の医療活動には改善が見られ、国民党の支配地域には、無料診療所が設けられるようになっていた。だが、ここでもまた、党内のボスたちが医療部門の支配権を要求しており、それは当人や身内の懐をもっぱら潤すことが目的のように思われた。

最も不吉な兆候は、治安・特務部門を統括する戴笠《たいりゅう》将軍の台頭だった。この将軍が意のままに動かせる要員はいまや、軍服組／平服組を合わせると、三〇万人に達していた。あまりの権勢に、ひょっとすると同将軍は、蔣介石自身までその支配下に置いているのではと疑う向きさえあったほどだ。戴笠将軍は反対意見をいっさい認めず、それどころか言論の自由そのものまで封殺した。このため中国の知識人は香港への脱出を始めていた。およそ害があるとは思えない「ＹＷＣＡ（キリスト教女子青年会）」のような団体までが、危機感をことさら煽る空気のなかで、活動停止へと追い込まれた。

スメドレーによると、重慶在住の外国人たちは、中国軍を軽蔑の目で見ていたという。「中国は戦えない、と彼らは言った。将軍たちは腐っているし、兵士たちは目に一丁字もない苦力《クーリー》か、ただの子供だ。民衆は無知蒙昧。負傷者の世話を、穢れだといって嫌う。そうした言い分は、当たっているものもあれば、いないものもある。けれども、そのほとんどすべては、中国がその下でいまもよろめき耐えている恐るべき重圧をなんら考慮しようとしない、好意の欠片もないような批評にもとづくものである」とスメドレーは書いている。ヨーロッパ人やアメリカ人は、いまここでどんな未来が決しようとしているのか、全くもって理解せず、支援の手をほとんど差し伸べなかった。医療部門にかんする外国からの支援で唯一、実のあるものは、もっぱらマニラやジャワ、あるいはアメリカその他で暮らす在外華僑によるものだった。その惜しみない支援は、無視できない規模をもち、それゆえ一九四一年、日本の征服者はそうした地域の華僑に対し、この借りをきっちり返すことになる。

蔣介石は日本側との意味のない和平交渉を相変わらず続けていた。それがスターリンに対する圧力となって、ソ連の軍事支援が以前のレベルに戻るのではと、淡い期待をいだいていたのだ。だが、一九四〇年七月、東京では新内閣が発足し、東條英機中将が陸相として入閣した。これまで秘密裏にすすめられてきた和平交渉は以後中断とあいなった。東條陸相は、対ソ関係をこれまで以上に強化しつつ、ソ連以外の補給ルートを断つことができれば、国民党軍を干乾しにできると考えていた。そのころ東京の軍中枢部は、南方の太平洋、ならびに南西方面の南シナ海周辺にあるイギリス・フランス・オランダ三国の権益に目をむけ始めていた。この地域を押さえれば、日本には潤沢なコメが入ってくるし、逆に国民党はその輸入元を失うという利点があった。ただ、日本がそれ以上に欲していたのは、蘭領東インド（現インドネシア）の油田地帯だった。対米交渉で妥協点を探ろうとすれば、中国からの撤兵問題が必ず出てくる。だが、日本は今回の〝支那事変《チャイナ・インシデント》〟において、すでに六万二〇〇〇人もの兵士を失っていた。東京政府としては、アメリカへの譲歩などそもそも論外だった。

一九四〇年の後半、中国共産党はモスクワからの指示に従い、ほぼ四〇万人の兵員を投入して、華北の日本軍部隊に大規模攻勢をかけた。いわゆる「百団大戦」〔「団」とは中国語で連隊のこと〕である。蒋介石が日本側と水面下ですすめている交渉の頓挫を狙った動きだった。その〝交渉〟なるものはすでに決裂していたし、そもそも真剣に取り組まれたことなど一度もなかったのだが、そのことを共産党側は知らなかった。共産軍は各所で日本軍を押し返し、北京＝漢口間の鉄道を寸断し、炭鉱を破壊し、満洲国内部への攻撃さえやってのけた。従来型の不正規戦闘（ゲリラ戦）ではなく、より正規の戦術をもちいたこの一大攻勢はしかし、結果的に共産党軍に二万二〇〇〇人もの犠牲を強いた。この二万二〇〇〇人は、かれらにとって、いわばなけなしの兵士たちだったのだが。

一方、ヨーロッパでは、ヒトラーがムッソリーニに驚くほどの義理堅さを見せ、周囲の将軍たちをしばしば絶望的な気分に陥れていた。だが、かつてヒトラーから師と仰がれたムッソリーニは、この弟子が「出藍《しゅつらん》の誉《ほま》れ」とならぬよう、ありとあらゆる詐術をもちいて、その律儀さに報いるのだった。

ファシスト党を率いる〝首領《ドゥーチェ》〟ことベニート・ムッソリーニは、ナチ・ドイツとは別個の〝平行戦争〟をやりたいと考えていた。たとえば一九三九年四月、イタリアはアルバニアに侵攻して自国の保護領としたが、ヒトラーになんの事前連絡もおこなわず、しかも、ドイツがチェコスロヴァキアを分捕った時と同じだよと嘯《うそぶ》く始末だった。そうした経緯もあって、ナチ党の指導者たちは、イタリアと秘密を共有することにあまり乗り気でなかったが、この一カ月後、ドイツはなんとイタリアと「鋼鉄の同盟」を結ぼうとするのである。

無分別な恋人どうしが、その交際から自分に都合のよい部分だけを抜きだして将来設計をおこなうように、ふたりの独裁者は互いに相手の勘違いを誘い、こんな筈ではなかったと互いに不満をかこつことになった。ヒトラーはポーランドをこの世から消し去るつもりでいたが、ムッソリーニにそんなことは一言も伝えていなかった。それでいて、イタリアは当然ながら自分に味方し、当然ながら仏英両国に敵対するはずだと、いまだ期待をつないでいた。一方、ムッソリーニは少なくとも向こう二年間、ヨーロッパで本格紛争など起きっこないと信じていた。それゆえ一九三九年九月には、ドイツ側に立ってこの戦争に参加することを土壇場で拒否し、ヒトラーを大いに失望させている。わがイタリアには現在、戦さの備えなど全くないのだという単純な事実をムッソリーニはよく知っていた。ドイツを支持せよというなら、その見返りに十分すぎるほどの軍需物資の提供がほしいといってはみたものの、それは共闘は無理だと暗に伝える口実にすぎなかった。

ただ、いずれどこかの時点で参戦し、列強らしい体面をわが祖国に与えてくれるような植民地を、是が非でも手に入れてやろうと狙っていたことは事実である。それゆえ、一九四〇年の初夏、全世界に植民地を山ほど抱える英仏両国が大敗を喫したとき、ムッソリーニは考えた。このチャンスを逃してなるものかと。ドイツの対フランス遠征は驚くほどのスピードですすみ、イギリスもじきに条件付き降伏を呑まされるだろうとの観測が広がり始めると、ムッソリーニは居ても立ってもいられなくなった。将来のヨーロッパの枠組みを、ドイツ一カ国が決めてしまい、ドイツがバルカン半島の支配勢力になることもほぼ確実視されているいま、ただ指をくわえて見ているのは、やはり御免であると。そこで必死のムッソリーニは、戦後の和平交渉に一枚かむ権利をなんとか得ておこうと、実績づくりに乗りだした。数千人程度のイタリア兵が犠牲になれば、晴れて自分も利害関係人として交渉のテーブルにつけるはずだ——との思惑がそこにはあった。

締め切り間際の駆け込みではあったけれど、ナチ政権はイタリアの参戦に反対しなかった。ヒトラー総統が、イタリアの戦闘能力を途方もなく買いかぶっていたからだ。ムッソリーニはかねがね、わが「八〇〇万本の銃剣」と胸を張ることで有名だった。兵士の総数が一七〇〇万人を割り、その兵士の多くはそもそも銃剣を装着する小銃自体を持っていないというのに。イタリアには悲しいくらい資金がなく、原材料がなく、エンジン付きの輸送手段がなかった。せめて師団の数だけでも増やそうと、ムッソリーニは一個師団の兵力を三個連隊から二個連隊に減らし、それでもこれは〝師団〟なのだと強弁した。このようにして、数だけは七三個師団をなんとか整えたが、完全装備を誇れるのはわずか一九個師団のみだった。実際、イタリア軍は同国が一九一五年、「第一次世界大戦」に参加した時よりも、その規模は小さく、その武器は劣っていたのである。

ヒトラーは迂闊にも、こうした数字を額面どおりに受け止めて、イタリアの戦力推計をおこなった。ヒトラーのこうした木を見て森を見ない戦況観は、総統大本営にあって、折々の状況が適宜書き込まれる巨大な地図を元に判断することを通じて培われ、条件付けられたものである。そこでは一個師団はあくまで一個師団であり、どれほど戦力が不足していようと、装備が劣っていようと、訓練が不十分であろうと、等価の部隊として認識されていた。一九四〇年夏にムッソリーニがおかした致命的ミスは、この大戦がまだほとんど始まってもいないうちから、戦争の勝敗はほぼ決したと誤認したことである。また、ヒトラーがかつて唱えた東方にわがドイツの〝レーベンスラウム（生存圏）〟を確保するという話を、具体的国家目標とは考えなかった点も痛かった。六月十日、ムッソリーニはついに、英仏両国に対し宣戦布告をおこなった。ムッソリーニはかれの執務室が置かれたローマのヴェネツィア宮殿のバルコニーから、火を噴くような演説をおこない、胸をいっぱいに張ると、やがて「若く肥沃な国々」が疲弊した民主主義国家を粉砕するだろうとぶちあげた。群衆（なんじ忠良なるファシスト党員で構成されていた）はこれに歓呼の声をあげたけれど、大半のイタリア国民は、幸福とはほど遠い心境にあった。

ドイツ国民の方はどうかといえば、わが国防軍のおこぼれに預かろうとするムッソリーニの試みに、あまり良い印象は持っていなかった。たとえば、エルンスト・フォン・ヴァイツゼッカー外務次官は、枢軸のパートナーについて「アクロバット・チームが見事な演技を決めたあと、絨毯の上で転がって見せ、じつは観客の称賛は自分にむけられていると主張するサーカスのピエロ」みたいだと記している。すでに負けているフランスに対していまさら宣戦布告をするファシスト党の首領は、ライオンが仕留めた獲物を横からかっ攫おうと狙う「ジャッカル」にも等しき人物と考えるドイツ人も多かった。こうした日和見主義は、その行為自体がすでに恥知らずであるけれど、じつはもっと悪質なものを含んでいた。ムッソリーニは結果的にみずからの祖国を、その野心の犠牲、一種の囲い者にしてしまったのである。比類なき力を持ったヒトラー相手に同盟を回避することなど、そもそもムッソリーニには不可能だった。その状況を十分承知したうえで、かれはさらに一歩踏み込み、ヨーロッパの他地域が殺伐たる戦争を重ねている傍らで、その物欲しげな下心のままに、火事場泥棒を画策し、植民地拡張という独自の政策の追求にこだわり続けるのである。そして、イタリアの弱兵ぶりは、自国にこのうえなき災厄をもたらすだけでなく、同盟国ドイツにとっても、こののち脆弱な脇腹と化すのである。

一九四〇年九月二十七日、ドイツはイタリア、日本と「三国同盟」を結んだ。イギリスを屈服させられず、それに続く睨み合いのなかで、アメリカの介入を思いとどまらせる抑止効果も、この軍事同盟には期待された。十月四日、オーストリア・イタリア国境にあるブレンナー峠でムッソリーニと会談した際、ヒトラーは請け合った。ドイツとイタリアの同盟関係が発表されても、モスクワもしくはワシントンが、危険な反応を見せる可能性は皆無であると。ヨーロッパ大陸の各勢力がタッグを組んで、イギリスに対峙する――それがヒトラーの構想だった。

ヒトラーは、地中海一帯をイタリアの勢力圏と認め、敢えて手を出さない腹づもりでいた。だが、いざフランスを陥落させてみると、状況ははるかに複雑であることがたちまち分かってきた。それぞれに異なる思惑で対立しあうムッソリーニのイタリア、ヴィシー政権のフランス、フランコのスペインのあいだで、しかるべきバランスを取る必要が出てきたのだ。フランコはジブラルタルが欲しいと口では言いつつも、海峡のその先のアフリカにある、モロッコ等々の仏領植民地への野心を隠さなかった。だが、ヒトラーとしては、ペタン元帥の「フランス国」と、宗主国フランスにいまだ忠誠を誓う植民地軍をいたずらに刺戟することは望まなかった。この戦争が続くあいだ、ヴィシー政権がドイツの意を汲みつつ、北アフリカにある仏領植民地をきちんと管理してくれる方が、ヒトラーにとってははるかに増しだったから。むろん、この戦争に勝利できれば、仏領植民地をイタリアかスペイン、そのどちらかにくれてやることも吝かではない。だがしかし、フランス失陥直後の、ほぼ無限の権勢を誇るヒトラーでも、事は思いどおりにすすまなかった。一九四〇年十月、ヒトラーは西仏伊三カ国の首脳と会合をもった。自分に恩義があるはずのフランコ、自分が代官として封じてやったペタン、そして新たな同盟者として迎え入れてやったムッソリーニに対し、大陸諸国のブロック化でイギリスに対抗するという新戦略への同調を求めることが目的だった。だが結局、いずれの首脳からも色好い返事をもらえずに終わるのである。

十月二十二日、ヒトラー専用の装甲お召し列車「アメリカ」号――二輌連結の機関車、対空砲を積んだ無蓋貨車二輌を備えていた――がフランス中北部にあるモントワール＝シュル＝ル＝ロワール駅で停車した。同駅で、ヒトラーはペタン元帥の腹心、ピエール・ラヴァルと面会した。ラヴァルはヴィシー政権の地位保証を、ヒトラーから取り付けようと試みた。対するヒトラーはいかなる言質も与えず、それでいてヴィシー政権側を対イギリス同盟になんとか引き入れるべく働きかけをおこなった。

光輝く「アメリカ」号は、そのままスペインとの国境の町アンダイエにむかった。そこで翌日、フランコとの会談がもたれるのだ。スペインの鉄道網は老朽化しており、このため〝総統《カウディヨ》〟閣下の専用列車は遅れに遅れ、相当待たされたドイツの〝総統《フューラー》〟閣下は、あまり上機嫌とは言えなかった。ようやく到着ののち、ドイツ・スペイン両国の独裁者は相連れだって、ホームに整列するヒトラーの身辺警護部隊「フューラー＝ベグライト＝コマンド」所属の儀仗兵を観閲した。ずらりとならぶ黒服の兵士たちは、たいこ腹のスペイン人独裁者を見下すように、みな長身ばかりだった。フランコは満足そうな、しかしどこか媚びるような笑みを浮かべようとしたけれど、その笑みは顔面にあまり長く留まらなかった。

かくして独西首脳会談が始まった。敢えて相手の地元に乗り込んだヒトラーだったが、スペイン総統の口からは、言葉が奔流のように飛びだし、全く口を挟めなかった。この手の対人関係に、ドイツの総統閣下は不慣れであった。フランコはまず、先般の「スペイン内戦」に触れ、われわれは共に武門に生きるもの同士であったという一点を強調して見せた。そのうえで、ヒトラーがなし遂げたすべての事柄に対し、いちいち感謝の言葉を連ねるとともに、スペイン・ドイツ両国のあいだには、すでにして「アリアンサ・エスピリトゥアル（〝精神の〟同盟関係）」が存在すると力説した。だがしかし、内戦によって疲弊した現在のスペインゆえに、ドイツ側に立って即座に参戦できないことにかんし、自分は内心、忸怩《じくじ》たるものを感じているとフランコは続けた。首脳会談は三時間に及んだけれど、そのかなりの部分はフランコの独演会だった。かれは自分の人生や、これまでの経験にかんする、およそ取り留めのない話を延々とまくし立てた。会談がようやく終わったあと、あいつともう一度話し合うくらいなら、歯の三、四本でも抜かれた方が増しだとヒトラーに言わしめるほどの、それは大変な破壊力だった。

口を挟む機会をようやく捉えて、ヒトラーはすかさず断言した。ドイツはすでにこの戦争に勝利したと。いまのイギリスは、ソ連もしくはアメリカに救ってもらおうと、ただ希望にしがみつく以外、なにもできない存在だ。そのアメリカはあと一年半、もしくは二年たたないと、戦争などできないほど準備不足の状況にある。イギリス絡みで唯一の脅威は、連中が大西洋の島々を占領するとか、ド・ゴールの助けを借りて、世界各地の仏領植民地で騒動を起こすことぐらいであろう。だからこそ、私はイギリスに対する「広汎な戦線」を欲しているのである。

ヒトラーはさらに、ジブラルタルを確保したいと表明した。フランコとその将軍たちも、ジブラルタルそのものの制圧には賛成だったが、ドイツ側がその侵攻作戦を仕切るとなると、話は違ってくる。フランコには別の懸念もあった。ここで下手な動きに出ると、イギリス側がその報復としてスペイン領カナリア諸島を獲りにくるかもしれない。そう指摘すると、ドイツ側は予想外のことを言い出した。ならばいっそ、カナリア諸島のうち一島をわれわれに引き渡し、またスペイン領モロッコにも併せてドイツ軍の基地を置けばいいと思うのだが、どうだろうかと。あまりに高飛車な要求だったので、さしものフランコも二の句が継げなかった。ヒトラーはさらに、ポルトガル領アゾレス諸島とカボヴェルデ諸島の確保にも関心を示した。アゾレス諸島が手に入れば、ドイツ海軍は大西洋上に一大拠点を築けるが、それがもたらすメリットはそれだけに留まらなかった。「OKW（ドイツ国防軍最高司令部）」の業務日誌がのちに指摘するように、「総統閣下は攻守双方の観点から、アゾレス諸島に価値を見出している。アメリカが介入してきた場合だけでなく、戦後構想のためにも、あの島々を確保しておきたいのだ」と。ヒトラーはすでに「航続距離が六〇〇〇キロメートルにも及ぶ［新世代の］爆撃機」によって、アメリカ東海岸を攻撃することまで夢見ていた。

　ところが、当のフランコは、英仏相手にわざわざ宣戦布告をしなくても、仏領モロッコとアルジェリアの港湾都市オランぐらいはもらえるものと皮算用して、この会談に臨んでいた。その図々しさに、ヒトラーは呆れてものがいえなかった。またこれとは別の機会だが、フランコの態度に、ヒトラーが癇癪を起こしたこともある。そういうことをやっていると、「最も神聖な所有物まで交渉の材料にしたがるユダヤ人のような」印象を与えますぞと、ヒトラーは諭したという。一連の外遊を終えて祖国ドイツに無事帰着したヒトラーは、溜まりに溜まった怒りを周囲のものに爆発させた。フランコについては、あの「イエズス会士（三百代言《さんびゃくだいげん》）の豚め」と形容した。イデオロギーの面で見るなら、スペインはドイツに近く、しかも新任の外相ラモン・セラノ・スニェルはフランコ総統に敢えて参戦を求めるような親ナチ派だったけれど、フランコ政権全体は、イギリスを無用に刺戟する言動に戸惑いを覚えていた。スペインの生存にはさまざまな輸入物資が不可欠であり、その一部はイギリス由来のものだったから。最大の輸入品は穀物と石油で、それらはアメリカ合衆国から来ていた。スペインは当時、内戦が残した破壊のなかで、途方もない惨状を呈していた。栄養失調のせいで、道を歩いている人がいきなり意識を失うことも稀ではなかった。ドイツにはそうした輸入物資の穴埋めをする能力がない――そう判断したイギリスは、ありとあらゆる手をつかって、この経済的梃子を存分に利用し、のちにアメリカ合衆国もその動きに同調した。それゆえ、条件付き降伏を受け入れる意志がイギリス側にないことが分かると、フランコ政権は、食糧と燃料が危機的なほど不足しているのですと、枢軸の仲間に恥も外聞もなく支援を求めつつ、わが国ものちほど必ず参戦しますからと、具体的期限を示さぬまま、約束だけは重ね、ほとんどなにもやらなかった。だからといって、フランコもムッソリーニ同様、スペイン独自の〝平行戦争〟だけはしっかり検討していた。かれの場合、火事場泥棒の先として狙ったのは、イギリスの伝統的同盟国である隣国ポルトガルだった。幸いなことに、この構想が実現にむけ動く機会は、とうとう訪れなかった。

アンダイエでフランコとの会談を終えたあと、ヒトラーの装甲お召し列車はモントワール＝シュル＝ル＝ロワール駅にとって返した。そこには名代のラヴァルではなく、ペタン元帥本人が待っていた。ペタン元帥はヒトラーに対して、同格の国家元首であるかのように接し、結果、総統閣下の恩顧を受け損なってしまった。老元帥は、今後の仏独関係が協力を基盤としたものになるよう期待したけれど、フランスの海外植民地は保証されてしかるべきとするペタンの要求は、あっさり却下された。ヒトラーは反駁した。フランスはすでにドイツと戦争を始めており、いまやその代償を「領土の面でも物資の面でも」支払わなければならないと。ただ、ペタン元帥との会談は、フランコ相手と比べれば、ストレスがはるかに小さかったため、今後のことはとりあえず棚上げにすることで決着をみた。ヒトラーはヴィシー政権に対しても反イギリス連合に加わるよう働きかけた。そして最終的に、ヒトラーは悟ることになる。大陸ブロックを形成し、イギリスに対抗するというドイツの構想において、かれら「ラテン」諸国は全く当てにならないと。

地中海という周辺戦域において、イギリスと事を構えることには、プラス・マイナスの両面がある——との印象をヒトラーは持っていた。だがいまや、イングランド南部に対する強襲上陸作戦は、成功の見込みがなくなりつつあるのが現状だった。それに比べると、いまだ心は揺らぎ、その延期も検討はしていたけれど、対ソ侵攻作戦はかれの頭のなかでは、ほぼ本決まりだった。それなのに、「OKW」は十一月初め、暗号名「フェーリクス作戦」の準備作業に入るのである。それはイギリスの直轄領ジブラルタルと、その先にある大西洋の島々を確保する計画だった。

一九四〇年の秋、ヒトラーはイギリス本土を海上封鎖し、イギリス海軍を地中海から駆逐したうえで、最大の懸案である対ソ侵攻作戦を実施したいと考えていた。だがその後、かれは考えを改めた。イギリスを条件付き降伏に追いこむには、むしろソ連を先に打倒する方が近道であると。そうした状況判断は、ドイツ海軍にとって迷惑このうえないものだった。そんな事態をうっかり放置すれば、装備充実の優先権が、陸軍や空軍に回ってしまうからだ。

イタリアがその植民地リビアから打って出て、地続きのエジプトと、その先のスエズ運河を守るイギリス軍部隊を襲う計画を立てた時、ヒトラーはすぐさま支援のための準備に入った。こうした動きに出れば、イギリス軍をこの地域に釘付けにし、またインド／オーストラリア方面とイギリス本土との往来にも脅威を与えられるからだ。ドイツ空軍が応援してくれることは、イタリアとしても大歓迎だったが、自国の作戦地域にドイツ国防軍の地上部隊が出張ってくるのは願い下げだった。そんなことになれば、ドイツ人は当然、すべてを仕切ろうとするに違いない。

ただ、ヒトラーがとりわけ関心を寄せたのはバルカン半島だった。来たるべき対ソ侵攻作戦において、驀進するドイツ軍部隊の南側面を固める拠点が、この地域に設けられるはずだった。かつてソ連がルーマニアのベッサラビア、北ブコヴィナ両地域を占領した時、ヒトラーは当面の独ソ提携に水を差されたくなかったので、領土を奪われたルーマニア政府に「しばしのあいだ、すべてを飲み込んでほしい」といい含めたことがある。だがついに、ヒトラーはルーマニアへの軍事顧問団と実戦部隊の派遣を決定した。同国南東部のプロイェシュティ油田一帯を確保するのがその目的だった。ヒトラーはまた、ムッソリーニがつまらぬ動きに出ることを警戒した。イタリア軍が、現在占領しているアルバニアから、隣国のユーゴスラヴィアもしくはギリシア方面に攻め込み、結果、バルカン半島全体が不安定化するような事態は願い下げだった。だがヒトラーはここで、イタリア人の怠惰な国民性に期待するという、およそ賢明でない判断を下してしまう。

当初、ムッソリーニはほとんどなにもしないように思われた。たとえば、大胆な行動に打って出ると公言していたイタリア海軍は、リビアむけの船団護衛に当たる時以外、外洋に出ようとさえしなかった。イギリス海軍とやりあいたくなかったので、マルタ島への攻撃も空軍任せだった。伊領リビアの植民地総督イタロ・バルボ元帥も及び腰で、自分がエジプトにむけ進軍し、イギリス軍と干戈を交えるのは、ドイツがイギリス本土に侵攻するまさにその時であると主張していた。

一方、エジプト駐留のイギリス軍部隊は寸刻も無駄にせず、敵の侵攻に備えていた。六月十一日、ムッソリーニがイギリスに宣戦を布告した。その直後の同日夕刻、イギリス軍は威力斥候の専門部隊「第一一軽騎兵連隊」を繰り出した。かれらは年代物のロールスロイス製装甲車を駆って、まるで沈んでいく太陽を追うかのように西進し、夜のとばりが降りた直後に国境を越え、リビア領内に入った。同連隊は、国境地帯に配置されたイタリア側の主要防御陣地、マッダレーナ砦とカプッツォ砦を目指した。まずは待ち伏せ攻撃により、イタリア兵七〇人を捕虜にした。

イタリア兵は茫然自失の体だった。自国政府がイギリスに対し宣戦布告をしたなんて、国境のかれらに誰も連絡してこなかったからだ。六月十三日、イタリア側の砦はどちらも攻め落とされ、しかるのち破壊された。二日後、新たな襲撃がバルディア＝トブルク街道でおこなわれ、「第一一軽騎兵連隊」はさらに一〇〇人を捕虜にした。身柄を拘束されたイタリア軍将兵のなかには、ランチア製軍用車に乗った将軍も一名ふくまれていた。でっぷりと太った将軍閣下は「友人であるご婦人」を帯同しており、彼女はかなり大きなおなかを抱えていたが、奥方ではないという。さすがにこの一件はイタリアでもスキャンダルになった。ただ、イギリス軍にとってより重要なのは、この将軍が軍関係の文書一式を携行していたことで、おかげでエジプト国境に近いバルディア港の防御体制がほぼ丸わかりとなった。

リビア総督バルボ元帥の威令は、そう長くは続かなかった。六月二十八日、イタリア軍のある対空砲中隊が興奮のあまり、トブルクで同元帥の乗った飛行機を撃墜してしまったのだ。一週間足らずで新総督ロドルフォ・グラツィアーニ元帥が赴任すると、ムッソリーニからの命令が届いた。七月十五日をもって、エジプトにむけ進軍せよとそこにはあった。新総督は仰天した。本国の〝ドゥーチェ（首領）〟閣下は意気軒昂で、自分がいったん決定したからには、アレクサンドリアにむけた進軍は「もはや勝ったも同然」と見なしていた。グラツィアーニ新総督は当然ながら、あらゆる手段を講じて作戦の延期をはかろうとした。まずは夏の最盛期は、軍事行動に適さないと論じてみせ、次いでしかるべき装備がありませんと訴えた。

ところが、伊領東アフリカの植民地総督、アオスタ公爵がまさに夏の最盛期の八月に、アビシニア（現エチオピア）から英領ソマリランドにあっさり侵入を果たしてしまったのである。現地に駐留していたごく少数のイギリス軍守備隊は、仕方なくアデン湾を越えて、対岸の港湾都市アデンまで撤退していった。とはいえ、公爵自身は決して状況を楽観視していなかった。伊領リビア総督のグラツィアーニ元帥がこれに呼応して西方から攻めこみ、エジプト遠征を成功させない限り、先の見込みがないことは十分承知していた。なにしろアオスタ公爵がいまいる場所は、国境を挟んでアングロ＝エジプシャン・スーダン（現スーダン）と英領ケニアに西側をぐるりと囲まれており、また東側の紅海ならびにインド洋は、イギリス海軍が制海権をがっちり握っていたからである。友軍によってエジプトが確保されるまで、補給はいっさい望めないのが現状だった。

それなのに、肝心のグラツィアーニ元帥はぐずぐずと出陣を先延ばしにしていた。ムッソリーニの忍耐もついに限界に達し、九月十三日、リビア駐留イタリア軍はようやくにして進軍を開始した。総兵力は五個師団。対するイギリス／英連邦合同軍は、定員割れの三個師団のみという陣容で、イタリア軍は圧倒的な数的優位を誇っていた。しかもイギリス「第七機甲師団」、通称「砂漠の鼠」の手元にある運用可能な戦車は、僅か七〇輛にすぎなかった。

だがしかし、イタリア軍の進軍は思うにまかせず、敵地どころか、エジプト国境に到達する前から道に迷ってしまうという体たらくだった。一方のイギリス軍は計画どおり、戦っては退き、戦っては退きを繰り返し、アレクサンドリアの西方、地中海に面した要衝シディ・バッラニまで放棄してみせた。イタリア軍はこの町までようやくたどり着くと、そこで進軍を止めてしまった。そのまま海岸沿いを一気に抜け、マルサ・マトルーフまで進まんかと、ムッソリーニは檄を飛ばしたが、さらなる進軍を続けるための補給は与えなかった。ギリシア侵攻作戦がすで間近に迫っていたからである。

ドイツ側はこれまで何度も、わが国は貴国のギリシア攻撃には反対であるとムッソリーニに警告してきた。イタリア側も九月十九日、〝ドゥーチェ（首領）〟閣下おんみずから、リッベントロップ外相に、分かったと請け合っている。わが軍がギリシアもしくはユーゴスラヴィアを攻めるとすれば、それはエジプト遠征の後であると。最大の敵はあくまでイギリスであるということに、イタリア側も当然同意しているかに見えた。ところが十月八日、ドイツがルーマニアに軍を派遣したという話を聞いて、ムッソリーニはドイツに舐められたと感じた。じつはリッベントロップは相方であるイタリア外相のチャーノ伯爵に、ルーマニア進駐の件はすでに連絡済みだった（伯爵がついうっかり、ムッソリーニに伝えるのを忘れただけなのだ）。十月十二日、ムッソリーニはチャーノに告げた。「ヒトラーという男は〝既成事実〟を積み重ねることで、余に挑戦し続けているのだ」と。そしてさらにこう明言した。「今度こそしっぺ返しを食らわせてやる」

翌日、ムッソリーニは、陸海空軍を束ねる全軍最高司令部に下知を飛ばした。わが占領下にあるアルバニアから、隣国ギリシアを攻撃する計画の策定に入れと。あえて苦言を呈する胆力の持ち主は、上級将官にもひとりもおらず、この作戦の当事者で、在アルバニア駐留軍を率いるセバスティアーノ・ヴィスコンティ・プラスカ司令官においては、特にそうだった。だが、アルバニア／ギリシア国境を越えたあとには、エペイロス（イピロス）の山岳地帯が控えており、そこで冬季遠征をおこなおうにも、イタリア軍は輸送・補給の両面で数多くの問題をかかえていた。ギリシア遠征は準備段階から大混乱に陥った。イタリア軍はこの時、かなりの部分が動員解除になっていた。突然の開戦に伴って、いきなり大動員をかけたところ、工業生産も農業生産も立ちゆかなくなってしまい、それを補正するための措置だった。このため、いったん解隊となった各部隊は、定員割れのまま、急遽再編成された。アルバニア遠征には計二〇個師団が必要とされたが、アドリア海の対岸にあるアルバニアまでその大半を運ぶだけで、三カ月はかかると予想された。だがしかし、ムッソリーニは、二週間の余裕もない十月二十六日をもって、ギリシア総攻撃を開始せよと要求したのである。

イタリア軍がギリシア遠征の準備をすすめていることは、ドイツ側も当然ながら把握していた。ただ、イタリア軍は現在、エジプト攻略作戦の真っ最中であり、マルサ・マトルーフを占領するまで、ギリシアなんぞに手を着ける余裕などないはずだとドイツ側は見ていた。フランコ、ペタンとの首脳会談を終えて、ヒトラーが装甲お召し列車で帰国の途につきかけたとき、イタリア軍がギリシアにむけて動きだしましたとの報告が届いた。「アメリカ」号はベルリンに直行するのを止め、南のフィレンツェに方向転換した。リッベントロップ外相はムッソリーニに緊急首脳会談を申し入れた。

十月二十八日早朝、まさに首脳会談の直前、イタリア軍がついにギリシア侵攻を開始したという第一報が届いた。ヒトラーは思わずカッとなった。わがドイツがバルカン諸国を見事なまでに手なずけている現状に、ムッソリーニは嫉妬している――。ヒトラーは元々そう考えていた。ゆえに、イタリアが汚い不意打ちを食らわすことぐらいは、想定内だった。だが、今回の一件はさすがに看過できなかった。これをきっかけに、イギリス軍がギリシア方面に出張ってくる可能性もこれありで、ヒトラーはそうした展開をなにより憂慮した。そんなことになれば、ギリシア本土に、ルーマニアのプロイェシュティ油田空爆も可能なイギリス軍の攻撃拠点ができてしまうではないか。ムッソリーニの無責任な行動のせいで、対ソ侵攻計画「バルバロッサ作戦」にまで悪影響が及ぶかもしれない。それでも、専用列車がムッソリーニの待つフィレンツェ駅のホームに停まるころには、ヒトラーは激情をなんとか鎮めていた。両首脳は場所をヴェッキオ宮殿に移し、会談をおこなったものの、今回のギリシア攻撃についてはほとんど話題にのぼらなかった。せいぜい、イギリスが現在支配しているクレタ島を確保するため、ドイツ側から一個空輪歩兵師団と一個降下猟兵（空挺）師団を派遣することが提案されたぐらいである。

同じく十月二十八日の〇三〇〇時（午前三時）、アテネ駐在のイタリア大使は、ギリシアの独裁者イオアニス・メタクサス将軍に対し最後通牒（回答期限は三時間後）を手渡した。メタクサス将軍はただ一言、「否！」とだけ述べたが、イタリアのファシスト政権は将軍が拒否しようと受諾しようと、そんなこと、いっさい気にしていなかった。侵攻は二時間半後には、一四万の兵員をもって、さっさと始まってしまった。

ひどい土砂降りのなかを、イタリア兵がすすんでいく。進軍ペースはおそろしく遅かった。現地はすでに二日間、間断なく雨が降っていた。鉄砲水や河川の増水で、あちこちの橋が流され、流されずに残っていた橋も、ギリシア軍によって爆破された。なにせ今回の侵攻作戦はローマでは公然の秘密であり、イタリア軍が攻めてくることぐらい、ギリシア側は百も承知だった。未舗装の道路はいまや、分厚い泥がぬかるみ状態に変わり、通行はほとんど不可能だった。

ブルガリア軍が北東方面から同時侵攻を仕かけてくるのか、その辺に確信が持てなかったため、ギリシア軍は東部のマケドニアとトラキアに四個師団を張りつけておかなければならなかった。一方、西のアルバニア側から攻めてくるイタリア軍に対抗すべく、ギリシア軍の主防衛ラインは、ユーゴスラヴィア国境のプレスパ湖から始まり、途中、グラモス山を経由し、流れの急なティアミス川に沿って、対岸のコルフ南端まで敷かれていた。ギリシア軍には戦車も対戦車砲もなかった。近代的な航空機もほとんどなかった。しかしかれらの最大の戦力は、兵士全員が等しく持っている怒りの感情だった。あの見下げはてた〝マカロニ野郎〟――とかれらはイタリア兵を呼んでいた――を必ずや撃退してやると、全員が決意していた。エジプトの港町アレクサンドリアのギリシア人コミュニティでも、愛国熱が一気に高まった。およそ一万四〇〇〇人が戦闘員となるべく祖国ギリシアにむけ出航したし、戦費支援の募金活動も盛んで、当時のエジプトの国防予算をも上回る途方もない金額が集まった。

十一月五日、イタリア軍は再度攻勢に出たものの、海岸部とコニスタ北部にわずかに突破口を開いただけで終わった。そのさい、山村出身者からなる山岳兵部隊《アルピーニ》のひとつ、「ユリア師団」が二〇キロメートルほど前進したけれど、イタリア軍でも最も精強を誇る同師団といえど、どこからも支援がなくては如何ともしがたく、気づくとほぼ包囲され、囲みを脱することができたのはごく一部だった。イタリアの「アルバニア駐留軍」を率いるプラスカ司令官は麾下の全部隊に対し、総延長一四〇キロメートルにおよぶ戦線に沿って防衛態勢を固めよと命じるのがやっとだった。ローマのイタリア軍最高司令部はこの状況を受け、エジプト戦域の攻勢を一時延期し、部隊の一部を「アルバニア駐留軍」の増援に当てることを余儀なくされた。ギリシアなど一五日もあれば占領できると豪語していたムッソリーニだったが、いまやそれは、なんの根拠もない大ボラにすぎないことが暴かれてしまった。だが、ムッソリーニは負けていなかった。最後に勝つのはわがイタリアさと、かれはみずから信じ込むのだった。同盟の相方が面目丸つぶれになっても、ヒトラーに特段の驚きはなかった。戦いの前から、いざ干戈《かんか》を交えれば、ギリシア人はイタリア人よりはるかに優れた戦士であることを実証するだろうと予言していたくらいである。そのころ、ギリシア陸軍参謀総長、アレクサンドロス・パパゴス将軍は、すでに予備軍まで投入して、反攻の準備に取りかかっていた。

イタリア人のプライドをさらに傷つける事態が発生したのは、十一月十一日夜のことである。イタリア南東部のタラント海軍基地に、英空母「イラストリアス」を発艦した〈フェアリー・ソードフィッシュ〉艦上雷撃機と巡洋艦四隻、駆逐艦四隻からなる戦隊が攻撃を加えたのである。イギリス側は〈ソードフィッシュ〉二機を失うも、イタリア側の三隻の戦艦、すなわち「リットリオ」、「カヴール」、「ドゥイリオ」に魚雷を命中させ、「カヴール」は沈没した。イギリス「地中海艦隊」司令官、サー・アンドルー・カニンガム海軍大将は、イタリア海軍が思いのほか脆かったことに安堵のため息をついた。

十一月十四日、ギリシアのパパゴス将軍が攻勢に打って出た。相手方に増援部隊が到着するまで、アルバニア戦線のイタリア軍はわが軍より数的劣位にあると分かっていたので、不安はなかった。ギリシア兵は途方もない勇気とスタミナを発揮し、進軍を続けた。年末までにイタリア軍を押し戻し、さらに国境から五〇ないし七〇キロメートル奥まで押し込んでしまった。その後増援部隊が加わり、アルバニア駐留のイタリア軍は兵員四九万まで膨れあがったが、戦況にほとんど変化は見られなかった。翌一九四一年四月、今度はヒトラーがギリシア侵攻に動くのだが、それまでの間にイタリア軍は四万人が戦死し、負傷、病気、凍傷などで犠牲となった兵士の数は一一万四〇〇〇人に達した。われもまた大国なりというイタリアの自負は、見る影も無いほど打ち砕かれた。いわゆる〝平行戦争〟なる概念は、そのまま立ち消えとなった。こののちムッソリーニはヒトラーの同盟者ではなく、たんなる従者に成り下がる。


イタリアが軍事面でパッとしないのはもはや国民性のようなものである。そのことはほどなくエジプトでも明らかとなっていく。イギリス陸軍で中東戦域を担当する「地中海方面軍」総司令官、サー・アーチボルト・ウェーヴェル大将は、じつに北アフリカ、東アフリカ、および中東という広大な地域全体に対し責任を負っていた。ウェーヴェルは当初、エジプト駐留の三万六〇〇〇人で、リビア駐留のイタリア軍二一万五〇〇〇人と対峙していた。さらに、ウェーヴェルの南方にはアオスタ公爵率いる二五万のイタリア軍部隊（その多くは現地兵で構成）も控えていた。それでも、イギリス軍および英連邦軍の増援部隊がほどなく到着し始めたことで、ウェーヴェルの手勢はそれなりに厚みを増した。

ウェーヴェル将軍は詩を愛し、無口で知的な人物である。チャーチル首相が好むタイプの軍人ではない。根っからけんか好きな総理閣下は、血気盛んな、どちらかというと無鉄砲に近いタイプが好みで、特に隙だらけのイタリア軍が惰眠をむさぼる中東方面は、そういうタイプこそうってつけだと考えていた。チャーチルはまた、我慢が苦手だった。砂漠戦というものは、いわゆる「補給係将校の悪夢」と化すことが通例だったけれど、チャーチルはこの点も軽く見ていた。そんな総理閣下が作戦のあれこれに口出しすることを恐れたウェーヴェルは、反攻計画（コードネーム「コンパス作戦」）をひそかに準備していることを、あえてチャーチルには一言も告げなかった。結局、アンソニー・イーデン陸相に話してしまうのだが、それはイーデン陸相がエジプト訪問のさい、ギリシアがいま、喉から手が出るほど欲しがっている武器をかれらに回してやれないかと打診したためである。ロンドンに戻ったイーデンから、ウェーヴェル将軍の反攻計画を聞かされた時、チャーチルは「ネコ六匹分ぐらい、喉をゴロゴロといわせた」と書いている。かれはウェーヴェルに可及的速やかに作戦を開始せよと命じ、そしてたしかに月内発動とあいなった。

北アフリカを担当するイギリス「西方砂漠軍」の野戦司令官は、リチャード・オコナー中将である。小柄で屈強、断固たる性格の持ち主で、かれの手にあるイギリス「第七機甲師団」とインド「第四師団」は、イタリア軍の主要陣地があるシディ・バッラニの南方およそ四〇キロメートルに展開していた。より小規模の分遣隊「セルビー支隊」――A・R・セルビー准将率いる混成部隊――は、マルサ・マトルーフを出発すると、海岸道路をたどり、シディ・バッラニに西方から回りこんだ。イギリス海軍の各艦艇も海岸近くを併走しながら、艦砲による支援射撃をいつでもおこなえる態勢を整えた。しかもオコナー中将はすでに軍需物資の事前集積も密かに済ませていた。

イタリア側がカイロに数多くのスパイ（エジプト国王ファルーク一世陛下の側近まで含まれていた）を放っていることは周知の事実であり、ゆえに秘密をいつまでも保持することは難しかった。そこでイギリス側は、当方には特段の攻撃意図はないとの印象を広げるため、欺瞞作戦を展開した。たとえば、ウェーヴェル総司令官は、妻と娘たちを伴って、戦闘開始の直前、スーダン中東部のゲジラに競馬観戦に出かけた。ウェーヴェルはその晩、「ターフ・クラブ」でパーティまで催している。

十二月九日、「コンパス作戦」が発動されると、イギリス側は自分たちが完璧な奇襲攻撃をやり遂げたことを知った。先鋒をつとめる「第七王立戦車連隊」所属の〈マティルダ〉戦車に続いて、インド「第四師団」が投入され、三六時間もかからずにシディ・バッラニの外郭にあるイタリア軍の主要陣地を制圧した。北西にすすんだイギリス「第七機甲師団」の分遣隊がシディ・バッラニとブクブクのあいだで海岸通りを寸断すると、それに呼応して、「第七機甲師団」の本隊がブクブクの前方で、イタリア「カタンザロ師団」に襲いかかった。十二月十日の真夜中までに、インド「第四師団」がシディ・バッラニを確保すると、この地域に展開するイタリア軍の四個師団は翌日には降伏した。ブクブクもまた、イギリス側の手に渡り、「カタンザロ師団」は壊滅的打撃をこうむった。ただ、南方四〇キロメートルにいた「チレーネ師団」だけは、ハルファヤ峠にむけて素早く後退したため、なんとかイギリス軍の猛追を振り切ることができた。

オコナー中将麾下の兵士たちは目も覚めるような勝利をかちとった。六二四人が犠牲となったが、それによって捕虜三万八三〇〇人、火砲二三七門、戦車七三輛を得た。オコナーはさらに一押しして、第二段階の攻勢に出たかったが、しばし待たなければならなかった。インド「第四師団」の大半がスーダンに移送され、アビシニアにあるアオスタ公爵の要塞相手にもう一戦することになったからだ。その穴を埋めるため、オコナーにはオーストラリア「第六師団」の先遣部隊「第一六歩兵旅団」が与えられた。

エジプト側からリビア側にほんの少し入ったところにある港町バルディアが次の主要目標だった。

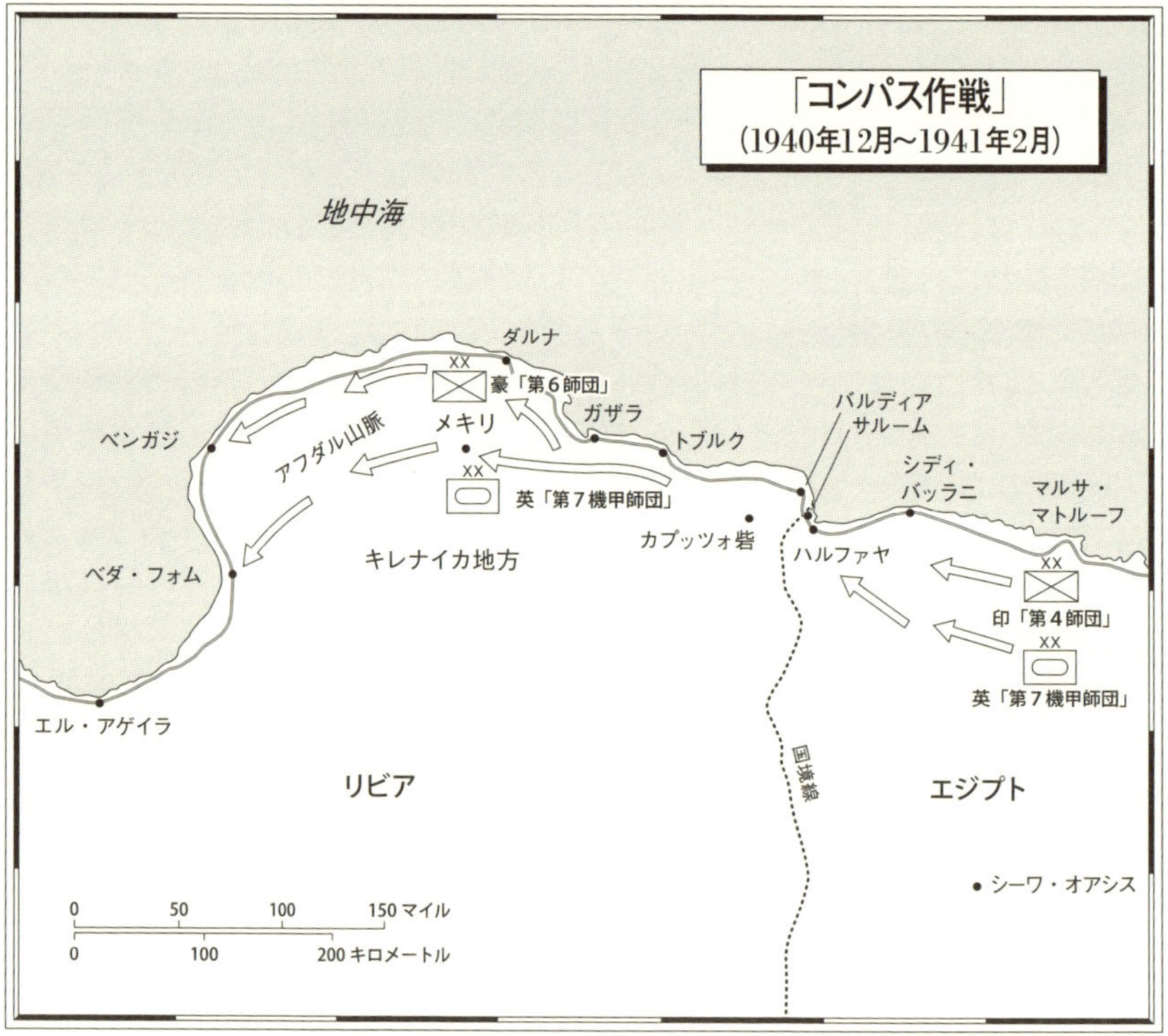
「コンパス作戦」
(1940年12月~1941年2月)
地中海
ダルナ
XX
豪「第6師団」
ガザラ
トブルク
バルディア
サルーム
シディ・
バッラニ
マルサ・
マトルーフ
ベンガジ
メキリ
アフダル山脈
XX
英「第7機甲師団」
カプッツォ砦
ハルファヤ
ベダ・フォム
キレナイカ地方
XX
印「第4師団」
XX
英「第7機甲師団」
エル・アゲイラ
国境線
リビア
エジプト
シーワ・オアシス
0
50
100
150 マイル
0
100
200 キロメートル

ムッソリーニの命令で、グラツィアーニ元帥は同港の周辺に六個師団を集中させていた。年が改まった一九四一年一月三日、オコナー中将麾下の歩兵たちは、残った〈マティルダ〉戦車の支援を受けつつ、攻撃を開始した。三日後、イタリア軍はオーストラリア「第六師団」に降伏し、四万五〇〇〇人の捕虜、四六二門の野砲、一二九輛の戦車が獲得された。顔面から逆立つように伸びる剛毛ゆえに「電気ヒゲ」の異名をもつイタリア軍司令官、アニベレ・ベルゴンツォーリ将軍は辛くも西方への脱出に成功した。ちなみに、攻勢をかけたイギリス側の損耗は死者一三〇人、負傷者三二六人だった。

　そのころ、イギリス「第七機甲師団」はトブルクの町を孤立化させるべく猛然とすすんでいた。二個オーストラリア旅団もバルディアから急遽駆けつけ、攻囲を完璧なものにした。やがてトブルクも陥落。さらに二万五〇〇〇人の捕虜、二〇八門の火砲、八七輛の装甲車輛、イタリア軍娼婦一四名がイギリス側の管理下に入った。娼婦たちはアレクサンドリアの修道会に送られ、戦争の残りの期間、不如意な生活を強いられることになる。とそこへ、不吉な話が入ってきた。チャーチル首相がギリシア側に対し、航空機と地上軍を融通しようと提案したというのだ。押せ押せできた追撃戦がいまや消滅の危機を迎えていると悟って、オコナー中将は思わずゾッとした。だが幸いなことに、ギリシアの独裁者メタクサス将軍は、この申し出をきっぱりと断ってきた。提供される兵力がせめて九個師団はないと、ドイツをいたずらに刺戟し、しかもその程度の兵力では有事に際し、ドイツ軍を撃退できずに終わると判断したためである。

　いわゆる「イタリア帝国」の崩壊はこの間、リビア方面だけでなく、東アフリカでも続いていた。一月十九日、増援のインド「第四師団」がスーダンでようやく戦闘準備を整えたと判断して、ウィリアム・プラット少将は麾下の部隊に進撃を命じた。目指すはアビシニアで孤立するアオスタ公爵のかかえる、規模こそ大きいがそれゆえ鈍重なイタリア軍部隊である。その二日後、故国をイタリアに占領され、ずっとイギリスで亡命生活を送っていたエチオピア皇帝、ハイレ・セラシ陛下が祖国解放に立ち会うため、イギリス陸軍のオード・ウィンゲート少佐を伴い、戻ってこられた。一方、南からは在ケニアのアラン・カニンガム陸軍少将（カニンガム海軍大将の弟）が攻め上がるという手はずだった。すでに補給を断たれた「アオスタ軍」に、長期にわたる抵抗は不可能だった。

そのころリビアでは、オコナー中将がイタリア軍の一網打尽を狙っていた。同国東部のキレナイカ地方がちょうど地中海に突きだした部分に、イタリア軍がまとめて布陣しているので、イギリス「第七機甲師団」をベンガジ南方のシルテ湾（シドラ湾）まで直進させ、これらを一気に包囲してしまおうという算段だった。だがしかし、同師団が保有する戦車の多くは、いまや運用不能の状態にあったし、カイロまでの輸送ルートがすでに一三〇〇キロメートルに達する現在、補給はつねに滞りがちだった。そこでオコナー中将は、アフダル山脈南方のメキリにあるイタリア軍の強力な防御陣地の手前で一旦停止するよう同師団に命じた。だがその後、装甲車を駆る斥候部隊や、あるいはイギリス空軍経由で、「大規模な撤退」をしめす兆候が続々入ってきた。なんとグラツィアーニ元帥がキレナイカ地方からイタリア軍を総退却させ始めたのだ。

かくして二月四日、追撃戦――騎兵部隊に起源をもつイギリスの各機械化連隊はこれを「ベンガジ・ハンディキャップ」と呼んだ――が〝各馬一斉にスタート〟することとなる。例によって「第一一軽騎兵連隊」が露払い役を演じ、続く「第七機甲師団」の本隊が、見渡すかぎり続く荒野を縦横に走り回り、イタリア「第一〇軍」の残余を思う存分蹂躙した。海岸沿いにイタリア軍を追い立てたオーストラリア「第六師団」は二月六日、そのまま〝馬なり〟にベンガジ入城を果たした。

「第七機甲師団」を率いるマイケル・クレイ少将のもとに、イタリア軍がベンガジから撤退しつつあるとの報告が届いた。クレイ少将はベダ・フォムでかれらの退路を遮断すべく別働隊を繰り出した。「第一一軽騎兵連隊」、「ライフル旅団」第二大隊、および「王立騎馬砲兵連隊」所属の三個砲兵中隊からなるこの別働隊は絶妙のタイミングで、海岸道路まで到達した。だが、ともかく逃げようと必死の形相のイタリア兵二万を前に、イギリス軍は一瞬、恐怖を覚えた。ひょっとすると、数の多さにこちらが逆に圧倒されてしまうのではないかと。だが、人波にあわや呑みこまれかけたその時、「第七軽騎兵連隊」所属の軽戦車が出現した。これらの軽戦車は横一線の陣形をとり、巨大な団子状態のイタリア軍の左側面に突撃を敢行、現場は阿鼻叫喚の巷と化した。それでも太陽がようやく沈むと、戦闘はいったん小休止となった。

今度はイタリア側に戦車の増援があり、夜明けとともに、両軍はふたたび戦闘を再開した。先にクレイ少将が送りこんだ別働隊に、「第七機甲師団」所属の大隊が数多く追いつき、イギリス軍は急速に厚みを増した。イタリア側はこの日、イギリスの包囲網を突破しようと必死に試みたものの、戦車八〇余輛を撃破され、さらにそこに、ベンガジから打って出たオーストラリア軍部隊までが加わり、背後まで危うくなった。脱出にむけた最後の試みが頓挫したあと、ベルゴンツォーリ司令官はようやく決断し、二月七日の朝、「第一一軽騎兵連隊」のジョン・クーム中佐に降伏を申しでた。「電気ヒゲ」の将軍は、イタリア「第一〇軍」で生き残った最先任の将校だった。

疲れ果て、惨めな姿のイタリア兵が、見渡すかぎり広がっていた。かれらはあちこちに固まってへたり込み、雨の中で身を寄せ合っていた。クーム中佐付きの准大尉のひとりが無線による質問を受けた。「第一一軽騎兵連隊」は現在、いったい何人の捕虜を取ったのかと。真の騎兵にふさわしい淡々とした口調で、その准大尉は答えた。「私の見るところ、おそらく数エーカーぐらいでしょう」と。

五日後、ドイツ陸軍のエルヴィン・ロンメル中将がトリポリに第一歩を記した。ロンメルのあとには、のちに「アフリカ軍団」として知られるようになる装甲部隊の先遣隊が続いていた。

章末注

(286) 日本軍の宜昌作戦：（参考）Tobe Ryoichi 'The Japanese Eleventh Army in Central China, 1938-1941', in Peattie, Drea and van de Ven, *The Battle for China*, pp.207-29.〔「慶應版」第6章「華中の日本軍、1938-1941—第11軍の作戦を中心として」戸部良一〕

(287)「負傷者はどうなりました」：Smedley, *Battle Hymn of China*, p.343-4.〔『中国の歌ごえ』下、高杉一郎訳、ちくま文庫／宜昌は六月十一日に陥落したが、私はその直前に汽船で宜昌を出発した。汽船にのってすぐに、私は紅十字会の医者に会った。彼は、職員をひきつれて、医療品をもって、沙市からのがれてきたのだった。華中戦線に陸軍病院が百五十あるなかで、抜けてでてきたのはわずかに五つだと彼は言った。「戦傷者はどうしましたか?」と私はきいたが、彼は返事をしなかった。しかし、私には聞かなくても、わかっていた（三七七頁）。／宜昌を出発して、渦巻いている揚子江の峡谷を通り、上流にいたる旅は、たえず空襲警報に脅かされ通しだった。冬と春のはじめには上流をおしつつんでいる霧があがってしまったので、日本軍は例年の電撃《ブリッツ》空襲を開始したのだった（三七七頁）。／毎日のように、人間のふくれあがった屍体が、揚子江をプカプカと流れていき、ジャンクにつきあたると、水夫が先の方が尖った大釘になっている長い棒ではねのけていた（三七八頁）〕

(288)「中国は戦えない、と彼らは言った」：*ibid.*, p.348.〔同上（三八五頁）〕

(289) 中国で死んだ六万二〇〇〇人の日本兵：Kershaw, *Fateful Choices*, p.99.〔イアン・カーショー『運命の選択1940-41—世界を変えた10の決断』上・下、河内隆弥訳、白水社〕

(289)「百団大戦」：Garver, *Chinese-Soviet Relations*, pp. 140-1

(290) "平行戦争"：*GSWW*, vol.iii, p.2

(291) 一九四〇年におけるイタリアの兵力：*ibid.*, p.68

(292)「サーカスのピエロ」：Weizsäcker, *Die Weizsäck-*

er-Papiere, p.206

(294) アンダイエにおけるフランコ・ヒトラー首脳会談：Stanley G. Payne, *Franco and Hitler*, New Haven, 2008, pp. 90-4; および Javier Tusell, Franco, *España y la II Guerra Mundial: Entre el Eje y la Neutralidad*, Madrid, 1995, pp.83-201

(295)「アリアンサ・エスピリトゥアル（〝精神の〟同盟関係)」：Tusell, *Franco, España y la II Guerra Mundial*, p.159

(296)「総統閣下は攻守双方の観点から」：*KTB OKW*, vol.i, 15.11.40, p.177

(296)「ユダヤ人のような」印象：*ibid.*, p.144, ('como un judio que quiere traficar con las más sagradas posesiones')

(296)「イエズス会士（三百代言《さんびゃくだいげん》）の豚め」：Halder, *Kriegstagebuch*, vol.i, p.670

(297)「領土の面でも物資の面でも」：*GSWW*, vol.iii, p.194

(299)「すべてを飲み込んでほしい」：*The Times*, 2.7.40

(300)「友人であるご婦人」：Dudley Clarke, *The Eleventh at War*, London, 1952, p. 95; および Michael Carver, *Out of Step*, London, 1989, pp.54-5

(300)「もはや勝ったも同然」：Count Galeazzo Ciano, *Ciano's Diplomatic Papers*, London, 1948, p.273

(302)「ヒトラーという男は〝既成事実〟を積み重ね」：*ibid.*, 12.10.40, p.297

(304)〝マカロニ野郎〟：Mark Mazower, *Inside Hitler's Greece: The Experience of Occupation, 1941-44*, New Haven, 1993

(304) 在エジプトのギリシア人コミュニティ：Artemis Cooper, *Cairo in the War, 1937-1945*, London, 1989, p.59

(306) ギリシア・アルバニアにおけるイタリア軍の犠牲者数：*GSWW*, vol.iii, p.448

(307)「ネコ六匹分ぐらい」：Churchill, *The Second World War*, vol.ii, p.480

第10章 ヒトラーの「バルカン戦争」一九四一年三月～五月

イギリスを敗北させる試みはどうやら失敗したようだ、とヒトラーは考えた。ならば、生涯をかけた主要目標に、いまこそ全精力を傾注すべきであろうと。だが、ソ連に侵攻する前に、北と南の両側面を固めておく必要があった。北のフィンランドとはすでに交渉を開始していたが、より重要なのは南側面にあたるバルカン諸国である。特にルーマニアは重要で、プロイェシュティ油田はドイツ装甲師団にとり燃料の供給源だったし、イオン・アントネスク元帥麾下のルーマニア陸軍は、ドイツ軍にとって貴重なマンパワーの源泉であった。ただ、ソ連側もヨーロッパ南東部は自国の勢力圏と見なしていた。それゆえヒトラーは、準備万端整うまで、スターリンをいたずらに刺戟しないよう細心の注意を払った。

ムッソリーニのギリシア侵攻が失敗に終わった結果、ヒトラーがまさに恐れていた事態、すなわちイギリス軍によるヨーロッパ南東部への進出が現実のものとなってしまった。すでにイギリスは一九三九年四月、ギリシアに対し防衛面の支援保証を与えており、メタクサス将軍もこれを受けて支援要請をおこなっていた。イギリスは戦闘機を提供することとし、イギリス空軍の数個飛行中隊が一九四〇年十一月の第二週に、第一陣としてギリシアまで飛んできた。さらにイギリス陸軍もクレタ島に粛々と上陸。おかげでギリシア軍はクレタ島の守備隊をアルバニア戦線に回すことができた。いずれイギリスは、ギリシア本土にある飛行場を拠点に、プロイェシュティ油田を脅かすかもしれない。そう懸念したヒトラーは、ギリシアの隣国ブルガリアに対し、貴国の国境地帯に早期警戒監視所を置かせてほしいと要請した。もっともメタクサス将軍自身はむしろイギリス側を説得していた。ナチ・ドイツへの挑発につながるので、軍事行動は極力避けてほしいと。イタリアの侵攻にはなんとか対処できたものの、相手がドイツ国防軍となると、そう簡単には行かないからだ。

だが時すでに遅し。ヒトラーはギリシア侵攻作戦の検討に入っていた。イタリアが味わった屈辱をここできっちり返しておかないと、枢軸国全体の名折れになるというお家の事情もあったけれど、それよりなにより、これは友邦ルーマニアを守るために必要な軍事行動なのだった。十一月十二日、ヒトラーは「ＯＫＷ（ドイツ国防軍最高司令部）」に対し、ブルガリアを縦断し、エーゲ海北方の海岸線を確保する侵攻計画を策定せよと命じた。コードネームは「マリータ作戦」とされた。すると、ドイツの海空軍がすぐさま総統閣下の説得に着手し、結果、エーゲ海北岸だけでなく、ギリシア本土全域が攻撃対象とされた。

「マリータ作戦」は、「フェーリクス作戦」の完遂後に実施されるものとされた。「フェーリクス作戦」とは一九四一年春に、ジブラルタルを攻撃し、さらに二個師団をもって北西アフリカを占拠するという計画である。この地域にある仏領植民地がヴィシー政権から離反する事態を恐れ、ヒトラーはこのほか「アッティラ作戦」の予備研究も命じてあった。フランスの海外資産と「フランス艦隊」を手に入れることをその主眼とし、作戦発動の折りは、たとえ反対にあっても、容赦なく事をすすめるつもりでいた。

ジブラルタルは、地中海におけるイギリス軍事プレゼンスの鍵を握る都市である。そこでヒトラーは「アプヴェーア（ドイツ国防軍情報部）」を束ねるカナリス提督をスペインに送り込み、フランコと面会させた。ドイツ軍が計画どおり二月にスペインの地中海沿岸道路を通行するには、事前の同意が必要だったから。たとえ当初は渋るふりを見せても、フランコならば、いずれ枢軸側に立って参戦するはずというヒトラーの読みはしかし、やや楽観的すぎた。スペインの総統《カウディーリョ》閣下はカナリス相手に綿々と論じ、「どうして、イギリスが崩壊寸前になるまで、自分がイギリス相手の戦争に踏み切れないのか、その因って来たる理由を、なるほどと思えるロジックで説明」してみせたのである。ヒトラーとしてはこの計画を諦めるつもりはなかったが、展望は当面開けそうになかった。そこでヒトラーは西地中海はしばらく放っておくことにし、当面はソ連侵攻をめざす「バルバロッサ作戦」に注力し、その前段階として、まずは侵攻コースの南側面をもっぱら固めることにした。

一九四〇年十二月五日、ヒトラーは対イタリア支援策を発表した。シチリア島及びイタリア半島南部にドイツ空軍の二個飛行連隊を派遣し、東地中海に展開するイギリス海軍部隊を攻撃すると。ちなみにヒトラーはこの段階では、伊領リビアのイタリア軍支援に、地上軍まで送り込むことには反対だった。だが一九四一年一月の第二週に、イギリス「西方砂漠軍」を指揮するオコナー中将が目も醒めるような進軍を見せると、さしものヒトラーも考えを改めた。本音をいえば、リビアなどどうでも良かったのだが、敗北の結果、もしムッソリーニがその地位を失う事態になれば、枢軸国全体にとって大打撃となり、敵方の士気がいや増すことは必定だったから。

この結果、ドイツ空軍は「第一〇航空軍団」全体をシチリア島に派遣することになり、ドイツ陸軍も「第五軽師団」に対し、北アフリカ進駐を準備せよと命じた。ところが、オコナー中将の大勝利により、リビア北東部のキレナイカ地方だけでなく、北西部のトリポリタニア地方までが危うくなったことが二月三日までに判明。これを受けて、ヒトラーは方針をさらに転換し、先のポーランド作戦とフランス遠征で名を挙げたロンメル中将に一個軍団を託し、貴官が事に当たれと命じたのである。この部隊はその後「ドイツ・アフリカ軍団」と呼ばれるようになり、この遠征計画には「ゾネンブルーメ（ひまわり）作戦」というコードネームが与えられた。

やがてロンメル将軍は実質的に、イタリア軍を含めた枢軸国軍全体の総司令官となり、ムッソリーニもそうした現状を追認するしかなかった。二月十日、ローマでいくつかの会合をこなしたあと、ロンメルは二日後、空路トリポリに入った。まずは、イタリア側が立てたトリポリ防衛計画をばっさりと切り捨てた。わが軍の上陸が完了するまで、戦線はもっと遠方のシルテ（シドラ）付近に敷くべきであるとロンメルは主張した。だがロンメルは、ドイツ軍の兵員・装備の陸揚げには思った以上に時間がかかることをほどなく思い知らされる。ドイツ「第五軽師団」の準備が整い、作戦行動に移れたのは、四月初めだった。

一方、ドイツ「第一〇航空軍団」はすでに活動を活発化させていた。シチリア島の南方に浮かぶ、イギリス軍の出城とも言うべきマルタ島、特にそのヴァレッタ飛行場と海軍基地に猛爆を加え、さらにこの「地中海の弓籠手《ゆごて》」の補給を担うイギリス護送船団にも襲いかかっていた。さらにドイツ海軍は、イタリア海軍に働きかけて、イギリス「地中海艦隊」を攻撃させようとしたけれど、独伊両海軍間の議論は三月末まで、ほとんど進展を見せなかった。

ギリシア侵攻を目指すドイツの「マリータ作戦」はその準備作業に、一九四一年一月から三月までの三カ月間を要した。ヴィルヘルム・リスト元帥率いるドイツ「第一二軍」所属の各部隊は、ハンガリー領内を通過し、ルーマニアに入った。この両国とも反共政権のもとにあり、活発な外交活動の結果、枢軸側と同盟関係を結ぶに至っていた。国境を越えてさらにその先に移動できるよう、ドイツは隣接するブルガリアもまた、枢軸側に引き入れておく必要があった。こうした一連の経緯を、スターリンはじっと疑いの目で見ていた。今回のドイツ軍の進駐は、イギリスのみを対象としたものだとドイツ側は請け合ったけれど、スターリンは信じなかった。だからといって、当面、かれにやれることはほとんどなかったのだが。

ドナウ川の下流一帯でドイツ軍の増強が著しいことは、イギリス側も当然ながら気づいており、しかるべき手を打つことを決めた。イギリスという国の信頼感を高めるため、そして望むらくはアメリカに好印象を与えるため、チャーチルは「地中海方面軍」総司令官、サー・アーチボルト・ウェーヴェル大将にこう命じた。リビア北西部トリポタニア地方に進軍するなどという考えは、このさいいっさい放棄し、麾下の三個師団を丸ごとギリシアに送ってやれと。ギリシアでは独裁者のメタクサス将軍が咽頭ガンで死去したばかりで、あとを継いだアレクサンドロス・コリジス新首相は、ドイツの脅威が現実のものとなったいま、たとえそれがどれほど細《ささ》やかなものであろうと、あらゆる支援を受け入れる気になっていた。沈鬱な表情を浮かべるウェーヴェル将軍も、イギリス「地中海艦隊」を率いるサー・アンドルー・カニンガム海軍大将も、たかだか三個師団程度の遠征軍で、あのドイツの進軍を防げるとは到底思えなかった。しかし、チャーチル首相はこの一点にイギリスの名誉がかかっていると信じており、またこのたび陸相から外相に横滑りしたアンソニー・イーデンも、これこそまさに正しい道だと納得していた。となると、ほかに道はなく、三月八日、イギリス陸海軍の方面軍を率いる二人の大将は、譲歩を余儀なくされた。もっとも、イギリス軍といっても、ギリシア支援に実際派遣された五万八〇〇〇人は、その半数以上がオーストラリア兵とニュージーランド兵だったのだが。すぐにつかえる兵士のなかで、いちばん準備が整っていたのが、たまたまかれらだったのだが、この決定はのちに、オーストラリア、ニュージーランド両国民のあいだに、激しい憤怒の感情を生むことになる。

今回のギリシア遠征軍の司令官には、その桁外れの身長と胴回りから「ジャンボ」とあだ名されるサー・メイトランド・ウィルソン将軍が就任し、同遠征軍は「W部隊《フォース》」と命名された。来たるべき戦いについて、ウィルソン将軍はなんらの幻想も抱いていなかった。アテネ駐在のイギリス公使、サー・マイケル・パレイレットから極めて楽観的な状況説明を受けたあと、ウィルソン将軍が口にしたことばが記録されている。「さあ、その件についてはよく知らないのだ。自分専用のペロポネソス半島の地図はすでに発注済みだがね」と。この戦いに敗れた場合、ウィルソン率いるイギリス派遣軍は、ギリシア本土の南端にある同半島を経由して撤収する手はずになっていた。今回のギリシア遠征はきわめて冒険色が強く、「ノルウェーの二の舞」になる可能性が高いと、イギリスの上級将校たちは見ていた。一方、もっと階級の低い、オーストラリアやニュージーランド出身の将校たちは、興奮したような面持ちでバルカン半島の地図を広げ、見入っていた。かれらはユーゴスラヴィアを抜けウィーンに至る侵攻ルートの研究に余念がなかった。

ウィルソン率いる「W部隊」は、ブルガリアから南下してくるドイツ侵攻軍に対処すべく、すぐさま準備に取りかかった。いわゆる「アリアクモン・ライン」に沿って防衛陣地が築かれた。この防衛線は、名称の元となったアリアクモン川に一部沿う形で、北西のユーゴスラヴィア国境から斜めに走り、オリンポス山北方のエーゲ海沿岸まで続いていた。バーナード・フライバーグ少将のニュージーランド「第二師団」が右翼を、オーストラリア「第六師団」が左翼をそれぞれに固め、イギリス「第一機甲旅団」がその前方で前衛部隊をつとめていた。連合軍の兵士たちは、ただただ待機するばかりの牧歌的な日々だったと記憶している。夜になると寒かったけれど、天気は神々しいばかりで、野の花が贅沢なほど山々を覆い、ギリシアの村々はみな友好的で、これ以上ないくらい様々なもてなしを

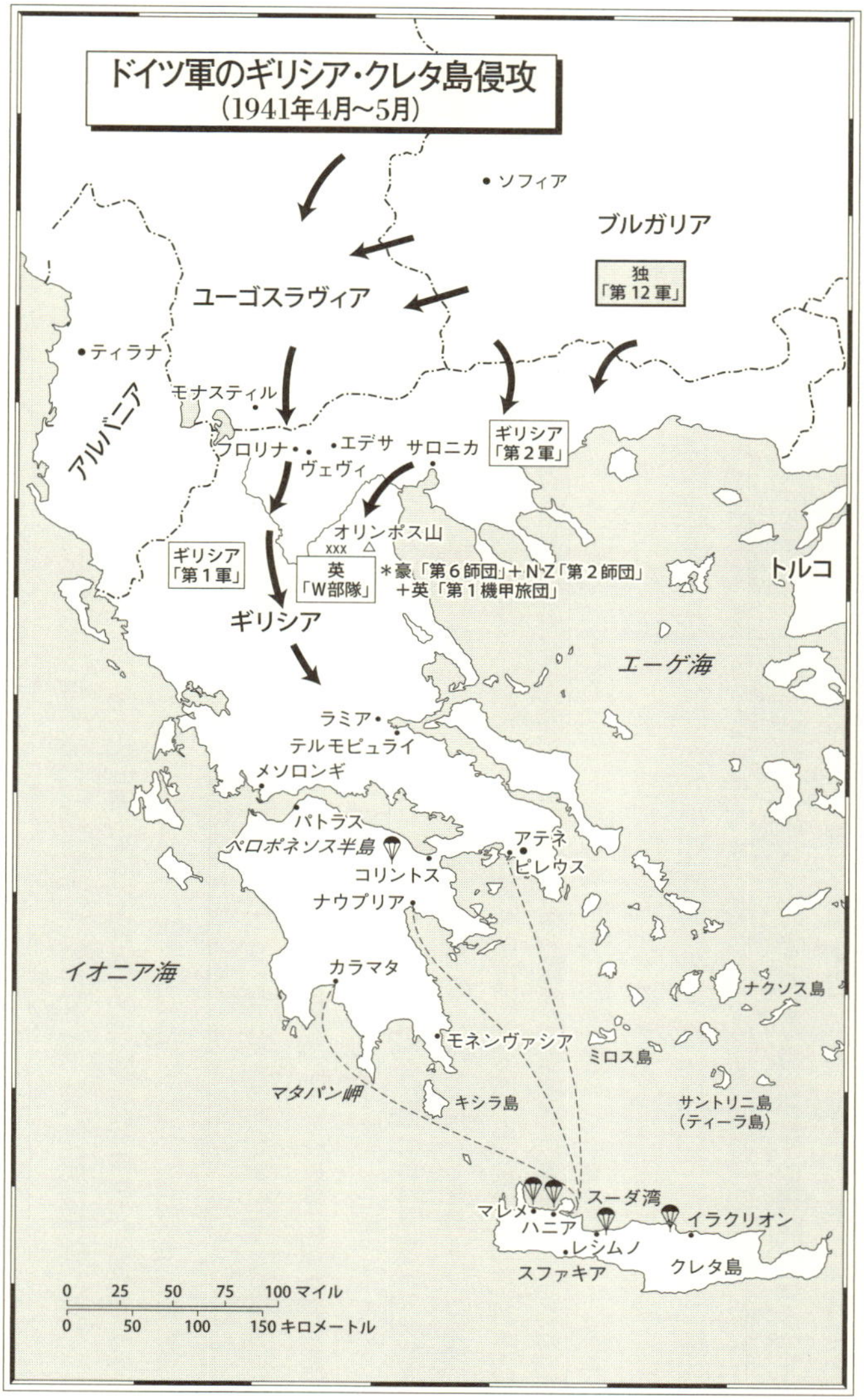

ドイツ軍のギリシア・クレタ島侵攻
（1941年4月～5月）
ソフィア
ブルガリア
独
「第12軍」
ユーゴスラヴィア
ティラナ
アルバニア
モナスティル
フロリナ
エデサ
ヴェヴィ
サロニカ
ギリシア
「第2軍」
オリンポス山
ギリシア
「第1軍」
英
「W部隊」
＊豪「第6師団」＋NZ「第2師団」
＋英「第1機甲旅団」
トルコ
ギリシア
エーゲ海
ラミア
テルモピュライ
メソロンギ
パトラス
ペロポネソス半島
コリントス
アテネ
ピレウス
ナウプリア
イオニア海
カラマタ
ナクソス島
モネンヴァシア
ミロス島
マタパン岬
キシラ島
サントリニ島
（ティーラ島）
スーダ湾
マレメ
ハニア
イラクリオン
レシムノ
スファキア
クレタ島
0 25 50 75 100 マイル
0 50 100 150 キロメートル

してくれたと。

ギリシアに派遣されたイギリス軍と英連邦軍の兵士たちが、ドイツの攻撃をいまかいまかと待ち構えているころ、ドイツ海軍はイタリア海軍に対する圧力を強めていた。ロンメル麾下の部隊を北アフリカに運ぶ輸送船団から、敵方の注意を逸らすため、貴国艦隊はイギリス艦隊に襲いかかるべきであるとドイツ側は要求した。貴国は、イタリア南部に展開するわが「第一〇航空軍団」の直上支援を受けられるし、しかもこれは、イギリス海軍によるジェノバ砲撃に一矢報いる、またとないチャンスではないかと吹き込まれた。

三月二十六日、イタリア海軍は戦艦「ヴィットリオ・ヴェネト」を先頭に、重巡洋艦六隻、軽巡洋艦二隻、駆逐艦一三隻という陣容で出撃した。ドイツ空軍の交信を傍受・解読した「ウルトラ」のおかげで、この脅威について事前警告を受けていたカニンガム提督は、敵の動きに合わせる形で、持てる軍艦を順次展開していった。内訳は司令官直率の「A部隊」が「ウォースパイト」、「ヴァリアント」、「バーラム」の三戦艦、空母「フォーミダブル」、および駆逐艦九隻で構成され、一方、「B部隊」は軽巡洋艦四隻と駆逐艦四隻から成っていた。

三月二十八日、「ヴィットリオ・ヴェネト」を発艦したイタリアの水上機一機が、イギリス「B部隊」所属の複数の巡洋艦を発見した。アンゲロ・イアチーノ提督麾下のイタリア戦隊はすぐさま追撃を開始した。カニンガム提督はクレタ島東方と、ペロポネソス半島南端のマタパン岬（テナロン岬）南方沖に部隊を配置していたが、イタリア側はこちらの艦艇には気づかなかった。英空母「フォーミダブル」を発艦した雷撃機が「ヴィットリオ・ヴェネト」に魚雷を一発命中させたが、同戦艦はなんとかその場を逃げおおせた。第二波攻撃により、伊重巡洋艦「ポラ」が損傷を受け停止した。「ポラ」を救助せよとの信号がイタリアの各艦に送られ、これがイギリス側に勝機を生んだ。圧倒的な砲撃を食らって、「ポラ」を含む伊巡洋艦三隻、駆逐艦二隻が沈没した。だが、戦艦「ヴィットリオ・ヴェネト」を討ち漏らしてしまったとカニンガム提督はいたく不満げだった。それでも、この「マタパン岬沖海戦」がイギリス海軍に大きな心理的勝利をもたらしたことは確かである。

ドイツ軍のギリシア侵攻は四月初旬の開始が予定されていたが、想定外の危機がユーゴスラヴィアで起きてしまった。ヒトラーは「バルバロッサ作戦」に先立って、バルカン半島諸国を自陣営に引き込むべく外交攻勢をかけており、その一環として、ユーゴスラヴィア、特に同国の摂政であるパヴレ公の籠絡に鋭意努めてきた。だが、ドイツ側がやたら強引なやり方で、同国のすべての原材料を手に入れようとしたため、これをきっかけに怒りの感情がユーゴ国民のあいだに一気に広がった。この時期、ヒトラーはユーゴ政府に対しても、三国同盟に加わるよう働きかけをおこなっており、三月四日には、ヒトラーとリッベントロップ外相がそれぞれ別個に、パヴレ公にさらなる圧力を加えていた。

ユーゴ政府は当然、国内で反対論が高まっていることを熟知しており、明快な態度を取らぬよう試みてきたが、ベルリン側の要求は執拗をきわめた。最終的に、パヴレ公と政府代表団は三月二十五日、ウィーンで協定文書に調印せざるを得なくなった。だがその二日後、セルビア人将校団が首都ベオグラードで決起し、国権を掌握。パヴレ公は摂政の座を追われ、いまだ年若いペータル二世陛下は以後、国王として独り立ちを余儀なくされた。ベオグラードで起きた反独デモのさい、ドイツ公使の専用車も襲われた。総統の通訳によると、ヒトラーはこの時、「復讐の念に燃えた」という。そして、今回のクーデターはイギリスが画策したものに違いないと確信し、すぐさまリッベントロップを呼びつけた。リッベントロップはその時、日本の外相と会談している最中で、日本軍は是非ともシンガポールを攻略すべきだと、しきりに煽っているところだった。さらにヒトラーは「ＯＫＨ（陸軍総司令部）」に対し、ユーゴ攻略の準備に入れと命じた。かくして最後通牒も宣戦布告もないまま、ドイツ空軍が可及的速やかに首都ベオグラードを爆撃することで、ユーゴ侵攻は始まってしまった。作戦名は〝シュトラフゲリヒト（懲罰）〟だった。

三月二十七日にベオグラードで発生したクーデターについて、ヒトラーは独自の見解を示した。今回の一件は「ユダヤ・アングロ＝サクソン戦争挑発者と、モスクワのボリシェヴィキ司令部で権力の座にあるユダヤ人どもが、密かに結託している」ことを示す「最終的証拠」であると。しかもヒトラーは、自分がすでにその破棄を目論んでいるというのに、そうした行為は「独ソ友好条約」に対する恥ずべき裏切り行為である――とひとり思い込むことさえできたのである。

ユーゴ政府はとりあえず首都ベオグラードにかんし「無防備都市」宣言をおこなった。だが、すでに述べたように〝懲罰〟作戦は四月六日日曜日の「棕櫚の聖日」に、ドイツ空軍の爆撃をもっていきなり始まってしまった。ドイツ「第四航空艦隊」は二日間で、ベオグラードの大半を破壊し尽くした。民間人がいったい何人死んだのか、その評価は不可能である。死者数の推計は一五〇〇人から三万人と幅があるが、およそその半分あたりである可能性が高い。ユーゴ政府はソ連側と「友好不可侵条約」を急遽結んだが、スターリンはヒトラーを刺戟することを恐れて、なんの行動も取らなかった。

五〇〇機を投入して、ベオグラード空爆が開始されたのと同じ日曜日、在アテネのドイツ公使がギリシアの新首相に対し、ドイツ国防軍のギリシア侵攻を通告した。貴国内にイギリス軍部隊が存在することがその理由であると。ならば、われわれギリシア国民は、自国を防衛するために立ち上がることになりましょうと、コリジス新首相は返答した。じつは四月六日の夜明け直後、リスト元帥率いるドイツ「第一二軍」はすでに一斉に動き出しており、南方のギリシアと、西方のユーゴスラヴィアにむけてそれぞれ侵入を開始していた。「〇五三〇時（午前五時三〇分）、ユーゴに対する攻撃が開始された」とドイツ「第一一装甲師団」に所属するある一等兵は日記に書いている。「戦車が動き出した。軽砲が火を噴き、重砲も加わった。偵察機が姿を見せ、次いで四〇機の〈シュトゥーカ〉が敵陣に急降下爆撃をおこない、兵舎が炎上し……夜明けの光のなかで、それはまことに荘厳な光景だった」と。

同日早朝、ドイツ「第八航空軍団」軍団長で、その傲慢な性格がつとに知られたヴォルフラム・フォン・リヒトホーフェン航空兵大将が「第五山岳師団」の視察に赴いた。ユーゴ国境に近いルペル峠辺りで、同師団の戦いぶりとそれを支援する〈シュトゥーカ〉急降下爆撃機の活躍を検分するためだった。「指揮所にて〇四〇〇時（午前四時）」とリヒトホーフェンは日記に書いている。「周囲がしらじらと明けるにつれて、砲兵が活動を開始した。力強い砲撃。次いで空爆。ギリシアへの挨拶としては、やや不十分ではないかという思いがわき起こった」と。だが、ドイツ「第五山岳師団」は対応の厄介な奇襲攻撃を受けていたし、リヒトホーフェン麾下の空軍機が、友軍を誤爆するケースもこれありで、実際に戦ってみると、ギリシア兵はリヒトホーフェンが当初予想していた以上に、きわめて粘り強い戦士であることが判明した。

これに比べると、いきなり動員されたユーゴスラヴィア陸軍は、対空砲も対戦車砲も持たず、強力無比のドイツ空軍ならびにドイツ装甲師団を前に、なす術を知らなかった。それでも、戦っているうちにドイツ側も分かってきた。チャンスと見れば、たちまち降伏してしまうクロアチア人部隊やマケドニア人部隊と違って、セルビア人部隊は、より決然と戦《いく》さに臨んでいると。その一方で、一五〇〇人の捕虜からなる縦隊が〈シュトゥーカ〉に誤爆され、「ゾッとするほどの数」の兵士が命を落とす事件も起きていた。「それが戦争なのだ！」というのが、リヒトホーフェンの反応だった。

ドイツ軍がユーゴスラヴィアを同時攻撃したことにより、連合軍の防衛線「アリアクモン・ライン」は思わぬ危機に見舞われた。ドイツ軍がこのままフロリナ付近でモナスティル山道を南下（当然、そうするだろう）した場合、連合軍部隊の西側面を一気に抜かれてしまう恐れもあった。結局、包囲・殲滅を回避するため、連合軍の各守備隊は後退するしかなかった。

ヒトラーの狙いは、在ギリシアの敵遠征軍を各所で分断し、各個撃破することにあった。だが、ギリシア遠征軍を指揮するウィルソン将軍には、とっておきの秘密兵器があり、そのことをヒトラーは知らなかった。英本土はブレッチリー・パークにある「ウルトラ」傍受・解読システムの改良により、戦場にいる現地司令官に初めて、ドイツ国防軍の戦術的動向が直接警告できるようになったのである。とはいえ、イギリス、ギリシア両軍司令部は、ユーゴ軍が早々に崩壊したため、いささか狼狽ぎみではあった。なにしろ今回のユーゴ侵攻作戦は、ドイツ側の戦死者が作戦全体を通してわずか一五一人という、文字どおりのワンサイド・ゲームだったのだから。

ブルガリア国境付近で「メタクサス・ライン」の守備にあたるギリシア軍部隊はきわめて勇敢に戦ったけれど、最終的にドイツ「第一八山岳軍団」の一部が、ユーゴスラヴィア南東端を抜けて突破口を穿ち、サロニカ（現テッサロニキ）に至るルートをこじ開けてしまった。ドイツ第一八山岳軍団「第二装甲師団」がサロニカ郊外まで到達したという「驚くべき知らせ」がリヒトホーフェンのもとに届いたのは、四月九日の朝だった。なにしろこの時点でも、ギリシア軍は依然、ルペル峠付近で反撃を続けていたのだから。リヒトホーフェン将軍は、敵ながらあっぱれとギリシア軍を改めて見直しつつ、手駒の爆撃機の一部をそちら方面に差しむけ、さらなる支援爆撃をおこなわせた。

四月十一日、ヴェヴィ南方に展開するイギリス「第一機甲旅団」は、いま対峙している相手が、〝ヴァッフェンSS（武装親衛隊）〟所属の「LSSAH（ライプシュタンダルテ・SS・アドルフ・ヒトラー）」の一部であることを承知していた。信号大隊を率いてこの地にあったゲリー・ド・ウィルソン少佐は、夕方の日差しのなかで当時目にした谷間の風景を、まるでアイルランドの隠修女レディ・バトラーの描く「一幅の絵」のようであったと後年振り返っている。「左手に太陽がいままさに沈もうとし、正面には襲いくるドイツ軍、そして右手にはわが砲兵部隊の野砲牽引車がずらりと並び、その瞬間を待っていた」と。「ウルトラ」情報によれば、この配置がいちばん効果的なはずだった。「ヴェヴィ付近において、LSSAHは激しい抵抗に遭遇した」との声がある。だが、そうしたケースはきわめて稀だった。峠から峠へと、山道を後退しはじめた連合軍部隊にとって、その進捗状況は、ドイツ軍をほんの一歩先んじている程度であり、それでも精一杯だったのである。さらにエンジン付きの輸送手段を持たないギリシア軍部隊は、イギリス軍の動きによく追随できなかった。たとえば、アルバニア戦線ではこれがため、イギリス「W部隊」とギリシア「イピロス軍」の間の防衛線に大きな空隙ができてしまったほどである。

石ころの多い未舗装道路は、戦車および各種車輛ではよく対応しきれず、道々、放棄や破壊を余儀なくされた。しかも撤退する縦隊には敵機が間断なく、容赦なく、攻撃を加えた。イギリス空軍の〈ハリケーン〉戦闘機は数個中隊しかなく、リヒトホーフェンの〈メッサーシュミット〉戦闘機に、数の面でも完全に凌駕され、ほとんど活躍できなかった。しかも退却戦なので、各空軍部隊は仮設飛行場から次の仮設飛行場へと後退するしかなく、イギリス空軍の関係者は「フランス失陥」時の悪夢を嫌でも思い出した。ただ、さしものドイツ軍パイロットもいざ撃墜されると、地上で復讐の機会をうかがうギリシア農民により、荒っぽい歓迎を受けたけれど。

四月十七日、ユーゴスラヴィアがついに降伏した。オーストリア、ハンガリー、ルーマニア、ブルガリア、そしてリスト元帥率いるドイツ「第一二軍」の各部隊に北方から攻められ、ズタズタにされたユーゴ軍に、ほとんど勝ち目はなかった。ドイツ「第一一装甲師団」はきわめて深い満足感を味わった。「わずか五日間で、敵の七個師団を殲滅した」のだからと、ある一等兵は日記に書いている。「厖大な量の軍需物資を鹵獲し、三万人の捕虜をとり、ベオグラードを降伏へと追い込んでやった。わが方の損失はきわめて軽微である」と。第二SS師団「ダス・ライヒ」に所属する親衛隊員は戦闘後、首をひねった。「連中の不完全、時代遅れ、ひどい訓練しか受けていない陸軍で、ドイツ国防軍の相手が十分つとまると、「セルビア人は」本気で思っていたのだろうか。それはまるで、ミミズが大蛇を一呑みにできると夢想するようなものではないか？」

これほどの楽勝にもかかわらず、オーストリアを生地とするアドルフ・ヒトラーは、せっかくの機会なので、セルビア国民にこのさい復讐してやろうと決意した。ドイツが「第一次世界大戦」やら、その他諸々の災厄に見舞われた根本原因は、すべてあのセルビア人テロリストにあるのだとヒトラーは思っていた。ゆえに、ユーゴスラヴィアは解体されなければならず、その領土の断片はわがドイツの盟友となったハンガリー、ブルガリア、そしてイタリアに分け与えるものとすると宣言した。ただ、ファシスト政権をいただくクロアチアだけは、イタリアの保護領と位置付け、またセルビア本体はわがドイツが直接占領下に置くものとした。だがしかし、セルビア人に対するナチの苛酷な弾圧は、かえって危険な反作用を生むことになる。セルビアではこののち、最大級のゲリラ活動が展開され、この地の原材料資源を利用しようとするドイツの試みは、繰り返し妨害を受けるようになるのだ。

ギリシアにおける撤退戦は、連合軍とギリシア軍だけでなく、ユーゴスラヴィアから逃れてきた人々もかかえ込む形で展開された。それゆえ、時にめまいを覚えるような光景も出現した。例えば、軍用車輛と兵士たちがひしめく渋滞のどまんなかに、ベオグラードから逃れてきたらしい、遊び人風の男が紛れ込んでいるとか。かれはツートンカラーの紳士靴を履き、恋人を伴い、〈ビュイック〉の二人乗りオープンカーのハンドルを握っていた。かと思うと、自分は夢でも見ているのかと思ったと、あるイギリス人将校は記している。「セルビア軍の槍騎兵一個大隊が、月光に照らされながら、粛々とすすんでいった。長い外套を着こんだ騎馬の一団は、はるか昔の戦さ場から落ち延びてきた、亡霊のように見えた」と。

左翼にいるはずのギリシア軍部隊と連絡が完全に途絶えたため、イギリス「W部隊」を率いるウィルソン将軍は「テルモピュライ・ライン」まで後退するよう命じた。ただ、その命令を実現するにはテンペ渓谷を死守し、敵の追撃を抑える必要があった。そこでニュージーランド「第五旅団」は、ドイツ「第二装甲師団」と「第六山岳師団」を相手によく耐え、この持ち場を三日間にわたり守り切った。ただ、「ウルトラ」の警告によれば、ドイツ軍はすでにアドリア海の沿岸で戦線を突破し、コリントス湾にむかっているとのことだった。

ギリシアに派遣された連合軍の各部隊は、撤退にさいし、橋梁や鉄道を爆破することに、かなりの戸惑いを覚えた。それでもギリシア人たちは、最大級の友情と寛大さをもって、かれらを遇してくれた。立ち去る時、ギリシア正教の聖職者たちが連合軍の車輛に祝福を与えてくれたし、村々の女たちは兵士たちに花やパンを手渡してくれた。だが、敵の支配下に組み込まれたかれらの未来は、おそろしく厳しいものだった。自分たちがこの先、どれほど過酷な運命に見舞われるのか、かれらは気づいていなかった。ほんの数カ月でパン一塊りの値段が二〇〇万ドラクマに上昇し、ドイツ軍占領下の最初の一年に、じつに四万人を超えるギリシア人が餓死することになるのである。

四月十九日にギリシアのコリジス首相が自殺した。これを受けて、イギリス「地中海方面軍」総司令官、サー・アーチボルト・ウェーヴェル大将がその翌日、協議のためアテネに飛んできた。状況が不透明なので、参謀たちはみな回転式の軍用拳銃を携行していた。翌朝、ウィルソン将軍率いる「ギリシア派遣軍」の全面撤退が決断された。その日、アテネ上空に飛来した一二〇機のドイツ空軍機に対し、生き残った最後の〈ハリケーン〉一五機が次々と離陸していった。「ホテル・グランド・ブルターニュ」を拠点とするイギリス公使館員と軍事顧問団は、書類の焼却に着手した。最も重要なのは「ウルトラ」の解読記録だった。

撤退命令が出たらしいぞという知らせが民衆のあいだに広がった。それでも、連合軍の兵士たちは歓呼の声で見送られた。「幸運を携えて戻ってこいよ！」とギリシア人たちは叫んでいた。「勝利を連れて戻ってくるんだぞ！」と。この人たちを運命の神に委ね、置き去りにするのだと思うと、連合軍の将校も下士官兵も、多くのものが泣きそうになった。混乱のさなかの旅立ちだったけれど、スピードがなにより重要なので、連合軍の兵士たちは神経を集中した。オーストラリア兵とニュージーランド兵が殿軍をつとめ、ドイツ軍を寄せつけないよう奮闘するなか、「W部隊」の残余はアテネ南方のラフィーナとポルト・ラフティ、もしくはペロポネソス半島の南海岸にある乗船地点を目指した。一方、ドイツ側は〝デュンキルヒェン＝ヴンダー（ダンケルクの奇蹟）〟の再現など断じて許すまじと、強い決意を固めていた。

せめて連合軍部隊が、わがギリシア本土に留まるあいだは、なんとか戦いを継続したいと、陸軍参謀総長のパパゴス将軍もゲオルギオス二世国王陛下も願っていた。だがしかし、イタリア軍と対峙する「イピロス軍」は力尽き、ドイツ側に投降することを決めた。四月二十日、同軍のゲオルギオス・ツォラコグロウ将軍は、イタリア軍抜きで話を進めることを条件に、ドイツ「第一二軍」司令官ヴィルヘルム・リスト元帥に交渉を打診、元帥はこの条件を呑んだ。だが、この話を聞いたムッソリーニは大いに怒り、ヒトラーに不満をぶちまけ、そして今回もまた、ヒトラーは同盟のパートナーの面子を優先したのである。降伏式典を仕切らせるため、「ＯＫＷ（ドイツ国防軍最高司令部）」からアルフレート・ヨードル将軍が派遣され、儀式の場には、憤懣やるかたない様子のリスト元帥ではなく、イタリア人将校の姿があった。

楽勝の興奮ぶりを伝える数々の手紙が残っている。たとえばドイツ「第一一装甲師団」所属のある砲兵将校は四月二十二日、妻宛ての手紙にこう書いている。「敵が見えたら、大砲をぶっぱなし、撃つたびごとに、戦さに参加しているという強烈かつ純粋な喜びを体験しています。本当に愉快な戦争です……私たちはすっかり日に焼け、勝利を確信しています。このような師団に所属できるとは、自分はなんという果報者なのでしょう」。ドイツ「第七三歩兵師団」のある大尉は将来に思いを馳せている。ヨーロッパの新秩序とともに、バルカンの地にもいずれ平和が訪れるでしょうし、「その時、ぼくらの子供たちは、もはや戦争を経験することがなくなるのです」と。ドイツ軍の第一陣がエンジン音を響かせて四月二十六日、アテネに入城した直後、アクロポリスには巨大な赤いカギ十字の旗が掲げられた。

同じ日の夜明け、ドイツの空挺隊員がコリントス運河の南岸にパラシュート降下してきた。連合軍の退路を断つのがかれらの目的だったが、その後乱戦となった。ボフォール高射砲を操るニュージーランド兵若干名と、イギリス「第四軽騎兵連隊」の軽戦車数輛によって、ドイツ側は甚大な被害を出した。ドイツの降下猟兵(空挺隊員)は主要目標である橋の確保にも失敗した。すでに爆破準備を整えていた連合軍側の工兵将校二名が、腹ばいでそっと近づき、なんとか橋を爆破した。

ドイツがギリシア東部のアッティカ地方で祝賀式典を挙行しているころ、ウィルソン将軍率いる「ギリシア遠征軍」は必死の撤退戦を続けていた。利用できるものはなんでもつかった。〈ブレニム〉軽爆撃機や〈サンダーランド〉飛行艇は、爆弾倉といわず機関銃座といわず、兵士たちを目いっぱい詰めこんで、いかにも苦しそうに空に上がっていった。魚獲りや島々との行き来にもちいられる木製の小型帆船、不定期貨物船、その他ありとあらゆる船舶がかき集められ、南方洋上のクレタ島をめざした。イギリス海軍は今回もまた、打ちのめされた陸軍兵士を回収すべく、巡洋艦六隻と駆逐艦一九隻を派遣した。ペロポネソス半島南端の脱出港に至るルートは、追撃の動きを少しでも阻止せんと、軍用車輛を次々と破壊し、もって道を封鎖した。結局、ギリシアに派遣された五万八〇〇〇人のうち、捕虜になった連合軍兵士は一万四〇〇〇人に留まった。「ギリシアの戦い」ではまた、二〇〇〇人が死傷した。人的損耗という面から見るならば、むしろこの程度で収まったのは幸運の部類に入るだろう。ただ、装甲車輛、輸送車輛、各種兵器、その他装備の損失という面で見るならば、ロンメルがいまやエジプトにむけ進軍を開始しつつある現在、この結果はまさに壊滅的といえた。

そのころヒトラーは「バルバロッサ作戦」にむけ、南側面をなんとか固め終えて、ホッと安堵のため息をもらしていた。ただ、「第二次世界大戦」の終了間際、かれは別の見方を語るようになる。バルカン戦争のせいで「バルバロッサ作戦」の発動に遅れが生じてしまい、それがすべての敗因であったと。「マリータ作戦」がドイツのソ連侵攻におよぼした影響をめぐって、歴史家たちは近年、さまざまな議論を交わしているが、結局のところ、大した影響はなかったと、大半のものが結論づけている。「バルバロッサ作戦」の開始が、当初の五月から六月に延期された理由については総じて、その他の要因を挙げるものが多い。たとえば、エンジン付き輸送車輛(一九四〇年にフランス陸軍から獲得したものが主体)の配備が遅れたせいとか、燃料をどこにどう割り当てるかが決まらなかったせいだとか、晩春の豪雨のせいでドイツ空軍が前方飛行場を設営するのが難しかったせいだとか。それでも、「マリータ作戦」がもたらしたひとつの副次効果について、疑問を呈する歴史家はほとんどいない。すなわち、この作戦により、スターリンはついに確信したのである。ドイツが今回、南方を攻めたのは、対ソ侵攻作戦ではなく、スエズ運河の獲得を狙っているなによりの証拠であると。

イギリス「W部隊」の残余を目いっぱい乗せた各艦艇がエーゲ海をすすんでいく。だが、リヒトホーフェンが放った〈シュトゥーカ〉、〈ユンカース88〉、〈メッサーシュミット〉を回避する試みは、限定的な成功しか収めなかった。二六隻が沈められ、そのなかには二隻の病院船も含まれており、計二〇〇〇人以上が命を落とした。犠牲者の三分の一強は、沈みかけたオランダ商船から生存者を救おうとした英駆逐艦「ダイヤモンド」、同「ライネック」の乗員たちだった。二隻の駆逐艦はいずれも次々と飛来するドイツ軍の波状攻撃により、海の藻屑と消えた。

ギリシア本土から撤退した連合軍兵士の大半、およそ二万七〇〇〇人は、四月の最後の数日間にクレタ島の北岸にある巨大な天然の良港、スーダ湾に上陸した。くたくたに疲れた男たちは、重い足取りで前にすすみ、オリーヴの果樹園内に雨露をしのぐ場所をそれぞれに確保し、乾パンとコンビーフ缶の支給を受けた。原隊からはぐれてしまった兵士や整備士、将校が欠けて兵士だけとなってしまった分隊や小隊、そしてイギリス国籍の民間人がごった煮のように入り交じり、自分はどこへ行けばいいのだろうかと途方にくれていた。フライバーグ少将率いるニュージーランド「第二師団」は、オーストラリア軍所属の数個大隊をも伴って、秩序を保ちつつ、粛々と上陸した。この一団は全員、ロンメルを相手に引きつづき戦うため、エジプトに戻されると見られていた。

「OKW（ドイツ国防軍最高司令部）」がシチリア島の南方、イギリスが支配するマルタ島への侵攻を検討したのは二月初旬のことである。西地中海のこの島は、まさに目の上のコブだったので、ドイツ陸軍もドイツ海軍も、リビアへの輸送ルートがそれで安全になるならばと、この計画案を支持した。ところがヒトラーは、マルタ島侵攻作戦は、ソ連を破ったあと、すなわち、年後半まで待つべきであると判断した。マルタ島のイギリス軍はなるほど、リビアに展開する枢軸軍の補給にとって厄介な存在ではあるけれど、むしろ東地中海のクレタ島と、そこにある連合軍の基地の方が、ヒトラーの目にははるかに危険に見えた。クレタ島を拠点にすれば、ルーマニアのプロイェシュティ油田の空爆が可能になるからだ。ヒトラーはエーゲ海南東部のドデカネス諸島にも同様の懸念を抱いており、貴国が実効支配しているあれらの島々は、あらゆる犠牲を払っても死守すべきであるとイタリア側に促したほどである。クレタ島の占領はまた、ドイツにとって積極的な意味合いも持っていた。あの島をわがものにすれば、ドイツ空軍がアレクサンドリア港やスエズ運河を空爆するさい、不沈空母にできるという訳だ。

アテネを陥落させる前から、ドイツ空軍の将校たちは、空挺部隊を使ってクレタ島を強襲する計画の実現性について検討していた。なかでも、ドイツ降下猟兵（空挺）部隊の創設者、クルト・シュトゥデント航空兵大将は熱心だった。しかもこれがうまく行けば、「英国の戦い」でイギリス空軍を叩き潰せなかったドイツ空軍にとって、名誉回復にもなるとの思惑があった。ゲーリング閣下もこの作戦にお墨付きを与え、四月二十一日にはシュトゥデントをヒトラー総統に引き合わせている。シュトゥデントは早速、計画の概要について説明した。自分が率いる「第一一航空軍団」をもってクレタ島を奪取し、さらにロンメル将軍の「アフリカ軍団」が敵に迫るのに呼応して、空からエジプトに兵を送り込みますと。ヒトラーはこの話にはやや懐疑的で、実際にやるとなると、甚大な被害を出す恐れがあると予言した。結局、計画の後半部分は完全に却下された。クレタ島侵攻作戦の方は、「バルバロッサ作戦」の開始を遅らせることがない限り——との限定条件付きで承認され、「メルクール作戦」というコードネームが与えられた。

地中海方面を担当するイギリス陸海軍のトップ、ウェーヴェル将軍とカニンガム提督は、クレタ島が〝攻めるに易く守るに難い〟戦場であることを十二分に理解していた。東西に長いこの島は、港湾にしても既存の飛行場にしても、ほとんどすべてが島の北側の海岸部に集中し、それゆえ港湾施設も飛行場も、あるいは島への補給にあたる輸送船団も、ドデカネス諸島にある枢軸側の飛行場に対し、きわめて脆弱性が高かった。三月末、「ウルトラ」により、シュトゥデント将軍の「第一一航空軍団」の一部――「第七降下猟兵師団」その他――がすでにブルガリア入りしていることが判明した。四月半ばには、新たな信号傍受により、輸送機二五〇機のブルガリア進駐も明らかとなった。どうやら大規模空挺作戦が計画されているようだ。そして、標的はおそらくクレタ島だろう。ドイツ側があの島を飛び石にして、スエズ運河の攻撃を考えているのは、ほぼ間違いあるまい。五月の第一週には通信量が飛躍的に増大し、「ウルトラ」がそれらを順次解読したところ、やはりクレタ島が目標であることが確認された。

イギリスは一九四〇年十一月、クレタ島を占領下に置いた。以来、イギリス軍の作戦参謀にとって、ドイツ軍のパラシュート降下兵による同島急襲は当然ありうる事態と認識されていた。東地中海におけるイギリス海軍の強さと、枢軸側の艦艇不足を考えるならば、水陸両用（強襲上陸）作戦は、選択肢になり得ないからだ。クレタ島の守備隊を指揮するO・H・ティドゥベリー准将は入念な調査をおこない、ドイツ軍の降下ゾーンになりうる場所を特定していった。イラクリオン、レシムノ、マレメの各飛行場とハニア南西にある渓谷が要注意だとされた。五月六日、「ウルトラ」により、マレメとイラクリオンの両飛行場には『第一一降下軍団』のうち、グライダーをもちいる強襲着陸部隊がもっぱら当たり、軍団司令部とそれに付随する陸軍部隊もやってくる」ことが確認された。両飛行場はさらに、急降下爆撃機と戦闘機の前方基地にも利用される予定という。

イギリス軍がクレタ島に進出してすでに六カ月近くが経過していた。だが、チャーチル首相が求めるような島の要塞化は、遅々としてすすまなかった。熱意の不足もあれば、島の位置づけをめぐる議論の混乱もこれありで、さらに広大な担当戦域に目を光らさざるを得ないウェーヴェル将軍にとり、クレタ島の優先順位が低かったことも原因のひとつであろう。島の裏側、より危険度の低い南岸に通じるルートを開く計画は、ほとんど手つかずのままだったし、南岸の飛行場建設も本格化には至らなかった。島の北側にあるスーダ湾は、きちんと整備すれば、イギリス海軍の誇る大規模海軍基地、スコットランドのスカパ・フロー軍港にも匹敵する拠点に大化けする潜在力があるというのがチャーチル首相の見立てだったけれど、それを実現するには、そのための関連施設があまりに不足していた。

ニュージーランド「第二師団」を率いるバーナード・フライバーグ少将が英軽巡洋艦「エイジャックス」でようやくクレタ島入りしたのは四月二十九日のことである。いかにもこの将軍らしく、部下の撤退を確実なものにするため、ほとんど最後の瞬間まで、ギリシア本土に居残ったのだ。堂々たる偉丈夫で、「第一次世界大戦」の激戦地、運に恵まれなかったガリポリ攻略戦において勇猛果敢な戦いぶりを示し、チャーチルが長年ヒーローとして憧れてきた軍人である。「聖バーナード大兄」と、チャーチルは同将軍を呼んでいた。クレタ島到着の翌日、フライバーグ将軍はウェーヴェル総司令官との会合に呼びだされた。ウェーヴェルはその朝、〈ブレニム〉爆撃機でクレタ島へ飛んできたばかりだった。二人の将軍は海辺の別荘で顔合わせをおこなった。席上、貴官にはニュージーランド軍部隊とともに、このままクレタ島に留まり、その防衛戦を指揮してほしいとの要請がなされた。フライバーグは落胆した。それを見たウェーヴェルは、じつはドイツ軍の攻撃が間近に迫っているのだという情報を手短に説明し、侵攻の規模は「空から投入される分だけで五〇〇〇ないし六〇〇〇人。さらに海からの攻撃もありうる」と述べた。

しかも、イギリス空軍による上空援護は期待しないでほしいと告げられ、フライバーグはいっそう肩を落とした。まさかとは思うけれど、「海からの侵攻」があっても、イギリス海軍は守ってくれないのではと一瞬心配したほどである。フライバーグ将軍は戦いの始めから、全体状況を見誤っていたように思われる。クレタ島が「空から」攻められるという発想がそもそも理解できず、海からの脅威にばかり目がむきがちだった。一方、ウェーヴェルからすれば、主たる脅威が「空から」というのは、あまりにも自明で、あえて説明するまでもなかった。実際、かれがロンドンに送った一連の電報を見ると、強襲上陸作戦をやろうにも、それを可能にする海軍艦艇がそもそも枢軸側にはないことが、始めから与件とされている。だがしかし、フライバーグ将軍のこの根本的な勘違いは、当初の部隊配置やその後の重要局面における戦いぶりに、さまざまな影響を及ぼしていくのである。

フライバーグ少将を司令官とする連合軍のクレタ島守備隊は「クレフォース（クレタ軍）」という名称で知られている。島のいちばん東側にあるイラクリオン飛行場は、イギリス「第一四歩兵旅団」とオーストラリア軍の一個大隊が守ることになった。その西隣、レシムノ飛行場を担当するのはオーストラリア軍の二個大隊とギリシア軍二個連隊。問題はいちばん西方にあるマレメ飛行場だ。ドイツ軍が主要目標とするこの場所にフライバーグが回したのはニュージーランド軍のわずか一個大隊のみだった。マレメ飛行場が手薄だったのは、ハニアのすぐ西方の海岸めがけて、ドイツ軍が強襲上陸を仕かけてくるはずと思い込んでいたからだ。その結果、将軍は子飼いのニュージーランド「第二師団」のうち、かなりの部分をハニア付近の沿岸部に集中配備し、さらに英ウェールズ連隊とニュージーランド軍の数個大隊をその予備にあてるという念の入れようだった。逆に、マレメ飛行場を挟んだ反対側、クレタ島の最西端に配置された部隊は皆無だった。

五月六日、「ウルトラ」により、ドイツ軍が空から二個師団を送り込もうとしていることが分かった。なんとウェーヴェルの当初見込みの二倍強にあたる規模である。確認情報や、侵攻計画の詳細などが届くにつれ、今回のクレタ島攻略はまさに航空作戦が主体であることが明らかとなった。不幸なことに、ロンドンの「DMI（陸軍省軍事情報局）」はちょっとしたミスをおかしてしまう。作戦二日目に海から送りこまれるドイツ軍予備部隊の推計値を増やしてしまったのだ。その情報に接したフライバーグ将軍は、やはりなとみずから納得、しかも同報告には一言もそんなことは触れられていないのに、「戦車を伴った部隊が海岸部に上陸してくる」可能性まで妄想し始めた。戦いのあと、フライバーグ自身、「空中強襲ではなく、海からの攻撃にばかり、かまけてしまった」と認めている。一方、チャーチル首相は「ウルトラ」のおかげで、空中強襲作戦の詳細が明らかになったことで大喜びだった。敵がどんなタイミングで、どこを主要目標に攻めてくるのか、それが正確に分かるなんて、戦争の歴史のなかでもめったにないことだった。ドイツの「パラシュート降下兵をやっつける絶好の機会とせねばなるまい」とウェーヴェル将軍に電報まで打って、督戦するほどだった。

連合軍の守備隊は、情報面では圧倒的に有利な立場にあり、敵の襲来をいまや遅しと待ち構えていた。一方、ドイツ軍の情報部門はおそろしいくらい状況を見誤っていた。おそらくそれまで楽勝また楽勝だったせいで、自信過剰に陥っていたのだろう。攻撃の前日、五月十九日の作戦日誌を見ると、クレタ島に駐留する連合軍兵士の数はわずか五〇〇〇人にすぎず、うちイラクリオンを守るのは四〇〇〇人のみと推計している。〈ドルニエ〉機を用いて写真偵察をおこなったものの、巧みにカムフラージュを施したイギリス軍および英連邦軍の陣地を発見できなかったのだ。なかでも驚くのは、ブリーフィングのさい、クレタ島民はドイツ軍の侵攻をむしろ歓迎するだろうとの見通しが述べられたことである。

航空燃料の手配が遅れたことで、作戦開始日は当初計画の五月十七日から二十日へとずれ込んだ。作戦発動の数日前から、リヒトホーフェン麾下の〈シュトゥーカ〉、〈メッサーシュミット〉による攻撃回数が劇的に増加した。もっぱら狙われたのは対空砲陣地だった。〈ボフォール〉高射砲を担当する兵士たちはひどい目に遭ったけれど、イラクリオン飛行場は違っていた。大砲はそのまま放置し、もはや破壊済みというフリをしろという指示が出ていたのだ。きわめて賢明なことに、イギリス「第一四歩兵旅団」は、敵の空挺隊員を乗せた輸送機が上空に飛来するその瞬間まで、じっと我慢を貫いたのだった。ただ、フライバーグ司令官の勘違いはここでも尾を引いた。ドイツ側はクレタ島制圧後、自軍で利用する腹なので、飛行場の施設破壊は敢えておこなわないとの情報を「ウルトラ」によって得ていたのに、かれは滑走路を前もって破壊しておかなかったのだ。

五月二十日、クレタ島の守備隊は夜明けに備えて待機していた。天気は快晴だった。きょうもまた、地中海特有の美しく、暑い一日になりそうだった。いつもどおり〇六〇〇時（午前六時）に空爆が始まり、一時間半ほど続いた。攻撃も一段落したので、兵士たちはたこつぼ壕から這い出てきて、朝食用の紅茶をいれ始めた。五月十七日の事前警告が空振りに終わったこともあって、空中強襲なんてこのまま起こらないのではないかと、多くの兵士は思っていた。これはたんなる順延にすぎず、二十日朝には敵が空から降ってくることを知っていながら、フライバーグ将軍はなぜか、この情報を麾下の部隊に伝達していなかった。

〇八〇〇時（午前八時）直前、これまでとは違うエンジン音が聞こえてきた。〈ユンカース52〉輸送機がクレタ島に接近しつつあったのだ。兵士たちは小銃を握りしめ、それぞれの持ち場に戻っていった。マレメや、フライバーグ司令部に近いアクロティリ半島には、先端にかけて幅が細くなった、やけに長い主翼をもつ奇妙な形状の飛行機が続々飛来すると、風切り音をたてながら、頭上を通過していった。「グライダーだ！」と叫ぶ声がする。小銃、ブレン軽機関銃、機関銃が機影にむけて火を噴く。マレメでは、四〇機のグライダーが飛行場の上をかすめ飛び、西の外辺部、タヴロニティス川の干上がった河床やその対岸の、連合軍の火器から死角になる絶妙の場所に次々着陸していった（とはいえ、なかには墜落したり、対空砲にやられる機体もあったけれど）。マレメ西方に部隊を配置しておかなかったフライバーグ将軍のミスは、たちまち顕在化した。グライダーが運んできたのはその前年、ベルギーの「エバン＝エマール要塞」の攻略を指揮したコッホ少佐の率いる精鋭、「降下猟兵突撃連隊」第一大隊だったのだ。と、その直後、もっと大きな爆音があたりを聾した。これこそパラシュート降下兵の主力部隊到着を告げる先触れだった。

「クレフォース」司令部の下級将校たちが驚いたのは、その爆音を聞いても、フライバーグ将軍が朝食を途中でやめなかったことである。ちらりと視線をあげて、将軍閣下は「連中は時間に正確だな」と一言もらしただけだった。多少のことでは動じない司令官閣下の態度は、その場にいたものたちに強い印象と、そして不安感を与えた。〈ユンカース〉輸送機が次々に飛来して空挺隊員を空に降らせていくと、海岸線のあちこちで戦闘が始まり、司令部の参謀たちは双眼鏡でそのさまを眺めていた。「クレフォース」司令部が置かれた石切場のすぐ北にもグライダーが墜落したため、年若い将校が何人か駆けつけて、乗員探しに参加した。

ニュージーランド兵たちはパラシュートで降りてくるドイツ兵を相手に殺戮を思う存分堪能した。将校が部下たちに注意した。いいか、降りてくる速度を勘定に入れて、狙いをつける時は、敵の靴に照準を合わせるのだぞと。マレメでは、さらに二個大隊がタヴロニティス川の対岸に降下した。マレメ飛行場の防衛を担当するニュージーランド「第二二大隊」は、飛行場周辺に一個中隊しか配置しておらず、手薄な西側面を守っているのは、わずか一個小隊だった。同飛行場のすぐ南には「一〇七高地」と呼ばれる岩場があって、大隊長のL・W・アンドルー中佐がそこに指揮所を構えていた。高地の西側を担当する中隊長は、思い切りぶっぱなしてやれと部下に下知を飛ばした。さらに二門の海岸砲にも、攻撃に参加するよう促したところ、われわれは海上の敵のみを相手せよと命じられていますと言われてしまった。「海からの」侵攻がすでに強迫観念となっているため、フライバーグ将軍は「空からの」敵に手持ちの砲兵部隊を使うこと、さらに手持ちの予備部隊を投入することを、拒んだのである。これは超弩級の失策だった。この局面で最も賢明な戦術的対応は、敵の空挺部隊が態勢を整える前に、機敏に反撃を加えることだったのだが。

ハニア南西から「プリズン・ヴァリー（監獄の渓谷）」と呼ばれる谷筋にむけ降下したドイツ兵の多くは、それが巧みに偽装された連合軍陣地の真っ正面だったため、まとめて殺《や》られてしまった。ある一団は「第二三大隊」の本部の真上に降りてきた。大隊長は銃弾を五発、副官も腰かけた姿勢のまま二発ぶちこんだ。「ドイツ野郎をやっつけろ！」という怒鳴り声が、あらゆる方角から聞こえた。激戦が続き、捕虜となったドイツ兵はきわめて僅かだった。

いちばん容赦がなかったのは、わが故郷を守らんと決意するクレタ島民だった。年配の男性や女性や子供までが、猟銃や旧式ライフル、はては鋤や包丁まで持ちだして、遮蔽物のない開けた場所に降りてしまった、あるいはオリーブの木にパラシュートを引っかけて身動きが取れなくなってしまったドイツ兵を相手に、実力行使におよんだ。スティリアノス・フランツェスカキス神父は、ドイツ兵が攻めてきたと耳にすると、すぐさま教会に駆けつけて、まずは鐘を打ち鳴らした。次いで、みずからライフル銃を手に取ると、教区民を率いて、パレオコラから北にむかい、敵を散々に討伐した。一方、プロイセン時代から〝フランティルル（不正規兵）〟が大嫌いなドイツ兵は、相手が民間人でも容赦しなかった。シャツを引き裂き、肩を露わにし、銃床が当たる部分にタコができていたり、あるいは刃物を隠し持っていることが判明すると、年齢・性別に関係なく、すべてその場で処刑した。

「クレフォース」は部隊間の意思疎通に問題があった。無線機の不足が原因だった。ドイツ軍の実際の攻撃まで三週間の余裕があったのに、それにもかかわらず、エジプトからはこの間、一セットの無線機も送られてこなかった。そのせいで、レシムノのオーストラリア軍も、イラクリオンのイギリス「第一四歩兵旅団」も、島の西部ですでに本格侵攻が始まったことに、一四三〇時（午後二時三〇分）まで気づかなかった。

イギリス側にとって幸いなことに、ギリシア本土の飛行場で燃料補給に手間取ったせいで、ブルーノ・ブロイアー大佐のドイツ「第一降下猟兵連隊」はすっかり出遅れてしまった。おかげで〈シュトゥーカ〉と〈メッサーシュミット〉が実施した攻撃準備爆撃のあと、かなりの時間が経過してから、空挺隊員を乗せた〈ユンカース52〉輸送機が目標空域に到達し始めた。らっぱ手が敵襲を告げたのは一七三〇時（午後五時三〇分）を回ったころだった。連合軍の兵士たちは、巧みに偽装したそれぞれの持ち場にすぐさま飛びこんだ。〈ボフォール〉高射砲の要員たち――今回も空襲の間は敢えてなにもしなかった――は、いまや砲身を旋回させ、爆音を響かせてやってくる輸送機を仕留めるべく下準備に入った。続く二時間のあいだに、かれらはじつに一五機も撃墜した。

ブロイアー大佐は、ドイツ軍の精度の低い情報を真に受けて、手持ちの部隊を分散降下させることにした。第一降下猟兵連隊「第三大隊」はイラクリオン南西に、「第二大隊」はイラクリオン東方の飛行場に、そして「第一大隊」はさらに東方のグルネス村周辺に投入した。ブルクハルト大尉の「第二大隊」はほぼ全滅だった。「ブラック・ウォッチ」の愛称で知られるイギリス「スコットランド高地連隊」の面々が、殺人的な発砲で歓迎したからだ。ごく少数の生き残りには、イギリス「第三軽騎兵連隊」の一個中隊が〈ウィペット〉戦車で襲いかかり、逃げようとするドイツ兵を見境なく踏みつぶし、かつ撃ち殺した。

シュルツ少佐の「第三大隊」はトウモロコシ畑やブドウ園に降りたった。海洋国家ヴェネツィアがこの島を支配した時代にまで遡る、イラクリオンの旧市街には、ギリシア兵と地元クレタ人の不正規兵が詰めており、それぞれに城壁を固めていたが、ドイツの降下猟兵は戦って戦って戦い抜いて、ついに城内に突入した、イラクリオン市長は降伏。とそのとき、イギリスの「ヨーク・アンド・ランカスター連隊」と「レスターシャー連隊」が反撃に出て、ドイツ兵を押し返した。夜のとばりが下りるころ、ブロイアー大佐は感じていた。今回の空挺作戦はかなりまずい状況に陥りつつあるのではと。

イラクリオンとハニアの中間にあるレシムノでも、アルフレート・シュトゥルム大佐率いる「第二降下猟兵連隊」の一部が動けなくなっていた。オーストラリア陸軍のイアン・キャンベル中佐は麾下の二個大隊を沿岸道路と飛行場を見下ろせる高地に配置し、装備の面で劣るギリシア兵をその中間に置いていた。〈ユンカース〉が海岸線と平行に飛んできたため、守る側は圧倒的火力で応じた。七機が撃墜された。残りの敵機は逃走をはかり、積んでいた空挺隊員を海に投下してしまった。巻きついたパラシュートで身動きが取れなくなり、かなりのドイツ兵が溺死した。かろうじて岩場に降りた一部のものは怪我だけで済んだけれど、籐《とう》の茂みに落ちた数人は、その尖った枝に串刺しにされるという、じつに悲惨な死を遂げた。オーストラリア軍の二個大隊が反撃に出たため、生き残ったドイツ兵は東方に逃げるしかなく、手近にあったオリーブ・オイル工場に立て籠もった。レシムノにより近い地点に降下した別の一団は、町からクレタ人の憲兵と不正規兵が駆けつけてきたため、後退しつつ、ペリヴォリア村に入り、この村を防衛拠点とした。

クレタ島の夜はたちまち暗くなる。兵士たちは双方とも疲れ切り、その場でぐったりとしていた。銃声は絶えて聞かれなかった。ドイツの降下猟兵は、のどの渇きで死にそうだった。かれらの軍服は北の気候に合わせてデザインされているため、多くのものがひどい脱水症状を起こしていた。ただ、クレタ人の不正規兵だけは活動をやめず、井戸の近くで待ち伏せしたり、あるいはそっと忍び寄って、ドイツ人を夜どおし攻撃したりした。ドイツ「第七降下猟兵師団」は、師団長を含む数多くの将校が、すでに命を落としていた。

そのころ、ギリシアの首都アテネでは、ドイツの空挺作戦は失敗かという噂がすでに広がり始めていた。作戦全体を取りしきるシュトゥデント航空兵大将は、「ホテル・グランド・ブルターニュ」の舞踏室の壁に掲げた、巨大なクレタ島の地図をただじっと睨んでいた。司令部に届く報告には詳細な数字が欠けていたが、犠牲者が非常に多く、目標とする三ヵ所の飛行場は、いまだどれひとつ確保できていないことだけは確かだった。当面なんとかできそうなのはマレメのみだったが、タヴロニティス渓谷にいる「空挺突撃連隊」は、弾薬がほぼ尽きかけていた。リスト元帥の「第一二軍」司令部と、リヒトホーフェン航空兵大将の「第八航空軍団」司令部は、ある種の見切りをつけていた。島内にいまだ残る降下猟兵をたとえ見殺しにすることになっても、今回の「メルクール作戦」は中止すべきであると。捕虜となったドイツ人将校がオーストラリア軍の大隊長に明言したように、「われわれは失敗した作戦に増援はおこなわない」というのがドイツ軍の流儀だったから。

連合軍をたばねるフライバーグ将軍は二二〇〇時（午後一〇時）に、カイロへ電報を送った。自分が把握している限りでは、わが兵士たちは依然、飛行場三カ所、港湾二カ所を無事確保しているという内容だった。だが、マレメ付近の状況はおよそ〝無事〟とは言いがたく、フライバーグ将軍に上がってくる報告は、実態を映していなかった。アンドルー大佐率いる大隊はかなり傷んでいたけれど、最大限の努力を続けていた。だが、マレメにむけた反攻要請は、上級司令部によって事実上無視されてしまった。アンドルーの直属の上官、ジェームズ・ハーゲスト准将はおそらく、「海からの」脅威にこだわるフライバーグ司令官のことを慮って、増援部隊を送らなかったのだろう。もし、支援を受けられないなら、自分は撤退せざるを得ないとアンドルーが警告すると、ハーゲストは「それが必要なら、そうすべきだろう」と返答した。かくしてマレメと「一〇七高地」はその夜のうちに放棄されたのである。

そのころドイツ側では、シュトゥデント将軍が、やはりこの段階で諦めるべきではないと思い直していた。そして、リスト元帥にそのむね伝えることなく、ひとつの決断を下した。自分の手駒のなかで最も経験豊かなパイロット、クライエ大尉を現地に送ろうと。そして、大尉にこう言い含めた。明日、朝いちばんの光のなかで、マレメ飛行場への着陸が可能かどうか、実地に確かめてきてほしいと。戻ってきたクライエは、自分は、直撃を受けませんでしたと報告した。そこで「空挺突撃連隊」に弾薬を届け、あわせ負傷者の一部を回収するため、〈ユンカース〉たちが別途派遣された。その間、シュトゥデントは一刻も無駄にせず、ユリウス・リンゲル少将の「第五山岳師団」に対し空中移送に備えよと命じた。だが、なにより先に試みたのは、「第七降下猟兵師団」の予備部隊を一兵残らず、ヘルマン＝ベルンハルト・ラムケ大佐に託し、マレメ付近にパラシュート降下させることだった。マレメ飛行場が無事確保されたのを受けて、兵員輸送機が順次送り出された。一七〇〇時（午後五時）、その第一陣が「第一〇〇山岳連隊」の一部とともに、マレメへの着陸を開始した。

フライバーグ将軍は依然、ドイツ艦隊の動向に気を取られていた。このため、ニュージーランド「第二〇大隊」の予備軍から一部を抽出し、反攻作戦に投入するという案を認めようとしなかった。将軍がかかえる手勢のうち、最大かつ最も装備の整った部隊は「ウェールズ連隊」だったが、こちらも後方に留め置かれたままだった。ハニア地区が「海から攻撃される」危険性を司令官が憂慮したためである。すると、フライバーグの参謀の一人が、鹵獲したドイツ軍の計画書をもとにこう告げた。どうやら小型船舶からなる一団が増援部隊と補給物資をのせてこちらにむかっている模様で、目的地はハニアから約二〇キロメートル離れたマレメ西方の岬のようですと。イギリス海軍からマルタ駐留部隊に派遣されている最先任士官がすかさず口を挟んだ。海からやってくる小型船舶の一団など、わが海軍だけで十分対応可能ですと。だがしかし、フライバーグ将軍は聞く耳を持たなかった。

日が暮れて、ドイツ空軍機がエーゲ海から姿を消すと、イギリス海軍の三個任務部隊が全速力で戻ってきて、クレタ島の東西両端の周辺海域で待機した。「ウルトラ」のおかげで、来たるべき獲物の進入コースは分かっていた。巡洋艦三隻、駆逐艦四隻からなる「D部隊」はレーダーをもちいつつ、小型船舶からなる輸送船団――イタリア海軍の軽駆逐艦一隻が露払い役をつとめていた――に待ち伏せ攻撃を仕かけた。サーチライトが一斉に点灯し、虐殺が始まった。網から逃れて、海岸までたどり着けた小型船舶はたったの一隻だった。

北方の水平線で展開される海軍の活躍を見て、フライバーグ将軍は興奮で我を忘れるほどだった。参謀のひとりがこの時の様子を振り返っている。将軍閣下はまるで、熱狂する男子学生のように、跳んだり跳ねたりしておられましたと。すべてが終わった時、フライバーグがふと漏らした一言は、これでこの島は安泰だとかれが考えていることを示唆していた。将軍閣下はホッとした様子で、マレメに対する反撃がどうなったのかと尋ねることもなく、そのまま就寝したという。

その反撃なるものは、五月二十二日〇一〇〇時（午前一時）開始の予定だった。だがしかし、ニュージーランド「第二〇大隊」はフライバーグ将軍の厳命により、同大隊の任務を引き継ぐオーストラリア軍一個大隊がゲオルジオウポリから到着するまで、動くことができなかった。十分な輸送手段がないため、オーストラリア軍の到着は遅れに遅れ、その結果、「第二〇大隊」は、先発した「第二八（マオリ族）大隊」に〇三三〇時（午前三時三〇分）まで合流できなかった。かくして暗闇を活かせる貴重な時間帯が無駄になった。反撃に出た連合軍部隊は、途方もない勇敢さ――たとえば、チャールズ・アパム中尉は生涯に二度、ヴィクトリア十字勲章を授与されているが、そのうちのひとつはこの時の働きが評価されたものである――を発揮したけれど、すでに増強を終えたドイツの降下猟兵師団、山岳師団所属の各大隊を相手に、勝てる見込みはほとんどなかった。さらに、太陽が昇ったあとは、〈メッサーシュミット〉の機銃掃射にさらされたことはいうまでもない。ニュージーランド兵は疲れ果て、午後には撤退した。〈ユンカース52〉兵員輸送機が、一時間に二〇機という身震いするほど効率的なペースで、続々と兵たちを送り込んでくるのを、ニュージーランド兵は怒りとともに見守るしかなかった。クレタ島はもはや風前の灯火だった。

この日の連合軍は海でもいいところがなかった。到着の遅れているドイツ輸送船団の第二陣も同じく餌食にしてやろうと、イギリス「地中海艦隊」を率いるカニンガム提督は決意し、「C部隊」と「A1部隊」を日中のエーゲ海へと送り出した。イギリス側はようやく見つけた船団に若干の打撃を加えたものの、ドイツ空軍の激しい航空攻撃にさらされ、その損害は上昇の一途をたどった。「地中海艦隊」は巡洋艦二隻と駆逐艦一隻を沈められ、戦艦二隻、巡洋艦二隻、駆逐艦数隻が大破という惨状を呈した。戦艦の時代はすでに終わっていたが、イギリス海軍はこの戦訓をいまだ学べていなかった。さらに二隻の駆逐艦、ルイス・マウントバッテン卿の「ケリー」と同「カシミール」もこの翌日に沈められた。

五月二十二日夕刻、フライバーグ司令官はこれまで戦闘に参加しなかった三個大隊をすべて投入し、最後の総攻撃を仕かけることはせず、あえてそれを回避する決断をした。「ニュージーランド師団を失った男」として記憶されることが、きっと耐えがたかったのであろう。一度は勝ったと思った戦さだけに、レシムノのオーストラリア軍部隊や、イラクリオンのイギリス「第一四歩兵旅団」の面々が総大将の体たらくに、いまさらながら怒りを募らせていることは想像に難くなかった。「白い山々」と呼ばれる山岳地帯を抜ける、岩だらけの小径をたどる、悲惨な退却戦が始まった。足は痛み、のどは渇き、疲労困憊の「クレフォース」の一群は、島の南岸にあるスファキア港になんとかたどり着くことができた。そこにはイギリス海軍の艦艇が控えており、敗北した陸軍の将兵をまたまた移送すべく、準備に余念がなかった。そのころ、島の北岸、スーダ湾にはロバート・レイコック准将率いるコマンドー旅団が増援部隊として到着しつつあった。准将は上陸して初めて、クレタ島の放棄が決まったことを知らされた。波止場一帯の商店が軒並み炎上するさまを、コマンドー隊員たちは信じられない面持ちで眺めるしかなかった。自分たちはこれからなんと、リンゲル少将麾下のドイツ「第五山岳師団」を相手に、退却する連合軍部隊の殿軍をやらされると知り、レイコック准将は、こいつは愉快だ――という気分には到底なれなかった。

イギリス海軍はクレタ島周辺の大規模損失に決してたじろがなかった。五月二十八日の夜には、イギリス「第一四歩兵旅団」を巡洋艦二隻と駆逐艦六隻に分乗させると、イラクリオンから、少しも気取られることなく、粛々と出航していった。イギリス軍の将校たちはこの時、スペイン北東はコランナ（ラ・コルニャ）に埋葬されたサー・ジョン・ムーアのことを、つい連想してしまった。この故事をうたった詩は、ナポレオン戦争期における最も有名な撤退戦を詠んだもので、パブリック・スクール出身の将校たちは誰もみな、何度も朗唱したため、ほとんど一言一句暗記していた。だがそれまでが、あまりに順調すぎたのだろう。北岸のイラクリオンからクレタ島の東端をぐるりと回る航程だったが、駆逐艦のうち損傷をかかえた一隻が遅れたせいで、兵員たちを乗せた各艦艇は、太陽が昇りはじめても、いまだ危険水域を脱しきれずにいた。そして、夜明けとともに、〈シュトゥーカ〉急降下爆撃機が襲ってきた。駆逐艦二隻が失われ、巡洋艦二隻もひどい打撃を受けた。死体を満載したイギリス戦隊は、苦労の果てにようやくアレクサンドリア港にたどり着いた。「第一四旅団」の歩兵たちのうち、その五分の一はこの時、洋上で亡くなった。それはドイツの降下猟兵相手の戦いよりも高い死亡率だった。同旅団のうち、スコットランド兵で構成された「ブラック・ウォッチ」連隊は、バグパイプ奏者がサーチライトを浴びながら挽歌を演奏し、亡くなった戦友への手向けとした。兵士たちは恥も外聞もなく泣いていた。一方、ドイツ側は今回のクレタ遠征においてイギリス海軍を散々に叩いたことに満足感を覚えていた。かれらにとって、それは戦艦「ビスマルク」撃沈［次章参照］に対する弔い合戦と言えたから。リヒトホーフェンは、訪ねてきた「第六山岳師団」の師団長、フェルディナント・シェルナー将軍とアテネでシャンパンを開け、今回の勝利をともに祝った。

クレタ島南岸からの撤退もまた、五月二十八日夜に開始された。ただ、レシムノを固めるオーストラリア軍部隊には、なぜか撤退命令は届かなかった。「敵はいまだに発砲を続けている」とする報告が、ドイツの降下猟兵からギリシア本土の司令部に上がっている。最終的に、山岳地帯を通り抜け、なんとか逃げおおせたレシムノのオーストラリア兵は、わずかに五〇人だった。その五〇人が潜水艦によってクレタ島を離れたのは、数カ月も先のことである。

南岸のスファキア港は一時期、混乱と無秩序の巷と化した。指揮官を失い、兵だけとなった部隊が固まり、そうした烏合の衆が、われ先に乗船しようと血眼になったことが、その主な原因である。それでも、ニュージーランド軍、オーストラリア軍、そしてイギリス海兵隊は、船への殺到を避けるため規制線を敷くなどして、淡々と撤退作業をこなした。最後の数隻が島を離れたのは六月一日の未明、ドイツの山岳兵がすぐ後ろまで迫るなかだった。イギリス海軍は一万八〇〇〇人の脱出をなんとか実現した（そのなかにはニュージーランド軍のほぼ一個師団も含まれていた）。ただ、九〇〇〇人はあとに残さざるを得ず、かれらは全員捕虜となった。

島を離れる連合軍の将兵がその時感じただろう苦い想いは、想像に難くない。なにしろ戦いの初日だけで、連合軍はドイツの降下猟兵を一八五六人も殺したのである。合計すると、シュトゥデントの「第一一航空軍団」はおよそ六〇〇〇人が犠牲となり、航空機も一四六機が破壊され、一六五機がひどい損傷を受けた。その夏の対ソ侵攻作戦の折り、ドイツ国防軍はいまここに、あの〈ユンカース52〉輸送機があったらと、その不足を大いに恨むことになる。これとは別に、リヒトホーフェンの「第八航空軍団」も六〇機を失った。ドイツ国防軍はこの「クレタ島の戦い」で開戦以来、最大の打撃をこうむったのである。だが、それほど激しく抵抗しながら、守る側の連合軍部隊は結局、本来なら必要のない痛烈な敗北を喫してしまった。そして奇妙なことに、戦いの双方は、今回の空挺作戦からそれぞれ非常に異なる教訓を導きだすのである。ヒトラーは決意した。大規模なパラシュート降下作戦は今後二度とおこなうまいと。一方、連合軍側はこののち、自前の空挺部隊の発展をむしろ積極的に推進していく。そして後年、かれらは空挺作戦から、悲喜こもごもの結果を味わうことになるのである。

章末注

(317)「なるほどと思えるロジック」： *KTB OKW*, vol.i, 10.2.40, p.222

(320)「さあ、その件についてはよく知らないのだ」：Sir Francis de Guingand, *Generals at War*, London, 1964, p.33

(323)「復讐の念に燃えた」：Schmidt, *Hitler's Interpreter*, p.223

(324324)「最終的証拠」：Domarus, vol.ii, pp. 1726ff

(324324)ベオグラードの民間人の犠牲：*GSWW*, vol.iii, p.498

(324)「〇五三〇時（午前五時三〇分）、ユーゴに対する

攻撃が」：Gefr. G., Art.Rgt.119, 11. Pz.Div., BfZ-SS 13/517A

(325)「指揮所にて」：Richthofen KTB, 6.4.41, BA-MA N671/2/7/9, p.53

(325)「それが戦争なのだ!」：Richthofen KTB, 10.4.41, BA-MA N671/2/7/9, p.59

(326)「驚くべき知らせ」：Richthofen KTB, 9.4.41, BA-MA N671/2/7/9, p.58

(327)「一幅の絵」のよう：Major G. de Winton, Antony Beevor, *Crete: The Battle and the Resistance*, London, 1990, p.36からの引用。

(327)「ヴェヴィ付近において」：OL 2042, TNA, DEFE 3/891

(327)「わずか五日間で」：Fefr. G., Art.Rgt.119, 11.Pz.Div., 17.4.41, BfZ-SS 13 517A

(328)「連中の不完全、時代遅れ」：Sold. Erich N., 8.Kp./SS-Rgt.(mot.) DF, SS-Div. Reich, 10.5.41, BfZ-SS 11 707 E

(329)「槍騎兵一個大隊が」：Beevor, *Crete*, p.38

(329)二〇〇万ドラクマのパンと飢餓：Mazower, *Inside Hitler's Greece*, p.xiii

(330)「ダンケルクの奇蹟」の再現：Richthofen KTB, 10.4.41, BA-MA N671/2/7/9, p.60

(331)「敵が見えたら」：*GSWW*, vol.ix/1, pp.536からの引用。

(331)「その時、ぼくらの子供たちは」：Hauptmann Friedrich M., 73.Inf.Div., BfZ-SS, 20 305

(332)「バルバロッサ作戦」の遅延をめぐる議論：（参考）Martin van Creveld, *Hitler's Strategy 1940-1941: The Balkan Clue*, London, 1973; Salonika symposium, May 1991; *GSWW*, vol.iii, p.525; Müller-Hillebrand, 'Improvisierung', 78, MGFA-P 030; Andreas Hillgruber, *Hitlers Strategie*, Frankfurt am Main, 1965, pp.504ff.; および Andrew L. Zapantis, *Greek-Soviet Relations, 1917-1941*, New York, 1983, pp.498ff.

(335)「グライダーをもちいる強襲着陸部隊」：OL 2167, TNA DEFE 3/891

(336)「五〇〇〇ないし六〇〇〇人」：TNA PREM 3/109

(337)「海からの侵攻」：Freyberg to Wavell, Churchill, *The Second World War*, vol.iii: *The Grand Alliance*, p.243からの引用。〔チャーチル『第二次世界大戦』佐藤亮一訳、河出文庫〕

(338)「戦車を伴った部隊が海岸部に」：Freyberg, John Connell, *Wavell: Scholar and Soldier*, London, 1964, p.454からの引用。

(338)「空中強襲ではなく」：Ian Stewart, *The Struggle for Crete*, Oxford, 1955, p.108からの引用。

(338)「パラシュート降下兵をやっつける」：Churchill, *The Second World War*, vol.iii, p.241からの引用。

(340)「連中は時間に正確だな」：Woodhouse, C. Hadjipateras and M. Fafalios, *Crete 1941*, Athens, 1989, p.13からの引用。

(344)「失敗した作戦に増援はおこなわない」：Brigadier Ray Sandover, 一九九〇年十月十一日におけるレイ・サンドーヴァー准将と著者の対話から。

(346)「海から攻撃される」：New Zealand Division war diary, Stewart, *The Struggle for Crete*, p.278からの引用。

(346) 小型船舶の一団の目的地：'Einsatz Kreta', BA-MA RL 33/98

(349)「敵はいまだに発砲を続けている」：Richthofen KTB, 28.5.41, BA-MA, N671/2/7/9, p.115

(350) ドイツ軍側の損耗：BA-MA ZA 3/19 and RL2 III/95

第11章 アフリカと大西洋

一九四一年二月〜六月

一九四一年春、イギリスがウェーヴェル将軍麾下の「地中海方面軍」を北アフリカからギリシア戦線に流用した一件は、まさに最悪のタイミングでおこなわれた。イギリス軍には元々、乏しい軍事資源をやたら多方面につかいまわしする癖があるけれど、これもその典型例と言えよう。イギリス人、なかんずくチャーチル首相は、各任務のあいだに容赦なく優先順位をつけ、その重要度に応じて部隊を集中運用することに、ドイツ陸軍ほど巧みではないように思われる。

イギリス軍が一九四一年に北アフリカで勝利する可能性は果たしてあったのだろうか。まあ、仮にあったとしても、アフリカに展開する部隊をギリシア方面に振りむけ、かつロンメルの「アフリカ軍団」の先発隊がトリポリに上陸した時点で、その目は完全に消えてしまったのだろうが。軍団長にロンメルを据えたヒトラーの人選は、「ＯＫＨ（陸軍総司令部）」の上級将校には受けが悪かった。リビア情勢についてこれまでずっと報告を上げてきた男爵、ハンス・フォン・フンク少将の方が、平民出身のロンメルよりもはるかに増しであるというのがかれらの見方だったから。だが、ヒトラーはフンク将軍を毛嫌いしていた。ヒトラーが一九三八年、陸軍総司令官を辞めさせた、やはり男爵の称号をもつヴェルナー・フォン・フリッチュ上級大将と、フォン・フンクが懇意だったからである。

ロンメルが貴族でないという点が逆に、ヒトラーには好ましく思われた。ロンメルにはかなりきついシュヴァーベン訛りがあり、またかれはどこか山師的な気質を持っていた。ドイツ陸軍内の上官や多くの同時代人は、ロンメルのことを人気取りにたけた傲慢男と見なしていた。ヒトラーやゲッベルスの寵愛を利用して、軍内部の指揮命令系統を回避するロンメルのスタイルも、かれらの不興を買った。もっとも当のロンメルは今回の抜擢人事にかんし、ただこう考えただけである。他の戦域から孤立したアフリカならば、「OKH」の指示を無視して、好き勝手が存分にやれそうだぞと。ロンメルはさらにすすんで、ギリシア侵攻などいっそのこと止めてしまって、ドイツはむしろ兵力を北アフリカに集中し、中東地域とそこにある油田を確保すべきであると力説し、周囲を閉口させた。

ヒトラーはこれまで、リビアの重要性や、北アフリカに兵を送る必要性にかんし、何度か考えを変えてきたが、いまやアフリカ出兵はムッソリーニ政権の崩壊を防ぐためやむを得ざる行動だと感じていた。ヒトラーはまた、イギリス軍が仏領北アフリカに手を伸ばしたり、マキシム・ウェイガン将軍の働きかけでヴィシー政権がイギリス側と共闘するような事態にも懸念をいだいていた。自由フランス軍とイギリス海軍からなる一個戦隊が前年九月、協同で試みたダカール遠征は結局のところ、北アフリカの親ヴィシー勢力に阻止されて、無様な失敗に終わったけれど、ヒトラーはこの段階でもまだ、シャルル・ド・ゴール将軍の影響力をひどく過大評価していた。

一九四一年二月十二日、トリポリ入りしたロンメル将軍には、ヒトラーの首席副官ルドルフ・シュムント大佐が同行していた。おかげでロンメルの権威は、イタリア軍との関係でも、ドイツの上級将校との関係でも、大いに高まることとなった。この二人組はその前日、シチリア島駐留のドイツ「第一〇航空軍団」を訪ねていたが、そのさいそこの司令官から、妙な話を聞かされた。じつはイタリア側の要望で、リビア中北部のベンガジ攻撃ができずにいるというのだ。あの港湾都市に個人資産をかかえるイタリアの将軍たちが数多くいて、それで爆撃を嫌うのだと。ロンメルはシュムント大佐に、すぐさま総統閣下に電話してほしいと頼んだ。かくてその数時間後、ベンガジ空爆にむけ、ドイツの爆撃機が続々飛び立っていったのである。

ロンメルはドイツ人の連絡将校から、リビア北西部トリポリタニア地方の現状について説明を受けた。それによると、イタリア軍の大半は武器を投げ捨て、トラックに飛び乗り、そのまま逃げ帰ってきたという。しかも、グラツィアーニ元帥の後任であるイタロ・ガリボルディ将軍は、迫りくるイギリス軍（すでにエル・アゲイラまで来ていた）に対し、戦線を死守することを拒んでいるとのこと。ロンメルはとりあえず独伊軍全体をみずからの指揮下にまとめあげると、イタリア軍の二個師団をただちに前方へ繰り出すとともに、二月十五日、第一陣として上陸したドイツ軍の分遣隊、すなわち一個偵察隊と一個突撃砲大隊にも、イタリア軍のあとを追わせた。イギリス軍が勢いに乗じて突っ込んでこないよう、〈キューベルヴァーゲン〉――不整地走行にすぐれた重量級〈ジープ〉とも言うべき軍用四駆――に、一見すると戦車と見紛うような偽装も施した。

二月末までに、「第五軽師団」所属の各部隊がさらに到着したため、意を強くしたロンメルは、イギリス相手の最初の腕試しにむけ、準備に取りかかった。アフリカ入りしたドイツ軍部隊は三月末時点で二万五〇〇〇人を数え、これでようやく進撃の目処がついたとロンメルは感じた。その後六週間あまりの間に、ロンメルは「第五軽師団」の残りの部分と「第一五装甲師団」を受領することになる。とはいえ、めざす最前線は司令部のあるトリポリから東に七〇〇キロメートルも彼方にあった。実際問題、兵站は頭痛の種である。だが、ロンメルは当面、それらを無視することにした。このあと、思ったほどの戦果が上がらないと、ロンメルはそのたびに、ドイツ国防軍内のやっかみを疑うようになるのだが、北アフリカむけの補給の停滞は、ドイツ国防軍のせいというより、イギリス海空軍のせいだった。マルタ島とリビアの間に広がるリビア海で、ドイツの輸送船団が沈められることがその主たる原因なのだから。

ロンメルはまた、本国ドイツで「バルバロッサ作戦」の準備が本格化したことで、北アフリカ戦線の位置付けがますます小さくなったという事情を理解できずにいた。結局、北アフリカの戦いはイタリア軍頼みとなり、それもまた波乱含みだった。イタリア軍はエンジン付き車輛が慢性的に不足していた。しかも燃料の質が悪いため、ドイツ製のエンジンにはしばしば不向きだった。さらにイタリア陸軍の糧食も、そのひどさには定評があった。携帯口糧は肉の缶詰が中心で、そこには「AM」の二文字が記されている。本来それは「アンミニストラッツィオーネ・ミリターレ（軍事支給）」の頭文字だったが、元がなんの肉か得体が知れないので、イタリア兵は、ああ、あれは〝アーラボ・モルト（死んだアラブ人）〟の略だよといっていたし、ドイツ兵はドイツ兵で〝アルター・マン（老人）〟の略ではないかとか、いやいや〝ムッソリーニズ・アス（ムッソリーニのケツ）〟だろうと言ったりした。

連合軍側の「西方砂漠軍」がこの時期、きわめて弱体だったことは、ロンメルにとって幸いだった。イギリス「第七機甲師団」はすでに保守点検のためカイロまで下がっており、兵力も練度も見劣りのする「第二機甲師団」がかわりに出張り、またオーストラリア「第六師団」がギリシアに持っていかれたため、オーストラリア「第九師団」が後釜にすわるといった具合だった。ただ、一気呵成にエジプトまで進出したいので、増援部隊を送ってほしいというロンメルの要請は却下されてしまった。当方としては一個装甲軍団を送る予定ではあるが、それはこの冬、ソ連を打ち負かしたあとになるとロンメルは通告された。よってそれまでの間は、過度の攻勢は慎むようにと。

むろんロンメルは、聞く耳など持たなかった。連合軍が弱っているいまこそ、その隙を突くべしと、リビア北東部のキレナイカ地方に「第五軽師団」を進出させ、イタリア軍を率いるガリボルディ将軍をギョッとさせた。イギリス軍全体を統括するウェーヴェル将軍がこの時おかした最大のミスは「西方砂漠軍」司令官の首をすげ替えたことだろう。智将オコナーの後任には、実戦経験に乏しいフィリップ・ニーム中将が就くことになった。ウェーヴェルはまた、怒濤の進撃をめざすロンメルの決意を過小評価していた。ロンメルが一大攻勢に出ることは、五月初めまでありえないと思い込んでいたのだ。なにせ戦場は砂漠であり、日中の気温はすでに摂氏五〇度に達していた。鋼鉄のヘルメットをかぶった兵士たちは、主に脱水症状のせいで、すでに頭が割れるように痛んでいた。

四月三日、ロンメルは手始めに、キレナイカ地方の最北端、同地方が地中海に突出する部分に展開する連合軍部隊の駆逐を目指した。その主要都市ベンガジを奪還すべく、まずはイタリア「ブレシア師団」を投入すると、なんとイギリス側の新司令官ニーム中将は周章狼狽し、つい兵を退いてしまった。ロンメルはこの機を逃さず、トブルクの手前で海岸道路を遮断しろと「第五軽師団」に命じた。結果、連合軍はたちまち総崩れとなり、トブルクは陸の孤島と化した。覇気に欠けるイギリス「第二機甲師団」は、戦線を突破されるとそのまま敗走し、これに燃料不足も加わって、逃げる過程ですべての戦車を失った。四月八日、師団長のガンビア・パリー少将と参謀たちは、インド「第三機械化旅団」の大半の兵士とともに、メキリにおいて枢軸側の捕虜となった。同じく四月八日、パリー少将の上官にあたるニーム中将、さらには同中将に助言するため前線視察に来ていた前司令官のオコナー中将までが、敵の手に落ちてしまった。そもそも二人の中将を乗せた車の運転手がうっかり道を間違えたのが、この不祥事の原因だった。

メキリにおいて大量の装備品を発見したドイツ兵はみな大喜びだった。ロンメル将軍もイギリス製の戦車兵用ゴーグルをひとつ戦利品として失敬し、以後、かれの帽子に光るそのゴーグルは、将軍閣下のトレードマークとなった。行き掛けの駄賃で、このままトブルクも獲ってしまおうとロンメルは決めた。イギリス兵はみな浮き足だっているから、いまや逃げ出す準備の真っ最中だろうと踏んだのだ。だがしかし、この港湾都市を守るオーストラリア「第九師団」は、こんな中途半端なところで戦いを止める気はさらさらなかった。トブルクには海側から増強がはかられ、師団長のレスリー・モースヘッド少将のかかえる総兵力は計四個旅団となり、さらに強力な砲兵部隊と対戦車砲部隊も手に入れた。モースヘッド将軍は、じつに荒ぶる魂の持ち主で、それゆえ部下たちはマンガ『フラッシュ・ゴードン』に出てくる悪役の独裁者に擬《なぞら》えて将軍のことを「無慈悲皇帝ミン《ザ・マーシレス》」と呼んでいた。モースヘッドはトブルクの防衛態勢をごく短期間のうちに一新させた。「第九師団」は当時、実戦経験に乏しく、規律がなっておらず、あまりにむさ苦しいため、それを指揮するイギリス人将校は怒りでことばを失うほどだったが、こと戦場にあっては恐るべき戦士の集団であることが判明した。

四月十三日の夜、ロンメルはトブルクに対する本格攻勢に着手した。街の防衛がこれほど固いとは、さすがのロンメルも想定外だった。多大の犠牲を出していったんは退いたものの、ロンメルはその後も繰り返し攻撃を仕かけることを止めなかったため、部下の将校たちは落胆し、間もなくロンメルのことを、血も涙もない司令官と見なすようになった。この時こそ連合軍にとって、反攻に出る絶好のチャンスだったのだが、ロンメル軍は巧みな欺瞞戦術によって、その規模を実態よりはるかに大きく見せていたため、イギリス軍もオーストラリア軍も、この枯れ尾花についつい引っかかってしまったのだ。

さらなる増援部隊、さらなる航空支援を求めるロンメルに対し、ハルダー陸軍参謀総長も「OKH（陸軍総司令部）」も苛立ちを募らせていた。だからあれほど無理押しはするな、顎を出すような真似は極力避けよと事前警告してやったのだ。なのに貴重な助言を無視して勝手をやりおってと、ロンメルに対する怒りはその点に集中していた。なにしろロンメル将軍は、その消耗著しい部隊の一部を率いて、いまやエジプト国境に迫っていたのだから。だが、国境線にはウェーヴェル将軍がすでに「第二二近衛旅団」を配置済みで、さらにカイロからも増援部隊が急行中だった。ロンメルはそのころ、「第五軽師団」を率いるヨハネス・シュトライヒ少将を解任していた。兵の命を惜しみすぎるとの理由からだった。新師団長に就任したハインリヒ・キルヒハイム少将もまた、ロンメル式の部隊運用にはすでに嫌気が差していた。キルヒハイムはその四月、ハルダー参謀総長に手紙を書き、こう述べている。「かれは終日、広範囲に散った各部隊のあいだを走り回りながら、攻めろ攻めろと督戦しまくり、部隊をさらに四散させています」と。

北アフリカ戦線について、かくも相矛盾する報告が上がってくる現状はやはり好ましくなかった。そこで、ハルダーは「第一次世界大戦」の折り、ロンメルと同じ歩兵連隊に所属していたフリードリヒ・パウルス中将の現地派遣を決めた。「かの武士《もののふ》の逆上した頭を冷やせるものがいるとしたら、おそらくパウルスを置いてほかにあるまい」と感じたからだ。細かいところにも目が行き届き、定石どおりに事を運ぶパウルスは根っからの軍官僚であり、勇猛果敢をむねとする野戦司令官のロンメルとは、天と地ほども肌合いが違っていた。共通点があるとすれば、両将軍ともあまり高い身分の出身ではないということぐらいだろう。パウルスがやるべきは、もはや大規模な増援は期待できないとロンメルを説得し、さらにかれが結局、なにをやろうとしているのか見極めることだった。

だがロンメルは、せっかくエジプト国境まで迫った部隊をいまさらここで引き下げるわけにはいかないと拒否し、さらに新来の「第一五装甲師団」をもって、トブルク攻略にふたたび着手するつもりだと返答した。この再攻撃は四月三十日に実施され、多大の犠牲（特に戦車）を出したすえに、再度撃退されてしまった。ロンメル麾下の各部隊はまた、弾薬不足にも悩むようになっていた。パウルス将軍は五月二日、「ＯＫＨ」の名代という権威を背景に、ロンメルに書面による指示を与え、敵に撤退の動きが見られない場合、新たな攻撃は差し控えるようにと要求した。ドイツに戻ったパウルスはハルダー参謀総長に報告した。「北アフリカにおける最大の難問」はトブルクではなく、「アフリカ軍団」に対する補給問題と、ロンメル将軍の性格でありますと。確かに、地中海を縦断して、「アフリカ軍団」向けの物資をトリポリまで送り届けることは、途方もなく困難な作業だった。だが、ロンメル将軍はそんな〝言い訳〟など、聞く耳を持たなかった。

イギリス陸軍が「ギリシアの戦い」とリビアのキレナイカ地方でこうむったダメージはきわめて甚大だった。現在の乏しい戦車で果たしてドイツ「第一五装甲師団」と渡り合えるものだろうかと、ウェーヴェル総司令官自身、不安を覚えたくらいである。そこで、チャーチル首相は五月初め、「タイガー作戦」を発動した。護送船団により地中海の対岸まで三〇〇輌近い〈クルセイダー〉戦車と五〇機余りの〈ハリケーン〉戦闘機を送り届けるという一大補給計画だ。シチリア島には依然、ドイツ「第一〇航空軍団」の一部が控えており、これは深刻なリスクだったけれど、視界の悪さが幸いして、作戦中に沈められた輸送船はわずか一隻に留まった。

せっかちなチャーチルはすぐさま、ウェーヴェルの尻を叩いた。新たな戦車の到着を漫然と待たず、国境の敵に攻勢をかけよと。かくして五月十五日、ゴット准将の指揮のもと、「ブレヴィティ作戦」が発動された（ゴットという名前と、第一次世界大戦期のドイツ軍の標語「神よ英国を罰し給え《ゴット・シュトラーフェ・エングラント》」をもじって、同将軍は「懲罰者《ストライファー》ゴット」とあだ名されていた）。当初は順調に行くかに見えた「ブレヴィティ作戦」だったが、相手の切っ先の動きを巧みに読んだロンメルが、すばやく脇に回りこみ、見事な一本を決めたため、インド軍とイギリス軍は後退を余儀なくされた。ドイツ軍はさらに連打を加え、最終的にハルファヤ山道の奪還に成功した。新型〈クルセイダー〉戦車がようやく到着したと聞いたチャーチルは、ふたたび現地軍に行動を求めた。今回の新たな攻勢には「バトルアックス作戦」

というコードネームが与えられた。たしかに戦車の陸揚げ自体は終わりましたが、整備その他の作業が必要な車輛が多数にのぼっており、かつまた「第七機甲師団」が新型装備をつかいこなすには、それなりの習熟期間が必要です――とする現地報告がチャーチルのもとに上がってきた。だがしかし、総理閣下はそんな〝戯れ言〟には耳を貸さなかった。

思えばウェーヴェル総司令官はこれまで、ロンドンからの一貫性に欠ける要求に翻弄され続けてきた。四月初め、中東におけるイギリスの影響力が弱まったことを奇貨として、イラクでは親ドイツ政権が誕生した。こうした状況の変化を前に、イギリス陸海空三軍のトップはイラクに断固介入すべしと勧告し、チャーチル首相も即座に同意した。かくしてインドから送られてきた部隊が、シャトルアラブ川の河港都市バスラに上陸した。これを受けて、イラク新政権の指導者、ラシッド・アリ・アル＝ガイラニはドイツに支援を求めたけれど、ベルリンでは方針が定まらず、なにも言ってこなかった。五月二日、イラク陸軍がファルージャ付近のハバニヤにあるイギリス空軍基地を包囲したことにより、ついに戦闘が開始された。四日後、「ＯＫＷ（ドイツ国防軍最高司令部）」はシリア経由でイラク北部のモスルとキルクークに〈メッサーシュミット110〉戦闘機、〈ハインケル111〉爆撃機を送ることをようやく決定した。だが、これらドイツ製軍用機は、砂塵によるエンジン故障のせいで、短期間でつかいものにならなくなった。この間、インドとヨルダンから送り込まれた大英帝国所属の各部隊はさらにバグダッドまで進出した。ガイラニ政権は五月三十一日、イラク領内の部隊通行権を今後も認めよと迫るイギリスに対し、ただただ肯くしかなかった。

ウェーヴェル将軍の部隊がこの「イラク危機」で直接消耗したわけではないけれど、この機に乗じて、レバノンとシリアにも侵攻せよというチャーチル首相の命令が、ロンドンから別途送られてきたのである。これらのフランス委任統治領にいるヴィシー政権側の部隊が、ドイツ空軍によるモスル、キルクーク進駐（大した成果はあげられなかった）に手を貸したからというのがその理由だった。ドイツは今後、シリアを拠点に、パレスチナとエジプトに攻撃を仕かけてくるに違いないと、チャーチルは見当違いな懸念をいだいていた。だが、ペタン元帥の片腕で、ヴィシー政権で国防相をつとめるダルラン提督はすでにドイツ側に対し、この一帯で挑発的な作戦は控えてほしいと要請。そのうえで、フランスからこの地に増援部隊を送り込み、イギリスへの抵抗の姿勢を示した。また、ドイツ軍によるクレタ島侵攻が開始された翌日の五月二十一日には、ヴィシー政権の一個戦闘機連隊がギリシアに飛来している。同連隊はこれからシリアにむかう途中だという。「戦争は奇っ怪な様相をますます深めつつあった」とドイツ空軍のリヒトホーフェンは日記に書いている。「われわれはそんなかれらに補給を与え、さらには〝ファイアーン（饗応）〟することまで当然視されているのである」と。

そうした流れのなかで、ヴィシー政権が支配するレバノン、シリアにむけた一大侵攻作戦が連合軍により計画され、ド・ゴール将軍率いる「自由フランス軍」もこれに参加した。いわゆる「エクスポーター作戦」である。同作戦は六月八日に開始され、連合軍はまずイギリス委任統治領パレスチナから出撃し、リタニ川を越えて北上した。ヴィシー政権側の司令官、アンリ・ダンツ将軍は北アフリカとフランス本国の「ヴィシー政権軍」に増援を要請するとともに、ドイツ空軍にも支援を求めた。ところがドイツ空軍は、フランスの地上軍に直上支援を提供しないことを決定。ただ、フランス軍が対戦車砲とともに、ドイツ占領下のバルカン半島を鉄道で抜け、サロニカ（現テッサロニキ）にむかい、さらにそこから海路シリアを目指すことだけは認めると回答してきた。とはいっても、地中海におけるイギリス海軍のプレゼンスはあまりにも強力だし、この件にかかわりたくないトルコも、「ヴィシー政権軍」による自国通過には拒否をもって応じた。在レヴァント（東地中海一帯）のフランス軍はほどなく、自分たちの命運が尽きかけていることを悟ったが、それでも徹底抗戦の決意は揺るがなかった。

戦いは七月十二日まで続いた。最終的にアクレで停戦協定が結ばれ、シリアは以後、「自由フランス」の管理下に入ることが宣言された。

イギリス「地中海方面軍」をたばねるウェーヴェル将軍は、シリア遠征に全くやる気が起こらず、またドイツ相手に再度の反攻をおこなう「バトルアックス作戦」にも暗い見通ししか持てなかった。かれがいずれチャーチル首相と衝突することはもはや必定だった。なにしろ総理閣下は我慢というものを知らず、しかも同時に二正面作戦をおこなうことがどれほどの問題を引き起こすか全く理解しておらず、ウェーヴェルとしては絶望的な気分に陥るしかなかった。そのころ、チャーチル首相は、わが「タイガー作戦」が奏功して、首尾よくアフリカに戦車を送り込めたと、いまや過剰な期待感とともにあった。遮蔽物のない砂漠の戦場において、対戦車砲がどれほどの威力を発揮するものか――ウェーヴェル将軍がそういっていかに警告しようと、どこ吹く風だった。だが現実に、イギリスの装甲車輛を数多く撃破しているのは、ドイツ軍の戦車ではなく、むしろ対戦車砲の方なのだ。ドイツ陸軍が高射砲を流用してつくった、恐怖の八八ミリ砲に対抗すべく、あれに匹敵する火砲を開発しようとするイギリス陸軍の取り組みは、遅々としてすすまなかった。イギリス製の二ポンド砲、通称〝ピー・シューター（豆鉄砲）〟は、はっきり言って有用性に乏しかった。さらにイギリス陸軍の保守的体質が癌となり、ドイツにならって三・七インチ高射砲を対戦車火器に転用するという案には、どうしてもＯＫが出なかった。

六月十五日、「バトルアックス作戦」が発動された。この作戦は当初、ドイツ軍への反転攻勢をめざした前回の「ブレヴィティ作戦」と似たような始まり方をした。イギリス軍はハルファヤ山道をふたたび支配下に置き、その他の地域でも若干の成功をおさめたものの、ロンメルがトブルク攻囲部隊からすべての戦車を抽出し、前方へと投入すると、たちまち押し返されてしまった。三日間にわたる激戦のすえ、イギリス軍はまたまた側面に回り込まれ、せめて包囲・殲滅だけでも免れようと、また また沿岸の高地から撤退せざるを得なかった。なるほど人的損耗にかんしては、ドイツ「アフリカ軍団」の方が多かったけれど、イギリス側が戦車九一輌を、もっぱら対戦車砲によって失ったのに対し、ドイツ側が失った戦車は一〇輌余りにすぎなかった。イギリス空軍もこの戦いで、ドイツ空軍よりも数多くの航空機を失った。ドイツ側は、かなり大げさな物言いではあるけれど、わが軍はこの戦いでイギリス軍の戦車二〇〇輌を破壊し、「史上空前の大戦車戦」に勝利したと主張した。

六月二十一日、チャーチル首相はウェーヴェル総司令官を更迭し、後任には〈ジ・オーク〉というあだ名のほうが通りの良い、サー・クロード・オーキンレック将軍を据えた。一方、ウェーヴェル将軍はオーキンレックの前職、「インド軍」総司令官に横滑りとなった。この戦車戦の勝利を受けて、ヒトラーはロンメル将軍を、中将から装甲兵大将へと即座に昇進させた。ベルリンのハルダー参謀総長にとり、まさに失望と不快の元凶ではあるけれど、ロンメルはこれ以降、その唯我独尊ぶりにいっそうの磨きをかけるのである。

ウェーヴェル将軍の消極性や、イギリス陸軍上層部のやる気のなさに、チャーチルがかくも苛立つのは、イギリスをめぐる二つの大状況が大きく関与していた。まずは国民の士気を高めるには、ともかく積極果敢な行動が必要だという国内事情が一点。そうしないと国全体がずるずると、ふさぎの虫に取り憑かれてしまうおそれさえあった。さらに、いまここでアメリカ合衆国とローズヴェルト大統領に強い好印象を与えておかないと、先の展望が全く開けないという対外事情も影響していた。チャーチルにとってなにを置いてもやらねばならぬこと、それは負のイメージの払拭だった。イギリスは要するに、当面の状況から自国を救い出してもらいたいだけで、アメリカの参戦を必死に求めるのもそのためなのだという、ある意味しごく当然な印象をアメリカ側に持たれたら、それで負けなのである。

一九四〇年十一月、ローズヴェルトは見事再選を果たした。チャーチルは大きな安堵感を覚えた。その同じ十一月、アメリカ海軍作戦部長が当面の戦略評価の叩き台を作成した。その内容を耳にしたチャーチルは、さらに勇気づけられる思いだった。「プラン・ドッグ」と呼ばれるその覚書を受けて、米英両国の参謀たちが一九四一年一月末、話し合いの場をもった。「ABC−1」という暗号名のもと、ワシントンでおこなわれた一連の協議は、同年三月まで続いた。これらの意見交換をつうじて、もし仮にアメリカが参戦した場合、英米連合軍がいかなる戦略を採用すべきか、その骨子が定まった。「まずはドイツを叩く」という基本方針が原則的に同意された。たとえ太平洋で日本相手の戦争が勃発しても、アメリカはまず、ナチ・ドイツの打倒に精力を集中することが確認された。なぜなら、アメリカ軍がヨーロッパ戦線に大幅な関与をおこなわない限り、イギリスが自力で戦争に勝てないことは自明の理であり、そして、ひとたびイギリスが失われれば、アメリカ合衆国と世界の通商関係は、丸ごと危険にさらされてしまうからである。

ローズヴェルトは早くも一九三八年の「ミュンヘン協定」以前から、ナチ・ドイツのもたらす脅威について認識していた。ローズヴェルトはまた、来たるべき次の戦争では、空軍力がモノをいうことを予見しており、当時の「アメリカ陸軍航空隊」〔「空軍」という独立の軍種になるのは、大戦後の一九四七年〕むけに、年間一万五〇〇〇機を生産する計画にも、直ちに承認を与えている。この空軍増強問題を話し合う会合には、当時陸軍参謀次長の座にあったジョージ・C・マーシャル将軍も出席していた。マーシャル将軍は空軍増強に同意するとともに、大統領に対し、別の働きかけもおこなった。つい見過ごされがちですが、惨めなほど規模が小さい、わが地上軍の増員にもこのさい目をむけていただけませんかと。アメリカ陸軍は現在、兵員数が二〇万人に満たず、その規模は定員割れの師団が九個あるのみで、ドイツ陸軍のわずか十分の一にすぎないのですと力説した。ローズヴェルトにとって、このレクチャーはまさに目から鱗の経験だったようだ。それから一年もしないうちに、ローズヴェルトはマーシャル将軍の陸軍参謀総長就任を支持した。そしてなんとその就任の当日、すなわち一九三九年九月一日、ドイツがポーランドに侵攻したのである。

マーシャルは、謹厳実直な組織人間であり、段取りのよさでは天才的だった。かれのしかるべき指導のもと、アメリカ陸軍は大戦の全期間を通じて、その規模を二〇万人から八〇〇万人に拡大していった。かれは大統領のローズヴェルトに対しても、自分の考えを率直に伝え、しかも人たらしの名人であるローズヴェルトの魅力にいささかも幻惑されなかった。マーシャルにとって最大の懸念は、ローズヴェルトが第三者と交わした会話や、第三者と下した決定（なかでも、チャーチル相手に）について、参謀総長たる自分までが蚊帳の外に置かれることだった。

当然ながらチャーチルにとって、ローズヴェルトとの関係は、イギリスの対外政策のなかでも、抜きん出て重要な要素だった。チャーチルは厖大なエネルギーや想像力、時には恥知らずなおべんちゃらまで駆使して、ローズヴェルトの歓心を買おうとあれこれ努め、ほぼ壊滅状態にある祖国の生き残りに必要ないっさいを手に入れようと奮闘努力してきた。たとえば、一九四〇年十二月八日付けの、きわめて長く、かつ微に入り細を穿った内容の手紙のなかで、チャーチルはイギリスの抵抗を、息の長いものに変えるため、「建設的で、非交戦的ながら、断固たる態度」を取ってくれるようローズヴェルトに求めている。具体的には、アメリカ海軍艦艇をもって、Uボートの脅威から守ってほしいとか、これまでに失われた計二〇〇万トン超の圧倒的損失を穴埋めするため、三〇〇万トンの商船投入により、イギリスにむけた大西洋上のライフ・ラインを維持してほしいとか、そういった諸々の要望である。チャーチルはまた、月産二〇〇〇機におよぶ航空機の製造も、アメリカ側に要請している。「最後に、資金問題についても触れたいと思います」とチャーチルは続ける。イギリスが受けたドル建て与信枠はいまや尽きようとしています。実際、さまざまな発注がおこなわれ、あるいは現在商談中であり、すでに「大英帝国の手持ち資金として維持されているドル建て資産の総額を上回ることも何度かありました」と。内容的にここまで重大で、しかも気品を損なうことなく、他人に無心する手紙というのは、いまだかつて書かれたことがないのではないだろうか。しかもこの手紙が書かれたちょうど一年後、アメリカ合衆国は気づいてみると、なんと交戦国になっていたのである。

ローズヴェルトは米重巡洋艦「タスカルーサ」でカリブ海にいる時、この手紙を受け取った。中身をじっくり吟味したあと、帰国の翌日、かれは記者会見を開いた。十二月十七日、ローズヴェルトは有名な、しかしきわめてシンプルなたとえ話を持ちだした。イギリスはいわば、燃えさかる自宅を前にして、ホースの購入代金を貸してほしいと頼んでいる隣人みたいなものであると。これは「武器貸与法」法案の議会提出を前に、ローズヴェルトが国民感情の誘導を狙っておこなった地均しだった。対するチャーチルもイギリス下院において、これは「史上いかなる国家にも例を見ない高貴なる行動」であると同法案を褒めそやした。とはいえ、イギリス政府は内々では「武器貸与法」の付帯条項にある、極めて過酷な貸し付け条件の数々に衝撃を受けていたのだが。アメリカはすでに、イギリスが保有するすべての国有財産の監査を求めていた。そして、イギリスが保有する外貨準備と金準備を使い切るまで、いかなる補助も与えてはならぬと、同法は規定していた。南アフリカのケープタウンに、アメリカ海軍の軍艦が派遣され、同地にイギリスが保有する最後の金塊も運び去られた。合衆国内で活動するイギリス系企業――有名なところでは、織維・化学メーカーのコートールズ、石油のロイヤル・ダッチ・シェル、家庭用品メーカーのユニリーバなど——の株式をアメリカ側にバーゲン価格で売却しなければならず、しかもそれらの株式はその後、市場で転売され、その差額分はすべてアメリカの国庫に入った。とはいっても、反イギリス感情から、「武器貸与法」に批判的態度をとる人々もアメリカには相当数いるわけで、それゆえ、ローズヴェルトも反対派に不意打ちを食らわすため、そこまで厳しくするしかなかったのだろうと、チャーチルはこれらの顚末を鷹揚に受け止めていた。「第一次世界大戦」が終わったあと、英仏両国が債務不履行に陥り、煮え湯を飲まされ、そのことをいまだ根に持つアメリカ人投資家もまだまだ多かったし、イギリスなんて国はそもそも帝国主義の、紳士気取りの、俗物根性の、他国をまきこんで自国のかわりに戦争をやらせる手並みではもはや名人級の、見下げ果てた奴らなんだと毛嫌いするアメリカ人もじつに多かったから。とはいえ、アメリカ人の持つそうした国民感情を、イギリス人自身は総じて過小評価する傾向が強かったのだが。

いずれにしろ、どんなに過酷な条件を突きつけられようと、いまのイギリスはお手上げ状態であり、文句を言える筋合いではなかった。ただ、この時の恨みつらみは、戦後も長いあいだ尾を引くことになる。一九四〇年という時点で、さまざまな武器の発注代金として、イギリスが四五億ドルもの大金を支払ってやったからこそ、合衆国は景気後退の泥沼から脱けだし、アメリカ経済は高度成長の軌道に乗り、おかげで戦争中ずっといい思いができたではないかとか。兵器の質は、その後なるほど改善されたけれど、一九四〇年という、生きるか死ぬかの瀬戸際に、イギリスが買わされたアメリカ製の各種装備品の質は、さすがと思わせるレベルには到底達しておらず、戦況を大きく転換させる役には立たなかったとか、一九四〇年九月に英領ヴァージン諸島の見返りとして提供された、第一次世界大戦期の老朽駆逐艦五〇隻は、大改修を経ないと、洋上任務をこなせなかったとか……。

ローズヴェルトがラジオを通じて全国民に語りかける恒例の「炉辺談話」だが、十二月三十日のテーマは、焦点の「武器貸与法」だった。大統領はイギリスを支援することがいかに正しい行為であるかを、アメリカ国民にむけて訴えた。われわれは「デモクラシーの大兵器廠」にならなければなりませんとかれは宣言した。そして、まさにそのことばの通りになったのである。一九四一年三月八日の夜、「武器貸与法」は晴れてアメリカ上院を通過した。ローズヴェルトはさらに旗幟鮮明な諸政策を次々と打ち出していった。西大西洋における「汎米州《パン＝アメリカン》安全保障ゾーン」の設定、グリーンランドへの各種軍事基地の設営、さらに定期寄港地としても空軍基地としても重要度の高いアイスランド防衛の肩代り（翌年七月初めにようやく実現）――などである。いまやイギリス海軍の艦艇は、アメリカの港湾において修理が可能（第一号の適用例は損傷を受けた英空母「イラストリアス」だった）になり、イギリス空軍のパイロットはアメリカ「陸軍航空隊」の基地で訓練を受けられるようになった。最も重要な違いのひとつは、イギリスの護送船団に対して、はるかアイスランドまで、アメリカ海軍がエスコート任務を開始したことであろう。

　こうした状況の変化にドイツ外務省がさっそく反応し、アメリカ製武器が重大な役割を発揮し始める時期（一九四二年と予想されていた）が到来する前に、イギリスは間違いなく敗北を喫するだろうと予言してみせた。ただ、ヒトラーは対ソ侵攻をめざす「バルバロッサ作戦」の方に忙殺されており、英米間の新たな動きには、ほとんど関心を示さなかった。この段階で、ヒトラーが気にしたのは、ソ連を敗北に追い込むまでは、とりあえずアメリカを無用に刺戟するのは得策でないという一点だけだった。ドイツ海軍総司令官のレーダー元帥は、Uボートの活動海域を西大西洋、それもアメリカの沿岸三カイリぎりぎりまで拡大すべきですと訴えたけれど、ヒトラーに却下されてしまった。

　チャーチルは後年、Uボートの脅威に触れ、大戦中、自分の心胆を寒からしめた唯一の問題こそ、

Uボートによる海上封鎖だったと吐露している。一時は、それが必要ならば、中立国アイルランド南部の港湾都市を力ずくで確保し、臨時陸揚げ港に流用する案まで検討されたという。イギリス海軍は当時、船団護衛用の艦艇が悲しいくらい不足していた。武運に恵まれなかったノルウェー作戦で大きなダメージをこうむったうえに、残存する駆逐艦はすべて、ドイツの侵攻（いわゆる「東海岸の猛威」）に備えて、英本土の周辺海域に留めおかれていたからだ。この間、ドイツのUボートは北海で哨戒任務にあたったり、沿海航路を行き来する船舶を襲ったり、機雷を敷設したりしていた。おかげで中立国の船を魚雷で沈めても、運悪く機雷にたまたま触れたのだろうと強弁することができた。

一九四〇年の秋以降、ドイツのUボート艦隊は、ついに連合国の外洋ルートにまで大規模攻撃を加えるようになった。かれらはフランスの大西洋岸に基地を置いていた。大戦の初期こそ魚雷の信管の不具合で作戦に支障を来していたが、やがて信管問題は解決された。一九四〇年九月には、僅か一週間で、イギリス側の船舶を二七隻も沈めるという戦果をあげ、その総トン数は一六万トンを超えた。この時期、ドイツが海に送りだした潜水艦がきわめて少数だったことを考えあわせると、その赫々《かっかく》たる戦果はいっそう衝撃的である。ドイツ海軍総司令官、レーダー元帥が実戦に投入できた外洋航行型のUボートは、一九四一年二月の時点でも、いまだ二二隻程度だったのだから。だが、ヒトラーにいくら訴えても、潜水艦建造計画は、対ソ侵攻作戦の準備に比べ、低い優先順位しか与えられなかった。

ドイツ海軍は当初、装甲艦（ポケット戦艦）と、商船破壊をもっぱらとする軽武装快速艦に大きな期待をいだいていた。南米はモンテビデオの「ラプラタ沖海戦」で、独ポケット戦艦「アトミラール・グラーフ・シュペー」を葬ったことは、イギリスの国民的士気を大いに高めたけれど、ドイツ海軍において最も成功した海上遠征は、ポケット戦艦「アトミラール・シェーア」によるものだった。大西洋とインド洋をめぐる一六一日間の航海で、同艦はじつに一七隻という驚異の戦果をあげている。だが、ほどなくして、Uボートの優位性が注目される。ポケット戦艦やその他水上艦艇（撃沈した総トン数はわずか五万七〇〇〇トン）と比べると、潜水艦の費用対効果は群を抜いていたから。最大の戦果をあげたUボートの艦長、オットー・クレッチマーは三七隻を沈め、その総トン数は「アトミラール・シェーア」の二倍を超えていた。一方、イギリス海軍の船団護衛能力の方も、アメリカの年代物の駆逐艦五〇隻の改修がようやく終わり、さらにエスコート任務に特化したコルベット艦がイギリスの造船所で続々進水し始めると、徐々に向上していった。

ドイツ海軍で潜水艦部隊を統率するカール・デーニッツ提督は自身に与えられた任務を「総トン数戦争」と位置づけていた。つまり、イギリスの建造スピードを上回る勢いで敵を沈める必要があるとの基本認識がそこにはあった。一九四〇年十月半ば、デーニッツはいわゆる「群狼戦術」を試み、以後その洗練化に努めていく。それは船団を発見したら、一〇隻ほどのUボートで、夜間に一斉に襲いかかる戦法だった。相手側の一隻に火がつくと、炎の照り返しや逆光で船影が浮かび上がるため、他の輸送船の位置も容易に把握できた。この初陣で運悪く「群狼」たちに襲われた「SC－7」船団は、じつに一七隻が沈められている。その直後、今度はハリファクスからやってきた「HX－79」船団が餌食となった。わずか四隻で、四九隻中一二隻を沈めるという快挙だった。こちらの「群狼」を率いていたのは、かつてイギリス海軍の一大拠点、スコットランドのスカパ・フロー軍港で英戦艦「ロイヤル・オーク」を撃沈し、その名を高めたUボート艦長、ギュンター・プリーンであった［第3章参照］。一九四一年二月、連合軍側の被害はふたたび急上昇を見せたが、翌三月、イギリスの護衛艦隊はようやく一矢報いることができた。かれらが葬ったUボート三隻のなかに、プリーン率いる「U－47」が含まれていたのだ。また同月には、オットー・クレッチマー艦長を「U－99」ごと確保することにも成功している。

だがドイツ側は、今度は航続距離の長い〈IX型〉Uボートを投入。これに伴い、連合軍側の損失は間もなく、ふたたび上昇を始めた。ただ夏になると、「ウルトラ」のおかげで戦局に変化が訪れ、また九月には、アメリカ海軍による船団護衛が開始され、大西洋の西半分はアメリカの艦艇がエスコートしてくれるようになった。ブレッチリー・パークの傍受・解読情報がUボート撃沈に直接関与したケースはこの段階ではきわめて稀だったけれど、護送船団の運航担当者にとって「回避ルート」を指示してもらえるだけでも大助かりだった。以後、「群狼」が集まりつつある海域は、さらりと迂回できるようになった。「ウルトラ」情報はまた、イギリス海軍情報部とイギリス空軍「沿岸軍団」にとっても有用だった。いまや、ドイツ海軍の補給や作戦実施の手順までもが、きわめて具体的かつ明瞭に把握できるようになった。

連合国とドイツが海を舞台に展開した補給戦、いわゆる「大西洋の戦い」とは、神経をすり減らす絶え間ない恐怖のなかで、退屈な海の旅が延々と続き、それが一瞬にして活気づくと、いきなり命がやりとりされるという独特のものだった。担い手のなかで最も勇敢なのは、やはり石油タンカーの乗員だろう。いわば巨大な焼夷弾に跨がって海を行くわけで、しかもそのことを当人たちは百も承知しているのだから。船長から甲板員まで、すべてのクルーは、Uボートがすでに忍び寄っているのではないかとか、魚雷を食らって、いつ何時寝台からはじき飛ばされるか分かったもんじゃないといった怯えに、二四時間つきまとわれた。そんな危険を少しでも和らげてくれるもの、それはひどい天気と荒れる海面ぐらいだった。

護送船団の日常は、湿気との付き合いに始まる。しかもつねに寒いため、ダッフルコートや丈の長い防水コートを手放せず、結果、衣類を乾かすチャンスはほとんどなかった。灰色の海につねに目を光らせ、なんとか潜望鏡を見つけようと虚しい捜索を繰り返すため、見張り員の目はヒリヒリと痛んだ。ホットココアの入ったマグカップと、コンビーフのサンドイッチだけが、唯一ホッとさせてくれる息抜きだった。護衛役の大半は駆逐艦とコルヴェット艦で、そうした軍艦の艦内では、レーダー画面を走る光の帯や、ＡＳＤＩＣ（潜水艦探知器）の探信音《ピン》、ソナーの響きが眠気を誘い、かつ恐怖心を刺戟した。ただ、精神的な緊張は商船員の方がはるかに大きかった。かれらには反撃の術《すべ》がなかったから。船団が「群狼」に襲われ、魚雷をもらったら、あとは油膜のただよう海に飛びこむだけだ。しかも引き揚げてもらえる可能性は非常に低いことを、全員が知っていた。生存者を救おうと停止すれば、今度はその船が別のＵボートに格好の餌食とされるからだ。それでもなんとか、リヴァプールのあるマージー川、あるいはグラスゴーのあるクライド川の河口域までたどり着けたら、その帰路たるや、船内の空気までが別物に感じられた。

一方、Ｕボートの乗員は、さらに不快な居住環境にいた。結露による水滴が隔壁を伝い落ち、艦内の空気は、濡れた衣服と、何日も風呂に入らぬ人体からあがる、おそろしい悪臭のせいで、つんと鼻についた。それでもかれらの士気は、戦争のこの段階では、総じて高かった。赫々《かっかく》たる戦果をあげていたし、イギリス側の対抗手段はいまだ発展途上にあったから。その方が速力も上がり、燃料消費も少なくて済むので、Ｕボートは大半の時間を浮上航行していた。最大の危険は連合軍側の飛行艇だった。それらしき機影が目に入るや否や、クラクションが鳴り響き、散々積んできた訓練手順に従って、各Ｕボートはすぐさま急速潜航に入った。とはいえ、連合軍の航空機にレーダーが全面装備されるまで、広大な海で、Ｕボートを見つける可能性など、ほんの微々たるものだったが。

一九四一年四月における連合国側の商船被害は、六八万八〇〇〇トンに達した。だが、勇気づけられる変化もいくつかあった。まずは船団に対する上空援護の範囲が拡大されたことである。ただし、航続距離の関係で、カナダ空軍からも、イギリス空軍「沿岸軍団」からも届かない北大西洋中部の空白域、いわゆる「グリーンランド・ギャップ」の問題は依然解消されなかったが。さらに、ドイツの武装トロール船の一隻がノルウェー沖で拿捕され、この船に積まれていた「エニグマ」暗号化装置二基が、その前月のセッティングのまま、確保されたのが大きかった。五月九日には、英駆逐艦「ブルドッグ」が見事、「U-110」を強制浮上させた。すぐさまイギリスの武装水兵が乗り込み、ドイツ側が破壊する前に、同艦の暗号書と「エニグマ」暗号作成・解読装置をなんとか押収することができた。それ以外の船舶、すなわち気象観測船一隻と輸送船一隻からも、貴重な鹵獲物が得られた。だがその後、Uボートがせっかく張った包囲網を護送船団がかいくぐったり、西アフリカのカボヴェルデ沖で三隻のUボートが待ち伏せ攻撃に遭ったりすると、さしものデーニッツ提督も、もしかするとわが方の暗号が読まれているのではと疑うようになった。結果、「エニグマ」をめぐる保安措置はさらにいっそう強化された。

一九四一年は、イギリス海軍にとってきわめて厳しい一年だった。「クレタ島の戦い」の期間中、地中海では艦艇の損耗が増加の一途だったし、また五月二十三日、グリーンランドとアイスランドの間でおこなわれた「デンマーク海峡海戦」では、独戦艦「ビスマルク」が放ったたった一発の砲弾で、イギリス巡洋戦艦「フッド」が大爆発に見舞われた。艦隊司令長官ギュンター・リュッチェンス大将の座乗する戦艦「ビスマルク」は当時、重巡洋艦「プリンツ・オイゲン」を従えて、バルト海方面からやってきた。この一件がロンドンに与えた衝撃は途方もなく大きかったし、この恨みは必ず晴らすとの決意も同様に強烈だった。「ビスマルク」狩りには実に一〇〇隻を超える艦艇が参加し、そのなかには英戦艦「キング・ジョージ五世」や同「ロドニー」、英空母「アーク・ロイヤル」も含まれていた。「ビスマルク」をもっぱら追尾していた英重巡洋艦「サフォーク」はうまくまかれてしまったが、五月二十六日、担当する戦艦戦隊の燃料残量が乏しくなりかけた時、飛行艇〈カタリーナ〉から「ビスマルク」発見の一報が届いた。翌日、同戦隊は攻撃を開始し、まずは荒天のなか、英空母「アーク・ロイヤル」から艦上雷撃機〈ソードフィッシュ〉が次々と発進していった。あと一歩でブレスト港に逃げ込めるかに見えたその瞬間、二本の魚雷が「ビスマルク」の操舵機を破壊した。結果、ドイツが誇る偉大な戦艦は、ただ円を描くのみとなった。おかげで「キング・ジョージ五世」と「ロドニー」の両戦艦は、「第四駆逐艦小艦隊」の護衛を受けつつ、「ビスマルク」との間合いを詰めていき、最後はその主砲による圧倒的な片舷斉射により、「ビスマルク」を完膚無きまでに叩くことができた。リュッチェンス司令長官は最後に、次のような電報を送っている。「操艦不能なるも、我、最後の一弾まで戦う覚悟なり。総統万歳」。英巡洋艦「ドーセットシャー」が介錯役に選ばれ、魚雷によって「ビスマルク」に引導をわたした。リュッチェンス大将は自沈を命じ、二二〇〇人の乗員と運命をともにした。生き残り、引き揚げられたドイツ人水兵は一一五人を数えるのみだった。

章末注

(353) フンク少将を毛嫌いするヒトラー：Gen der Artillerie Walter Warlimont, ETHINT 1

(354) ベンガジ攻撃の抑制：Adalbert von Taysen, *Tobruk 1941: Der Kampf in Nordafrika*, Freiburg, 1976, Martin Kitchen, *Rommel's Desert War: Waging World War II in North Africa, 1941-1943*, Cambridge, 2009, p.54からの引用。

(356) "アーラボ・モルト（死んだアラブ人）" など：Kitchen, *Rommel's Desert War*, p.17

(359) 「かれは終日」：Halder, *Kriegstagebuch*, vo.ii, 23.4.41, p.381, *ibid.*, p.100からの引用。

(359) 「パウルスを置いてほかにおるまい」：Halder, *Kriegstagebuch*, vo.ii, 23.4.41, p.385

(360) 「最大の難問」：*ibid.*, p.412

(362) 「戦争は奇っ怪な様相を」：Richthofen KTB, 19.5.41, BA-MA N671/2/7/9, p.100

(364) 「史上空前の大戦車戦」：Gefr. Wolfgang H., 15.Pz.Div., 21.6.41, BfZ-SS 17 338

(365) ローズヴェルトとマーシャル：（参考）Andrew

Roberts, *Masters and Commanders: How Roosevelt, Churchill, Marshall and Alanbrooke Won the War in the West*, London, 2008, pp. 24-34

(366)「建設的で、非交戦的ながら、断固たる態度」：Churchill to FDR, Winston Churchill, *The Second World War*, vol.ii, p.498からの引用。〔チャーチル『第二次世界大戦』全四巻、佐藤亮一訳、河出文庫〕

(367)「高貴なる行動」：*ibid.*, p.503

(368)「武器貸与法」がらみのアメリカ側の諸要求：Hastings, *Finest Years*, pp.171-4

(369)「武器貸与法」に対するドイツ側の反応：*DGFP*, Series D, vol. xii, no.146, 10.3.41, pp.258-9

(370)一九四一年二月時点で運用可能だったUボートの数：*GSWW*, vol.ii, p.343

(371)独ポケット戦艦「アドミラール・シェーア」：*GSWW*, vol.ii, p.343

第12章

「バルバロッサ作戦」

一九四一年四月〜九月

一九四一年春、ヒトラーのユーゴ侵攻がごく短期間に成功を収めたことを受けて、スターリンはある種の保険をかけておこうと決めた。そして四月十三日、ソ連は日本と期間五年の「中立条約」を結ぶとともに、日本の傀儡政権である「満洲国」を承認した。蔣介石にとって、「日ソ中立条約」の締結は、「独ソ不可侵条約」このかた恐れていた事態のなかでも最悪のものだった。蔣介石は一九四〇年以来、二股外交を試みてきた。日本との和平を模索するポーズを見せることで、ソ連が対中支援をふたたび増加させるよう誘導し、それによりモスクワと東京の関係をぎくしゃくさせるという思惑が背後にあった。ただ、そうした対日宥和姿勢は、あくまでポーズでしかない。実際、日本政府となんらかの和平協定を結べば、それは悍《おぞ》ましくも怯懦《きょうだ》な売国行為と見なされ、中国民衆を指導する権利を、毛沢東と共産党に譲りわたす結果になることは、蔣介石とて十分分かっていた。

一九四〇年九月、「日独伊三国同盟」が成立したあと、蔣介石はスターリン同様、日本がアメリカ合衆国と交戦状態に入る可能性がこれで高まったと判断し、そうした芽が出てきたことに、大いに勇気づけられた。蔣介石が今後生き残れるかどうかは、いまやアメリカ次第であった。ただ、蔣介石自身は、ソ連もまた最終的には反ファシズム陣営に加わるとの感触を得ていた。世界はこののち、敵か味方かといった、より単純な図式に移行するというのが蔣介石の大局観だった。現在の三極構造は、最終的には二極構造へと整理されていくに違いないと。

ソ連も日本も、互いを蛇蝎《だかつ》のごとく嫌っていたが、裏口を固めておきたいという心理では共通していた。一九四一年四月、「日ソ中立条約」の調印が済んだあと、スターリンはモスクワのヤロスラヴリ駅までみずから足を運び、帰国する松岡洋右外相を見送った。松岡はソ連指導者による、下にも置かぬ歓待のあとだったため、いまだにアルコールが抜け切れていなかった。次いでスターリンは、ホームの群衆のなかに、ドイツの駐在武官、ハンス・クレープス大佐（こののち一九四五年、ナチ・ドイツ最後の陸軍参謀総長をつとめることになる）の姿を目ざとく見つけると、クレープスの背中を勢いよく叩いて驚かせた。「たとえなにが起ころうと、われわれはつねに友人であらねばならない」とスターリンはいった。声の調子はまことに快活だったが、その顔つきは緊張し、具合が悪そうで、クレープスはちぐはぐな印象を受けた。「その点については、私も全く同感です」。突然の衝撃からなんとか立ち直り、クレープスはそう切り返した。ドイツが現在、対ソ侵攻を準備中と、このスターリンがいまだに気づいていないとは、どうしても信じられなかった。

一方、ヒトラーはまさに至高の確信に包まれていた。ロシアを決して攻めてはならないというビスマルク流の教訓や、二正面作戦を戦うことがいかに危険な試みかという通説も、このさい一切無視することにした。今回のロシア侵攻こそまさに、イギリスに条件付き降伏を呑ませる最も確実な手段なのだ――ヒトラーはそう宣言し、「ユダヤ・ボリシェヴィズム」の粉砕というかれの年来の野望を正当化してみせた。まずはソ連を打ち破る、すると日本の存在によって、アメリカの注意は太平洋へとむかう、そしてヨーロッパへの注意は散漫にならざるを得なくなるというわけだ。ただ、ナチ党の指導部にとって、今回の戦いにおける最大の目的は、ソ連の石油と食料の確保にあった。これを獲得できれば、ドイツは無敵になるとかれらは信じていた。わがドイツ国防軍がソ連の穀倉地帯をその支配下に置くことができれば、とドイツ食糧省のヘルベルト・バッケ次官が作成した「飢餓計画」はいう。おもに都市部において、三〇〇〇万のソ連人を餓死に追い込むことが可能になると。

バッケ次官のこのきわめて過激な計画に対し、ヒトラー、ゲーリング、そしてヒムラーは興奮し、飛びついた。この計画は、深刻になりつつあるドイツの食料問題に劇的な解決策を提示していたし、スラブ民族と「ユダヤ・ボリシェヴィズム」と戦うイデオロギー戦争においても、それは強力な武器たり得るからだった。ドイツ国防軍もこの計画を了承した。三〇〇万人の兵員と六〇万頭の軍馬の食い扶持を現地調達で賄うことができれば、十分とはいえない鉄道輸送に頼って、遠い戦場に補給をおこなう困難さが、その分だけ軽減されるからだ。ソ連人捕虜を組織的に餓死させることも、この方針は当然ながら想定していた。かくして、ドイツ国防軍もまた、いまだ弾を一発も撃たないうちから、この〝民族絶滅戦争〟の積極的参加者となったのである。

一九四一年五月四日、ヒトラーはルドルフ・ヘス副総統、ゲーリング帝国元帥を傍らに従え、国会演説に臨むと、国家社会主義を掲げるわがドイツは今後「千年は続く」と宣言した。六日後の夜、ヘス副総統はベルリンの誰にも告げず、〈メッサーシュミット110〉の操縦桿を握ると、飛び立っていった。満月の月明かりを頼りにスコットランドまで飛行すると、落下傘を背負って乗機を脱出したが、着地のさい足首を捻挫してしまった。ヘスは占星術師のことばを信じた。そして、自分がやれば、イギリスとの和平は可能だと思いこんでいた。やや錯乱状態のなかでの行為だったけれど、ヘス副総統は明らかに、リッベントロップ外相と同様、今回のソ連侵攻は壊滅的結果に終わる可能性が高いと感じたのだろう。ただ、このたったひとりの和平使節団は、どう転ぼうと、その先に待っているのは、恥ずべき不名誉でしかなかったのだが。

まるでヘスの到着にタイミングを合わせたように、ロンドン大空襲のなかでも最も苛烈とされる空爆のひとつが、じつはその夜、実施されていたのである。ヘスと同じく、ドイツ空軍も「爆撃にもってこいの満月」を利用して、イングランド北東部の港湾都市ハルと首都ロンドンに襲いかかり、ウェストミンスター教会堂、イギリス下院、大英博物館、数え切れないほどの病院、金融街シティ、ロンドン塔や波止場などに打撃を与えていった。焼夷弾のせいで二二〇〇カ所で大規模な火災が発生し、この夜犠牲となった民間人は、死者四万人、重傷者四万六〇〇〇人を数えた。

ヘス副総統の突飛な行動は、ロンドンを戸惑わせ、ベルリンを狼狽させ、モスクワに深い疑念をいだかせた。イギリス政府はしかし、この事件の対処法にしくじってしまう。今回の一件は、ヒトラーによる和平提案の試みだったが、わが政府はこれを完全に拒否したと、真顔で発表しておけば良かったのだ。だが、そうしなかったため、スターリンはむしろ正反対の方向に確信を深めてしまった。ヘスの搭乗機は、イギリスの「秘密情報部（ＳＩＳ）」、いわゆる「ＭＩ６」によって誘導されていたに違いない。チャーチルは、ソ連を攻撃するよう、しきりとヒトラーに働きかけているに違いない。つまり、私がかねてからいだいていた疑念が、今回の事件によって、ここに端なくも裏書きされ、要するに、反ボリシェヴィキの頭目、ウィンストン・チャーチルが、ヒトラーを抱き込もうと、間違いなく必死の工作をおこなっているのだ――というのが、スターリンの下した結論だった。現実には、ドイツはいよいよ対ソ侵攻の準備にのめり込み、イギリス側はソ連に対し、そのむね順次警告を発してきたのだが、スターリンはそんな戯言、「イギリス得意のささやき戦術」にすぎないと一蹴してしまった。一方、ソ連の自前の情報機関も、同内容の警告を、しかもより具体的に、上部機関に上げていた。しかしスターリンは、海外在住の要員など、みな外国かぶれにすぎないとの理由で、ろくに内容も吟味せず、こちらも事実上門前払いの扱いだった。

その年の初め、ヒトラーから送られてきた親書には、ドイツ軍の西方移動はただたんに、英爆撃機の航続距離の外側に部隊を置くための措置にすぎないとあり、スターリンはその説明に納得していた。「GRU（ソ連参謀本部情報総局）」のトップには当時、経験に乏しいフィリップ・イヴァノヴィッチ・ゴリコフ中将が就いていたが、かれもまた、イギリス討伐が一段落するまで、ヒトラーがソ連を攻撃することは、まずあり得ないと信じていた。そのため、ドイツ軍の意図をめぐる情報が「GRU」に上がってきても、ゴリコフ局長はそれを、ジューコフ参謀総長やヴォロシーロフの後任であるティモシェンコ国防人民委員（国防相）にあえて伝達しようとはしなかった。ただ、ジューコフも、ティモシェンコも、ドイツ国防軍の増強が著しいことには、当然ながら気づいていた。非常時を想定した五月十五日付けの計画文書によると、いっそこちらから先制攻撃を仕かけて、ドイツ側の準備作業を混乱に陥れるという策はどうかといった議論もなされている。しかも、万一の場合に備えて、八〇万人の予備役兵に追加動員をかけ、ソ連の西方国境沿いにほぼ三〇個師団を配置するというこの計画案には、すでにスターリン自身の同意まで取り付けてあった。

そのことをもって、修正主義的立場をとる一部の歴史家は、実際にはソ連の方がドイツに対する攻撃を企図しており、ヒトラーは結果的にソ連侵攻に踏み切らざるを得なかったのだと、その行動を正当化しようとしている。だが、当時の赤軍の実態を見るならば、一九四一年の夏という時点において、ソ連軍は大規模攻勢をおこなえる状況にはなかったし、いずれにしろソ連侵攻というヒトラーの決断は、この時点よりもっとずっと早い時期に下されていた。ただその一方で、フランスが案外あっさり負けたことに警戒心を募らせたスターリンが、一九四一年冬の時点、もしくは赤軍が訓練・装備の両面でより力をつけるはずの一九四二年なら特に、先制攻撃による侵攻阻止に出た可能性は、排除できないと思われる。

ドイツ軍侵攻の危険性を裏書きするような情報が、次から次へと届きはじめていた。だが、スターリンは、かれの手駒のなかでも最も優秀な工作員、リヒャルト・ゾルゲが駐日ドイツ大使館から送ってきた警告さえも、はねつけてしまった。在ベルリンのソ連大使館付き武官はすでに、ドイツ軍が一四〇個師団をソ連の国境沿いに展開していることを摑んでいたし、駐独ソ連大使館は、その事実をしめす傍証まで得ていた。一種のロシア語会話用例集の校正刷りで、これがあれば、ドイツ兵はいざという時、「手を挙げろ!」「きさまは共産党員か?」「撃つぞ!」「集団農場の責任者はどこだ?」などという会話を現地語でこなせるはずだった。

なかでも極めつけは、在モスクワ・ドイツ大使館のトップ、伯爵でもあるフリードリヒ・フォン・デア・シュレンブルク駐ソ大使自身による警告だった。同大使はこののち、一九四四年七月二十日の「ヒトラー暗殺未遂事件」に関与したことで処刑されるほどの反ナチ的な人物である。だが、そんなシュレンブルクの警告を聞いても、スターリンは信じようとはせず、逆に大声をあげて怒りだした。「敵の情報攪乱はついに大使レベルまで及んだか!」と。さらに自分自身にこう言い聞かせる始末だった。おそらくドイツは、新たな条約案をすでに用意し、こちらにさらなる譲歩を迫ろうとしているのだ、そうだ、そうに違いないと。

権謀術数を旨とするドイツ外交術において、誠心誠意が身上のシュレンブルク大使は、唯一例外的な存在だったというのがなんとも皮肉である。存在そのものが嫌味なリッベントロップ外相でさえ、必要とあれば手練手管はお手のもので、スターリンのチャーチルに対する猜疑心を巧みに突いてみせるのに。おかげで、イギリス側が「バルバロッサ作戦」についていくら警告しても、スターリンには逆効果しか生まなかった。たとえば、ソ連とフィンランドが「冬戦争」を戦った折り、リッベントロップはスターリンにそっと耳打ちした。じつは連合軍にバクー油田を空爆する計画があるそうですよと。またソ連軍が一九四〇年六月、ルーマニアのベッサラビアを占領すると、かれは国王カロル二世に囁いた。陛下、ここは臥薪嘗胆、我慢のしどころですぞと。かくしてルーマニアは、ヒトラーにまんまとからめ取られてしまったのである。

スターリンによる対ヒトラー宥和政策はその後も続いた。東南アジアで調達された食料や燃料、綿花や各種の金属、ゴムなどがイギリスによる封鎖をかいくぐり、ドイツ側に渡るケースがますます増えていった。「独ソ不可侵条約」が機能していた期間中、二万六〇〇〇トンのクロム(合金製造に必須)、一四万トンのマンガン、二〇〇万トンを超える石油が、ソ連からドイツ側に供給されたほどである。ドイツが攻めてくるとの警告は、八〇件をかなり上回る数、実際にはたぶん一〇〇件を超える数だけ届いていたけれど、スターリンはむしろ「わが国の北西国境方面(すなわちバルト三国)の安全保障問題」により多くの懸念をいだいていたように思われる。六月十四日の夜、六万人のエストニア人、三万四〇〇〇人のラトヴィア人、三万八〇〇〇人のリトアニア人がソ連内陸部の奥地に設けられた収容所にむけ、家畜運搬車で強制移送された。ドイツによるソ連侵攻の一週間前のことである。そして最後の一週間、ドイツの艦船がソ連の港湾をあたふたと出航し、ドイツ大使館の館員が撤収を始めても、スターリンはドイツが攻めてくるという話に、いまだ確信を持てずにいた。

「これはある種の間引き戦争なのだ」とヒトラーは三月三十日、麾下の将軍たちに告げている。「指揮官たるもの、良心の呵責に拘泥しない覚悟が必要である」と。当時、上級将校が唯一気にかけていたのは、軍の規律に悪影響が及ぶことだけだった。軍幹部の多くは、ナチ党やその職員たちに嫌悪感をいだいていたが、本音では、反スラブにしろ、反共にしろ、反ユダヤにしろ、ナチのイデオロギーそのものに、なんらの異存もなかった。飢餓を、戦争の道具に使うのだとかれらは告げられた。ソ連市民のうち、飢えによって命を落とすものは三〇〇〇万人にのぼると推計された。結果、ソ連の人口の一定数は整理され、ドイツによって植民化された「エデンの園」には、奴隷として使役するに足るだけの人間が残るはずだと。ヒトラーの夢、すなわち東方にドイツ民族の〝レーベンスラウム（生存圏）〟を建設するという構想は、いまや手を延ばせば届くところまで来たように思われた。

六月六日には、ドイツ国防軍の悪名高き「コミッサール指令」が出ている。この指令には「捕虜の扱いにかんするジュネーブ条約」等々、いかなる国際条約の遵守も等閑視すべしと具体的に述べられていた。同指令とその関連規定は、ソ連の〝ポリトルーク（政治指導員）〟、すなわち軍内部の政治将校やソ連共産党の正規党員、ならびに破壊分子、男性ユダヤ人は、すべからくパルチザンと見なし、残らず射殺すべしと要求していた。

「OKW（ドイツ国防軍最高司令部）」は六月二十日の夜間、暗号命令「ドルトムント」を発信した。同司令部の戦争日誌には「而して、攻撃開始は六月二十二日をもって、一斉に発令されるものとす。命令は各軍集団に転送される」とある。偉大な瞬間の到来にむけて昂揚感に包まれながら、ヒトラーは東プロイセンのラステンブルク（現ポーランド領ケントシン）付近に設営された新たな総統大本営「ヴォルフスシャンツェ（狼の巣）」に移動すべく、旅立ちの準備に入った。これによりソ連赤軍もソ連の統治システムも、たちまち崩壊へと至るだろうとヒトラーは確信した。「われわれがやるべきは、ただドアを蹴破ること、それだけである。さすれば、腐った建物は丸ごと倒壊し果てるだろう」とヒトラーは司令官たちに訓示した。

一方、東部国境付近にいる、より思慮深い将校たちは、心密かに疑念をいだいていた。なかにはナポレオンの腹心だったアルマン・ド・コーランクール将軍の回想録、特にモスクワにむけた進軍と悲惨きわまる撤退戦の部分を再読するものもいた。「第一次世界大戦」でロシア軍と戦った経験のある、より年配の将校や兵士たちもまた、心穏やかではいられなかった。だが、ポーランド、スカンディナヴィア半島、ベネルクス三国、フランス、バルカン半島と、ドイツ国防軍がなし遂げた破竹の征服行を見てきたため、大半のドイツ兵は、わが軍は無敵だと信じていた。将校たちは部下を前に訓示した。われわれはいま「空前の大攻勢の前夜」にいる。ほぼ三〇〇万のドイツ兵が、まもなくフィンランド兵、ルーマニア兵、ハンガリー兵、最終的にはイタリア兵の支援を受けつつ、ボリシェヴィズム打倒の聖戦に立ち上がるのだと。

カバノキやモミノキの森が戦闘部隊だけでなく、各種車輌の駐車場、テント張りの司令部、信号連隊を隠していた。将校たちは部下に対し、今後なすべき行動を手短に伝えた。ほんの三週間か四週間もあれば、ソ連赤軍など粉砕できるはずだと、多くの兵士が自分に言い聞かせた。「あすの早朝」と山岳師団に所属するある兵士は書いている。「ぼくたちは、神のご加護を得て、死すべき敵ボリシェヴィズムを打倒するため、出撃いたします。なにか胸のつかえがおりたような気分です。このどっちつかずの想いが晴れて、ついに自分の居どころが見つかったからです。ぼくはひどく楽観的です……そしてぼくらが、ウラル山脈までのすべての土地とすべての原材料を獲得できたら、ヨーロッパはその時、自給自足がかなない、海の戦さだって、いつまでも続けられると確信しています」。武装親衛隊の「ダス・ライヒ」師団に所属する信号下士官の想いは、さらに大きかった。「ロシアの打倒は、フランスの打倒と大同小異というのが私の確信です。八月には休暇がもらえるとの期待もまた、現実となるでしょう」

夏至を間近に控えたこの時期、ちょうど日付が変わるころに、先陣をつとめるべき各部隊は、それぞれの目標である敵陣地にむけ前進を開始した。ちょうど同じころ、ソ連からの荷を積んだ最後の貨物列車が、ドイツにむけて通りすぎていった。エンジンをかけると、出撃準備を整えた装甲車輌の暗いシルエットから、排気ガスの煙が上がった。砲兵連隊は迷彩用のネットを外すと、それぞれの火砲を牽引して、秘匿された砲弾の山の近く、おのおのの射撃位置へと移動した。ブーク川の西岸に沿って、ゴム製の大型強襲用ボートが沼地の端まで引っ張られていき、対岸の「ＮＫＶＤ（ソ連内務人民委員部）」の国境守備隊に聞かれぬよう、男たちは囁くような声で言葉を交わした。川の対岸には巨大なブレスト＝リトフスク要塞が聳えていた。道路にはすでに砂がまかれており、ドイツ軍の膝まである長靴で歩いても、音を立てることはなかった。気温がやや低めの、晴れた朝だった。草地には露が下りていた。男たちは本能的に、妻や子供、恋人や両親へと想いを馳せた。国の家族たちはみな、自宅で安らかに眠っており、こんな力押しの企てがいままさに始まらんとしているとは、夢にも思わなかっただろう。

六月二十一日の夕刻、スターリンはクレムリンにあって、苛立ちを募らせていた。「ＮＫＶＤ」副部長が、前日の「ソ連邦に対する領空侵犯は少なくとも三九回を数えました」と報告したばかりである。自軍の攻撃を知らせるため、前線を横切ってやってきたドイツの脱走兵（元共産党員だという）の話を聞くと、スターリンは、偽情報をまき散らす輩は即刻射殺せよと命じた。徐々に絶望の色を深める将軍たちに対し、スターリンが許したことは、モスクワ周辺の各高射砲中隊に待機を命じることと、国境沿いの戦区を担当する指揮官たちに、有事に備えよと警告指令を出すことぐらいだった。しかもそこには、たとえ撃たれても、撃ち返すことはまかりならぬとの縛りがかけられていた。たとえなんらかの攻撃があったにしても、それがあのヒトラーの命じたものであるはずがない――スターリンはそうした思いに凝り固まっていた。おそらくそれは、ドイツの将軍が勝手にやった〝挑発行為〟にすぎないと。

スターリンはいつになく早い時間に睡眠を取らんと、モスクワ郊外の別邸《ダーチャ》へと下がった。そこに○四四五時（午前四時四五分）、ジューコフから電話がかかってきて、スターリンを起こしてほしいと強く求めた。ソ連海軍の基地があるセヴァストポリ軍港やその他の地域が、いま現在、ドイツ軍に空爆されているという報告が届いたのだ。電話口に出たスターリンはしばらく無言で、ただ荒い息だけが聞こえた。ようやく口を開き、ジューコフに告げたのは、火砲による応戦はまかりならぬという指示だった。その後、政治局会議が招集された。

○五四五時（午前五時四五分）に、クレムリンで会議が始まった。だがスターリンは、ヒトラーが今回の攻撃を承知しているはずがない――の一点張りだった。ドイツのシュレンブルク大使を呼びだすよう命じられたモロトフ外相が実際に当人に会ってみると、大使は言った。独ソ両国はいまや交戦状態にありますと。以前からそう警告してきたシュレンブルクからすれば、ソ連側がいまさら驚愕していることのほうが、むしろ驚きだった。動揺するモロトフは、とりあえずスターリンに伝えるため、会議室に戻っていった。その後、押し殺したような沈黙が続いた。

六月二十二日の未明、東ヨーロッパのバルト海から黒海まで、長く連なる帯状の地域のすぐ手前で、数万人のドイツ人将校が同じ動作をおこなった。シェード付きの懐中電灯で、事前に時間を合わせておいた腕時計を照らし、現在時刻を確認したのだ。そしてまさに、一刻の狂いもなく、後方に航空機のエンジン音が聞こえた。待機中のドイツ兵が夜空を見上げると、そこには頭上をびっしりと埋め尽くすドイツ空軍の飛行隊がいて、広大な東方の地平線を照らす夜明けの光にむかって、流れるように飛んでいった。

ドイツ時間○三一五時（午前三時一五分／モスクワ時間午前四時一五分）、重砲が火を噴いた。独ソ戦の初日にあたるこの日、ドイツ国防軍は総延長一八〇〇キロメートルにおよぶ前線一帯で、敵の防衛ラインをやすやすと粉砕した。国境を警備する兵士はいまだ下着姿のままで撃たれ、兵士の家族たちも砲撃によって、兵舎のなかで殺された。「朝の時間帯がすぎていくなか」と「ＯＫＷ（ドイツ国防軍最高司令部）」の戦争日誌は記している。「すべての戦域において、奇襲が実現されたとの感が深まった」と。わが正面の橋梁はすべて無傷で確保されたとの報告が、各軍司令部から続々と寄せられた。先陣をつとめる装甲部隊はわずか数時間で、ソ連側の物資集積所はおろか、さらにその先まで進出していた。

ソ連赤軍はほぼ完璧な不意打ちを食らってしまった。ドイツ軍の侵攻に先立つこの数ヵ月間、ソ連指導部は旧国境線の内側に敷かれた「スターリン・ライン」から兵を懸命に前進させ、「独ソ不可侵条約」の秘密議定書にあるラインに沿って、前方守備態勢を築こうとした。だが、ジューコフの精力的な努力にもかかわらず、新たな陣地についてはは準備不足が目立ち、重火器を備えた陣地は半分もなかった。各砲兵連隊は、トラクターにも事欠く始末だった。収穫期の援農支援のため、それらは出払っていたのだ。ソ連の航空部隊は、いまだ地上で雁首を並べているところを襲われた。六六ヵ所の飛行場を狙った、ドイツ空軍による先制攻撃の格好の餌食とされたのだ。およそ一八〇〇機の戦闘機、爆撃機が開戦初日に、それも大半は地上で、撃破されたと言われている。対するドイツ空軍がこの日失ったのはわずかに三五機だった。

ヒトラーがポーランドとフランスを相手に、目も覚めるような短期集中決戦をおこなったというのに、ソ連の防衛計画は依然として、双方の主力が激突するまでに一〇日ないし一五日はかかるとの想定をもとにつくられていた。しかも当初、スターリンが反撃を拒み、かつまたドイツ国防軍が無慈悲な戦いを演じたため、ソ連側には時間的余裕が全くなくなってしまった。ドイツ「第八〇〇連隊」か

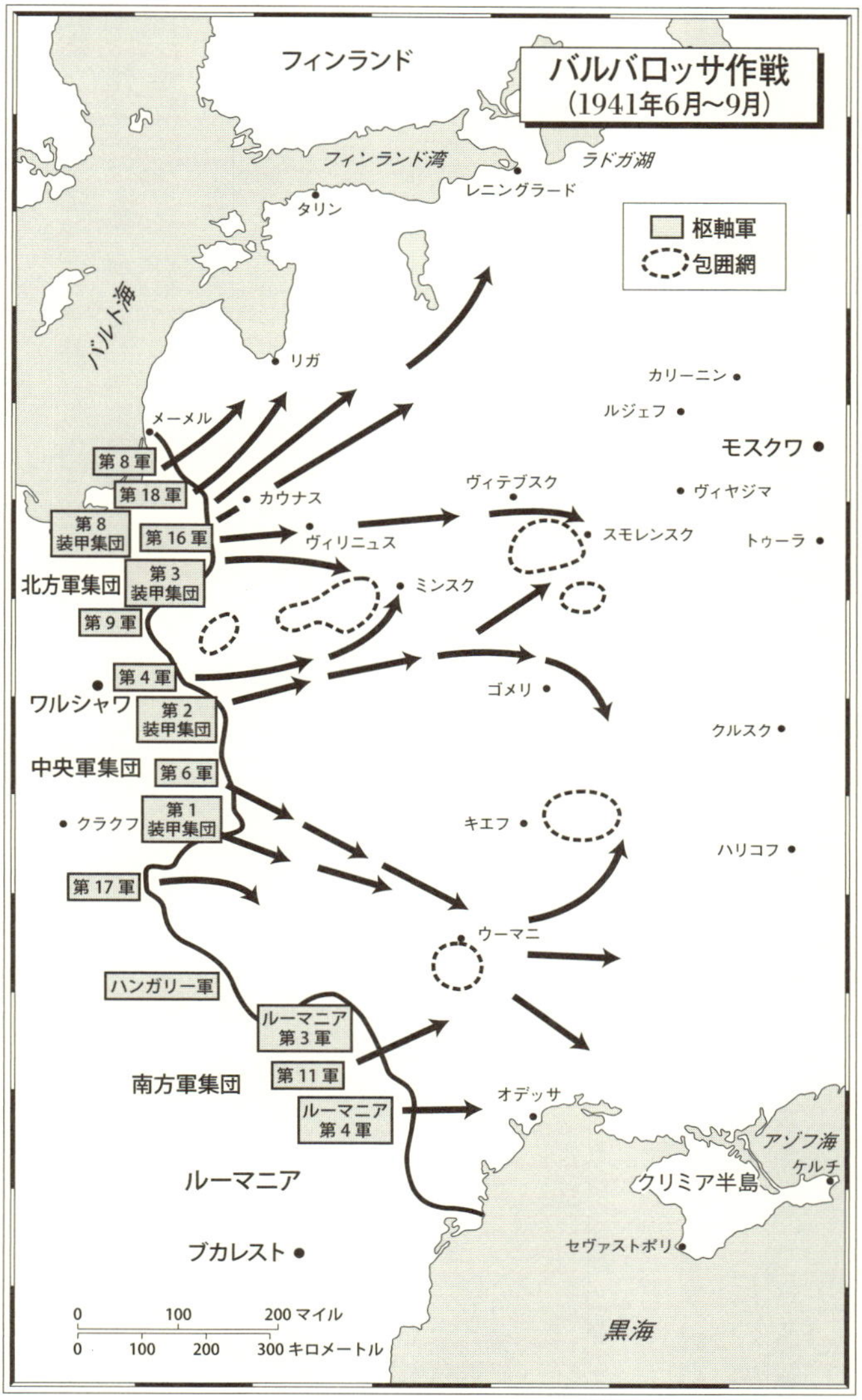

バルバロッサ作戦
（1941年6月〜9月）
フィンランド
フィンランド湾
ラドガ湖
レニングラード
タリン
枢軸軍
包囲網
バルト海
リガ
カリーニン
ルジェフ
メーメル
モスクワ
第8軍
第18軍
カウナス
ヴィテブスク
ヴィヤジマ
第8
装甲集団
第16軍
ヴィリニュス
スモレンスク
トゥーラ
第3
装甲集団
北方軍集団
ミンスク
第9軍
第4軍
ワルシャワ
ゴメリ
第2
装甲集団
クルスク
中央軍集団
第6軍
第1
装甲集団
クラクフ
キエフ
ハリコフ
第17軍
ウーマニ
ハンガリー軍
ルーマニア
第3軍
第11軍
南方軍集団
オデッサ
ルーマニア
第4軍
アゾフ海
ケルチ
ルーマニア
クリミア半島
セヴァストポリ
ブカレスト
0
100
200 マイル
0
100
200
300 キロメートル
黒海

ら抽出された特殊部隊「ブランデンブルガー」は、攻撃開始前にすでに敵地に浸透するか、あるいはパラシュート降下によって各地の橋梁を確保し、電話線を切断していた。南部では、ウクライナ人の民族主義者までが投入され、各所で混乱をつくりだした。かれらは民衆を扇動して回った。ウクライナの民よ、いまこそソ連の主人に背いて、一斉蜂起に参加せよと。これら諸々のせいで、ソ連の司令官たちはみな、なにが起きているのか現状把握もままならず、命令を発することも、上官と意思疎通をはかることもできなかった。

騎士《リッター》の称号をもつヴィルヘルム・フォン・レープ元帥が率いるドイツ「北方軍集団」は、東プロイセンから打って出ると、バルト三国に次々と襲いかかり、さらにレニングラードを目指して前進を続けた。この進軍を大いに助けたのは、ソ連軍の茶色の軍服を着込んだ特殊部隊「ブランデンブルガー」の面々だった。六月二十六日、かれらはドヴィナ川にかかる一対の鉄道・道路併用橋を確保した。同軍集団にあって「第五六装甲軍団」を率いるフォン・マンシュタイン将軍などは、一日当たり八〇キロメートル近くも前進しており、五日間でもう目標の行程の半分まで来てしまった。こうした「驀進こそ」まさに、とマンシュタインはのちに書いている。「戦車指揮官の夢の実現である」と。

プリピャチ沼沢地の北部一帯では、フェドーア・フォン・ボック元帥率いるドイツ「中央軍集団」が白ロシア内を猛然と進みつつあった。ボック元帥はグデーリアン上級大将の「第二装甲集団」とヘルマン・ホート上級大将の「第三装甲集団」を投入。ほどなくミンスク付近で大規模な包囲戦を展開した。ソ連側で唯一、激しい抵抗を見せたのは、国境地帯に築かれた巨大なブレスト＝リトフスク要塞のみだった。オーストリア「第四五歩兵師団」はここで、フランス遠征の全行程を上回るほどの犠牲を出した。頑強な守備兵を除去すべく、火炎放射器や催涙ガス、手榴弾で武装した強襲部隊が入れ替わり立ち替わり突撃を繰り返した結果である。生き残ったソ連の守備隊員は、のどの渇きや医薬品不足ものかは、負傷するか、あるいは弾薬が尽きるまで、じつに三週間にわたって戦いつづけた。それは想像を絶するほどの勇気の発露であった。だがしかし、終戦の年の一九四五年、ドイツの捕虜収容所からようやく故郷に帰り着いたかれらを待っていたのは、強制収容所送りだった。降伏という行為そのものが、国家反逆罪を構成すると、スターリンが決定したからである。

「NKVD」所属の各国境守備隊は、不意を突かれなかった場合は必死の反撃をおこなっている。だが、ソ連赤軍の場合は、パニックに駆られた部下が勝手に持ち場を離れてしまうケースがあまりに多く、将校たちは有効な手立てを講じられなかった。通信状態が悪いため、指揮官は上級からの指示が得られなかったり、あるいは戦場の現実とかけ離れた反撃命令を受けるなどして、立ち往生してしまった。かつて赤軍を席巻した「大粛清」のせいで、大規模部隊を動かした経験を全く持たない将校が、いまや師団長や軍団長をつとめており、しかも密告や告発、「NKVD」による逮捕を恐れるあまり、状況にしたがって臨機応変に判断をくだす気風までが廃れていた。最も勇敢な指揮官でさえ、グリーンの襟章と顎紐が特徴的な「NKVD」将校が、いきなり本部や司令部に姿を見せれば、恐怖のあまりガタガタ震え、冷や汗をかくしかなかった。対するドイツ陸軍は、いったん下級将校に仕事を任せれば、あとは各人がそれぞれ最善を尽くすものと信頼する、「訓令戦術《アウフトラークスタクティク》」と呼ばれるシステムが確立しており、結果、独ソ両軍の部隊運用には、雲泥の差があった。

フォン・ルントシュテット元帥の率いるドイツ「南方軍集団」はウクライナへと兵をすすめた。ほどなく、ソ連からベッサラビアを奪還せんとするルーマニア軍二個軍が助太刀にやってきた。同国の独裁者にして最高司令官でもあるイオン・アントネスク元帥は十日前、ヒトラーにこう確約した。「もちろん、私は開戦の劈頭からそこにいる。スラブ民族を相手の戦いにかんし、あなた方はいつでもルーマニア人を頼りにしていい」

スターリンは今回の侵略にかんする演説原稿をまとめあげ、正午にラジオでこれを読み上げるようにと、モロトフ外相に手渡した。演説内容は街頭の拡声器をつうじて、道行く人々にも伝達された。モロトフはいささか覇気に欠ける口調で最後にこう宣言した。「われらが大義こそが正当であり、敵は粉砕され、勝利はわれらのものとなろう」と。およそ国民を鼓舞するような調子ではなかったけれど、人々は総じて、わが祖国を侵略する輩に、怒りの声をあげていた。徴兵センターにはたちまち夥しい人々が列をつくった。ただ、およそ整然とは呼べないような別の列も、すでにあちこちにできていた。商店には缶詰や乾物を競って求める人の列、そして銀行には、預金を引き下ろそうとする人の列があった。

そこにはまた、ある種安堵の空気も見てとれた。相手が卑怯なふるまいに出てくれたおかげで、ソ連邦はナチ・ドイツとの不自然な同盟関係からみずからを解き放つことができたのだ。若き物理学者アンドレイ・サハロフはこのあと、ドイツ空軍によるモスクワ空爆の最中、防空壕でおばから声をかけられている。「ここ何年かで初めて」とサハロフ青年のおばは言った。「自分は改めてロシア人なのだと感じているよ」と。これと似たような安堵感はまた、ベルリンにおいても口にされていた。ついにようやく「真の敵」と戦える日がやってきたのだと。

「赤色空軍」の戦闘機連隊というのは、経験に乏しいパイロットが、時代遅れの機体におさまっているだけの代物だった。当然、ドイツ空軍を相手に、まともにやりあえる訳がない。ドイツ軍のエース・パイロットたちはたちまち恐ろしいほどの撃墜数を積みあげていった。まさに赤子の手をひねるほど簡単な戦いなので、やがて「嬰児殺し」と呼ばれるようになった。対するソ連側の戦闘機乗りは、敵と遭遇する前から心理的に負けていた。ただ、なるほど多くのパイロットが交戦を避けたけれど、なんとしても復讐したいという気分も同時に高まっていった。そしてごく一握りの、最も勇敢なものたちは、チャンスと見れば、そのままドイツ機に体当たりを食らわせた。敵機のうしろを取って、相手を撃墜する機会などほとんど皆無であることは、誰もがみな知っていたから。

作家で戦争特派員をつとめるヴァシリー・グロースマンは、白ロシアはゴメリ付近の飛行場で、とある戦闘機連隊の所属機が帰投するさまを取材した。その時の様子を、グロースマンはこう描写している。「ドイツ軍の車列に対する攻撃を成功させた戦闘機たちが戻ってきて、着陸した。隊長の機体にはラジエーターの所に、人体の切れ端がへばり着いていた。僚機が弾薬を積んだトラックに激突し、隊長機がその上空を通過したまさにその瞬間、爆発が起きたのだ。ポッペ隊長が手近なやすりでその断片をすくい上げた。検分のため呼ばれた軍医は、その血まみれの塊を子細に調べたあと、『アーリヤ人の肉だな！』と所見を述べたため、全員が大笑いした。そう、慈悲の心とはいっさい無縁の〝鋼の時代〟が到来したのである」

「ロシア人というのは全くしぶとい連中です」とあるドイツ兵は書いている。「われわれはほとんど捕虜を取らず、かわりに全員を射殺していました」と。ドイツ兵のなかには行軍の途中、「臨時収容施設」に送られるロシア兵とすれ違うと、楽しみのため、手当たりしだいに銃弾を浴びせるものもいた（まあ、収容施設といっても、なにもない空間にただ放置して、あとは飢えるに任せるだけの代物だった）。ドイツ人将校のなかには、こうしたふるまいに愕然とするものもいたけれど、将校たちが最も懸念したのは、こうしな野放図の結果、兵の規律が乱れることだった。

そのころソ連側では、ベリヤ率いる「ＮＫＶＤ（内務人民委員部）」が、前線近くの収容所にいる捕虜たちを皆殺しにしていた。こうしておけば、進軍してきたドイツ軍によってかれらが救出される心配もなくなるからだ。一万人近いポーランド人捕虜が殺害された。リヴォフの町だけで、ＮＫＶＤ

はおよそ四〇〇〇人を殺している。六月末の熱気のなかで、腐敗する死体から立ちのぼる臭気は、町全体を覆った。ＮＫＶＤによる虐殺が刺戟となって、今度はウクライナの民族主義者がソ連占領軍を相手にゲリラ戦を開始した。恐怖と憎悪の嵐が吹き荒れるなかで、ＮＫＶＤはその前年に捕らえた、ベッサラビアとバルト三国出身の捕虜たちのうち、さらに一万人を殺害した。それ以外の捕虜は、無理やり東方へと歩かされた。地面に倒れた者には、ＮＫＶＤの監視役が銃弾を叩きこんだ。

六月二十三日、スターリンは労農赤軍全体を統括する総司令部機構を立ち上げるとともに、ロシア帝国時代の例にならって、この司令部に「スタフカ（大本営）」という名称を与えた。数日後、かれはベリヤとモロトフを伴って、国防人民委員部（国防省）に入った。そこで目にしたのは、広大な前線地域一帯でなんとか秩序を回復しようと虚しい努力を続けるティモシェンコとジューコフの姿だった。ミンスクはまさに陥落したばかりだった。スターリンは戦況図をじっと見たり、若干の報告書に目を通したりした。恐れていた以上に、状況は壊滅的であることが分かり、スターリンは明らかに動揺していた。かれはティモシェンコ、ジューコフ両名に呪いの言葉を吐きかけたが、両将軍はいささかも怯まなかった。「レーニンがわれわれの祖国を創建し」とかれらはスターリンに告げた。「そして、われわれがそれを台無しにしたのです」と。

すると、ソ連邦の最高指導者閣下は、当惑する政治局のメンバーをその場に置き去りにし、モスクワ南西郊外のクンツェヴォにある自分の別荘《ダーチャ》に引き籠もってしまった。こうなったからには、とりあえずモロトフ外相が職務を代行すべきではないだろうかという言葉がぶつぶつと聞こえたけれど、恐怖心があまりに強かったため、この時点でかの独裁者にあえて弓を引こうとするものはひとりもいなかった。六月三十日、残されたかれらは、絶対的権限を有する国家国防委員会を発足させる必要があると決定した。その後一同は、クンツェヴォまで車で駆けつけ、スターリンに面会を求めた。政治局員たちが入っていくと、スターリンはげっそりと痩せ、逃げ腰だった。どうやら自分を逮捕するためやってきたと思い込んでいるようだった。なんの用だとスターリンは訊いた。この緊急時に戦時内閣を率いることができるのは、同志スターリン、やはりあなたしかいないのですと言われ、スターリンは驚きを隠せない様子だったが、その役割を引き受けることに同意した。いいや、違う。スターリンがクレムリンを離れたのは、じつはイワン雷帝の故事にならった策略で、腹に一物ある政治局員が馬脚を露わすのを狙った一種の詐術にすぎないのだとする研究者もいるけれど、そんな説は根も葉もない憶測にすぎない。

スターリンは翌七月一日、クレムリンに復帰した。二日後、みずからマイクの前に立ち、ソ連人民にむけたラジオ演説をおこなった。かれは直感の赴くまま、人心を見事に掌握してみせた。スターリンはまず「同志、市民、兄弟姉妹のみなさん」と語りかけて、聴取者たちを驚かせた。クレムリンの主が、人々に対して、家族の一員のような挨拶をした例はこれまで一度もなかったから。続いて、この全面戦争においては、焦土作戦を実施し、なんとしても祖国を守らなければならないと呼びかけた。ナポレオン相手の「一八一二年祖国戦争」の記憶をかき立てる意図がそこにはあった。ソ連人民は、共産主義のイデオロギーなどよりも、愛する国土のためにこそ、命を投げだす可能性がはるかに高いことを、スターリンは熟知していた。この種の愛国主義は、過去の戦争によって形成されたものであり、ゆえに今回の侵略においても、国民のそうした熱き想いを再度かき立てることは可能であるとかれは踏んでいた。現在の壊滅的事態を、スターリンは隠し立てすることなく国民に伝えた。ただ、その責任の一端が自分にあることはオクビにも出さなかった。スターリンはまた、〝民兵大隊〟の創設も命じた。大した装備も与えられず、大砲の餌食になることがほぼ確定した素人の集まりだ。かれら〝民兵〟

たちに期待されたこと、それはその肉体をもって、ドイツ装甲師団の進捗スピードを遅らせる——ただその一点だった。

「焦土作戦」を実施すれば、民間人が戦闘に巻きこまれ、悲惨な目に遭うことは必定だったけれど、そんなことはスターリンの眼中にはなかった。かくして避難民は、それぞれの集団農場から、家畜を追い立てつつ、個々別々に逃避行を開始した。ドイツの装甲師団に追いつかれまいと、当人たちは必死だったけれど、およそ無駄な努力だった。六月二十六日、作家アレクサンドル・トヴァルドフスキーは、乗っていた列車がウクライナの辺鄙な停車場で一時停止となった時、なんとも奇妙な光景にでくわしている。「見渡すかぎりの大地が、横たわり、腰かけ、群れをなす人々で覆われていた」とかれは日記に書いている。「かれらは、ぐるぐる巻きにした包みやナップザック、スーツケースや子供たち、手押し車を手にしていた。人々がこれほど大量の家財道具一式とともに、自宅から慌てて逃げ出すところなど、私はこれまで見たことがなかった。この一帯だけでおそらく数万人はいただろう……その人波が立ち上がり、移動を始め、線路にむかい、列車にむかい、客車の壁と窓を叩きだしたのである。このままだと脱線するかに思われた。やがて列車は動きだし……」

白ロシアの都市部に対する爆撃では、数千人まではいかないが、数百人は間違いなく命を落とした。生き残った者たちも東方への逃避行に加わる以外、他に道はなかった。「ミンスクが炎上を始めると」とあるジャーナリストは記している。「身体障害者のための施設から、盲目の人々が出てきて、タオルでお互いを結びあい、大通りに沿って長い列をつくって歩き始めた」と。すでにたくさんの戦災孤児が生まれていた。親が殺されたか、混乱のなかで親とはぐれてしまったのだ。その一部はドイツ軍のスパイ役を演じたと疑われた。ＮＫＶＤによる孤児の扱いには、同情心の欠片も見えなかった。

フランス遠征の驚くべき成功に続いて、ドイツの装甲部隊は、夏の完璧な条件のもと、ただひたすら前進を続けた。置き去りにされた各歩兵師団は、そのペースに少しでも追いつこうと、まさに必死だった。時おり、先鋒をつとめる装甲部隊が弾薬不足に陥ることがあった。すると、双発爆撃機〈ハインケル111〉が空中補給任務に駆りだされ、パラシュートでそれらを供給した。驀進するドイツ軍の主力がいまどこにいるのかは、燃えさかる村々、牽引車輛からたちのぼる土埃、黙々とすすむ歩兵たち、火砲を軍馬に曳かせた砲兵部隊によって、空からうかがい知ることができた。野砲を牽引する前車に乗った砲兵たちは、うっすらと埃にまみれ、まるで粘土細工の人形のようであり、それを曳く馬などの使役家畜は、どれもみな忍従を強いられ、しきりと咳き込んでいた。ヨーロッパ全域から六〇万頭を超える軍馬が集められており、さながらナポレオンの〝ラ・グランド・アルメ（大陸軍）〟のごとくであったが、この壮観な眺めこそが、ドイツ国防軍の大規模対ソ遠征を輸送面で支えていたのである。糧食や弾薬、傷病兵の緊急搬送までもが、馬頼りだった。もし仮に、フランス陸軍が停戦前に破壊し損なった、あの大量のエンジン付き車輛――そのことを考えるたびにスターリンは怒りを新たにした――がなかったら、ドイツ陸軍の機械化部隊の規模は、四個装甲集団程度に限られていただろう。

すでにドイツ「中央軍集団」は二個装甲集団をもって、最初の大規模包囲網を形成していた。ミンスク西方のビャウィストク（ベロストク）には、ソ連の四個軍、計四一万七〇〇〇人が捕らわれていた。包囲環のうち、北側を担うホート上級大将の「第三装甲集団」と、南側を担うグデーリアン上級大将の「第二装甲集団」は、六月二十八日ついに合流を果たした。さらにドイツ「第二航空艦隊」所属の爆撃機と〈シュトゥーカ〉急降下爆撃機が、逃げ場のなくなったソ連赤軍の上に爆弾を雨あられと降らせた。「中央軍集団」はこの前進により、北のバルト海にそそぐドヴィナ川と、南の黒海にそそぐドニエプル川のあいだに広がる〝陸橋〟部分に、かなりの距離まで迫ることができた。

「スペイン内戦」でソ連戦車部隊を率いたドミトリー・パヴロフ将軍はこの時、不運なソ連「西部戦線」――「戦線」とは方面軍に相当するソ連軍の建制単位で、「軍集団」に似ている――の司令官をつとめていたが、更迭され、後任にはティモシェンコ元帥が就任した〔一九四一年七月～九月〕。その後ほどなく、パヴロフだけでなく、かれの司令部にいたその他上級将校もみな、「ＮＫＶＤ」に逮捕され、略式裁判にかけられ、処刑された。逮捕者の何人かは絶望のあまり自殺をはかり、ウクライナ担当政治委員ニキータ・フルシチョフの目の前で、拳銃で頭を噴きとばした将校も一名いた。

その北方に目を転じると、バルト三国に攻め入ったフォン・レープ元帥のドイツ「北方軍集団」が行く先々で歓迎を受けている姿が見える。バルト三国は、ソ連によって繰り返し圧迫を受け、さらに前の週には、大量の住民が国外に強制移送されたばかりだった。民族主義者のグループが各地で蜂起し、撤退するソ連軍に襲いかかり、いくつかの町を確保した。これに対し、ＮＫＶＤ「第五自動車化狙撃（歩兵）連隊」が秩序回復のためラトヴィアの首都リガに派遣された。これはラトヴィア国民に、国際法上の「復仇《ふっきゅう》」――相手の不法行為に対しておこなう強力な報復――を時を移さず実施するための措置であるとソ連側は強弁した。「亡くなった同志の遺体を前に、わが連隊の面々は誓った。卑劣なファシスト分子を粉砕し、背後に潜むリガのブルジョワジーに対し、われらが復讐の念をその日のうちに思い知らせてやろうと」。だが、このＮＫＶＤ連隊はほどなく、バルト海の沿岸まで後退を余儀なくされてしまう。

リトアニアのカウナス北方では、ソ連の一個機械化軍団が、〈ＫＶ〉重戦車を駆って、迫りくるドイツ軍にいきなり逆攻勢をかけてきた。〈ＫＶ〉相手だと、並みの砲弾では弾かれてしまうため、さしものドイツ軍も、八八ミリ対戦車砲が投入されるまでは、容易に対処できなかった。そのころ、ソ連「北西戦線」は民族主義者の急造部隊にしつこく攻められ、エストニアまで後退を余儀なくされていた。こんな展開は、赤軍もドイツ軍も想定していなかった。しかも当地ではドイツ軍が到着する前から、ユダヤ人を標的にした〝ポグロム（集団虐殺）〟がすでに始まっていた。あいつらはみな、ボリシェヴィキ側だという論法である。

「北方」、「中央」の両軍集団と比べると、フォン・ルントシュテット元帥率いるドイツ「南方軍集団」は、あまり幸運とは言えなかった。なぜなら、ソ連「南西戦線」を率いるミハイル・キルポノス大将は、NKVDの国境守備隊が発した警告により、ドイツ軍の来襲を事前に察知できたからだ。キルポノスにはまた、より強力な兵力も与えられていた。モスクワのティモシェンコ国防相とジューコフ参謀総長が、敵の主力がやってくるならこの方面だろうと予想して、備えを手厚くしておいたのだ。すぐさま、麾下の五個機械化軍団をもちいて大規模反攻にでるよう、キルポノスは命じられた。このうち〈KV〉重戦車と新型の〈T－34〉中戦車を擁する、最も強力な軍団を指揮したのが、アンドレイ・ヴラソフ少将である。だがしかし、キルポノスは手持ちの部隊を効率よく運用することができなかった。交通網が各地で寸断され、また各部隊がきわめて広範囲に展開していたからだ。

六月二十六日、フォン・クライスト上級大将率いるドイツ「第一装甲集団」は、当面の目標であるロヴノ、最終目標に当たるウクライナの首都キエフを目指して、さらなる前進を続けた。これに対し、キルポノスはくだんの五個機械化軍団を投入したものの、結果はまちまちだった。ドイツ側はソ連製の〈T－34〉や〈KV〉が、自国の保有するいかなる戦車よりも優秀であることを知って愕然とした。だが、その砲手たるや「大戦前夜、その練度は低かった」と、国防相自身認めるほどで、しかも一万四〇〇〇輛もある戦車のうち、六月二十二日の時点で「戦闘準備が整っていたものは僅か三八〇〇輛」にすぎなかった。対するドイツの戦車乗員は、その技量、その戦術、無線による意思疎通と反応スピードの速さなど、どれを取っても、ソ連側をほぼ凌駕していた。しかも、ドイツ側には〈シュトゥーカ〉急降下爆撃機という強い味方まで付いていた。ドイツ軍にとって最大の敵はおそらく、その強すぎる自信からくる油断だったろう。ポーランド生まれの元騎兵将校で、のちにこの大戦における傑出した赤軍司令官のひとりに数えられるコンスタンチン・ロコソフスキー少将の活躍がいい例だ。同少将は、みずからが指揮する年代物の戦車がその前日惨々に叩かれても別段落ちこむこともなく、今度は砲兵部隊を伏兵にもちい、ドイツ「第一三装甲師団」を巧みに誘い込むと、見事撃破してみせた。

兵が算を乱し、どっと潰走する問題に対処するため、キルポノス将軍は「逃亡阻止分遣隊」を設けると、兵士たちに戦列復帰を力ずくで迫った。フランスの場合と同様、東部戦線でも、根も葉もない噂が瞬く間に広がり、それが混乱に拍車をかけるケースが頻発した。ソ連側が試みた反撃は、結果的に途方もない損失を招き、成功とはほど遠かったけれど、少なくともドイツ軍の進軍ペースを確実に遅らせ、時間を稼ぐことはできた。フルシチョフはすでに、スターリンの命を受け、ウクライナにある各種の工場、作業場から機械設備を疎開させるという困難な作業に着手していた。工場移転計画は容赦なく実施され、ウクライナ共和国の産業を支える、そうした嵩張る機器類は、鉄道経由でウラル山地や、さらにその東方へと移植された。似たような作戦は、これより小規模ではあるが、白ロシアやその他地域でも実施された。すべてを合わせると、計二五九三個の工業単位が、一九四一年を通じて、その拠点を後方地域に移転させており、おかげでソ連は、ドイツ軍の爆撃機が到達できない国土の深奥部で、兵器生産を再開することができたのである。

ソ連政治局はまた、別の移転計画にも取り組んでいた。西シベリアのチュメニにむけ、厳格な機密措置のもと、国庫に眠る金塊とロシア帝国時代の国宝級美術品、そしてなにより、保存処理によってミイラ化したレーニンの遺体を疎開させることが決断されたのだ。必要な化学物質とこの方面に長けた付き添いの科学者とともに、レーニンの遺体をのせた特別列車は七月初め、ＮＫＶＤの部隊に守られながら、モスクワを後にした。

ドイツ陸軍のハルダー参謀総長は七月三日の日記に書いている。「ロシア遠征は二週間で勝利するといっても、おそらく過言ではあるまい」と。とはいえ、ロシアという国の広大さについては、ハルダー自身、十分認識しており、今後も抵抗が続くとなると、わが軍は「さらに何週間か」占領を続けざるを得なくなるかもしれないと考えていた。親衛隊がおこなったドイツ国内の民情調査によると、国民はこの戦争がどれだけ早く終わるかで、賭をしており、一部の国民は、わが陸軍はすでに、モスクワまであともう一〇〇キロの地点まで到達したと信じているという。こうした調査結果を受けて、ゲッベルス宣伝相は国民の浮かれ気分をなんとか抑えようと苦労していた。今回も楽勝さと、余計な先入観を持たれると、作戦が予想以上に長引いた場合、〝大勝利〟のインパクトを損ないかねないからである。

すでにドイツ国防軍が占領した陸地面積の途方もない大きさ、征けども征けども、その先に地平線が広がる大地は、〝ランツァー（兵卒）〟と通称されるドイツのごく普通の歩兵に対し、すでにある種の効果を及ぼしつつあった。特に山岳地方出身の兵士たちにこの傾向が強く、土でできた大海原のように見える、広大無辺にして真っ平らな地形は、かれらの気を相当に滅入らせた。また、先鋒をつとめる各部隊が早くも気づいているように、フランスとは異なる国民性も要注意だった。先を急ぐ先鋒部隊があえて迂回したことで、後方に団子状態のまま残ったソ連兵は、フランス軍の兵士と違って、それでも戦いを止めないのだった。漠たる畑地に身を潜め、ドイツ側の増強部隊や司令部要員が近づいてくると、かれらは一斉に襲いかかった。それゆえ、生きて捕えたロシア兵は、すべてゲリラと見なされ、問答無用で射殺された。

多くのソ連市民もまた、過剰な楽観論の犠牲者だった。たとえば、いずれドイツのプロレタリアートが本国で蜂起し、ナチの主人に対抗するはずだと信じこむものがかなりいた。だがしかし、「抑圧された人民のための祖国」を、いま現に攻めているものたちこそ、そのドイツ人プロレタリアートなのである。赤軍の成功をみんなで楽しもうと、壁に地図を貼りつけて、戦況の移りゆくさまを順次記入する準備を始めたソ連人もいた。だが、地図はほどなく剝がされてしまった。気づいてみると、ドイツ国防軍がソ連領内の途方もない深部まで、侵入を果たしていることが明らかとなったからだ。

だが、ワンサイド・ゲームでやたら膨れあがったドイツ軍兵士の全能感は、その後急速にしぼみだした。大がかりな包囲・殲滅の試みは、特にスモレンスクでは、なかなかに難しかった。ドイツの各装甲部隊は、ほとんど無人の野を征くような機動を実現したけれど、戦車主体の、刀の切っ先のようなかれらには、装甲擲弾兵（機械化歩兵）が随伴していないため、ソ連軍が内側から抵抗するか否かにかかわらず、その延びきった包囲環を維持することができないのだ。完全装備を背負い、一日五〇キロメートルの強行軍のすえに、ドイツ軍の各歩兵部隊は、関節の痛みや靴ずれに耐えながら、必死の形相で戦車たちに追いつこうと努めたけれど、かれらが現場に着く前に、ソ連兵の多くは〝包囲網〟をくぐり抜け、すでに逃走しているケースが増えていた。しかも、完全に包囲できた場合でも、赤軍兵士は簡単に降伏してくれないのだ。なるほどソ連軍は、背後に督戦専門の政治士官や将校がいて、兵の背中に銃口を突きつけ、突撃を強制することがままあったけれど、ソ連兵はそれでも、そうした土壇場に置かれると、必死に勇気をふりしぼり、戦いを継続するのだった。弾薬が尽きると、ソ連兵たちは巨大な人間の波となって、ドイツ側の哨兵線を突破しようと、喚声をあげながら、どっと押し寄せてきた。なかには互いに腕を組み、横一線で突進してくる兵士たちまでいた。ドイツ側はなんとか機関銃で薙ぎ払おうとしたけれど、延々と発砲を続けるため、しまいには銃器が熱をもって機能しなくなった。銃に撃たれ、転倒したロシア兵があげるその絶叫は、何時間も途絶えることなく続き、くたくたに疲れ切ったドイツ兵の心をさいなんだ。

七月九日、白ロシア北西部のヴィテプスクが陥落した。ミンスクやスモレンスク、その後のゴメリやチェルニゴフも同じ道をたどったが、この日のヴィテプスクもまた、ドイツ空軍が投下した焼夷弾によって、木造家屋が炎上し、地獄の業火につつまれた。火の勢いがあまりに激しいため、車輌に乗った多くのドイツ軍兵士が引火を恐れて、いったん退かざるを得なかったほどである。ドイツ軍が「スモレンスク・ケッセル」に投入した兵力は、じつに三二個師団にのぼった。〝ケッセル（大鍋）〟とは、鍋を火にかけた時の連想から、大規模な包囲状況をいうドイツ式の用語である。この時の〝ケッセルシュラハト（包囲戦）〟は八月十一日まで続けられた。ソ連軍がこうむった「回復不能の人的損耗」――戦死者もしくは捕虜になった兵員の数――は三〇万人に達し、そのほか戦車三二〇〇輌、火砲三一〇〇門が失われた。ただその後、ソ連側が東方から反攻に出たため、このうち一〇万人あまりは脱出に成功した。また、このスモレンスク戦によって、ドイツ軍の進軍スピードが鈍ったことは、のちのち決定的効果を生むことになる。

ソ連の作家兼戦争特派員、ヴァシリー・グロースマンがこの時、とある野戦病院を取材している。「ポプラの若木のあいだの小さな開けた場所に、およそ九〇〇人の負傷者がいた。血に染まった毛布、肉片、うめき声、押し殺した泣き声、数百の暗い、苦しみに満ちた目があった。若い赤毛の〝女医〟は、すでに声も出なくなっていた。夜通し手術をやっていたのだ。顔に血の気はなく、いつ気を失ってもおかしくないほどだ」。それでも彼女は、笑みを浮かべると、グロースマンに語ったという。あなたの友人でもある詩人ヨセフ・ウトキンの執刀をしたのはこの私だと。「『切開術を施しているあいだ、かれはなんと私のために詩を朗読してくれたのですよ』と彼女は言った。だが、その声はか細くてほとんど聞こえず、身振り手振りの助けを借りなければ状況が分からなかった。負傷者はその間も、次々と運び込まれてきた。どの負傷者もみな、血と雨とで濡れていた」

見事なまでの快進撃。「モスクワ」のある方角を指し示す道路標識が、嫌でも目につくようになってきた。だが、東部戦線のドイツ軍部隊は突如として、強い不安に駆られだした。この戦いは結局、年内の勝利は望めないのではないか。対ソ侵攻作戦に投入された三個軍集団はすでに二一万三〇〇〇人の犠牲者を出していた。数字自体は、ソ連側の十分の一にすぎないけれど、このままさらなる消耗戦が続いた場合、延びきった補給線を防衛しつつ、残存するソ連軍を打ち破ることはやや不可能なのでは——とはたと気づいてしまったのだ。下手をすると、あのロシアの冬を相手に、それでもまだ戦い続ける羽目になるのではと。そう考えると、心穏やかではいられなかった。これだけやっても、ドイツ軍はなお、ソ連西部の赤軍すら殲滅できずにいた。しかも目の前には、茫漠たるユーラシアの大地が広がっているのだ。当初は一五〇〇キロメートルだった前線は、しだいに延び、いまや二五〇〇キロメートルに垂《なんな》んとしていた。

改めて見ると、ドイツ陸軍情報部がおこなったソ連軍の戦力分析は、悲しいほど不十分に思えてきた。「われわれは開戦時において」とハルダー陸軍参謀総長は八月十一日の日記に書いている。「敵の師団数をおよそ二〇〇個と推計していた。しかし、その数はすでに三六〇個を数えるまでになった」と。ソ連の〝師団〟なるものはドイツ軍の師団と比べると、著しく劣ったものだという可能性はもちろんあった。だが、そう考えても、十分な安心感は得られなかった。「もし仮に、われわれが一ダースの敵師団を粉砕しようと、ロシア人はさらにもう一ダースの師団を新規に立ち上げるだけなのだ」

ドイツ軍がナポレオンのように、現在の首都モスクワをめざして遮二無二に突っ込んでくる展開は、ロシア人にとって、まさに悪夢だった。だが、スターリンの命令に従って、スモレンスク西方で大規模反攻作戦を実施したことは、兵員・装備の両面で身の毛もよだつ代償を払ったけれど、一定の効果を生んでいた。ヒトラーは「中央軍集団」に対し、引きつづき防衛的任務を担わせるとともに、「北方軍集団」をレニングラードに、「南方軍集団」をキエフにすすめるという決断を下したからである。「第三装甲集団」は、「中央軍集団」の戦闘序列から離れて、レニングラードにむかうことになった。「ＯＫＷ（ドイツ国防軍最高司令部）」統帥部長だったアルフレート・ヨードル中将によると、ヒトラーはナポレオンの轍を踏みたくなかったのだという。

「中央軍集団」を率いるフォン・ボック元帥は、この方針転換にひどいショックを受けたし、他の上級司令官もその点では同じだった。ソ連の交通網の中心に位置するモスクワは、いまある主要目標のなかでも最大のものだったからだ。一方、何人かの将軍は、キエフを守備する大規模なソ連軍部隊が、万一ドイツ軍の南側面を突いてくる場合を想定して、モスクワ進軍前にこちらを完全に潰し、後顧の憂いを断っておくべきだと考えていた。

七月二十九日、ジューコフ将軍はスターリンに警告した。キエフが包囲される可能性が出てきたので、このさいあの都市は放棄すべきですと。だが、偉大な指導者・同志スターリンは、くだらんことを言うなとジューコフを退けた。ならば、参謀総長の職を解いてほしいと、ジューコフは要求した。そこでスターリンは、ジューコフ将軍を「予備戦線（方面軍）」の司令官に異動させた。ただ将軍は、その後も「スタフカ（大本営）」のメンバーには留めおかれた。

グデーリアンのドイツ「第二装甲集団」がここで敵の虚を突いた。ロスラフル突出部から大きく右旋回すると、四〇〇キロメートル離れた南方のロフビツァまで前進し、ちょうど南からキエフを包囲しつつあったクライスト将軍の「第一装甲集団」と、キエフ東方二〇〇キロメートルの地点で合流したのだ。グデーリアンのこの思わぬ機動は、ソ連側に混乱を引き起こした。そのあおりで、白ロシアの最後の主要都市、ゴメリを放棄するほどの慌てぶりだった。ただ、キルポノス将軍の「南西戦線」だけは、スターリンの直々の命令で増強がはかられ、キエフを放棄することはまかりならぬと申し渡された。

白ロシアをからくも脱出した作家兼戦争特派員のヴァシリー・グロースマンは、ドイツ「第二装甲集団」の驚異の南進のあいだ、ともかく逃げることだけに専念し、グデーリアン麾下の各装甲師団をなんとか振り切ると、ウクライナまでたどり着いた。侵攻が生みだした混乱のなかで、一部のロシア人は当初、グデーリアンの部隊を友軍と勘違いした。ハチャトリアンとか、サローヤンとか、姓の語尾の響きがアルメニア風だったからだ。グロースマンは数多の戦争特派員と違い、一般市民が苦難にじっと耐える姿にも、深く心を動かされた。「乗り物でどこかへ行きかけるとか、あるいは自宅の塀の脇に立っている時、なにかを言いかけて、その瞬間、いきなり泣き始めるものだから、こちらもついつい、もらい泣きしてしまう。嘆くことはあまりに多かった」とかれは市井の人々について書いている。足を運んでもせいぜい司令部どまり、前線には一歩も近づかず、宣伝部門のきまり文句をただただ羅列し、「大打撃をこうむった敵軍は依然、臆病な前進を続けていた」等々の定型文でお茶をにごす、そんな同僚記者を、グロースマンは軽蔑していた。

フォン・ルントシュテット元帥のドイツ「南方軍集団」はウクライナのウーマニ付近で大量の捕虜をとらえ、その数は八月十日時点で一〇万七〇〇〇人に達した。スターリンは、降伏した赤軍の将官はいずれも万死に値するとし、死んで詫びろという命令を出した。スターリンはまた、グデーリアンの南進がもたらした脅威を過小評価しており、キルポノス将軍がドニエプル川のラインから後退することをいまだ認めようとしなかった。「第一次五カ年計画」で建設され、ソ連がなし遂げた偉大な進歩の象徴だったザポロージェの巨大ダムと水力発電所でさえ、焦土作戦の一環として爆破されているというのに。

民間人、家畜、各種装備の疎開は、さらなる緊急性をもって、続けられていた。グロースマンはその様子をこう描写している。「夜になると、空は数十の遠い火事によって赤々と照らされ、立ちのぼる煙がつくる灰色の幕が、日中ずっと地平線に垂れこめていた。子供をその腕にかかえた女たち、老人たちが、土埃に沈むヒツジやウシ、集団農場のウマたちとともに、田舎道を荷車に乗って、あるいは徒歩で、東へ東へと移動していく。トラクターの運転手がガタガタと耳を聾する騒音を立てながらすすむ。工場の設備やエンジン、あるいはボイラーを載せた列車が、夜となく昼となく、毎日毎日、東へむかった」

七月十六日、グデーリアンの「第二装甲集団」とクライストの「第一装甲集団」がロフビツァで合流し、七〇万人を超えるソ連軍部隊が包囲網の内部に閉じ込められた。キルポノス将軍は、多くの参謀やおよそ二〇〇〇人の部下とともに、付近にいたドイツ「第三装甲師団」の手で、文字どおり殲滅された。激しい爆撃で廃墟となったキエフには、フォン・ライヒェナウ元帥のドイツ「第六軍」が入城した。取り残された民間人は、餓死する運命にあった。ユダヤ人は銃殺隊によって、それより早い死を迎えた。さらに南方では、ドイツ「第一一軍」とルーマニア「第四軍」がオデッサをめざし動いていた。「南方軍集団」の次なる目的地はクリミア半島。そこにはセヴァストポリの巨大海軍基地と、カフカス(コーカサス)地方への玄関口にあたるドン川下流の河港都市ロストフ=ナ=ダヌーがあった。「キエフ包囲戦」は軍事史上、空前の規模をもって展開された。ドイツ側の士気はふたたび高まり、モスクワ占領も可能に思われてきた。ヒトラーの関心がようやくモスクワに戻ってくれたことで、ハルダー参謀総長はひとまずホッとした。九月六日、ヒトラーは「総統指令第三五号」を発し、モスクワにむけた前進を許可した。そして九月十六日、ドイツの二個装甲集団がロフビッツァで合流したこの日、「中央軍集団」司令官、フォン・ボック元帥は対モスクワ攻略計画、いわゆる「タイフーン作戦」の準備指令を発したのである。

フォン・レープ元帥率いるドイツ「北方軍集団」はバルト三国をたちまち席巻したあと、レニングラードをめざした。だが、目標に近づけば近づくほど、ソ連側の抵抗はそれだけ激しくなった。七月半ば、ニコライ・ヴァトゥーチン中将がイリメニ湖付近でおこなった大反攻は、まさにドイツ側の意表を突くもので、地形も味方ではなかった。ホート「第三装甲集団」の支援があるとはいえ、カバノキの森、湖沼、ヤブ蚊の多い湿地帯は、一気呵成の進軍にはむいておらず、結果、「北方軍集団」は距離を稼げなくなった。そのころレニングラードでは、迫りくる敵の脅威に対抗すべく、およそ五〇万人の男女市民が、総延長一〇〇〇キロメートルの土塁、六四五キロメートルの対戦車壕を構築すべく、穴掘り作業に動員されていた。八月八日、ヒトラーがレープにレニングラードの包囲を命じると、ドイツ側と協同するフィンランド軍はこの機を逃さず、ラドガ湖対岸の失地回復に動いた。とそこへ、およそ戦いに不慣れな、ロシア人〝民兵〟部隊がいきなり出現した。満足な武器すら持たない集団で、それが効果のきわめて疑わしい、死体の山を築くだけの突貫攻撃を仕かけてきたのだ。まさに「肉をもって砲に当たる」というロシア語の熟語を地で行くような戦いぶりだった。じつは一三万五〇〇〇人余りのレニングラード市民（工場労働者もいれば大学教授もいた）が志願し、あるいは志願するよう強要されて、戦いに臨んでいた。訓練など皆無で、医療支援、戦闘服、移動手段、補給態勢なども、いっさい無かった。こうした〝民兵〟の半分近くは小銃すらもらえないのに、敵装甲師団に反撃するよう命じられたのである。戦車に対する恐怖心から、大半のものが逃げだしたけれど、身を隠す場所などどこにもなかった。膨大な人命の損失（およそ七万人）は悲しいことに、文字どおりの犬死であった。ルーガ川の防衛線でかれら〝民兵〟が命を犠牲にしたからこそ、ドイツ軍の侵攻スピードが鈍ったのだと、後年言えるほどの効果はいっさい見られなかった。正規軍たるソ連「第三四軍」も粉砕された。兵隊は逃げだし、敵前逃亡で四〇〇〇人が逮捕された。さらに負傷者の半数は、自傷行為が疑われた。ある病院だけで、一〇〇〇人中四六〇人が、左手もしくは左の前腕に、銃創があったからである。

バルト三国のひとつ、エストニアの首都タリンは、ドイツ軍の進軍により孤立してしまった。だが、スターリンはソ連守備隊がフィンランド湾に逃れて、海路クロンシュタット軍港に撤退することを認めなかった。スターリンはその後、この判断を変更したものの、そのころには秩序ある撤退などはもはや不可能になっていた。八月二十八日、ドイツ軍が力押しで迫るなか、赤色海軍「バルト艦隊」所属の艦艇が、タリン在住のロシア市民二万三〇〇〇人の収容に当たることになった。上空援護を引き受ける航空機もないまま、にわか仕立ての艦隊が出航していった。ドイツ製の機雷、フィンランド軍の魚雷艇、ドイツ空軍の爆撃によって、計六五隻が撃沈され、一万四〇〇〇人が命を落とした。これはロシア海軍史上、最大の惨事とされている。

レニングラードの南方を目指して、ドイツ軍は主要鉄道線路を横切る形ですすんだ（その線路の先にはモスクワがあった）。九月一日には重砲が到着。目標を射程に捉えるや否や、すぐさま砲撃が開始された。負傷兵と最後の避難民を乗せたソ連軍のトラックが、レニングラードへと後退していく。家財を満載した荷車や、道具一式をくるんだ包みを背負いながら、農民たちが徒歩でそのあとに続いた。嫌がるヤギの首に付けたロープを引っ張る少年もいた。その背後では、かれらがやむを得ず捨てきた村々が炎上していた。

ドイツ軍が南方からレニングラードを包囲しにかかり、周辺の町々も次から次へと陥落していますとの報告が上がってきた。これを聞くと、スターリンは怒りを爆発させ、レニングラード共産党委員会を仕切るアンドレイ・ジダーノフと、現地軍の司令官ヴォロシーロフのふがいなさをなじった。おそらく陰で売国奴どもがなんらの工作をおこなっているに違いないとスターリンは疑った。実態調査のため現地入りしているモロトフ外相に対し、「どこぞの誰かが、ドイツ進軍の露払い役をつとめているると、きみは思わんか？」という電報まで送っている。「レニングラード司令部の無能さは、およそ理解を超えている」と。ヴォロシーロフとジダーノフを「裁判にかける」ところまでは行かなかったが、そのかわりに、ちょっとした〝テロル〟がこの古都を席巻した。「ＮＫＶＤ（内務人民委員部）」が容疑者と思しき人間の摘発に動いたのだ。判断基準は、外国風の名字をした人間を残らず引っ張ってくる――だった。

九月七日、ドイツ「第二〇自動車化師団」がムガーの町から北上してシニャーヴィノの丘を確保した。翌日、「第一二装甲師団」の一部によって増強された同部隊は、ラドガ湖の南西端、ネヴァ川の河口にあって、帝政時代の要塞をかかえるシリッセルブルグの町まで到達した。レニングラードにつうじる陸路はいまや完全に断たれており、唯一残っているのは、巨大なラドガ湖を横切るルートだけだった。ヴォロシーロフとジダーノフはほぼ一日、逡巡と煩悶を繰り返したすえに、ようやく勇気を奮い起こし、スターリンに実態を報告した。じつは、ドイツ軍がシリッセルブルグを押さえましたと。かくして、現代史上最も長期にわたり、かつ最も無慈悲な「レニングラード攻囲戦」がここに開始されたのである。

五〇万人の兵士に加え、レニングラードには二五〇万人を超える市民（うち四〇万人は子供）がいた。だが、総統大本営はレニングラード占領など元々やる気はなかった。まずは砲爆撃で叩き、完全封鎖し、餓死と病死を誘う。征服後は、都市全体を根こそぎ破壊し、跡地はフィンランドに引き渡すというのがヒトラーの基本方針だった。

そのころスターリンは、すでにレニングラードを束ねる赤軍司令官の更迭を決めていた。さて、後任司令官だが、与えられた任務への徹底ぶりを考えるなら、やはりジューコフをおいて適任はおるまい。命令を受けると、ジューコフ将軍は直ちに、モスクワから空路レニングラード入りし、到着するや否や、スモルニー聖堂内におかれた軍事委員会まで車で直行した。そこには敗北主義に凝り固まり、泥酔したものたちがいたとかれは主張している。ジューコフ将軍は早速、敵に投降した兵士の〝家族〟にかんするスターリンの指示をさらに厳格化することを決め、現場の各指揮官にこう申し渡した。「すべての兵士に周知徹底させよ。敵に降伏したら、諸君の家族はひとり残らず銃殺にかけるし、諸君自身も、収容所から戻ったあとは、即刻銃殺刑だ」と。

さすがのジューコフ将軍もおそらく気づいていなかったのだろう。もし仮に、かれの命令を文字どおり実行するなら、同志スターリンも当然、銃殺刑の対象になるのだから。じつはスターリンの長男、ヤーコフ・ジュガシヴィリ陸軍中尉が戦場で包囲され、この時すでにドイツ軍の捕虜になっていたのである。スターリン自身、内々の場で、あんな子供、生まれてこなければ良かったといっている長男ではあったが。もちろん、ナチの宣伝機関はこの大物捕虜をすぐさま利用した。「ドイツ軍の飛行機が一機現われた」とヴァシリー・チュルキンという名のロシア兵が日記に書いている。「天気のよい日で、ぼくらはその飛行機からビラの塊が投下されるのを見た。ビラには、ニヤついた顔のドイツ人将校に両脇をかかえられたスターリンの息子の写真が載っていた。でも、それはゲッベルスがつくった合成写真で、ぼくらが騙されることはなかった」と。ただその後、すっかり冷め切ったスターリンの感情は、一九四五年の一時期、多少なりと緩んだ。ヤーコフ・ジュガシヴィリ中尉が収容所の鉄条網にみずから身を投げ、看守が自分を撃つよう仕向けたと伝えられたからだ。

スターリンは民間人に対しても、いっさい同情しなかった。ドイツ軍が「老人、女性、母子」などを人間の盾につかったり、あるいは降伏を呼びかける使者にもちいたなどという話を耳にすると、ならばいっそそいつらに銃弾を浴びせてやれと命じている。「余計な感傷は無用――それが私の答えだ。敵と共謀するものは、病人だろうが健常者だろうが、ただちに粉砕せねばならない。戦争とは本来、容赦のないものであり、弱みを見せたもの、動揺に身を委ねたものが、真っ先に敗れ去るのだ」。ドイツ「第二六九歩兵師団」のある一等兵は九月二十一日に書いている。「民間人の集団が囲みを抜けようとしていた。あとに続く光景を見たくなかったので、私は目を閉じなければならなかった。たとえそこが前線で、激しい銃撃戦が交わされている瞬間であっても、数多くの子供や女たちがそこには存在するのだ。砲弾が不気味な音を立てながら近くに落ちると、彼女たちは隠れる場所を求めて走りだす。その動作がひどく滑稽なので、われわれはつい笑ってしまうけれど、実際のところ、それはひどく悲しい姿なのだった」

怪我のせいで一時的に落後した最後の未帰還兵が、足を引きずりながら、ようやく市内に戻ってきた。ちょうどそのころ、レニングラード当局は「鉄の規律」を敷こうとしていた。逃亡をはかるものや「敗北主義者」は、NKVDの部隊によってその場で射殺されるようになった。スターリン主義的統治につきものの、およそ根拠のない重度の猜疑心がいたずらに亢進し、潜在的な敵と見なされた二九種類の人間を残らず逮捕せよ――との命令が、NKVDに下ったのだ。根も葉もない噂（ソ連当局の徹底的な情報統制がそのいちばんの原因だった）がきっかけとなり、まるで熱に浮かされたように、スパイ狩りが続けられた。なるほど数こそ少ないけれど、レニングラード市民のなかには、スターリン主義政権が崩壊することを密かに願っているものもいた。ただ、ドイツやフィンランドの情報部員がこの街で組織的に活動していたことを示す証拠はない。

ジューコフはクロンシュタット軍港の「バルト艦隊」にも目をつけた。「浮かべる砲兵陣地」としてそのまま利用されたが、さらに加えて、一部の艦砲は陸揚げされ、レニングラード郊外のプルコヴォ丘陵まで運び上げられ、敵砲兵陣地への反撃に用いられた。砲撃の指示は、市内の聖イサク寺院の丸屋根に陣取ったニコライ・ヴォロノフ砲兵大将の命令一下おこなわれた。その巨大な金色のドームは、フィンランドからも見えるほど目立つため、ほどなく視認性の低い灰色に塗り替えられた。

ドイツ軍がシリッセルブルグを確保した九月八日、ドイツ空軍の爆撃機がレニングラード南部にある食料品の集積所に大規模空爆を敢行した。「真っ黒な煙の柱が何本も空高く延びていた」とロシア兵チュルキンは日記に書いている。かれはそれがなにを意味するのか突如として悟り、身震いを覚えた。「バダーエフの倉庫群が燃えているのだ。火はレニングラード全住民の六カ月分にあたる食料を燃やし尽くした」と。備蓄の分散配置を怠ったことは大きなミスだった。今後、配給量は劇的に減るしかないだろう。冬に備えた薪の確保もほとんどできていなかった。ただ、最大の失策は、もっと多くの民間人を早めに疎開させておかなかったことである。ドイツ軍の進軍によってモスクワ方面の交通路が遮断される前に、東方へと逃れることができたレニングラード市民は、周辺の避難民を除くと、五〇万人にも満たなかった。

九月後半、ドイツ軍は怒濤の攻勢を仕かけ、大規模空爆が実施された。旧式の飛行機に乗ったソ連人パイロットは、今度もまた、敵爆撃機に体当たりを食らわす以外、打つ手がなかった。ただ、地上戦においては、おもに砲兵部隊のおかげで、敵の圧力をなんとか凌ぐことができた。「バルト艦隊」から応援にきた陸戦隊の面々がここで、中核的役割を果たした。ダークブルーの水兵帽を斜めに被った陸戦隊員はどこか鯔背《いなせ》で、帽子からはみでた前髪は、かれら自慢のトレードマークとなった。

九月二十四日、ドイツ「北方軍集団」を率いるフォン・レープ元帥は、現有兵力ではやはり、敵の防衛ラインを強行突破することには無理があるとの認識に至った。とそこへ、ドイツの他の司令官から、そちらもモスクワにむけ、さらなる前進をおこなえとの圧力がかかってきた。さらに助っ人のホート「第三装甲集団」には、古巣の「中央軍集団」隷下に戻れとの命令まで下った。冬が近づき、夜間にできる霜柱が毎晩毎晩、頑丈になっていくなか、攻める側も守る側もともに防御主体となり、戦いは塹壕戦の様相を呈し始めていた。あれほど激しくやり合った最前線でも、九月末になると、互いの砲兵が散発的な撃ちあいを演じるだけとなった。

ソ連北部の戦いにおける赤軍のダメージには恐るべきものがあった。「回復不能の人的損耗」は二一万四〇七八人を数えた。これは戦場に展開する将兵の、じつに三分の一ないし二分の一に相当する数字である。だが、このあとにやってくる飢餓による大量死に比べれば、こんな数字は、物の数ではなかった。しかも、レニングラードがもし仮に、降伏という決断をしても、それを受け入れる気がヒトラーにはそもそもなかったのである。この街の占領など端から考えておらず、ましてそこに住む住民の口をドイツが賄うことなど、完全に想定外だった。ヒトラーが望んだこと、それはレニングラードの都市と住民の双方を、この世から抹殺することだけだった。

章末注

(377)蔣介石とスターリン：Garver, *Chinese-Soviet Relations*, pp.112-8

(378)帰国時もアルコールの残る松岡外相：Valentin M. Berezhkov, *At Stalin's Side*, New York, 1994, p.205

(378)「たとえなにが起ころうと」：Krebs letter of 15.4.41, BA-MA MSg1/1207

(379)バッケ食糧次官と「飢餓計画」：(参考)Lizzie Collingham, *The Taste of War: World War II and the Battle for Food*, London, 2011, pp.32-8; Tooze, *The Wages of Destruction*, pp.173-5, 476-80

(381)五月十五日付の計画文書をめぐる議論とソ連による陰謀説：Chris Bellamy, *Absolute War: Soviet Russia in the Second World War*, London, 2007, pp. 99-121が最良の分析だが、以下も要参照。Constantine Pleshakov, *Stalin's Folly: The Secret History of the German Invasion of Russia, June 1941*, London, 2005, pp. 75-84; Bianka Pietrow-Ennker, (ed.), *Präventivkrieg? Der deutsche Angriff auf die Sowjetunion*, Frankfurt am Main, 2000; Viktor Suvorov, *Icebreaker: Who started the Second World War?*, London, 1990; Heinz Magenheimer, *Hitler's War*, London, 2002, pp.51-64.〔ここで述べられた一連の議論は、一九九七年十二月二十八日、「ロシア第二次世界大戦軍事史家協会」によって検討されたもの(Information Bulletin, No.4, 1998)である。参加者は妥当な議論のすえ、当時、ソ連赤軍は協同して、なんらかの攻勢をおこなえるような状況になかったと結論づけている。著者の照会に対し、懇切丁寧なリポートを寄せてくれた同協会会長のO・A・ルジェシェフスキー教授には感謝を表したい〕

(382)「敵の情報攪乱はついに大使レベルまで及んだか――」：*Pravda*, 22.6.89

(383)バルト三国からの強制移住：Christopher Andrew and Oleg Gordievsky, *KGB: The Inside Story of its Foreign Operations from Lenin to Gorbachev*, London, 1990, p.203.〔クリストファー・アンドルー、オレク・ゴルジエフスキー共著『KGBの内幕――レーニンからゴルバチョフまでの対外工作の歴史』上・下、福島正光訳、文藝春秋〕

(383)「これはある種の間引き戦争なのだ」：Halder, *Kriegstagebuch*, vol.ii, pp.336-7

(384)暗号命令「ドルトムント」「而して」：*KTB OKW*, vol.i, p.417

(385)「空前の攻勢の前夜」：Sold. Paul B., Flak-

Sonderger Wrkst. Zug 13, 22.6.41, BfZ-SS L 46 281

(385)「あすの早朝」：Sold. Kurt U., 1.San.Kp.91, 6.Geb.Div., 21.6.41, BfZ-SS

(385)「ロシアの打倒は」：Fw.Herbert E., 2.Kp./Nachr.Abt.SS, SS-Div.Reich, BfZ-SS

(386)「領空侵犯は少なくとも三九回を数えました」：Maslennikov, RGVA, 38652/1/58

(388)「朝の時間帯がすぎて」：*KTB OKW*, vol.i, p.417

(390)「驀進こそ」：Erich von Manstein, *Lost Victories*, London, 1982, p.187.〔E・v・マンシュタイン『失われた勝利―マンシュタイン回想録』上、本郷健訳、中央公論新社、三四頁／もはや私がふたたび、緒戦当時の数日間の、装甲兵指揮官たるものの持っている夢をことごとく満たしてくれた、あの嵐のような第五六装甲軍団の奇襲と同じような経験をすることはあるまい〕

(391)「もちろん、私は開戦の劈頭からそこにいる」：Schmidt, *Hitler's Interpreter*, p.233

(392)「ここ何年かで初めて」：Richard Lourie, *Sakharov: A Biography*, Hanover, NH, 2002, p.52からの引用。

(393)「攻撃を成功させた戦闘機たち」：RGALI 1710/3/43

(393)「ロシア人というのは全くしぶとい連中です」：Sold. Rudolf B., Stab/Nachsch. Btl.553, 27.7.41, BfZ-SS

(393)NKVDによる捕虜殺害：Anne Applebaum, *Gulag: A History of the Soviet Camps*, London, 2003, pp.377-8.〔アン・アプルボーム『グラーグ―ソ連強制収容所の歴史』川上洸訳、白水社〕

(393)ポーランド人捕虜について：Snyder, *Bloodlands*, p.194

(394)「レーニンがわれわれの祖国を創建し」：Richard Overy, *Russia's War*, London, 1999, p.78からの引用。

(396)「見渡すかぎりの大地が」：Aleksandr Tvardovsky, *Dnevniki i pisma, 1941-1945*, Moscow, 2005, p.32

(396)「ミンスクが炎上を始めると」：Vasily Grossman papers, RGALI 1710/3/43

(398)「同志の遺体を前に」：RGVA 32904/1/81, p.28, Anna Reid, *Leningrad: The Epic Siege of World War II, 1941-1944*, New York, 2011, p.43からの引用。

(399)「大戦前夜、その練度は低かった」：TsAMO 35/107559/5 p.364

(399)「僅か三八〇〇輌」：*ibid.*

(401)レーニンの遺体の疎開：Ilya Zbarsky, *Lenin's Embalmers*, London, 1998, pp.118-21.〔イリヤ・ズバルスキー／サミュエル・ハッチンソン『レーニンをミイラにした男』赤根洋子訳、文春文庫〕

(401)「おそらく過言ではあるまい」：Halder, *Kriegstagebuch*, vol.iii: *Der Russlandfeldzug bis zum Marsch auf Stalingrad*, p.38

(403)「およそ九〇〇人の負傷者」：Grossman papers, RGALI 1710/3/43

(404)「われわれは開戦時において」：Halder, *Kriegstagebuch*, vol.iii, p.506

(406)「乗り物でどこかへ行きかける」「大打撃をこうむった敵軍は」：RGALI 1710/3/43

(407)「夜になると」：Grossman papers, RGALI 1710/3/49

(409)ソ連「第三四軍」の崩壊と自傷行為：RGASPI 558/11/49, p.1, Reid, *Leningrad*, pp.65-6からの引用。

(409)ソ連のタリン撤退作戦：David M. Glantz, *The Battle for Leningrad, 1941-1944*, Lawrence, Kan., 2002, p.46

(409～410)ヴァシリー・チェクリゾフによる避難民の描写：Reid, *Leningrad*, p.116

(410)「どこぞの誰かが」：RGASPI 558/11/492 p.27, *ibid.*, p.116からの引用。

(411)「すべての兵士に周知徹底させよ」：RGASPI 83/1/18 p.18

(411)「ドイツ軍の飛行機が1機現れた」：VCD, 21.8.41

(412)「余計な感傷は無用」：20.9.41, RGALI 1817/2/185

(412)「民間人の集団が」：Gefr. Hans B., 269.Inf. Div., BfZ-SS

(413)「真っ黒な煙の柱が」：VCD, 4.9.41

第13章
人種戦争《ラッセンクリーク》
一九四一年六月〜九月

一九三九年のポーランド侵攻のさい、ドイツ兵は村人たちの惨めな生き方を見て、身震いを覚えた。さらに一九四一年、ソ連領内を進軍しながら、ドイツ兵はいっそう激しい嫌悪感に襲われていた。まさに百聞は一見にしかずだ。「NKVD（内務人民委員部）」による捕虜の大量虐殺から、集団農場の原始的な衣食住に至るまで、ゲッベルス宣伝相が〝地上の楽園・ソ連邦〟と揶揄したとおりの実態がいま眼前に広がり、ドイツ兵がそれまでかかえていたさまざまな偏見が、いっそう深く、心に刻まれたのである。ゲッベルスは、悪魔のごとき天賦の宣伝屋だった。それゆえ、たんに他人を見下したり、憎んだりするだけでは不十分であると分かっていた。兵たちを思うまま刺戟する最も効果的な方法、それは憎悪に恐怖を掛け合わせることだった。そうしてこそ初めて、やはりこんな連中は、根絶やしにするしかないなという心理状態に、兵たちを追い込めるのである。強いイメージを喚起するため、かれが頻繁にもちいた「凶暴な」、「面従腹背の」、「ユダヤ・ボリシェヴィキの」、「獣のような」、「人間以下の」といった形容語句は、すべてこの目的を達成するための巧みな手段であり、かれはそれらを様々に組み合わせて、個々のもつ刺戟効果を増幅させていった。まさにユダヤ人こそが、この戦争を始めた張本人であるという、ヒトラーの〝テーゼ〟は、かくして大半のドイツ兵の心に、事実として、極めてすんなりと収まったのである。

大半とは言わないまでも、多くのドイツ人は、自国の東方に暮らすスラブ系諸民族に対し、先祖伝来の禍々しい記憶をかかえていた。そうした悪印象は、「ロシア革命」とその後の内戦にかんする、およそ信じがたいほど残酷な各種報道によって、当然ながら強化されてきた。ナチの宣伝工作は、ドイツの秩序と、ボリシェヴィキの無秩序やかれらの不潔さ、神の否定などを殊更に対比させ、そうした文化的特質が衝突を生んでいるのだと強調した。ナチとソ連の政権は、一見するとかなり似通っているが、両国のイデオロギー上、文化上の違いは、重大な問題でもささいな問題でも、実際には途方もなくかけ離れたものなのだ――というわけである。

夏の猛暑の期間、ドイツ軍のオートバイ兵はしばしば、ほとんど半ズボンとゴーグルだけで走り回った。白ロシアやウクライナにおいて、かれらの剝きだしの上半身は、老女たちにショックを与えた。ドイツ兵が〝イズバ〟――農家の伝統的な木造家屋――の周辺に群がったり、若い女性をしつこく口説いたりすることは、さらに大きな衝撃をもたらした。前線付近の村々に宿営するドイツ兵が起こした強姦事件は、数としては比較的少ないように見えるが、前線のはるか後方で、特に若いユダヤ人女性を対象にした同種の事件は、相当な件数にのぼっていた。

なかでも最悪の犯罪は、なんと公的な承認のもとに実施された。ウクライナ人、白ロシア人、ロシア人の若い女性がかり集められ、軍の慰安所に強制的に入れられたのだ。こうした奴隷制度のもと、彼女たちは非番の兵士から連続的レイプの対象とされた。抵抗すれば、野蛮な処罰と、時には射殺までが待っていた。〝ウンターメンシェン（人間以下のもの）〟と性的関係を持つことは、ナチの「ニュルンベルク法」に背く行為ではあったが、そうした事実にもかかわらず、軍当局はこのシステムを、兵士の規律および肉体的健全さの両面に資する現実的解決策と見なしていた。彼女たちに対し、ドイツ国防軍の軍医たちは、少なくとも感染症にかんする限り、定期的検査を欠かさなかった。

ただ、ソ連軍の撤退により取り残され、一家の男性や牛馬、あるいは耕運機もなしに日々をしのいでいるソ連人女性に対しては、ドイツ兵もまた同情の念を禁じ得なかった。「女性が二人して手製の鍬を引っ張り、もうひとりの女性が把手を操りながら、畑を耕すのを見かけたこともあります」と信号部隊のある伍長は故郷への手紙に書いている。「トート機関員の監視のもと、全員女性で構成された一団が道路の補修にあたっていました。言うことを聞かせるため、つねに鞭がふるわれていました！一家の男性がいまだ生きている家族は、ほとんどいませんでした。訊いてみると、答えの九〇パーセントは同じでした。『夫は戦争で死にました！』恐ろしいことです。ロシアにおける男性の喪失は、途方もなくひどいものです」

多くのソ連市民、特にウクライナの市民は、ドイツによる占領が恐怖に満ちたものになるとは、全く予想していなかった。ウクライナでは当初、かなり大勢の村人が「パンと塩」という伝統的シンボルを手渡して、ドイツ軍の兵士たちを歓迎したのである。スターリンによる農業集団化の強制と、一九三二年から三三年にかけての悲惨な飢饉（死者は三三〇万人と推計）のあと、共産主義者を憎む気持ちは広範囲におよんでいた。より年配で、より宗教心にあついウクライナ人は、ドイツの装甲車両に描かれた黒い十字のマークを見て、ああ、これこそ神なきボリシェヴィズムと戦う十字軍に違いないと考えたほどである。

そうした機微は、「アプヴェーア（ドイツ国防軍情報部）」から派遣されてきた将校たちにも、見事に伝わった。今後占領すべき土地の広大さを考えるならば、わが国防軍にとって最善の策は、ここで徴兵をおこない、一〇〇万ウクライナ兵からなる軍隊を創設することでありますと具申までした。だが、この提案はヒトラーによって却下されてしまう。スラブ系の〝ウンターメンシェン〟なんぞに武器を与えるなんて、とんでもない話であるという訳だ。さすがにドイツ陸軍も〝ヴァッフェンSS（武装親衛隊）〟も、総統閣下の意志には表だって逆らえず、結果、現場の判断で粛々とウクライナ人の徴兵が開始されたのである。一方、侵攻直前にドイツ軍を側面支援した「OUN（ウクライナ民族主義者組織）」の方はその後弾圧の対象とされ、ウクライナ独立というかれらの夢は、ベルリンによって粉砕された。

ソ連の宣伝機関がこぞって、祖国の工業的勝利を高らかに宣言したのはつい先日のことである。そのため、ウクライナやその他地域に暮らす人々は、ドイツの工業製品の質の高さ、種類の多さに、いささか戸惑いを覚えた。戦争特派員のヴァシリー・グロースマンも、それを裏づけるような場面に遭遇している。捕虜となったオーストリア人のオートバイ兵を、村人たちがぐるりと取り囲んでいた。見ると、「その兵士の丈の長い、柔らかな、鋼鉄の光沢をした革製の外套を、だれもがみな誉めそやしていた。実際に触れてみて、全員が首を振った。こんな外套を着ている連中と、いったいどうやって戦えというのだ、連中の飛行機だって、この革の外套と同じくらい素晴らしいに違いないといった感じだった」

故郷への手紙のなかで、ドイツ兵たちは愚痴をこぼしている。食料品を除くと、ソ連には略奪に値いするものがほとんどありませんと。友情の証したる「パンと塩」など全く無視して、ドイツ兵はガチョウやニワトリ、あるいは家畜などを奪っていった。ハチミツを取るため巣箱を破壊し、どうかそれだけはという声にも耳を貸さず、冬場を乗り切るための蓄えまでも、残らず持ち去った。改めて考えてみると、フランス遠征の時は、かっ攫うものだらけで、夢のような体験だったと〝ランツァー（兵隊）〟たちはため息をついた。しかも、フランスと違って、赤軍の奴らは、すでに負けているというのに、負けを認めようとせず、いつまでもしつこく戦い続けるのだった。

ソ連人捕虜の窮状にうっかり同情すると、そのドイツ兵は仲間たちから爪弾きにされた。圧倒的多数のドイツ兵は、数十万にのぼる捕虜たちに対し、害虫を見るような目をむけた。その後の処遇も加わって、捕虜たちの哀れな状態は、目を背けたくなるほどに劣化していき、この八年間、ドイツの宣伝機関が国民に吹きこんだ〝偏見〟を裏書きするような実態をつくりだした。まさに「予言の自己成就」である。人間性を剝奪された捕虜たちは、予言どおり〝ウンターメンシェン（人間以下）〟になり果てたのだ。連中は「牛みたいに、草を食べています」。ソ連人捕虜の監視任務にあたるとあるドイツ兵が、故郷に宛てた手紙にそう書いている。ジャガイモ畑の脇を通りかかった時、「やつらは地面につっぷして、指で穴を掘り、イモを生のまま囓りだしました」と。「バルバロッサ作戦」は包囲・殲滅戦が基本だったにもかかわらず、ドイツ軍当局は、その結果たる厖大な数の捕虜対策をあえておこなわずにきていた。放置によって死に至れば、結果的に食わせる口がそれだけ少なくて済むからである。

戦線のはるか後方、「ポーランド総督領」にあるドイツ国防軍の収容所にソ連人捕虜の一団がたどり着いた。その時の様子を、ひとりのフランス人捕虜が記している。「ロシア兵は五列縦隊で到着した。ひとりでは歩けないため、横一線が互いに腕を組んで支え合っていた。〝歩く骸骨たち〟というのが唯一適当な表現だろう。顔の色は黄色どころか、すでに緑がかっていた。ほとんど全員、目が泳いでおり、きちんと焦点を結ぶ体力がないように見えた。倒れる時も、五人同時に倒れた。ドイツ兵が駆け寄ってきて、小銃の台尻やあるいは鞭で、かれらを打擲《ちょうちゃく》した」

捕虜の数が十月までに三〇〇万人に達すると、ドイツ軍の将校たちも処遇方法の変更を模索するようになった。かれらに食事を与え、監視兵の穴埋めにつかったり、輸送手段の不足をかれらで解消しようと試みている。それでも、赤軍所属の捕虜のうち、数千人《サウザンズ》――数千ないし数万――が次々と命を落としていった。わがドイツのトラックや列車が「ひどい臭いのする」連中に「汚染される」ことを嫌った国防軍により、徒歩による長距離移動を強いられたことが、その主な原因である。しかるべき収容施設も用意されなかった。捕虜たちは屋根などない、鉄条網で囲まれただけの空間に数万人が押し込められた。食料や水の類いはほとんど提供されなかった。ひとたび占領したら、その土地の人口稠密問題を解消するため、ソ連市民三〇〇〇万人を殺すことが、そもそもナチの「飢餓計画」の一環だったから。負傷した兵士の手当ては赤軍の軍医に任された。だが、医療行為をおこなうための諸々の手段はおよそ乏しかった。ドイツの監視兵は、全員には到底行き渡らない量のパンを鉄条網越しに投げ入れて、あとは男たちが奪いあうさまをただ眺めて楽しんだ。一九四一年だけで二〇〇万人を超えるソ連人捕虜が、飢えや病気、直射日光や寒さによる体調不良で亡くなっている。

一方、ソ連兵の方も似たようなもので、一時の激情に駆られてドイツ人捕虜を撃ったり、銃剣で突き刺したりしていた。いきなり国土を侵犯され、しかもドイツ軍の戦いぶりはおよそ容赦のないものだったから。いずれにしろ、混乱のなかで当人たちが撤退している状況下では、捕らえた敵兵に食事を与えたり、かれらを監視することなど、どだい無理なのだ。それはつまり、命を長らえたドイツ人捕虜がほとんどいないことを意味していた。ドイツ人捕虜を尋問し、情報収集をおこなおうと目論んでいた上級司令官たちは、問いただすべき「舌」が皆無と聞かされて、怒り心頭だった。

「憎悪に恐怖を掛け合わせる」宣伝手法は、パルチザン相手の残虐行為にも、大きく影を落としていた。「ＯＫＷ（ドイツ国防軍最高司令部）」はたしかに、政治委員とパルチザンはすべて銃殺せよと指令していた。ただそれ以前から、ドイツ軍には元々、その形態のいかんにかかわらず、不正規兵を嫌う伝統があり、〝ゲリラ〟に対する嫌悪感情を長年涵養してきた面がある。なるほどスターリンは、一九四一年七月三日の演説のさい、ドイツ軍の後方地域で暴動や反乱を起こせと呼びかけてはいる。ただ、上からそうした指示が出される前から、似たような動きは自然発生的に始まっていた。ドイツ軍が電撃的侵攻を実現すべく重要度の低い地域をあえて素通りしたため、置き去りにされた赤軍兵士が前線の背後に塊となって点々と残るかたちとなった。それらを核にして、森林地帯や沼沢地を根城に、ある種の抵抗グループが生まれ、さらにドイツ軍による迫害や、住んでいた村の破壊から逃れてきた人々をあわせ吸収し、徐々にその勢力を強めていったのだ。

元々そこにある野や森で生活の糧を得ていたのだから、ソ連のパルチザンはその地で生きる術や、あるいは姿や気配を巧みに消す方法を、ごく自然に身につけていた。このためごく短期間のうちに、かれらは「バルバロッサ作戦」の計画立案者が想像もしなかったほどの大きな脅威へと育っていく。一九四一年九月初めまでに、ウクライナだけでも、六三個のパルチザン分遣隊（参加する男女は計五〇〇〇人近く）がドイツ軍の前線の背後で活動するようになっていた。これとは別に、「ＮＫＶＤ（内務人民委員部）」は八〇個のパルチザン部隊をドイツ支配地域に潜入させる計画を立て、またドイツ軍の侵攻時に、後方に敢えて居残り、ゲリラ活動を展開する〝かくれ〟分遣隊四三四個にも、それなりの訓練を施していた。合計すると、この時点で二万人を超えるパルチザン戦士がすでに配備を終えるか、その準備中という状態にあったのだ。ドイツ軍の将校に変装して、暗殺活動に従事する専門要員までいた。鉄道の線路にとどまらず、機関車や客車、兵員輸送車、補給用のトラック、オートバイにまたがる伝令、あるいは橋梁、燃料・弾薬・糧食の集積所、地上通信線、電信装置、飛行場なども、すべて攻撃目標とされた。パルチザンの分遣隊は、パラシュートで投下された無線機からの指示に従い、主に「ＮＫＶＤ」前線部隊の将校の指示に従って動いた。パルチザンが現地で得た情報はモスクワまで送られ、また同じルートを逆にたどって、様々な指示が現場まで下りてきた。

占領した大地に入植民を送り込み、「エデンの園」を築くというのがヒトラーの基本構想だった。だが、パルチザンの〝跋扈《ばっこ》〟は当然ながら、そこに自分の土地を得て、楽園づくりに勤しむ可能性のあるドイツ人や〝フォルクスドイチュ（民族ドイツ人）〟の意欲を削ぎ、結果、構想は足踏み状態となった。国境の東方、そこにドイツ民族のための〝レーベンスラウム（生存圏）〟を建設するという一大構想を実現するには、「浄化」された土地と、徹頭徹尾、従属的な小作人階級という二つの要素が不可欠だった。予期されたことではあるけれど、ナチによる〝匪賊討伐〟は、しだいにその残酷の度を強めていった。パルチザンの襲撃があると、その周辺の村々が「復仇」の名のもとに焼き尽くされた。取っていた人質は処刑された。パルチザンに手を貸したと見なされた若い女性や少女たちが、敢えて公開の場でつるし首にされるなど、とりわけ人目を引くような、限度を超えた処刑方法も実施された。だが、報復行為が苛酷になればなるほど、当然ながら抵抗への決意もそれだけ強くなった。ソ連のパルチザン指導者は多くの場合、侵略者への憎悪をいっそうかき立てるため、ドイツ側の報復を招くことをあえて狙って、意図的挑発をおこなったりもした。まさに、慈悲の心とは無縁の「鋼の時代」が到来したのである。紛争の当事者たる独ソの両国家にとって、いまや個々人の生活などはなんの価値もなくなってしまった。特にドイツ人の目に、その個々人が〝ユダヤ人〟として映っている場合は、尚更である。

「ホロコースト」に至る道は、実際には二段階に分かれていた。ヴァシリー・グロースマンはのちにそれを「銃弾によるショア（大量虐殺）」と「ガスによるショア」と呼んでいる。最終的には、まるで工場の作業現場のように、淡々と人殺しが実行される「絶滅収容所」まで行き着くのだが、そこに至るプロセスには、少なくとも紆余曲折があった。一九三九年九月まで、ナチ政権が望んだのは、社会的な冷遇や侮辱、財産の没収などを通じて、ドイツ、オーストリア、チェコ在住のユダヤ人に対し、他地域への移民を強いるやり方だった。だが、いったん戦争が始まってしまうと、そうしたやり方はしだいに困難になった。しかもポーランドを征服した結果、さらに一七〇万人ものユダヤ人を、ドイツの支配下に新たに抱え込むこととなったのだ。

一九四〇年五月、フランス侵攻作戦のおり、親衛隊全国指導者ヒムラーは「東方の異邦人の取り扱いにかんする若干の考察」と題する文書をヒトラー総統のために作成している。そのなかでヒムラーは、「人種的に価値のある」ものをゲルマン化できるように、ポーランド国民全体をふるいにかけ、その結果、残ったものたちについて、奴隷労働に従事させるという案を提示している。ユダヤ人にかんしては、とヒムラーは書いている。「アフリカその他の植民地に大規模移住させる可能性を通じて、ユダヤ人という概念自体の完全なる一掃を私は希望する」と。かのヒムラーでさえこの時点では、「ボリシェヴィキ流の物理的絶滅方式」たるジェノサイドについては、「非ドイツ的であり、不可能」であると考えていたことが分かる。

ヒムラーの構想において、ヨーロッパ系ユダヤ人の移送先として注目されたのは、仏領植民地のマダガスカル島だった（一方、当時は中間管理職だったアドルフ・アイヒマンが考えていたのは、英委任統治領のパレスチナだった）。さらにヒムラーの右腕、ラインハルト・ハイドリヒもまた、ドイツ占領地域に暮らすユダヤ人三七五万人の処遇について論じている。ハイドリヒは、これだけの人数を外地に強制移住させることは不可能であり、なんらかの「地域内的解決策」が必要であるとしている。いちばんの問題は、たとえフランスのヴィシー政権が了承しようと、イギリスが制海権を握っている現状では、この〝マダガスカー・プロイェクト（マダガスカル計画）〟を実現する目処が立たない点にあった。このような経緯から、海外移送という案は一時保留となったが、望ましい選択肢のひとつとして生きていたことも事実である。

一九四一年三月、ポーランド内のユダヤ人ゲットーが収容能力の限界を見せはじめたとき、大がかりな断種措置の実施が検討された。だがその後、「バルバロッサ作戦」にむけたヒトラーの構想が本格化すると、ソ連に勝利した暁には、スラブ人三一〇〇万人だけでなく、ヨーロッパ全土からかり集めたユダヤ人も丸ごと強制移住させ、ソ連深奥部に押しこめてしまうという案が、ナチ上層部で勢いを得るようになった。その実施の時期は、ドイツ陸軍がアルハンゲリスク＝アストラハン線まで到達し、またドイツ空軍が、ウラル山脈以東に長距離爆撃機を送り込んで、ソ連の軍需工場や交通の要衝を攻撃できるようになるころ——とされた。「ポーランド総督府領」を統治するハンス・フランクにとって、来るべきソ連侵攻作戦は、わが〝領地〟に押しつけられたユダヤ人を厄介払いする天与の機会と受け止められた。

ただ、ハイドリヒたちナチ党のその他の幹部は、より喫緊の課題、特に「占領地の平定」問題に神経を集中させていた。ヒトラーの考える「平定」という概念はきわめて明瞭だった。かれは東部占領地域相のアルフレート・ローゼンベルクに話している。われわれに睨まれて「つい視線を逸らすような輩はすべて射殺してしまうのだ。それが最善の策だ」と。というわけで、軍の規律維持が絶対要件である場合を除いて、民間人相手に犯罪をおかしても、兵の罪は問われなくなった。

かつてドイツ陸軍の司令官たちは、時には異議を唱えることがあった。だが、フランス遠征の大勝利のあと、かれらはたんなる崇拝者と化し、総統閣下のなすことに、いかなる疑義も挟まなくなった。なかには〝フェアニヒトゥングスクリーク（絶滅戦争）〟という考えに、積極的賛意を示す司令官さえいた。ポーランド侵攻時には、親衛隊の蛮行を見て、ドイツ陸軍の内部に怒りの感情がわき起こったものだが、いまやそうした空気はどこにも見られなかった。フォン・ブラウヒッチュ陸軍総司令官は、親衛隊ナンバー・ツーのハイドリヒとよく連絡を取りあい、「バルバロッサ作戦」のあいだ、陸軍と親衛隊の橋渡し役をつとめた。蛮行の担い手、「アインザッツグルッペン（特別行動部隊）」に対し、ドイツ陸軍は糧食を供給したし、陸軍の各軍司令部も情報将校を通じて、かれらと接触を保っていた。それゆえ、ドイツ陸軍の軍司令部レベル、高級参謀レベルのいかなるものも、「アインザッツグルッペン」の活動について、自分は知らなかったとは主張できないはずである。

「ホロコースト」の第一段階、グロースマンのいう「銃弾によるショア（大量虐殺）」は通常、ナチ親衛隊傘下の「アインザッツグルッペン」三〇〇〇人による行為として記憶されている。それゆえ、「秩序警察」の二一個大隊一万一〇〇〇人が、進撃する陸軍のかなり後方で、第二波としておこなった虐殺行為については、しばしば見過ごされがちである。ヒムラーはまた、そうした行為を随時〝応援〟できるよう、武装親衛隊のなかに、一個騎兵旅団およびその他二個旅団を別途編成して待機させていた。「第一ＳＳ騎兵連隊」のヘルマン・フェーゲライン連隊長などは、一九四四年にエーファ・ブラウンの妹と結婚し、ヒトラー総統の側近グループ入りを果たすなど、その覚えはめでたかった。ＳＳ騎兵は、ヒムラーの命令を受けて、ユダヤ人男性を手当たりしだい処刑したり、ユダヤ人女性をプリピャチ沼沢地の湿原内に追い込んだりした。一九四一年八月半ばまでに、同ＳＳ騎兵旅団は、戦闘においてロシア兵二〇〇人を殺すとともに、一万三七八八人の民間人を射殺したと、その戦果を誇っている（ここでいう民間人の大半は、〝略奪者〟と認定されたユダヤ人である）。

ソ連侵攻に投入されたドイツ陸軍の三個軍集団の背後には、いずれも一個「アインザッツグルッペ」（単数形）が付き従っていた。その後、南方の黒海方面の部隊にも、さらに第四の一個「アインザッツグルッペ」が追加され、こちらはもっぱらルーマニア軍およびドイツ「第一一軍」のあとに付く形で〝特別行動〟に従事した。特別行動部隊の構成員は、〝ヒムラー帝国〟のあらゆる部門から徴集された。

「武装親衛隊」、「ジッヒャーハイツディーンスト（親衛隊保安部／SD）」、「ジッヒャーハイツポリツァイ（ジポ／保安警察）」、「クリミナールポリツァイ（クリポ／刑事警察）」、そして「オルドヌングスポリツァイ（オルポ／秩序警察）」などである。各「アインザッツグルッペ」はおよそ八〇〇人で構成されていた。内訳は、実戦部隊の直後で活動する二個「ゾンダーコマンド（特別分遣隊）」と、それより若干後方で活動をおこなう二個「アインザッツコマンド（出動分遣隊）」である。

ハイドリヒは、親衛隊内の知的エリートで構成された「アインザッツグルッペン」の各指揮官——過半数が博士号を持っていた——に対して、こう指示している。占領地の「反ユダヤ」グループに働きかけをおこない、ユダヤ人と共産主義者を殺させよと。それは「自浄努力」と呼ばれた。各指揮官には事前の注意が与えられた。ドイツの公式の承認があったとかれらに示唆することや、かれらの行動が将来の政治的独立につながるがごとき印象を与えることは、まかりならぬと。一方、「アインザッツグルッペン」本体がもっぱら対象としたのは、共産党幹部、政治将校、パルチザン、破壊活動家、および「党と国家の主要ポストにいるユダヤ人」の処刑である。ハイドリヒはおそらく、こうも示唆したと思われる。もし諸君が、任務の遂行に必要と判断したならば、こうした範疇を超えて、たとえば徴兵年齢にあるユダヤ人男性を射殺するがごとき「前例のない過剰行為」に及ぶことも可能であるし、また及んでしかるべきであると。ただ、この段階においては、ユダヤ人の女性および子供の殺害を促したと見なせるような公的指示はいっさい出ていない。

ユダヤ人の成人男性に対する殺戮行為は六月二十二日、ドイツ陸軍が国境を越え、ソ連領内に侵入するや否や始まっている。初期段階の殺戮はハイドリヒが予言したとおり、リトアニア人とウクライナ人の「反ユダヤ」主義者がその担い手となった。ウクライナ西部において、かれらは二万四〇〇〇人のユダヤ人を殺した。リトアニア中部の都市カウナスでは、三八〇〇人が命を奪われた。時にはドイツ兵の見守るなかで、ユダヤ人たちがかり集められ、虐待を受けることもあった。ラビのあごひげを引き抜いたり、それに火をつける輩もいた。そのあと、群衆が歓呼の声をあげるなか、ユダヤ人たちは死ぬまで殴打された。こうした一連の行為は、ソ連の「ＮＫＶＤ」が撤退前にやった大量虐殺に対するいわば「復仇《ふっきゅう》」なのだという考え方を、ドイツ側は広めていった。「アインザッツグルッペン」と警察大隊もまた、ユダヤ人をかり立てて、射殺するようになった。その数は数百人、時に数千人に達した。犠牲者たちは、みずからの埋葬場所を自分で準備しなければならなかった。地面にすばやく穴を掘れないものは、その場で撃たれた。その後、かれらは全裸になるよう強制された。そうすれば、脱いだ衣服をその後再利用できるし、服のなかに貴重品や現金を隠し持っているものもいたからだ。ユダヤ人は掘った穴のふちに跪くよう言われ、しかるのち後頭部を一発撃たれた。こうすれば、重力により自然と前方に転げ落ちるのだ。別の方法を考案した親衛隊や警察部隊もあった。大きな塹壕の底にユダヤ人を一直線に寝かせ、軽機関銃でまとめて撃ったほうが作業が整然とすすむというわけだ。一列分が終わったら、その死体の上に、頭とつま先をくっつけて、きちんと詰めて横たわれと命令し、次の一列にまた銃弾を浴びせる。鰯の缶詰を連想させることから、このやり方は「サーディン方式」と呼ばれた。ごく稀なケースだが、ユダヤ人をシナゴーグ（ユダヤ教会堂）に押し込め、外から火を放った例もある。逃げだそうとするものは、全員射殺された。

親衛隊全国指導者ヒムラーは、現場視察を絶えずおこない、具体性に乏しい発破をかけて回った。そのせいで、作業プロセスは過激化の一途をたどった。当初の対象範囲は「党と国家の主要ポストにいるユダヤ人」だったが、たちまち徴兵年齢にあるすべてのユダヤ人男性に拡大し、さらには年齢に関係なくすべてのユダヤ人男性がこれに含まれるようになった。六月末から七月初めの時期、ユダヤ人の女性や子供に手をかけるのは、もっぱら地元の「反ユダヤ」グループだけだったが、七月末になると、「アインザッツグルッペン」や、あるいはヒムラー直属の武装親衛隊旅団および警察大隊も、女性や子供をごく普通に殺すようになった。こうした作業を実施面で補佐したのが、現地雇いの警察官からなる、およそ二六個大隊にのぼる面々（ヒトラーはスラブ人の武装化は禁じていたのだが）だった。これらの大半は、略奪し放題の役得があると聞いて、群がり集まってきた連中だった。

NKVD「第七局」が、のちにドイツ人捕虜を対象におこなった尋問によると、通常のドイツ陸軍の兵士だけでなく、ドイツ空軍関係者もこうした殺害行為に加わっていたという。「第三飛行隊のあるパイロットは、自分は開戦初期に、〔ウクライナ南西部の〕ベルジチェフ付近の村のひとつで、ユダヤ人グループの処刑に参加した」と語った。これらのユダヤ人は、ドイツ人パイロット一名を赤軍に引き渡した罰として、死刑に処せられたのだ。「第七六五工兵大隊」のトラクスラーという一等兵は、〔ウクライナ北西部の〕ロヴノとドゥブノの付近で、武装親衛隊の兵士がユダヤ人を処刑するところを目撃している。兵士のひとりが、こいつはちょっとひどいんじゃないかと口にすると、同じ部隊に所属する、グラフという名の下士官がうそぶいた。「ユダヤ人は豚だ。それを処分することは、自分が文明人であることの証しなのだ」と。

ある日、ドイツの輸送部隊の一等兵が、所属する中隊の主計担当と、偶々《たまたま》その場面に出くわした。「針金で互いに手をつながれた男性や女性、子供たちが、親衛隊の人間に追い立てられていた」。二人は何事だろうと見にいった。村のはずれに、深さおよそ三メートル、長さ一五〇メートルほどの塹壕があるのが見て取れた。数百人のユダヤ人が駆り集められていた。犠牲者は塹壕の底に一列に無理やり寝かされ、ひとりの親衛隊員が塹壕の傍らを歩きながら、ソ連軍から鹵獲した軽機関銃で弾を浴びせていった。一段落すると、「次のグループが前進した。かれらは塹壕に入り、死体の上に横たわらなければならなかった。とその時、ひとりの若い女の子、十二歳ぐらいだろうか、その子がよく響く、悲しげな甲高い声で泣きだした。『殺さないで。あたし、まだ子供よ！』その子はわし摑みにされ、溝のなかに放りこまれ、撃たれた」

こうした大量殺戮をかろうじて逃げのびたものも、少数ながらいた。そうした人々がその体験ゆえに、ひどい心的外傷を負ったことは驚くに値しない。ウクライナの北東の外れで、ヴァシリー・グロースマンがそうした人間のひとりと出会っている。「その娘、ドイツ兵からかろうじて逃れてきたユダヤ人のきれいな娘は、明るく、完全に気の触れた目をしていた」と、かれは取材メモに記している。

ドイツ国防軍でも、より若い将校の方が、上の世代よりも、ユダヤ人の子供を殺すことに賛意をしめす傾向が強かった。生かしておくと、命拾いしたその子供が、将来復讐のために帰ってくるというのがその主な理由である。ハインリヒ・エーベルバッハ装甲兵大将と、ドイツ海軍の士官だった将軍の息子との会話が残っている。一九四四年九月、二人がともに捕虜生活を送ったイギリスで密かに録音されたものだ。「私見だが」とエーベルバッハ将軍は話した。「たとえその数がどれだけ大きくても、百万ユダヤ人を殺すことは、わが国民の利益にかなっていたと言えると思う。とはいえ、女性や子供まで殺す必要はなかった。あれはやりすぎだ」と。すると、息子のエーベルバッハは答えた。「ですが、ユダヤ人を根絶やしにするなら、女性や子供は、少なくとも子供は、殺さないと駄目でしょう。公然とやる必要はないけれど、年配者だけ殺すことのメリットが、私には分かりかねます」

最前線にいる部隊はおおむね、こうした大量殺戮に手を染めなかったが、顕著な例外も存在する。特にウクライナに展開した武装親衛隊の「ヴィーキング」師団や、ブレスト＝リトフスクでそうした行為に加わった若干の歩兵師団がそうだ。親衛隊と陸軍の各「軍集団」司令部のあいだに、緊密な意思疎通があったことは疑いようがないけれど、それと同時に、陸軍の上級将校は、そこで起きている事態から極力距離を置こうとしたことも事実である。ドイツ国防軍では、それに加担するなとか、それに立ち会うなといった禁令も出ていたが、非番の時に残虐行為を見物にいき、その様子を写真に撮るものがしだいに増えていった。なかには、処刑担当者が一休みするあいだ、みずから志願して、その仕事を肩代わりするものまでいた。

リトアニア、ラトヴィア、白ロシアと同様、ウクライナ全域でも、大量殺戮が広がり、補助部隊員として徴集された現地人もしばしばそれに加わった。一般庶民の「反ユダヤ」感情は、かつてウクライナを襲った大飢饉のさい、大きな高まりを見せた。飢饉の深刻化は、農場の集団化と富農の排除というスターリン自身の失策が招いた結果だったが、その責任を逃れるため、ソ連機関員が噂をまき散らしたのだ。ユダヤ人こそ、今回の飢餓の元凶であると。また志願してドイツ軍に加わったウクライナ人は、ソ連人捕虜の監視役にも回された。「連中はやる気満々で、おれらの仲間のようだった」とドイツ軍のある一等兵は書いている。「おかげで、安心して仕事を任すことができたよ」と。

リヴォフやその他の都市でおこなわれた大量殺戮のあと、ウクライナ兵は、ヨーロッパでも有数のユダヤ人コミュニティがあるベルジチェフにむかった。かれらはそこで「アインザッツグルッペC」のため、大声で怒鳴りつけながら、ユダヤ人をかき集める作業を手伝った。ドイツ軍が入城する時、「兵士たちはトラックから『ユダヤ人を打倒せよ!』と叫び、腕を振りまわした」。ユダヤ人であるヴァシリー・グロースマンは後年、当時の様子を知ることになる。飛行場の脇では、二万人を超えるユダヤ人がまとめて殺された。そのなかにはグロースマン自身の母親も含まれており、かれはその後、生涯にわたって罪悪感に苛まれた。どうして自分は、ドイツ軍の侵攻が始まり、モスクワに戻る時、母をいっしょに連れていかなかったのだろうと。

イダ・ベロゾフスカヤという名のユダヤ人女性が、彼女の暮らすキエフ近郊の町にドイツ軍部隊が進駐してきた九月十九日の様子を記している。「媚びるような、嬉しそうな、卑屈な顔の人々が通りの両脇に並び、かれらの『解放者』にあいさつした。その日、私はすでに知っていた。私たちの人生は終わり、受難の日々が始まるのだと。私たちはみな、ネズミ取りにかかってしまった。いったいどこに逃げられるというの。逃げ場などもうどこにもないのだ」。ドイツ当局にユダヤ人を告発する人々の背後には、「反ユダヤ」感情だけでなく、恐怖心もあったと、ベロゾフスカヤは書いている。ユダヤ人をかくまったことが分かると、その家族全員が殺されるので、ユダヤ人に同情的な人々や、食料を提供する気のあった人々も、あえて庇護するまでのことはしなかったと。

ルントシュテット率いるドイツ「南方軍集団」に配属されたハンガリー軍はそうした大量殺戮に参加しなかったが、数多くのユダヤ人人口をかかえるオデッサ攻略にむかったルーマニア軍は、身の毛もよだつ残虐行為に及んでいる。すでに一九四一年夏、ソ連に一時占領されたベッサラビア、ブコヴィナ両地域を奪還したさい、ルーマニア軍はおよそ一万人のユダヤ人を殺したと言われている。ドイツ人の将校でさえ、同盟関係にあるルーマニア軍の行為には、雑駁で、不必要なほどサディスティックであると見なしたほどである。なかでもオデッサでは、ルーマニア軍は三万五〇〇〇人を殺している。

ドイツ「第六軍」司令官、フォン・ライヒェナウ元帥は、ドイツのすべての上級司令官のなかでもナチ思想の最大の信奉者だった。かれの「第六軍」には武装親衛隊の「第一SS旅団」が付属していた。またライヒェナウ麾下の「野戦憲兵師団」やその他の部隊も、戦いの推移のなかで、大量殺戮に手を染めていった。九月二十七日、ウクライナの首都キエフが確保されると、ライヒェナウはその直後、キエフ駐屯部隊の指揮官、ならびに特別分遣隊のひとつ、「ゾンダーコマンド4a」を率いる親衛隊将校との会合に臨んだ。そして、駐屯部隊の指揮官名で告知ポスターを掲げることが了承された。市内のすべてのユダヤ人は、来たる〝疎開〟に備えるべく、本人確認の書類、現金、貴重品、温かい衣類を携えて、集合せよという内容だった。

この剣呑な指示は、「独ソ不可侵条約」がもたらした思わぬ副産物により、その効果をいっそう高めることになった。独ソ蜜月時代、スターリン政権の検閲のせいで、ヒトラーが強烈な「反ユダヤ」思想の持ち主であることを、ソ連市民は微塵も知らされていなかったのである。それゆえ、再定住のため出頭せよと言われた時、「三万三七七一人以上」と推計されるキエフ在住のユダヤ人は、まさに指示どおりの準備をして、姿を見せたのである。輸送面で支援するドイツ「第六軍」は、来てもせいぜい七〇〇〇人ぐらいだろうと踏んでいた。だが実際に現われたのは途方もない大人数で、結果、親衛隊の「ゾンダーコマンド」がキエフ郊外のバービー・ヤール峡谷でこの人々をすべて殺し終えるまでに、じつに三日間もかかるほどだった。

キエフ郊外に暮らす前述のユダヤ人女性、イダ・ベロゾフスカヤは、キエフ在住のユダヤ人が集合させられた時の様子を記している。そのなかには彼女の実家の人々も含まれていたけれど、イダだけは、たまたま結婚相手が〝異教徒〟だったため参加しなかった。「九月二十八日、私の不運な同胞たちが最後の旅に出かけるところをロシア人である夫とその女きょうだいが、見にいってくれた。ドイツの野蛮人は、かれらをどこか別のところへ移送するだけで、みんなで数日間の旅を続ければ、〝救済〟が待っているかのように見えたと二人は言うし、私たちはみな、それを信じたい気持ちだった。集まってきた全員を受け入れる時間がなかったため、人々は翌日また来るようにと申し渡された（ドイツ人は決して残業しないのだ）。そして人々は、翌日も、またその翌日も姿を見せ、それはかれらがひとり残らず、この世界を離れる日まで続いた」

彼女のロシア人の夫は、そうした輸送部隊の後を追い、バービー・ヤールまで足を運び、なにが起きているのかを自分の目で確認した。「高い塀の裂け目から、夫はなかを覗いてみた。人々は選り分けられ、成人男性は片方に行くように言われ、女性と子供はもう片方にすすむように言われた。みな裸だった（あらゆる私物は別のところに置いていかなければならなかったのだ）。とそこへ、軽機関銃や機関銃が持ちこまれ、人々の絶叫や悲鳴のなか、発砲音がいつまでも聞こえた」そうだ。

親衛隊傘下の殺戮部隊からなんとか逃げ果《おお》せたソ連のユダヤ人は一五〇万人余りと推計されている。ただ、ソ連のユダヤ人の大半は集団をつくって暮らしており、特に西部地域、なかでも都市や大きな町のユダヤ系住民にそうした傾向が強かった。おかげでドイツ側の仕事はやりやすかった。しかも、「アインザッツグルッペン」側の予想に反し、ドイツ陸軍の指揮官は協力的で、時には簡単な手助けもしてくれ、かれらにはうれしい驚きだったという。一九四二年末までに、アインザッツグルッペン、秩序警察、対パルチザン部隊、そしてドイツ陸軍の手にかかって命を落としたユダヤ人は、計一三五万人強に達したと推計されている。

次に「ホロコースト」の第二段階、すなわち「ガスによるショア（大量虐殺）」についてだが、こちらもまた行き当たりばったりの展開だった。ヒトラーは早くも一九三五年に、開戦の暁には一種の安楽死計画を導入するつもりだと示唆している。ナチ党は、猟奇的犯罪をおかしたもの、〝精神が薄弱〟なもの、先天性の病気をかかえ、ために普通の社会生活が送れないもの、そして障害のある子供たちをひとまとめにして、「生きる価値のない人生」を送るものというカテゴリーに分類した。安楽死の最初の事例は、一九三九年七月二十五日に見ることができる。やったのはヒトラーの主治医であるカール・ブラント医博で、博士は総統から、一種の顧問委員会を創設するよう要請された。ポーランド侵攻までもう二週間もないという時期だったが、ドイツ内務省は各病院に対して「奇形の新生児」の例を残らず報告するよう通達した。症例報告の義務化がすすむにつれ、その対象範囲はこの前後の時期に、全成人にまで拡大された。

ただ、精神病の患者を対象とする最初の〝安楽死〟の事例は、ポーランド侵攻の三週間後のことであり、場所もポーランドにおいてだった。患者たちは付近の森に連れていかれ、そこで射殺された。その後、その他の収容施設においても、この先例にならうように大量殺人が実施され、二万人を超える人間が命を落とした。ポメラニア出身のドイツ人患者もまた、射殺の対象とされた。その結果、空っぽになった二カ所の病院は、武装親衛隊の兵舎となった。十一月末までに、一酸化炭素をもちいるタイプの固定式ガス室が順次稼働に入り、十二月にはヒムラーがそのうちのひとつの運用状況を視察している。一九四〇年初めには、荷台部分を密封構造に改造したトラックが、移動式ガス室としてつかいものになるかどうか、テストがおこなわれた。患者を他の場所に移動する手間が省けるため、実験は成功と見なされた。この実験の提唱者は、この方式ならば、ひとり当たり僅か一〇ライヒスマルクで処置が可能ですと請け合った。

ベルリンからの指示に従い、このシステムは「T４」という呼称のもと、ドイツ本国でも利用されるようになった。実施にあたっては、親たちに対する誘導がなされた。障害をかかえたおたくのお子さん（たんなる学習障害のものもいた）を別の施設に転院させませんか、そうすればもっとよい治療が受けられますよと。そして後日、親たちは告げられた。残念ながら、お子さんは肺炎で亡くなりましたと。ドイツ人の成人・児童およそ七万人が、一九四一年八月までに、ガス室で殺された。この数字には、運悪くこの時期に入院していたドイツ系ユダヤ人も含まれている。

だが、犠牲者の数があまりに多く、しかも死亡証明書の死因があまり納得のいくものではなかったため、安楽死計画の存在が露見してしまう。伯爵で、当時ミュンスター教区の司教だったクレメンス・オーギュスト・フォン・ガレン〔のち枢機卿。二〇〇五年、ナチ政権下での勇気ある抵抗が認められ、教皇ベネディクト十六世により列福〕が聖職者グループを率いて非難の声をあげ、ヒトラーは八月、同計画を中止させた。だがその後も、この計画は水面下で継続され、大戦終了までにさらに二万人が犠牲となった。安楽死計画にかかわった面々は一九四二年に徴集され、ポーランド東部に設けられた絶滅収容所の所員をつとめている。何人かの歴史家が強調しているように、ナチの安楽死計画はいわゆる「最終的解決」の予行演習という意味合いのほかに、人種的、遺伝子的に純血な社会を実現するというナチ的理想をかなえるひとつの基盤でもあったのだ。

議論を呼びそうな決定について文書を残したがらないヒトラーの性向もあって、歴史家たちは「最終的解決」の発動がいつ決定されたのか、その正確な日時を割りだすため苦労してきた。かれらは補助的、副次的な周辺文書を洗い、そこでつかわれている婉曲表現や持ってまわった言い回しをなんとか読み解こうとあれこれ工夫した。だがそれは、不可能な作業であることがやがて明らかとなる。ひとつの民族集団を絶滅させるというこの運動は、国家のトップからの、記録に残らない形での奨励によるものではあったけれど、同時にそれは、さまざまな異なる殺戮集団が、それぞれの現場においておこなった実験や、互いに統制の取れていない試行錯誤を経ながら、徐々に形成されたものだからである。興味深いことに、それはドイツ陸軍の機動的組織運用を可能にした「訓令戦術《アウフトラークスタクティク》」とある種の相似形をなしている。将軍から下りてくるのは大方針であり、それらを現場の個々の指揮官が臨機応変に任務化し、実戦に活かすからこそ、組織は有機体として動けるのだ。

「ジェノサイド」の全面展開にむけゴーサインが出された時期について、一部の歴史家は一九四一年七月もしくは八月であろうと、なかなか説得力豊かに論じている。この時期、ドイツ国防軍はいまだ、短期決戦によってソ連に勝利する目が残っていると信じており、余力があったからだと。いやいや、そうした決断がなされたのは秋になってからだと見る歴史家もいる。ドイツ軍のソ連侵攻のスピードが目に見えて鈍化し、ソ連奥地への強制移送という「地域内的解決策」がしだいに現実味を失ったのがこの時期だからだと。いやいや、もっと後だったという説を唱える歴史家もいる。その時期は、ドイツ陸軍がモスクワ郊外で行き足を完全に止め、ヒトラーがアメリカに対して宣戦布告をおこなった十二月の第二週だというのである。

ただ、それぞれの「アインザッツグルッペ」は自分たちの任務を微妙に異なるかたちで解釈しており、その事実に着目するなら、中央から統一的な指示はなかったのかもしれない。いずれにせよ、一九四一年八月以降は、いっさい例外なしの〝民族絶滅〟が通例となり、ユダヤ人は女性や子供も含めて、まとめて殺されるようになった。八月十五日にはミンスク付近で、一〇〇人のユダヤ人を一気に処刑するさまが、親衛隊全国指導者ヒムラー閣下列席のもとにお披露目されている。この派手な虐殺ショーは、ヒムラーの要請を受けて、「アインザッツグルッペB」が組織したものだったが、この手の経験が初めてであったため、当のヒムラーはあまりの凄惨さに目を逸らしてしまった。エーリヒ・フォン・デム・バッハ＝ツェレウスキーSS大将はのちに、一〇〇人をまとめて射殺するなんて、あの時だけだったと強調している。「分遣隊員たちの目を見てやってください」とバッハ＝ツェレウスキーは当時ヒムラーにいった。「かれらがいかに震えているか！　あのものたちは、残りの人生を棒に振ったのですよ。われわれがここで訓練している、忠良なる党員とはいかなるタイプの人間なのか。気が触れているか、さもなければ野蛮人かのいずれかです！」と。バッハ＝ツェレウスキー自身も、悪夢と胃痛に心身を苛まれ、その後入院せざるを得なくなった。親衛隊でいちばんの医師をつけてやってくれ、とヒムラーは命じている。

視察後、ヒムラーは訓示をおこない、諸君の行動は完全に正しいと請け合うとともに、ヒトラー総統も、東方地域の全ユダヤ人の一掃を命じられていると述べた。ヒムラーはさらに、かれらの仕事をシラミやネズミの駆除にたとえている。その日の午後、ヒムラーは「アインザッツグルッペB」の部隊長で、バッハ＝ツェレウスキーの名代として銃撃の指揮を執ったアルトゥール・ネーベと話し合った。ネーベはそのさい、爆発物をもちいたやり方の実験を提案し、ヒムラーは了承した。だが、実際にやってみると、この手法はスマートさに欠け、辺り一面が修羅場と化し、大失敗であった。その次に試みられたのがガス・トラックで、車の排気管から出る一酸化炭素を二次利用するという案だった。処刑を担当するものにとって、もう少し「やさしい」方法を見つけてほしいとヒムラーは要請した。ヒムラーはまた、兵士たちの精神面の福祉に配慮を見せ、合唱の夕べなど、社会活動を試みてはどうかと各指揮官に提案している。だが、大半の兵士たちは、人殺しのあとは酒を飲んですべてを忘れる方を選んだ。

ユダヤ人の殺害方法がさらに過激化するのは、ドイツ国防軍がソ連人捕虜を手荒く扱い、公然と殺し始めるのと、ちょうど同じ頃である。九月三日、総合化学企業「IG・ファルベン」が開発した殺虫剤「ツィクロンB」がアウシュヴィッツにおいて初めて使用された。だがこの時、実験対象に選ばれたのはユダヤ人ではなく、ソ連人およびポーランド人の戦時捕虜だった。ドイツおよび西ヨーロッパから、東方地域へと移送されてきたユダヤ人が、警察関係者の手で、到着の直後に殺されるようになったのもこの時期である。あまりに厖大な人数を押しつけられたため、それしかやりようがなかったのだとかれらは主張した。たしかに、ドイツの東方占領地域――「ライヒスコミッサリアート・オストラント（バルト三国と白ロシアの一部）」ならびに「ライヒスコミッサリアート・ウクライナ」――を担当する行政官たちは、自分たちがどのような施策をとるべきか、皆目見当がつかなかったのである。なにしろ、ナチ党の対ユダヤ政策が確定するのは、翌一九四二年一月の「ヴァンゼー会議」以降なのだから。

章末注

(420)「女性が二人して」：O'Gefr. Hanns W., 387. Inf.Div., 31.5.42, BfZ-SS 45 842

(420) ウクライナの大飢饉：（参考）Snyder, *Bloodlands*, p.53

(421)「その兵士の丈の長い」：Grossman papers, RGALI 1710/ 3/49

(422)「牛みたいに」「地面につぶして」：Sold. Josef Z., 3.Kp/Ldsschtz. Btl.619, 12.9.41, BfZ-SS 20 355 D

(422)「ロシア兵は五列縦隊で」：Paul Roser testimony, IMT VI, p.291, Peter Padfield, *Himmler, Reichsführer-SS*, London, 2001, p.431からの引用。

(424) 一九四一年九月二日時点でのパルチザンの準備状況：2.9.41, Bellamy, *Absolute War*, pp.267-8

(425)「鋼の時代」：Grossman papers，RGALI 1710/3/43

(425)「銃弾によるショア（殺戮）」：Vasily Grossman, *The Road*, London, 2009, p.60

(426)「若干の考察」：Christopher Browning, 'Nazi Resettlement Policy and the Search for a Solution to the Jewish Question, 1939-1941', *The Path to Genocide: Essays on Launching the Final Solution*, Cambridge, 1992, pp.16-17 書中の論文。Mark Mazower, *Dark Continent: Europe's Twentieth Century*, London, 1998, p.170からの引用。

(426) ヒムラーとマダガスカル島：Christopher R. Browning, *The Origins of the Final Solution*, London, 2004, pp. 81-9

(426)「地域内的解決策」：Kershaw, *The Nazi Dictatorship*, p.112からの引用。

(427)「つい視線を逸らすような輩」：*ibid.*, p.266からの引用。

(428)「アインザッツグルッペン」について：（参考）*ibid.*, pp.224-43

(429)「自浄努力」：*ibid.*, p.228

(429)「党と国家の主要ポストにいるユダヤ人」：*ibid.*, p.219

(430)「サーディン方式」：Raul Hilberg, *The Destruction of the European Jews*, New York, 1985, p.146

(431)「第三飛行隊のあるパイロット」：TsA FSB 14/4/326 pp.264-7

(431)「男性や女性、子供たちが」：Gefr. Hans R., Interview 'Die Deutschen im Zweiten Weltkrieg', SWF TV, 1985, Robert Kershaw,

War without Garlands, London, 2009, pp.285-6からの引用。

(432)「ドイツ兵からかろうじて逃れてきたユダヤ人のきれいな娘」：RGALI 1710/3/49

(432)「私見だが」：TNA WO 208/4363

(433)「連中はやる気満々で、おれらの仲間のようだった」：Gefr. Ludwig B., Nachsch.Btl.563, 27.7.42, BfZ-SS 28 743

(433)「兵士たちはトラックから」：Grossman papers, RGALI 1710/1/123

(433)「媚びるような、嬉しそうな」：Ida S. Belozovskaya, GARF 8114/1/965 pp. 68-75

(435)ドイツ「第六軍」とバービー・ヤール峡谷：Hannes Heer (ed.), *Vernichtungskrieg. Verbrechen der Wehrmacht 1941 bis 1944*, Hamburg, 1996

(435)「九月二十八日」：Ida S. Belozovskaya, GARF 8114/1/965 pp. 68-75

(436)「奇形の新生児」：Henry Friedlander, *The Origins of Nazi Genocide: From Euthanasia to the Final Solution*, Chapel Hill, 1995, p.43［「安楽死計画」にかんする部分は、このフリードランナー氏の著作がおもな情報源である］

(439)「目を見てやってください」：Hilberg, *The Destruction of the European Jews*, p. 137からの引用。

第14章 「大同盟」に向けて 一九四一年六月〜十二月

チャーチル首相には、いざ軍場《いくさば》となると、まるで思いつきのような〝妙案〟を次から次へと口走り、周囲のものを辟易させる癖があった。同僚のひとりによると、厄介なのは、そうしたアイデアのうち、多少なりとモノになりそうなのがどれなのか、当人すら分からない点だった。ただ、チャーチルという人間は、政治哲学者アイザイア・バーリンの言う、たくさんのことを知っている「狐」タイプではあったけれど、同時にデカいことをひとつ知っている「ハリネズミ」タイプでもあったのだ。結局、イギリスがどれほどしゃかりきになろうと、たった一カ国でナチ・ドイツに勝てる見込みがないことぐらい、かれは十分承知していた。その大状況さえ押さえていれば、あとはすべて些事である。だからこそ、一九四〇年五月に息子ランドルフに予言したように、ここはアメリカ合衆国を是が非でもこの戦争に巻きこまなければならないのであった。

この揺るぎない目標を達成するため、チャーチルは従来、蛇蝎のごとく嫌ってきたボリシェヴィキ政権と今後は同盟関係を結ぶべく、すぐさまメッセージを発した。一九四一年六月二十二日、ドイツがソ連への侵攻を開始したことを受けたラジオ演説のなかで、「これまで言ってきたことを、以後、敢えて口にするつもりはない」と明言したのである。「現在進行中の一大事の前では、すべてが霞んでしまう」からであると。チャーチルはそのあと、個人秘書のジョン・コルヴィルにこう漏らしている。「ヒトラーが地獄にむけて侵攻してくれたとあっては、わが下院において、かの悪魔に一言、声援を送ってやらねばなるまい」と。その夕刻におこなわれたチャーチル首相の議会演説は、アメリカのジョン・G・ウィナント駐英大使と事前に内容を詰めたもので、ソ連に対し「力のおよぶ限り、いかなる技術的、経済的支援も惜しまない」と言い切った。この演説はイギリスでも、アメリカでも、そしてモスクワでも、好印象をもって受け止められた。ただ、スターリンとモロトフはこの時点でも、イギリスはルドルフ・ヘスの秘密任務について、いまだ真相を語っていないと確信してはいたのだが。

その二日後、チャーチルは「SIS（秘密情報部／いわゆる「MI6」）」の長官、スチュワート・ミンギスに、「ウルトラ」情報をクレムリンにも送ってやれと指示した。「それは致命的結果につながりますよ」とミンギスは警告した。ソ連赤軍には優秀な暗号解読者がいないので、情報の出所がたちまちドイツ側に漏れてしまいますと。この指摘には、チャーチルもなるほどと同意したけれど、「ウルトラ」情報はその後、出所についてしかるべき偽装を施したうえで、ソ連側にも提供されるようになった。これに続く形で、英ソ間の軍事協力にかんする交渉もほどなく開始された。ただこの時点では、赤軍はおそらくナチの猛攻は凌げないだろうと、イギリス政府は見ていた。

その一方で、大西洋の向こう側の展開は、チャーチルを勇気づけるものだった。七月七日、ローズヴェルト大統領はアメリカ議会に対し報告した。米軍部隊はすでにアイスランドに上陸し、イギリス兵、カナダ兵のかわりに、島の守備任務についたと。七月二十六日、アメリカ・イギリス両国は、米英にある日本資産を凍結すると発表した。仏領インドシナの占領行為に対する報復措置だった。日本軍がインドシナに進駐したのは、いわゆる「ビルマ・ロード」——蔣介石率いる中国国民党軍に武器やその他軍需物資を送り届けるための輸送ルート——を空から攻撃すべく、その付近に飛行場を確保することがそもそもの目的だった。ローズヴェルトはその国民党を積極的に支えていた。たとえば、ビルマ中央部のマンダレーから中国本土につつがなく物資が届くよう、輸送ルート上空の備えとして、アメリカ人パイロットからなる傭兵部隊「フライング・タイガーズ」の創設を決め、さっそくアメリカ国内で募集活動を開始していた。ただこれに加え、石油その他の戦略物資の対日禁輸まで打ち出すとなると、いささか勇み足の感があった。なにしろ、日本軍はいまや、英領マラヤやタイ王国、蘭領東インド（現インドネシア）の油田地帯——次なる目標になる公算が高いと見なされていた——を容易に攻撃できる地点まで迫っていたのだから。その先に横たわるオーストラリアが、いまやわが国自身も危険にさらされていると感じたのはしごく当然だった。

八月初め、チャーチル首相は開戦後初めて、ローズヴェルト大統領と顔合わせをおこなった。この時ぐらい、チャーチルが入念に準備して臨んだ首脳会談はなかったであろう。会談にむけ、両国とも秘密の保持にはとりわけ気をつかった。チャーチルとその一行（一体どこに連れていかれるのか、随員の多くは見当もつかなかった）は、英戦艦「プリンス・オブ・ウェールズ」でイギリスを出発した。総理閣下は、大統領閣下に大いなる感銘を与えるべく「ウルトラ」情報のなかでも「選りすぐりの逸品」をそれなりに用意し、また大統領閣下の歓心を買おうと、まだ猟の解禁日前だというのに、みずから仕留めたライチョウまで持参していた。チャーチルはさらに、ローズヴェルトの親友ハリー・ホプキンズ——顧問としてイギリス側と行動を共にしていた——を質問攻めにし、かの国の指導者の人となりを、あらいざらい語らせた。チャーチルとローズヴェルトが最初に出会ったのは、じつは一九一八年のことである。だが、チャーチルにその時の記憶は全くなく、ゆえに当然ながら、未来の合衆国大統領に好印象を与えておくことはできなかった。

ローズヴェルトは陸海軍のトップを伴って会談の場にむかったが、いささか面倒な段取りが必要だった。報道関係者をまくために、大統領専用ヨット「ポトマック」から途中、米重巡洋艦「オーガスタ」に移乗したのだ。その後、駆逐艦に周囲をしっかり固めさせ、大統領一行は八月六日、ニューファンドランド島のプラセンティア湾でイギリス側に合流した。両国指導者のあいだにはたちまち温かい関係が築かれた。「プリンス・オブ・ウェールズ」の後甲板で催された米英合同礼拝式（チャーチルが腕に縒りをかけてお膳立てした）は、心の奥底に響く効果をもたらした。ただ、ローズヴェルトは、チャーチルという人間に魅力を感じ、感銘も受けたけれど、そうした私情によって判断を曇らせるようなタイプではなかった。ある伝記作家が指摘するように、ローズヴェルトは「初めて出会った人間をまるで竹馬の友のように遇する才能と、そうした親しさの演出を徹底的に利用する能力」を兼ね備えた政治家だった。親睦が第一だったため、剣呑な話題はあえて避けられたが、大英〝帝国〟という国のあり方に、ローズヴェルト自身はかなり含むところがあった。米英両国がこの時まとめた共同声明は「大西洋憲章」として知られている。両国は八月十二日にそれぞれ署名し、来たるべき解放された世界にむけて、民族自決権を約束した。はて、どこからの解放なのか？　大英帝国は暗に除外されていたし、ソ連邦についてはいうまでもない。

米英両国の議論は数日間にわたり、スペインの枢軸参加の危険性から、太平洋における日本の脅威に至るまで、そのテーマは多岐にわたった。チャーチルにとって最大の成果は、アイスランド西方海域における船団護衛、イギリスに対する爆撃機の提供、さらにはソ連の継戦能力を高めるための大規模支援について、アメリカ側から言質を取り付けたことだろう。ただ、アメリカ国内にはナチ・ドイツとの戦争を厭《いと》う空気が広範に存在し、ローズヴェルトはこれに対処する必要があった。ニューファンドランドから戻るさい、そうした空気を如実に示す知らせが届いた。アメリカ議会ではこの時、その前年に採択された「一九四〇年の選抜訓練・徴兵法」の改正案が審議されていた。平時に動員を可能にするという前代未聞の同法だったが、今回の改正案は、その兵役期間を現行の一二カ月からさらに延長するという内容だった。同法案は米下院をかろうじて通過したものの、その差はわずか一票だった〔賛成二〇三票対反対二〇二票〕。

ソ連に対するナチ・ドイツの侵攻により、今次大戦の範囲はいまやヨーロッパの外側まで広がることが確実視されていたが、アメリカの孤立主義者たちは、そうした考えそのものを依然拒否していた。八月二十五日、ソ連赤軍、ならびにイラク駐留イギリス軍部隊が、中立国であるイランに対しそろって侵攻を開始した。イランの油田地帯を確保し、あわせてペルシャ湾からカフカス（コーカサス）地方、カザフスタンに至る補給ルートを確かなものにすることがその目的だった。一九四一年夏、イギリスは別の懸念もかかえていた。日本軍が自国の植民地を攻撃してくるのではないかと、恐怖心を募らせていたのだ。そこで、「SOE（特殊作戦実行部）」をつかって、日本の特設運送艦「浅香丸」を襲わせる案が検討された。「浅香丸」は日本の軍需産業にとって死活的に重要な各種物資をヨーロッパから運んでいたからである。だが、ローズヴェルトの助言に従い、チャーチルはこの計画を中止させた。太平洋戦域において、イギリス単独で日本軍相手に戦うリスクはいかんせんおかせなかったからだ。まずは北アフリカと地中海で地歩を固めることが、当面最優先とされた。チャーチルと陸海空軍のトップは、国力を冷徹に判断していた。アメリカ合衆国が参戦するまで、われわれにはそんな余力はないと。いま取り組むべきは、自国の生き残りをなんとか図ること、ドイツ本土を空爆できる爆撃機部隊の整備を急ぐこと、そしてそのドイツと戦うソ連を引きつづき支援することの三点だった。

ドイツ国防軍がソ連赤軍に甚大な被害を強いていた一九四一年の夏、スターリンが連合軍側に最も期待した支援は、ドイツに対する空爆作戦だった。スターリンはまた、連合軍部隊ができるだけ早い時期に、フランス北部に上陸し、東部戦線の圧力を軽減することをあわせ要求した。ドイツのソ連侵攻が始まって五日後、モロトフ外相は在モスクワ・イギリス大使、サー・スタフォード・クリップスと会談し、チャーチル首相が提供するという対ソ支援について、具体的にどの程度の規模なのか明言するよう迫った。クリップス大使は、自分はそうする立場にないと返答した。ところが、モロトフ外相は二日後、クリップスにいっそうの圧力をかけてきた。どうやら、チャーチル政権の軍需相ビーヴァーブルック卿が、ソ連の駐英大使イヴァン・マイスキーとロンドンで会談したさい、英軍上層部と事前に諮ることなく、フランス侵攻の可能性を臭わせたようなのだ。以後、対フランス上陸作戦にかんし、イギリス側から明確な約束を取りつけることが、ソ連外交政策のひとつの柱となった。だが、イギリス側は煮え切らない態度に終始したため、ソ連側はまたも疑念をいだいた。どうせソ連など、あと「五、六週間程度しか」保たないのだから、ここであえて余計なことを言う必要はないと、連中は考えているのではないかと。なるほど、そうした〝疑念〟は、まんざら当たっていなくもなかった。

これに加え、イギリスがかかえる諸事情に対するソ連側の甚だしき無理解が重なったため、両国関係は一九四四年初めまで、ギスギスした状態が続いた。スターリンはかれなりのロジックから、連合軍に過剰な期待をいだいていた。たとえどれほど損失を出そうと、どれほど困難であろうと、イギリスは海峡越えの侵攻作戦を万難を排して実施することが当然であるとスターリンは考えた。そうした観点からすれば、チャーチルがヨーロッパ北西部への侵攻をためらうことは、イギリスが戦争の矛先をこちらに差しむけようと画策している証拠と見なされた。そして、スターリンはいっそう疑念を募らせるのだった。たしかに、そうした傾向はそれなりにあったけれど、当のスターリン自身、一九四〇年に西方の資本主義国とナチ・ドイツが互いに血を流して共倒れになることを願っていたのだから、それをここで非難するのは、偽善もいいところである。ただ、ソ連の独裁者には全く理解できない要素も、この問題には絡んでいた。スターリンは西方の民主主義政府が日々さらされている、世論の圧力というものが分かっていなかった。チャーチルもローズヴェルトも、自分と同様の、絶対的権力を享受していると勘違いしていたのである。西方の政治家は、自国の議会にしかるべき説明をおこなう責任があり、また報道機関のことも考慮に入れなければならないのだが、そうした弁明はスターリンにとって、愚にもつかない言い訳に聞こえた。甚大な人的損耗が必至の一大上陸作戦など、うっかり発動しようものなら、下手をすると、首相たる私自身、辞任せざるを得なくなるかもしれないのだと、チャーチルがいくら説明しても、スターリンは聞く耳を持たなかった。

スターリンは筋金入りの読書家で、長年、のめり込むように本を読んできた。だがしかし、戦争とはつねに、ヨーロッパの周辺部でおこなうものだというイギリスの伝統的戦略の基本が、どうしても腑に落ちないようだった。そもそもイギリスは大陸的な列強ではないのだ。海軍力とその折々の合従連衡に依拠して、ヨーロッパ大陸の勢力均衡をはかるのがイギリス的な戦争のやり方だった。「第一次世界大戦」はその稀有な例外にすぎず、これを除くと、イギリスは戦争の終わりが見えてくるまで、大がかりな地上戦には関与しないようふるまうのがつねだった。しかし、同盟のパートナーである米ソ両大国のスタンスはこれとは逆で、できるだけ早期に、大規模決戦を実施し、一気に片をつけるというドクトリンを採用していた。だが、チャーチルとしてはここはやはり、伝統的パターンをなんとしても踏襲したいと決意していたのである。

「英ソ軍事同盟」の成立から二週間余りがたった七月二十八日、ローズヴェルトの意を受けて、大統領の側近、ハリー・ホプキンズが現状視察のためモスクワに到着した。ホプキンズに課せられたのは、ソ連の継戦努力にとってなにが必要かを見極めることだった。しかも、いま現在、喫緊に必要なものと、今後長期にわたって必要になるものを具体的に探ることが求められた。ソ連指導部はホプキンズの人柄にたちまち好感をいだいた。一方、現場を見たホプキンズは、在モスクワ米国大使館付き武官があげてくる、恐ろしく悲観的な報告に疑問をいだくようになった。その武官は、ソ連はいずれ崩壊すると信じ込んでいたけれど、ホプキンズはほどなく、ひとつの確信を得る。この国はきっと持ちこたえるだろうと。

ローズヴェルトによる対ソ支援は、物量の面で惜しみないだけでなく、純粋に利他的動機に裏打ちされたものだった。「武器貸与法」をもとに、ソ連に対し援助を与えることは、手続きに時間がかかり、ローズヴェルトを苛立たせたけれど、いったん始まってしまえば、その量もその規模も途方もないものので、それらはソ連の最終的勝利に大きく貢献した（ロシアの大半の歴史家は、この事実を認めることを、いまだに嫌っている）。きわめて良質の鋼鉄、各種の対空火器、航空機、そして一九四二年から四三年にかけての冬、ソ連を飢餓から救った厖大な食料はむろん不可欠の要素だったけれど、勝利に最も貢献したのは、アメリカから赤軍に提供された機動力だった。戦争の後半、赤軍があれだけの進軍を実現できたのは、アメリカ製のジープとトラックのおかげである。

これとは対照的に、チャーチルの対ソ支援は、口ばかりで実体が伴わなかった。イギリスそのものの貧しさと、自国の当面の必要を満たすことが優先された結果である。提供された物資のかなりの部分は時代遅れのものか、ソ連側の要望とズレたものだった。イギリス陸軍の外套は、ロシアの冬には全く役に立たず、長距離の行軍を可能にするため底に鋲が打たれた軍靴は、足に冷気を伝えて凍傷を招きやすかった。イギリス製の〈マティルダ〉戦車はソ連製の〈T－34〉に比べ明らかに性能が劣り、赤軍の航空兵たちは中古の〈ハリケーン〉戦闘機に不平をもらした。なんでまたイギリスは〈スピットファイアー〉を送ってこないのだと、みな疑問の声をあげた。

西方の連合国とソ連邦の最初の重要会議は、九月末にモスクワで始まった。これに出席するため、イギリス軍需相のビーヴァーブルック卿とローズヴェルト大統領の名代であるアヴレル・ハリマンが英巡洋艦「ロンドン」でアルハンゲリスク港に到着すると、スターリンは早速両名をクレムリンに迎え、ソ連が現在必要とするあらゆる軍用装備品と車輛を残らず列挙していった。「エンジンを最も多く生産できる国が最終的な勝利者となるだろう」とスターリンは言った。さらにスターリンはビーヴァーブルック卿に対し、ウクライナ防衛の援軍として、イギリスは兵士を派遣すべきであると突如切りだし、卿はまさにたじたじだった。

ルドルフ・ヘスをめぐる問題にも容赦なく触れ、ヒトラーの第二後継者はどうしてる、イングランドに到着したとき、奴はイギリス側になんと言ったのだと質問を浴びせた。スターリンはさらに、戦後の勢力圏についても協議しておくべきだと提案し、英米の特使を驚かせた。そして、スターリンは一九四一年時点のソ連の国境線を承認するよう求めた。すなわちバルト三国、ポーランド東部、および〔ルーマニアの〕ベッサラビア地方はソ連のものだというわけだ。しかしビーヴァーブルック卿は、その問題を話しあうのは時期尚早だと突き放した。なにしろ、ドイツ陸軍はここクレムリンから一〇〇キロメートルも離れていない場所まで迫っているのだからと。卿は知らなかったのだろうが、じつはグデーリアン麾下のドイツ「第二装甲軍」〔一九四一年十月に「第二装甲集団」から改名〕はその前日、「タイフーン作戦」の第一段階に従い、すでにモスクワ攻略を開始していたのである。

イギリス軍および英連邦軍は現にアフリカでドイツ軍と戦っているではないか。なのに諸君は、本国ドイツにいるヒトラー主義者は放置しておくのかと、スターリンは侮辱のことばをさかんに浴びせ、イギリスの外交官たちを挑発した。確かに、ドイツの三個軍集団に国土の奥深くまで侵入されているソ連側からすると、港湾都市トブルクや、リビア国境をめぐる戦いなんぞは、まるで色物《いろもの》にしか思えないのも無理なかったが。

本国ドイツがソ連侵攻を開始した直後、トブルクを包囲中のロンメル将軍もまた、新たな攻撃計画の立案に着手していた。トブルク攻略はまさに、北アフリカの戦いを制する鍵であるという訳だ。だが、いざ計画を実行に移す段になると、各部隊に対する補給と、敵に背後を突かれない工夫が問題となった。この時点でトブルクを守備していたのはイギリス「第七〇師団」で、他にポーランド軍一個旅団とチェコ軍一個大隊が増強部隊として加わっていた。

いちばんの問題は、夏の砂漠だった。焼けつくような日差しのもと、地平線に蜃気楼がたつような状況下では、戦いとは名ばかりの「まやかし戦争」にならざるを得ないのだ。リビア国境の鉄条網に沿った付近では、一種奇妙な〝小競り合い〟が続いており、イギリス・ドイツ両軍が送り出した斥候隊は、たがいに無線で雑談を交わす始末だった。せっかくある種の戦術的停戦がまとまったのに、着任早々の某ドイツ軍将校が、部下をやたら急かして、発砲させたんだよなと、現場のボヤキまでがやりとりされた。双方の歩兵とも、一日の水の割当量は一リットルに制限されていた。その一リットルで、飲み水から洗濯まで賄わなければならず、日々の生活は双方とも、これ以上ないほど不如意であった。塹壕のなかで、歩兵たちはサソリやスナノミ、恐ろしく攻撃的な砂漠のハエ（あらゆる食料品に群がり、うっかり肉など出しておくとびっしりと集《たか》られてしまう）に対処しなければならなかった。なかでも下痢は大敵で、特にドイツ軍の被害が大きかった。トブルクに立てこもる守備隊にとっても、水は深刻な問題だった。〈シュトゥーカ〉急降下爆撃機のせいで、海水を濾過する脱塩工場がやられてしまったのだ。しかもトブルクの市街区はドイツ軍の砲爆撃で多大の被害を受けており、港は沈んだ船で半分塞がれていた。それでも守備隊に物資の補給が続いているのは、イギリス海軍の根性と決意のおかげだった。補給船が一隻到着すると、いまだに残っているオーストリア旅団の面々が、戦場土産にうってつけの各種逸品を携えてやおら姿を見せ、それらをビールと物々交換していった。

地中海越えの物資補給については、ロンメル将軍の悩みの方がはるかに大きかった。一九四一年一月から八月末までに、イギリス側は枢軸側の船舶を五二隻撃沈し、三八隻に損傷を与えた。九月には、英潜水艦「アプホルダー」が増強部隊を満載した大型客船を二隻も沈めている（「アフリカ軍団」の古参兵は、地中海のことを「ドイツ兵の水練場」と呼び始めていた）。枢軸国が一九四〇年、要衝のマルタ島を攻略しなかった影響が、いまになって出てきたのだ。当時、連合軍がプロイェシュティ油田を攻撃することを恐れたヒトラーは、降下猟兵（空挺）部隊をつかうなら、マルタ島よりむしろクレタ島を標的にしたいと主張し、ドイツ海軍を落胆させた。そのかわりに、マルタ島内の飛行場やヴァレッタの港湾施設には、延々と爆撃が加えられたものの、空中強襲部隊による全島占領の有効な代替策とはなり得なかった。

イタリア海軍の無線交信を解読できたことは、イギリス側にとって福音となった。十一月九日、英軽巡洋艦「オーロラ」、同「ペネロピ」と二隻の駆逐艦からなる「K部隊」がマルタ島を出航し、トリポリ行きの敵輸送船団に攻撃を加えた。同船団は重巡洋艦二隻、駆逐艦一〇隻に護衛されていたが、イギリス側はレーダーを用い、夜陰にまぎれて一気に襲いかかった。三〇分もかからずに、「K部隊」所属の三隻が輸送船七隻すべてと駆逐艦一隻を沈め、こちらは全く無傷という完全勝利をなし遂げた。ドイツ海軍は激怒した。こんな不甲斐ないことを今後続けるなら、イタリア陸軍だけなく、イタリア海軍も、ドイツ側が仕切ることになるが、それでもいいのかと脅しつけた。そのころ、ロンメルの「アフリカ軍団」は相方のイタリア陸軍に対し、未熟な後輩の面倒を見るような態度を取っていた。「イタリア人には子供を扱うように接する必要があります」とドイツ「第一五装甲師団」に所属するある少尉は故郷への手紙に書いている。「かれらは兵士に向いていません。ただ、戦友としては最高です。

かれらに頼めば、どんな物でも手に入ります」

さまざまな遅延、待てど届かぬ補給物資をじっと待ちつづけたあと、ロンメル将軍はついにトブルク攻略計画を本格化させた。攻撃開始は十一月二十一日とされた。イギリス軍が大規模攻勢をかけてくる気配がある――というイタリア側の警告を、別に信じたわけではないけれど、ロンメルはなぜか胸騒ぎを覚え、万一に備え、トブルクとバルディーヤのあいだにドイツ「第二一装甲師団」を配置しておいた。その結果、目当てのトブルク攻略の方は、戦力不足に見舞われ、作戦そのものの成功が危うくなった。いずれにしろ、ロンメル軍の攻撃開始の三日前、十一月十八日には、イギリス側も「クルセイダー作戦」を発動していたのだが。サー・アラン・カニンガム中将率いる、新たに「第八軍」と命名されたイギリス軍部隊はこの日、リビア国境を一気に越えると、進軍を開始した。厳格な無線封止のもと、部隊移動は夜間に実施され、また昼間には砂嵐、さらには雷雨までが加わって、「第八軍」は完璧な奇襲攻撃を実現した。

ドイツ「アフリカ軍団」は現在、「第一五装甲師団」、「第二一装甲師団」、そしてのちに「第九〇軽師団」と改名される一個混成師団で構成されていた。同混成師団の隷下には歩兵一個連隊が付属し、そのメンバーは、かつてフランス「外人部隊」に所属していたドイツ系兵士でほぼ占められていた。数字上、四万五〇〇〇人の兵員を擁するはずの「アフリカ軍団」だったが、栄養不良と病気のせいで、その前線部隊には一万一〇〇〇人の欠員が生じていた。しかも虎の子の二個装甲師団(戦車二四九輌保有)は補給が満足におこなわれなかったため、新たな部隊ととっくに交代してもおかしくないほど劣化していた。また今回の作戦には、イタリア側からも「アリエテ戦車師団」と、半自動車化師団三個が参加していた。

一方、イギリス軍は潤沢な補給のおかげで、その装備は、一時的にだが、充実していた。〈クルーザー〉

戦車三〇〇輌、アメリカ製〈スチュアート〉軽戦車――イギリス兵は〈ハニー〉と呼んでいた――三〇〇輌を擁するだけでなく、〈マティルダ〉、〈ヴァレンタイン〉の各歩兵戦車も、一〇〇輌を超える数が揃っていた。イギリス「西方砂漠空軍」は実戦可能な航空機を五五〇機もかかえ、対するドイツ空軍の七六機を大きく引き離していた。これほどの数的優位があれば、長く待たれた大勝利が期待できるとチャーチルは考えた。チャーチルとしては、特にスターリン相手に、どうだと胸を張れるような具体的戦果がどうしても欲しかったのだ。たしかにイギリス軍は、数から言えば、ついに万全の装備を得たと言えよう。ただ、個々の兵器の性能を比べると、イギリス軍は依然として劣位にあった。たとえば、新たに加わった〈スチュアート〉、〈クルーザー〉両戦車が搭載する二ポンド砲は、ドイツ製の八八ミリ砲と撃ちあって、これに打ち勝つ可能性がほぼゼロだった。ドイツ「アフリカ軍団」の〝長いリーチ〟は、反撃を試みるイギリス製戦車が懸命に間合いを詰めようとしても、その射程のはるか彼方から、各個撃破が可能なのだ。そんななかで、イギリス製の二五ポンド野戦砲だけは目覚ましい効果を発揮した。最終的にイギリス軍の各指揮官は、迫りくるドイツ装甲部隊に対し、この砲を直接照射射撃でぶっ放すのがいちばんだという戦訓を学んでいく。この英国製二五ポンド砲を、ドイツ側は「ラッチュ＝ブム」と呼んだ〔砲弾の初速が音速を超えているので、弾着音のあとに発射音が聞こえることをドイツ語の擬音を用いて「バリバリ＝ドーン」と表現したもの。艦砲についてもちいる場合もあるが、ソ連製榴弾砲「ＺＩＳ－３」について常用される表現〕。

第八軍「第三〇軍団」に大規模な機甲部隊を集中させ、リビア国境から北西にむけて一気に押し出すというのがイギリス側の計画だった。そして、ドイツの各装甲師団を撃破したあと、トブルクへむかい、ドイツ側の包囲部隊を殲滅するというわけだ。イギリス「第七機甲師団」の先鋒をつとめる「第七機甲旅団」がトブルクの防御陣地外辺部の南東にある傾斜地、シディ・レゼグにむけて押し出し、その右翼では、「第一三軍団」がハルファヤ山道、およびソルームを抜け、海岸部に近いドイツ軍陣地を攻めたてる手はずだった。イギリス「第八軍」としては欲を言えば、ロンメル将軍がまずはトブルク攻略に着手するまで待ちたかった。だがしかし、オーキンレック総司令官がそう望んでも、チャーチル首相は許してくれなかった。

イギリス「第七機甲旅団」はシディ・レゼグまで易々と到達し、ドイツ側がもたついている間に、飛行場を占領し、駐機中の敵機一九機を地上で確保した。だが、その右側面のイギリス「第二二機甲旅団」は、イタリア「アリエテ戦車師団」から予想外の砲撃を受け、さらに左側面の「第四機甲旅団」などは、気づいてみると、海岸部を東西に走るバルビア街道から南下してきたドイツ「第一五装甲師団」および「第二一装甲師団」の一部と交戦状態に入っていた。イギリス軍にとって幸いだったのは、ドイツ軍がディーゼル油不足に悩んでいたことである。この辺りの地形では、あらゆる車輛が大量の燃料を消費した。あるニュージーランド人将校はリビア砂漠について「トゲのある低木が所々に群生する茫漠たる平地、延々と続く水気のない岩場の連なり、柔らかな砂地、そして互いに絡みつくように筋をつくる浅い涸れ谷《ワジ》」と形容している。やがてそこは、打ち捨てられた携帯口糧の容器や、空《から》になったドラム缶、燃え尽きた車輛などで、しだいに軍用品のゴミ捨て場のような様相を呈していく。

十一月二十一日、イギリス「第八軍」を率いるカニンガム将軍は、ドイツ装甲部隊をいまだ撃破もしないうちから、状況をひどく楽観視し、いまぞ攻勢に出て、包囲網を一気に突き破れとトブルク守備隊に命じた。結果、打って出た守備隊だけでなく、「第七機甲旅団」までもが、多大の損耗をこうむった。同旅団所属のある連隊などは、ドイツの一個偵察大隊が保有する八八ミリ砲により、持てる戦車の四分の三を失うありさまだった。その後ほどなく、「第七機甲旅団」は、ドイツの二個装甲師団に後方を脅かされていることに気づかされた。夜のとばりが下りるころ、同旅団が保有する戦車は二八輌まで激減していた。

自軍のダメージがそこまで深刻だとは気づかぬまま、カニンガム将軍は作戦の第二段階を発動した。イギリス「第一三軍団」を北上させ、リビア・エジプト国境を守備するイタリア軍の背後を突かせたのだ。先鋒をつとめるのはクレタ島で敗北を喫したフライバーグ将軍のニュージーランド「第二師団」である。同師団は、〈マティルダ〉戦車を擁する一個戦車旅団の支援を受けながら、いかにもフライバーグらしい指揮のもと、堂々たる前進を開始した。シディ・レゼグでは「第七機甲旅団」が敵から挟撃され、保有する戦車を一〇輌まで減らしていた。カニンガム将軍はまた、トブルク守備隊にふたたび突破攻撃を試みるよう命じた。そのころ、イギリス軍は南方へと押し戻され、そこで防御陣地を築く南アフリカ「第五旅団」と合流した。応援のため駆けつけた「第二二機甲旅団」とて、保有する戦車はすでに三四輌にすぎなかった。かれらはその時、ドイツの二個装甲師団とイタリア「アリエテ戦車師団」のほぼ中間部分にいた。蹂躙せよ！――それがロンメルの下した命令だった。

翌十一月二十三日は、ドイツでは〝トーテンゾンターク（死者の慰霊日）〟にあたり、本来は人々が心静かに故人をしのぶ一日だったが、シディ・レゼグ南方では、南ア「第五旅団」ならびにイギリス二個機甲旅団の残余を相手に包囲戦が開始された。勝ったのはいちおうドイツ軍だったが、浴びた返り血もかなりのもので、結果的にこの戦いは、ドイツ軍にとって「ピュロスの勝利」、すなわち負け戦さと見まごうばかりの勝ち戦さになってしまった。南ア「第五旅団」は戦場からほぼ一掃されてしまったが、同旅団と「第七機甲旅団」所属の支援部隊は、攻める枢軸側にそれなりの代償を支払わせた。ドイツ側は戦車七二輌を失った。この損失はほとんど補充がきかなかったし、また異常なほどの高率で、将校および下士官が命を落とした。この日はさらに東方でも、インド「第七師団」とニュージーランド「第二師団」がかなりの善戦を繰り広げ、フライバーグ率いるニュージーランド兵は、ドイツ「アフリカ軍団」の参謀たちの一部を見事捕虜にしている。

夥しい数の戦車を失ったため、カニンガム「第八軍」司令官は撤退を希望したけれど、オーキンレック総司令官はこれを認めず、いかなる犠牲を払おうとも、作戦を継続せよと厳命した。じつに勇気ある決断だったが、結果的にこれが正しかった。翌朝、ロンメル将軍は、イギリス「第七機甲師団」を今日こそ撃破し、イギリス軍を総退却に追いこんでやろうと考え、高まる勝利の予感につい我を忘れてしまうのだった。ロンメルは、ドイツ「第二一装甲師団」を直率し、国境線までの追撃にみずから加わり、これなら「第七機甲師団」どころか、イギリス「第八軍」全体を包囲することも可能だぞと考えた。しかし、総大将おんみずからの追撃戦は、相矛盾する命令の伝達と通信状況の悪さから、道々混乱を生んでいった。しかも一時、ロンメルの司令官専用車輛が不具合を起こし、国境線に幾重にも張られた鉄条網のエジプト側で、無線も通じぬまま身動きが取れなくなるという事態が出来した。ロンメルはいまも、前線でみずから指揮を執りたいという想いがきわめて強かったが、戦況が複雑化すると、この手の燃える闘魂は、そのまま大きな障害になりかねないところがあった。

十一月二十六日、「アフリカ軍団」司令部からロンメルにメッセージが届いた。ニュージーランド「第二師団」が〈ヴァレンタイン〉歩兵戦車を擁する別の一個機甲旅団に支援されながらトブルクへとむかう途中、シディ・レゼグの飛行場を再度確保したというのだ。ガンブートの飛行場はすでに、ニュージーランド「第四旅団」によって確保されており、それはつまり、ドイツ空軍にはもはや前進基地がなくなったことを意味していた。フライバーグ将軍の部隊はさらに、同日遅く、トブルク守備隊との合流も果たしている。

国境にむけたロンメルの果敢な進撃が、壊滅的な失敗だったことはいまや明らかだった。イギリス「第七機甲師団」が予備の戦車二〇〇輛の大半をもって再武装を粛々と済ませるあいだ、ロンメルの部下たちは肩で息をつくのがやっとだった。さらに十一月二十七日、ドイツ兵が実りなき攻勢から、後退に転じると、いまや制空権を握ったイギリス「西方砂漠空軍」の〈ハリケーン〉戦闘機が空から襲いかかり、結果、退却の歩みはいや増すこととなった。

オーキンレック総司令官はここで、カニンガム将軍の更迭を決める。カニンガムは攻撃的な性格ではないし、いずれにしろ精神面で、もはや限界であろうと判断したためである。後任の「第八軍」司令官にはニール・リッチー少将が就任した。ロンメルはいま、補給面で危機に陥っており、このチャンスを逃す手はない——そう考えたリッチー将軍は、西方にむけて新たな攻勢に転じた。イタリア軍はこの時点では、またぞろロンメルにあれこれ泣きごとを言っていた。弾薬も燃料も糧食も、現在ぎりぎりの状態ですと。ところがその後、ベンガジを経由する新たな補給ルートが確立されると、イタリア海軍は一気に鼻息が荒くなった。戦場で喫緊に必要とされる弾薬などは、イタリア海軍の潜水艦でトブルク西方のダルナまで直接運ばれたし、軽巡洋艦「カルドナ」を油槽艦に転用することで、燃料補給にもある程度の目処が立ったのだ。これにはさしものドイツ海軍も、なかなかやるじゃないかと、わが同盟国を見直す気分になった。

十二月二日、ヒトラーは「第二航空軍団」を東部戦線から、シチリア島および北アフリカ方面に移動させることを決めた。枢軸側の護送船団がどれほどイギリス側にやられているか、その結果、補給状況がどれほど逼迫しているか聞かされて、ヒトラー突如危機感をいだき、ロンメル支援を決断したのである。ヒトラーはさらに、ドイツ海軍をたばねるレーダー元帥に対し、「Uボート」二四隻を地中海に回してやれと指示した。さすがにレーダーは異議を唱えた。「地中海の諸問題に対処するため、大西洋におけるUボート戦争を事実上放棄するだけの覚悟が総統閣下にはあるのですか」と。現状を鑑みるに、枢軸側の輸送船の大半は、連合国側の航空機および潜水艦によって沈められているのであって、ならばUボートは、ロンメル向けの船団を守る適切な対処法とはなりえませんと、レーダーは縷々《るる》論じた。だが、ヒトラーは聞く耳をもたなかった。しかも実際にやってみると、此は如何に、ドイツの潜水艦はイギリス海軍に大打撃を与えたのである。十一月に英空母「アーク・ロイヤル」を葬ったのを皮切りに、英戦艦「バラム」を撃沈。その後も戦果は続いた。十二月十八日の夜には、今度はイタリア海軍の、ボルゲーゼ殿下率いる「小型潜航艇」部隊、いわゆる〝人間魚雷〟たちがアレクサンドリア港に潜入し、英戦艦「クイーン・エリザベス」、同「ヴァリアント」、およびノルウェー船籍のタンカー一隻を爆破してみせたのである。イギリス「地中海艦隊」を率いるカニンガム海軍大将は、この相次ぐ攻撃のせいで、手持ちの主力艦をすべて失ってしまった。タイミングとしては、これ以上ないくらい最悪だった。なにしろ、イギリス海軍はほんの八日前、マレー沖で日本の軍用機に戦艦「プリンス・オブ・ウェールズ」と巡洋戦艦「レパルス」を撃沈されたばかりなのだ。

地中海方面において、枢軸側は立て直しのきっかけを摑んだ。だが、十二月六日、ロンメルが「OKW（ドイツ国防軍最高司令部）」と「OKH（ドイツ陸軍総司令部）」に対しておこなった訴え——新たな車輛、新たな武器、新たな兵士が欲しい——は、東部戦線の状況が状況なだけに、一蹴されてしまった。十二月八日、ロンメルはトブルクの包囲を解き、西方に六〇キロメートルほど離れたガザラ線まで、その部隊を撤退させ始めた。さらに十二月の残り期間と翌一九四二年一月初めまでをかけて、リビア北東部のキレナイカ地方そのものを放棄し、一年前のスタート・ラインに戻ってしまった。

イギリス側は「クルセイダー作戦」の成功を祝った。しかし、この勝利は一時的なものだったし、しかもそれはより優れた戦術ではなく、もっぱら物量の差によって達成されたものであった。特に持てる機甲旅団を集中させ、一体運用できなかった点が、最大の失点と言えよう。この作戦をつうじて、イギリス側は八〇〇輛を超える戦車、三〇〇機の航空機を失った。この一年後、イギリス「第八軍」

はイタリア軍を破り、リビア北西部トリポリタニア地方との境界までたどり着く。だが、その延びきった補給線も影響して、かれらはそこで改めて、自軍がいかに弱体化したかを思い知ることになる。しかも、北アフリカで両軍がシーソー・ゲームを繰り返す一方で、極東における軍備増強の緊急性はいや増すばかりであった。イギリス軍と英連邦軍にとって、この一年後、新たな敗北を喫する条件は徐々に整いつつあったのである。

極東の戦争が始まる前から、イギリス政府はすでに、われわれはいまや能力以上の任務をかかえていると感じていた。それなのに十二月九日、スターリンはさらなる圧力をかけてきた。フィンランド、ハンガリー、ルーマニアはいずれも東部戦線におけるドイツの同盟国であり、イギリスはこれら三カ国に対しても宣戦布告をおこなうべきであると、スターリンは主張した。さらに、モスクワ攻防戦を目前に控えたこの時期でさえ、スターリンは戦後の国境線にこだわり、西方連合国の同意をなんとか取り付けようとした。そこには外聞の悪い自己矛盾をなんとか取り繕おうとする意図がうかがえた。ソ連の刑務所および強制労働施設には、スターリンが一九三九年、ナチ・ドイツとポーランドを分割占領したさいに捕らえた、二〇万人超のポーランド兵が依然収監中だったが、そのポーランドはいまやソ連の同盟国となり、その亡命政権はワシントン、ロンドンの双方から認知されていたのである。しかも、同亡命政権の首班たるシコルスキ将軍は、チャーチルという強い後ろ盾を得て、その気の全くないソ連邦に対し、活発な説得工作を展開中だった。ソ連の「NKVD（内務人民委員部）」はポーランド人捕虜の身柄をすぐさま解放し、かれらに新たな軍隊を創建させるべきであると、シコルスキ将軍は訴えていた。

ソ連の党・政府関係者から絶え間ない妨害を受けたにもかかわらず、自由の身になったポーランド人たちはヴワディスワフ・アンデルス将軍――将軍自身、二〇カ月間にわたりルビャンカ刑務所に入れられていた――のもとに参集し、次々と部隊を立ち上げていった。十二月初め、ヴォルガ川を臨む工業都市サラトフの近くで「アンデルス軍」の観閲式が挙行された。すると、なんとも皮肉な場面が現出し、苦い思いが改めて刺戟されたと、その場にいたソ連の作家イリヤ・エレンブルクは書いている。式典参加のため、ポーランド亡命政権のシコルスキ将軍が会場に到着したのだが、その傍らにはアンドレイ・ヴィシンスキーの姿があったと。一九三〇年代の「大粛清」のさい、法廷で公訴人をつとめたのがヴィシンスキーであり、そんな男をわざわざソ連側の名代に選んだのは、おそらくかれがポーランド系だったからだろう。「かれはシコルスキとグラスを交わし、ひどく愉快そうに笑っていた」とエレンブルクは記している。「ポーランド人のなかには、暗い顔をした男たちが数多くおり、これまで経てきた過酷な体験への怒りが全身にみなぎり、なかには抑えきれず、俺たちはみな、あんたらを憎んでいるんだよと公言するものまでいた……シコルスキとヴィシンスキーはお互いに相手のことを『同盟者』と呼んでいたけれど、その親しみのこもった言葉の背後には、憎しみの感情がおのずからうかがえた」と。その後の経緯が示すように、ポーランド人に対するスターリンの敵意と不信感に、微かながら変化の兆しが見えたにしろ、そんなものは面《つら》の皮一枚分にすぎなかったのである。

章末注

(443～444)「敢えて口にするつもりはない」、「ヒトラーが地獄にむけて侵攻」、ウィナント米大使とチャーチルの一九四一年六月二十二日の演説：Valentin M. Berezhkov, *History in the Making*, Moscow, 1983, p.123

(444)「致命的結果につながりますよ」：TNA HW 1/6, C/6863, David Stafford, *Roosevelt and Churchill*, London, 2000, p.65からの引用。

(446)「竹馬の友のように遇する才能」：Kenneth S.

Davis, *FDR: The War President*, New York, 2000, p.212

(448)「五、六週間程度しか」: Berezhkov, *History in the Making*, p.126

(451)「エンジンを最も多く生産できる国」: *ibid*., p.141 からの引用。

(453) 一月二十七日から八月二十日にかけての枢軸側艦船の被害状況: *GSWW*, vol.iii, p.712

(453)「ドイツ兵の水練場」: Wolf Heckmann, *Rommel's War in Africa*, New York, 1981, p.157

(453)「イタリア人には子供を扱うように」: Leutnant André F., 15.P.Div., 28.5.41, BfZ-SS 37 007

(456)「トゲのある低木」: Geoffrey Cox, *A Tale of Two Battles*, London, 1987, p.134

(459)「覚悟が総統閣下にはあるのですか」: BA-MA RM 7/29

(462)「かれはシコルスキとグラスを交わし」: Ilya Ehrenburg, *Men, Years — Life*, vol.v: *The War: 1941-1945*, New York, 1964, p.19.〔イリヤ・エレンブルグ『わが回想—人間・歳月・生活』木村浩訳、朝日新聞社〕

第15章 モスクワ攻防戦

一九四一年九月〜十二月

一九四一年七月二十一日、ドイツ空軍はソ連の首都モスクワに対し初の空爆を実施した。大学で防火担当の不寝番についていていた若き物理学者アンドレイ・サハロフは、夜は大抵、「屋上にいて、探照灯や曳光弾の光が交錯する、モスクワの不穏な空を眺めながら」過ごしたという。ただ、「英国の戦い」がたたって、ドイツの爆撃機部隊はこの時点でも保有機数の回復が遅れており、結果、モスクワに決定的打撃を与えられず、ドイツ空軍は活動の重点をふたたび、地上軍の直上支援に戻してしまった。

一時は総兵力の半分を、北のレニングラード方面と南のキエフ方面に持っていかれたドイツ「中央軍集団」だったが、ヒトラーの翻意を受けて、ようやく対モスクワ作戦に集中できるようになった。これに対する将軍たちの感想は、まちまちだった。たとえば、キエフ東方で実施された大がかりな包囲・殲滅戦は間違いなく、勝利の予感をふたたび高めてくれた。ただ、どこまでも続く大地や、延びきった兵站線、ソ連赤軍の予想を上回る規模の大きさには、落ち着かない気分も味わわされた。対ソ戦の年内決着を予想するものは、もはやほとんどいなかった。寒冷地対策が全くできていないため、迫りくるロシアの冬に、みな戦戦兢兢だった。何百キロメートルにもおよぶ行軍のせいで、歩兵師団はどこも軍靴が不足し、冬服の準備はほとんど手つかずのままだった（ヒトラーが暖衣問題の議論そのものを禁じたためである）。一方、装甲部隊はもうもうたる土埃のせいで戦車の車体やエンジンをやられるケースが多かったが、交換部品の不足ゆえ、如何ともしがたいのが現状だ。予備の装備をここでいま投入することに、ヒトラーは乗り気ではなかった。首都モスクワをめざす大規模攻勢、いわゆる「タイフーン作戦」の準備作業は結局、九月末までずれ込んだ。エーリヒ・ヘープナー上級大将率いる「第四装甲集団」が、膠着状態にあるレニングラード周辺部から、うまく足抜きできなかったのが、その主な原因である。それでも、フォン・ボック元帥の「中央軍集団」の下には、いまでは一五〇万人もの兵員が集結していた。だがしかし、頼りの三個装甲集団――「第二装甲集団」、「第三装甲集団」、「第四装甲集団」――はいずれも相当に劣化していた。対するソ連側は、正面にセミョーン・ブジョーンヌイ元帥の「予備戦線（方面軍）」とアンドレイ・エリョーメンコ大将の「ブリャンスク戦線」が展開し、さらにイヴァン・コーネフ大将の「西部戦線」がブジョーンヌイ元帥の背後で、第二の防衛線を敷くという布陣を取っており、総兵力は計一二個師団にのぼった。ただ、どの部隊も、哀れなほど劣悪な装備、訓練を全く受けていない民兵で構成されており、そこにはモスクワ大学の教授や学生まで含まれていた。「民兵の大半は、民間人となんら変わらぬ外套と帽子を身につけていた」とそのうちのひとりは書いている。かれらが街を行くと、通行人たちは、ああ、これからパルチザンとして敵の後方に送られるのだなと考えたほどである。

九月三十日早朝、秋の霧が一帯を覆うなか、「タイフーン作戦」の準備段階が始まった。グデーリアン率いる「第二装甲軍」（十月をもって「第二装甲集団」から改名）が、モスクワ南方三〇〇キロメートル余りの都市オリョールにむけて、北東への進軍を開始したのである。霧はほどなく晴れ、おかげでドイツ空軍は、装甲部隊の先鋒に対し近接航空支援（上空援護）を提供できるようになった。突然の攻撃だったため、農村地帯にはパニックが広がった。

「人々が逃れるさまを目撃するとは思っていた」と戦争特派員のヴァシリー・グロースマンは取材メモに書いている。「だが、いま目にしているような光景は、これまで一度も見たことがない……それはまさに〝出エジプト記〟を地でいく民族大脱出だった！　車輛は八列縦隊ですすんだ。泥のなかを車輪をきしませながら、猛烈な勢いで一斉にすすもうとする数十台のトラックがたてる荒々しい咆哮。ヒツジやウシの巨大な群れが、畑のなかを追い立てられていく。そのあとから、荷馬車の列がつづく。それぞれ色鮮やかなズックに覆われた、何千台もの馬車が、そこにはあった。麻袋を背負い、包みや鞄を手に持って、徒歩で移動する者たちの集団も散見された。……金髪や黒髪をした子供たちの頭部、あるいはユダヤ人の老人の髭、ユダヤ人の若い娘や女たちの黒髪が、馬車に張った間に合わせの幌のあいだから、外の世界を覗き見していた。その目にやどる沈黙、すべてを飲みこむような悲しみ、世界そのものが崩壊してしまった運命へのわななき！　夕方、青や黒や灰色の、幾重にもかさなる雲を押し開くようにして、太陽が顔をのぞかせた。雲間から降りそそぐ陽光はひどく強烈で、空から地面に突き刺さり、あたかもそれは、天の力が地上を襲う時の、思わず戦慄をおぼえる場面を描く、ギュスターヴ・ドレの『聖書』版画のようだった」

十月三日、敵軍が殺到してくるという噂がオリョールまで届いたが、同市の上級将校たちはそうした話を信じようとはせず、酒を飲みつづけた。致命的なほどの唯我独尊ぶりに仰天したグロースマンと取材チームは、いつ何時、ドイツ軍の戦車が姿を見せてもおかしくないと思いつつ、ともあれ北西のブリャンスクに至る街道を進んだ。それでもグロースマン一行は、僅かながら、敵の進軍に先んじていた。グデーリアン率いるドイツ軍の先鋒部隊がオリョールに入り、各装甲車輛が路面電車の傍らを通りすぎていったのは、一八〇〇時（午後六時）だった。

前日の十月二日、「タイフーン作戦」の本筋にあたる大攻勢がはるか北方で開始された。短時間の砲撃と煙幕の展開のあと、ドイツ「第三装甲集団」と「第四装甲集団」が、ブジョーンヌイ元帥率いるソ連「予備戦線」の左右両側面を一気に抜いた。ブジョーンヌイもまた、スターリンゆかりの「第一騎兵軍」の出身で、ともに内戦を戦い抜いた戦友のひとりである。大きな口ひげを生やし、無教養で、酒浸りの男だった。ブジョーンヌイはこの時、自分が指揮すべき「予備戦線」司令部がどこにあるのか見つけられなかった。ソ連「西部戦線」がすぐさま反撃に出、コーネフ将軍の参謀長が三個師団と二個戦車旅団を率いてこの任務を担ったけれど、ドイツ軍にあっさり蹴散らされてしまった。ドイツの二個装甲集団は、敵部隊間の連絡を各所で寸断したうえで、ブジョーンヌイ麾下の五個軍の包囲に着手し、六日後、ヴィヤジマで合流を果たした。ドイツ軍の戦車は赤軍兵士を追い回し、そのキャタピラーでひき殺そうとした。遊び半分のゲームみたいに。

そのころクレムリンは、西方一帯で目を覆うような大混乱が生じている事実を、ほとんど把握できずにいた。十月五日になってようやく、とある戦闘機パイロットから〝スタフカ（大本営）〟に対し目撃報告が入った。ドイツ軍の装甲部隊、総延長二〇キロメートルにもおよぶ車列が、モスクワ南西一五〇キロメートルのユーフノフにむけ進軍中です――という内容だった。だが、だれもみな半信半疑の体だった。そこで偵察飛行が二度試みられ、二度とも報告に間違いなしと確認された。だが、ベリヤは依然納得せず、「無用の騒動を広める」ようなそんな航空隊司令など、「NKVD（内務人民委員部）」の裁判にかけてしまえと息巻いた。さすがにスターリンは、対策の緊急性を理解した。かれは「国家防衛委員会」の会議を招集するとともに、レニングラードにいるジューコフ将軍に対し、急ぎモスクワに戻れと電報を打った。

ジューコフは十月七日に到着した。執務室に入りかけた時、ベリヤに指示を出しているスターリンの声が聞こえた。ジューコフの主張によれば、スターリンはその時、配下の情報員を使ってドイツ側と接触し、和平の可能性を模索せよといっていたという。スターリンはジューコフに対し、直ちに「西部戦線」司令部に赴き、現場の正確な状況を報告するよう命じた。日が暮れたころ、ジューコフが司令部にようやくたどり着くと、コーネフ将軍と参謀たちがロウソクの灯のもとで、覆い被さるようにして一枚の地図を見つめていた。ドイツ軍は現在、ヴィヤジマ西方で、ブジョーンヌイ元帥麾下の五個軍をすでに包囲し終えました——ジューコフは電話でスターリンにそう告げざるを得なかった。翌十月八日の未明、「予備戦線」司令部に到着したジューコフは、この二日間、だれもブジョーンヌイ元帥の姿を見かけていないことを知った。

包囲網の内部は、ヴィヤジマでもブリャンスクでも、筆舌に尽くしがたい惨状を呈していた。目につく塊は、人だろうと車輌だろうと装備だろうと関係なく、〈シュトゥーカ〉急降下爆撃機やその他の戦闘機、爆撃機に襲われたし、一帯をぐるりと囲むドイツ軍の戦車や火砲も、囚われの赤軍部隊にむけ、間断なく砲撃を浴びせた。腐った死体があちこちで折り重なっており、汚れにまみれ、飢えに苛まれる赤軍兵士は、軍馬を殺して食用とした。負傷した兵士は、混乱のなかで放置された。合計すると、七五万人近くのソ連兵が包囲網の内部に閉じ込められていた。投降したものは、武器を捨てるようにいわれ、食料も与えられないまま、西方にむかってただ行進せよと命じられた。「ロシア人はけだものと同じだ」とあるドイツ人少佐が書いている。連中には、フランス遠征のさい目にした、あの黒人兵の野蛮な表情を彷彿とさせるなにかがあった。全く見下げ果てた連中だ」と。

十月三日、ドイツ軍の追撃を間一髪でふり切り、なんとかオリョールを脱出したグロースマン一行は、エリョーメンコ将軍の「戦線（方面軍）」司令部が置かれた「ブリャンスクの森」へとむかった。十月五日、エリョーメンコ将軍は撤退したいとの要請をモスクワに送ったけれど、夜通し待っても、スターリンから許可は下りてこなかった。翌十月六日の未明、グロースマンたち報道関係者はこう告げられた。いまやこの戦線司令部でさえ脅威にさらされている。ドイツ軍によって道路が遮断される前に、東方のトゥーラに可及的速やかに車で立ち去りなさいと。エリョーメンコ自身はその後包囲され、片足を負傷し、あわや捕虜になりかけたが、幸運にも飛行機で脱出することができた。だが、「ブリャンスク戦線」のもとで「第五〇軍」を率いたミハイル・ペトロフ少将は、壊疽にやられ、森の奥深くにある木こり小屋でその生涯を閉じている。

グロースマンは、ソ連軍の前線の背後を覆いつくす混乱と恐怖の空気に愕然とした。トゥーラに至る道筋にあるべーレフで、かれは取材メモにこう記している。「数多くの根も葉もない噂が流れていた。バカバカしくも血迷ったような噂が。突如、狂ったような銃撃の嵐が起こった。あとで判ったことだが、誰かがうっかり街灯のスイッチを入れたため、兵士も将校もそれを消そうと、手にした小銃や拳銃でいっせいに撃ちまくったのだ。せめてドイツ軍相手にそうしてくれれば良かったのに」

ただ、ソ連の部隊がすべて、無様な戦いぶりに終始したわけではない。十月六日、D・D・レリュシェンコ少将率いるソ連「第一親衛狙撃軍団」は、二個空挺旅団とM・I・カトゥコフ大佐の「第四戦車旅団」の支援を受けつつ、ムツェンスク付近で巧みな待ち伏せ攻撃を実施し、グデーリアン麾下の第二装甲軍「第四装甲師団」に反撃を加えた。カトゥコフ大佐は手持ちの〈T−34〉戦車を森のなかに巧みに隠し、まずは先頭を行くドイツ装甲連隊を何事もなく通過させた。とそこで、レリュシェンコ少将の歩兵部隊が登場し、ドイツ装甲連隊を足止めするとともに、ソ連側の戦車が木のあいだから一気に飛び出し、ドイツ側の師団本体に攻撃を加えたのである。うまく運用すれば、ソ連の〈T−

34〉はドイツの〈Ⅳ号戦車〉を上回る性能を発揮するため、「第四装甲師団」は手ひどい打撃をこうむった。赤軍がみずからの失敗に学び、かつドイツ側の戦術を咀嚼・吸収し始めていることを知って、グデーリアンは間違いなく動揺した。

その晩、雪が降ったけれど、地面に落ちた雪片はたちまち溶けてしまった。雨と泥に悩まされる〝ラスプーチチャ（泥濘）〟の季節の到来である。まさに干天の慈雨で、これによりドイツ軍の快進撃は待ったをかけられた。「こんなひどいぬかるみは、誰も見たことがないと思う」とグロースマンは記している。「雨、雪、雹《ひょう》、ぬらぬらと底なしの湿地、小麦粉をこねたような黒い泥が、幾千幾万もの軍靴、車輪、キャタピラーが地面につけた刻印と入り交じっていた。そして、みんなに笑顔が戻ってきた。ドイツ兵は間違いなく、われらが地獄の秋に、きっと身動きが取れなくなるだろうと」。だがしかし、進軍ペースこそ鈍ったものの、ドイツ軍のモスクワにむけた前進は依然として続いていた。

オリョール＝トゥーラ街道を行くグロースマンは、誘惑に堪えかねて、トゥーラの手前、文豪トルストイが生涯の大半をすごした屋敷のあった町、ヤースナヤ・ポリャーナについ立ち寄ってしまった。行ってみると、その屋敷兼博物館では、トルストイの孫娘がドイツ軍がやってくる前に疎開しようと、荷造りの真最中だった。グロースマンはたちまち『戦争と平和』の一場面、迫りくるナポレオン軍のせいで、主人公の年老いた貴族、アンドレイ・ボルコンスキーが、愛する「ルイスイエ・ゴールイ」をやむなく離れるくだりを連想した。「トルストイの墓と」とグロースマンはすばやくメモをとった。「頭上の戦闘機のたてる爆音、爆発の重低音、そして荘厳たる秋の静寂。ああ、なんてザマだ。こんな苦しい気分は、めったにない」。グロースマン一行が立ち去ったあと、次にここを訪れたのはグデーリアン将軍だった。将軍はここヤースナヤ・ポリャーナに、モスクワ侵攻のための司令部を置くつもりだった。

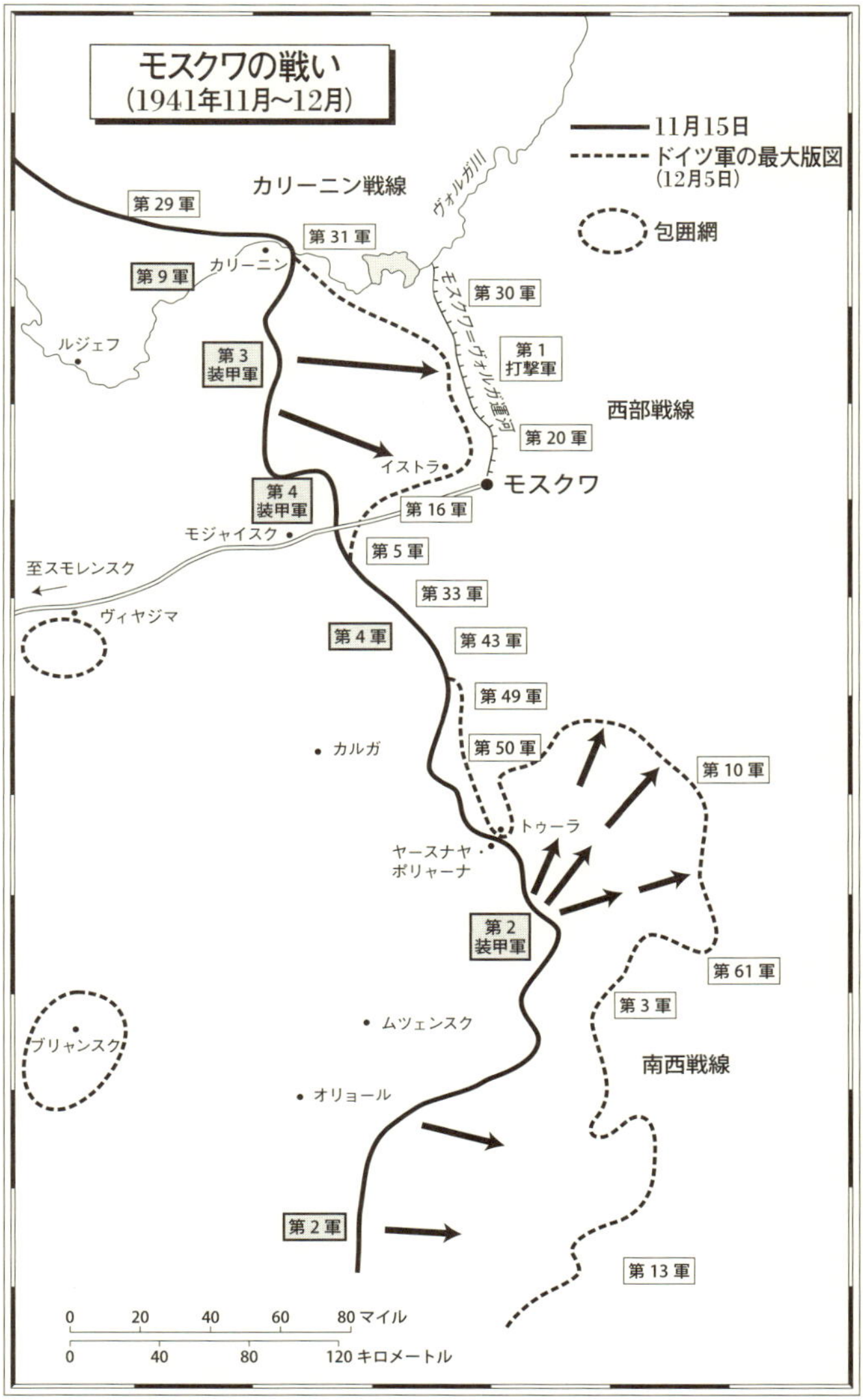
モスクワの戦い
(1941年11月〜12月)
11月15日
ドイツ軍の最大版図
(12月5日)
包囲網
カリーニン戦線
西部戦線
南西戦線
ヴォルガ川
モスクワ=ヴォルガ運河
第29軍
第31軍
第9軍
カリーニン
第30軍
ルジェフ
第3
装甲軍
第1
打撃軍
第20軍
イストラ
モスクワ
第4
装甲軍
第16軍
モジャイスク
第5軍
至スモレンスク
ヴィヤジマ
第33軍
第4軍
第43軍
第49軍
第50軍
カルガ
第10軍
トゥーラ
ヤースナヤ・
ポリャーナ
第2
装甲軍
第61軍
第3軍
ムツェンスク
ブリャンスク
南西戦線
オリョール
第2軍
第13軍
0 20 40 60 80 マイル
0 40 80 120 キロメートル

ヴィヤジマの包囲網を脱出して、北方に逃れることができたソ連軍部隊は、わずか数個師団だった。一方、それより規模の小さいブリャンスクの包囲網はいまや、歴史書に〝空前の大敗北〟と記録されることがほぼ確実の状況で、七〇万人を超える赤軍兵士が戦死するか、捕虜となっていた。勝利の二文字がドイツ兵の頭に浮かび、歓喜の昂揚が広がっていく。モスクワに至るルートはほぼがら空きだった。ドイツの新聞はたちまち「完全勝利」と書きたて始めた。だが、こうした過度の熱狂はどこか危うく、野心満々のフォン・ボック元帥でさえ、逆に落ち着かない気分を味わっていた。

十月十日、スターリンはジューコフ将軍に命じた。コーネフの「西部戦線」および「予備戦線」の残余の指揮権を丸ごと貴官に委ねると。だがこの指示に対し、ジューコフ将軍は一部異議を唱え、スターリンを納得させた。コーネフ将軍にすべての責任を押しつけ、詰め腹を切らせるよりも、ここはひとつ処分保留のままにするのが適当でしょうと、ジューコフは主張した（ちなみに、コーネフはこののち、ジューコフのライバルとして台頭する）。スターリンは次いで、モジャイスクに新たな防衛線を敷くよう命じた。そこはスモレンスクに至る幹線道路沿いの、モスクワからちょうど一〇〇キロメートル地点にあたっていた。途方もない犠牲が予想されるので、クレムリンは新たな防衛線の構築におよそ二五万人の民間人を動員した。民間人の大半は女性で、彼女たちは塹壕や戦車壕を掘る作業に勤しんだ。何人かは、その作業中、ドイツ戦闘機の機銃掃射を受けて、絶命した。

軍紀はいっそうの厳格化がはかられた。命令なく退却を試みるものがあれば、NKVD所属の督戦部隊がいつでも銃弾を浴びせた。「かれらは恐怖をもって、恐怖を克服させせようとしたのだ」とあるNKVD部員はのちに語っている。これらNKVD特別分遣隊――その後、一九四三年、防諜機関「スメルシュ」になる――は、包囲網を脱出した将校や兵士を対象に、すでに尋問を始めていた。「怯懦《きょうだ》」

とされたものや、敵と通じていると疑われたものは、銃殺刑に処せられるか、〝懲罰中隊〟送りとなった。懲罰中隊では、処刑も同然の任務が待っていた。たとえば、地雷原を真っ先に駆け抜けるとか、その類いである。犯罪をおかし、グラーグ（強制収容所）送りになったものたちも、懲罰中隊の隊員として徴集された。だが、犯罪者はやはり犯罪者で、仮に、ＮＫＶＤ部員が見せしめのため、一味のボスのこめかみに一発見舞っても、手下どもに与える威嚇効果はそれほど長続きしなかった。

ＮＫＶＤはまた、自傷行為を働いた疑いのあるものを摘発するため、これとは別の部隊を野戦病院に派遣した。容疑が固まれば、即刻死刑である。かれらは戦場から逃げたい一心でそうした行為に及んだのだが、右手の指で引き金を引くため、この手の「自分を撃ったやつら」もしくは「左手に銃創のあるやつら」の企てはすべてお見通しだった。当時、赤軍と行動をともにしていたあるポーランド人軍曹はのちに、銃殺隊から守ってやろうと、自傷行為に走った少年兵の手をあえて切断した経験があることを認めている。一般刑務所ではなく、ＮＫＶＤが管理する施設に入れられたものは、もちろんそれ以上にひどい目に遭った。ベリヤは被収容者の中から一五七人の〝著名人〟を選んで処刑させており、そのなかにはトロツキーの妹などが含まれていた。著名でない囚人については、看守がもっぱら処理に当たり、作業は監房に手榴弾を放り込む形でおこなわれた。ただ、その月の終わり、スターリンがベリヤに、きみの唱える陰謀説は「ガセばかり」だなと告げたため、この「肉切り包丁」の切れ味は以後、若干鈍くなる。

ヴォルガ・ドイツ人三七万五〇〇〇人のシベリアおよびタジキスタンへの強制移送は九月に開始された。その後、モスクワ在住のドイツ系市民もこれに加わり、移送作業の迅速化がはかられた。首都モスクワの地下鉄や主要建物をいざという時に爆破できるように、そのための準備も着々とすすんでいた。スターリンの別荘《ダーチャ》にまで地雷が仕かけられた。ドイツ軍がモスクワを占領した場合の備えとして、ＮＫＶＤの暗殺・破壊活動専従班が市内のあちこちに設けられた隠れ家に移動した。有事のさいは後方に残って、ゲリラ戦を展開するためである。各国の外交使節団はモスクワを離れて、ソ連邦の臨時首都に指定されたヴォルガ河畔のクイビシェフにむかうよう指示された。ソヴィエト文化の精華である、モスクワの主だった劇団も、ともに疎開せよと通告された。ただ、スターリン本人はこの時点では、クレムリンに留まるべきか、はたまた離れるべきか、いまだ決めかねていた。

十月十四日、ドイツ軍はその地歩を着実に固めつつあった。グデーリアンの「第二装甲軍」の一部はすでに、厳重な防備をかためるモスクワ南方の都市、トゥーラの包囲に取りかかり、モスクワの北方では、ドイツ「第一装甲師団」がカリーニンを占領し、ヴォルガ川上流にかかる橋を確保し、さらにモスクワ＝レニングラード間の鉄道輸送を遮断していた。また中央部では、武装親衛隊の第二ＳＳ装甲師団「ダス・ライヒ」とドイツ陸軍の「第一〇装甲師団」が首都モスクワからちょうど一一〇キロメートルの距離にある、ナポレオン戦争の古戦場ボロディノに到着した。だがここで、ドイツ軍は思わぬ反撃に遭遇する。〈カチューシャ〉多連装ロケット砲とシベリア兵からなる二個狙撃（歩兵）連隊を擁する新手の部隊が突如出現し、そのまま本格戦闘に入ったのだ。これら新来の増援部隊は、モスクワ周辺に徐々に展開されつつある数多くの助っ人師団の先駆けで、ドイツ軍にとってそれは、およそ想定外の事態だった。

東京にいるソ連側の中心的スパイ、リヒャルト・ゾルゲから、さらなる情報がもたらされた。日本はついに南進を決め、太平洋でアメリカを叩く計画をすでに立案中であると。なるほど「バルバロッサ作戦」にかんするゾルゲの事前警告は正鵠を射ていたが、スターリンはゾルゲという男を完全には信用できずにいた。ただ、今回のゾルゲ情報はその後、無線傍受によって別途、裏が取れた。結果、スターリンはソ連極東部の脅威はこれにて低減したと判断、シベリア鉄道をもちいて、さらに多くの師団を西方へと移動させた。ノモンハンにおけるジューコフ将軍の勝利は、日本の大きな戦略転換にかくも重要な役割を果たしたのである。

この季節のロシアは、降りしきる雨と雪のせいで、部隊移動に通常用いられるルートが、分厚い黒土の泥濘《でいねい》に変貌してしまう難があった。だがドイツ軍はそれが進軍にもたらす悪影響を過小評価していた。燃料、弾薬、糧食の供給はみな滞り、結果、進軍ペースは極端な低下に見舞われた。ドイツ軍の前進はまた、包囲網の内側に捕えられたソ連兵のしつこい抵抗によっても停滞を余儀なくされた。敵部隊を見事包囲しても、文字どおり殲滅するまで〝決着〟に至らず、それゆえさっさと包囲を解き、兵士の負担を解消し、モスクワにむけた新たな前進へと容易に移行できないのだ。ドイツ空軍のヴォルフラム・フォン・リヒトホーフェン航空兵大将が当時、「ヴィヤジマ包囲網」の残骸の上空を低空飛行した記録が残っている。そこには死体や破壊された車輛、火砲などが、ただただ山なしていたという。

ソ連赤軍はまた、現場に対するヒトラーの口出しにも大いに助けられた。カリーニンを占領したドイツ「第一装甲師団」はそこから南のモスクワにむけ攻撃を仕かける手はずになっていた。ところが突如として、「第九軍」とともに逆方向に転進し、「北方軍集団」とともに、新たな包囲作戦に従事せよと告げられたのだ。ヒトラーも「ＯＫＷ（ドイツ国防軍最高司令部）」も自軍の部隊がどんな戦場で戦っているのか把握できていなかった。当時の総統大本営には、〝ジーゲスオイフォリー（勝利の昂揚感）〟だけがあって、本来モスクワに集中させるべき兵力を、無駄に散らす結果を招いていた。

スターリンと「国家防衛委員会」は十月十五日、中央政府を臨時首都クイビシェフに疎開させることを決定した。党・政府関係者は職場を離れ、外で待機しているトラックに乗って、カザン駅まで行くよう命じられた。その様子を目にして、同じことを考えるものが当然ながら出てきた。「多くの工場では、最高幹部が家族とともにトラックに乗りこみ、首都を脱出した。それが合図となって、民間人が商店の略奪を開始した。通りを歩くと、至るところに顔を赤くし、満足そうに酔っている人々の顔に出くわした。かれらは数珠つなぎになったソーセージとか、ロール状の生地などを両手にかかえていた。二日前だったら、およそ考えられないような事態が起こりつつあった。どうやらスターリンと政府はすでにモスクワを逃げ出したらしい、そんな噂を街で聞き込んでくるものもいた」

いやいや、ドイツ軍はすでに城門まで来ているそうだ――。そんな根も葉もない噂のせいで、人々のパニック心理はいっそう高まり、略奪行為もそのぶん激化した。恐怖にかられた党関係者のなかには、共産党の党員証を破棄するものまで現れた。だがその後、NKVDによって秩序が回復されたため、多くのものがおのが短慮を悔やんだ。党員証を捨てる行為は、犯罪的敗北主義者の証拠と見なされたからだ。十月十六日朝、アンドレイ・コスイギンは、みずからが副議長をつとめる「人民委員会議」――「ソヴナルコム」の略称で知られる――の建物に入った。鍵はかかっておらず、人気《ひとけ》はなく、秘密書類が床に散乱していた。オフィスのあちこちで電話のベルだけが鳴っていた。政府がきちんと撤収したか、確認のための電話だろうと思い、コスイギンはそのひとつに出てみた。かけてきた相手はとある政府関係者で、モスクワは降伏しましたかと訊いてきた。

通りに出てみると、警官の姿はなかった。モスクワはいま、一年前の西ヨーロッパと同様、敵兵がパラシュート降下してくるのではという恐怖の虜になっていた。ソ連の戦争特派員、ナターリヤ・ゲッセがこんな体験談を残している。彼女はある作戦で怪我をして、当時松葉杖をつき、足を引きずりながら歩いていた。ふと気づくと「群衆に取り囲まれていた。飛行機から飛び降り、両脚を痛めた敵兵だと疑われたのだ」。略奪を働くものたちは、その多くが酔っており、ドイツ人が奪っていく前に、この俺様がいいものを確保してやっているのだと強弁しつつ、みずからの行為を正当化した。パニックに駆られた群衆が、いままさに駅を離れようとする列車にむけ殺到するさまは「人間渦巻き」と形容された。渦に巻きこまれた子供たちが、耐えきれず、母親の手を離してしまう場面が各所で見られた。「カザン駅のありさまは、言語を絶していた」とソ連人作家イリヤ・エレンブルクは書いている。モスクワの西部にある駅についても、状況の過酷さは大同小異だった。何千人もの負傷兵が、列車から荒っぽく下ろされ、ろくな手当もしてもらえず、ホームにずらりと並べた担架に、ただ横たわっているだけなのだ。息子や夫、恋人を必死に探しながら、女たちが担架のあいだをへめぐっていた。

〝城砦《クレムリン》〟から姿を見せたスターリンは、目前の光景にショックを受けた。すぐさま非常事態が宣言され、ＮＫＶＤの数個狙撃（歩兵）連隊が投入され、道ゆく略奪者と脱走兵を見つけしだい射殺した。かくして秩序は、荒っぽいやり方ではあるが、回復された。そのあとスターリンは、自分はやはりモスクワに留まらねばなるまいと決意し、ラジオでそのむね告知した。いまこそまさに国の運命を左右する重大局面であり、それゆえスターリンの決断は。絶大な効果を生んだ。文字どおり空気が一変し、それまでの集団的パニックが、どんな犠牲を払っても、われらが首都モスクワを守るのだという集団的決意へと転じたのである。ほんのちょっとしたきっかけで、大衆の心理状態がガラリと変化を見せる現象は、五年前のマドリード防衛戦の時を彷彿とさせた。

スターリンは、秘密厳守の必要性こそ強調したものの、それでも「ボリシェヴィキ革命」を記念する祝賀式典は、当初予定のとおり粛々と実施すると、「国家防衛委員会」に告げた。この発言は、委員たちの度肝を抜いたけれど、それだけの価値はあると認められた。モスクワは断じて手放さない――という意気込みを、わが国および全世界に誇示できる絶好の機会であり、ゆえに式典の決行は、リスクを負うだけの意味がおそらくあるはずだと、委員たちは受け止めた。かくして「革命記念日」

の前夜、スターリンは演説に臨んだ。演説は地下鉄マヤコフスキー駅の広大かつ華麗なホールから、全世界にむけて発信された。スターリンはその弁舌によって国民を鼓舞した。ただ、演説内容は〝革命〟記念日にいささか似つかわしくなかった。そこで盛んに称揚された英雄たちは、プロレタリア性がきわめて希薄だったから。すなわち、十三世紀にスウェーデン軍を敗走させた英雄にして聖人のアレクサンドル・ネフスキー、ドン川の畔でモンゴル軍を打倒し、ロシアが「タタールの軛」から脱する契機をつくったドミトリー・ドンスコイ、トルコとの露土戦争などで常勝将軍の名を欲しいままにしたロシア帝国のスヴォーロフ陸軍元帥、そしてもちろん、ナポレオン軍を撃退した国民的英雄クトゥーゾフ元帥である。スターリンはいった。「ドイツの侵略者は、絶滅戦争を欲している。大いにけっこうだ。かれらは必ずや絶滅戦争を手に入れるだろう」

壊滅的退却が続いた数カ月間、問題の対処から逃げてきたスターリンだったが、この演説を契機として、かれは再度、ソ連国民の意識のうえに、みずからの存在をくっきりと刻印するようになる。「私は古い新聞ファイルのうち、一九四一年七月から十一月までの部分を通読したことがある」と作家、イリヤ・エレンブルクは後年書いている。「この時期、スターリンの名前は、ほとんど言及されていなかった」と。

かくして国家指導者と、首都の勇気あふれる守備隊とのあいだに、固い絆が結ばれた。翌十一月七日、スターリンは赤の広場の、いまは主なきレーニン廟から、援軍として戦地におもむく兵士たちを観閲した。スターリンの敬礼を受け、降りしきる雪のなか、隊列を組んで次々と通過するかれらは、そのまま北西方面に向きを変えると、最前線に投入された。抜け目のないスターリンは、この見栄えのする場面がいかなる効果を発揮するか、十二分に理解していた。国内外のニュース映画館で、赤軍の勇姿があまねくスクリーンに躍るように、かれはその一部始終をフィルムに収めさせた。

翌週、霜の季節がついに到来した。ようやく足場が固まると、ドイツ軍の各部隊は十一月十五日、進撃を再開。対するジューコフ将軍は早い段階から、ドイツ軍の主力が攻めてくるのはモスクワ西部、ヴォロコラムスク戦域になると予想していた。ただ、そこを固めるロコソフスキー将軍の「第一六軍」は、敵の攻撃があまりに激しいため、戦いつつ後退する以外、打つ手がなかった。ままならぬ戦況に、ジューコフは怒りの矛先をロコソフスキー個人にむけた。二人の司令官はいずれも騎兵出身だったが、その戦いぶりは天と地ほども違っていた。やや小柄のジューコフは勢いまかせ、情け容赦のない部隊運用をよしとするインファイター・タイプだった。一方、長身で優雅なロコソフスキーは、無理をせず、現実に即した部隊運用が身上のアウトボクサー・タイプだった。ポーランド人貴族の血をひくロコソフスキーは、赤軍で吹き荒れた「大粛清」の末期に、逮捕・拘禁を実体験した。昼夜わかたず延々とつづく過酷な尋問、いわゆる「ベルト・コンベアー」の期間に、計九本の歯を折られ、いまではそこに鋼鉄製の義歯がはまっていた。スターリンはかれを釈放したけれど、折りにふれ繰り返し、これはあくまで臨時措置だぞと念を押した。失敗すれば、ベリヤが抱える連中に、再度引き取ってもらうからなと。

十一月十七日、スターリンはひとつの命令書にサインした。すべての部隊、すべてのパルチザンは、戦闘地域とその背後にあるすべての建物を「破壊し、灰になるまで焼き尽くせ」という内容だった。迫りくる極寒の季節を前に、ドイツ兵から身を隠し、休息をとる場所を奪うための措置だった。それにより、民間人がこうむる運命については、当面考慮の範囲外とされた。ソ連兵たち、特に駅のホームに放置された負傷兵の苦しみには、凄まじいものがあった。「駅はどこも、人々が垂れ流す糞尿や、血まみれの繃帯をまかれた負傷兵によって覆い尽くされていた」と赤軍のある将校は書いている。

十一月末までに、ドイツ「第三装甲軍」——旧「第三装甲集団」、正式な改名は年明け後——は、モスクワ北西四〇キロメートルまで到達し、先鋒部隊のひとつは「モスクワ＝ヴォルガ運河（現モスクワ運河）」の対岸に橋頭堡を築いた。一方、ドイツ「第四装甲軍」――旧「第四装甲集団」、同前――は、モスクワ西郊一六キロメートルの地点まで迫り、ロコソフスキー将軍の「第一六軍」を平押ししていた。濃い霧のなか、武装親衛隊の「ドイチュラント」連隊に所属するオートバイ兵が一騎、モスクワ市内に突入し、西の玄関口にあたるベロルシア駅付近でNKVDの巡邏隊に射殺されたと言われている。その他のドイツ軍部隊も、ドイツ製の強力な双眼鏡ごしに、クレムリンの特徴的なタマネギ型の屋根を確認できる地点まで迫っていた。ロシアの冬がほどなく本格化することはみな知っていたので、ドイツ兵は死にものぐるいで戦った。どの部隊も消耗し、すでに多くのものが凍傷にかかっていた。

モスクワに至る各ルート上の防衛陣地は、いまも急ピッチで強化がはかられていた。鋼鉄製の梁を溶接で菱の実状に組んだ、いわゆる「ハリネズミ」が対戦車障害物として活躍した。NKVDは「駆逐大隊」を組織した。敵の空挺隊員や破壊活動から主要工場を守り、万一の場合は最終防衛ラインの死守にあたらせる決死隊である。隊員には小銃一挺、銃弾一〇発、手榴弾数個が支給された。スターリンはモスクワが北側から包囲されることを恐れて、ジューコフ将軍に対し、北の敵に順次反撃をおこなうべく準備に入れと命じた。だが、ジューコフが当面最も必要として所望したのは、ドイツ「第三装甲軍」、「第四装甲軍」の攻撃で相当に傷んだ、モスクワ西方の各軍を分厚くする増強部隊だった。

モスクワだけでなく、ソ連南部の状況も同じく危機的だった。ルントシュテット元帥率いるドイツ「南方軍集団」は十月半ばにはソ連鉱工業の一大中心、ドネツ盆地を確保し、ルーマニア軍も黒海に臨む港湾都市オデッサの占領になんとか成功していた。クリミア半島にむかったマンシュタイン将軍率いる「第一一軍」は、海軍基地の置かれたセヴァストポリ港の包囲にかかっていた。また「第一装甲軍」は、歩兵部隊を置き去りにし、ひとりカフカス（コーカサス）地方を目指して驀進中だった。十一月二十一日には、武装親衛隊のゼップ・ディートリヒSS大将――ドイツ空軍のリヒトホーフェンが「気のいい軍馬」と呼んだ好漢――率いる第一SS装甲師団「ライプシュタンダルテ・アドルフ・ヒトラー」（LSSAH）が、カフカス地方の入り口にあたる都市、ロストフ＝ナ＝ダヌーに入り、ドン川にかかる橋を確保した。これにはヒトラーも得意満面だった。これで、その南方に広がる油田地帯はドイツのものだと考えたからだ。だが、クライスト上級大将率いる「第一装甲軍」の先鋒は、あまりにも突出しており、その左側面を守っているのは、装備がかなり劣るハンガリー軍のみだった。ソ連のティモシェンコ元帥はこれを好機と見、麾下の部隊に対して凍結したドン川を押し渡り、反撃に打って出ろと命じた。

　カフカス地方に対する本格攻勢は、やはり来春まで無理であろうとルントシュテット元帥は判断した。そこで、タガンログの西方でアゾフ湾にそそぐミウス川のラインまで、いったん兵を退かせることにした。だが、それは今回の対ソ戦における初の〝撤退〟だった。打診を受けたヒトラーは、自分の耳が信じられず、たちまち激怒し、そんな撤退はすぐさま中止しろと言ってきた。それを聞いたルントシュテット元帥はもはやこれまでと辞意を表明し、たちまち受理された。十二月三日、ヒトラーはポルタヴァに置かれた「南方軍集団」司令部まで飛んできた。ポルタヴァは、かつてドイツに先んじてこの地に侵攻したスウェーデン国王カール十二世が決定的敗北を喫した場所である。翌日、ヒトラーはナチ思想の信奉者であるフォン・ライヒェナウ元帥――ルントシュテットの言う「身体を鍛えると称して半裸で」走り回るような輩――を「南方軍集団」の新司令官に任命した。

　だがその後、ヒトラーがわが藩屏《はんぺい》たる「LSSAH」のゼップ・ディートリヒ師団長に見解を求めると、かれはなんと、自分はルントシュテット閣下のご判断に賛成ですといったため、ヒトラーは意外な感にうたれた。しかも、私だったら断じて撤退しませんと請け合ったライヒェナウ元帥が、その後あっさり兵を退き、そうした既成事実を盾に、総統大本営に事後承諾を求めてきたのである。事ここに至っては致し方ない。ヒトラーは先の解任の埋め合わせとして、ルントシュテット元帥の誕生日に二七万五〇〇〇ライヒスマルクを進呈した。それにしても、わが将領たちは、カネや土地や勲章を贈るだけで、どうしてこうもあっさり忠誠心を買えるのだろうかと、ヒトラーはしばしば訝しい想いにとらわれた。

レニングラードは絶滅を免れた。ジューコフ将軍の容赦ない指導力と兵士たちの決意がそれなりに寄与したことは間違いないが、やはりドイツ軍が持てる兵力を首都モスクワに集中させると決定したことが最大の要因である。これ以降、ドイツ「北方軍集団」は、東部戦線の大状況とは疎遠になっていく。増強部隊はほとんどもらえず、ソ連の中部や南部にいる友軍を支援するため、手持ちの兵力をいつ剝ぎとられるかと、つねに心配する立場に置かれた。ただ、冷遇という面から言えば、ソ連側の方がより苛酷で、スターリンは首都モスクワの防衛に充てるため、レニングラードから何度か兵員をもぎ取ろうとしたことさえあった。あの街は元々、モスクワの人間を格下扱いし、本音は親西欧派の人間が跋扈《ばっこ》する場所なのだと疑うスターリンにとって、そんな〝インテリゲンチャ都市〟を見舞う苦境に、同情心など沸きようがなかった。スターリンがどの程度本気で、レニングラードを見捨てるつもりだったかは定かでない。ただ、一九四一年の秋から冬にかけて、スターリンがもっぱら気にかけていたのは、都市本体よりも、「レニングラード戦線（方面軍）」が持っている戦闘力とその温存の方であり、城壁のなかにいる市民など、もとより眼中になかった。

ソ連側は「第五四軍」を用いて、ドイツの包囲網を外側から突き崩そうと試みたけれど、ドイツ軍をラドガ湖南岸から追い払うことはできなかった。それでもソ連守備隊は少なくとも、レニングラードとラドガ湖のあいだの地峡部は、依然保持し続けていた。ただそれは、フィンランド軍が一九三九年以前のソ連領土に踏みこむことに、若干逡巡を覚えていることも一因だったが。

レニングラード包囲戦は、ドイツ軍が毎日決まった時刻に爆撃をおこなうため、ある種のパターンに嵌まっていった。民間人の犠牲は積み上がっていったものの、それは主に飢えからくる犠牲だった。現在のレニングラードは実質的にひとつの〝島〟であり、いまや〝本土〟との通行を可能にする唯一の道は、ラドガ湖を横断する氷上ルートか、もしくは空路のみである。およそ二八〇万の民間人がこの〝島〟に囚われ、さらに五〇万人の兵士もいるため、ソ連当局は三三〇万人分の口を日々賄わなければならなかった。ソ連の社会は平等が実現されているはずだったが、食料の配給は驚くほど不平等だった。党幹部は自分の家族と近親者が困らぬよう心を尽くしたし、町のパン屋から、軍の酒保に至るまで、食料供給を管理する人間たちは、恥知らずなほど私腹を肥やした。ごく基本的な配給をもらうだけでも、賄賂が必要なことがしばしばだった。

食べ物は、紛れもなくひとつの権力《パワー》だった。腐敗した個人にとっても、そしてソ連邦という国家にとっても。なにしろ、この国は長年、好ましからざる人物を力ずくで従わせたり、そうした人間にしかるべき報復をおこなう手段として、食べ物をもちいてきた歴史があった。工場労働者、子供、兵士にだけは配給がきちんと渡っていたけれど、それ以外のものたち、例えば職がなく、未成年の子供をかかえていない既婚女性は「依存者」用の配給しかもらえなかった。このカテゴリーに分類された人たちの配給切符は〝スメルトニク（死のカード）〟と呼ばれた。要するにそれは、人間をその有用さをもとにランク付けする制度であり、しかもその制度をめぐる真にソヴィエト的態度に従い、このカテゴリーの人々は「穀潰し」と位置付けられた。逆に、党幹部たちに対しては、かれらが公共の福祉のためしかるべき判断力を存分に発揮できるよう、追加の配給が与えられた。

「われわれの食料事情はきわめて劣悪である」と赤軍兵士ヴァシリー・チュルキンは十月末に記している。かれは当時、ラドガ湖畔のシリッセルブルグ付近にある防衛線を守っていた。われわれは、土のように黒いパン三〇〇グラムと水っぽいスープを支給された。馬たちには、いまや葉っぱすらないカバノキの小枝が与えられていたが、一頭また一頭と、息絶えた。ベリョーゾフカ村の地元民とわれわれ兵士は、まずは倒れた馬の骨を取り除いた。あとは肉は切り分け、そして茹でた」

兵士たちの待遇は民間人よりはるかに増しで、ゆえに都市部に家族をかかえる兵士たちは、高まる不安に怯えつつ冬の到来をひたすら待った。人肉を口にした人間がいるという噂もあちこちで聞かれるようになっていた。兵士チュルキンは「われらがアンドロノフ伍長、背の高い、肩幅の広い、活力にあふれたかれが、みずからの命で贖うことになったミス」をどのようにおかしたか、記録に残している。「補給担当の班長がもっともらしい理由をつけて、かれをレニングラードに行かせた。当時、レニングラードでは、人々はわれわれよりも飢えており、そしてわれわれの大半はレニングラードに家族を持っていた。伍長の車は途中、停止を命じられた。車にはわれわれ自身の乏しい糧食から「われわれの家族に届けるため」持っていた缶入りの食料品や肉、穀類が積んであった。軍法会議が開かれて、アンドロノフ伍長と班長は死刑になった。伍長の妻は幼子をかかえて、レニングラードに住んでいた。聞くところによると、その子供は隣人たちに食われ、妻は発狂したという」

飢える都市は、ラドガ湖の湖面がしっかり凍結するのを待たなければならなかった。その「氷上の道」を越えて食料品を積んだトラックがやって来られるほど堅くなるのを。十二月第一週、大きなリスクをおかして、そうした氷上輸送が敢行された。「私は一台の〈ポルトルカ〉トラックを目にした」

と兵士チュルキンは記している。「後輪が氷に嵌まっていたけれど、なかの小麦袋は濡れていなかった……運転台が天を向き、前輪はかろうじて氷上に残っていた。およそ一〇台ほどの〈ポルトルカ〉トラックの脇を通った。それらは小麦を満載し、氷中で凍りついていた。『命の道』の先駆けたちだ。トラックの傍らに人影はいなかった」と。物資の集積はすでに終わっていたが、レニングラードの住民はもう少し待たざるを得なかった。湖畔のカボナという集落で、チュルキンは目を見張った。「岸辺に沿って、先頭が見えないほど、何キロも何キロも、厖大な数の小麦袋や食料品の入った箱が並んでいた。それらの物資は、飢えるレニングラードにむけて氷上の道をたどるべく、そこで待機していたのである」

ドイツ「中央軍集団」の多くの司令官は十二月初めには悟っていた。いまや疲労困憊し、凍りづけになっている兵士をもって、モスクワ攻略は不可能であると。本音では、劣化した部隊をしかるべき防衛ラインまで後退させ、春を待ちたかった、だが、そうした主張はすでに、総統大本営の指示のもと、ハルダー陸軍参謀総長によって却下されていた。一部の司令官は、ナポレオン軍の悲惨な末路がつい心をよぎり、一八一二年の故事に改めて思いをはせた。一時は泥濘と化した補給路は、本格的な冬の到来のおかげでそこそこ締まってきたが、物資の供給面で目立った改善は見られなかった。気温は摂氏零下二〇度を下回っており、視界もほぼゼロになることがしばしばで、ドイツ空軍は大半の時間を地上待機のまま過ごしていた。飛行場の地上整備員と同様、機械化部隊の兵士たちも、愛車のエンジンの下でたき火をたいて、しかるのち無事起動することを祈りつつ、エンジンをかけた。機関銃や小銃は、ドイツ国防軍にしかるべき冬季戦用の潤滑油がなかったため、固く凍りついたままだった。しかも気温がここまで下がると、無線機も満足に機能しなくなった。

西ヨーロッパから連れてきた、火砲や物資輸送用の使役馬は、極寒の気候条件に慣れておらず、しかも満足な飼葉さえなかった。やっと届いたパンは、石のように固まっていた。兵士たちは糸ノコやノコギリでそれらを切り、ズボンのポケットに入れて柔らかくしたあと、ようやく口に入れた。地面は鉄のように固かった。体力低下が著しい一般兵士たちは、まずは大きなたき火で地面を温めないと、塹壕掘りさえできなかった。長い行軍で酷使してきたため、長靴はどれもボロボロだったが、代わりのブーツはほとんど届かなかった。満足のいく手袋も不足していた。凍傷患者の数は、すでに戦傷者を上回っていた。将校たちは部下の兵士について、まるでロシアの貧農みたいになったと文句を言った。かれらは冬物の衣類を民間人から盗んだり、時にはそのブーツを渡すんだと銃口を突きつけて手に入れたりしていたから。

女性や子供や老人を、かれらの住む丸太小屋から放り出し、床板を引き剝がし、冬用に保存してあるジャガイモを必死に探しまわるドイツ兵もいた。なるほど人殺しこそしてはいないが、着ている衣服を奪い、どうやら例年以上に厳しくなりそうな冬の戸外へと追い出し、飢えや寒さで死に至らしめたのだから、残酷さという点では、大同小異であろう。ソ連人の戦時捕虜をめぐる状況は、なかでも最悪だった。かれらは雪のなかを西へ西へと無理やり追い立てられた。疲労により、あるいは飢餓により、もしくは病気（おもに発疹チフス）により、ソ連人捕虜は数千人単位で死んでいった。絶望的な苦しみから人間性を喪失し、共食いという形の人減らしの犠牲になったものもいた。朝がくると、監視兵は捕虜たちを叩き起こし、数百メートルの全力疾走をやらせた。力尽きて倒れたものは、その場で射殺した。奴らを蔑《さげす》め、奴らを憎めと教えられた対象の、生殺与奪の権利を握った時、虐待は習慣性を帯びた一種の麻薬と化した。

十二月一日には、ドイツ軍の重砲がついにモスクワを射程にとらえる所まで到達した。同じく一日、フォン・クルーゲ元帥の「第四軍」が西側からモスクワめがけて、最後の力押しに出た。肌を刺すような寒風が、深い雪の吹きだまりをつくり、それをかき分けてすすむドイツ兵を疲労させた。それでも、相手の虚を突く一斉射撃と、ドイツ空軍による若干の航空支援のおかげで、第四軍「第二〇軍団」はなんとかソ連「第三三軍」の防衛ラインを突破すると、ミンスク＝モスクワ街道へとむかい、その隣に展開するソ連「第五軍」の後方を脅かした。これに対し、ジューコフ将軍はただちに反応し、手元にあるすべての予備兵力（「第三二シベリア狙撃師団」を含む）を投入して対抗した。

十二月四日遅く、赤軍の配置は元通りに修復された。ドイツ軍の歩兵は疲労と寒さのため、もはや足がついて行かなかった。気温は摂氏零下三〇度を下回った。「それがどんなものか、ことばでは表現できません」とドイツ「第二三歩兵師団」の一等兵がこの日、故郷への手紙に書いている。「まずはとてつもない寒さです。そしてブリザード。両足がどんどん湿っていきます――長靴は乾くことがなく、脱ぐことは許されません――次に感じるのは、ロシア兵からの圧迫です」と。「第四軍」司令官フォン・クルーゲ元帥も、その直属の上官で、「中央軍集団」司令官をつとめるフォン・ボック元帥も、モスクワ攻略が水泡に帰したことは分かっていた。それでも二人の元帥は、ヒトラーがこれまでしばしば主張してきたように、きっと赤軍だって、ここまでが最後のあがきであろうと言い交わし、みずからを慰めた。だが両元帥は、状況をこれ以上ないほど見誤っていた。この六日間、ジューコフと「スタフカ（大本営）」は、すでに反攻作戦の準備に取りかかっていたのである。

ジューコフ、ロコソフスキー、レリュシェンコ、コーネフといった優れた軍指導者を得たことで、ソ連赤軍には新たなプロ意識が注入されつつあった。指揮官がみな、ＮＫＶＤによる逮捕を恐れ、ほんのわずかの積極性さえ敢えて示そうとしなかった、六月時点の硬直化した赤軍の姿はもうそこにはなかった。開戦当初のおよそ賢明とは言いがたい部隊編制も一新された。ソ連の一個「軍」はいまや四個「師団」をやや上回る規模の部隊で構成されるようになり、「軍団」という建制単位は時の経過とともに姿を消し、結果、各部隊への統制がより行き届くようになった。

前線の背後では、新たに一一個軍が編成されていた。一部の「軍」には、スキー兵からなる大隊や、練度の高いシベリア兵からなる師団が組み込まれていた。かれらは冬季戦に適した装備を備え、防寒性にすぐれた衣類に身をつつみ、しかも白い冬季迷彩の戦闘服を着込んでいた。幅広のキャタピラーを備えた新型の〈T－34〉戦車は、ドイツ製戦車に比べ、氷や雪への順応度がはるかに高かった。しかも、ドイツ製の装備とは対照的に、ソ連の兵器や車輌には、低温に強い潤滑油が用いられていた。「赤色空軍」はモスクワ周辺の飛行場において、新たな航空連隊を編成した。〈ヤク〉の愛称で知られる戦闘機や、〈シュトゥルモヴィーク〉と総称される対地攻撃機の投入により、ソ連邦の空軍はその相貌を一変させ、ドイツ空軍の大半が地上で凍りついているのを尻目に、この戦いで初めて航空優勢（制空権）を獲得した。

まずはモスクワの両翼に迫りつつあるドイツ軍のふたつの突出部を一掃する――というのがジューコフ将軍の計画であり、スターリンもこれを了承した。敵の主力からなる北西方向の突出部は、ドイツ「第四軍」と、いまやかなり劣化した「第三装甲軍」、「第四装甲軍」で構成されていた。南方の突出部は、トゥーラのすぐ東方にあって、そこにはグデーリアンの「第二装甲軍」が詰めていた。ただ、グデーリアンは胸騒ぎを覚え、すでに前方にいる一部部隊の撤収を始めていた。

十二月五日金曜日〇三〇〇時（午前三時）、新たに編成されたコーネフ率いる「カリーニン戦線（方面軍）」は、主要突出部の北側を抑えるべく、麾下の「第二九軍」と「第三一軍」に対し、凍結したヴォルガ川を押し渡り、攻撃を開始せよと命じた。翌朝さらに、「第一打撃軍」と「第三〇軍」が真西にむけて進出した。これに続き、ジューコフ将軍は別の三個軍――ロコソフスキー率いる「第一六軍（増強）」、ヴラソフ率いる「第二〇軍」など――を繰り出して、主要突出部の南側を叩かせた。ドイツ「第三装甲軍」と「第四装甲軍」の分断が目的だった。両軍のあいだに間隙ができるや否や、レフ・ドヴァトル少将の「第二親衛騎兵軍団」が突撃を敢行し、ドイツ軍の後方に混乱をつくりだした。小柄だが屈強なコサック馬は、深さ一メートルの雪にもめげず、雪中を必死に退却しようとするドイツ歩兵にたちまち追いつき、思う存分蹂躙した。

その南方では、グデーリアンの部隊が攻撃を受けていた。ソ連「第五〇軍」がトゥーラから、ドイツ「第二装甲軍」の北側面に襲いかかり、また北東からは、ソ連「第一〇軍」も迫ってきた。さらにはパーヴェル・ベロフの「第一親衛騎兵軍団」が、戦車の支援を受けつつ、ドイツ軍の後方から突撃を敢行した。初動が早かったおかげで、グデーリアンは「第二装甲軍」の大半をなんとか脱出させることに成功した。ただその後、かれは戦線の立て直しを試みたものの、果たせなかった。ソ連「南西戦線（方面軍）」がその時、グデーリアンの南側面にいるドイツ「第二軍」にむけ、「第一三軍」と一個作戦集団を送ってきたためである。結果、グデーリアンはさらに八〇キロメートルの後退を余儀なくされた。おかげで、かれの部隊とその左翼にいるドイツ「第四軍」のあいだには大きな穴があいてしまった。

赤軍は依然、戦車と火砲の不足に悩んでいたが、新たに編成された一一個軍のおかげで、いまやモスクワ正面において、兵員数ではドイツ軍に迫るところまで来ていた。完璧な奇襲をおこなえたことも、ソ連側にとってプラスに働いた。じつはソ連の前線の背後で、大規模な部隊移動がおこなわれているとの報告は、ドイツ空軍の複数のパイロットから上がっていたのである。だが、ドイツ軍はこの情報を全く重視しなかった。ドイツ軍はまた、いかなる予備兵力も持たなかった。「北方軍集団」はレニングラード南東で激戦を続けており、「南方軍集団」はミウス川まで撤退している現状である。モスクワ攻略を担当する「中央軍集団」司令官、フォン・ボック元帥にとって、南北両側面からの増援はおよそ期待できなかった。これはさすがにまずいんじゃないかという感覚は、たとえばドイツ「第三一歩兵師団」の補給担当上等兵にまで及んでいた。「どこがどう問題なのか、分からないのですが」と、かれは故郷への手紙に書いている。「この広大なロシアという土地は、われわれの手に余るのではないかという嫌な感触があるのです」と。

ドイツ軍の主要突出部を叩く戦いは、十二月七日まで順調に推移した。ドイツ「第三装甲軍」と「第四装甲軍」の一部を罠にかけるというソ連側の企図はここに成功するかに見えた。だがその後、進軍スピードは鈍化し、ジューコフ将軍は強い不満をいだくようになる。敵の防御陣地の一掃をはかった各軍がそこで足踏みを強いられるケースが増えたのだ。そうした拠点は、個々の状況にあわせて即席で編成されたドイツ軍の〝カンプフグルッペ（戦闘団）〟によって守られていた。二日後、ジューコフ将軍は各軍の司令官に命じた。愚直な正面突破はやめよ。抵抗の中心をなす拠点があれば、さっさと迂回し、ドイツ軍の後方へ回りこめと。

十二月八日、あるドイツ兵は日記に書いている。「われわれは引き揚げるべきではないだろうか。そうすれば神様は、われわれに憐れみをおかけになって下さるはずだ」。遮蔽物の全くない雪原で、撤退を続けることがどういうことを意味するか、かれらとて分かっていた。ドイツ軍が逃れる道筋は、燃えさかる村々によって一目瞭然だった。深い雪のなかを死にものぐるいで逃れるとき、火を放ったためである。これに加え、燃料不足で放棄された車輛、力尽きて死んだ馬たち、さらには負傷して雪のなかに置き去りにされた兵士たちが点々と連なり、逃げていく方角を指し示していた。飢えた兵士たちは、馬の脇腹から凍った肉の塊を抉《えぐ》りとった。

シベリア渡りのスキー兵大隊が、冷たい霧のなかからいきなり出現すると、かれらを追い回し、引導をわたした。ドイツ軍の装備は全くなっていないなと、スキー兵たちはきつい冗談を飛ばし合った。途中の村々で略奪したり、あるいは着ている人間の肩から直接剝ぎ取ってきたらしく、ドイツ兵たちは、年配の女性が身に着けるような手袋やショールにくるまれていたからだ。「この年の厳冬期は、例年にないほど寒さが厳しかった」と作家のイリヤ・エレンブルクは書いている。「それなのに赤軍のシベリア兵は文句たらたらだった。『ここで本物の寒さがやってくれば、敵なんか、一ころなのにな』と」

ソ連側の報復は熾烈をきわめた。ドイツ軍が捕虜と民間人をどんな目に遭わせたか、すでに知れわたっていたからだ。赤軍の航空部隊は、撤退するドイツ軍の長い隊列（雪のなかに黒々と続くため、嫌でも目についた）にむけて、戦闘機連隊や対地攻撃機連隊を急行させた。ドイツ空軍による妨害はほとんど受けなかった。ベロフ、ドヴァトル両将軍に率いられた「第一親衛騎兵軍団」と「第二親衛騎兵軍団」は、サーベルを抜き放つと、ドイツ軍の背後、かなり奥深くにある物資集積所や砲兵陣地をさんざんに懲らした。ドイツ軍の補給線に襲撃を敢行したパルチザンが、そのまま騎兵たちと合流する場面も何度かあった。ジューコフ将軍はさらに、ドイツ軍の前線の背後に「第四空挺軍団」をパラシュート降下させることを決断した。寒さにやられ、シラミにたかられ、弱り切ったドイツの歩兵たちに対し、ソ連兵は憐憫の情をいっさい覚えなかった。

ドイツの野戦病院では手足を切断される兵士が増えていた。放置された凍傷が、いまや壊疽まで進み、それ以外の方法がなかったのだ。気温が零下三〇度以下になると、傷口の血液は一瞬で凍結したし、また氷のように固い地面で睡眠をとるため、多くの兵士が腸に問題をかかえていた。ほとんど全員が下痢に悩まされ、しかも排便に困難が伴うこうした環境下では、その苦しみは倍加した。自力で動けないものに、明日はなかった。「負傷者の多くがみずからを撃った」とある兵士は日記に書いている。凍りついた兵器はしばしば動作不良を起こした。燃料がないため、虎の子の戦車を放棄せざるを得ない場面もあった。本隊から取り残され、孤立する恐怖が広がっていく。ソ連人捕虜に対する自らのふるまいを思い、いまさらのように悔やむ将校や兵士がますます増えていった。ただ、単純な類推は注意が必要である。一八一二年の連想がついつい働くため、ちょうどナポレオンの「大陸軍」のように、ドイツ国防軍も呪われた軍隊と化したとの印象を受けやすいが、一九四一年の撤退戦は、総崩れには至らなかったのである。ドイツ陸軍は、特に困難がいや増すような状況下で、敢えて反撃に打って出て、敵をしばしば驚嘆させている。その主役を担ったのが即席の〝カンプフグルッペ（戦闘団）〟だった。退却してくる、はぐれ兵士たちを野戦憲兵がかき集め、歩兵と工兵からなる臨時の混成部隊をその場ででっちあげ、将校や下士官が決然と指揮をとり、対空砲や変種の自走砲（突撃砲）といったその場その場の武器を有効活用して、敵の追撃によく抗したのである。十二月十六日、そうした戦闘団のひとつが、敵の包囲網を突破して、ようやくドイツ側の戦線までたどり着いた。「途方もない数の男たちが茫然自失の状態にあった」とそのひとりが日記に書いている。「わが隊長どのは、涙を流していた」と。

ヒトラーは当初、ソ連の攻勢なるものを信じようとしなかった。新たな大部隊の投入などという話は、はったりに過ぎないと自らを納得させた。そもそも、そんな新兵力がいったいどこから湧いてきたのだ！　スラブの〝ウンターメンシュ（人間以下）〟どもを相手に、大勝利を収めましたと、ほんの先日、聞いたばかりではないか！　全く予想もしなかった運命の暗転に、プライドをいたく傷つけられ、ヒトラーは怒り、かつまた混乱していた。ヒトラーは本能的に、いつもの非理性的な信条へと逃げ込んでしまった。結局は〝意志が勝利をもたらすのだ〟と。しかるべき衣服や弾薬や糧食を部下の兵士に与えず、しかるべき燃料をその装甲車輛に与えなかったという事実は、ヒトラーの世界観において、ほとんどなんの関連性も持たなかった。ただ、一八一二年のナポレオン軍の潰走だけは頭にこびりついていた。ゆえに、ヒトラーはなんとしても歴史の再現だけは許すまじと決意し、現地部隊に厳命した。いまある持ち場を死守せよと。防御陣地を築こうにも、そもそも地面が岩のように固く、穴すら掘れない状況だというのに。

モスクワでは、すべての関心が首都西方で展開される大攻防戦にむけられていた。このため、日本軍が「真珠湾」を攻撃したというニュースは、大した衝撃をもたらさなかった。だが、すべての外国人特派員が押し込められた臨時首都クイビシェフ――ソ連側の検閲により、すべての記事の発信地は依然モスクワのままだったが――では、このニュースがもたらした効果は絶大だった。作家のイリヤ・エレンブルクは当時の見聞を愉快そうに記している。「グランド・ホテルでは、アメリカ人が日本人記者をつかまえて、口角泡を飛ばすような大激論を展開していた」と。だがしかし、米日両国民にとって、そんなことばの応酬などは、ほんの手合わせ程度にすぎなかったのである。

章末注

(464)「屋上にいて」：Lourie, *Sakharov*, p.53からの引用。
(465)「民兵の大半は」：Yuri Vladimirov, *Voina soldata-zenitchika, 1941-1942*, Moscow, 2009, p.118
(466)「人々が逃れるさまを目撃するとは思っていた」：Grossman papers, RGALI 1710/3/49
(467) 赤軍兵士を追い回すドイツ軍戦車：Vladimir Voitsekhovich in Artem Drabkin (ed.), *Svyashchennaya voina. Ya pomnyu.* Moscow, 2010, p.12
(467)「無用の騒動」：John Erickson, *The Road to*

Stalingrad, London, 1975, p.217

（468）「ロシア人はけだもの」：Maj. Hans Sch., Stab/Pi.Btl.652, BfZ-SS 33 691

（469）「数多くの根も葉もない噂」：*ibid.*

（470）「こんなひどいぬかるみは」：Grossman papers, RGALI 1710/3/49

（470）「トルストイの墓と」：*ibid.*

（472）「かれらは恐怖をもって」：Vladimir Ogryzko, Laurence Rees, *World War II behind Closed Doors: Stalin, the Nazis and the West*, London, 2009, p.112からの引用。

（473）ボスの処刑：Vladimir Voitsekhovich in Drabkin (ed.), *Svyashchennaya voina*, p.15

（473）「ガセばかり」：Dmitri Volkogonov, *Stalin: Triumph and Tragedy*, London, 1991, p. 422からの引用。〔ドミートリー・ヴォルコゴーノフ『勝利と悲劇―スターリンの政治的肖像』上・下、生田真司訳、朝日新聞社〕

（476）「多くの工場では、最高幹部が」：Yefim Abelevich Golbraikh in Drabkin (ed.), *Svyashchennaya voina*, p.79

（476）「群衆に取り囲まれ」：Lourie, *Sakharov*, p.55からの引用。

（477）「人間渦巻き」：*ibid.*

（477）「カザン駅のありさま」：Ehrenburg, *Men, Years — Life*, vol.v, p.17.〔イリヤ・エレンブルグ『わが回想―人間・歳月・生活』木村浩訳、朝日新聞社〕

（478）「ドイツの侵略者は」：Alexander Werth, *Russia at War*, London, 1964, p.246.〔アレグザンダー・ワース『戦うソヴェト・ロシア』中島博・壁勝弘共訳、みすず書房〕

（478）「私は古い新聞のファイル」：Ehrenburg, *Men, Years — Life*, vol.v, p.15

（479）「破壊し、灰になるまで」：Volkogonov, *Stalin: Triumph and Tragedy*, p.456からの引用。

（479）「駅はどれも」：Vladimirov, *Voina soldata-zenitchika*, p.119

（480）武装親衛隊のオートバイ兵：Bellamy, *Absolute War*, p.317

（480）「駆逐大隊」：Vladimir Viktorovich Voitsekhovich in Drabkin (ed.), *Svyashchennaya voina*, 2010

（481）「気のいい軍馬」：Richthofen KTB, 10.4.41, BA-MA N671/2/7/9, p.59

（481）「半裸で」：Charles Messenger, *The Last Prussian: A Biography of Field Marshal, Gerd von Rundstedt, 1875-1953*, London, 1991, p.61からの引用。

(483)「依存者」と「死のカード」：Reid, *Leningrad*, pp.168-9
(484)「われわれの食料事情」：VCD, 28.10.41
(484)「われらがアンドロノフ伍長」：*ibid.*, 20.11.41
(484)「〈ポルトルカ〉トラックを目にした」：*ibid.*, 8.12.41
(485)「岸辺に沿って」：*ibid.*, 8-9.12.41
(487)「ことばでは表現できません」：Gefr. Hans Joachim C., 6.Kp/Infantry.Rgt.67, 23.Inf.Div., 4.12.41, BfZ-SS
(490)「どこがどう問題なのか」：Obgefr. Herbert B., Nachschubkp. 31, 6.12.41, BfZ-SS
(490)「われわれは引き揚げるべきでは」：Oberschütze Helmut G., 8.12.41, BfZ-SS
(491)「この年の厳冬期は」：Ehrenburg, *Men, Years — Life*, vol.v, p.35
(492)「負傷者の多くが」：Oberschütze Helmut G., BfZ-SS, N: Gil
(492)「途方もない数の男たち」：Oberschütze Helmut. G., BfZ-SS
(493)「グランド・ホテルでは」：Ehrenburg, *Men, Years — Life*, vol.v, p.18

第16章

真珠湾
一九四一年九月〜一九四二年四月

一九四一年十二月六日、モスクワ周辺でソ連軍の反攻が始まったちょうどそのころ、ワシントンではアメリカ海軍の暗号解読班が懸命の作業を続けていた。海軍の面々は、東京政府が駐米日本大使に宛てて送ったメッセージを順次平文に戻している最中だった。公電の最終部分はこの時点では欠けていたけれど、言わんとするところは十分すぎるほど明白だった。「これは戦争という意味だな」。その夕刻、解読結果が届いた時、大統領執務室にいた側近のハリー・ホプキンズに対し、ローズヴェルトは言った。大統領は昭和天皇に宛てて親書を送り、日本に対し衝突回避の努力を促したばかりだったのだが。

そのころ、ホワイトハウスからほど近いアメリカ陸軍省では、情報部門のトップが戦争計画部長、レナード・ジェロウ准将に対し傍受記録を手渡すとともに、太平洋戦域の各アメリカ軍基地に警戒を呼びかけるべきではないかと示唆していた。だが、ジェロウ将軍は特段の措置はとらないことを決めた。「かれらはすでに十分承知していると思う」。ジェロウはそう言ったと記録されている。すでに十一月二十七日には、日本との戦争が差し迫っていると、太平洋戦域の陸海軍司令部に通告済みであったから。その際の情報源もまた、今回と同じ日本の外交暗号電報――コードネーム「MAGIC」

――だった。

興味深く、かつまたおそらく重要な意味を持つだろう点は、この件について、クレムリンからいっさい警告が届かなかったことである。ローズヴェルトは当時、ソ連をさらに支援したいと考えていたのに。なぜアメリカ側に一報しておかなかったのか、ソ連側の動機はただ想像するしかない。「モスクワの戦い」以前に得ていたゾルゲ情報――太平洋のアメリカ軍基地に奇襲攻撃を仕かける計画が現在、日本側に存在するという話――を、スターリンはどういうわけか、アメリカ側に伝えることを拒んだのである。ただ、これだけは言える。「第二次世界大戦」をつうじても、最も驚嘆すべき偶然のひとつは、一九四一年十二月六日、すなわち日本の真珠湾攻撃の前日におけるローズヴェルト大統領の決定にあったと。かれはこの日、核兵器の研究プロジェクトにゴーサインを出したのである。

日本の軍部が昭和天皇に対し、開戦の決定を受け入れるよう迫ったのは九月第一週であった。天皇はそのさい、唯一の抵抗姿勢として、祖父がよんだ平和を祈念する和歌一首を読み上げた。日本の天皇には、陸海軍を統率する大元帥という立場があったけれど、その立場には相反する要素が多々含まれていた。また、かれの開戦に対する反対は、道徳的理由によるものではなく、たんに失敗に終わるかもしれないという恐怖の反映であった。一方、過激な軍国主義者たちは、若手・中堅の将校グループを中核とし、わが帝国は東アジアに新秩序をもたらす聖なる任務を負っていると本気で信じていた。この構想は「大東亜共栄圏」という婉曲表現で呼ばれていた。だが、洞察力に富んだアメリカのジョセフ・グルー駐日大使は、早くも一九三四年にこれは「パクス・ジャポニカ」だと警鐘を鳴らしている。一九四一年十一月になると、日本の軍部はこの国を「国家的ハラキリ」に引きずりこむ準備をすすめていると、グルーは恐怖心さえ抱くようになる。

大日本帝国は勢力圏を急拡大させ、それに伴い、優先順位の付け方をめぐって、政府部内で衝突が起きるようになっていた。中国大陸で現に続く戦争、北方のソ連に対する恐怖と憎悪、南方に横たわるフランス、オランダ、イギリスの植民地への野心がないまぜとなり、なかなか的をひとつに絞れなかったのだ。松岡洋右外相は、ドイツがソ連を侵攻する直前の一九四一年四月に「日ソ中立条約」をまとめた立役者だったが、そのドイツが東方にむけて破竹の進撃を開始すると、かれは方針を一八〇度転換し、まずは北を攻め、ソ連の後方を脅かすべきだと説いて回るようになる。だが、帝国陸軍の上級将校たちはそうした案には反対だった。一九三九年八月に、ジューコフ将軍から痛い目に遭わされ、その戦場体験はいまだ生々しかった。まずは中国との戦争に注力し、これを片付けることを最優先とすべきだと、かれらは主張した。

日本にとって、一九四〇年の仏領インドシナ進駐は主に、蔣介石の国民党軍への補給阻止が目的だった。だが、この動きは結果的に、帝国海軍がもっぱら主張してきた「南進」政策への決定的一歩になる。インドシナ半島は、蘭領東インド（現インドネシア）の油田地帯を確保するうえで、まさに理想的な基地となるからだ。しかも、インドシナの占領は、米英からの制裁を呼び込んでしまった。連合艦隊司令長官、山本五十六大将のもとには警告があがってきた。米英両国の対日禁輸措置により、わが海軍の艦艇はおよそ一年で燃料が尽きてしまいますという内容だった。日本の軍国主義者たちは考えた。事ここに至っては、敵に先んじて、必要なものをすべて確保しておかねばなるまい。ここで引き下がれば、メンツを失なうことになり、それは耐えがたい屈辱であると。

だが、事はそう簡単にはいかない。陸軍大臣の東條英機大将は、途方もない工業力を備えたアメリカと一戦交えることは、一種のギャンブルだと十分分かっていた。一方、山本五十六大将も、合衆国との戦争が長期に及んだ場合、それがもたらす結果について恐れていた。日本に生き残る道が仮にあるとすれば、緒戦の大規模攻勢で一気に片を付けてしまうこと以外、他にやりようはないと山本は感じていた。「是非やれと言われれば、初め半年や一年は米英相手に随分暴れて御覧に入れます」と語ったあと、山本はきわめて正確に、将来にわたる見通しを述べている。「が、そのあとは……確信が持てません」と。

アメリカとの外交的解決の可能性を模索したいとする昭和天皇ならびに近衛文麿首相の意向を、軍指導部は外見上、ひとまず汲む形となった。だが、重大な譲歩を伴うがごとき取り決めを甘受する気は毛頭なかった。中国大陸からの撤兵はいかなる形のものであれ、断固反対で臨むというのが帝国陸軍の立場である。ただ、今後の見通しについては、特に戦争がこのまま長期化した場合、なるようにしかならぬという運命論が主流だったけれど。日本軍の司令官たちは、メンツを失うくらいなら、それが国家そのものの自殺につながろうと、敢えてリスクをおかす方が増しであると考えたのだ。

一方、ローズヴェルトは、この段階では、いまだ戦争を望んでいなかった。ただ、最善の策は、明確な一線を相手側に示し、一歩も退かぬ構えを見せることだと確信していた。マーシャル陸軍参謀総長も、ハロルド・R・スターク海軍作戦部長も大統領に対し明確な警告を発していた。わが合衆国はいまだ十分な戦争準備ができていませんと。ただ、国務省のスタンスは違った。コーデル・ハル国務長官は、日本側特使と交渉中の十一月二十五日、日本の軍艦と兵員輸送船からなる大規模船団が南シナ海を南下中との知らせを受けて、思わず激怒した。これを受けて、ハル長官は「十項目」からなる要求を日本側に突きつけた。東京ではこの要求は、最後通牒に等しいものと見なされた。

なにしろ、この「ハル・ノート」は、「日独伊軍事同盟」の実質的廃棄や、仏領インドシナおよび中国からの日本軍の全面撤退などを求めていたから。このように厳しい対日要求になった背景には、中国国民党とイギリス側の働きかけがあった。もし、この段階で紛争解決の手段があるとしたら、それは唯一、米英両国が完全かつ即座に、譲歩の姿勢を見せることぐらいだったろう。だが、西洋側がそのような弱みを見せたら、おそらく日本の侵略行為をさらに助長して終わっていたはずである。いっさいの妥協を排したハル長官の態度は、日本軍の指導者たちに、やはり戦争にむけた準備は間違っていなかったとの確信をいだかせた。遅れれば、それだけこちらが不利になると。新首相に就任した東條大将が十一月五日の御前会議で述べたように、これ以上の開戦延期は日本を「三等国」に転落させるだけとの認識がそこにはあった。いずれにしろ、山本の空母機動部隊はすでに、北太平洋は千島列島にある最終集結地点を出航していた。攻撃開始時間は十二月八日〇八〇〇時（午前八時／東京時間）に設定されていた。目指すはハワイ・オアフ島、アメリカ「太平洋艦隊」の根拠地、真珠湾である。

日本の戦争計画は、西太平洋をぐるりと取り囲む半島や島嶼、および南シナ海の支配を目的としていた。主要目標は計五カ所で、帝国陸軍の五個軍が各々その任務にあたる。「第二五軍」はマレー半島を攻めくだり、その先端にあるシンガポールのイギリス海軍基地を確保する。華南の「第二三軍」は香港を押さえる。「第一四軍」はアメリカのダグラス・マッカーサー将軍が総司令官兼植民地総督をつとめるフィリピンに上陸する。「第一五軍」はタイとビルマ南部に侵攻。「第一六軍」は、その油田が日本の戦争継続に死活的に重要な蘭領東インドをその手に収めるという段取りだった。航空機を主体とする今回の攻撃計画には、帝国海軍の内部から強い疑問の声があがったけれど、山本は押し切った。まずは空母機動部隊をもってアメリカの艦隊を撃滅すべきである。そもそもそれがかなわなければ、上記の侵攻計画の一部、特に対フィリピン作戦を危険にさらすことになると、山本は主張した。

山本の虎の子である海軍パイロットたちはこの数カ月間、魚雷と爆弾による攻撃訓練を積みかさね、来たるべき任務に備えてきた。目標にかんする情報は、ホノルルの日本総領事館から提供されており、館員たちは日々、米海軍艦艇の動向を監視していた。アメリカの艨艟《もうどう》どもは、週末になると、みな港内に戻ってくる――。この情報を受けて、先制攻撃の日時は十二月八日（ワシントンではいまだ十二月七日）月曜日の夜明け直後と決した。かくして十一月二十六日払暁、空母「赤城」を旗艦とする日本の機動部隊は、厳格な無線封止のもと、千島列島から出撃していったのである。

ハワイでは、アメリカ「太平洋艦隊」司令長官ハズバンド・E・キンメル大将が強い懸念をいだいていた。同艦隊の情報部によれば、日本の「第一艦隊」および「第二艦隊」に所属する空母の所在が分からなくなっているという。十二月二日にそう告げられたキンメルは「それはつまり、連中が「真珠湾の入り口付近にある」ダイヤモンド・ヘッド辺りにいても分からぬという意味かね」と詰問したくらいである。ただ、さすがのキンメルも、日本軍が太平洋のどまんなかにあるここハワイに、いきなり攻め込んでくるとは想像だにしなかった。首都ワシントンの陸海軍関係者と同様、キンメルもまた、日本はまず、南シナ海周辺のどこかを攻撃し、それを足がかりに、英領マラヤ、タイ、およびフィリピンの攻略に入る可能性が高いと信じていた。よってハワイでは、平時のままの日常勤務が依然続いていた。将校たちは白い熱帯仕様の制服を着込んでいたし、水兵たちはビールを飲んだり、ワイキキ・ビーチで地元の女の子と楽しくやれる週末を心待ちにしていた。多くの艦艇は、その運用に必要な最低限の乗員を残し、あとは週末モードに入っていた。

十二月八日月曜日〇六〇五時（午前六時五分）、空母「赤城」の飛行甲板でグリーンのランプが振られた。パイロットたちは〝ハチマキ〟――ちょうど額の部分に赤い日の丸がついている白いヘッドバンド――を締め直した。それは天皇のために死ぬことを誓うという決意の表明だった。各機が次々と発艦していくと、整備士たちは「万歳！」と叫びながら見送った。海は大きくうねっていたが、機動部隊を構成する六隻の空母は、第一次攻撃の「第一波空中攻撃隊」一八三機を無事送り出した。第一波は、〈零式艦上戦闘機（ゼロ戦）〉からなる制空隊、〈九七式艦上攻撃機〉からなる水平爆撃隊と雷撃隊、そして〈九九式艦上爆撃機〉からなる降下爆撃隊で構成されていた。目指すオアフ島は、南方三七〇キロメートルのかなたにあった。

　発艦した各機は、空母艦隊の上空で旋回しながら、それぞれに割り当てられた高度で編隊を組みつつ、目標にむかった。やがて夜が明けたけれど、雲海の上を飛んでいるため海面は見えず、偏流を測定しようにも推測航法は不可能だった。そこで第一波の先頭一番機に搭乗し、みずから水平爆撃隊を直率する総指揮官、淵田《ふちだ》美津雄《みつお》中佐は、ホノルルのラジオ局にダイヤルを合わせた。ダンス・ミュージックが聞こえたので、ラジオ方位探知機を用いて、針路を五度修正した。音楽は突然、気象通報に変わった。ハワイ諸島上空では雲に切れ目ができ、視界は好転しつつあると知って、淵田はホッと胸をなでおろした。

　発艦から一時間半後、各隊の先頭を行くパイロットたちはオアフ島の北端をその目で確認した。先発した偵察機から、アメリカ側はこちらの動きに気づいていない模様との報告が入った。淵田中佐はそこで、信号拳銃を取り出すと、コクピットから〝ブラック・ドラゴン〟――真っ黒な煙の尾を長々と引く「号龍（信号弾）」――を発射した。「第一波空中攻撃隊」の面々に対し、力押しの強襲モードではなく、奇襲モードの計画がいまだ実施可能であると伝えるためだった。すると偵察機が、戦艦一〇隻、重巡洋艦一隻、軽巡洋艦一〇隻が碇泊していると知らせてきた。真珠湾が見えた時、淵田は双眼鏡で各艦の碇泊位置を確認した。〇七四九時（午前七時四九分）、淵田は全軍突撃を下令した。攻撃開始の間合いをとるため、バーバース岬を廻ったあと、淵田は後方の空母艦隊にむけて「トラ・

トラ・トラ」と送信するよう命じた。「タイガー」を指すことばの連続からなるこの暗号の意味は「我奇襲に成功せり」だった。

計五一機からなる艦上爆撃機（急降下爆撃機）の二個中隊が、付近にある三カ所の飛行場を叩くため、第一波空中攻撃隊の本隊から離れていった。一方、雷撃隊はそのまま低空を直進し、「全力の在泊」状態にある敵主力艦七隻にむけて一気に襲いかかった。ホノルルのラジオ局は依然として音楽を流していた。戦艦の舷側にはすでに魚雷の命中をつたえる水柱があがりつつあった。それを見た淵田は、総指揮官機のパイロットに対し、バンクさせろ（主翼を左右交互に大きく振れ）と命じた。みずから直率する水平爆撃隊一〇個中隊に対し、単縦陣で爆撃行程に入れとの合図だった。「まさに壮観だった」と淵田は記している。だが、かれらが迫っていくと、アメリカ側の対空砲が火を吹いた。あたり一面、ネズミ色の爆煙が広がり、衝撃で機体が揺れだした。そのころ、最初の魚雷を食らった米戦艦「オクラホマ」がゆっくりと横転を始めていた。艦内に閉じこめられた将兵、その数四〇〇人以上がかくて命を落とした。

淵田の総指揮官機は高度三〇〇〇メートルで、米戦艦「ネヴァダ」に迫った。だが、アメリカ側の反応が予想外に素早かったため、やり直しを強いられた。一〇個中隊による単縦陣という選択は、いささかまずかったかなと淵田は思った。こんなことなら、たとえ横風があっても、横陣で一気に入った方が賢明だったのではと。とその瞬間、各機は大きく動揺した。米戦艦「アリゾナ」が大爆発を起こし、乗っていた一〇〇〇人以上の海軍将兵の命を奪ったのだ。燃える油から上がる黒煙があまりにも濃いため、多くの日本機が投弾点を行き過ぎてしまい、爆撃行程をやり直さなければならなかった。

そのころ、本隊と分かれた「降下爆撃隊」と護衛戦闘機からなる「制空隊」は、米陸軍航空隊のウィーラー飛行場、ヒッカム飛行場、そしてフォード島にある米海軍航空隊基地へとむかっていた。攻撃が始まった時、地上整備員もパイロットも朝食の最中だった。ヒッカム飛行場において真っ先に反応し、反撃に出たのは、陸軍の従軍牧師だった。かれは野外ミサのため、建物の外で祭壇の準備をおこなっていたのだ。牧師さまは、手近の機関銃を鷲づかみにすると、祭壇に立てかけ、猛然と襲いくる敵機めがけて一心に銃弾をあびせた。だが、ウィーラー、ヒッカム両飛行場とも、飛行機を滑走路にずらりと並べておいたため、日本人パイロットの格好の餌食にされてしまった。

「第一波空中攻撃隊」が目標を視認してからほぼ一時間後、「第二波空中攻撃隊」が到着した。だが、濃密な黒煙が広がり、分厚い弾幕が張られていたため、かれらの任務達成はより困難なものとなった。なにしろ、軍艦に搭載された五インチ砲までが、交差する敵の機影めがけて射撃を開始しており、一部の砲弾はホノルル市街に弾着し、民間人を殺傷したとも言われている。

ふと気づくと、空《そら》はからっぽになっていた。日本人パイロットは、いまや帰国途上にある航空母艦を追いかけるべく、すでに北へと転針していた。真珠湾のアメリカ海軍は「アリゾナ」、「オクラホマ」の両戦艦に加え、二隻の駆逐艦を失った。また三隻の戦艦が沈没もしくは擱座《かくざ》（のちに回収・補修）、さらに三隻が損傷という状態だった。米陸軍航空隊と米海軍は合わせて一八八機を破壊され、また一五九機が損傷を受けた。人的損耗は、陸海軍あわせて二三三五人が死亡、一一四三人が負傷した。対する日本軍機のうち撃墜されたのはわずかに二九機だったが、帝国海軍はこのほかに、外洋型の潜水艦一隻と、陽動任務を期待された五隻の特殊潜航艇を失っている。

攻撃のショックは途方もなく大きかった。それでも、多くの水兵やハワイ人の造船所関係者は、被弾した艦船を救おうと、すぐさま海に飛びこんだ。港内で奮闘する男たちは、全身これ油まみれで、作業後、ウェス（機械類を掃除するための綿繊維くず）で身体をぬぐわなければならなかった。酸素アセチレン・カッターを手にした小集団が駆けつけ、隔壁やあるいは船体そのものを切断し、なかに閉じこめられた仲間たちを救出した。あたりを見回せば、破壊され黒煙につつまれた軍艦、ねじまがり垂れ下がった波止場のクレーン、穴だらけになった港の建物ばかりだった。火災の勢いも相当激しく、すべての火事がなんとか収まったのは、攻撃から二週間後のことである。いいか、わが艦隊の戦闘力を是が非でも取りもどすのだ！　任務に邁進する者たちは、みな怒りの感情に突き動かされていた。ただ、唯一慰められる点（そして重要な点）もあった。アメリカ「太平洋艦隊」に所属する航空母艦はこの時、港内に一隻も存在しなかったのだ。そして、これら空母こそ、真珠湾を契機にその相貌を永遠に変えてしまった海上戦闘における、決定的反撃手段だったのである。

　真珠湾だけが標的ではなかった。帝国海軍の爆撃機はそのころ、台湾島でも離陸の準備に入っていた。目標はフィリピンにあるアメリカ軍の飛行場だった。ただし、濃霧のため、かれらは地上待機を強いられていた。

　マニラ市内にあるホテルのスイートで暮らすマッカーサー将軍は、真珠湾が攻撃を受けたとの第一報で起こされた。すぐさま司令部に赴き、幹部を集め会議を開いた。アメリカ陸軍「極東航空軍」司令官ルイス・ブレレトン少将は、麾下のB‐17〈フライング・フォートレス〉爆撃機の発進許可を求めた。台湾の飛行場に対しすぐさま報復攻撃をおこなうためである。が、マッカーサーはためらった。台湾にある日本の爆撃機はフィリピンを攻撃するだけの航続距離がないと告げられたからだ。だがその情報に確信が持てなかったブレレトンは、B‐17にそれぞれ戦闘機の護衛をつけて、とりあえず離陸させることにした。こうしておけば、万一敵が攻撃してきても、地上でむざむざ殺《や》られることはないからだ。マッカーサーもようやく決断した。翌日、台湾に空爆をおこなうものとし、その準備のため、偵察機を派遣することに許可を与えた。これを受けて、ブレトンは、上空にいる爆撃機に対し、燃料補給のためクラーク飛行場へ戻れと指示した。同飛行場はマニラからおよそ九〇キロメートルの距離にあった。一方、エスコート役の戦闘機たちは、マニラ北西のイバ付近にある別の航空基地へとむかった。

一二二〇時（午後零時二〇分／現地時間）、アメリカの搭乗員たちがランチを食べているその時、頭上に敵機が飛来した。日本人パイロットは自分たちの幸運が信じられなかった。めざす標的が雁首を並べて、眼下にあったからだ。計一八機の〈B－17〉爆撃機と五三機の〈P－40〉戦闘機が破壊された。アメリカ「極東航空軍」は開戦初日にして、その保有機の半数を失った勘定になる。アメリカ軍にとっては、完全なる不意討ちだった。フィリピンは当時、レーダーの設置前だったから。日本の別の爆撃機部隊は、首都マニラを攻撃した。フィリピンの民間人にとっては、まさに青天の霹靂である。「女たちが公園のアカシアの木の下で、鈴なりになっていた」とあるアメリカ海兵隊員は記している。「多少なりと盾になると考えたのか、何人かは傘を開いていた」と。

ハワイとマリアナ諸島の中間点にあるウェーク島もまた、十二月八日、日本軍機から攻撃を受けた。だが、同島のアメリカ兵はいつでも戦える準備が整っていた。総勢四二七人からなるアメリカ海兵隊部隊を率いるのは、ジェームズ・デヴェルー少佐。かれは真珠湾攻撃の第一報を受けとると、すぐさまラッパ手に「コール・トゥー・アームズ（召集ラッパ）」を吹き鳴らせと命じた。〈グラマン・ワイルドキャット〉を操る四人の海兵隊パイロットが、零式艦上戦闘機（ゼロ戦）六機をなんとか撃墜した。ただ、残りの〈ワイルドキャット〉八機はいまだ地上にあるうちに破壊、もしくは損傷をこうむってしまった。十二月十一日、ウェーク島上陸を目指して、日本の軍艦が沖合にやってきた。だが、米海兵隊は五インチ砲により敵駆逐艦二隻を撃沈し、軽巡洋艦「夕張」にも打撃を与えた。帝国海軍は陸戦隊による強襲上陸を試みることもなく、そのまま引き返していった。

予想外の大戦果に、海兵隊員は大いにわきたったが、日本軍がさらに数を増やし、ふたたび襲来することは明らかだった。十二月二十三日、前回よりはるかに大規模な機動部隊が姿を見せ、今回は空母二隻に巡洋艦六隻を伴っていた。五対一の戦力差に怯むことなく、海兵隊員は、艦砲を流用して製造した砲台の強力な火力と航空兵力に支えられながら、勇敢に戦った。結果、相手に対して多大の損耗を強いたものの、島内には民間人もおり、その犠牲を回避するため、アメリカ側はやむなく降伏した。

日本の陸戦隊はこれとは別に、十二月十日、五四〇〇人をもって、マニラ東方二五〇〇キロメートル、マリアナ諸島のグアム島に強襲上陸をおこなっている。ただ、グアム島を守備するアメリカ海兵隊は規模が小さく、武器も貧弱で、抵抗できるような状況になかった。


直轄植民地・香港と英領マラヤに暮らすイギリス人は一九四一年十一月末以降、日本軍による侵攻のあることを予想していた。マラヤは錫《すず》鉱山をかかえ、また天然ゴムのプランテーションが広がる豊かな土地だったから。英領マラヤを治めるサー・シェントン・トーマス総督は、この地を「帝国のドル箱」と形容したほどである。それゆえ英領マラヤは、豊富な石油資源をかかえる蘭領東インドと同様、日本にとって優先順位の高い目標とされた。一方、シンガポールでは十二月一日に緊急事態が宣言されていたが、イギリス軍は依然として、悲しいくらい準備不足だった。うっかり過剰反応すると、現地人が動揺をきたすかもしれないと、植民地当局が恐れたためである。

イギリスの植民地社会は、現状に驚くほど満足しており、傲慢さからくる自己欺瞞に陥っていた。そして、攻めてくる敵に対し、致命的とも言える過小評価をくだしていた。たとえば、日本兵は総じて極度の近眼であり、西洋の兵隊に比べ遺伝的にも劣っているという考えをかれらは疑問もなく信じていた。だが、現実の日本兵は、連合軍兵士に比べ、計り知れないほど頑強であった。しかも洗脳の結果、天皇のために死ぬことほど名誉なことはないと信じていたのである。さらに指揮官はというと、全員が人種的優越感を吹きこまれており、日本には東アジアを支配する権利があると心の底から信じていた。アジアを〝支配〟する権利があるという発想は、西洋の暴虐からアジアを救う〝解放〟戦争であるというかれらの大義と、根本的に矛盾する面があるけれど、日本軍の指揮官は、そのことをあまり気にかけている風ではなかった。

イギリス海軍はシンガポール島の北東端に、広大かつ近代的な海軍基地を保有していた。強力な海岸砲台を備え、上陸作戦を試みてもすぐさま撃退できる態勢を整えていた。だが、この目を見張るような複合施設――その建設に海軍予算のかなりの部分が投じられた――はほぼもぬけの殻だった。当初計画によれば、戦時にはここにイギリス本国から戦艦艦隊が派遣されるはずだった。だがしかし、「大西洋の戦い」と「地中海の戦い」に戦力を割かれ、北極海においても、ロシア向けの補給物資を積んでムルマンスクをめざす船団護衛をこなさなければならず、極東方面に艦隊を派遣している余裕などもはや残っていなかったのである。問題は艦隊だけに留まらなかった。チャーチルがソ連支援を明言したことにより、イギリス「極東司令部」はそのあおりを食って、近代的な航空機、戦車、その他諸々の装備が徹底的に不足していた。手元にある唯一の飛行機〈ブルースター・バッファロー〉は、そのずんぐりとした形状、反応の鈍い操作性ゆえに「空飛ぶビヤ樽」呼ばわりされており、日本の〈ゼロ戦〉相手におよそ勝ち目などなかったのである。

英領マラヤの連合軍部隊をたばねるアーサー・パーシヴァル中将は、きわめて長身、厚みのないヒョロりとした体軀の持ち主で、軍人によくある口ひげを立てていたけれど、口ひげ程度の目くらましでは、かれの反っ歯と貧弱なアゴは隠せなかった。北アイルランド紛争のさい、「ＩＲＡ（アイルランド共和軍〕」の捕虜をどのように扱ったか、その処遇ぶりが伝えられた結果、情け容赦のない人物という、およそ実態とかけ離れた評判を取っていたけれど、各司令官たちとの接し方を見れば、たんに気の弱い頑固者にすぎないことが分かる。インド「第三軍団」を率いるサー・ルイス・ヒース中将は、パーシヴァルに敬意の欠片も見せず、こんな男の風下に立たされたことに怒り心頭だった。ぎすぎすした人間関係はこれに留まらなかった。イギリス陸軍の指揮官とイギリス空軍の指揮官もつねに揉めていたし、さらにはやたら偏執的ですぐに感情的になるオーストラリア軍司令官、ヘンリー・ゴードン・ベネット少将とイギリス軍関係者との関係も、友好的とは言いがたかった。パーシヴァル総司令官のもとには、理論的には九万人近い兵員がいるはずだった。だが、すぐにも実戦に投入できる兵士の数は六万人を切っていた。ジャングル戦の経験があるものはほぼ皆無であり、インド軍の各大隊や、地元民からなる志願兵たちは、ほとんど訓練すら受けていなかった。イギリス側の守備態勢がかくもおそまつなことは、東京でもよく知られていた。当時、英領マラヤに居住する日本の民間人は三〇〇〇人を数え、そこから得られる詳細な現地情報が、在シンガポールの日本総領事館を経由して、本国に伝えられていたからである。

十二月二日、小柄な身体つきのサー・トーマス・フィリップス海軍大将に率いられたイギリス海軍の一個戦隊がシンガポールにようやく到着した。同戦隊は、近代的な戦艦「プリンス・オブ・ウェールズ」と旧式な巡洋戦艦「レパルス」、および駆逐艦四隻で構成されていた。上空を援護するはずの戦闘機がないことが嫌でも目についた。本来はそこにあるはずの空母「インドミタブル」——〈ハリケーン〉戦闘機四五機搭載——は現在改修中で、当面戦場に出られないとのことだった。ただ、在シンガポールのイギリス軍関係者は、そのことをあまり気にかけている風には見えなかった。これほど強力な軍艦がこの島で睨みをきかせている現在、日本軍が敢えてマラヤ侵攻など試みるわけがないとかれらは考えた。パーシヴァル将軍はさらに、いまのうちにしかるべき防衛線を敷いてはという具申も、あっさり却下してしまった。そんなことをすれば、兵士たちの敢闘精神が損なわれるじゃないかとパーシヴァルは応じた。

十二月六日土曜日、英領マラヤ北東端のコタ・バルを拠点とする「ロイヤル・オーストラリア空軍」所属の爆撃機一機が、軍艦に守られながら航行する日本の輸送船団を発見した。同船団は、華南の沖合に浮かぶ海南島から南下してきたもので、インドシナ半島からきた別の二つの船団と途中で合流した。その後、三つの船団は再度分裂すると、タイ南部のクラ地峡にあるパッターニー港、シンゴラ（現ソンクラー）港、ならびにコタ・バルの航空隊基地へとむかった。山下奉文《ともゆき》中将率いる日本「第二五軍」は、このクラ地峡から打って出て、北西方面にあるビルマ南部と、南方の英領マラヤを攻める手はずになっていた。

対するイギリス軍は「マタドール作戦」を立案した。国境を越えてタイ南部に進出し、日本軍の動きを牽制するのがその目的だった。ところがタイ政府は、迫りくる運命を甘受する道を選び、かつまたこの機に乗じてカンボジア北西部の失地回復をおこなおうとの思惑もこれありで、なんと日本軍の自国通過を容認してしまったのである。そのころ、イギリス「極東司令部」の高齢の司令官、サー・ロバート・ブルック＝ポパム空軍大将は悩んでいた。「マタドール作戦」を発動すべきか、はたまたせざるべきか、将軍は決断できずにいた。なにしろ同大将は、会議中にことりと寝入ってしまう癖があり、「ポップ・オフ（いきなりお隠れ）」閣下とあだ名されるような人物だったのだ。この煮え切らない態度に、インド「第三軍団」を率いるヒース将軍はまさに怒髪天を突くがごときであった。この閣下のせいで、ヒースのインド軍部隊は依然待機を強いられ、タイ領内にいつまでも入れなかったからだ。計画に従って、ヒースは英領マラヤ北西端のジトラまで部隊を移動させ、すでに防衛陣地構築の準備も終えていたのにである。さらに雨季が追い打ちをかけた。降りつづく雨が皮膚までしみ通り、インド兵たちの戦意は衰える一方だった。

十二月八日未明、日本軍がコタ・バルを攻撃するため上陸しつつあるとの知らせがシンガポールに届いた。さらに〇四三〇時（午前四時三〇分）、上級司令官とマラヤ総督が会議を開いている真っ最中に、日本軍の爆撃機がシンガポールに対する初の空爆を開始した。シンガポールはいまだに煌々と灯りをともしていた。この攻撃を受けて、イギリス海軍のフィリップス提督は、上空を援護してくれる戦闘機がないことを百も承知のうえで、こう決断した。麾下の戦隊を出撃させ、英領マラヤの東海岸沖を一気に北上し、侵攻してくる日本艦隊を迎え撃とうと。

コタ・バルでは何度か爆発音が聞こえたけれど、もっぱらそれは海岸をうろつく犬がたまたま踏んだり、ココヤシの実がその上に落ちてきて、地雷が弾けたケースばかりだった。内陸部にやや入ったところには飛行場があって、さすがにそちらはイギリス第九師団「第八旅団」の一個大隊が集中的に守っていた。ただ肝心の海岸部の防備はきわめて薄く、僅か二個大隊で幅五〇キロメートルを見張らなければならなかった。

日本軍による強襲上陸作戦は、十二月八日の午前零時前後に始まった。計画では、ハワイに対する攻撃と同時刻におこなわれるはずだったが、実際には真珠湾より約一時間先行する形となった。雨季の海はだいぶ荒れていたけれど、上陸作戦を中止するほどではなかった。これに対し、インド軍所属の数個歩兵小隊が対応し、襲いくる日本兵を相当数倒したものの、多勢に無勢、しかも豪雨のために視界はきわめて悪かった。

滑走路にいたオーストラリア人パイロットは、すぐに飛べる〈ハドソン〉爆撃機一〇機を緊急発進させると、沖合の輸送船に対して攻撃を加えた。一隻を仕留め、もう一隻に打撃を加え、さらに上陸用舟艇を何隻か沈めた。だが、いったん夜が明けると、コタ・バル飛行場をはじめ、同じ海岸沿いにある航空基地は、仏領インドシナから飛来した〈ゼロ戦〉によって、繰り返し叩かれるようになった。英領マラヤに展開する英豪両軍の保有機は日没までに、わずか五〇機へと激減した。部隊の配置にかんし、飛行場防衛を最優先としたパーシヴァル総司令官の決定は、重大な判断ミスと言うしかない。さらに、ブルック＝ポパム空軍大将が「マタドール作戦」の発動を逡巡している間に、日本の航空部隊はタイ南部で、存分に活動できるようになってしまった。こうした状況を受けて、ヒース将軍は翌日、この一帯から早々に撤退を開始し、パーシヴァルを激怒させた。

十二月七日、史上名高い「屈辱の日」演説を済ませると、ローズヴェルト大統領はロンドンのチャーチル首相宛てに公電を送った。アメリカ上下両院において、開戦が決定されたと伝えたあと、ローズヴェルトはこう述べている。「本日この日は、われわれが、貴殿ならびに帝国の人々と同じ船に乗った日であり、そしてそれは決して沈むことのない、沈めてはならない船なのだ」と。英戦艦「プリンス・オブ・ウェールズ」と巡洋戦艦「レパルス」が護衛の駆逐艦を伴ってシンガポールの海軍基地から出撃した直後としては、なんとも縁起の悪いたとえと言わざるを得ない。基地を離れるさい、この戦艦戦隊――「Z部隊」――を率いるフィリップス提督のもとにひとつの警告が届いた。戦闘機による直上支援はやはり期待できず、また日本の爆撃機がいまやタイ南部に拠点を持ちつつあるとのこと。フィリップス提督はここで、大英帝国海軍の最良の伝統に改めて想いをはせた。ひとたび港を出たからには、あとは前進あるのみである。

十二月九日の午後遅くになっても、フィリップス麾下の「Z部隊」は、日本の水上機に発見されずに済んでいた。逆に敵の輸送船や軍艦を発見することもなかった。そこでフィリップスはその夜、部隊を反転させ、シンガポールに戻ることを決めた。ところが十二月十日の早朝、かれの旗艦に連絡が入った。「Z部隊」の帰路にあたる、マレー半島南東部のクアンタンに、日本軍が新たな上陸を開始しつつあるというのだ。

ハムとマーマレードのサンドウィッチで、朝食を大急ぎで済ませると、「Z部隊」所属の全艦艇に対し、総員戦闘配置が発令された。防火衣、鋼鉄製ヘルメット、ゴーグル、石綿の手袋に身をつつんだ砲手たちが、それぞれの持ち場である広角砲に散っていく。「プリンス・オブ・ウェールズ」の佇まいときたら、それはじつに見事なものだった」と、当時、巡洋戦艦「レパルス」に乗っていた見張り員が記している。「艦首の先端が沈みこむと、白い波頭にパッと裂け目ができて、水でできたレースのように船体をくるんでいく。艦首はふたたび持ち上がり、再度沈みこむ。あまりに規則正しい上下動なので、見ていると、催眠術でもかけられたような気分になる。気持ちのよい風をはらんで、軍艦旗《ホワイト・エンサイン》がまるで一枚の板のようにピンと張っていた。そのさまを見ると、ああ、あの旗艦がその他の戦闘艦を従えて、敵の上陸部隊とその護衛艦艇に襲いかかるのだなと、すでにしてその光景が目に浮かび、心のうちに、興奮の予兆がひしひしと感じられた」と。

だがその後、日本軍のクアンタン上陸は、たんなる誤報だったことが判明する。そしてこの時の寄り道と帰投の遅れが、致命的結果へとつながっていくのである。昼近くに、日本の偵察機が一機目撃された。一一一五時（午前一一時一五分）、「プリンス・オブ・ウェールズ」は迫りくる敵機の小グループにむけ発砲を開始した。数分後、雷撃機からなる別の一団が出現したため、イギリス側の主力艦二隻は、連装広角砲を撃ちはじめた。乗員たちはこの砲を「シカゴ・ピアノ」と呼んでいた。空中をよぎる曳光弾の軌跡がどんどん増えていき、その大半は緩い弧を描いて標的へとむかった。だが、砲手たちは雷撃機ばかりに目がいって、はるか高高度にいた爆撃機への備えがつい疎かになった。その瞬間、「レパルス」に爆弾が一発命中し、カタパルト甲板を貫通した。その穴から現に煙が上がっているというのに、乗員たちの関心は襲いくる敵機にばかりむいていた。とそこで、低空を突っ込んでくる一機に砲弾が見事命中し、全員が「やったぞ!」と歓声をあげた。だがその直後、海兵隊のラッパ手が「火災発生」を知らせる不吉な音を鳴り響かせ、差し迫った危険の存在を、艦内の全員に知らせた。黒煙の立ちのぼる甲板上の穴をめがけて、ホースで必死に注水したものの、効果はほとんど得られなかった。

次にやってきた一団は「プリンス・オブ・ウェールズ」に対し攻撃を集中させた。艦尾に魚雷が一発命中し、水と煙が入りまじった「大木のような柱」が上がった。イギリスの誇る巨大戦艦は、左舷へと傾きはじめた。「あんなちっぽけな飛行機が、彼女にあんなことができるなんて、考えもしなかった」と前述の見張り員は記している。戦艦の時代が完全に終わったことが、かれにはほとんど信じられなかったのだ。万一、この場に空母「インドミタブル」がいたとしても、決然と襲いくる日本軍機を相手に、イギリスの艦載機が果たしてそれを阻止できたかどうかは定かでない。

舵はきかず、エンジンも動かず、次なる雷撃機の一団が襲来した時、「プリンス・オブ・ウェールズ」の命運はここに尽きたのである。「レパルス」の砲術員たちは、敵の攻撃を打ち払うため、可能なかぎり努めたけれど、さらに三発の魚雷が命中し、「プリンス・オブ・ウェールズ」の船体は、みるみる傾いていった。ほどなく沈没することは誰の目にも明らかだった。すると今度は「レパルス」に立て続けに二本、魚雷が命中した。「総員退去」が発令されたが、動揺するものはほとんどいなかった。一部の水兵たちは、行列をつくり、自分の番が回ってくるのを待つあいだ、最後のたばこに火をつけた。ようやく番がきたので、かれらは大きく深呼吸をすると、眼下の、油で覆われた真っ黒な海へと飛び込んだ。

海相在任中から、イギリス海軍が誇る偉大な軍艦たちに胸おどらせてきたチャーチル首相にとって、マレー沖の惨事は大きな衝撃であった。八月のニューファンドランド島行きに「プリンス・オブ・ウェールズ」を使ったこともあって、今回の悲劇には身内を失ったような悲しみを覚えた。いまや大日本帝国海軍は、太平洋に並ぶものなき無敵の存在となった。この知らせを、ヒトラーは喜びをもって受け止めた。アメリカ合衆国に対し戦端を開くべきかどうか、かなりの議論になったけれど、結局、十二月十一日、ドイツは宣戦布告をおこなった。

ヒトラーは常々、アメリカとはいずれどこかで決着をつけるしかあるまいと考えていた。しかも現在、アメリカ陸軍の規模はいまだ小さく、太平洋戦域において危機的状態に見舞われており、あの国は向こう二年近くは、ヨーロッパで決定的役割を果たせないだろうとかれは考えた。そうした判断には、ドイツの潜水艦部隊を率いるデーニッツ提督の働きかけが大きかった。複数のUボートからなる襲撃チーム、いわゆる「群狼」を送りだし、アメリカの船舶を餌食にするという戦法はデーニッツの持論の具現化であり、こうした潜水艦戦を全面展開すれば、イギリスがその膝を屈する可能性は、いまだ消えていないとヒトラーは考えていた。

ヒトラーがドイツ議会で対米戦争について発表すると、ナチ党所属の議員たちは総立ちとなり、拍手喝采でこれに応じた。かれらはアメリカ合衆国という国を、西方のユダヤ系大国と考えていたからだ。だが、ドイツ軍の将校たちは、東部戦線で絶望的な退却戦を演じている最中であり、このニュースを聞いて、開いた口がふさがらなかった。先見の明をもった将校たちは、アメリカ合衆国、大英帝国、ソ連邦がわが国を標的に大連合を組むとなると、今次大戦において、もはや勝利は望めまいと感じていた。モスクワまであと一歩のところで撃退され、しかも対アメリカ戦まで加わったのだから、一九四一年十二月というこの月は、まさに地政学上の大転換点といえた。この瞬間、ドイツがこの世界大戦で勝利する目は完全に消えたのである。だがしかし、ドイツにはかなりの余力がいまだ残っており、途方もない損害と死をもたらすことは、まだまだ可能なのであった。

十二月十六日、ある種の心身症を病んでいたドイツ「中央軍集団」司令官、フォン・ボック元帥がヒトラーに対し、現在の戦況を説明した。わが軍集団はここで持ち場を死守するか、さもなくば、撤退するしかありません。どちらを選択しても、崩壊の危機がありますと。思うに任せぬ司令官ポストから、もはや解放されたいというのが本音であり、数日後、フォン・クルーゲ元帥が後任司令官となった。クルーゲは当初、ここで撤退など断じてあり得ないというヒトラーの意見に賛成だった。ヒトラー自身はいたって強気で、陸軍総司令官フォン・ブラウヒッチュ元帥なども、消極的と見なされて、早々に更迭されてしまったくらいである。ヒトラーはその直後、ブラウヒッチュの代わりに、みずからを陸軍総司令官に任命した。これ以外にも、何人かの上級司令官がその職を追われたが、電撃戦の象徴とも言えるグデーリアン上級大将の解任は、さすがにドイツ将校団の士気を大いに挫く結果となった。もっとも、グデーリアンの唯我独尊ぶりはさすがに看過できなかったのであろう。いかなる犠牲を払おうとも、いまある持ち場を死守せよという命令を受けながら、かれはいかにもグデーリアンらしく、その命令を平然と無視したのだから。ヒトラーの即断即決は、ある種の見識であるとか、いやいや、やはりあれは愚策の極みだろうとか、この解任劇は長年議論の的になってきた。泣いて馬謖《ばしょく》を斬ったからこそ、ナポレオン戦争の一八一二年のごとき総崩れを回避できたのだとか、いやいや、なまじ持ちこたえてしまったから、その後の大規模かつ無用な損耗を招いたのだとか、談論風発、なかなかに喧《かまびす》しいのである。

十二月二十四日、故郷を遠く離れたドイツ兵たちは、これ以上ないほど惨めな気分だったけれど、さすがにクリスマス・イヴである。聖夜だけはなんとか祝いたいものだと、かれらは矢も盾もたまらなくなった。クリスマス・ツリーの木は簡単に手に入った。そこに飾る星は、たばこケースに入っている銀紙をつかった、ちょっとした手づくりだった。ロシア人の農民からロウソクを進呈されたという話もいくつか伝えられている。いまだ炎上を免れている村々で、ドイツ兵は身体を寄せ合って暖を取り、形ばかりのプレゼントをやりとりし、「シュティーレ・ナーハト、ハーイリゲ・ナーハト」と『きよしこの夜』の原曲であるドイツ生まれの賛美歌を唱和した。多数の戦友を亡くしたあとなので、ドイツ兵たちはわが身の幸運を改めて噛みしめたけれど、故郷にいる家族のことを思うと、堪らないほどの孤独感に襲われた。

　この邪悪な戦争は、そもそも自分たちが始めたものなのに、そんな感傷にふけることがいかに矛盾をはらんだ行為か、そうした機微に気づいているドイツ兵はきわめて僅かだった。クリスマスの当日にも、ヨーロッパ・ロシア中西部、カルガ近郊の捕虜収容所では、ソ連人の捕虜たちが、零下三〇度を下回る気温のなかで、さらなる移動を強いられていた。捕虜たち――収容所内の共食いで若干、数を減らしていた――の多くは雪の上に倒れ、その場で射殺された。撤退のさい置き去りにされたドイツの負傷兵を見かけると、追撃してきたソ連兵がすぐさまその場で復讐に及んだのも宜《むべ》なるかなである。捕らえたドイツ兵に燃料をかけ、火を着けたケースも、少なくとも一例、報告されている。

　国際情勢における一連の劇的変化を、スターリンぐらい肌身に感じている国家指導者は、おそらくいないのではないだろうか。そんなスターリンでも、ドイツに対する復讐の念があまりに強かったため、ドイツ軍の撤退が生みだした好機に慌てて飛びついてしまった。全戦線において、ドイツ軍に大規模攻勢を仕かけろと、スターリンは檄を飛ばし、かくして車輌も火砲も各種補給物資も、なかんずく兵士へのしかるべき訓練もないままに、ソ連赤軍は次から次へと、一連の軍事行動に着手するのである。これまでのところ、各作戦は予想を上回る勢いで、しかも順調に推移していたけれど、それらを統率するジューコフ将軍自身は、つねに薄氷を踏む思いだった。なにしろ、「スタフカ（大本営）」から下りてくる計画は、どれもこれも常軌を逸するほど野心的だったから。ドイツの「中央軍集団」と「北方軍集団」の双方を壊滅させ、その勢いのままに、敵をウクライナまで押し返せ――といった類いである。

ソ連国民の気分もまた、大きく変わった。もう何カ月も苦しみに耐えてきた反動から、いまや皆、過剰なくらい楽観的になっていた。「春までにはすべてが片づくはずだ」と多くのものが口にした。だが、ソ連国民は、その指導者と同様、この先いくつもの衝撃的事態と遭遇し、かつそれを乗り越えていかなければならないのだった。

北に広がる中国本土では、この四年間、日中戦争が延々と続いていたけれど、イギリスの直轄植民地・香港はその間、中立的立場をなんとか維持できた。だがしかし、この島がもはや戦争の嵐から逃れ切れないことは、誰の目にも明らかだった。香港そのものに大きな経済的価値があることも一因だけれど、なによりこの島は、国民党軍に対する軍需物資の主要供給ルートのひとつだったから。シンガポールの場合と同様、在香港の日本人社会はすでに、この島の防衛態勢やその弱点について、東京にむけ詳細な情報を送っていた。香港占領をいかにすすめるか、その計画はすでに二年前から検討されてきた。日本の第五列――十分に鼻薬を嗅がせて営々と涵養してきた中国系秘密暴力団組織「三合《さんごう》会《かい》」がその主体だ――も、いよいよ出番到来かと手ぐすねを引いていた。

在香港のイギリス人は、きわめて長いあいだ抑圧的統治を続けてきたため、有事のさい、自分たち以外の住民がどこまで忠誠心を発揮するか見極めがつかなかった。腹が読めないという点では、地場の中国人、北の広東省から流れ込んできた中国系難民、インド人、欧亜混血の人間に至るまで、状況は同じだった。それゆえ、イギリス人は事態の推移を他の住民にほとんど知らせなかったし、ましてかれらに武器を持たせ、日本軍相手の戦力にしたりはしなかった。それはつまり、イギリス軍および英連邦軍の将兵一万二〇〇〇人と、ほぼヨーロッパ人で構成された「HKVDC（香港志願防衛軍団）」──伝統ある「王立香港連隊（志願軍）」から発展・改称された現地人部隊──だけで、迫りくる日本軍に対抗することを意味した。香港防衛なら、是非われわれも加勢したいと国民党軍が言ってきたが、イギリス側は難色を示した。蔣介石の狙いが、香港奪還にあることが明白だったから。ただ奇妙なことに、イギリス人将校は中国共産党系のパルチザンとは関係を深めており、のちには武器・弾薬を共産党側に提供し、国民党側を仰天させてもいる。ただ、共産党も国民党も大英帝国に対する警戒心を解くことはなかった。どうせ香港を失うくらいなら、いっそ中国人より日本人にくれてやった方がはるかに増しだと奴等は考えているのでは──。そうした疑念を、国共両党とも拭いきれずにいた。

一方、チャーチル首相は純軍事的観点から状況の推移を見ており、いかなる幻想もいだいていなかった。もし仮に、日本軍が本当に攻めてきたら、「香港を守り切ったり、あるいは香港に救援を送れる可能性は、万に一つもない」とチャーチルは判断していた。ただ、アメリカが圧力をかけてきたため、ともあれ香港に増援部隊を派遣することだけは決定した。日本軍の侵攻という同様の脅威にさらされた米領フィリピンへの連帯を示す、いわば一種のポーズだった。かくして十一月十五日、カナダ兵二〇〇〇人が香港に到着し、これによって守備隊の厚みが増した。軍事的訓練をあまり受けていないカナダ兵ではあったけれど、もし日本軍がやってきたら、自分たちがどんな目に遭うかぐらいは、さすがに見当がついていた。九〇日間、必死に耐えろ。そうすれば、真珠湾からアメリカ海軍が救援のため駆けつけてくるはずだから──というのが連合軍側の目論見であった。だが、カナダ兵はどうにも確信が持てなかった。

そして十二月八日。日本軍の上海占領と呼応する形で、日本軍機がイギリス空軍の拠点のある啓徳《カイタク》飛行場に空爆を実施。その結果、香港駐留部隊は保有する軍用機五機をすべて破壊されてしまった。酒井隆中将率いる「第二三軍」隷下の一個師団が中国との境界にあたる深圳河《しんせんが》を越えて、新界側に入ってきた。イギリス軍の司令官、C・M・マルトビー少将と麾下のイギリス兵たちは不意を突かれ、浮き足立ち、橋を数ヵ所爆破しただけで、新界の地峡部を横切るように走る「ジン=ドリンカーズ・ライン」(酔酒湾防線)と呼ばれる防衛線までたちまち退いてしまった。軽装備の日本兵はみずからに偽装を施し、底にゴムを張った靴をはき、足音を立てることなく、田園地帯をすばやく移動した。対するイギリス兵は、底に金属の鋲を打ちつけた戦闘ブーツで、岩場の丘陵部を動きまわりつつ、しかるべき戦闘陣形を整えた。だが、日本兵は「三合会」のメンバーからなる第五列や、汪兆銘傀儡政権の支援者たちに適宜誘導されながら、イギリス側防衛線の背後に回りこむことに見事成功した。マルトビー少将は、手持ちの兵力のうち、わずか四分の一しか新界に展開していなかった。圧倒的多数の兵員は香港島内に留め置かれ、海からの敵襲来(とうとう来ることはなかった)に備えていた。

香港に暮らす中国系住民からすれば、これは自分たちとは無関係な戦争だった。植民地当局はいちおう食料の配給や防空壕の手配をおこなったけれど、それらは量も数も、全く不十分だった。補助運転手として雇われていた中国人は、みずからの車輛を放棄し、そのまま行方をくらました。中国人の警官や防空警戒員は、制服を脱ぎ捨てて、そのまま帰宅した。ホテルの従業員や個人住宅の使用人もまた、姿を消した。第五列がありったけのコメを盗んだため、難民キャンプ(戦争を逃れて中国本土からやってきた人々で満杯だった)では暴動が発生した。さらに「三合会」のギャングが民衆を焚きつけ、破壊活動や略奪が始まった。九龍のウォーターフロントに聳える「ペニンシュラ・ホテル」に、なにものかが巨大な日章旗を掲げた。この話が伝わると、日本軍はすでに銃後への浸透を開始しているのかという恐怖で、カナダ兵の一部に動揺が広がった。十二月十一日正午、マルトビー将軍は、もはや全軍を香港島まで引きあげる以外、しかるべき方策はないと判断した。結果、脱出のための船を求めて、人々が九龍側の港に殺到し、現場はまさに修羅場と化した。

追い打ちをかけるように、「プリンス・オブ・ウェールズ」と「レパルス」が撃沈されたというニュースが入ってきた。イギリス海軍がもはや助けにこないという事実を改めて確認する知らせだったため、混乱にいっそうの拍車がかかった。香港島自体もいまや、日本側の容赦ない砲爆撃のせいで、正気を失いつつあった。「第五列」による破壊活動が、人々のパニック心理をさらにかき立てた。香港警察は島内の日本人を駆り集め、また破壊活動に従事したものを逮捕し、その一部はその場で射殺した。危機的状況に追い込まれたイギリス当局は、万《ばん》やむを得ず、蔣介石政権の駐香港軍事代表をつとめる片足の提督、陳策《ちんさく》に接近をはかった。陳策・提督はいったん緩急ある場合に備えて、有給〝自警団員〟のネットワークを構築しており、それが動いたことで、香港島には多少の秩序が戻ってきた。また、ヨーロッパ人を標的とする暗殺計画を練っていた「三合会」との間で、以後暗闘が演じられるようになった。

こんな時にモノをいうのはやはりカネだった。「三合会」の頭目たちは「セシル・ホテル」での会合に応じた。かれらの要求額はおよそ法外だったけれど、取引は成立した。これを受けて、「香港華人抗戦協助団」という民間団体のもとで活動していた〝自警団〟のメンバーは、たちまち一万五〇〇〇人にまで膨れあがり、そのうちの一〇〇〇人は「特別支部」に配属された。そしてかれらは今度は、汪兆銘派のパルチザンとの暗闘を開始したのである。身柄を拘束されたものは、その大半が、人目のつかない場所で処刑された。イギリス側は、陳策というこの海賊紳士みたいな提督が嫌いではなかった。そのかれの働きで混乱が収拾されたので、イギリス当局は最終的に、国民党軍の支援を受けることに同意した。

助けがもうじきやってくるという噂が流れ、さらに秩序がほぼ回復したことも手伝って、籠城状態の香港島では、士気が大いに高まった。だが、肝心のマルトビー将軍は、日本軍の上陸を阻止するため、兵員をどこに集中させるべきか迷いつづけ、島の北東端を重点的に固めるという決断が下せなかった。日本側の偵察要員、総勢わずか四名からなる面々が、守備隊の配備状況を評価するため、夜間に泳いでやってきた。さらに翌十二月十八日の夜、七五〇〇人の日本兵が、調達できるだけの小舟を動員して、海を一気に押し渡ってきた。マルトビーの予想に反し、足場を確保した日本「第三八師団」は、海岸線をそのまま進み、香港島中心部のヴィクトリア市に強襲をかけることはしなかった。日本軍は山がちな内陸部へと侵攻し、カナダ軍の二個大隊を後退させると、香港島をふたつに分断したのである。このためスタンリー地区もヴィクトリア市も、電気もしくは水道を遮断され、中国系住民の大半は飢餓に見舞われた。

この島をこのまま保持できる可能性はもはやありませんと、マルトビー将軍は香港総督サー・マーク・ヤングの説得にあたった。そこでヤング総督は十二月二十一日、ロンドンに電報を送り、日本軍の司令官と交渉することを許可してほしいと要請した。チャーチル首相は海軍本部経由で返信を送ってきた。「降伏を考えること、まかりならぬ。島のあらゆる場所で戦い抜き、敵に対しては、最大限の頑強さで抵抗せよ。貴官が抵抗を続ける一日一日が、全世界における連合軍の大義の一助になるのである」と。ヤングは、かつてアメリカ「独立戦争」においてイギリス軍を率いながら、戦いに敗れて降伏した将軍に、改めて思いを馳せた。「ヨークタウンの戦いのコーンウォリス以来初めて、植民地を失った男になる」という事実に、かれは改めて慄然とし、戦闘の継続を受諾した。

勇敢に戦う部隊も一部にはあったものの、守るイギリス側は、なまじ負けが見えているため、その士気はみるみる低下していった。インド軍、なかでも勇猛で知られ、とりわけ犠牲の多かったラージプート族部隊は、いまや目を覆うような状況にあった。日本軍が繰り返す宣伝工作もまた、同部隊の士気を徐々に蝕んでいった。君たちはどうしてそこまで頑張るのだ、大英帝国が崩壊すれば、インドに自由がもたらされるというのに――と日本側は呼びかけた。シーク教徒の警官はすでに、ほぼ全員が持ち場から姿を消していた。その背後には、一九一九年にパンジャブ州北西部のアムリッツァルで起きた虐殺事件に起因する、イギリスへの遺恨があった。

あちこちで火の手が上がり、水の供給が遮断(トイレその他衛生面の大問題を引き起こした)されると、香港のイギリス人社会は、特に妻たちを中心に、マルトビー司令官とヤング総督の突き上げに動き、戦闘をもう止めるよう圧力をかけた。ヤング総督はそれでも、降伏に強く反対したけれど、日本軍がいちだんと砲撃を激化させたクリスマス・デーの午後、マルトビー将軍がついに、もはやこれまでですと訴えた。その夜、この両名は日本軍の将校たちと内火艇で対岸に渡り、「ペニンシュラ・ホテル」の蠟燭の灯りのもとで、酒井中将に降伏を申し入れた。国民党の駐香港代表、陳策・提督はその夜、イギリス人将校数名と魚雷艇で香港を脱出し、中国本土の国民党軍と合流した。

つづく二四時間、「三合会」のメンバーは思うままに略奪をおこない、特にヴィクトリア・ピークにあるイギリス人の屋敷は徹底的に荒らされた。捕虜はしかるべく遇せよと、司令官の酒井中将は命じたけれど、かれの部下たちは、激戦のすえの荒ぶる心を押さえ切れなかった。医療スタッフや負傷者が銃剣で刺されたり、吊されたり、首を刎ねられた例もいくつかあった。ただ、ヨーロッパ人女性に対する強姦事件は比較的少なかったし、犯人は厳罰に処せられ、中国本土における帝国陸軍の身の毛もよだつ行動とは驚くほどの違いを見せた。実際、ヨーロッパ人は総じてある種の敬意をもって扱われ、それはまるで日本人が文明人の証しであるかのようだった。だがその後のふるまいを見ると、そうとばかりも言えない。白人支配からアジアを解放することがこの戦争の目的だというのが、日本側のかねてよりの主張であったが、そうした宣伝とは裏腹に、日本軍の将校は、かれらの部下が香港の中国人女性を強姦しても、それを抑制する努力をほとんど見せなかった。戦闘が停止したあとの、クリスマスの〝祝日〟期間中に、一万人を超える女性が集団暴行の対象とされ、数百人の民間人が殺害されたと推計されている。

山下奉文中将率いる日本「第二五軍」は、数的には劣位にあったが、一個戦車師団（第三戦車団）と航空優勢のおかげで、マレー半島の制圧を成功裡に終わらせた。インド兵の大半はそれまで、戦車というものを見たことがなく、この新兵器の出現に、実際の威力以上に震えあがった。インド兵はまた、戦場となったマレー半島の密林と、延々と続く天然ゴムのプランテーションがつくりだす気味の悪い暗がりに、恐怖心を募らせた。ただ、日本軍の強さの秘訣は、その戦車と歩兵の巧みな協同にこそあった。途中、連合軍の守備隊が固める路上の障害物に遭遇すると、かれらはまず戦車を押したてて進んでくる。マレー半島の東西両脇を走る海岸道路を下るさい、今度は歩兵たちがすばやく水田や密林を通って、守備隊の背後に回る。しかも、その進軍スピードが常軌を逸しており、それを主導した〝銀輪（自転車）〟部隊はしばしば撤退する連合軍の守備隊を追い越してしまうほどであった。

山下将軍麾下の部隊は実戦で鍛えられた古強者ばかりで、半島両岸を一気呵成に南下し、イギリス人、インド人、オーストラリア人、マレー人からなる部隊を半島南端のジョホールへと追い立てた。イギリス軍と英連邦軍も、個々の戦闘においては、それなりに見事な戦いぶりを発揮し、相手方に深刻な打撃を与える例もあったけれど、絶え間ない撤退戦を強いられ、さらには日本軍の戦車ならびに〈ゼロ戦〉による機銃掃射が加わり、極度の疲労と士気の低下に陥っていった。

事ここに至っても、パーシヴァル総司令官はジョホールにしかるべき防衛線を敷こうとしなかった。そんな後ろむきな発想は、かえって兵たちの士気を殺《そ》ぐことになる——というのがその理由だった。そしてこの時、防御陣地をしかるべく構築しておかなかったことが、のちのちシンガポール島の防衛に壊滅的影響を及ぼしていくのである。ただ、一部の部隊はそれなりの活躍を見せた。特にオーストラリア「第八師団」は、日本「近衛師団」の進軍をなんとか防ぎとめ、待ち伏せ攻撃によってその動揺を誘うことにも成功している。

シンガポールの防衛力を強化するため、〈ハリケーン〉戦闘機の一団が到着したけれど、〈ゼロ戦〉によく対抗できる程のものではなかった。ジョホールで二週間の戦闘を重ねたのち、連合軍の残存部隊はシンガポール島へと後退した。ジョホール海峡にかかる大橋は一九四二年一月三十一日、殿軍の「アーガイル&サザランド・ハイランダーズ」こと、「王立スコットランド連隊」第五大隊が、バグパイプを鳴らしながら渡った直後に爆破された。撤退戦のさなかに重傷を負い、もはや動けないため後方に残されたオーストラリア兵、インド兵二〇〇人は、日本兵によって首を刎ねられたと言われている。

「ラッフルズ・ホテル」ではこの時点でもほぼ毎晩、ディナー・ダンスが催されていた。日常を普段どおりに続けること、それこそが士気を維持する最良の手段であるとの考え方からだった。マレー半島の戦いを終え、辛くも戻った将校たちは、その光景を見て、沈みゆく「タイタニック号」の船上で、楽団員たちがなおも演奏を続けた故事をふと思い出した。日本軍の容赦ない爆撃を受けて、市街地の大半はすでに廃墟となっており、多くのヨーロッパ人家族がこの島を離れ始めていた。飛行艇でジャワ島まで飛ぶものもいれば、増援部隊を運んできた兵員輸送船の復路に便乗して、セイロン島（現スリランカ）に逃れるものもいた。日本軍がシンガポール島を占領した時、いったいどんな運命が自分たちを見舞うのか、恐怖がないといったら嘘になるけれど、それでも一部の女性たちは、勇敢にも志願して、看護婦として残る選択をした。すでに彼女たちの父親や夫は志願軍部隊の一員となっていた。

ジョホール海峡にむけて、延々と長い海岸線をさらすという位置関係は、シンガポールという島がかかえる生来の脆弱性だったが、パーシヴァル将軍の思い込みが、この状況をさらに悪化させた。日本軍は間違いなく、島の北東側から攻めてくると、パーシヴァルは確信しており、そこにある一大海軍基地（すでに破壊された後だったが）を守ることが自分の責務だと感じていた。いやいや、そうではない。むしろ島の北西部の防備を固めるべきなのだと、この地域一帯の連合軍部隊を統括するウェーヴェル将軍――地中海方面の総司令官から一転、いまや英領ビルマ、英領マラヤ、蘭領東インド、米領フィリピンを担当する「ＡＢＤＡＣＯＭ（米英蘭豪司令部）」総司令官に就任していた――がいくら言っても、パーシヴァル将軍は聞く耳を持たなかった。シンガポール島の北西部は、マングローヴが生い茂る湿地帯が広がり、小川が複雑に入り組み、守るに難い土地だったのだが。

その北西戦区を割り当てられたオーストラリア「第八師団」は、たちまちその危険性に気がついた。なにしろそこは見通しのよい射界が得られず、地雷原も鉄条網も全くないときていた。その手の防備の大半は、すべて北東戦区に持っていかれていた。しかも、師団所属の各大隊に欠員補充としてやってきたのは、到着したばかりの新兵たちで、その多くは小銃の扱い方さえ知らない素人集団だった。師団長のゴードン・ベネット将軍は、パーシヴァル総司令官が何か根本的ミスをおかしていると思ったけれど、繰りごとひとつ言わず、師団司令部に引きあげていった。

二月七日、日本軍の砲兵がシンガポールに対して初の砲撃を実施した。イギリスの海軍基地内にある石油タンクを狙って、その前夜におこなわれた空爆に続く措置だった。炎上する燃料油がつくりだす黒煙のとばりのもとで、この砲撃はおこなわれ、翌日はさらに激しさを増した。もっぱら島の北東側が集中的に狙われたけれど、これらはすべて陽動だった。だがしかし、先入観のあるパーシヴァルは、やはり奴らはこちらから攻めてきたかと、かえって確信を深めていく。

山下将軍はそのころ、ジョホール州のスルタンの宮殿内にあって、高い塔の上から、狭い海峡越しに戦いの進捗状況を観察していた。山下はその夜、ボートとバージをもちいて、シンガポール北西海岸のマングローヴの湿地に、麾下の主力部隊を投入するつもりでいたため、その前に持てる砲弾を全弾撃ち尽くす決意でいた。そして夜がきた。〈ヴィッカーズ〉機関銃が猛威をふるい、押し寄せる日本軍におびただしい人的損耗を強いたけれど、北西海岸を守る三〇〇〇人のオーストラリア兵は、山下の一六個大隊による総攻撃にたちまち席巻されてしまった。日本軍は勢いのままに、内陸部へと猛スピードで前進した。大規模砲撃によって野戦電話のラインが寸断されたため、イギリス砲兵の支援射撃には若干の遅れが生じたし、「第八師団」司令部は、現場の状況を全く把握できなかった。敵襲を知らせる、前線部隊の〈ヴェリー〉夜間信号弾が、空にむけて何発も発射されたものの、師団司令部はこれも確認できなかった。

二月九日の夜明けまでに、二万人近い日本軍兵士が上陸を果たしていた。だが、パーシヴァル将軍は定員割れの二個大隊を使って阻止線を張らせたことを除くと、この段階でも依然、当初の部隊配置に大きな変更を全く加えなかった。パーシヴァルはまた、最後の〈ハリケーン〉飛行中隊をスマトラ島まで後退させる計画にも許可を与えた。シンガポール市街区の北西側に最終防衛ラインを敷こうとするパーシヴァルの試みは、混乱が急速に広がるなか、果たせずじまいに終わった。日本軍はすでに戦車を上陸させており、路上の障害物はたちまち粉砕された。シンガポール総督の命令に従い、財務当局は持てる銀行券を残らず焼却した。エンジン付き車輌は、敵の手に渡るのを防ぐため、後方の港へと移送されたけれど、その大半は港に至る道路上で、炎上する残骸と化した。空爆により燃え上がる市街区は、腐った死体の異臭が重くたちこめ、各病院はどこも負傷者と死者で満杯となった。看護婦を含む女性たちの疎開は、最後の船が次々と出航していくなか、速やかにすすめられたが、そうした脱出船のうち数隻は、爆撃の犠牲となった。かろうじて海岸まで泳ぎついた一部の生存者は、日本軍の斥候隊に銃剣で刺されたり、撃たれたりした。難を逃れようとした海軍艦艇が、日本の小艦隊のどまんなかに飛び込むケースまであった。

パーシヴァルに対し、チャーチル首相もウェーヴェル総司令官も、最後の最後まで奮闘するよう求めた。だが、これ以上の人的損耗は回避すべきという、部下の指揮官の圧力も同様に強かった。そこでパーシヴァルは電報を送り、ウェーヴェル将軍の反応をうかがうと、街の通りを一本一本奪い合うような、粘り強い戦いを断固継続せよと逆に念を押されてしまった。だが、爆撃で水道管をやられたため、シンガポールの市街区はいまや水の供給が徐々に止まりつつあった。日本兵はアレクサンドラの軍病院にも突撃を敢行し、患者・職員双方を銃剣で突き刺した。ある男性は、麻酔をうたれ、手術台に横たわっているところを刺されている。

そして二月十五日日曜日、パーシヴァル将軍はついに山下将軍の軍門に降《くだ》った。一方、オーストラリア軍を率いるベネット将軍は部下に対し、銃器から弾倉を外し、そのまま現在地に留まれと命じたあと、行方をくらました。ベネットは若干のお供とともに、一隻の小型平底船《サンパン》に泳ぎつき、さらに中国式木造帆船《ジャンク》の船長を買収すると、スマトラ島へと渡った。ようやくオーストラリアにたどり着いた時、ベネットは主張した。自分は日本軍との戦闘体験を伝えるため、あえて脱出をはかったのであると。置き去りにされた兵士たちは、当然ながら、はらわたが煮えかえるような思いだったが。

パーシヴァル将軍、シェントン・トーマス総督、ベネット将軍、ブルック＝ポパム将軍、ウェーヴェル将軍、その他若干の責任者について、そのふがいなさを嘆き、あげつらう声は、大敗北を喫した直後、圧倒的に大きかった。サー・ジョン・ディルの後任としてイギリス陸軍のトップ、帝国参謀総長に就任したサー・アラン・ブルック将軍も、当時の日記に書いている。「帝国の安全保障にとって欠くことのできない保険料の支払いを怠ったことで、われわれはいま非常に重い代償を支払っている」と。ただ、マラヤ作戦にむけた準備とその実行がいかに慨嘆すべき内容であろうと、周囲の空と海を支配されたら、シンガポールという土地は、難攻不落の要塞とは決してなりえないことも、また事実なのである。島内には兵員だけでなく、百万人を超える民間人も暮らしており、兵糧攻めに遭えば、早晩飢えるしかなかったのだから。

二月十九日、日本軍機がオーストラリア北部のダーウィン港を攻撃した。これにより八隻が沈没、二四〇人の民間人が命を落とした。オーストラリア政府は、怒りの声をあげ、かつまた警戒心をいだいた。オーストラリア軍がかかえる最強の師団は、どれもこれも中東方面に出払っており、本国はいわばがら空き状態だったから。オーストラリアが自国の脆弱性を改めて認識させられたのは、一九四一年十一月に、豪軽巡洋艦「シドニー」が独仮装巡洋艦「コルモラン」（オランダ国旗を掲げていた）を沖合で邀撃《ようげき》しようとして、逆に撃沈された事件以来のことである。そのさい、現場で実際なにが起きたのか。この問題は長く激しい議論の的とされてきた。ドイツ・オーストラリア両国政府は一九九八年以来、合同調査を実施し、この謎の解明に取り組み、当時その場にいたのは「コルモラン」一隻ではなかったのではないかと、いまでは多くのものが疑っている。事件が起きたのは、真珠湾攻撃の一八日前の時点であり、「コルモラン」と行動をともにしていた日本軍の潜水艦一隻が「シドニー」にむけ魚雷を放った可能性があるとかれらは信じている。イギリスが英領マラヤの防衛に失敗したことに、オーストラリアが憤るのは無理からぬところがあるけれど、オーストラリアが防衛面にあまり予算をかけなかったことも事実である。しかも皮肉なことに、オーストラリアの舌鋒があまりに鋭いため、チャーチル首相はやむを得ず、シンガポールに増援部隊を送ったのであり、そしていまや、そのほとんどが日本軍の手の内にあるという訳だ。

蘭領東インド（現インドネシア）に属するスマトラ島は、マラッカ海峡を挟んでシンガポール島の対岸にあり、日本軍は時を移さず、すぐさまこのスマトラ島攻略に着手した。一九四二年二月十四日、パーシヴァル降伏の前日、日本の落下傘部隊がパレンバンに降下し、そこの油田と「ダッチ・シェル」の製油所を確保した。その後、空母一隻、巡洋艦六隻、駆逐艦一一隻からなる機動部隊に守られた、兵員輸送船の一団がスマトラ沖に続々と到着した。

ジャワ島が次なる目標となった。二月二十七日の「ジャワ海海戦」（日本名「スラバヤ沖海戦」）はあっさりと勝負がついてしまった。オランダ、アメリカ、オーストラリア、イギリス四カ国の巡洋艦と駆逐艦六隻からなる「ABDA艦隊」はこの日、日本の重巡洋艦三隻、駆逐艦一四隻にエスコートされた二つの護送船団に襲いかかった。続く三六時間、連合軍の艦艇は、砲撃・雷撃の双方において圧倒された。まことに勇気あふれる、しかし見通しの暗い交戦であった。三月九日までに、バタヴィア（現ジャカルタ）および蘭領東インドの残りの部分も、すべて日本軍に降伏した。

中国に駐留する日本陸軍の司令官たちは、自分たちにとってビルマ（現ミャンマー）こそ最重要目標であると考えていた。ビルマの確保は「援蔣ルート」、すなわち蔣介石の国民党軍に対する物資補給路を遮断する最善の方法であり、またここを押さえれば、南西アジア戦域の西側面がようやく安定すると見ていたからだ。大本営は当初、ビルマ南部のみを占領する計画だったが、開戦当初の快進撃もあって、この案は短期間で変更された。

ビルマ攻略戦は一九四一年十二月二十三日、首都ラングーン（現ヤンゴン）に対する爆撃をもって開始された。繰り返される空爆は、市民たちをラングーン脱出へと駆り立てた。連合軍側の航空兵力は当初、「空飛ぶビヤ樽」こと、〈ブルースター・バッファロー〉を擁するイギリス空軍一個飛行中隊と、P-40〈カーティス・ウォーホーク〉を運用するアメリカ人の志願パイロット集団「フライング・タイガーズ」一個飛行隊だけだったが、その後ほどなく三個〈ハリケーン〉飛行中隊がマラヤ戦域から応援に駆けつけてきた。

一九四二年一月十八日、飯田祥二郎中将率いる日本「第一五軍」がタイ側から国境を越えて、攻撃を仕かけてきた。これに対し、インド「第一七師団」を率いるジョン・スマイス少将（ヴィクトリア十字勲章奉戴）は、強力な障害物となるシッタン川に沿って防衛線を敷きたいと思った。だが、ウェーヴェル総司令官は、タイ国境にむけ南東方面に進出し、可能なかぎり前方で敵軍と接触、もって日本軍の進撃を遅らせよと命じた。ウェーヴェル将軍はラングーンの防衛態勢を固めるため、少しでも時間が欲しかったのだ。とはいえ、定員割れの一個師団をもって、日本軍の猛攻から南ビルマ全域を守れという命令であり、当然ながら悲惨な結果につながった。

二月九日、日本側の方針が突如として変更された。「戦勝熱」に浮かされた大本営は「援蔣ルート」の起点だけでなく、この勢いなら、ビルマの大半も手に入るぞと確信したのだ。スマイス将軍はその後、後退を余儀なくされ、かれが当初予想していたとおり、シッタン川の線まで戻ってきた。ただ、インド「第一七師団」はいま、川の対岸にいるのであり、それはつまり二月二十一日、夜陰にまぎれて、一個師団が一列縦隊で、木製の橋を渡ることを意味した。一台のトラックが不具合を起こし、縦隊全体が三時間も身動きが取れなくなる不運にも見舞われるなか、夜が明けた。同師団の大半はいまだ流れの急な大河の東側におり、しかも完全に無防備な状態にあった。イギリス軍の分断を狙って、日本側はすぐさま橋の確保に動いた。この状況を前に、インド「第一七師団」の副師団長は、橋を爆破する以外、もはや方法はないと判断した。この結果、敵の追撃をなんとか振り切ることができたのは、同師団の半分弱にとどまった。一行はその後、算を乱してラングーンに逃げかえった。

そのラングーンだが、さすがにこちらは「フライング・タイガーズ」とイギリス空軍が上空をしっかり守っており、日本側は夜間爆撃に切り替えざるを得なかった。おかげで、増強部隊の入港が可能となり、そのなかには〈スチュアート〉軽戦車を擁する「第七機甲旅団」も含まれていた。とはいえ、状況を鑑みるに、ラングーンの陥落はもはや時間の問題である。連合軍側はその最終放棄を見越して、すでに各種の物資を北へと搬送しつつあった。そうしたなか、動物園の管理責任者が猛獣を含めて、すべての飼育動物を檻から解き放つという挙に出たため、若干のパニックも生じていた。なかば人気《ひとけ》の消えたこの街で、ビルマ総督サー・レジナルド・ドーマン＝スミスは、ワイン・セラーに残った最後の数本を側近たちと空《から》にすると、名残《なごり》のビリアードに興じた。そのあと、日本軍の勝手にされないように、おしなべて厳めしい顔つきをした歴代ビルマ総督の肖像画にむけ、ビリヤードの球をぶつけて、カンバスを穴だらけにした。

ビルマ軍の司令官に任命されたサー・ハロルド・アレグザンダー将軍が、日本軍が迫るなか、空路ラングーン入りした。三月七日、将軍は首都郊外の石油タンクの破壊を命じ、イギリス軍部隊の残余に対し北方への撤退を指示した。イギリスにとって幸いなことに、日本軍は翌日、大規模な待ち伏せ攻撃にしくじり、イギリス側はなんとか脱出に成功した。体勢を立て直したイギリス軍は、日本軍に対し強烈な敵愾心をもつ山岳民族カレン族で構成されたビルマ「第一師団」、ならびに中国戦域を担当するアメリカ人司令官、ジョゼフ・スティルウェル少将に率いられた「中国国民党軍」五万と協同して、北部に新たな防衛線を敷いた。スティルウェル将軍は、極度のイギリス嫌いで、そのきつい性格から「ヴィネガー・ジョー」というあだ名で呼ばれていた。アレグザンダーはさっそく国民党軍の司令部を訪問した。この時の様子を、スティルウェルが書き残しているが、その主張にはいささか説得力に欠ける部分がある。アレグザンダーは「その場に、この私がいたことに驚いていた。つまり、一介の若輩将官、クソったれのアメリカ人が中国軍を率いていることを知り、かれは『イクストローディナリー（これはこれは、驚いたことよ）！』と感嘆の声をあげ、石の下から這い出てきたなにかを見るみたいな、物珍しそうな一瞥を私にくれた」と。

日本軍は立派な港湾施設をそなえたラングーンを占領したことで、その兵力を急速に拡大していった。日本軍機はいまでは、ビルマ国内の飛行場を拠点に活動しており、はるか北方の飛行場に移動したイギリス空軍と「フライング・タイガーズ」が保有する戦闘機をほぼ全機、なんとか壊滅させることに成功した。

三月末、国民党軍が撃破された。これを受けていまや「ビルマ軍団」と改称された、ウィリアム・スリム中将率いる連合軍部隊は、敵の包囲・殲滅を避けるため、脱兎のごとき撤退へと追い込まれた。戦線の維持に失敗したのはイギリス軍のせいだと、蔣介石は非難した。なるほど、イギリス軍と国民党軍の相互連絡は、混乱とまでは言えないけれど、きわめて非効率的だったことは確かである。ただそれは、国民党軍がまっとうな地図を持たず、イギリス側が提供した地図の地名を読み解く能力もなかったことに、原因の一端があった。しかも、国民党軍にはそれを実施するだけの基礎的能力が欠けているのに、スティルウェル司令官が攻勢に出ることを強引に主張したのだから、壊滅的結果を招いたのは、むしろ当然すぎるほど当然であった。

蔣介石はとりあえず、マンダレイの防衛に注力するよう求めたけれど、スティルウェル将軍は、消極的すぎると言って、この案を一蹴した。そして、イギリス側に事前連絡もせず、南方にむけた攻撃に麾下の二個師団を投入し、さらにタウングーを固める国民党軍の機械化歩兵師団「第二〇〇師」に対しても、撤退許可を与えることを拒否した。対する日本軍は、国民党軍の部隊が伸びきっていることを奇貨として、その脇を抜けてマンダレイ北東のラシオまで進出し、さらにはイギリス軍の側面に回りこんだ。だが、スティルウェルはこの大失態の原因が自分にあることを断じて認めず、愚かな中国軍が攻撃をためらい、結果、偉大な勝利をかちとるチャンスを逸したのだと責任を転嫁した。イギリス側は、中国兵はむしろ善戦したと評価し、蔣介石と同様、スティルウェルに憤りの感情をいだいた。

四月五日、在コロンボのイギリス海軍基地を叩くべく、日本の強力な機動部隊がベンガル湾に入った。サー・ジェームズ・サマヴィル提督は、敵の襲来に備えて、麾下の艦艇の大半をなんとか脱出させたものの、そのさいに受けたダメージはきわめて甚大だった。五月初めまでに、日本軍はマンダレイを確保し、さらには「ビルマ・ロード」をたどって国境線に迫り、中国国民党軍の一部を雲南省へと敗走させた。ただ、連合軍の北にむけた撤退戦における最大の犠牲者は、ビルマに数多く暮らすインド系の民間人だった。小商いで生計を立てている一家もおり、かれらは厳しい環境に慣れていなかった。また、常日頃インド人を憎んでいたビルマ人によって、かれらは襲われたり、追いはぎにあったりした。連合軍の残存部隊も、インド国境にむけた撤退を余儀なくされ、およそ三万人が犠牲となった。日本軍による東南アジア征服は、ほぼ完成したかに見えた。

章末注

(496)「これは戦争という意味だな」: Robert E. Sherwood, *The White House Papers of Harry L. Hopkins*, 2 vols, New York, 1948, vol.i, p.430

(496)「かれらはすでに十分承知していると思う」: D.K.R. Crosswell, *Beetle: The Life of General Walter Bedell Smith*, Lexington, Ky, 2010, pp.227-8

497) 核兵器の研究を決断するローズヴェルト：Kershaw, *Fateful Choices*, p.7.〔イアン・カーショー『運命の選択1940-41―世界を変えた10の決断』上・下、河内隆弥訳、白水社〕

497) 「国家的ハラキリ」：Joseph C. Grew, *Ten Years in Japan, New York, 1944*, p. 468, Kershaw, *ibid.*, p.366からの引用。〔ジョゼフ・グルー『滞日十年』石川欣一訳、毎日新聞社／改訂再刊、ちくま学芸文庫〕

499) 「初め半年や一年は」：Arthur Zich, *The Rising Sun*, Alexandria, Va, 1977, p.19.〔アーサー・ジッチ『真珠湾からミッドウェー』タイムライフブックス編集部編、日本語版監修：白井勝美、渡辺郁夫訳、タイムライフブックス、ライフ第二次世界対戦史〕

500) 「三等国」：Nobutaka Ike (ed.), *Japan's Decision for War: Records of the 1941 Policy Conferences*, Stanford, 1967, pp.208-39, Kershaw, *Fateful Choices*, p.365からの引用。〔池信孝氏。日系二世の元スタンフォード大学教授。二〇〇五年死去〕

501) 「ダイヤモンド・ヘッド辺りにいても」：Zich, *The Rising Sun*, p.51

503) 「まさに壮観だった」：Fuchida Mitsuo, 'Pearl Harbor: The View from the Japanese Cockpit', in Stanley M. Ulanoff(ed.), *Bombs Away!*, New York, 1971, Lewis, *Eyewitness World War II*, pp.260-1からの引用。〔淵田美津雄『真珠湾攻撃総隊長の回想　淵田美津雄自叙伝』中田整一編集、講談社文庫〕

505) 在フィリピンのマッカーサー司令部：*Philippine Islands*, USACMH, Washington, DC, 1992, pp.4-9

506) 「女たちが」：Carlos P. Romula, USMC, Lewis, *Eyewitness World War II*, p.268からの引用。

507) 「帝国のドル箱」：Peter Thompson, *The Battle for Singapore*, London, 2005, p.16からの引用。

512) 「本日この日は」：TNA PREM 3/469/13

513) 「プリンス・オブ・ウェールズの佇まい」：O.D. Gallagher, 'The Loss of the *Repulse* and the *Prince of Wales*', *Daily Express*, 12.12.41

518) 「春までにはすべてが片づく」：*ibid.*, p.35

519) 「万に一つもない」：Philip Snow, *The Fall of Hong Kong: Britain, China and the Japanese Occupation*, New Haven and London, 2003, p.41からの引用。

520) 日本「第二三軍」の香港侵攻：（参考）*ibid.*, pp.53-7

522) 「降伏を考えること」：*ibid.*, pp.66-7

(522)「植民地を失った男になる」：*ibid.*, p.67

(524)一万人の中国人女性が強姦に：*ibid.*, pp.81-2;（その他参照）testimony of Connie Sully, in Rees, *Their Darkest Hour*, pp.129-35

(529)「非常に重い代償」：Alanbrooke, *War Diaries*, 12.2.42, p.229

(529)豪軽巡洋艦「シドニー」：二〇〇八年から二〇〇九年に開かれた、テレンス・コール判事を長とする原因調査委員会など、最新動向についてご教示いただいたマイケル・モントゴメリー氏に感謝する。同氏の父君は巡洋艦「シドニー」の航海士官だった。

(533)「この私がいたことに驚いていた」：Theodore White (ed.) *The Stilwell Papers*, New York, 1948, p.60

（中巻へつづく）

略号一覧

著者が本書を執筆するにあたり参考にした各種の文献資料の所在場所等を示すリストである。各国の公文書館の略称が多い。本訳書は一冊本の原著とちがい、複数の巻にまたがるため、注記全般は参照の便を考え、各章の末尾に分散配置した。それぞれの「章末注」を読むさい、これらの略号を参考にしてほしい（訳者）。

AMPSB: Arkhiv Muzeya Panorami Stalingradskoy Bitvi (Archive of the Panoramic Museum of the Battle of Stalingrad ／スターリングラード攻防戦パノラマ博物館アーカイヴ), Volgograd

AN: Archives Nationales, Paris ／国立公文書館（パリ）

BA-B: Bundesarchiv, Berlin-Lichterfelde

AB-MA: Bundesarchiv-Militararchiv, Freiburg im Breisgau

BfZ-SS Bibliothek fur Zeitgeschichte, Sammlung Sterz, Stuttgart

CCA: Churchill College Archives , Cambridge

DCD: Duff Cooper Diaries (unpublished private collection, London)

DGFP: *Documents on German Foreign Policy, 1918-1945*, Series D, Washington, DC, 1951-4

Domarus: Max Domarus (ed.), *Hilter: Reden und Proklamationen, 1932-1945*, 2 vols, Wiesbaden, 1973

ETHINT: European Theater Historical Interrogations, 1945, USAMHI

FMS: Foreign Military Studies, USAMHI

FRNH: *Final Reports by Sir Nevile Henderson, 20 September 1939*, London, 1939

FRUS: Department of State, *The Foreign Relations of the United States*, 23 vols, Washington, DC, 1955-2003

GARF: Gosudarstvennyi Arkhiv Rossilskoi Federatsii (State Archive of the Russian Federation), Moscow

GBP: Godfrey Blunden Papers (private collection, Paris)

GSWW: Militargeschichtliches Forschungsamt (Research Institute for Military History), *Germany and the Second World War*, 10 vols, Oxford, 1990-2012, (*Das Deutsche Reich und der Zweite Weltkieg*, 13 vols, Stuttgart, 1979-

2008)

IMT: International Military Tribunal, *Trial of the Major German War Criminals*, Proceedings of the International Military Tribunal at Nuremberg, London, 1946

IWM: Imperial War Museum sound archive, London

JJG: Journal of Joan Gibbons, unpublished diary of the assistant to Sir Nevile Henderson (private collection)

KTB: Kriegstagebch

KTB OKW: *Kriegstagebuch des Oberkommandos der Wehrmacht (Wehrmachtfurhrungsstab), 1939-1945*, Frankfurt am Main, 1965

MP: George C. Marshall Papers, Lexington, Va

MPW: Muzum Powstania Warszawskiego (Warsaw Rising Museum／ワルシャワ蜂起博物館), Warsaw

NA II: National Archives II, College Park, Md

NHHC: Naval History and Heritage Command, Washington, DC

OCMH-FPP: Office of the Chief of Military History, Forest Pogue Papers, USAMHI

PDDE: *The Papers of Dwight David Eisenhower*, vol, iii: *The War Years*, ed. Alfred D. Chandler, Baltimore, Md, 1970

PP: Papers of Lord Portal, christ Church Library, Oxford

RGALI: Rossiiskii Gosudarstvennyi Arkhiv Literatury i Iskusstva (Russian State Archive of Literature and the Arts／ロシア国立文学芸術文書館), Moscow

RGASPI: Rossiiskii Gosudarstvennyi Arkhiv Sotsialno-Politicheskoi Istorii (Russian State Archive for Social-Political History／ロシア国立社会・政治史文書館), Moscow

RGVA: Rossiiskii Gosudarstvennyi Voennyi Arkhiv (Russian State Military Archive／ロシア国立軍事文書館), Moscow

RGVA-SA: The 'Special Archive' of captured German Documents in the RGVA

SHD-DAT: Service Historique de la Defense, Departement de l'Armee de Terre, Vincennes

SOAG: Sir Charles Webster and Noble Frankland, *The Strategic Air Offensive against Germany, 1939-1945*, 4 vols, London, 1961

SWWEC: Second World War Experience Center, Waktibm W. Yorks.

TBJG: *Die Tagebucher von Joseph Goebbels*, ed. Elke Frohlich, Munich, 29 vols, Munich, 1992-2005

TNA:	The National Archives, Kew
TsAFSB:	Tsentralnyi Arkhiv Federalnoi Sluzhby Bezopasnosti（Central Archive of the FSB, formerly KGB ／FSB（ロシア連邦保安庁／旧ソ連KGB）中央アーカイヴ）
TsAMO:	Tsentralnyi Arkhiv Ministerstva Oborony（Central Archive of the Ministry of Defence ／ロシア国防省中央アーカイヴ）
TsKhIDK:	Tsentr Khraneniya i Izucheniya Dokumentalnykh Kolletsii（Centre for the Consevation and Study of Historic Document Collections ／歴史文書類保存・研究センター）, Moscow
USACMH:	US Army Center of Military History, Washington, DC
USAMHI:	US Army Military History Institute, US Amy War Collage, Carlisle, Pa
VCD:	Vasily Churkin diary, *Voennaya literatuna: Dnevniki i pisma*, militera.lib.ru/db/churkin
VIZh:	*Voenno-Istoricheskii Zhurnal*
VOV:	*Velikaya otechestvennaya voina, 1941-1945*, Moscow, 1984

訳者略歴
平賀秀明（ひらが・ひであき）
一九五六年生まれ。早稲田大学卒業。中国通信社、共同通信社勤務を経て翻訳家に。訳書にM・C・アロステギ『暗闇の戦士たち』、D・スタントン『巡洋艦インディアナポリス号の惨劇』（以上、朝日文庫）、B・ヘイグ『キング・メーカー』『反米同盟』『極秘制裁』、J・フィンダー『解雇通告』（以上、新潮文庫）、J・T・キャンベル『北朝鮮軍の賭け』（二見文庫）、E・トーマス『レイテ沖海戦 1944』、L・ライト『倒壊する巨塔』、A・ビーヴァー『ノルマンディー上陸作戦1944』（以上、白水社）など多数。

第二次世界大戦1939-45 上

二〇一五年 六 月一〇日 第一刷発行
二〇一六年 二 月二五日 第五刷発行

著　者　アントニー・ビーヴァー
訳　者 © 平　賀　秀　明
装丁者　日　下　充　典
発行者　及　川　直　志
印刷所　株式会社　三　陽　社
発行所　株式会社　白　水　社

東京都千代田区神田小川町三の二四
電話　営業部〇三（三二九一）七八一一
　　　編集部〇三（三二九一）七八二一
振替　〇〇一九〇‐五‐三三二二八
郵便番号　一〇一‐〇〇五二
http://www.hakusuisha.co.jp
乱丁・落丁本は、送料小社負担にてお取り替えいたします。

株式会社松岳社

ISBN978-4-560-08435-9
Printed in Japan

白水社の本

アントニー・ビーヴァー　平賀秀明訳
ノルマンディー上陸作戦1944（上下）
国家元首や将軍から、一兵卒や市民まで、最新史料を縦横に駆使して、「大西洋の壁」を突破し、「パリ解放」に至るまで、連合軍と独軍の攻防を活写した戦史決定版！　写真・地図多数収録。

アントニー・ビーヴァー、アーテミス・クーパー
北代美和子訳
パリ解放　1944―49
ドゴール将軍と共産党など、国内レジスタンスの間で繰り広げられた権力闘争を軸に、混乱期から復興へと向かう戦後パリの姿を生き生きと描いた第一級のドキュメンタリー。

エヴァン・トーマス　平賀秀明訳
レイテ沖海戦　1944
日米四人の指揮官と艦隊決戦
栗田健男、宇垣纏、ウィリアム・ハルゼー、アーネスト・エヴァンズ……雌雄を決する瞬間に見せた、勇気と決断とは？「空前絶後の海戦」の推移を軸に、四人の生い立ちから最期までを描く。

イアン・カーショー　河内隆弥訳
運命の選択　1940―41（上下）
世界を変えた10の決断
第二次大戦の趨勢と戦後の支配と構造を決めた、米英ソ、日独伊の首脳たちが下した決断に至る道程を詳説。英国の権威が、錯綜する動向と相関性を究明する大著。

デニス・ショウォルター　松本幸重訳
クルスクの戦い　1943
独ソ「史上最大の戦車戦」の実相
「ツィタデレ作戦」の背景、準備、戦闘の経過、圧巻のプロホロフカの戦車遭遇戦、作戦の挫折を、米国の長老軍事史家が新資料を駆使して精緻に描写。地図・口絵・索引収録。